KB065015

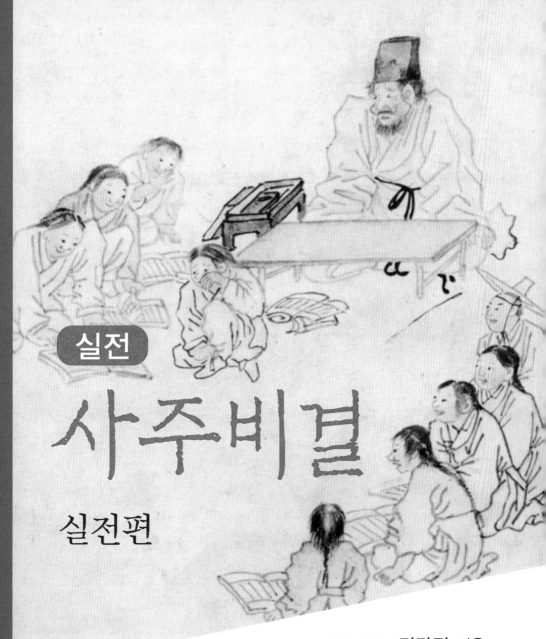

실전

사주비결

실전편

사주학 전문가 **김갑진** 지음

보고사

서문

　동양오술(東洋五術)의 하나인 命에 대해 궁구해본지가 어느덧 30년 가까운 세월이 흘렀다. 우리나라 70년대 후반의 격변기에, 20대의 청운의 뜻을 품고 공주의 한 암자에 입산하여 공부하던 중, 우연히 고왕(高王), 법인(法印) 두 분 선사(禪師)님을 뵙고 명리학이라는 命을 다루는 학문을 처음 접하게 된 것이다. 당시는 유신정권 말기로 대학가에 데모가 만연하고, 사회가 몹시 어수선하고 혼란한 시대라, 조용한 곳을 찾아 공부에 매진하고자 하는 의도가 있었던 것이다.

　그러나 계속되는 시험의 실패로 인한 좌절과, 앞날의 설계에 대한 불안감이 교차하던 중 우연한 기회에 두 분 선사님들과 운명에 대해 이야기를 나누던 중 나의 운명에 대해 조언을 듣게 된 것이다. 그 중 高王스님은 나의 生年月日과 時를 묻고는, 고향이 이북이신 나의 부모님의 인생 역정과, 그 이전 선대들의 가문에 대해 내가 익히 아버님께 들은 그대로 정확하게 짚어내시고, 또한 앞으로 전개될 나의 인생에 대해서도 조목조목 설명해 주셨는데, 30년 가까운 세월이 지난 지금도 선사님의 예언이 한 치의 오차 없이 맞아 들어가는 것을 보고 여전히 놀라움을 금치 못하고 있다.

　두 분 선사님들과의 인연으로 인해 여름철 약 두 달간은 명리학공부를 전수받을 기회가 마련됐고, 이후 두 분 선사님이 열반에 드실 때까지 비교적 지내기가 용이한 여름철만 명리공부가 몇 년간 지속됐던 것이다. 이후 사회생활을 시작하고, 30년 가까운 인생의 여러 부침(浮沈) 속에서도 틈나는 대로 역술학에 대해 공부의 끈을 놓지 않고 있었고, 또한 우연한 계기로 인해 지방에서 구궁학회를 운영하게 되었으며, 또한 기회가 닿아 대학교의 평생교육원에서 역술학 강의를 하며 현재까지 제자 양성의 좋은 기회를 얻게 된 것이다.

　사주명리학은 처음으로 중국에서 창안된 학문이지만 우리나라, 대만, 일본 등

동양문화권의 중심지에서 지속적으로 연구 발전되어 현재에 이르고 있는 것이다. 30년 가까운 세월 중국과 한국에서 발행된 명리서적들의 깊이 있는 탐구결과와 구궁학회를 운영하며 실전간명(實戰看命)을 통해 쌓은 노하우를 책으로 발간하여, 이제는 후진에게도 비교 토론할 기회도 마련해주고 싶고, 또한 사주명리학이 현대사회에서 통계학이라는 중론(衆論)과, 한편으론 미신처럼 폄하되는 수난을 겪지 않고, 미래를 예지하는데 있어 여타의 학문들 보다 비교적 정확하고 정교하며, 많은 세월 공부를 하여야만 터득할 수 있는 우리 동양철학의 진수(眞髓)임을 알리는데 一助를 하고 싶었던 것이다. 아울러 이 학문에 뜻을 둔 사람들이 전문지식을 지닌 소수의 역학인들에게 비싼 수업료를 내지 않고도, 이 책을 혼자 궁구하며, 공부하고, 노력하면, 보다 쉽게 터득할 수 있다는 확신과 자신감도 마련해주고 싶었던 것이다. 따라서 전문적인 어려운 용어보다는 실전에서 남의 사주를 풀어보고, 닥쳐올 미래에 대해 조언을 해줄시 필요한 핵심 요소들과 실전간명의 요점을 정리하여, 이제까지 대체로 깊이 있게 다루지 못했던 통변술(通辯術)에 대해 무게중심을 두고 이 책을 저술하게 된 것이다. 그동안 중국과 한국에서 발간된 명리학 서적들을 두루 공부하고, 우리나라의 명리학대가라는 분들의 간명법과 저술에 대해서도 탐구해 보고, 또한 실전에서 간명시 비교적 적중률이 높았던 항목들을 별도로 정리하여, 명리학에 뜻을 둔 모든 분들이 이제 독학으로도 능히 이 명리공부를 할 수 있도록 하는데 주안점을 두었으며, 철학원을 운영하는데 절대적으로 필요한 사주의 실전풀이에 대해 상세하게 그 방법과 노하우를 알리는데 이 책이 분명 一助를 할 것이라 것이라 믿어 의심치 않는다.

이울러 바쁜 와중에도 출판에 관한 상담해 응해주시고, 또한 이 책의 출간을 흔쾌히 동의해주신 "보고사" 출판사 김흥국 사장님과, 출판을 위해 노고를 마다하지 않으신 직원 여러분들께 심심한 감사를 드리며, 또한 인생사 유난히 부침이 많았던 장남의 인생역정을 묵묵히 지켜보시고, 때론 힘을 모아주셨던 어머님과 여러 형제들 그리고 가족들에게 감사를 드린다.

壬辰年 丑月 구궁학회 사무실에서

帝釋 拜上

추천의 글

천장지비(天藏地秘)한 사람의 미래운명을 안다는 것이 얼마나 어려운 일인가? 그럼에도 불구하고 우리 인류역사는 오랜 세월 다가올 운명을 알고자 함에 모든 노력을 게을리 하지 않았고, 동서양을 통틀어 여러 학술과 이론과 또한 이를 실증하는 역사의 징험들이 수없이 존재해 왔고, 또한 앞으로도 계속 연구되어질 것임은 불문가지이다.

우리 동양에서는 동양오술(東洋五術 = 命·相·占·醫·風水)의 하나인 천명(天命)을 다루는 사주명리학이 있다. 누구나 숙명적으로 정해진 생년, 월, 일, 시를 통해 개인에게 닥쳐올 미래운명을 궁구해 보고자 하는 학문이다. 근대에 들어 논자들의 폄하와, 비난과, 지탄이 있지만, 천명을 연구한다는 것은 순수학문의 차원에서 참으로 가치 있고 고귀한 업적이라 생각한다.

요즈음은 대다수 대학의 평생교육원에 사주명리학을 가르치는 강좌가 있는데, 본 단국대학교 평생교육원도 그 배움의 열기와 교수들의 가르치고자 하는 열정이 타의 추종을 불허하고 있고, 이 학문에 있어 개척자의 정신으로 교수와 학생들이 하나로 뭉쳐 뜨거운 상아탑의 열기를 이어가고 있다. 이번에 사주명리학을 가르치는 김갑진 교수의 역작 "실전사주비결"의 추천사를 의뢰받고, 원고를 며칠 살펴보았지만, 본시 예술이 전공인 나로서는 다소 생소한 학문이지만, 틈틈이 풍수와 동양철학에 관심을 가져온 터라, 사주명리학의 학문으로서의 깊이와, 과거 석학들의 실전사주간명(實戰四柱看命)을 통한 개개인의 미래운명의 정확한 예측과 또한 설해놓은 징험결과에 대해 많은 놀라움을 금치 못했다.

본 평생교육원에서 6년여의 세월동안 역술학을 강의 해온 풍부한 경험과, 30년 가까운 세월 구궁학회를 운영하며 실전간명을 통해 축적된 깊은 학식이, 이 두 권의 책속에 함축되었음을 새삼 느끼고, 앞으로 우리나라 명리학의 발전과 또한 후학들이 이 학문을 배움에 분명 일조를 하게 될 것임을 확신하며 추천에 대신하여 글을 마친다.

교수 김상락

(현)단국대학교 평생교육원장
(전)단국대학교 예술대학장
(전)단국대학교 디자인대학원장

목차

명리학연원命理學淵源

時代	著者	著書	內容
三皇 삼황	伏羲氏 복희씨	河圖論 하도론	伏羲 四卦論, 河圖論 창안
	皇帝(軒轅氏) 황제(헌원씨)	皇帝內·外經 황제내·외경	하늘에 빌어 十干과 十二支를 받음 九天의 玄女에게 太乙·奇門·六壬의 三式 받음
五帝 오제	帝堯제요 (요임금)		十干·十二支의 六十甲子 완성
夏 하	帝禹제우 (우임금)	洛書論 낙서론	洛書論 창안
周 주	文王문왕	八卦論 팔괘론	文王八卦 창안
	呂尙(姜太公) 여상(강태공)	六韜三略 육도삼략	奇門遁甲과 六壬을 응용한 兵法서
春秋時代 춘추시대	孔子공자		周易 완성
戰國時代 전국시대	珞琭子낙녹자	三命消息賦 삼명소식부	
	鬼谷子귀곡자	鬼谷秘訣 귀곡비결	전국시대 합종과 연형책의 소진과 장의의 사부. 奇門遁甲 응용편
漢 한	張良장량		奇門遁甲과 六壬의 이론 및 응용체계 정립. 漢나라 창업공신
	董仲舒근중서 司馬李사마리 東方朔동방삭 嚴君平엄군평		漢代의 政治家 겸 策略家
三國時代 삼국시대	管輅(관로) 晋有郭(진유곽) 璞北齊(박북제) 有魏定(유위정)		占術家 및 策略家
唐 당	遠天綱원천강 李淳風이순풍	推背圖 추배도	占術 및 예언서
	一行仙師 일행선사		唐代의 高僧. 풍수지리에 밝음
	李虛中 이허중	李虛中命書 이허중명서	年柱의 納音으로 運命判斷
		玉井訣 옥정결	日干 爲主의 사주학설

時代	저자	書名	내용
宋 송	陣搏(希夷) 진단(희이)	紫微斗數 자미두수	麻衣道士 弟子. 宋太祖 등극 예언
	陣搏. 邵康節 진단. 소강절	河洛二數 하락이수	河圖와 洛書의 이론 체계적 정리
		皇極策數祖數 황극책수조수	占術 및 運命書
	徐公升(子平) 서공승(자평)	淵海子平 연해자평	日干 위주의 四柱學체계를 세움. 明代에 "淵海"와 비결집 "淵源"을 합본하여 淵海子平이라 명칭
元 원	耶聿楚材 야율초재	千官經 천관경	五星書
明 명	劉伯溫 유백온	滴天髓 적천수	四柱命理學의 최고봉이라 함
		奇門秘笈大全 기문둔갑대전	奇門遁甲의 체계적 정리
	張果 장과	果老星宗 과노성종	五星書의 일종
	張楠(神峯) 장남(신봉)	命理正宗 명리정종	淵海子平의 오류 바로잡음
	萬育吾만육오	三命通會 삼명통회	諸 神殺 定理
淸初 청초	陣之遴(素庵) 진지린(소암)	滴天髓輯要 적천수집요	滴天髓 해설
		命理約言 명리약언	格局과 用神의 이론 정리
	저자미상	窮通寶鑑 궁통보감	일명 난강망(欄江網)이라 함 調候 用神의 이론 정립
淸 中·末 청 중·말	沈孝瞻심효첨	子平眞詮 자평진전	四柱命理의 格局이론 정리
	任鐵樵임철초	滴天髓闡微 적천수천미	滴天髓에 주석
中國 近·現代 중국 근·현대	徐樂吾 서락오	滴天髓徵義 적천수징의	滴天髓 주석과 해설
		滴天髓補註 적천수보주	
		子平粹言 자평수언	四柱命理學
		窮通寶鑑評註 궁통보감평주	窮通寶鑑 해설
		子平眞詮評註 자평진전평주	子平眞詮 해설

	遠樹珊 원수산	命理探原 명리탐원	四柱命理學
		命普 명보	
	韋千理 위천리	八字提要 팔자제요	
	何建忠 하건충	八字心理學 팔자심리학	
	吳俊民 오준민	命理新論 명리신론	
	花提館主 화제관주	命學新義 명학신의	
韓國 (朝鮮) 한국 (조선)	無學大師 무학대사	無學秘訣 무학비결	朝鮮初 예언서. 지리서
	徐敬德(花潭) 서경덕(화담)	洪烟眞訣 홍연진결	東國奇門(중국기문을 아동방에 맞게 洪局과 烟局으로 구분, 체계 세움)
	南師古 남사고	格菴遺錄 격암유록	秘訣書
	金緻 김치	深谷秘訣 심곡비결	자미두수(紫微斗數)를 심층 연구한 저서. 조선중기 인조 등극을 예언
	李之菡(土亭) 이지함(토정)	月影圖 월영도	秘訣書
		土亭秘訣 토정비결	
韓國 近·現代 한국 근·현대	李錫映(自彊) 이석영(자강)	四柱捷徑 사주첩경	사주명리학의 정리연구 총6권
	朴在玩(陶溪) 박재완(도계)	命理要綱 명리요강	命理講義를 연구하여 지은 이론서
		命理辭典 명리사전	韋千里의 八字提要를 번역 日支論을 첨부 하여 지음
日本 일본	阿部泰山 아부태산	四柱推命學全集 사주추명학전집	

四柱秘訣

제1장

일간/월령별 용신用神 분석

사주간명(四柱看命)에서 다가올 운명을 예지하는데 있어서 용신을 정확히 잡는 것만큼 중요한 것이 없다. 즉 용신은 사주간명의 시작과 끝이라고 해도 과언이 아니다. 하늘의 五氣가 땅과 연결되어 五行이 되고, 오행의 기운을 받고 땅에서 오곡과 만물이 성장하고, 이를 취용하여, 우리 몸속에서 오행과 연관지을 수 있는 오장육부(五臟六腑)의 도움으로, 우리 인간이 숙명적으로 정해진 生을 영위해 가는 것처럼, 우리 인간은 광대무변한 우주만물의 일부분인 것이다. 따라서 하늘과 땅과 우리 인간은 둘이 아니고 하나인 것이다.

땅에서 만물은 1년 4계절 24절기(節氣)의 영향으로 生과 死의 굴레에서 무한히 순환되는 것처럼, 땅을 딛고 사는 우리 인간도 역시 4계절의 무한한 변화 속에서, 대자연의 일부분으로 삶과 죽음의 연속선상에서 또한 살아가고 있는 것이다. 1년 4계절 24절기의 영향 속에서 인간이 태어난 것처럼, 사주일간과 생월별 오행의 조후(調候)정도를 분석하여 운명의 길흉을 간명하는 것이, 용신을 잡는 5가지 방법 중의 하나인 조후법인 것이다.

이번 장에서는 궁통보감(窮通寶鑑)과 조화원약(造化元鑰)을 기초로 하여, 사주와 연관된 24절기의 조후정도를 분석하여, 길흉여부의 판단 및 사주간명의 용신을 잡는데 있어, 중요한 비중을 차지하는 조후로 용신을 잡는 법을 공부하기로 한다. 또한 日干과 月令을 분석하여 조후용신을 잡는데 있어 우선순위로 거론되는 오행을 적어놓았으니 참고하기 바란다.

1. 갑목甲木 일간日干

甲木(三春)

- 三春의 甲木은 반드시 丙火, 壬水, 庚金으로만 용신을 삼는다.
- 봄철의 나무는 점차 생장하여 가는 형상이다. 초춘(初春)엔 아직 찬 기운이 남아 있으니 당연히 丙火로써 온난케 하면 뻗어나가게 되는 이점이 있다.
- 水가 많으면 剋으로 변하니 정신(精神)을 손상시킨다.
- 生旺하면 庚金으로 지엽(枝葉)을 다듬어 주는 것이 좋다. 이렇게 하면 가히 동량재목(棟樑材木)을 만들 수 있는 것이다.
- 一月에는 火가 없는데 물을 더하면, 음농(陰濃)하고 기약(氣弱)하므로, 뿌리가 상하고 잎은 말라 건강치 못하므로, 요컨대 水火의 조화(調和)가 있어야 격을 이룬다.
- 二月은 양기(陽氣)가 기승(氣昇)해지며 땅의 水氣를 흡수함이 왕강(旺强)하니 능히 庚金을 대적할 수 있다. 고로 억부(抑扶)의 원리로 庚金이 용신이다.
- 三月에는 양기(陽氣)가 웅장하여지므로 물이 마르니 물을 얻어 도와줌이 좋다. 그래야 꽃이 번성해진다.
- 一月과 二月의 甲木은 월령(月令)에 건록(建祿)과 제왕(帝旺)을 본래 가지고 있으니 종살격(從殺格), 종재격(從財格) 등 종격의 이치가 없다.
- 庚辛金이 사주에 중중하면 일생에 노고(勞苦)가 많고, 자신과 처를 형상(刑傷)한다.
- 地支에 火局을 이루면 설기(洩氣)가 태과(太過)하니, 어리석고 겁이 많고, 어려서는 경기(驚氣)를 많이 하고 잘 울며, 재난과 질병이 몸에 얽힌다.
- 地支에 水局을 이루고 戊土가 투출(透出)하면 貴하다. 만약 丙丁火의 투출이 없고 戊己土의 제극(制剋)이 없으면, 수범목부(水泛木浮)라 하여 빈천(貧賤)하며 죽어도 관곽(棺槨)이 없다.

一月(寅月) 甲木

◉ 初春에 한기(寒氣)가 아직 남아 있으니 丙火가 필요하고, 癸水가 투출(透出)하면 부귀가 쌍전(雙全)하게 된다.

◉ 癸水가 암장되고 丙火가 투출되어 있으면, 한목(寒木)이 양기(陽氣)로 향한 것이니 크게 부귀(富貴)한다. 만약 풍수(風水)가 불급(不及)됨이 있다 하여도, 역시 유림준수(儒林俊秀 = 儒林의 뛰어난 秀才)를 잃지 아니한다. 만일 丙火, 癸水가 없으면 평범한 사람이다.

◉ 一月과 二月의 甲木은 월령(月令)에 득기(得氣)하여 뿌리가 깊은 것이니, 종재격이나 종관살격 등의 종격(從格)이 성립되지 않는다.

用神 : 丙 庚 癸

丙	甲	戊	庚
食神		偏財	偏官
寅	寅	寅	申
比肩	比肩	比肩	偏官

乙	甲	癸	壬	辛	庚	己
酉	申	未	午	巳	辰	卯

사주에 比肩이 중중하고, 寅月의 甲木은 한목(寒木)이니 丙火의 조후(調候)가 필요하며, 地支에 寅木이 태다하고 寅中에 丙火가 있는데, 시간에 丙火가 투출했으니 火가 왕하여 甲木이 메마르니 水氣가 있어야 하며, 또한 庚金으로 甲木을 전벌(剪伐)하여 火氣를 생함을 억제해야 한다. 따라서 金水가 필요하니 金水大運에 진사(進士)벼슬을 한 것이다.

地支 寅申 沖은 寅中의 丙火도 손상되고, 申中의 庚金도 손상시킨다. 寅木은 月令을 차지하고 있으니 庚金의 손상이 더 크다. 따라서 庚金 偏官이 손상되니 官運이 크지 못하고, 역시 申中의 壬水 印星도 손상되니 官印相生되지 못하고 용신이 왕하지 못하니 貴가 높지 못한 것이다. 庚辛壬癸 金水運에 발복한 것이다.

丙	甲	戊	庚
食神		偏財	偏官
寅	子	寅	寅
比肩	正印	比肩	比肩

乙	甲	癸	壬	辛	庚	己
酉	申	未	午	巳	辰	卯

　　寅月의 甲木은 아직 한기(寒氣)가 남아있으니 丙火로 따듯하게 하고, 癸水로 자양(滋養)하면 자연히 꽃을 피게 되니 사주가 길하다. 寅月의 甲木은 한목(寒木)이라 양향(陽向)코자 하니, 癸水가 암장되어도 丙火가 투출하면 귀격이다. 癸水는 日支에 암장되었으나 능히 뿌리를 적셔주고, 旺木이 용신 丙火를 생하니 용신이 왕강하여 대부귀격(大富貴格)을 이루었다. 남명에서 희신은 처(妻)로 논한다. 丙火가 용신이면 木이 희신인데, 木이 月令을 차지하여 왕하니 妻의 내조의 힘이 컸던 것이다. 寅月의 甲木은 우수절(雨水節) 前後를 잘 참작하여야 한다. 우수절(雨水節) 前은 火氣가 더 필요하고, 우수절(雨水節) 後는 陽은 장건(壯健)하고 水氣는 부족하니 水氣가 있어야 귀격이 된다. 용신은 時干 丙火이다.

乙	甲	甲	戊
劫財		比肩	偏財
亥	辰	寅	寅
偏印	偏財	比肩	比肩

辛	庚	己	戊	丁	丙	乙
酉	申	未	午	巳	辰	卯

　　寅月의 甲木은 前月의 한기가 남아 있으니 丙火가 필요하고, 봄에 잎과 줄기를 자양(滋養)해야 하니 癸水가 있어야 하고, 木氣가 왕하면 庚金으로 전벌(剪伐)하여 중화를 이루어야 한다. 寅과 辰 사이에 卯木이 탄함(吞陷)되어 암암리에 方合局을 형성하니 木氣가 태왕하다. 전벌(剪伐)하는 庚金이 없으니 丙火를 용하여 日干의 왕한 기운을 설기(洩氣)시켜야 한다.

용신은 月支 寅中의 丙火이다. 운로가 巳午未의 남방화지로 흘러 中貴를 했다. 日支 辰中의 癸水가 있으니 丙火와 庚金이 투출하여 甲木을 극루(剋漏)하면 귀격이 되었을 것이다. 더군다나 年·月支 寅木이 空亡이다. 따라서 丙火 역시 무력하여 用하기 힘드나, 寅辰 사이에 卯木을 끌어와 方合木局을 암암리에 형성하니 月支 寅木 空亡이 살아난 것이다. 운로(運路)에서 부조가 없었다면 下格의 命이었을 것이다.

二月(卯月) 甲木

◉ 庚金, 丙火, 丁火를 쓴다.

◉ 二月 甲木은 성목(成木)이라 능히 庚金을 두려워하지 않는다.

◉ 二月의 甲木은 월령(月令)에 녹왕(祿旺)이 있으니 종격의 이치가 없다.

◉ 庚金 七殺을 얻으면 이름이 양인가살(羊刃駕殺)이라 小貴는 할 수 있고, 文보다는 武官이나 이공계 쪽에 가깝고 財星으로 도와줌을 要한다.

◉ 丙丁火가 없고, 壬癸水가 있고, 戊己土의 극제(剋制)가 없으면, "수범목부(水汎木浮)"라 하니 하천격(下賤格)으로 죽어서도 관곽(棺槨)이 없게 된다.

◉ 庚辛金이 중중하면 官殺이 태왕한 것이니 일생을 곤고(困苦)하게 지내며, 처자식을 형극(刑剋)한다. 그리고 地支에 金局이면 요수(夭壽)하지 않으면 가난을 면치 못한다.

◉ 사주에 官星이 있고 財星을 만나며 길격이면, 영웅이 홀로 만인을 누르는 象이다. 만일 癸水 印星을 보면 재살(財殺)을 피곤하게 하니 길함이 감소하게 된다.

◉ 偏官이 重하게 되면 반드시 흉액(凶厄)을 만나게 되고, 극설(剋洩)하는 오행이 없으면 성질과 언행이 흉폭하게 된다.

◉ 庚辛金이 없고 丁火가 투출되면, 학문을 숭상하고 목화통명(木火通明)의 상(象)이라 하겠으니 총명하고 청수한 인물이다. 단 癸水가 있으면 丁火를 傷하게 되니, 이런 경우는 학문이 심오한 큰 학자가 될 수 있다.

◉ 사주에 癸水가 중중하면 자조(滋助)되나 丁火를 상하게 되니 조조(曹操)와 같은 간웅(奸雄)이 된다.

◉ 지지에 金局을 이루고 庚辛金이 여럿 투출하면 관살(官殺)이 旺하여 불길하게 되니, 이를 목피상금(木被傷金)이라 부른다. 만일 丙丁火가 金을 극제하지 못하

면 잔질(殘疾)만 있다.

◉ 지지에 火局이면 설기가 태다하니, 어리석고 겁이 많고, 어려서는 경기(驚氣)
가 심하고, 평생 몸에 잔질(殘疾)이 떠나지 않는다.

◉ 지지에 水局을 이루고 戊土가 투출하면 貴하게 된다. 그러나 戊土의 제극이
없으면 빈천(貧賤)하다.

◉ 甲木이 뿌리가 없으면 오직 申子辰의 印星을 바라니, 天干에 財와 殺이 투출
(透出)하면 자수성가하며, 뜻이 청운(靑雲=현재의 고시합격)에 이른다.

◉ 戊己土가 중중(重重)하면 "재다신약(財多身弱)"이니 부옥빈인(富屋貧人)이다. 일
생이 곤고(困苦)하고 결혼도 늦게 하고 자식도 늦게 둔다. 또한 가권(家權)은 처
가 장악하는 경우가 많다.

◉ 一·二月의 甲木은 庚金, 戊土가 있으면 上命인데, 丁火의 투출이 있으면 목화
통명(木火通明)이 되니 대부귀(大富貴)할 명(命)이다.

◉ 木이 왕하면 火로서 수기유통(秀氣流通)하여 빛나게 해줌이 좋으니 국가고시에
합격한다. 木이 춘절(春節)에 나면 대체로 평안하다.

> 用神 : 庚 丙 丁

甲木 日干이 卯月에 生하여 득기(得氣)하였으며, 월령(月令)에 양인살(羊刃殺)을 대
동하고, 다시 天干에 丁壬 간합목국이 있으니 甲木 日干이 신강하다. 억부법을 적
용하여 日干 甲木을 극제하는 時支 申 中의 庚金으로 용신을 잡는다. 時支 申金이
月令 卯木을 극하니 月·日支 卯戌은 육합화국이 되지 못한다. 따라서 火氣가 旺하
지 못하니 旺한 日干의 木氣를 설기시킴이 부족하여, 月干 丁火로 용신을 잡을 수

없는 것이다.

日支 戌土 財星은 목왕지절(木旺之節)에 무력(無力)하고 군비겁쟁재(群比劫爭財)되니 재물을 모으지 못한 것이다. 대운의 흐름 역시 용신 庚金과 상배(相排)되니 썩 길하지 못하다.

	丁	甲	丁	甲
	傷官		傷官	比肩
	卯	寅	卯	午
	劫財	比肩	劫財	傷官
	甲 癸	壬 辛	庚 己	戊
	戌 酉	申 未	午 巳	辰

甲木 日干이 사주에 比劫이 왕하니 신왕사주이다. 木氣가 旺하여 전벌(剪伐)하는 庚金 官星을 용해야 하나 전무하니, 용신은 日干의 기운을 설기시키는 丁火가 용신이다. 사주에 官星과 印星이 없으니 富는 있으나 貴는 없다. 다만 대운이 巳午未 남방화지로 흐르니 富는 건질 수 있었던 것이다.

	庚	甲	丁	己
	偏官		傷官	正財
	午	戌	卯	未
	傷官	偏財	劫財	正財
	庚 辛	壬 癸	甲 乙	丙
	申 酉	戌 亥	子 丑	寅

天干에 庚金과 丁火가 투출하니 동량지재(棟梁之材)를 만들 수 있다. 과거(科擧 = 현재의 고시)에 합격한 명조이다. 월령(月令)에 양인살(羊刃殺)이 있어 木氣가 왕하니 용신은 왕한 木氣를 극제하는 時干 庚金인데, 庚金은 日干 甲木과 상충되고, 통근되지 못하고, 日支와 時支의 午戌 반합화국으로 庚金을 극제하니 용신이 왕강하지

못하다. 戊土는 지지 卯午와 火局을 형성하니 戊中의 辛金은 용금(鎔金)되어 時干 庚金을 부조(扶助)하지 못하는 것이다. 용신이 약하고 대운이 水大運 한신운으로 흐르니 貴가 높지는 못했다.

丙	甲	丁	己
食神		傷官	正財
寅	午	卯	亥
比肩	傷官	劫財	偏印

己	庚	辛	壬	癸	甲	乙	丙
未	申	酉	戌	亥	子	丑	寅

卯月의 甲木은 성목(成木)이다. 庚金을 무서워하지 않는다. 地支 卯亥는 반합목국을 형성하니 木氣가 왕하다. 억부법을 적용하여 庚金 용신을 잡아야 하나, 사주 원국에 없으니 설기시키는 時干 丙火 즉, 가신(假神)으로 용신을 잡는다.

初年, 中年 대운이 丑子亥의 기신운이니 만사가 풀리지 않아 머리 깎고 중이 되었다. 또한 사주에 고신살(孤神殺), 환신살(幻神殺), 교신살(絞神殺), 탄함살(呑陷殺), 망신살(亡身殺), 파군살(破軍殺), 양인살(羊刃殺) 등의 흉살이 중중하니 인생에 곤고(困苦)함이 많았던 것이다. 상기는 만약 사주원국에 일점 金氣가 있어 왕한 木氣를 극제하였다면 출가(出家)하진 않았을 것이다.

(女命)			
壬	甲	己	庚
偏印		正財	偏官
申	午	卯	申
偏官	傷官	劫財	偏官

壬	癸	甲	乙	丙	丁	戊
申	酉	戌	亥	子	丑	寅

甲木이 卯月에 建祿을 득하고 壬水 偏印이 있어 日主를 생조하니 신강하다. 용신은 억부법을 적용하여 年干 庚金이다. 庚申金이 여럿 있어 偏官이 왕한 것 같으나 壬水가 설기하고, 日支 午中의 丁火가 극제하며, 卯申 원진살로 뿌리인 申金이 손상되니 천간의 庚金 역시 손상되어 왕하지 못한 것이다. 천간에 財·官·印이 투출하여 본시 길한 명조인데 庚金 官星이 卯申 원진살로 손상되니 교육직으로 가지 못하고 학원강사의 길을 간 것이다. 月令 卯木이 귀문관살(鬼門關殺)을 대동하니 역술학에 취미와 재능이 있는 것이다.

壬	甲	丁	甲
偏印		傷官	比肩
申	戌	卯	午
偏官	偏財	劫財	傷官

甲	癸	壬	辛	庚	己	戊
戌	酉	申	未	午	巳	辰

甲木이 卯月에 帝旺地를 득하고 양인살(羊刃殺)을 대동하여 왕하며, 丁壬의 간합이 있으니 木氣가 태왕하다. 庚金을 용하며 왕한 木氣를 전벌(剪伐)하면 중화를 이룰 수 있다. 용신은 時支 申中의 庚金이다.

壬申대운 중 申金대운은 본시 용신운이나 卯申 원진(怨嗔)되어 旺木에 庚金의 도끼날이 손상되니 흉하다. 天干에 水火가 투출했으니, 요식업과 유흥주점 계통의 자영업을 했으나 용신이 손상되어 흉운이니 사업을 정리했고, 변업(變業)에 대해 간명(看命)한 것이다. 癸水대운은 본시 한신운이다. 한신은 기신을 극하는 오행이라 사주에 기신이 왕한 경우 한신의 역할이 중요하다. 그러나 丁癸 충살로 한신이 손상되니 앞으로의 운을 기대하기 어렵다. 상기명은 庚辛壬대운은 사업이 평상을 유지했으나, 이후 운세에서 비록 용신과 한신운이나 파극(破剋)되니 문을 닫게 된 것이다.

三月(辰月) 甲木

⊙ 三月은 甲木의 木氣가 다하니, 먼저 庚金을 취하고 다음으로 壬水를 쓴다. 庚金 용신이면 木을 다듬어 동량(棟樑)을 만들고, 壬水로 庚金을 설기하여 木을 윤택하게 하여 줄기와 잎을 무성하게 만든다.

⊙ 庚金, 壬水가 투출하면 국가고시에 합격한다. 다만 대운과 용신이 상생함을 요하니 풍수음덕(風水陰德)이 있으면 富貴한다.

⊙ 一·二개의 庚金을 보면 官星이 旺한 것이니, 홀로 壬水 印星을 取하여 살인상생(殺印相生)해야 하는 것이고, 壬水가 투출하면 청수(淸秀)한 사람이다. 그리고 재주와 학식이 뛰어나다.

⊙ 天干에 두 개의 丙火가 출간하고 庚金이 地支에 감추어지면, 무딘 도끼가 날이 없는 격이니 富貴를 구하기가 어렵다. 만일 壬癸水 印星이 火氣 즉, 食傷을 破하면 수재(秀才)밖에 안된다.

⊙ 사주에 印星이 전혀 없고, 戊己土가 天干에 투출하고, 地支에 土가 중중하면, 財星이 중중한 것이다. 따라서 기명종재격(棄命從財格)이니 富貴를 누리고 처자가 모두 현달(顯達)한다.

⊙ 戊己土를 보고 比劫이 많은 자는 이를 잡기탈재(雜氣奪財)라 하니, 이 사람은 늙도록 고생하고 사람이 용렬하여 가정을 꾸려나가지 못한다. 그러나 사주에 양인살(羊刃殺)이 있으면, 칼로 재산을 균등하게 분배해주는 역할을 하니 흉사는 다소 줄어든다.

女命이 이와 같으면, 남자의 권리를 쥐며 현명하게 내조하나, 만일 比劫을 거듭 보면 "군비겁쟁재(群比劫爭財)"라 하니 음악(淫惡)함이 심하고, 예기치 않은 흉사가 자주 발생하고, 요사(夭死)하기 쉽다.

⊙ 地支 金局이면 官星이 太旺하니 食傷의 극제가 필요하여 丁火를 쓴다. 그 외에는 丁火를 쓰는 경우가 없다.

> 用神 : 庚 壬

庚	甲	壬	丙
偏官		偏印	食神
午	辰	辰	寅
傷官	偏財	偏財	比肩

己	戊	丁	丙	乙	甲	癸
亥	戌	酉	申	未	午	巳

甲木 日干이 辰中에 뿌리를 박아 有氣하고, 印星과 比肩이 있으니 약하지 않다. 月·日支의 財星이 왕하니 왕한 財星의 기운을 설기시키고, 日干 甲木을 극제하여 중화를 요함이니 時干 庚金으로 용신을 잡는다. 庚金 용신은 月支와 日支의 습토(濕土)의 생조를 받으니 왕하다. 용신이 왕강하니 상서(尙書 = 지금의 장관)벼슬을 하였다. 대운이 申酉戌 서방 金運 용신운으로 흐르니 吉하게 되었다.

丁	甲	壬	丙
傷官		偏印	食神
卯	辰	辰	寅
劫財	偏財	偏財	比肩

己	戊	丁	丙	乙	甲	癸
亥	戌	酉	申	未	午	巳

위의 사주와 時가 다를 뿐이다. 지지에 寅卯辰의 방합목국이나 辰月이라 때를 잃었다. 따라서 木氣가 태왕한 것은 아니다. 甲木이 辰土에 뿌리를 박고 比劫이 있으니 신왕사주이다. 사주에 庚金이 없으니 극제하지 못하고, 설기(洩氣)하는 時干 丁火로 용신을 잡는다. 時干 丁火는 年支 寅木에 통근하고 年干 丙火의 同氣가 있으니 약하지 않다. 현재의 장관벼슬을 했다. 申酉戌 金大運에는 순탄치 못했다.

戊	甲	甲	壬
偏財		比肩	偏印
辰	寅	辰	午
偏財	比肩	偏財	傷官

辛	庚	己	戊	丁	丙	乙
亥	戌	酉	申	未	午	巳

　甲木 日干이 辰月에 생하여 실기하였으나, 寅辰 사이에 卯木이 탄함(吞陷)되었다고 논하니, 天干의 甲木을 끌어와 암암리에 寅卯辰의 방합목국을 형성하여 身旺하다 판단한다. 旺木이 戊辰土 財星을 극하여 탈재(奪財)가 심하니 고빈(孤貧)한 命이다. 木旺하니 극제하는 庚辛金이나 설기(洩氣)하는 丙丁火를 용신으로 잡아야 하는데, 年支 午中의 丁火는 年干 壬水의 극제가 심하고, 月支 辰土에 회화(晦火)되니 무력하다. 태원(胎元)은 乙未라, 庚辛金이 없으니 태원(胎元)에서 용신을 끌어올 수 없고, 대운에서 끌어오는데 申酉戌대운에서 지장간의 庚金을 용신으로 끌어온다. 庚金은 官星으로 자식으로 보는데 왕한 木氣에 억눌려 심히 태약하니 자식이 없었고, 초년, 중년운이 巳午未의 기신운이니 고빈(孤貧)한 命으로 승려가 되었다. (태원은 1권 이론편 간명비결편을 참조)

丙	甲	壬	辛
食神		偏印	正官
子	戌	辰	丑
正印	偏財	偏財	正財

乙	丙	丁	戊	己	庚	辛
酉	戌	亥	子	丑	寅	卯

　辰月은 화왕절로 진기(進氣)하는 계절이니 木氣가 쇠잔(衰殘)하다고 하나, 습토(濕土)인 辰土에 뿌리를 박고 있으니 약하지 않다. 곡우(穀雨) 전은 나무에 아직 수분이 남아있으니 木氣가 태약하지 않으므로 庚金을 용하고, 곡우(穀雨) 후는 화왕절로 보아 木氣가 메마르니 水氣가 필요하다. 상기명은 三月 하순에 태어났으니 月干 壬水

를 용신으로 잡는다. 본시 癸水를 用해야 하나 不透했으니 부득이 壬水를 쓰는 것이다. 眞神을 쓰지 못하고 假神을 쓰니 사주가 귀격이 되지 못한다. 천간에 官印이 투출하여 상생하니 공직자의 명이다.

丁亥대운에 사무관 승진운을 간명한 것인데, 丁火運은 정임합목의 한신운이라 힘들고, 亥水運은 용신운이니 기쁜 소식이 있다. 용신 壬水가 坐下 辰土에 수고(水庫)를 깔고, 子水에 통근하니 약하지는 않으나, 財星인 戊己土가 왕하여 壬水를 혼탁하게 하는데, 甲木의 투출이 없어 소토(疏土)하지 못하니 귀격이 되지 못하는 것이다. 아울러 壬水 대신 癸水가 천간에 투출하면 귀격을 이루었을 것이나, 壬水는 대해수(大海水)라 甲木을 쓸어갈까 염려스럽다. 즉, 格이 맞지 않는 것이다. 아울러 癸水는 하늘의 우로(雨露)라 자연적으로 얻어지는 것이니 사용함에 힘들지 않으나, 壬水는 강호(江湖)의 물이라 끌어다 씀에 수고로움이 따르니 壬水를 용하면 귀격이 못되는 것이다.

甲木(三夏)

◉ 三夏의 甲木은 火氣가 염염(炎炎)하니 조후(調候)를 중시한다. 고로 癸水를 중히 쓰고, 丁火, 庚金도 필요하다.

◉ 四月은 아직 봄의 기운이 남아 있어 체용(體用)에 따라 丁火도 필요하고, 癸水도 필요하다. 또한 庚金이 투출해야 귀격이다.

◉ 五月은 맹하절(孟夏節)이므로 특히 水氣가 필요하다. 따라서 癸水, 丁火, 庚金 순이다.

◉ 六月은 火氣가 퇴기하고 금계절(金季節)로 넘어가는 길목이므로, 체용(體用)에 따라 丁火가 필요하고 다음이 庚金이다.

四月(巳月) 甲木

◉ 四月에 甲木이 퇴기하고 丙火가 권세(權勢)를 잡게 되니, 먼저 癸水를 쓰고 뒤에는 丁火를 쓴다.

◉ 庚金이 태다하면 甲木이 病이 되나, 壬水를 얻으면 중화를 이루며, 성질이 청(淸)

함을 바라나 富貴를 가장하고, 음흉한 면도 있으나 현달(顯達)한다. 시비다툼을 잘 일으키고, 교묘한 말로 궤변(詭辯)을 일삼고, 시문(詩文) 짓기를 좋아한다.

◉ 一位의 庚金과 二位의 丙火가 있으면 약간의 부귀가 있으나, 金이 많고 火가 적으면 하격이다.

◉ 癸水, 丁火, 庚金이 출간하면 국가고시에 합격한다. 풍수가 미흡하더라도 재주가 있다.

◉ 癸水가 天干에 투출되지 못했으면, 庚金과 丁火가 있더라도 부중소귀(富中小貴)요 특수관직(정보, 수사, 비밀외교 등)에 근무한다. 壬水가 출간하면 富가 있다.

◉ 癸水가 없고, 또한 庚金과 丁火도 없고, 丙火, 戊土만 태다하면 無用之人이다.

> 用神 : 癸 庚

乙	甲	乙	丁
劫財		劫財	傷官
亥	寅	巳	卯
偏印	比肩	食神	劫財

戊	己	庚	辛	壬	癸	甲
戌	亥	子	丑	寅	卯	辰

甲木이 巳火節에 생하여 실기했지만 比劫이 중중하고 印星이 있으니 신강사주이다. 時支 亥水는 日支 寅木과 六合되어 甲木 日干을 보조(補助)함이 태다하다. 따라서 용신은 왕한 木氣를 설기시키는 年干 丁火를 잡는다. 巳中에 庚金 官星을 숨겨놓았으니, 비록 무딘금이지만 벽갑인정(劈甲引丁=甲木을 부수어 丁火를 생함)할 수 있다.

甲	甲	癸	丙
比肩		正印	食神
子	戌	巳	午
正印	偏財	食神	傷官

```
庚 己 戊 丁 丙 乙 甲
子 亥 戌 酉 申 未 午
```

甲木 日干이 巳火節에 생하여 실기하였고, 財와 食傷이 왕하니 신약사주이다.
따라서 印星인 月干 癸水를 용신으로 삼아 日干을 생조해주어야 한다.

식신생재격(食神生財格)이고, 지장간(支藏干)에 官星이 있으며 대운의 흐름이 申酉
戌亥子의 희신과 용신운이니, 부귀겸전(富貴兼全)하고 현재의 장관벼슬을 했다.

```
(女命)
  丁        甲        丁        癸
 傷官               傷官       正印

  卯        子        巳        卯
 劫財      正印      食神       劫財

 甲  癸  壬  辛  庚  己  戊
 子  亥  戌  酉  申  未  午
```

甲木이 巳火節에 생하여 丙火가 사령(司令)하니 설기가 심하다. 투출된 두 개의
丁火가 巳宮에 통근하고, 역시 甲木의 기운을 설기시키니 印星과 劫財가 있더라도
신약하다. 생조하는 年干 癸水 印星이 용신이다.

직업을 논함에는 여러 방편이 있지만 우선 用神의 오행과, 日干의 오행, 天干에
투출한 六神의 성정(性情)을 보고 판단한다. 丁火 傷官이 月令에 뿌리를 박고 투출
했으니 예체능과 연관되고, 日干이 甲木이니 가구, 목재, 인테리어, 의류, 서적,
출판 등과 연관된 직업이다. 의류업 판매를 하고 있다. 庚申, 辛酉대운은 희신운이
니 사업이 잘 풀려 나갔으나, 壬水대운에 변업(變業)을 간명한 것이다. 壬水는 본시
용신운이나 丁壬 간합목국의 한신운으로 바뀌니 길하지 못하다. 戊土대운 이후도
썩 길하지 못하니 변업(變業)해도 발복(發福)이 없는 것이다. 이런 경우는 사업을 정
리하고 봉급생활자의 길을 택함이 현명한 것이다.

月支 巳宮의 庚金이 偏官으로 남편인데, 同宮의 丙火의 극제를 받으니 태약하다.
남편과의 연이 적은 것이다. 또한 용신의 旺衰로 남편운을 보는데, 癸水 용신이

사화절에 태약하고, 지지의 子卯 刑殺로 뿌리가 손상되고, 丁癸 沖殺로 역시 癸水가 손상되니 남편의 運도 쇠약하며 부부해로하기 힘들다고 판단하는 것이다. 아울러 日支宮이 남편궁인데, 印星이 있으며 오귀살(五鬼殺)과 교신살(絞神殺)과, 도화살(桃花殺)을 대동하니 고부간의 갈등이 부부연을 갈라서게 하는 주원인이라 판단한다.

五月(午月) 甲木

◉ 五月 甲木은 木性이 허초(虛焦 = 허하고 지침)하니, 癸水를 먼저 쓰고, 丁火를 뒤에 쓰고, 庚金이 나중이 된다.

◉ 만약 五.六月에 癸水가 없으면 丁火를 써도 좋으니, 運이 북방수운으로 行함을 좋아한다.

◉ 五月은 하지(夏至)를 분극으로, 夏至 前은 四月과 같이 보고 癸水가 필요하고, 夏至 後는 六月과 같이 보고 丁火의 氣가 퇴기하므로 癸水가 꼭 필요치는 아니하니 부득이 사주원국(四柱原局)에 없으면 丁火를 쓴다.

◉ 五月에 癸水와 庚金이 투출하면 최상의 격이다.

◉ 천간에 一位 己土가 있어 化氣格을 이루면, 대운이 旺地로 흐를 경우, 火가 土를 생하여 대부귀격을 이룬다. 甲己化土格은 火를 용신으로 잡는다.

◉ 살중신경(殺重身輕 = 七殺이 旺하고 日干이 弱함)이면 선부후빈(先富後貧)이다. 行運에서 도와줌이 없으면 가난하거나 요사(夭死)한다.

◉ 庚金이 많은데 丙丁火가 있어 극제하고, 壬癸水가 투출되어 金氣를 설하면 선빈후부(先貧後富)한다.

◉ 木火傷官者(甲乙木 日干이 午·巳節에 生한 경우)는 총명, 교지(巧智)하나, 남녀 공히 질투와 시기가 많고 一心이 없다.

◉ 사주에 土가 많고 乙木이 투출이면, 甲木의 뿌리가 있는 것이고 有氣한 것이니 기명종재격(棄命從財格)으로 보면 안된다.

◉ 月干과 時干에 己土가 있으면 쟁합(爭合)이라 하니, 남자는 쓸데없이 분주하고 여자는 情이 많다. 만약 二位의 甲木이 天干에 투출하면 쟁합이라 하지는 않으나 평범하다.

◉ 地支에 辰土가 있고 天干에 두 개의 己土와 甲木이 있으면, 이는 기명종재격

(棄命從財格)이니 부귀쌍전(富貴雙全)이다.

◉ 己土가 있고 戊土가 없으면 이는 가종격(假從格)이다. 처자가 가권(家權)을 장악하고, 印星이 없으면 빈천(貧賤)하다.

用神 : 癸 丁 庚

甲	甲	丙	丁
比肩		食神	傷官
子	寅	午	巳
正印	比肩	傷官	食神

己	庚	辛	壬	癸	甲	乙
亥	子	丑	寅	卯	辰	巳

甲木 日干이 오화절에 生하여 설기가 심하다. 따라서 年柱와 月柱의 왕한 火氣를 극제할 印星이 있어야 중화를 이룬다. 용신은 子中의 癸水를 쓴다.

癸卯, 壬寅대운에 大發하여 시랑(侍郎)벼슬을 했다.

乙	甲	甲	辛
劫財		比肩	正官
亥	午	午	巳
偏印	傷官	傷官	食神

丙	丁	戊	己	庚	辛	壬	癸
戌	亥	子	丑	寅	卯	辰	巳

"목화상관격(木火傷官格)"이다. 甲木 日干이 오화절에 生하여 地支에 火局을 형성하니 설기가 태다하다. 甲木이 旺火에 고사(枯死)할 지경이니 壬癸水로 火氣를 극제하고, 日干 甲木을 생조해야 사주가 중화를 이룰 수 있다. 용신은 時支 亥中의 壬水이다.

用神 : 壬水

喜神 :　　金
忌神 :　　土
閑神 :　　木
仇神 :　　火

時支 亥水 正印은 용신이나, 年支 巳火와 巳亥 상충으로 손상되어 無力하다. 年干 辛金 正官은 旺火에 극제를 심히 받으니 역시 무력하다. 官과 印이 모두 무력하니 공직자의 길을 가지 못했고, 印星이 용신이라 두뇌가 명민하여 일류대를 졸업했으나, 운세의 흐름이 흉운이니 재물운도 여의치 않았고, 평생에 뜻을 펴지 못한 것이다.

◉ 辛卯대운은 辛金이 본시 희신이나 時干 乙木과 沖이 되어 희신이 손상되었고, 卯木은 한신운이니 일찍이 시작한 무역업이 번창하지 못했다.

◉ 庚寅대운은 庚金 희신이 甲庚 沖으로 역시 손상되었고, 寅木은 한신운이니 일희일비(一喜一悲)했다.

◉ 己丑대운은 己土가 甲己合土의 기신운이고, 丑土대운은 본시 기신운이나 午火와 원진살이 되어 왕한 火氣를 회화(晦火)하니 흉변길이 되었다. 무애무덕했다.

◉ 戊子대운은 戊土가 기신운이고, 子水는 용신운이나, 司令하여 旺한 午火에 子午 沖殺로 쇠자충왕(衰者沖旺)하여 旺神인 火氣를 더욱 분발(奮發)시키니 이때 卒하였다.

(女命)			
戊	甲	戊	戊
偏財		偏財	偏財
辰	子	午	戌
偏財	正印	傷官	偏財
庚 辛 壬 癸 甲 乙 丙 丁
戌 亥 子 丑 寅 卯 辰 巳

甲木 日干이 오화절에 실기하였고, 財星이 중중하니 신약사주이다. 日支에 子水 正印이 있으니 종격이 될 수 없고, 억부법을 적용하여 日干을 생조하는 日支 子中

의 癸水로 용신을 잡는다.

女命에 財星이 중첩되면 시댁과의 연이 적은 것이니 결혼운이 좋지 않다. 寅木대운에 寅午戌 삼합화국의 구신운이니 이혼했고, 사주에 흉살들이 많으니 매사 풀리지 않아 결국 절에 들어가 공양주보살이 되었다. 丑子亥 대운은 용신운이니 길운이 도래할 것이라 판단한다.

六月(未月)甲木

◉ 六月 甲木은 木性이 허초(虛焦 = 허하고 지침)하니 五月과 같은 이치로 본다.

◉ 六月은 삼복(三伏)에 한기(寒氣)가 生하니 火氣가 퇴기하므로, 먼저는 丁火를 쓰고 庚金을 뒤로 쓰니 癸水가 없어도 역시 좋다.

◉ 六月에 庚金과 丁火가 투출하면 역시 上格이다.

◉ 만약 六月에 癸水가 없으면 丁火를 써도 좋으니, 運이 북방수운으로 行함을 좋아한다.

用神 : 丁 癸 庚

戊	甲	癸	乙
偏財		正印	劫財
辰	子	未	巳
偏財	正印	正財	食神

丙	丁	戊	己	庚	辛	壬
子	丑	寅	卯	辰	巳	午

재다신약격(財多身弱格)의 사주이다. 日干을 생조하는 月干 癸水를 용신으로 잡는다. 용신인 癸水는 地支에 子辰 반합수국으로 통근(通根)되어 왕하므로 富貴를 누렸다. 다만 年支 巳中의 庚金을 자식(아들)으로 보는데, 旺한 水氣와 財星에 설기를 당하고, 미토절은 火氣가 퇴기하는 시점이라 무력하니, 巳中의 庚金 역시 무력하여 자식이 없었다.

未土月의 甲木은 메마르고 허초(虛焦)하니 癸水와 丁火를 떠나 용신을 생각할 수 없다. 상기는 甲己合土의 化格이다. 화격의 경우는 化된 五行의 왕쇠를 따져 용신을 정하는데, 상기처럼 土氣가 旺하면 극제하는 五行이 필요하지만, 甲木이 허초(虛焦)하니 甲木을 용신으로 잡을 수 없는 것이다. 土가 旺하니 甲木이 갇히게 되어 "囚"가 되니 丁火를 쓸 수 없고 癸水를 사용한다. 사주원국에 癸水가 없으니 時干 壬水를 용신으로 잡는다. 용신이 格에 맞지 않으니 그만큼 길하지 못한 것이다.

대운의 흐름이 午巳辰卯寅의 구신과 한신운이니 은행원으로 입사하여 승진이 여의하지 못했다. 여명의 財星은 시댁과 연관지어 생각하니 상기처럼 財星이 旺하면 결혼운은 길하지 못하다고 판단하는 것이다.

癸	甲	丁	丁
正印		傷官	傷官
酉	戌	未	未
正官	偏財	正財	正財

庚	辛	壬	癸	甲	乙	丙
子	丑	寅	卯	辰	巳	午

未土月은 화왕지절을 지나 금왕지절로 進氣하는 과정이니, 甲木은 火氣에 탈수 (脫水)되어 木性이 메마르고 허초하다. 지지에 財星이 중중하니 재다신약이다. 印星을 용하여 日干을 생조하고, 화염토조(火炎土燥)하니 沙土에 水氣를 더하면 甲木이 뿌리를 내릴 수 있어 자연 중화를 이룰 수 있다. 용신 癸水가 쇠약하니 길하지 못하

다. 壬寅대운에 부부간 다툼이 잦아 이혼 여부를 간명한 것인데, 財星이 기신에 해당하니 부부연이 적다고 논하고, 月·日支가 戌未 刑破되어 財星과 日支宮을 손상시키니 처복과 재복이 없어 부부해로하기 힘든 명조다. 壬水대운의 己丑세운에 甲己合土의 기신운과 丑戌未 三刑殺로 妻인 財星을 刑하니 이혼을 피할 수 없다. 이후의 丑子亥대운은 용신운이니 다소의 발전이 있을 것이다.

甲木(三秋)

◉ 三秋의 甲木은 木性이 마르니, 金과 土가 승왕(乘旺)하다. 먼저 丁火를 쓰고 뒤에 庚金을 쓴다.

◉ 丁火, 庚金이 兩全하면 甲木이 조경(造庚)된 기물(器物)의 자루가 된다. 丁火가 아니면 능히 庚金을 단련하지 못하고, 또한 庚金이 아니면 능히 材木을 만들지 못한다. 그러므로 丁火, 庚金이 양투(兩透)하면 동량지재(棟梁之材)가 되니 국가고시에 합격함이 확실하다.

◉ 申月의 甲木은 庚金 투출시, 申에 녹성(祿星)이 居하는 것이니, 金水運으로 흘러 살인상생(殺印相生)되면 몸이 명군(明君)과 같이 앉아 놀게 된다. 大貴格이다.

◉ 庚金이 투출하고 丁火가 없으면 제살(制殺)하지 못하여 富만 있을 따름이고, 위인이 조바심이 너무 많아 안락할 수 없다.

◉ 丁火가 투출하고 庚金이 지장간에 있으면 작은 富는 허락한다. 혹시 庚金이 많고 丁火가 없으면 제살(制殺)하지 못하니 잔병(殘病)이 있는 사람이다. 이런 명조자는 승려(僧侶)가 되면 재액(災厄)을 면하게 된다.

七月(申月) 甲木

◉ 丁火로 으뜸을 삼고 庚金으로 次位를 삼는다. 庚金은 가히 적을 수가 없다. 따라서 庚金과 丁火가 투출하고 지지에 통근하면 大富貴格을 이룬다. 만약 丁火가 투출하지 못하고 丙火가 투출하면 格이 떨어진다.

◉ 火가 水를 격(隔)하면 능히 金을 제련하지 못하므로 반드시 甲木의 부조를 얻어야 한다. 이렇게 되면 홍로(洪爐)를 이루게 되나, 만일 癸水가 가로막으면 丁

火를 멸(滅)하게 된다.

⊙ 壬水는 거리낌이 없으나 丁火와 가까이 하면 合하게 되니, 戊土를 보아 水를 제압하여 火를 보존한다.

⊙ 申宮에는 己土, 戊土, 壬水, 庚金이 암장되었는데, 庚金은 녹왕지이고, 壬水는 장생지이다. 日干 甲木에서 庚金은 官殺이고 壬水는 偏印이니 同宮에서 殺印相生을 이루게 된다. 따라서 용신이 庚金이고, 金水대운으로 흐르면 반드시 大貴格을 이루는 것이다.

⊙ 庚金이 투출하고, 丁火가 불투(不透)하면 富만 있고, 성격이 우유부단하다. 丁火가 투출하고 庚金이 암장되면 小富에 불과하다.
庚金이 중중하고 丁火가 없으면 잔병이 많은데, 승도(僧道)로 가면 재액은 면할 수 있다.

⊙ 庚金과 戊己土가 중중한데, 壬癸水가 없으면 丁火로 制金하면 길하다.
이때 土氣가 화난(和暖)하면 大富格이고, 丁火가 암장되면 富貴가 작고, 財星인 土氣가 투출하면, 風水가 미흡하더라도 大富格을 이룬다.
丁火가 두 개 투출했는데 사절(死絶)地가 아니면 富貴格을 이룬다.

用神 : 丁 庚 壬

丁	甲	丙	丙
傷官		食神	食神
卯	寅	申	午
劫財	比肩	偏官	傷官

癸	壬	辛	庚	己	戊	丁
卯	寅	丑	子	亥	戌	酉

사주에 丙丁火 食傷이 많아, 月支 申金 偏官을 지나치게 제극하니, 月支 申中의 庚金을 용신으로 잡아 왕한 食傷의 기운을 억제하고, 食傷을 생조해주는 比劫의 기운도 견제한다. 戊戌대운 희신운에 관직에 올라, 庚辛金運에 발전했다.

丁	甲	壬	己
傷官		偏印	正財
卯	戌	申	亥
劫財	偏財	偏官	偏印

乙	丙	丁	戊	己	庚	辛
丑	寅	卯	辰	巳	午	未

月支 申金이 財星의 生을 받으니 官殺이 왕하다. 이를 억제할 수 있는 것은 時干 丁火인데, 丁火는 月干 壬水와 간합목국이 되어 본분을 망실했으니 미약하다. 사주에 印星의 水氣가 왕하여 地支에 卯戌 반합화국이 있다 하나, 금왕지절(金旺之節)에 무력해져 丁火가 의지할 곳이 없으니, 비록 용신으로 丁火를 잡았으나 용신이 쇠약(衰弱)하다. 따라서 재주는 있으나 변변히 행세를 하지는 못했다.

乙	甲	戊	丁
劫財		偏財	傷官
亥	申	申	酉
偏印	偏官	偏官	正官

辛	壬	癸	甲	乙	丙	丁
丑	寅	卯	辰	巳	午	未

申宮의 庚金과 壬水는 月令을 차지하여 왕하고, 六神이 偏官(七殺)과 偏印이라 殺印相生을 이루고 있으나, 月干 戊土가 壬水를 극제하니 旺한 칠살의 기운을 설기(洩氣)시킴이 약하다. 丁火를 용하여 왕한 金氣를 극제하면, 旺金이 日干 甲木을 핍박함을 억제하게 되어 자연 중화를 이룰 수 있다. 時支 亥水 偏印은 申酉金의 생조를 받으니 印星이 왕하다. 따라서 학자의 반열에 올라 未午巳辰卯寅의 용신과 희신 운에 대학사(大學士)가 되었다.

八月(酉月) 甲木

- ⊙ 八月 甲木은 木氣가 휴수(休囚)되고, 金氣가 왕하므로 丁火가 제일이고, 다음은 丙火로 조후를 이루고, 그 다음이 庚金이다.
- ⊙ 一位의 丁火, 庚金이 투출하면 국가고시에 합격한다. 그러나 癸水가 出干하면 丁火를 극제하니 불안하다.
- ⊙ 丙火, 庚金이 투출하면 대부소귀(大富小貴)이고, 丙·丁火가 없으면 승(僧)의 팔자다. 丙火는 丁火 보다 제련하는 힘이 부족하고, 조후용신이 되므로 富는 크나 貴가 작은 것이다.
- ⊙ 丙火 투출에 癸水가 없으면 부귀양전(富貴兩全)이고, 癸水가 있으면 평범한 명조다.
- ⊙ 지지 金局에 庚金 투출이면 나무가 傷함을 당한 格이니 요절하거나 잔질(殘疾)이 많다.
- ⊙ 지지 木局에 比劫이 투출되면 먼저는 庚金으로 전벌(剪伐)하고, 나중은 丁火로 木氣를 설기시킨다.
- ⊙ 지지 火局이면 金을 제극함이 심하여 官星이 상하니 가귀(假貴)에 불과하나, 戊己土가 하나라도 出干하면 부자가 되고, 이에 身旺하면 거부(巨富)의 命이다.

用神 : 丁 丙 庚

丁	甲	乙	乙
傷官		劫財	劫財
卯	子	酉	未
劫財	正印	正官	正財

戊	己	庚	辛	壬	癸	甲
寅	卯	辰	巳	午	未	申

甲木 日干이 日支에 正印이 있고 劫財가 많으니 신강사주이다. 따라서 왕한 木氣를 극제하여 주는 月支 酉中의 庚金을 용신으로 활용한다.

辛巳, 庚辰 대운의 용신운에 지방장관 벼슬에 올랐다.

甲木이 酉金月에 생하여 失氣했지만, 印星과 比劫이 중중하니 신강사주이다. 용신은 월령의 酉中의 庚金이다. 용신은 지지 巳酉 반합금국으로 용신을 부조하니 길하고, 대운의 흐름이 辛巳, 庚辰의 용신운이니 귀격사주이다. 巳대운은 巳酉 반합금국의 용신운이고, 辰대운은 辰酉 육합금국의 용신운이다.

酉金月은 金氣가 더욱 왕해지고 甲木은 더욱 허초(虛焦)해진다. 지지에 巳酉 반합금국이 있어 日干을 극제함이 심하니 丁火를 용하여 金氣를 억제하면 중화를 이룰 수 있다. 지지 巳酉는 반합금국의 官星局이고, 子辰은 반합수국의 印星局이니 지지가 官印相生되고, 運路가 未午巳辰卯寅의 용신과 희신운으로 흘러 부조하니 富貴格을 이루었다.

九月(戌月) 甲木

◉ 九月 甲木은 한기(寒氣)가 왕하니 甲木이 시들고 상한다. 丁火로 木氣를 설기하여 귀기(貴器)를 만들고, 壬癸水로 자부(滋扶)해야 한다. 戊土가 사령(司令)하

제1장 일간/월령별 용신 분석 35

여 木性이 수(囚)되고 土性이 왕강하니, 사주에 土氣가 왕하면 甲木으로 소토(疏土)시켜주고, 壬癸水가 甲木을 자부(滋扶)함이 좋다.

◉ 丁火, 壬水, 癸水가 투출하고 戊己土가 역시 투출하면, 이 운명은 자연 중화됨을 배득(配得)하므로 가히 높은 벼슬을 하게 된다.

◉ 庚金이 지지 申酉에 통근하면 국가고시에 합격한다. 丙丁火 食傷이 많아 金의 官星을 傷하면 가도사문(假道斯門)에 불과하고, 壬癸水가 丙丁火를 破하면 예술가(藝術家) 및 술가(術家)다. 만약 壬癸水의 破火가 없고, 地支에 火局을 이루면 마르고 썩은 나무가 되니 庚金도 소용없다. 하천격이다.

◉ 대체로 甲木이 많고 庚金이 出干하면 大貴하고, 庚金이 지장간에 있으면 小貴한다.

◉ 甲乙木의 比肩이 다시 比劫運을 만나고 庚金의 극제가 없으면, 형제들이 군비겁쟁재(群比劫爭財)되어 가난하고, 쟁송(爭訟)건이 발생하며, 처자를 형상(刑傷)한다.

◉ 甲乙木 比劫이 왕한 九月生으로, 극제가 없고 설기(洩氣)가 없으면 속세의 승려(僧侶)다. 이는 比劫이 중중한데 丁·庚이 없는 경우를 말한다.

用神 : 丁 壬 癸

庚	甲	庚	壬
偏官		偏官	偏印
午	午	戌	午
傷官	傷官	偏財	傷官

丁	丙	乙	甲	癸	壬	辛
巳	辰	卯	寅	丑	子	亥

甲木이 戌月에 뿌리가 없다. 신약하다. 天干 庚金은 月支 戌土에 통근되어 旺하고 日主를 극제함이 심하니 病이 되었다. 아울러 地支는 午戌 반합화국이 있고, 두 개의 午火가 있으니 火氣가 태다하다. 甲木이 설 땅이 없으니 年干 壬水로 메마른 甲木을 자양(滋養)하고 庚金의 기운을 설기시켜야 중화(中和)를 이룰 수 있다. 壬

水는 뿌리가 없으나 태원(胎元)이 辛丑이니, 丑中의 癸水가 있어 壬水를 부조하고 수원(水源)을 연결해준다. 대운의 흐름이 亥子丑의 용신운이니 大發하여 대귀격의 명조가 되었다. 현재의 장관벼슬을 했다.

甲木이 戌月에 비록 실기했지만, 子水의 생조를 받고 比肩이 중중하니 신강사주이다. 丁火와 庚金이 없으니 귀격이 되지는 못하나, 戌月에 戊土가 사령하여 財星이 왕하니, 초년에는 金水의 한신, 구신운이니 빈곤을 면치 못하다가, 己巳, 戊辰대운 용신운에 재물을 많이 모았다.

比劫이 왕하면 재산 다툼이 있는 것이니, 형제간 재물을 골고루 분배해야 다툼이 적은 것이다. 年干 己土 正財를 용신으로 잡는다.

甲木(三冬)

十月(亥月) 甲木

- 亥月의 甲木은 생조됨이 왕하니 먼저 庚金으로 용신을 잡고, 다음에 丁火로 보좌한다. 丙火는 다음이고 壬水의 旺함을 꺼리니 戊土로 제극해야 한다. 壬水가 투출하면 亥中에 뿌리를 박은 것이니 戊土의 제극이 없으면 貴命이 못된다.

- 庚金, 丁火 투출에 역시 戊土가 투출하면 "거탁유청(去濁留淸)"이라 하여 富貴가 극창(極昌)한다. 혹 丁火가 없어도 약간의 富貴는 있다.

- 比劫이 많고 한 개의 庚金이 투출하면, 丁火를 버리고 庚金으로 전벌(剪伐)해야 하니 약간의 부귀가 있다. 이에 혹 地支에 申·亥를 보면 지장간(支藏干)에

戊己土가 있는 것이니 庚金, 丁火를 구출하니 국가고시에 합격한다. 만일 한 개의 己土가 투출되면 약세이니 낮은 관직을 한다.

用神 : 庚丁丙戊

甲	甲	乙	己
比肩		劫財	正財
子	子	亥	巳
正印	正印	偏印	食神

戊	己	庚	辛	壬	癸	甲
辰	巳	午	未	申	酉	戌

지지에 印星이 태왕하니 甲木 日干을 보조(補助)함이 지나치다. "인성다에 요견 재성(印星多에 要見財星)"이라 하였으니, 戊己土를 용신으로 잡아야 하는데 己土가 출간했으니 年干 己土를 용신으로 잡는다. 己土는 地支 巳亥에 통근하니 약하지 않고, 대운의 흐름이 未午巳辰의 희신과 용신운이니 大發한 것이다.

巳午未 남방 火大運 희신운에 크게 발복하여 현재의 장관벼슬을 했다.

甲	甲	癸	癸
比肩		正印	正印
戌	午	亥	未
偏財	傷官	偏印	正財

乙	丙	丁	戊	己	庚	辛	壬
卯	辰	巳	午	未	申	酉	戌

亥子丑 수왕지절의 甲木 日干은 한목(寒木)이니 우선 丙火가 필요하나, 소생(蘇生) 여부 역시 판단해야 한다. 소생(蘇生)의 기미가 없으면 쪼개서 땔감으로 써야하니 庚金으로 용신을 잡고, 소생의 기미가 있으면 火氣가 있어야 꽃피고 열매 맺는 것이니 丙丁火로 용신을 잡는다. 상기는 地支 午戌의 반합화국이 있으니 소생의 기미

가 있다. 甲木이 왕하니 설기시키는 日支 午中의 丁火가 용신이다.

대운의 흐름이 未午巳辰卯의 희신과 용신운이니 길한 사주이다.

壬	甲	己	辛
偏印		正財	正官
申	辰	亥	丑
偏官	偏財	偏印	正財

壬	癸	甲	乙	丙	丁	戊
辰	巳	午	未	申	酉	戌

壬水가 투출하고, 申辰 사이에 天干 壬水를 끌어와 암암리에 삼합수국을 형성하니, 지지에 水氣가 태왕하다. 따라서 용신은 왕한 水氣를 극제하는 月干 己土가 용신이다. 正·偏官이 있으나 申金 偏官은 삼합수국으로 바뀌니 年干 正官 일위만 남게 되어 길하게 되었다. 日支 처궁에 財星이 있고 용신이니 현모양처(賢母良妻)이고, 時柱가 官印相生되니 자식이 효(孝)를 하고 길함이 있는 것이다.

十一月(子月) 甲木

◉ 木性이 한냉(寒冷)하니 丁火를 먼저 쓰고, 庚金을 뒤에, 그 다음에 丙火를 쓴다. 亥月의 甲木은 용신이 庚金이 먼저고 다음이 丁火나, 子月의 甲木은 한기가 태다하니 丁火가 먼저고 다음이 庚金이다.

◉ 癸水가 사령(司令)하니 火金의 病이 된다. 庚丁이 천간에 투출하고 地支에 巳寅이 있으면 고시합격에 버금간다. 묏자리가 명당에 못 미치더라도 벼슬할 수 있으나, 만일 癸水가 투출하여 丁火를 傷하고 戊己土의 구제함이 없으면 잔질(殘疾)이 있는 사람이 된다.

◉ 壬水가 거듭 나오고 丁火가 全無한 사람은 범속(凡俗)한 사람이다. 그러나 丙火를 얻으면 조후를 이루니 발전의 상이 크다.

◉ 壬水 투출에 丙火가 없으면 관록이 높지 못하다.

用神 : 丁庚丙戊

甲	甲	戊	乙
比肩		偏財	劫財
子	寅	子	亥
正印	比肩	正印	偏印

辛	壬	癸	甲	乙	丙	丁
巳	午	未	申	酉	戌	亥

甲木 日干이 比劫이 있고, 地支에 印星이 많으니 신강사주이다. 丁火가 우선 필요하고 다음은 庚金인데, 丁火가 사주원국에 없으니 寅中 丙火로 용신을 잡아야한다. 庚金 官星이 없고 용신이 왕하지 못하니 大貴는 기대하기 어렵다. 巳午未남방화대운에 大富가 되었다. 日支 寅中의 甲戊가 有氣하니 길한 사주가 된 것이다.

印星인 水가 기신이고, 官星이 없어 官印相生하지 못하니 官을 취하지 못하고富만 얻은 것이다.

庚	甲	戊	乙
偏官		偏財	劫財
午	辰	子	巳
傷官	偏財	正印	食神

辛	壬	癸	甲	乙	丙	丁
巳	午	未	申	酉	戌	亥

子月에 한기가 태다한데, 子辰 반합수국의 水氣를 月干 戊土가 잘 억제하고 있다. 時干 庚金 偏官은 戊辰土 財星의 생조를 받아 왕하나, 時支 午火가 왕한 金氣를극제하니 사주가 귀격이 되었다. 巳中 丙火가 조후하고, 午中 丁火가 甲木의 기운을 설하니 사주가 중화되어 무관으로 대장군의 지위에 오른 것이다. 용신은 丁火인데 庚金이 투출하여 벽갑인정(劈甲引丁)하니 용신이 왕강해져 귀격이 되었고, 未午巳 남방화대운에 크게 발복한 것이다. 丁火가 암장되지 않고 천간에 투출했다면문무를 겸하고 관록이 더 높았을 것이다.

庚	甲	甲	癸
偏官		比肩	正印
午	申	子	丑
傷官	偏官	正印	正財

丁	戊	己	庚	辛	壬	癸
巳	午	未	申	酉	戌	亥

甲木이 중하니 庚金을 용하나 丁火가 불투(不透)하니 制殺함이 부족하다. 申子 반합수국으로 印星이 왕한데 극제하는 土氣의 극제함이 부족하니 사주에 결격이 있다. 丑土 財星이 무력하여 큰 富를 얻지는 못했으나, 天干에 官印이 투출하고 지지에 통근하니 小貴를 한 것이다. 戌酉申 용신운에 발달했다.

十二月(丑月) 甲木

- 天氣가 한동(寒凍)하니 木性이 극한(極寒)하므로 發生의 상(象)이 없다.
- 庚金을 써서 甲木을 쪼개어 丁火를 이끌면 비로소 목화통명(木火通明)의 象이 된다. 그러므로 丁火는 庚金의 다음이 된다.
- 벽갑인정(劈甲引丁 = 庚金으로 甲木을 쪼개 丁火를 살림)이 없으면 평범하다.
- 庚金, 丁火가 천간에 투출하면 고시에 합격한다.
- 庚金 투출하고 丁火가 암장되어 있으면 小貴한다.
- 丁火가 투출하고 庚金이 암장되어 있으면 小富貴하고, 庚金이 없으면 빈천(貧賤)하고, 丁火가 없으면 가난한 선비.

用神 : 丙 庚 丁

甲	甲	丁	己
比肩		傷官	正財
子	辰	丑	丑
正印	偏財	正財	正財

庚	辛	壬	癸	甲	乙	丙
午	未	申	酉	戌	亥	子

十二月은 천지가 차니 甲木 日干은 한목(寒木)이다. 벽갑인정(劈甲引丁)하면 묘명
(妙命)이나 庚金이 없으니 귀격이 못된다. 月干 丁火를 용신으로 잡으나 지지에 水
局이니 丁火가 설 땅이 없다. 사주에 庚金이 없고 丑中의 辛金을 쓰나 한금(寒金),
냉금(冷金)이니 벽갑(劈甲)의 역할에 부족하다. 따라서 富는 있으나 貴는 없다.

乙	甲	癸	癸
劫財		正印	正印
亥	午	丑	亥
偏印	傷官	正財	偏印

甲	乙	丙	丁	戊	己	庚	辛	壬
辰	巳	午	未	申	酉	戌	亥	子

사주에 印星이 많아 財星을 용신으로 써야할 것 같으나, 甲木 日干의 十二月은
천지가 차다. 소생의 여부를 따져야 하니, 소생의 기미가 있으면 丙丁火를 용하고,
소생의 기미가 없으면 庚辛金을 용한다. 상기는 日支 午中의 丙火가 있으니 소생의
기미가 있다. 丙火를 용신으로 잡는다.

용신 丙火는 사주에 水氣가 많아 무력하다. 따라서 용신이 약하고, 戌酉申대운
은 구신운이니 고빈(孤貧)하였으나, 이후 未午巳운은 용신운이니 발전이 있었으며
수(壽)는 백세(百歲)를 누렸다.

甲	甲	辛	丙
比肩		正官	食神
子	辰	丑	申
正印	偏財	正財	偏官

```
己 戊 丁 丙 乙 甲 癸 壬
酉 申 未 午 巳 辰 卯 寅
```

甲木 日干이 丑月에 生하여 천지가 차니 조후(調候)가 급하다. 丑月의 甲木은 丁火와 庚金이 있어 벽갑인정(劈甲引丁)되면 귀격이고, 또한 소생(蘇生)여부를 살펴야 하는데, 소생할 수 있으면 조후가 필요하니 丙火를 용해야 하고, 소생의 기미가 없으면 庚金 도끼로 쪼개어 火木으로 사용해야 한다.

地支 申子辰은 삼합수국의 印星이고, 天干의 丙辛은 간합수국이니 水氣가 태왕하다. 地支 申丑辰에는 지장간에 戊己土가 있으니 甲木 日干이 水氣가 태왕해도 표류(漂流)하지는 않는다. 뿌리를 내릴 수는 있는 것이다. 따라서 申中 庚金이 암장되어 벽갑(劈甲)의 역할은 하니 丁火를 용신으로 잡아야 하는데. 사주원국에 丁火가 없으니 年干 丙火를 용신으로 잡는다. 丙火는 地支에 통근하지 못하니 쇠약하여 財星을 生하지 못한다. 따라서 지지에 財星이 있지만 곤궁을 면치 못하는 것이다. 상기사주는 水氣가 태왕하니 庚金을 용신으로 쓰지 못한다.

- 印星인 水氣가 태왕하여 기신이니 머리는 명민했지만 학문으로 성공하지 못했다.
- 月干 辛金 正官과 年支 申金 偏官은 丙辛 干合과 申子辰 三合되어 印星으로 바뀌니 역시 官을 써먹을 수 없는 사주이다. 또한 官과 印이 구신과 기신이니 공직자의 길을 가지 못하고 공기업에 근무하게 된 것이다.
- 남명의 용신은 아들로 보는데 용신 丙火가 무력하니 아들과의 연이 적다고 판단한다.
- 사주에 火氣가 약하여 丑辰의 土氣 財星이 습하여 꽁꽁 얼어붙으니 해동(解凍)하여 활용할 수가 없다. 남명에서 財星은 처로 보니 또한 처와의 연도 적다고 판단한다.
- 寅卯辰巳 대운은 희신운이니 대과(大過)없이 지냈다.
- 丙午대운은 丙火가 丙辛 合水의 기신운이고, 午火는 子午 충살이 되니 흉운이다.
- 丁未대운은 용신과 한신운이니 이전의 금전적인 어려움이 다소 회복되었다.
- 戊申, 己酉 대운은 한신과 구신운이니 크게 발복을 기대하기 어렵다.

丁	甲	辛	丙
傷官		正官	食神
卯	申	丑	申
劫財	偏官	正財	偏官

戊	丁	丙	乙	甲	癸	壬
申	未	午	巳	辰	卯	寅

　甲木이 엄동절(嚴冬節)에 생하여 천지가 차다. 소생(蘇生)의 기미가 있으면 丙火를 용하여 화난(和暖)하게 하고, 소생(蘇生)의 기미가 없으면 庚金으로 벽갑(劈甲)하여 丁火를 살린다. 따라서 벽갑인정(劈甲引丁)하여 목화통명(木火通明)을 이루면 사주가 귀격이 된다. 年干 丙火는 辛金과 간합수국의 印星으로 바뀌니 소생(蘇生)의 기운을 더해주는 丙火가 무력해졌다. 따라서 용신은 時干 丁火이다. 官殺이 왕한데, 月干 辛金 正官은 간합수국의 印星으로 化하고, 日支 申金 偏官은 卯申 원진살로 去殺되니, 年支 申金 偏官 一位만 남게 되고, 年·月干의 간합수국의 印星과 살인상생되니 사주가 길해졌다. 丙火대운 용신운에 사무관으로 승진했다. 상기명은 한습지기(寒濕之氣)가 왕하여 결격(缺格)인데, 丙火가 떨어져 있어 간합되지 않고 난조지기(暖燥之氣)를 더하고, 庚金이 투출했으면 더욱 길한 命이 됐을 것이다.

(女命)			
戊	甲	辛	辛
偏財		正官	正官
辰	子	丑	亥
偏財	正印	正財	偏印

戊	丁	丙	乙	甲	癸	壬
申	未	午	巳	辰	卯	寅

　丑月의 甲木은 한목(寒木)이다. 지지에 亥子丑의 방합수국이 丑月이라 비록 때를 잃었지만 水氣가 태왕하다. 소생의 기미가 있으면 丙火를 용하고, 소생의 기미가 없으면 甲木은 땔감으로 밖에 쓸 수 없다. 時干의 戊土는 亥丑辰에 통근하여 약하

지 않으니 능히 旺水의 제방을 쌓을 수 있다. 사주가 대체로 한습지기(寒濕之氣)이니 난조지기(暖燥之氣)가 필요하여, 丙丁火가 필요한데, 丑月의 진흙토가 水氣를 더하여 더욱더 얼어붙었으니 丙火의 조후(調候)가 급하다. 태원(胎元)과 형습의 관계에서 용신을 끌어오지 못하니 행운에서 용신을 끌어오는데 巳午未 남방화지에서 丙火 용신을 끌어온다.

천간의 두 개의 正官은 偏官으로 논하는데 극제하는 火氣가 없으니 길하지 못하고 기술직이다. 年支 亥水에 偏印이 있어 관인상생하나, 사주가 한습(寒濕)한데 일점의 난조지기(暖燥之氣)가 없으니 길함이 적은 것이다. 난조지기(暖燥之氣)가 들어오는 丙午대운에 발전이 있을 것이다.

2. 을목乙木 일간日干

乙木(三春)

◉ 三春의 乙木은 지란호초(芝蘭蒿草)이니 丙火, 癸水를 떠날 수가 없다.

◉ 춘절(春節)에 乙木이 丙火를 보면 꽃나무가 양기(陽氣)를 얻음이니 만상(萬象)이 회춘(回春)하는 格이다.

◉ 癸水가 근기(根氣)를 자양(滋養)하니 丙火, 癸水가 天干에 나란히 투출되면 화합, 제극이 없으니 자연히 국가고시에 합격한다. 그러므로 乙木이 亥水에다 뿌리를 깊이 뻗으면 양지가 좋고 음지는 좋지 않다. 이는 표부(漂浮)하고 뿌리가 썩는 것을 무서워함이니, 戊己土가 있어 水를 극제함이 있으면 길한 命이며 굳이 金이 필요치 않다.

一月(寅月) 乙木

◉ 반드시 丙火를 쓰는데 아직 한기(寒氣)가 남아 있을 때이니 丙火가 아니면 따뜻할 수 없다.

◉ 癸水가 있어 자양(滋養)하더라도 한기가 두렵다. 그러므로 丙火를 먼저 쓰고

癸水를 뒤에 쓴다.

◉ 丙火, 癸水가 투출하면 국가고시에 합격한다.

◉ 丙火는 있는데 癸水가 없으면 문호(門戶)는 열린다.

癸水는 있는데 丙火가 없으면 陰木인 乙木이 생장하지 못하여 길하지 못하다.

丙火가 중중하고 癸水가 적으면 핍절(乏絶)되므로, 독양(獨陽)이 길지 못하여 단지 재물만 밝히는 하천인이다.

丙火가 적은데 癸水가 많으면 丙火를 피곤하게 하니 관직에 등용이 어렵다.

◉ 癸水, 己土가 중중하면 습토(濕土)의 木이 되어 뿌리가 썩을 염려가 있으니 下格이다.

用神 : 丙 癸

丙	乙	壬	丁
傷官		正印	食神
子	卯	寅	丑
偏印	比肩	劫財	偏財

乙	丙	丁	戊	己	庚	辛
未	申	酉	戌	亥	子	丑

寅月의 乙木 日干은 아직 한기가 남아 있으니 따뜻하게 하여 줄기와 잎을 무성하게 할 조후(調候)가 급하다. 時干의 丙火를 용신으로 잡는다. 丙火는 地支 寅卯木의 생조를 받으니 旺하다. 月干 壬水가 病인데 丁壬 合木의 희신으로 바뀌니 평생 복록을 누리고 벼슬은 상서(尙書=현재의 장관)에 이르렀다.

乙	乙	甲	癸
比肩		劫財	偏印
酉	亥	寅	丑
偏官	正印	劫財	偏財

```
丙 丁 戊 己 庚 辛 壬 癸
午 未 申 酉 戌 亥 子 丑
```

乙木 日干이 寅月에 득기했고 사주에 比劫이 많으니 신강사주이다. 乙木은 봄에
는 지란호초(芝蘭蒿草)니 寅月에 아직 한기가 남아있어 따뜻한 기운이 없으면 성장
하기 힘들다. 따라서 丙火가 우선이고, 다음은 癸水다. 水氣가 많으면 뿌리가 썩을
염려가 있고, 戊己土가 없으면 뿌리를 내릴 수 없다. 상기는 丙火가 투출됨이 없고,
年支 丑土 偏財를 중첩(重疊)된 比劫이 탐(貪)하니 "군비겁쟁재(群比劫爭財)"되어 평범
한 명조다. 용신은 月支 寅中의 丙火를 잡는다.

丑土 偏財는 "군비겁쟁재(群比劫爭財)"되어 손상되니 결혼운이 적었다. 대운의 흐
름이 丑子亥戌酉申의 기신과 구신운인데, 庚戌대운 中 戊子歲運에 戊土가 年干 癸
水 기신과 간합화국이 되어 용신운이 되니 이때 결혼했다.

比劫이 중중하여 파격이니 운전직, 정비직, 청소업 등의 편업된 직업을 주로 갖
는다. 화물차 운송업을 했으나 운로가 기신운이니 어려움이 많았다.

```
辛            乙        丙        甲
偏官                    傷官      劫財

巳            卯        寅        申
傷官         比肩      劫財      正官

壬   辛   庚   己   戊   丁
申   未   午   巳   辰   卯
```

乙木 日干이 寅月에 생하여 得氣하였고, 比劫이 중중하니 身旺하다. 寅月은 한
기가 남아 있으며, 아울러 신왕하니 木氣를 洩하는 丙火를 用하여 중화를 이루어야
한다. 官殺이 혼잡되나, 지지 寅申 沖으로 正官을 剋去하니, 時干 一位 偏官만 남
게 되어 귀격을 이루었다. 또한 卯巳 사이에 辰土 財星이 탄함(呑陷)되었다. 암암리
에 財가 辛金 偏官을 생하고 巳申에 통근하는데, 乙辛 沖하여 偏官을 잘 억제하니
귀격이 되어 왕후장상(王侯將相)의 명조가 된 것이다. 運路가 卯辰巳午未의 희신운
과 용신운이니 大發한 것이다. 명리정종에 기재된 명조이다.

二月(卯月) 乙木

◉ 양기(陽氣)가 점점 올라 나무가 춥지 않으니 丙火로 용신을 잡고 癸水로 보좌한다.

◉ 丙火, 癸水가 함께 투출(透出)하고 庚金이 불투(不透)하면 大富大貴한다.

◉ 庚金이 出干하고 地支에 辰土가 없으면 生金을 못하니, 癸水가 出干하여 자목(滋木)을 해주면 貴하다.

◉ 지지 亥卯未 삼합목국이 甲乙을 만나면 종격으로 논하는 것이니 부귀는 의심할 바 없다. 木이 寅卯辰 동방에 온전하면 공명(功名)이 있다.

◉ 生木은 뿌리에 묻힌 쇠를 꺼리니, 地支에 庚辛金이 있으면 그 뿌리를 손상시켜 나무가 썩는다.

◉ 卯月의 乙木은 月令에서 祿을 얻었으니 從格이나 化格의 이치가 없다.

用神 : 丙 癸

乙木 日干이 卯月에 녹왕지절(祿旺之節)에 生하였으니 왕하다. 사주에 印星과 비견이 많으니 왕한 日主의 기운을 설기시키는 丙火를 용해야 한다. 午中의 丙火를 용신으로 쓰나, 天干에 印星 水氣가 왕하니 丙火는 극제되어 왕하다고 볼 수 없다. 丑卯 사이에 寅木이 탄함(呑陷)되어 신왕하다. 식신생재하여 富는 많으나 용신이 쇠약하니 貴가 적은 것이다.

丑中 辛金 官殺이 자식인데 쇠지(衰地)에 있고 木의 극제가 심하니, 자손 중 남명은 형액(刑厄)이 많고 여명은 고생이 많다.

丙	乙	辛	丙
傷官		偏官	傷官
子	卯	卯	子
偏印	比肩	比肩	偏印

戊	丁	丙	乙	甲	癸	壬
戌	酉	申	未	午	巳	辰

　乙木 日干이 지지에 比肩이 중중하여 왕하니 왕한 木氣를 설기(洩氣)시키는 時干 丙火를 용신으로 잡는다. 지지 木氣가 일약 용신 丙火를 생하고, 대운이 巳午未 남방화지의 용신운으로 흐르니 출장입상(出將入相)의 귀격이 된 것이다. 月干 辛金 偏官은 年干 丙火와 간합되니 日干 乙木을 직접 극하지 못하고 있다. 辛金이 통근되지 못하여 살약(殺弱)하고, 목왕절이라 기세가 囚되며, 丙火에 제살(制殺)되었고, 子水 印星에 관인상생되니 사주상 중화를 이루었으므로 귀격사주이다.

　남명에서 官殺과 용신과 時柱를 자식으로 본다. 따라서 용신을 생하는 희신은 처로 보는 것이다. 상기는 卯木이 희신으로 日支인 처의 자리를 차지하고 있으니 처는 현모양처(賢母良妻)이다. 자식인 丙火는 월령 木의 생조를 받아 왕하나 坐下에 子水 偏印이 있어 망동을 억제하니 자식이 효(孝)를 하게 되는 것이다.

乙	乙	癸	壬
比肩		偏印	正印
酉	丑	卯	辰
偏官	偏財	比肩	正財

辛	庚	己	戊	丁	丙	乙	甲
亥	戌	酉	申	未	午	巳	辰

　乙木 日干이 卯月에 得氣하였고, 印星이 투출했으니 신강하다. 卯月의 乙木은 줄기와 잎을 생성하고 꽃을 피워야 하므로 丙火와 癸水를 떠나 용신을 생각하기 어렵다. 月干 癸水는 투출했으나 사주원국에 일점 丙丁火가 없으니 吉格이 되지 못했다. 卯月의 乙木 日干은 지장간에 있는 庚辛金을 쓰는 경우, 뿌리가 손상되어

용신으로 쓰기 힘들다. 태원(胎元)이 丙午이니 丙火를 용신으로 끌어오는데, 巳午未 대운은 용신인 丙火를 부조하니 길했다.

乙巳, 丙午, 丁未, 戊土대운까지는 희신과 용신운이니 길했으나, 이후 申金대운 부터는 구신운이라 신고(身苦)가 많았다.

남명에서 희신을 妻로 논하기도 한다. 酉金대운은 구신운으로 月支 卯木 희신을 상충하여 손상시키니 妻의 건강에 각별히 유념해야 할 운이다. 그 조짐은 申金대운 부터 이미 시작된 것이다.

(女命)			
己	乙	乙	戊
偏財		比肩	正財
卯	酉	卯	申
比肩	偏官	比肩	正官

戊	己	庚	辛	壬	癸	甲
申	酉	戌	亥	子	丑	寅

乙木 日干에 卯月에 녹왕지절에 생하여 득기했다. 잎과 줄기가 무성한 때이니 丙火의 따듯함이 있어야겠고, 癸水의 자양(滋養)이 있어야 한다. 乙木이 중중한 것 같으나 卯申 원진살과 卯酉 충으로 왕한 木氣가 잘 극제되었다. 丙火를 용해야 하 는데 사주원국에 없으니 태원(胎元)을 적용하여 午中의 丙火를 용신으로 잡는다. 乙 木은 陰干이고 유약하니 比肩이 중중하여 왕한 경우에도, 대체로 억부법을 적용하 지 않고 설기시키는 오행으로 용신을 잡는 것이다. 용신은 丙火다. 太陽火는 만물 을 비추어 생장케 하니, 간명(看命)에서는 나의 재능과 아이디어를 나타내고 그로 인해 사람을 기쁘게 하는 것이라 판단한다. 따라서 이·미용 계통, 문예창작, 예체 능, 건축, 인테리어 등의 직업에 주로 종사하는 것이다. 상기는 미용실을 운영하고 있다.

(女命)			
丙	乙	乙	戊
傷官		比肩	正財
戌	酉	卯	申
正財	偏官	比肩	正官

戊	己	庚	辛	壬	癸	甲
申	酉	戌	亥	子	丑	寅

乙木이 녹왕지절에 생하니 身旺하다. 卯月의 乙木은 잎과 줄기를 배양하는 때이니 丙火가 부족할 수 없고, 癸水의 자양함이 역시 필요하다. 卯月의 乙木은 陰木이며 습목(濕木)이라 庚金을 두려워하지 않는다. 간명에서 陰日干은 성정이 유약하니 대체로 억부법 보다는 설기시키는 것으로 용신을 잡는다. 木氣가 왕하지만 庚金이 암장되어 있으니 木의 왕한 기운을 암암리에 극제하고 있다. 따라서 용신은 日主의 기운을 설기시키는 時干 丙火이다.

庚金대운에 가정사를 간명한 것이다. 申酉金 官星은 여명에서 남편인데, 月支 卯木과 원진살과 충살이 되니 남편과의 연은 적은 것이다. 또한 乙庚 간합금국의 구신운이니 가정이 편안치 않은데, 日支 酉金 偏官이 도화살과 태백살을 대동하니 남편이 도박과 주색을 탐닉하여 이혼문제가 나오는 것이다. 본인은 남편인 官星이 구신이니 부부연이 썩 길하지 못하다. 이것은 이혼 후 어떤 남자를 만나더라도 좋은 연을 기대하기 어렵다는 것이다. 또한 본인도 庚金運에 官星인 남자가 들어오니 점점 본 남편이 싫어져 이혼문제를 심각하게 생각하게 된 것이다.

三月(辰月) 乙木

◉ 양기(陽氣)가 더욱 타오르니 癸水를 먼저 쓰고 丙火를 뒤에 쓴다.

◉ 陽木(甲木)의 경우는 木이 盛하면 庚金으로 전벌(剪伐)해주어야 하나, 陰木(乙木)의 경우는 丙火로 설기(洩氣)해줌이 우선이다. 이러한 이치는 타 오행에도 똑같이 적용된다.

◉ 癸水, 丙火가 천간에 투출하고 己土, 庚金이 투출하지 않으면 관직과 명예가 드높고, 己土, 庚金이 투출하면 평범한 사람이다.

● 壬癸水가 불투(不透)해도. 地支에 水局이 있고 丙火, 戊土가 出干하면 富중 貴
  를 취할 수 있다. 혹 柱中에 丙火와 戊土가 없고, 地支에 水局이 있으면 고향
  을 떠날 운명이다.
● 천간에 庚金이 두 개 출하여 쟁합(爭合)되면 빈천한 命이 되고, 혹 年干에 丁火
  가 庚金을 극제하면 從化하여 무관직이나 기술계통의 관직이나 국영 기업체
  등에 종사한다.

┌─────────────────────┐
│ 用神 : 癸 丙 戊 │
└─────────────────────┘

丁	乙	庚	庚
食神		正官	正官
丑	酉	辰	寅
偏財	偏官	正財	劫財

丁	丙	乙	甲	癸	壬	辛
亥	戌	酉	申	未	午	巳

　辰月의 乙木은 화왕지절(火旺之節)로 진기(進氣)하니, 먼저는 印星 癸水의 자양(滋養)이 필요하고, 나중은 乙木이 꽃을 피워야 하니 丙火의 따뜻함이 있어야 한다. 그러나 상기 명조는 지지 辰酉의 육합금국과, 酉丑 반합금국이 있고, 乙庚 간합금국이 있으니 官殺이 태왕하다. 官殺이 왕하여 日干을 극제함이 심하니 우선 旺金의 기세를 극제하여야만 사주가 중화를 이룰 수 있다. 따라서 용신은 時干 丁火이다. 乙木이 심히 태약하면 丁火를 용할 경우 더욱더 설기되므로 印星 水氣가 필요하나, 상기는 乙木이 월령(月令) 辰土와 時支 寅木에 통근하니 日干 乙木이 태약한 것은 아니다.

　金氣가 旺하여 病인데, 申酉戌대운은 구신운이니 무탈할 수가 없다. 甲申대운 중 甲子세운은 甲木 희신이 旺金에 극제되어 손상되고, 대운과 세운과 月令이 申子辰 삼합수국의 기신운이니 생명을 부지할 수가 없다. 木은 오장육부(五臟六腑)에서 간·담(肝·膽)에 해당하니 간질환으로 생명을 잃는 것이다. 발병의 원인은 기신과 구신인 金水에 있는 것이다. 대체로 辰月의 乙木은 水가 필요하니 이런 명조는 술

을 많이 마시게 되나, 水가 기신에 해당하니 술이 독이 되어 종국에는 생명을 위협하게 되는 것이다.

甲	乙	甲	丁
劫財		劫財	食神
申	巳	辰	酉
正官	傷官	正財	偏官

丁	戊	己	庚	辛	壬	癸
酉	戌	亥	子	丑	寅	卯

　乙木이 月支 辰 中에 뿌리를 박고, 두 개의 劫財가 天干에 투출했으니 日干이 약하지 않다. 年·月支는 육합금국의 官星으로 時支 申金과 더불어 官星이 왕하다. 따라서 용신은 官星을 극제하고 日干의 木氣를 설기시키는 年干 丁火로 잡는다. 丁火 용신은 日支 巳中에 통근되었으나, 巳火가 時支 申金과 刑合되어 뿌리가 손상되니 용신이 왕하지 못하다. 또한 官星이 구신이니 관록이 높지 않았으리라 판단한다.
　대운의 흐름이 丑子亥의 기신운이니 크게 발복되지 못했다.
　正財가 月令을 차지하고 있으니 처는 현덕했을 것이나, 또한 日支는 처궁인데, 時支와 刑合되니 부부연은 좋지 못하리라 판단한다, 사주원국에 印星인 일점 水氣가 없으니 부모와의 연도 적었을 것이다. 남명에서 官星은 자식인데 왕하니 자식수는 많았을 것이라 판단한다. 명리정종에 기재된 명조다.

丙	乙	戊	甲
傷官		正財	劫財
子	亥	辰	寅
偏印	正印	正財	劫財

乙	甲	癸	壬	辛	庚	己
亥	戌	酉	申	未	午	巳

乙亥日이 丙子時에 생하였고, 庚辛申酉와 丑午巳가 없으니 육을서귀격(六乙鼠貴格)이다. 時干 丙火가 투출하여 생장을 돕고, 지지의 왕한 水氣를 戊土가 견제하고, 月柱의 왕한 財星을 甲木이 견제하니, 사주가 중화를 이루어 대귀격이다. 財星이 月柱를 차지하여 太旺하니 용신은 印星인 子 中 癸水를 용신으로 잡아 日干을 부조한다. 용신은 지지 子辰의 반합수국과 亥水가 있어 부조하고, 대운이 金水의 용신과 희신운이니 용신이 왕강해져서 대귀격이 된 것이다.

乙木(三夏)

⊙ 三夏의 乙木은 木性이 고초(故焦)하므로 四月은 오로지 癸水가 우선이다.
⊙ 五.六月은 癸水와 丙火를 참작하여 사용한다. 하지(夏至) 前에는 癸水를 먼저 쓴다. 하지(夏至) 後에는 삼복(三伏)에 한기(寒氣)가 나오니 丙火, 癸水를 참작한다.

四月(巳月) 乙木

⊙ 월령 巳火에 스스로 丙火가 있으니 오로지 癸水를 쓴다. 그러나 巳火는 水의 절지(絕地)라, 庚辛의 생조가 없으면 수원(水源)이 메마르니, 반드시 庚辛金이 필요하다.
⊙ 丙火를 참작하여 쓰되, 庚辛金이 癸水를 돕고, 辛金이 투출하면 청격(淸格)이 된다.
⊙ 一位 癸水가 있는데 庚辛金이 없으면 水의 근원이 없으니, 비록 天干에 투출해도 수재(秀才)나 小富에 지나지 않는다.
⊙ 癸水를 쓰는 者는 金이 처가 되고 水가 자식이 된다.
⊙ 癸水와 庚辛金이 투출하면 국가고시에 합격한다.
⊙ 癸水가 있으나 火土가 많고 수원(水源)을 발하는 庚辛金이 없으면 빈천하거나 잔병이 많거나 요절(夭折)한다.

> 用神 : 癸

丙	乙	癸	丙
傷官		偏印	傷官
戌	卯	巳	午
正財	比肩	傷官	食神

庚	己	戊	丁	丙	乙	甲
子	亥	戌	酉	申	未	午

乙木이 巳火節에 生하여 사주에 食傷이 왕하니 설기가 태다하다. 印星의 생조가 있어야 旺한 火氣를 억제하고 乙木을 생조할 수 있다. 용신은 月干의 癸水 偏印이나, 地支에 통근하지 못하고, 庚辛金의 생조받음이 없으니 용신이 약하다. 따라서 貴는 없었고, 富는 많았다. 日柱가 약하지 않고 식신생재하니 富가 많은 것이다. 申酉戌 서방 金運 희신운에 크게 재물을 모았다.

庚	乙	辛	乙
正官		偏官	比肩
辰	酉	巳	巳
正財	偏官	傷官	傷官

癸	甲	乙	丙	丁	戊	己	庚
酉	戌	亥	子	丑	寅	卯	辰

乙木 日干이 사화절에 生하여 실기하였다. 地支 巳酉는 반합금국의 官星局이고, 또한 地支 辰酉는 육합금국의 官星局이다. 年干 乙木은 辛金과 충살로 손상되니 比肩이 무력하다. 따라서 乙木 日干이 有氣하지 못하고 印星과 比劫이 없으니 고립무원이다. 壬癸水 印星을 용하여 乙木을 자양(滋養)하고, 왕한 官殺의 기운을 殺印相生시키면 중화를 이룰 수 있다. 용신은 辰中의 癸水이다.

丁火대운은 구신운이니 자영업으로 패스트푸드점을 운영하였으나 재물을 모으지 못했다. 丑土대운은 巳酉丑 삼합금국의 희신운이니 다소 나아지리라 판단한다.

辛	乙	癸	辛
偏官		偏印	偏官
巳	丑	巳	未
傷官	偏財	傷官	偏財

丙	丁	戊	己	庚	辛	壬
戌	亥	子	丑	寅	卯	辰

乙木 日干이 사화절에 생하여 허초(虛焦)하니 생조하는 印星이 용신이다. 月干 癸水가 용신인데, 지지 巳丑은 천간의 辛金을 끌어 巳酉丑 삼합금국을 형성하여 용신을 부조하고, 대운도 丑子亥의 용신운이니 사주가 길해졌다.

五月(五月) 乙木

◉ 丁火가 세력을 잡은 것이요 곡식이 가뭄을 만난 격이다.

◉ 하지(夏至)전은 陽에 속하니 癸水를 쓰고, 하지(夏至)후는 陰에 속하여 삼복(三伏)에 한기(寒氣)가 나오니 丙火, 癸水를 아울러 써야 한다.

◉ 사주에 金水가 많으면 丙火를 먼저 쓰고 나머지는 癸水를 쓴다.

◉ 癸水, 丙火가 투출했는데, 다시 지지에 火局이면 木性이 메마르니 잔병이 많고, 癸水가 없으면 요절하고, 壬水라도 있으면 잔병은 면하나, 土氣가 重하면 승도(僧道)의 팔자이고, 수원(水源)을 발하는 庚辛金이 있으며 대운이 亥子丑의 水대운으로 흐르면 貴가 크다.

用神 : 癸 丙

丁	乙	庚	甲
食神		正官	劫財
丑	亥	午	戌
偏財	正印	食神	正財

天干의 乙·庚은 地支 午·亥 및 지장간에 金氣가 전혀 없으므로 干合이라 할 수 없다. 地支 午戌은 반합화국으로 日干 乙木의 木氣를 설기시키니 신약하다. 따라서 日干을 생조하는 丑中의 癸水를 용신으로 잡는다. 식신생재격이다. 亥子丑 북방 水대운에 거부(巨富)가 되었다. 月干 庚金 正官은 年干과 甲庚 沖으로 쇠약해지고, 地支에 午戌 반합화국으로 심히 극제받으니 높은 貴는 기대할 수가 없다.

丁	乙	丙	丁
食神		傷官	食神
亥	卯	午	丑
正印	比肩	食神	偏財

己	庚	辛	壬	癸	甲	乙
亥	子	丑	寅	卯	辰	巳

오화절에 火氣가 맹위를 떨치니 乙木 日干이 고갈될 지경이다. 印星인 壬癸水가 필요한데, 時支 亥水는 亥卯 반합목국으로 化하니 亥中의 壬水를 용하기 어렵다. 年支 丑中의 癸水를 용신으로 잡는다.

丑子亥의 용신운에 식상생재(食傷生財)하여 크게 富를 이루었다. 상기는 亥卯의 반합이 없다면 火氣가 태왕하여 乙木이 설 땅이 없으니 비록 음일간(陰日干)이지만 亥中의 壬水를 용할 수 있는 명조이다. 대체로 간명(看命)에서 양일간(陽日干)은 양오행(陽五行)의 용신을 잡고, 음일간(陰日干)은 음오행(陰五行)의 용신을 잡는 것이 정한 이치이지만, 이 또한 사주구성을 잘 살펴서 정해야 한다. 癸水는 화왕절에 태약하지만, 年支 丑과 時支 亥水 사이에 子水가 탄함(吞陷)되어 있으니, 암암리에 亥子丑의 방합수국을 형성하였다고 판단하여 水氣가 아주 태약한 것은 아니다. 또한 日主가 坐下에 녹성(祿星)을 깔고 있어 신왕하니 능히 大財를 감당할 만한 것이다. 부격(富格)의 사주이나 官星과 용신이 약하니 貴는 적었을 것이다.

庚	乙	戊	戊
正官		正財	正財
辰	卯	午	戌
正財	比肩	食神	正財

乙	甲	癸	壬	辛	庚	己
丑	子	亥	戌	酉	申	未

乙木이 오화절에 생하고, 다시 지지 午戌 반합화국을 형성하니, 가화(稼花)인 乙木이 고사될 지경이라 조후가 급하다. 생조하는 印星을 용해야 한다. 時支 辰中의 癸水가 용신이다. 식신생재하고 財星이 왕한데, 乙木이 坐下에 녹성을 깔고 있으니 日柱가 약하지 않아 능히 財를 감당할 만하다. 庚申, 辛酉, 壬戌의 희신과 용신운에 발복이 되었다. 財가 戊土에 있으니 영농(營農)을 하여 부농(富農)을 이루었다. 癸水 대운은 戊癸합화의 구신운이니 건강문제, 사고, 예기치 않은 손재수 등이 발생할 것이고, 이후 亥子丑 대운은 용신운이니 발전이 있을 것이다.

六月(未月) 乙木

◉ 양기(陽氣)가 아직 다 퇴기(退氣)하지 않았으니 癸水를 쓰고, 木性이 또한 추우니 사주 中에 金水가 많으면 丙火가 으뜸이고, 지지에 水局을 이루면 乙木이 傷함이 없으니 癸水가 天干에 투출하면 大富貴한다. 그러니 癸水가 없으면 평범한 명조(命造)이다. 운로(運路)가 북방수운으로 行하지 않으면 평생 곤궁(困窮)하다.

◉ 六月의 乙木은 만약 사주 중에 水가 없고 比劫의 出干함이 없으면, 이것은 기명종재(棄命從財)하는 것이니 富는 크고 貴는 작으나 현덕(賢德)한 아내를 얻게된다. 火로써 처를 삼고 土로써 자식을 삼는다.

◉ 삼하(三夏)의 乙木은 오로지 癸水를 쓰고, 丙火를 참작하여 쓰며, 그 다음에 庚辛金으로 보조한다.

◉ 戊土가 重하고 투출하면 比肩이 없어야 좋다. 이를 재다신약(財多身弱)이라 하니 부옥빈인(富屋貧人)이다. 그러나 甲木이 하나있어 戊土를 제하면 복록이 있다.

- 사주에 水가 많고 丙火, 辛金이 투출하여 合水하면 주색(酒色)으로 파가(破家)한다.
- 甲木이 중중하고, 癸水와 丙火와 庚金이 없으면 하천격이다. 혹 庚金이 있어 甲木을 제극하면 꾀가 있으나 주색을 즐기는 사람이다.
- 乙木이 중중한데 丙癸가 없으면 평범하고 고생이 많으며, 辛金이 암장되어 있으면 승도(僧道)의 명이다.

用神 : 癸 丙

丁	乙	癸	庚
食神		偏印	正官
丑	亥	未	戌
偏財	正印	偏財	正財

庚	己	戊	丁	丙	乙	甲
寅	丑	子	亥	戌	酉	申

乙木 日干이 未土月에 生하여 조후(調候)가 급하니 月干 癸水를 용신으로 잡는다. 癸水는 地支에 亥水가 있으니 왕양(汪洋)한 대해수(大海水)를 이루었으므로 약하지 않다. 地支의 왕한 財星은 丑戌未 삼형살(三刑殺)로 旺함이 잘 억제되어 귀격사주가 되었다.

대운의 흐름이 申酉戌亥子丑의 희신과 용신운이니, 평생에 관복(官福)이 충만하고 부귀겸전(富貴兼全)하고, 年柱부터 時柱까지 생생불식(生生不息)하니 오복(五福)을 고루 누렸다.

丁	乙	丁	丁
食神		食神	食神
亥	酉	未	亥
正印	偏官	偏財	正印

庚	辛	壬	癸	甲	乙	丙
子	丑	寅	卯	辰	巳	午

乙과 丁은 월령 未土에 뿌리를 단단히 박고 있다. 未土는 沙土요 조토(燥土)지만 亥水가 있으니 습토(濕土)로 바뀌어 乙木의 기틀을 마련하고, 乙木은 坐下 酉金 절지(絶地)에 있지만, 亥·未 사이에 卯木이 탄함(呑陷)되어 암암리에 亥卯未 방합목국을 형성하여 묘록(卯祿)을 끼고 있고, 乙木을 보조하니 日主가 왕해져 능히 食神과 官殺을 감당할 만하다. 未土月은 火氣가 퇴기하는 시점이나 천지가 조열(燥熱)하니 자윤(滋潤)하는 壬癸水가 필요한 것이다. 時支 亥中의 壬水가 용신이다.

庚	乙	丁	壬
正官		食神	正印
辰	丑	未	子
正財	偏財	偏財	偏印

甲	癸	壬	辛	庚	己	戊
寅	丑	子	亥	戌	酉	申

未土月은 火氣가 모두 퇴기(退氣)한 것은 아니다. 화왕지절을 지나 금왕지절로 진기(進氣)하는 과정이니 乙木 木性이 허초(虛焦)하다. 따라서 癸水로 자양하고 丙火의 따뜻함이 있으면 자연 중화를 이룰 수 있다. 壬水가 투출했으니 이를 용신으로 잡는다. 지지에 財星이 왕하여 신약사주인데, 乙木이 坐下 丑土에 쇠지(衰地)이니 身旺하지 못하다. 月柱가 식신생재를 이루고 財星이 왕하나 身旺하지 못하니 큰 재물을 모으기 힘들다. 다행히 운로가 申酉戌亥子丑의 희신과 용신운이니 발전이 있을 것이다. 干支에 있는 합과 沖은 돌출되어 나오는 변수이고, 사주구성에 있어서 작용력이 크다. 따라서 이를 운로(運路)와 연관지어 면밀히 분석하면 간명(看命)에서 운명의 흐름을 예지함에 큰 지표가 된다.

천간의 乙庚간합은 물상에서 도살업, 육가공업과도 연관된다. 사주가 천격(賤格)이거나 官殺이 왕한데 제극되지 못하면 도살업의 직업이나, 상기는 日柱가 태약하지 않고 財가 왕하고, 運路가 길운이니 재물을 모을 수 있는 명조이다. 따라서 육가공유통의 직업에 종사하는 것이다. 亥대운에 정육점 창업을 看命한 것인데 용신운이라 잘 풀려나갈 것이다.

未土月은 火氣가 퇴기하는 시점이나, 巳午 화왕지절을 지나며 땅은 건조하고 天氣는 염염(炎炎)한 기운이 남아 있다. 乙木이 살아남기 위해서는 水氣를 보태어 乙木을 자양(滋養)하고, 丙火로 따듯하게 한다. 그리하면 자연 중화를 이룬다. 재다신약하니 용신은 日干을 생조하는 月干 癸水이다. 지지의 戌未土는 건토(乾土)라 癸水를 핍박함이 심한데, 癸水를 생조하는 庚金은 지지의 중첩된 土氣에 매금(埋金)되어 癸水를 생조함이 부족하다. 甲木의 소토(疏土)함이 없으니 庚金 正官 남편이 무력해진 것이다. 아울러 日支宮이 남편궁인데 과숙살(寡宿殺)을 대동하니 부부연이 적은 것이고, 여명의 財星은 결혼 후는 시어머니로 논하니 財星이 중첩되면 吉한 것이 못된다. 늦게 결혼하게 되거나 초혼에 실패 후 재혼하여 잘 풀리는 경우가 많다.

卯木대운은 본시 한신운이고, 卯戌 合火는 食傷이 되며 구신운이다. 여명의 食傷은 자식인데, 卯木대운에 자식이 생기며 구신운으로 들어오니 부모의 운세를 막게 되는 것이다. 지지의 戌未가 형파(刑破)되어 중첩된 土氣를 어느 정도 억제했으나, 卯戌 합화되어 기신인 未土 즉, 모래토를 더욱 생하니 癸水 용신이 고갈된다. 여명의 용신은 남편으로도 보는데 자식이 생기면서 아버지를 핍박하여 내쫓는 형국인 것이다.

己	乙	癸	庚
偏財		偏印	正官
卯	亥	未	寅
比肩	正印	偏財	劫財

庚	己	戊	丁	丙	乙	甲
寅	丑	子	亥	戌	酉	申

　未土月의 乙木은 未土가 사토(沙土)라, 乙木이 뿌리를 내리기 위해서는 子水의 자양(滋養)이 있어야 하고, 火氣가 퇴기하는 시점이니 丙火의 따듯함이 필요하다. 지지 亥卯未 삼합목국은 未土月이라 때를 잃었으나 여전히 木氣가 왕하다. 따라서 木을 생조하는 癸水를 쓸 수 없고, 乙木은 음목(陰木)이라 극제하는 庚金 역시 쓸 수 없다. 寅中의 丙火를 용하여 木氣를 설기시키면 자연 중화를 이룰 수 있다. 月令의 未土 偏財가 한신이고, 申酉戌亥子丑의 구신과 기신운이니 큰 財를 모으지 못했다.

乙木(三秋)

- 三秋 乙木은 金神이 사령(司令)하여 한기(寒氣)가 태동하니 먼저 丙火를 쓰고 뒤에 癸水를 쓴다. 그러나 戌月에는 癸水를 쓰는데, 이는 丙火가 용신이면 戌月은 戊土가 사령하니 丙火가 戊土를 생하여 따뜻하게 하여 病이 되기 때문이다.
- 삼추(三秋)는 金氣가 왕하니 丙火로 制殺함이 우선이고, 水로 관인상생(官印相生)하여 화살(化殺)하는 것은 다음이다.

七月(申月) 乙木

- 金神이 사령(司令)하니 丙火를 먼저 쓰고, 다음이 癸水이고, 그 다음이 己土이다.
- 庚金이 겸령(兼令)하여, 庚金이 乙木인 매(妹)에게 情을 주어 간합하려 하니, 天干의 乙木이 地支의 金과 합하기 어렵다고만 판단해서는 안된다.
- 庚金을 많이 보면 丙火가 없을시 乙木의 뿌리가 손상되니 보존키 어렵다.

◉ 丙·癸가 투출한 경우, 癸水는 申中 壬水에 통근하여 약변강(弱變强)이 되니, 乙木의 뿌리를 썩게 만들 염려가 있으니, 己土가 있어 水氣를 혼합하여 습토로 만들면 乙木을 배양하는 기틀이 되니 국가고시에 합격한다. 己土의 투출함이 있고 丙火를 더하면, 癸水의 투출함이 없더라도 역시 上命이다. 월령(月令)에 壬水가 암장되어 있기 때문이다.

◉ 丙·癸·己가 천간에 투출하면 大富大貴格을 이룬다.

◉ 七月에 己土를 씀이 기쁘나, 혹시 丙火, 癸水가 없으면 己土가 적어서는 안된다. 이렇게 되면 火로써 처를 삼고 土로써 자식을 삼는다.

◉ 七月 乙木은 申中 庚金이 당권(當權)하여 官이 많으므로 화살(化殺)하거나 제살(制殺)해야 한다. 화살(化殺)함이 먼저고 제살(制殺)함은 다음이다.

◉ 癸水가 투출하고, 丙火가 암장되고, 庚金이 적은데, 己土가 없으면 小富貴하고, 丙火가 없고 癸水가 투출되면 무직이나 이공계의 국가직에 종사하고, 癸水가 암장되고, 庚金이 많은데 丙火, 己土의 투출함이 없으면 평범한 命이고, 丙火와 癸水가 없으면 하격이다.

◉ 천간에 乙庚 간합금국이 있고 辰時生이면 화기격(化氣格)으로 논하니 도리어 부귀한다. 그러나 丙丁火가 있으면 破格이다. 화기격(化氣格)은 從化된 오행을 生하는 오행으로 주로 용신으로 잡는다.

◉ 추절(秋節)의 乙木이 金을 많이 만나고, 제살(制殺)과 화살(化殺)하는 火水가 없으면, 빈한치 않으면 요사(夭死)한다.

> 用神 : 丙 癸 己

戊	乙	庚	戊
正財		正官	正財
寅	丑	申	午
劫財	偏財	正官	食神

丁	丙	乙	甲	癸	壬	辛
卯	寅	丑	子	亥	戌	酉

天干이 乙庚 간합금국이고, 月令이 申金月이니 化格인데, 지지에 寅午 火局이 있으니 가화격(假化格)이다. 化金되고 戊己土의 생조가 있어 金氣가 태왕하니, 설기시키는 申中의 壬水를 용신으로 잡는다. 亥子丑 용신대운에 발전했다. 가화(假化)되니 大貴하지 못하고 小貴했다.

水가 자식이고 金이 처인데, 金은 月令을 차지하고 왕하여 처는 현모양처였으나, 水는 암장되고 戊己土의 극제를 받으니 복록이 적었다.

己	乙	庚	戊
偏財		正官	正財
卯	卯	申	申
比肩	比肩	正官	正官

戊	丁	丙	乙	甲	癸	壬	辛
辰	卯	寅	丑	子	亥	戌	酉

乙木 日干이 申金月에 生하여 실기하였고, 사주에 官星이 중중하니 偏官으로 논하고 日干을 극제함이 심하다. 따라서 丙丁火로 제살(制殺)함이 우선이고, 다음은 癸水 印星으로 日干을 생조해야 한다.

사주원국에 일점 丙丁火가 없으니 사주가 吉하지 못하다. 태원(胎元)을 적용하여 용신을 끌어오지 못하니, 도충격(倒沖格)을 적용하여, 申이 寅을 沖하여 寅中 丙火를 끌어와 용신으로 잡는다.

대운의 흐름이 酉戌亥子丑의 구신과 기신운이니 초년, 중년운이 곤고(困苦)했고, 丙火대운 이후 풀려나갈 것이라 판단한다. 財星이 한신이고, 대운의 흐름이 썩 길하지 못하니 결혼운이 좋지 못하다. 官殺이 왕한데 극제하는 火氣가 없으니 운전, 정비, 기술계통 등의 편업된 직업을 택해야 하는데, 부동산업에 종사하고 있다. 운로(運路)가 구신과 기신운이니 크게 발복(發福)이 되지 못했다.

```
(女命)
   戊          乙          壬          甲
  正財                    正印         劫財

   寅          未          申          寅
  劫財         偏財         正官         劫財
─────────────────────────────────────────
   乙    丙    丁    戊    己    庚    辛
   丑    寅    卯    辰    巳    午    未
```

乙木이 申月에 생하여 한기가 심하니 丙火가 없으면 곡식이 여물지 못하고, 癸水가 없으면 자양(滋養)하지 못하니 말라죽게 된다. 지지는 寅申 충으로 乙木의 뿌리가 잘려나가니, 火氣로 申金을 극제하고 따듯함을 더하면 乙木이 중화를 이루어 생존할 수 있다. 중화라는 것은 결국 日干이 살아갈 방법을 찾는 것이다. 용신은 時支 寅中 丙火이다. 月柱가 관인상생하여 본시 관직에 봉사할 命이지만 寅申 沖으로 正官을 손상시키니 文官의 길을 가지 못하고 이도(異道=기술직. 연구직. 무관직. 학원계통 교사. 비정규직 교사 등…)의 길을 가게 된다. 학원강사를 하고 있다. 운로(運路)가 未午巳辰卯寅의 용신과 희신운이니 다소의 발전이 있을 것이다.

八月(酉月) 乙木

● 八月의 乙木은 꽃과 곡식이 모두 자지러진 후이니 단계(丹桂)로써 乙木을 삼는다. 추분 전에 있으면 계수나무 꽃망울이 열리지 못했으므로, 오로지 癸水를 써서 계수나무 꽃부리를 자양(滋養)한다. 추분 후에 계수나무 꽃이 피면 陽을 向함을 기뻐하니, 丙火를 씀이 좋고, 癸水가 다음이 된다.
   癸水가 없으면 壬水로 대용하나, 癸水는 우로(雨露)로써 자연상태의 물이니 노고가 적으나, 壬水는 사람이 노고를 들여 끌어와 사용하는 물이니 그만큼 시간과 노력과 고통이 따르므로 格이 떨어지는 것이다.
● 丙火, 癸水가 모두 투출하면 국가고시에 합격하고 이름을 날린다.
● 癸水가 年・月干에 투출하고 丙火가 時干에 투출되면 목화문성(木火文星)이라 현달(顯達)한다.

◉ 辛金이 투출하고 지지에 金局이면 반드시 丁火의 제살(制殺)이 필요하다. 丁火
  나 癸水가 없어 제살(制殺)이나 설기를 하지 못하면, 잔병이 많거나 요절한다.
  만약 癸·辛·丁이 모두 투출하면 대귀격이다. 金이 旺하여 丁火의 제살이 있
  는 경우는 무관직이나 기술직이다.
◉ 丙·癸가 투출했어도 戊土 또한 투출하면 역시 무관직이나 기술직이다.
◉ 乙木이 추분 후에 生한 경우의 간명(看命)은 다음과 같다.
  ◆ 丙火는 있으나 癸水가 없으면 小富貴하고,
  ◆ 癸水가 있으나 丙火가 없으면 명리가 있어도 허명(虛名)에 불과하고,
  ◆ 丙·癸가 암장되어 있으면 평범하고, 丙·癸가 없으면 下格이고,
  ◆ 丙·癸가 모두 出干하면 上格이며, 다시 有氣하고 대운에서 부조하면 대귀격
    이다.

┌─────────────────────┐
│ 用神 : 癸 丙 丁 │
└─────────────────────┘

사주에 편관(偏官=七殺)이 왕하니 제살(制殺)하는 時干의 丁火를 용신으로 잡는다.
丁火는 지지 未土에 통근하고, 대운이 未午巳辰卯寅 남동방 용신과 희신으로 흐르
니 무관(武官)으로 높은 벼슬(大將)을 했다.

용신 丁火는 年支 未土에 통근했다 하나, 時支에 亥水를 깔고 있으니 왕강하지
는 못하다. 따라서 大貴하지는 못했다.

偏官이 중중하니 제살(制殺)이 급하다. 時干 丁火가 용신이다. 지지는 酉酉 자형살(自刑殺)이고 巳亥 상충되니, 月·日支 巳酉는 반합금국이 형성되지 못한다. 앞의 癸未生은 용신 丁火가 손상되지 않았으나, 이번 癸酉生은 日·時支가 巳亥 상충되어 巳火가 손상되니 丁火의 뿌리가 끊어지고, 또한 亥水도 손상되어 용신 丁火를 생조하는 亥中 甲木이 역시 끊어지니, 용신이 통근하지 못하고 쇠약해져 大貴하지 못한 것이다.

乙木이 酉金月에 절지(絶地)이다. 乙木이 허령(虛靈)하니 火土가 없으면 무력하다. 亥水는 한수(寒水)니 天干의 乙木은 丙火와 戊己土가 불투하여 무용지물이다. 지지에 七殺이 태왕하니 日主가 七殺을 從할 수밖에 없다. 종살격(從殺格)이다. 辛巳, 庚辰, 己土, 戊土運에 대발한 것이다. 원나라 세조의 명조라 한다.

九月(戌月) 乙木

◉ 戌月은 조토(燥土)가 사령(司令)한 때라, 뿌리가 마르고 잎이 떨어지니 반드시

癸水의 자양(滋養)을 의지한다.

◉ 乙木은 戌月에 묘궁(墓宮)이라, 囚에 속하고 쇠절(衰絶)한데, 甲木을 만나면 生旺으로 변한다. 甲申時가 되면 乙木이 甲木을 의지하니 등라계갑(藤蘿繫甲)이라 하여 추동(秋冬)이 다 좋다.

◉ 癸水가 있고 辛金을 만나면 癸水의 수원(水源)이 되니 고시에 합격하고, 癸水가 있고 辛金이 없으면 평범하고, 辛金은 있는데 癸水가 없으면 빈천하고, 辛金과 癸水가 없으면 하격이다.

◉ 壬水가 많아도 土旺하니 乙木이 표부(漂浮)하지는 않으나 평범하다.

◉ 地支에 戌土가 많이 숨어있고, 또 天干에 투출이면 종재격(從財格)이다. 이런 경우 比劫이나 印星이 없어야 길하다.

用神 : 癸 辛

사주에 財星이 왕하여 "재다신약(財多身弱)"이니 생조하는 印星이 필요하다. 時干의 癸水를 용신으로 잡는다. 癸水는 地支 丑土에 통근하였고, 年干 辛金의 생조가 있으니 태약하지는 않다.

乙木 日干은 좌하(坐下)에 건록이고, 時支 未土에 통근하니 日主가 유기하고 왕하여 능히 財와 官을 감당할 만하다. 또한 天干에 財·官·印이 모두 투출하여 왕하니 대귀격이다. 따라서 벼슬이 현재의 장관에 이르렀다. 조화원약(造化元鑰)에서 논한 명조로, 酉金運에 관직을 시작하여 癸水대운 용신운에 상서(尙書)벼슬에 오른 것이다.

丙	乙	甲	甲
傷官		劫財	劫財
子	酉	戌	寅
偏印	偏官	正財	劫財

辛	庚	己	戊	丁	丙	乙
巳	辰	卯	寅	丑	子	亥

戌月은 조토(燥土)이고 한기(寒氣)가 왕하니 癸水와 丙火를 떠나 용신을 잡을 수 없다. 時干에 丙火가 투출했으니 조후는 득했고, 時支 子 中의 癸水가 있어 乙木을 자양(滋養)하고, 日支 酉金의 생조를 받으니 癸水의 수원(水源)은 마련되었다. 乙木이 坐下 酉金 절지(絕地)에 있어 쇠절(衰絕)하나, 月干 甲木에 의지할 수 있어 등라계갑(藤蘿繫甲)이 되어 生旺하니, 능히 추동(秋冬)을 감당할 만하다. 丙·癸·辛이 있으니 사주가 귀격이다. 용신은 子中 癸水이다.

丁	乙	丙	庚
食神		傷官	正官
亥	丑	戌	申
正印	偏財	正財 墓	正官

癸	壬	辛	庚	己	戊	丁
巳	辰	卯	寅	丑	子	亥

사주에 財官이 왕하니 신약하다. 丙火가 투출하니 조후는 득했고, 戌月에 戊土가 사령하여 건토(乾土)이니 乙木이 살기위해서는 癸水가 필요하다. 日支 丑中의 癸水를 용한다. 丑戌 刑하여 財가 손상되고, 다시 財가 묘궁(墓宮)이니 財를 쓸 수가 없어 빈한함을 면치 못했고, 戊子, 己丑은 기신운이고, 이후도 寅卯辰 한신운이니 평생이 고빈(孤貧)했다.

乙木(三冬)

十月(亥月) 乙木

◉ 木이 수기(受氣)를 못하고 壬水가 사령(司令)하니, 丙火를 취하여 木을 따뜻하게 하고, 戊土로 壬水를 억제하여 乙木의 뿌리를 튼튼하게 만든다. 따라서 丙火가 우선이고 다음은 戊土이다.

◉ 丙火, 戊土가 모두 투출하면 국가고시에 합격한다.

◉ 丙火가 있고 戊土가 없으면 국가고시에 합격은 못하고 이에 준하는 국가의 관직을 얻는다.

◉ 地支에 丙火가 암장되었는데 火土運을 만나면 현달(顯達)한다.

◉ 水가 많고 戊土가 없으면 乙木이 뿌리를 땅에 박지 못하는 격이니, 木이 표부(漂浮)하므로 방탕(放蕩)한 무리가 되고, 丙·己가 없으면 처자식을 건사하기 힘들고, 壬水와 戊土가 一位가 있으면 평범하다.

用神 : 丙 戊

丁	乙	乙	己
食神		比肩	偏財
亥	巳	亥	亥
正印	傷官	正印	正印

戊	己	庚	辛	壬	癸	甲
辰	巳	午	未	申	酉	戌

　乙木이 지지에 印星인 水氣가 많으나 比肩과 食傷이 있고, 지장간(支藏干)에 甲木과 戊土가 있으니 표류(漂流)하지는 않는다. 日支 巳中의 丙火를 용신으로 하여 왕한 水氣를 억제하고, 한습(寒濕)한 사주에 火氣를 더해 전체적인 조화(調和)를 이룸이 필요하다. 그러나 巳亥 상충되어 용신 丙火가 왕하지 못하다. 未午巳 남방 火대운에 발복했으나, 용신이 왕한 水氣에 억눌렸으니 벼슬이 높지는 못했다.

（女命）

丙	乙	丁	乙
傷官		食神	比肩
子	丑	亥	未
偏印	偏財	正印	偏財

乙	甲	癸	壬	辛	庚	己	戊
未	午	巳	辰	卯	寅	丑	子

乙木 日干이 亥月에 生하였고, 지지 亥子丑 방합수국을 형성하니 한목(寒木)이다. 조후(調候)가 급하니 時干 丙火가 용신이다. 여명에서 남편은 官星인데 日支 丑中에 辛金이 있으나 투출되지 못하고, 또한 왕하지 못하다. 庚寅대운 中 寅木대운에 辛金 官星이 상파되니 남편을 극했다. 그러나 본인은 寅卯辰巳午未의 희신과 용신운이니 황제를 대신하여 45년간 수렴청정(垂簾聽政)을 한 것이다. 乙未대운 中 乙木대운의 戊申歲運에 乙木이 세군(歲君)인 戊土를 극하고, 辛金은 子辰 반합수국의 기신이니 이때 졸하였다. 방합수국의 印星이 왕한데 기신이니, 교묘한 권모술수(權謀術數)와 책략(策略)에 능했던 것이다. 청나라 말기 자희태후(慈禧太后＝西太后)의 명조(命造)이다.

丁	乙	己	辛
食神		偏財	偏官
亥	巳	亥	亥
正印	傷官	正印	正印

壬	癸	甲	乙	丙	丁	戊
辰	巳	午	未	申	酉	戌

乙木 日干이 亥月에 생하여 수왕지절이니 천지가 차다. 乙木이 소생할 수 있는가 없는가를 판단해야 한다. 따라서 丙火와 戊土를 떠나 용신을 잡기 어렵다. 지지에 亥水가 중중한데, 同宮에 戊土가 있고, 己土가 출간했으니 亥水의 왕양(汪洋)함은 어느 정도 막았다고 판단한다. 다음은 火氣로 소생여부를 판단하는데, 丙火가 암장

되고 丁火가 출간하여 日支 巳火에 통근하니 부득이 丁火를 용할 수밖에 없다.

印星이 중중하고 기신에 해당하니 어머니와의 연이 적다. 日支 巳火는 처궁인데, 月·時支의 亥水와 巳亥 상충되어 손상되니 처와의 연도 적다. 己土 偏財는 아버지로 논하는데, 지지의 중중한 亥水에 己土가 진흙토가 되어 무력하니 역시 아버지와의 연도 적다. 命主는 어려서 집안이 몰락하여 가족이 뿔뿔이 흩어졌고, 본인은 인근 사찰의 주지스님 손에서 자랐다고 한다.

丙	乙	丁	庚
傷官		食神	正官
戌	未	亥	申
正財	偏財	正印	正官

甲	癸	壬	辛	庚	己	戊
午	巳	辰	卯	寅	丑	子

亥月은 동절이라 천지가 차고 壬水가 당령(當令)하니, 丙火의 따뜻함이 있어야 하겠고, 戊土가 있어 당령한 壬水를 극제하여 중화를 이루어야 한다. 戊未에 戊己土가 있어 왕양(汪洋)한 壬水의 난동은 막을 수 있으니, 丙火를 용하여 火氣를 보태 乙木이 소생할 수 있는 길을 열어야 한다. 용신은 時干 丙火이다.

丑土대운의 간명(看命)인데, 丑土가 본시 한신이나 丑戌未 삼형살을 맞으니 여러 흉화가 발생하는 것이다. 우선 戊未가 財星인데 형살이니 손재수(損財數)가 발생한다. 친구들과 컴퓨터관련 가게를 차렸으나 여의치 않아 기천만원에 해당하는 보증금 전액을 날렸고, 직장생활을 다시 시작했으나 얼마 되지 않아 퇴근길 차량사고로 인해 입원하게 되어 직장을 다니지 못하게 되었다. 기타 크고 작은 차량사고와 시비구설이 많았는데 이는 물상에서 戊未가 도로(道路)에 해당하니 차량사고와 연관되어 흉화가 발생하게 되는 것이다.

庚金대운 역시 乙庚 간합금국의 기신운이니 흉사가 계속됐다. 이는 庚金이 正官인데 日主와 간합되어 기신운으로 들어오니 직장에서의 시비다툼, 관재구설 등의 문제가 발생하게 되는 것이다. 간명상 대운이나 세운에서 日干과 간합되어 희신이나 기신으로 바뀌면, 그 운세의 길흉이 더욱 극명하게 나타나는 것이다. 희신으로 바뀌면 분에 넘치게 길하게 되고, 반대로 기신으로 바뀌면 예상 밖의 흉화가 다발하는 것이다. 이러한 이치는 日主는 君王으로도 논하는데 희신인 경우라면 군왕을 보필하는 도움이 있는 것이고, 기신이라면 간신들이 군왕을 기만하여 악행을 자행하는 것이라 비유될 수 있기 때문이다.

寅木대운 이후는 희신과 용신운이니 점차 풀려나갈 것이라 생각된다.

乙	乙	癸	戊
比肩		偏印	正財
酉	巳	亥	戌
偏官	傷官	正印	正財

庚	己	戊	丁	丙	乙	甲
午	巳	辰	卯	寅	丑	子

乙木이 亥月에 생하여 천지가 차니 소생하기 위해서는 丙火의 따듯함이 있어야 하고, 亥月은 壬水가 사령하니 사주원국에 水氣가 왕하면 戊土의 극제가 있어야 한다. 月柱가 癸亥라 水氣가 왕하나 年柱에 戊戌土가 있어 극제하니 水氣가 태왕하지 않다. 따라서 용신은 巳中의 丙火를 잡는다. 巳亥 상충하여 巳中의 丙火 용신이 손상되니 사주가 길하지 못하다.

用神 : 丙火
喜申 :　木
忌神 :　水
閑神 :　土
仇神 :　金

⊙ 천간에 印星과 比肩이 투출했으니 두 할머니 문제가 나온다.

⊙ 年柱에 財星이 있으니 재산을 물려받을 수 있으나, 운로가 썩 길하지 못하니 보존하기 어려울 것이다.

⊙ 月·日支가 巳亥 상충되니 부모형제자매와 화목치 못하리라 판단한다.

⊙ 日支 巳火 傷官이 귀문관살(鬼門關殺)을 대동하니 종교적으로 신심이 두텁다.

⊙ 용신 丙火가 日支宮인 巳宮에 있으니 처와의 연은 돈독하다고 판단한다.

◉ 子丑대운 초년은 기신운에 발전이 없었다가, 丙寅, 丁火, 卯木대운의 중반까지 용신과 희신운에 발복이 있었다. 卯木대운 후반기는 卯酉 沖하여 희신을 손상하고, 偏官 酉金 구신을 태동시키니 건축업의 부도로 인해 관재건과 손재수가 발생했다.

◉ 戊土대운은 戊癸합화의 용신운이다. 통변에서 印星은 문서, 계약, 인장, 소식 등인데, 偏印은 관재구설, 질병, 사건, 사고 등의 흉화와 연관된 문서, 계약 등으로 통변하면 틀림없다. 癸水 偏印 문서와 戊土 正財 돈과 간합되니 물상에서 금융대부업과도 연관되는 것이다. 대부업에 종사하며 약간의 발전이 있었다.

◉ 辰土대운은 辰戌 沖하여 正財를 손상시키고, 辰亥 怨嗔되어 正印인 문서, 계약을 손상시키고, 辰酉 合金하여 官殺이 구신으로 들어오니, 돈과 연관된 시비다툼으로 인해 곤욕을 치렀다.

◉ 己巳대운은 己土가 한신운이고, 巳火는 巳戌 원진, 巳亥 상충, 巳酉 반합 금국의 구신운이 되어, 용신인 巳火가 손상되니 길하지 못할 것이다.

◉ 庚午대운은 반길반흉운이다.

十一月(子月) 乙木

◉ 乙木이 한동(寒冬)에 났으니 一陽이 다시 돌아와 丙火로써 해동(解凍)함을 기쁘게 여긴다.

◉ 乙木은 지란호초(芝蘭蒿草)요 화목(花木)이라, 花木은 양기(陽氣)가 있어야 하므로 癸水를 씀은 좋지 않고 오로지 丙火를 쓴다. 冬至 前은 乙木이 생양(生陽)의 기운이 적으니 丙火가 크게 활용되지 못하고, 冬至 後는 생양의 기운이 태동하니 귀격을 이룬다.

◉ 一·二개의 丙火가 天干에 出하고 癸水의 극제가 없는 者는 국가고시에 합격한다. 丙火가 地支에 감추어져도 국가의 祿을 받을 수 있다.

◉ 壬癸水가 出干하면 戊土가 없으면 목부(木浮)하므로 천격(賤格)이고, 다시 지지에 水局이면 평생 잔질(殘疾)을 앓거나 요절(夭折)한다.

◉ 壬水가 출간한 경우 戊土의 극제함이 있으면 재사(才士)이고, 丙火가 암장되어

있으면 수재(秀才)에 불과하다.

用神 : 丙

辛	乙	壬	丁
偏官		正印	食神
巳	酉	子	丑
傷官	偏官	偏印	偏財

乙	丙	丁	戊	己	庚	辛
巳	午	未	申	酉	戌	亥

　지지 巳酉丑 삼합금국이 子月에 때를 잃었다. 偏官이 태왕하나 月柱에 印星이 있으니 日干이 세력을 얻어 從할 이치가 없다. 子月에 한기가 심하고 偏官이 태왕하니 丙丁火를 용해야 하는데, 年干에 丁火가 투출했으니 이를 용신으로 잡는다. 子月의 丁火가 실기했으나 時支 巳火에 통근하니 태약하지는 않다. 天干에 官·印이 투출하고 상생하니 문관직인데, 印星이 月柱를 차지하여 왕하니 교육직이다.
　아들인 辛金 偏官이 태왕하여 病이 되었다. 辛金은 구신에 해당하는데 대운이나 세운에서 공히 구신운으로 들어오면 아들이 온전할 수 없다. 丁未대운 중 辛未세운에 金이 왕하여 病인데 다시 金을 더하니 아들이 죽은 것이다. 용신이 火라, 후천수(後天數)가 2,7數이니 아들은 둘을 두었을 것인데 時柱에 辛金 偏官, 아들이 투출했으니 차남일 것이라 판단한다. 年·月柱의 偏官은 장남일 확률이 높다. 命主는 未午巳 남방화지 용신운에 잘 풀려 나갔을 것이라 판단한다.

丙	乙	戊	庚
傷官		正財	正官
戌	巳	子	申
正財	傷官	偏印	正官

乙	甲	癸	壬	辛	庚	己
未	午	巳	辰	卯	寅	丑

乙木 日干이 子月에 生하였고, 子申 반합수국으로 수세(水勢)가 왕하다. 다행히 月干과 時支의 戊戊土가 旺한 수세(水勢)를 극제하니 뿌리가 없는 乙木이 표류(漂流) 하는 것을 막을 수 있다. 日支 巳中의 丙火를 용신으로 하여 왕한 水氣를 억제하고, 年柱 庚申金의 官星을 잘 극제하여 사림(詞林)벼슬을 하였다. 丙火가 출간하여 조후하고, 戊土 역시 왕한 水氣를 극제하여 중화를 이루나 乙木의 뿌리가 없으니 小貴에 그쳤다.

용신이 왕강하지 못하고, 사주에 일점 木氣 희신이 없으니 큰 벼슬은 하지 못했다. 巳午未 남방 火대운에 발복했다.

丙	乙	壬	丁
傷官		正印	食神
子	未	子	未
偏印	偏財	偏印	偏財

乙	丙	丁	戊	己	庚	辛
巳	午	未	申	酉	戌	亥

乙木이 子月에 생하여 한기가 태다하니 조후가 급하다. 月干 壬水는 통근되어 왕하나, 年干 丁火와 丁壬 간합목국으로 바뀌니, 왕한 水氣를 설기시켜 水氣의 망동을 억제하여 귀격이 되었다. 그러나 戊申대운에는 申子 반합수국으로 水氣가 망동하니 이를 막을 戊土가 없어 흉운을 겪었다. 상기명은 戊土가 투출하여 旺水를 극제할 수 있었으면 사주가 中和되어 대귀했을 것이다.

戊	乙	庚	辛
正財		正官	偏官

寅	未	子	丑
劫財	偏財	偏印	偏財

癸 甲	乙 丙	丁 戊	己
巳 午	未 申	酉 戌	亥

乙木이 子月에 생하여 천지가 차다. 丙丁火의 따듯함이 없으면 乙木이 소생할수 없다. 조후(調候)가 급하니 寅中의 丙火를 용신으로 잡는다.

- 戊己土의 財星이 많다. 신약하고 食傷이 없으면 多財는 오히려 無財라 했으니 부옥빈인(富屋貧人)의 명이다.

- 正·偏財가 혼재되면 재성혼잡(財星混雜)이라 논한다. 財星이 한신이나 흉신에 해당하면 평생에 걸쳐 손재수와 여난(女難)이 따르게 된다.

- 年柱에 財官이 있으니 조상대는 명망있는 가문이었을 것이라 판단한다.

- 月柱에 官印이 동주한다. 길신에 해당하면 공직자의 길로 발전이 있었을 것이나, 구신과 기신에 해당하니 학업과의 연도 없었고 발복이 적었다.

- 天干에 正·偏官이 투출하여 혼재되면 偏官으로 논하니, 이공계나 기술직계통의 직업에 종사하게 된다.

- 日支는 처궁이다. 財星이 있으니 길격이나, 子未 형살과 丑未 충살로 손상되니 부부연은 돈독하지 못하다 판단한다.

- 月支 印星이 時支 劫財를 생하고 있다. 본인대나 아버지대에 이복형제문제가 나온다.

- 丙申대운 중 丙火는 丙辛합수의 기신운과, 丙庚殺로 官星을 손상시키니 시비다툼, 관재구설 등이 따랐고, 申金은 申子 반합수국의 기신운이니 문서 및 계약으로 인해 손재수가 발생했다.

- 乙未대운도 乙庚 간합금국의 구신운, 未土는 한신인데 丑未 충살로 손상되니 구신을 억제하지 못하여 길하지 못하다.

- 甲午대운은 희신과 용신운인데, 甲庚 沖과 子午 沖으로 모두 손상되니 역시 길하지 못하다.

- 癸巳대운에 戊癸합화와 巳火의 용신운이니 다소 풀려나갈 것이라 판단한다.

十二月(丑月) 乙木

- 한기(寒氣)가 심함에 조후(調候)가 급하니 丙火가 마땅하다.
- 丙火가 天干에 出하고 癸水의 파극(破剋)함이 없으면, 국가고시에 합격하지 못한다 하더라도 국가의 祿을 받는 명신현신(名臣賢臣)이다.
- 丙火가 地支에 감추어져 있으면 寅·巳가 지장간에 丙火가 있으니 그 양식(糧食)이 된다. 이런 경우 대운이 동남운으로 흐르면 귀격이 되고, 대운에서 부조가 없으면 빈한하다.
- 사주에 己土가 많고 比劫을 만나지 아니하면 종재격(從財格)을 이루니 그 富가 왕후(王侯)에 견주리라. 만약 比劫을 보면 군비겁쟁재(群比劫爭財)되니 가난하기 짝이 없다.

用神 : 丙

辛	乙	癸	壬
偏官		偏印	正印
巳	卯	丑	午
傷官	比肩	偏財	食神

庚	己	戊	丁	丙	乙	甲
申	未	午	巳	辰	卯	寅

乙木 日干이 丑月에 生하여 天地가 차다. 조후(調候)가 급하니 지지 巳 中의 丙火를 용신으로 잡는다.

地支 巳火는 日柱의 생조를 받고 同氣인 年支 午火 食神이 있으니 약하지 않으며, 투출한 壬癸水는 월령 丑土에 통근하여 약하지 않으나, 時支 巳 중 戊土가 극제하니 중화를 이루었다. 巳午未 남방 火대운에 벼슬이 태수(太守)에 이르렀다. 月支 丑土와 日支 卯木과의 사이에는 寅木이 탄함(吞陷)되어 있다고 보는 것이니, 乙木이 암강(暗强)하고, 寅 중의 丙火가 부조하고, 대운이 巳午未의 용신운으로 흐르니 귀격이 된 것이다.

<table>
<tr><td>(女命)</td><td></td><td></td><td></td></tr>
<tr><td>甲</td><td>乙</td><td>乙</td><td>戊</td></tr>
<tr><td>劫財</td><td></td><td>比肩</td><td>正財</td></tr>
<tr><td>申</td><td>亥</td><td>丑</td><td>午</td></tr>
<tr><td>正官</td><td>正印</td><td>偏財</td><td>食神</td></tr>
</table>

丁	戊	己	庚	辛	壬	癸	甲
巳	午	未	申	酉	戌	亥	子

乙木이 丑月에 生하여 한기가 심하니 조후(調候)가 급하다. 年支 午中의 丙火를 용신으로 잡는다. 여명의 正官은 남편으로 보는데 丑月의 申金은 한금(寒金)이라, 火氣가 없으면 귀기(貴器)를 만들지 못하니 丙火가 암장되어 있어 결혼운이 적다고 판단한다.

초년, 중년 대운의 흐름이 子亥戌酉申의 기신과 구신운이니 어려서 어머니를 여의고, 집안 살림을 떠맡아 형제들을 키우며 고생을 했다. 이후 未午巳 대운은 용신운이니 다소 형편이 풀릴 것이라 판단한다.

<table>
<tr><td>庚</td><td>乙</td><td>癸</td><td>壬</td></tr>
<tr><td>正官</td><td></td><td>偏印</td><td>正印</td></tr>
<tr><td>辰</td><td>亥</td><td>丑</td><td>申</td></tr>
<tr><td>正財</td><td>正印</td><td>偏財
衰</td><td>正官</td></tr>
</table>

庚	己	戊	丁	丙	乙	甲
申	未	午	巳	辰	卯	寅

丑月의 乙木은 寒木이니 向陽함을 要한다. 천간에 壬癸 印星이 중중한데, 戊土가 불투하고 일점 丙火가 없으니 乙木이 생존할 수 없다. 丑土 財星은 墓宮이라 財를 쓰기 어렵고, 천간에 官印이 투출하니 명예는 있다. 다행인 것은 대운이 巳午未 남방화운이라 흐르니 명예는 얻었으나 火가 全無하니 가난한 선비의 명조이다.

3. 병화丙火 일간日干

丙火(三春)

◉ 겸상(兼象)이 지위(至威)하여 陽이 대지에 돌아왔으니 눈과 서리를 무섭게 여기지 아니 하니, 오직 壬水를 써서 양광(陽光)을 보조한다. 이래야 천지화윤(天地和潤)되고 기제(旣濟)의 공을 이룬다고 하겠다. 癸水는 우로(雨露)에 비유하니 태양빛을 가려 불청불우(不晴不雨)하다. 따라서 壬水를 만나면 귀격을 이루나 癸水를 만나면 귀격이 되지 못한다.

◉ 一月에는 壬水를 쓰고, 庚辛金을 그 보좌로 삼고, 二月에는 오로지 壬水를 쓰고, 三月에 土重하면 빛을 가리우니 壬水로 용신을 잡고 甲木을 취(取)해 도와주면 길함이 있다.

◉ 火旺한데 水氣가 없으면, 戊土로 회화(晦火=빛을 가림)시켜야 하는데 이런 경우 富는 크나 貴가 작다.

一月(寅月) 丙火

◉ 三陽이 개태(開泰)하니 火氣가 점점 더워진다. 壬水를 취(取)하여 존위(尊位)를 삼고 庚金으로 돕는다.

◉ 壬水, 庚金이 모두 투출하면 고시에 합격한다.

◉ 壬水가 투출하고 庚金이 감추어져 있으면 역시 이도(異途 = 무관직·기술직·이공계)로 현달(顯達)한다.

◉ 庚金이 투출하고 지지에 一·二個의 丙火가 감추어져 있으면, 財富로써 공명을 얻고 위인이 강개(慷慨)한 영웅(英雄)이니 민중의 지도자가 된다.

◉ 戊土가 중중하고 甲木이 지장간에 있으면, 丙火가 土氣에 회화(晦火)되니 대기(大器)가 되지 못하고 고빈(孤貧)할 염려가 있다.

◉ 지지에 午戌이 있어 삼합화국을 이루고 壬癸水가 없으면, 寅月이라 염상격(炎上格)이 실기하였으니 동남운으로 흘러야 부귀격을 이룬다. 그렇지 않으면 격을 이루어도 고빈(孤貧)한 명이다.

◉ 甲木이 있고 庚金의 암제(暗制)가 있으면 수재(秀才)이다.

- 壬水가 없어 癸水를 쓰면 火氣를 극제함이 부족하니 약간의 부귀만 있다. 또한 官殺이 지지에 통근함과 왕상(旺相)함을 요한다.
- 丙火가 있고 壬水가 없으면 火氣가 태왕하니 중화를 이루지 못해 빈천(貧賤)하다.
- 火氣가 중중하고 水가 적은데 일점 水運이면 격화지염(激火之炎 = 적은 水가 旺火와 만나면 火가 憤動(분동)한다는 뜻)이라 하여 죽거나 재앙이 있다.
- 丙火가 적고 壬水가 중중한데, 戊土의 극제가 없으면 살중신경(殺重身輕)하니 위인이 간사하고 웃음 속에 칼을 감추고 있다. 그러나 戊土의 극제가 있으면 대부귀하고, 이런 경우는 戊土가 제살하려면 身旺을 요하니 비견이 한두 개 있어야 길하다.
- 寅月의 丙火는 戊土의 회화(晦火)함을 꺼리는데, 지지에 火局이면 壬水가 용신이니 이런 경우는 청귀(淸貴)하다. 壬水가 없으면 癸水를 쓰나 제살의 힘이 부족하니 평범한 명이다.

用神 : 壬 庚

庚	丙	庚	丙
偏財		偏財	比肩
寅	午	寅	午
偏印	劫財	偏印	劫財

丁	丙	乙	甲	癸	壬	辛
酉	申	未	午	巳	辰	卯

地支가 寅午 반합화국이 되어 炎上格이나, 月令이 寅木이라 삼합국이 실기했으니 대운이 동남운으로 흘러 부조하면 길하다. 庚金 財星은 통근되지 못하니 무력하고, 다시 年干 丙火가 있어 財를 극하니 財를 쓰기 어렵다. 대운이 卯辰巳午未의 희신과 용신운이니 안찰사(按察使)의 벼슬을 했다.

丁	丙	庚	辛
劫財		偏財	正財
酉	子	寅	亥
正財	正官	偏印	偏官

癸	甲	乙	丙	丁	戊	己
未	申	酉	戌	亥	子	丑

丙火 日干이 時干에 丁火 劫財가 투출하고, 지지에 寅亥 合木하여 印星의 생조를 받으니 신강사주이다. 따라서 용신은 억부법을 적용하여 日支 子中의 壬水를 용신으로 잡는다.

地支에 子水 正官과 亥水 偏官 등 正·偏官이 혼잡되었으나, 年支 亥水는 월령 寅木과 육합되어 印星으로 바뀌니 "합살유관(合殺留官)"되어, 오직 正官만 남게 되니 길하게 되었다. 특히 사주의 많은 財星이 한 가지로 子水 正官을 生하니 官이 淸하고 길해졌다.

따라서 상기사주는 財·官·印이 모두 旺하고 균형을 이루었으니, 과거시험에 장원급제하여 귀격사주가 된 것이다.

戊	丙	庚	辛
食神		偏財	正財
子	戌	寅	丑
正官	食神	偏印	傷官

癸	甲	乙	丙	丁	戊	己
未	申	酉	戌	亥	子	丑

丙火가 寅月에 생하여 長生을 득했고, 寅戌 사이에 日干 丙火를 끌어와 寅午戌 삼합화국을 형성하니 比劫이 왕하다. 따라서 재물을 보태어 형제자매간의 재산 다툼을 막아야 하고, 사령한 寅木 印星의 기운을 극제해야 하니, 月干 庚金 偏財를 용신으로 잡는다.

丑子亥 한신운은 무애무덕했고, 中年의 丙火는 辛金과 간합수국의 용신운이니

재물을 다소 모았다. 상기는 丙戌대운 중 戌土대운에 사업상 동업관계를 상담한 것인데, 戌土는 寅戌 반합화국의 기신운이라 불가하다 했는데, 강행하더니 수억의 損財가 발생했다.

간명상 동업의 길흉관계는 比劫과 月柱의 길흉으로 논한다. 상기는 比劫인 火氣가 기신이니 절대 동업이 불가한 명조이다. 乙酉대운 이후는 다시 사업상 재기할 운이 도래할 것이라 판단한다. 식신생재하니 大富는 아니더라도 小富할 명조이다. 이것은 月支 寅木 偏印이 時干 戌土 食神을 극하여, 즉 도식(盜食)되어 食神의 길성을 손상시키기 때문이다.

간명상 正官과 偏官이 세력이 균등하고 혼재되면 관살혼잡이라 논하는데, 필자는 이것을 正印과 偏印, 正財와 偏財가 혼재된 경우에도 똑같이 적용된다고 생각한다. 상기는 天干에 正財와 偏財가 혼재되어 투출했는데 역시 財星混雜이라 논한다. 이런 명조는 예기치 않은 손재수(損財數)가 평생에 걸쳐 빈번하게 발생하고, 특히 여난(女難)이 따르니 명예손상이나 관재구설이 발생하게 되는 것이다. 그 시기는 대운과 세운에서 기신, 구신운으로 들어오는 시점이다.

癸	丙		庚	丙
正官			偏財	比肩
巳	午		寅	申
比肩	劫財		偏印	偏財

丁	丙	乙	甲	癸	壬	辛
酉	申	未	午	巳	辰	卯

月支 寅木은 左右에 午火와 申金이 있어, 合과 沖이 성립되지 않는다. 火氣가 중중하니 丙火를 극제하는 壬水를 용해야 하는데, 壬水가 不透하고 癸水가 투출하여 부득이 이를 用해야 한다. 월령 寅中의 甲木을 庚金이 극제하여 丙火를 생조함을 억제하고, 年支 申中의 壬水가 있고 月干 庚金이 생조하니 癸水가 태약하지는 않다. 甲木대운은 甲庚 沖하여 旺木과 庚金이 沖하니 庚金 偏財가 손상되니 妻가 암으로 사망했다. 財星을 처로 보기 때문이다. 午火대운은 기신운이라 목장운영이

순탄치 않았고, 乙木대운은 庚金 偏財와 간합금국의 용신운이며 財星局으로 들어오니, 도시계획개발로 인한 목장 터의 땅값이 올라 일약 부자가 되었다. 未土대운에 농협조합장 출마 건을 간명한 것인데 기신운이라 뜻을 이루지 못했다.

丙火가 寅月에 長生을 득하고, 寅戌 반합화국과 巳火의 부조가 있으니 신왕하다. 天干의 官星 壬癸水는 투출했지만 지지에 통근하지 못하니 왕하지 못하여 난동을 부리지 못하고, 지장간에 戊土가 암장되었으니 능히 壬癸水를 견제한다. 따라서 억부법을 적용하여 月干 壬水를 용하여 왕한 丙火를 극제하면 중화를 이룰 수 있다.

二月(卯月) 丙火

⊙ 二月 丙火는 양기(陽氣)가 뻗어 오르니 오로지 壬水를 쓴다.

⊙ 壬水가 天干에 투출하면 丁壬 合木이 없으니, 庚金, 辛金, 己土의 투출함을 加하면 壬水의 뿌리가 있으니 국가고시에 합격한다.

⊙ 壬癸水가 없으면 己土를 대용하니 학문의 재주가 있다. 비록 功名을 얻지 못하나 의식은 풍족하다.

⊙ 壬水가 중중하고 一個의 戊土의 제극을 보면, 국가고시에 합격은 못하나 국가의 祿을 받는다.

⊙ 卯月 丙火가 丙子日 辛卯時면 가종격(假從格)이니 실기하였고, 천간은 丙辛의 간합수국이라, 日主가 辛金 財를 향하니 탐재괴인(貪財壞印 = 財를 貪하여 印이 무너짐)이라 하여 조업(祖業)을 잇기 어렵다. 이런 경우는 地支는 子卯 상형(相刑)

이고 天干은 丙辛 合水가 되는데, 만약 一·二個의 丁火가 있어 辛金을 극제하고 壬水가 득위(得位)하면, 역시 부귀하나 무직이나 기술직으로 명성을 얻는다.

用神 : 壬 己

己	丙	己	乙
傷官		傷官	正印
亥	申	卯	亥
偏官	偏財	正印	偏官

壬	癸	甲	乙	丙	丁	戊
申	酉	戌	亥	子	丑	寅

사주에 印星이 왕하니 신강사주이다. 억부법을 적용하여 時支 亥中의 壬水를 용신으로 잡는다. 年支 亥中의 壬水는 月令 卯木과 반합목국이 되어 印星으로 바뀌니 사용할 수 없다. 단지 時支 亥 中의 壬水를 용하는데, 時干 己土의 극을 받고, 같은 지장간의 甲木에 설기되니 왕강하다고 볼 수 없다.

사주상 年支와 時支의 亥水 偏官은 病이 되었으나, 年支 亥水는 月令 卯木과 반합목국의 印星으로 化하여 丙火 日干을 생조하고, 時支 亥水 一位 偏官만 남게 되고, 대운이 丑子亥戌酉申의 용신과 희신운으로 흐르니 사주가 길해졌다.

(女命)			
己	丙	乙	戊
傷官		正印	食神
亥	戌	卯	申
偏官	食神	正印	偏財

丁	戊	己	庚	辛	壬	癸	甲
未	申	酉	戌	亥	子	丑	寅

丙火 日干이 日支 戌土에 통근하고 月柱 印星의 생조를 받으니 신강하다. 억부

법을 적용하여 日主의 火氣를 극제하는 時支 亥中의 壬水로 용신을 잡는다. 卯月의 亥水는 쇠약하고 주변 己戌土의 극제를 받으니 官殺이 태약하다. 여명의 官星은 남편인데 이처럼 태약하니 부부연이 적다고 판단한다.

卯月의 正氣가 月干에 투출했으니 "정인격(正印格)"이다. 식신생재(食神生財)되니 재물복이 아주 적은 것은 아니다.

대운의 흐름이 丑子亥戌酉申의 용신과 희신운이니 길한 사주이고, 丙火 日干은 자신의 재능으로 남을 기쁘게 하는 대인관계가 많은 직업을 택해야 하는 것이니, 미용업을 하다 辛亥대운 이후 여행사를 운영하고 있다. 상기 여명은 기신이 土니 위장질환이 많았다.

丁	丙	癸	壬
劫財		正官	偏官
酉	辰	卯	寅
正財	食神	正印	偏印

庚	己	戊	丁	丙	乙	甲
戌	酉	申	未	午	巳	辰

지지에 寅卯辰 방합목국을 형성하니 印星이 태왕하여 日主를 생함이 지나치다. 木局이 없으면 卯月에 丙火의 陽氣가 중하니 壬水를 용해야 하는데, 木氣가 왕하니 먼저 전벌(剪伐)하는 庚金으로 용신을 잡아야 한다. 酉中의 庚金이 용신이다. 月柱에 官·印이 상생하는데, 癸水는 辰土에 뿌리가 있고, 酉金의 생조를 받으니 약하지 않고, 卯木은 방합목국을 형성하니 역시 왕하다. 다만 천간에 正·偏官이 혼잡됨이 病이라, 공직으로 가지 못하고 국영기업체의 고위직간부가 되었다.

用神 : 庚金
喜神 : 土
忌神 : 火
閑神 : 水
仇神 : 木

상기는 戊土대운에 건강문제를 간명한 것인데, 기신과 구신에 해당하는 질병은 평생을 짊어지고 가는 것이다. 기신이 火니 고혈압이고, 구신이 木이니 간질환이다. 戊土는 癸水와 간합화국의 기신운이니 이때 발병하는 것이다. 辛卯歲運에 辛金 용신이 丙辛합수의 한신운으로 바뀌고, 卯酉 沖하여 酉金 용신을 沖하니 급성간질환으로 사망했다. 그 조짐은 未土대운부터 시작됐다. 卯未 반합목국의 구신운으로 들어오니, 건강을 살피라는 의사의 권고가 있었으나, 과중한 업무로 스트레스가 지속됐으며 또한 치료를 계속 받지 못했다. 戊土대운에 戊癸합화의 기신운으로 들어오니 회생하지 못한 것이다.

三月(辰月) 丙火

◉ 丙火의 氣가 더욱더 달아오르니 壬水를 써야 한다.

◉ 辰月의 丙火는 화토식상격(火土食傷格)인데, 地支에 土局을 이루면 甲木을 취(取)하여 소토(疏土)하고 丙火에 도움을 주어야 하니 壬水를 떠날 수가 없다.

◉ 壬水, 甲木이 모두 투출하면 국가고시에 합격한다. 그러나 庚金의 出干함을 대기(大忌)하니, 甲木을 제극하면 단지 수재(秀才)가 될 따름이다.

◉ 壬水가 투출하고 甲木이 감추어지면 富는 크고 貴는 적다.
甲木이 있고 壬水가 없으면 고통이 많고 인망 없는 부자다.
壬水가 암장되고 甲木이 없으면 가난한 선비다.
壬水, 甲木이 둘 다 없으면 천격(賤格)이다.

◉ 乙木, 丁火가 있어 사주구성이 잡란(雜亂)하면 평범하다.

◉ 지지 水局이면 甲木으로 살인상생(殺印相生)하여 丙火를 생하면 上格인데, 甲木이 없어 戊土로 제살하려면 반드시 신왕(身旺)해야 한다. 이런 경우는 소부귀(小富貴)에 그친다. 그러나 다시 대운이 인수운(印綬運)으로 흐르면 소부귀는 넘어선다.

用神 : 壬 甲

壬	丙	丙	癸
偏官		比肩	正官
辰	午	辰	丑
食神	劫財	食神	傷官

己	庚	辛	壬	癸	甲	乙
酉	戌	亥	子	丑	寅	卯

丙火 日干은 辰月에 양기가 점점 오르고 月干에 比肩이 있으며, 日支 午火에 통근하고 羊刃이니 왕하다. 따라서 용신은 억부법을 적용하여 時干 壬水로 잡는다. 다만 壬水는 坐下에 辰土 水庫를 깔고 있으나 日干 丙火와 沖되고, 庚辛金의 생조가 없으니 용신이 왕강하다고 볼 수는 없다.

天干에 壬癸水의 偏官과 正官이 투출하여 "관살혼잡(官殺混雜)"되었지만, 時干 壬水는 日干 丙火와 沖이 되어 "거살유관(去殺留官)"되므로 年干의 癸水 正官만 一位만 남아 사주가 길해졌다. 壬水가 辰土 수고(水庫)에 있어 약하지 않으나, 辰午 사이에 사록(巳祿)이 탄함(吞陷)되어 日柱가 왕하니 가살위권(假殺爲權)이 되었다. 대운이 亥子丑 북방수대운으로 흐르니 현재의 지방장관격인 태수(太守)벼슬을 했다. 印星은 月令 辰中에 乙木이 암장되어 손상됨이 없으니 관인상생되어 귀격이 된 것이다.

丙	丙	甲	丁
比肩		偏印	劫財
申	子	辰	卯
偏財	正官	食神	正印

丁	戊	己	庚	辛	壬	癸
酉	戌	亥	子	丑	寅	卯

辰月은 화왕절로 진기(進氣)하는 계절이고, 丙丁火가 투출했으니 火氣가 왕하다. 壬水를 용하여 丙火의 기세를 극제하여 중화를 이루어야 한다. 丙火 日干이 坐下에 子水가 있으니 태양이 물위에서 스스로 빛나는 형국이니 귀격이다. 水가 용신인데, 申子辰 방합수국이 辰月이라 비록 때를 잃었지만, 용신을 부조하고, 대운이 丑子亥

戌酉의 용신과 희신운으로 흐르니 대귀격이 되었다.

丙	丙	戊	己
比肩		食神	傷官
申	寅	辰	亥
偏財	偏印	食神	偏官

辛	壬	癸	甲	乙	丙	丁
酉	戌	亥	子	丑	寅	卯

　辰月은 화왕지절로 進氣하는 계절이니 日干 丙火가 세력을 얻었다. 比肩이 있고, 日支 寅木에 長生地이니 火氣가 왕강하다. 時支 申中의 壬水를 용하여 丙火를 극제하여 중화를 이룬다. 月柱의 食神이 왕하고 時支 申金 偏財를 생하니 富格의 사주이다. 丑子亥 용신대운에 재물을 모았다.

　財星이 土에 있으니 부동산으로 富를 축적한 것이다. 癸亥대운에 도의원 출마 건으로 간명한 것인데, 戊土는 戊癸합화의 구신운이고, 亥水는 寅亥합목의 한신운이니, 명예가 따르지 않을 것이라 했는데, 출마하여 결국 낙선했다. 국가고시시험이나 선출직의원의 출마 건 등은 대운이나 세운이 공히 용신운으로 들어와야 뜻을 이룰 수 있다. 필자가 오랜 세월 분석한 결과, 희신은 운세가 용신의 70% 수준에 불과하니, 희신운에서는 소망을 달성할 수 있다고 장담할 수 없는 것이다.

辛	丙	戊	己
正財		食神	傷官
卯	寅	辰	亥
正印	偏印	食神	偏官 空亡

辛	壬	癸	甲	乙	丙	丁
酉	戌	亥	子	丑	寅	卯

　지지에 寅卯辰 방합목국이 辰月이라 비록 때를 잃었지만 日主를 생조함이 왕하

다. 사주가 중화를 이루기 위해서는 庚辛金을 용하여 왕한 木氣를 전벌(剪伐)해야
한다. 용신은 時干 辛金이다. 丙火가 日支에 長生을 득했으니 木氣가 태왕해도 從
할 이치가 없다. 식신생재하고 日主가 태약하지 않으니 재물을 모을 수 있는 명조
이나 대운이 丑子亥의 한신운이니 발복이 적었다. 亥水 偏官이 아들인데 空亡이다.
따라서 아들을 얻지 못했다.

丙火(三夏)

- 삼하(三夏)의 丙火는 陽이 위세가 있고 성질이 맹렬(猛烈)하니 오직 壬水를 쓴
  다. 만일 亥宮의 壬水를 쓰게 되면 무력하고 회극(回剋)되며 설기(洩氣)되니 부
  귀하기 어렵다. 申宮의 長生의 水, 壬水(壬水의 長生地는 申金이다)를 쓰면 부귀하
  게 된다.
- 삼하(三夏)의 丙火가 살중신경(殺重身輕)한 경우에, 만약 壬水가 태왕하여 丙火
  의 광채를 가리면 甲木이나 戊土가 있어야 길하다.

四月(巳月) 丙火

- 壬水를 전용(專用)하니 金이 도움이 된다.
- 壬水가 없으면 癸水라도 쓰니 庚金, 癸水가 出干하면 富가 아니면 貴하게 된
  다. 다만 심성이 괴팍하고 교묘한 꾀와 말을 잘한다.
- 壬庚이 투출하고 戊己土가 투출하지 않으면, 강호(江湖)가 왕양(汪洋)하여 丙火
  의 광채를 널리 비추니 국가고시에 합격하고 대부귀하는 귀격이다.
- 庚金이 중중하고 比劫이 없으면 富는 있으나 貴는 없다.
- 壬癸水가 모두 없으면 하천인이다. 또한 화염토조(火炎土燥)하면 빈천, 요절하
  거나 승도(僧道)의 팔자다.
- 양인살(羊刃殺)이 合殺하면 위엄과 권세가 만리(萬里)에 이른다.
  만일 丁火 양인살이 태왕하고, 壬水가 중첩되어 七殺이 왕하면, 중첩된 殺이
  난동을 부리는 것이니, 戊土의 극제가 없으면 古書에 양인도과(陽刃倒戈)라 하

여 흉액이 심화되니 刑厄을 받아 무두귀(無頭鬼=머리 없는 귀신)가 된다.

用神 : 壬 庚 癸

戊	丙	乙	丁
食神		正印	劫財
子	子	巳	巳
正官	正官	比肩	比肩

戊	己	庚	辛	壬	癸	甲
戌	亥	子	丑	寅	卯	辰

丙火 日干이 巳火節에 生하여 比劫과 印星이 있으니 신강사주이다. 日支 子中의 壬水를 용신으로 잡는다. 丑子亥 북방 水대운에 진사벼슬을 했다.

日支와 時支의 子水는 동주의 丙火와 戊土의 극을 받으니 왕하지 못하고, 생조해주는 庚辛金의 財星이 약하니 큰 벼슬은 하지 못했다.

甲	丙	辛	乙
偏印		正財	正印
午	午	巳	未
劫財	劫財	比肩	傷官

甲	乙	丙	丁	戊	己	庚
戌	亥	子	丑	寅	卯	辰

丙火 日干이 地支에 巳午未 방합화국을 형성했으니 外格 중 "염상격(炎上格)"이다. 따라서 기세에 순응(順應)해야 길하니 木火대운은 길하고, 水金대운은 凶하다. 丑子亥 북방 水대운에는 기세에 역행하니 예기치 않은 큰 화(禍)를 당했다. 벼슬은 태위(太尉)벼슬을 했다.

（女命）			
戊	丙	丁	戊
食神		劫財	食神
子	申	巳	申
正官	偏財	比肩	偏財

庚	辛	壬	癸	甲	乙	丙
戌	亥	子	丑	寅	卯	辰

丙火가 사화절에 생하여 火氣가 염염(炎炎)하니 조후가 급하다. 日支 申中의 壬水를 용하여 丙火를 극제하여 중화를 이룬다. 여명의 日支宮 申金은 남편궁인데 月·日支가 巳申 刑合되니 선형후합(先刑後合)이다. 먼저는 刑하여 흉화가 있고 나중은 合되어 용신이니 길함이 있는 것이다. 남편의 자리가 위태롭다. 寅木대운에 寅巳申 삼형살이 들어오니 남편이 자동차사고로 비명횡사했다. 巳申의 刑合은 물상에서 자동차와도 연관되기 때문이다. 재혼 후에는 길함이 많을 것이다. 나중은 巳申 合水의 용신이기 때문이다.

五月(午月) 丙火

◉ 壬水를 전용(專用)하니 庚辛金이 보조가 된다.

◉ 壬水, 庚金의 수기(秀氣)를 얻으면 上格이다.

◉ 壬水가 一位 있고, 庚金이 없고 申宮에 長生의 水가 있어 金의 녹지(祿地)에 坐하여 주면 지극히 妙하다. 그러면 반드시 대학자의 반열에 든다.
기피하는 것은 戊己土의 잡란(雜亂)이니, 이렇게 되면 무직이나 기술직으로 국가의 祿을 받는다.
壬庚이 모두 出干함이 없어도 申金이 있고 戊己土가 없으면, 상기와 같은 이치로 국가의 祿을 받는다. 이런 경우는 대운이 亥子丑의 수운으로 흘러 부조가 있어야 妙함이 있다.

◉ 四·五月에 壬水가 투출하고 庚辛金의 보조가 있으면 부귀한다.

◉ 丁火가 많으면 겸하여 癸水를 보아 쓰기도 하니, 六月에도 壬水를 쓰려하면 반드시 庚金의 도움을 받아야 한다.

● 壬癸水가 모두 없으면 어리석고 완악(頑惡)한 무리라 하겠으니, 화염(火炎)을 제극하지 못하면 승려(僧侶)의 팔자다. 그렇지 않으면 요절(夭折)할 팔자다.

● 庚金이 중중하면 財星이 旺한 것이니 신약하게 된다. 比劫이 없으면 有氣하지 못한 것이니 富는 있고 貴는 없다.

● 丙午 日干이 사주에 壬水가 많고 戊土의 극제가 없으면 官殺이 태왕한 것이고, 음형살(陰刑殺)이 重하니 관재(官災)로 인한 대화(大禍)를 당한다.

● 지지에 水局을 이루고, 중중한 壬水의 투출함을 加하고, 일개의 제복(制伏)이 없으면 도적지명(盜賊之命)이고, 만일 己土를 보면 토수상전(土水相戰)하여 왕한 水氣를 분발케 할 뿐이니 하천(下賤)한 사람이다.

● 염상격(炎上格)을 이루어 사주에 庚辛金을 보지 않고, 많은 甲乙木을 본 者는 도리어 大富貴를 한다.

用神 : 壬 庚

己	丙	戊	戊
傷官		食神	食神
丑	午	午	戌
傷官	劫財	劫財	食神

乙	甲	癸	壬	辛	庚	己
丑	子	亥	戌	酉	申	未

사주에 食傷이 있어 설기가 심하나 또한 지지에 火氣가 맹렬하고 午戌 반합화국이 있으니 신왕사주이다. 丙火의 광휘를 발하게 할 壬水도 없고, 戊土가 丙火의 빛을 가리며, 사주가 과(過)하게 난조(暖燥)하다. 時支 丑 중의 癸水가 있어 일간 丙火를 극하니 염상격(炎上格)도 되지 못한다. 사주가 심히 편고(偏枯)되어 있으니 천격(賤格)이다.

용신은 丑中의 癸水를 쓸 수밖에 없으나, 왕한 火土의 기운에 심히 고갈되었으니 용신이 무력하다. 비록 대운이 亥子丑으로 흘러도 화염토조(火炎土燥)하여 일점 水氣가 火氣를 분동(憤動)시킬 뿐이니 흉한 것이다.

甲	丙	戊	戊
偏印		食神	食神
午	辰	午	申
劫財	食神	劫財	偏財

乙	甲	癸	壬	辛	庚	己
丑	子	亥	戌	酉	申	未

丙火 日干이 오화절에 生하여 양인살(羊刃殺)이니 火氣가 태다하다. 戊土 食神이 왕한 것을 甲木이 소토하고, 왕한 火氣는 申中의 壬水로 제극하니 사주가 중화를 이루었다. 용신은 壬水이다. 다만 壬水가 불투한 것이 옥에 티이지만 대운이 申酉戌亥子丑의 희신과 용신운으로 흐르니 귀격이 되었다.

壬	丙	丙	丁
偏官		比肩	劫財
辰	子	午	卯
食神	正官	劫財	正印

己	庚	辛	壬	癸	甲	乙
亥	子	丑	寅	卯	辰	巳

丙火 日干의 지지 午火는 천간의 丁火로 양인살(羊刃殺)에 해당된다. 丁火 양인(羊刃)이 멀리 壬水 칠살(七殺)을 합하여 오니 양인합살(羊刃合殺)되어 위세를 널리 떨치는 命이다. 子辰 반합수국이 子午 沖되어 양인(羊刃)의 손상됨을 억제하고, 壬水가 투출하여 丙火의 광휘를 밝히니 사주가 길하다. 용신은 壬水다. 다만 二位 丙火가 출간하여 火氣가 태다한데 壬水를 보조하는 庚辛金이 없으니 옥에 티다. 용신 壬水가 辰土 수고(水庫)에 있고, 대운이 용신과 희신운으로 흐르니 사주가 귀격이 되었다.

戊	丙	戊	戊
食神		食神	食神
戌	子	午	寅
食神	正官	劫財	偏印

乙	甲	癸	壬	辛	庚	己
丑	子	亥	戌	酉	申	未

丙火 日干이 오화절에 생하여 득령(得令)했고, 地支에 寅午戌 삼합화국을 형성하여 日干이 태왕하나 사주에 印星과 劫財가 있으니 종(從)할 수 없다. 사주가 중화를 이루기 위해서는 水氣가 있어 왕한 火氣를 극제해야 한다. 水氣가 天干에 투출하지 못했으니 용신은 日支 子中의 壬水이다. 용신 壬水는 왕한 火氣에 극제를 받고, 子午 沖되어 손상되니 심히 무력하다. 사주가 대부분 난조지기(暖燥之氣)로 구성되었고 한습지기(寒濕之氣)가 태부족하니 중화되지 못하고 심히 편고(偏枯)된 사주라 평생에 발복이 적었다. 子水 正官 자식이 旺火에 극제되고, 戌中 辛金 일점 財星이 역시 三合되어 旺火에 극제되니 처자(妻子)가 모두 없었다.

(女命)			
己	丙	戊	癸
傷官		食神	正官
丑	戌	午	丑
傷官	食神	劫財	傷官

乙	甲	癸	壬	辛	庚	己
丑	子	亥	戌	酉	申	未

丙火 日干이 지지 午戌 반합화국이 있고, 오화절에 양인살(羊刃殺)을 대동하니 火氣가 태왕하다. 억부법을 적용하여 신강한 日主를 극제하여 중화를 이루어야 한다. 壬水를 용해야 하나 癸水가 투출했으니 부득이 이를 용신으로 잡는다. 癸水는 坐下 丑土에 있으나 旺火를 감당하기 힘드니 길하지 못하다. 天干에 食傷이 투출했으니 예체능 계통에 소질이 있다. 日干 丙火는 만물을 비추어 생장을 이루게 하는 태양

화에 비유하니, 나의 재능과 기술을 사람에게 보여주고, 사람을 상대하고 기쁘게 하는 직업이다. 미용실을 운영하고 있다. 용신 癸水 正官은 여명에서 남편으로 논하는데, 食傷의 극을 받고, 戊癸 合火의 구신으로 바뀌니 부부연이 적다. 亥子丑 용신운에 풀려나갈 것이라 판단한다. 여명에서 水火가 있어 상호 상전(相戰)하나 旺하고 길신이면 요식업으로 치부(致富)하는 경우가 있으나, 상기는 水氣가 부족하니 미용실을 운영하는 것이다.

六月(未月) 丙火

◉ 丙火가 퇴기(退氣)하니 삼복에 한기(寒氣)가 生하기 시작하나, 화염토조(火炎土燥)하니 壬水로 용신을 삼고 庚金으로 이를 돕는다.

◉ 庚金, 壬水가 함께 투출하면 국가고시에 합격한다.

◉ 庚金이 없고 壬水가 있고 戊土가 없으면 소부소귀(小富小貴)한다.

◉ 戊土가 壬水를 극제하면 시골의 명망있는 학자다. 己土가 天干에 투출하여 혼잡(混雜)되면 평범한 명이다.

◉ 壬水가 투출되지 못하고 己土가 투출하면 빈곤하고, 壬水가 없으면 下格이며 천(賤)하고 성격이 사납다.

用神 : 壬 庚

丙火 日干이 사주에 食傷이 많아 약한 것 같으나, 地支 午未戌에 통근되었으니 아주 약하지는 않다. 다만 사주가 화염토조(火炎土燥)하여 심히 건조(乾燥)하므로 조

후(調候)가 급하다. 時支 亥中의 壬水로 용신을 잡는다. 亥中 壬水는 사주상 旺한 土의 극제를 받음이 심하니 왕하지 못하다. 대운의 부조가 있어야 길하다. 亥子丑 북방 水대운에 발복하였고, 食傷이 生財하니 富를 이루었다.

壬	丙	癸	庚
偏官		正官	偏財
辰	辰	未	寅
食神	食神	傷官	偏印

辛	庚	己	戊	丁	丙	乙	甲
卯	寅	丑	子	亥	戌	酉	申

화토상관격(火土傷官格)이다. 未土月의 丙火는 火氣가 퇴기하는 시점이나 화염토조(火炎土燥)하다. 대서절(大暑節) 前은 五月과 같이 보고, 대서절 後는 추동(秋冬)의 金水로 진기(進氣)하니, 삼복(三伏)에 한기(寒氣)가 生하는 시점이다. 상기는 대서절 前이고 地支에 未辰의 土氣가 왕하니, 壬水로 쓸어내어 회화(晦火)함을 막아야 한다. 용신은 時干 壬水이다.

대운의 흐름이 희신과 용신운이니 국가고시(考試)에 합격하여 행정직으로 출발하여 국회의원직을 지낸 명조이다.

壬	丙	辛	甲
偏官		正財	偏印
辰	戌	未	午
食神	食神	傷官	劫財

己	戊	丁	丙	乙	甲	癸	壬
卯	寅	丑	子	亥	戌	酉	申

未土月의 丙火 日干은 火氣가 퇴기하는 시점이고 삼복(三伏)에 한기(寒氣)가 생하는 시점이나, 아직은 天地가 화염토조(火炎土燥)하다. 丙火 日干은 午未戌의 지장간

에 미근(微根)이 있으니 태약한 것은 아니다. 따라서 화염토조한 기운을 중화시키기 위해서는 壬水가 필요하다. 時干 壬水가 용신이다.

- ◉ 乙亥대운은 乙木이 乙辛 충살이 되고, 亥水는 亥未 반합목국의 한신운이니 평운이다.
- ◉ 丙子대운은 丙火가 丙辛 合水와 丙壬 충살이 있으니 일희일비하고, 子水는 子午 충살이 되니 흉운이다.
- ◉ 丁丑대운은 丁火가 丁壬 合木의 한신운이고, 丑대운은 丑戌未 삼형살로 戌未土 食傷이 손상되니, 직장이나 직업의 변동이 있거나 손재수(損財數)가 발생하고, 또한 月·日支는 가족과 나의 자리인데 이를 刑하니, 가족 간 상복 입을 일이 발생하거나 건강문제, 사고문제, 부부이별 등의 예기치 않은 흉화가 발생한다.
- ◉ 戊寅대운은 戊土가 기신운이고, 寅木대운은 寅午戌 삼합화국의 구신운이니 흉운이다.
- ◉ 己卯대운 역시 吉하지 못하다.

庚	丙	丁	丁
偏財		劫財	劫財
寅	子	未	未
偏印	正官	傷官	傷官

庚	辛	壬	癸	甲	乙	丙
子	丑	寅	卯	辰	巳	午

丙火 日干이 未土月에 생하여 쇠(衰)地에 해당하고 삼복(三伏)에 생한(生寒)하나, 丁火가 출간하여 지지에 통근하여 부조하고 印星이 생조하니 약하지 않다. 未土月에 화염토조(火炎土燥)하니 壬水를 용하고 庚金으로 보조한다. 子 중의 壬水가 용신이다.

상기명은 癸卯대운 중 卯대운에 몽고이민 건을 상담한 것인데, 子卯 형살로 官星이 손상되고, 卯未 반합목국의 한신운이라 신중하게 생각하라 충고했지만, 이민을 강행하더니 5년도 못 되어, 사업상 財를 모두 손실하고 다시 환국(還國)한 명조이다.

庚金 偏財가 투출했지만 未土가 조토(燥土)라 生金하지 못하고 日主가 왕하지 못하니, 사업상의 財를 운용할 그릇이 못되는 것이며, 劫財가 투출하여 財星인 庚金을 핍박하니 외화내빈(外華內貧)인 것이다. 말년은 다소 나아질 것이라 판단한다.

庚	丙	乙	丙
偏財		正印	比肩
寅	申	未	戌
偏印	偏財	傷官	食神

壬	辛	庚	己	戊	丁	丙
寅	丑	子	亥	戌	酉	申

　未土月은 巳午의 화왕지절을 지나 火氣가 점차 퇴기하는 시점이고, 삼복더위에 생한(生寒)하는 시점이나, 大氣는 화염토조(火炎土燥)하다. 따라서 壬水가 귀중하고 庚金의 보조가 있으면 귀격이다. 상기는 庚金이 투출했으나 壬水가 申宮에 암장되니 크게 길하지 못하다. 年干 丙火가 없으면 암장된 壬水가 庚金의 부조를 받아 능히 丙火 日干의 火氣를 억제하지만, 年干에 丙火가 투출하여 지지 戌未寅에 통근하니 火氣가 태왕하여 암장된 壬水로는 힘이 부족하다. 더군다나 寅申 沖으로 申宮의 壬水 용신이 손상되니 대운에서 부조가 없으면 발복이 적은 것이다. 申酉戌亥子 대운은 희신과 용신운으로 무탈했으나. 辛金대운은 乙辛 沖殺로 희신이 손상되니 손재수(損財數)가 있었다. 이후 丑土대운에 새 사업을 도모코자 하는데, 丑戌未 삼형살로 食神과 傷官을 刑하니 동업자간 불화가 예상되며, 食神 밥그릇이 刑을 맞으니 시비다툼, 관재구설, 사고, 질병 등의 문제가 염려된다. 이후의 운세도 썩 길하지 못하다. 심사숙고함이 필요하다.

丙火(三秋)

七月(申月) 丙火

◉ 太陽이 서쪽으로 기울었으니 양기(陽氣)가 쇠하였고, 일락서산(日落西山=태양이

西山에 기욺)이니 土를 보면 빛이 어두워진다. 오직 빛이 강호(江湖)에 비추니 저문 밤하늘에 밝게 빛난다. 그러므로 壬水로 광휘(光輝)를 보조한다.

◉ 壬水와 戊土가 出干하면 국가고시에 합격한다. 만약 戊土가 지장간에 있으면 미관말직이나 시골의 학덕있는 학자다.

◉ 辛金이 중중하면 財가 왕하여 기명종재격(棄命從財格)이니 국가고시에 합격은 못해도 기이(奇異)한 명조다.

用神 : 壬 戊

庚	丙	甲	乙
偏財		偏印	正印
寅	申	申	未
偏印	偏財	偏財	傷官

丁	戊	己	庚	辛	壬	癸
丑	寅	卯	辰	巳	午	未

丙火 日干이 申金月에 生하고 사주에 財星이 많아 신약사주인 것 같아도, 甲乙木의 印星이 많고, 地支 寅木과 未土에 丙火가 뿌리를 내리니 日主가 약한 것은 아니다. 이 사주는 왕한 財星의 기운을 설기시키는 官星으로 용신을 잡아, 財星과 印星을 소통시키는 역할이 필요하다. 地支 申中의 壬水를 용신으로 잡는다.

(女命)			
乙	丙	庚	癸
正印		偏財	正官
未	午	申	卯
傷官	劫財	偏財	正印

戊	丁	丙	乙	甲	癸	壬	辛
辰	卯	寅	丑	子	亥	戌	酉

天干에 財·官·印이 투출했으니 사주가 길하다. 月柱의 財星이 태왕하나 丙火 日干이 日支 午火에 득지(得地)했으니 능히 財를 감당할 만하다. 申月의 丙火는 해가 서산에 지는 것으로 비유되나 火氣가 모두 쇠퇴한 것은 아니다. 또한 印星과 劫財가 있으니 약하지 않다. 財星인 金氣가 왕한데, 丙火 日干이 태약한 것은 아니니, 壬癸水로 용신을 잡아 왕한 金氣를 설기시키고 火氣를 억제해야 중화를 이룰 수 있다. 다만 地支 卯申이 원진살(怨嗔殺)로 상파(相破)되니 時干 乙木 正印의 뿌리가 끊어졌다. 따라서 印星이 無根이니 학문으로 성공하기 힘들고 공직자의 길도 어렵다고 본다. 용신은 壬水를 써야하나 암장(暗藏)되었고, 癸水가 年干에 투출했으니 이를 용신으로 잡는다. 용신이 미약하게 된 것이다. 이런 경우 대운에서 용신의 부조가 있으면 다소 길해진다. 財星이 왕하니 亥子丑 용신대운에 옷가게를 하여 돈을 많이 벌었다. 初年, 中年은 희신과 용신운이니 吉했고, 中年 이후의 寅卯辰 대운이 한신운이니 무애무덕하리라 판단한다.

丁	丙	戊	壬
劫財		食神	偏官
酉	戌	申	辰
正財	食神	偏財	食神

乙	甲	癸	壬	辛	庚	己
卯	寅	丑	子	亥	戌	酉

申月의 丙火는 해가 서산에 지는 격이다. 일몰(日沒)의 해가 강호(江湖)에 비추는 형국이니 壬水를 용하여 지는 해의 광휘(光輝)를 빛나게 해야 한다. 지지에 申酉戌 방합金국이 있으나, 丁火 劫財가 출간하고, 坐下 戌土 지장간에 丁火가 있어 미근(微根)이니 종재격으로 논할 수 없다. 年干 壬水를 용신으로 잡는다. 운로가 酉戌亥子丑의 희신과 용신운이니 발복이 있다. 食神이 중중하다. 食傷은 대체로 예체능 쪽에 소질이 많고 그와 연관된 직업이 많은데, 다시 偏官과 劫財가 투출했으니 운동선수 생활을 했고, 일찍 은퇴하여 후진 양성에 주력했다. 역술학 배우는 것을 상담한 명조인데, 印星이 극약한데 다시 財가 왕하여 印星을 파하고, 운로가 甲寅대

운 이후는 한신운이니 생각을 접는 것이 현명한 판단일 것이다.

(女命)			
壬	丙	壬	己
偏官		偏官	傷官
辰	寅	申	酉
食神	偏印	偏財	正財

己	戊	丁	丙	乙	甲	癸
卯	寅	丑	子	亥	戌	酉

月干 壬水는 坐下에 장생지이고, 時干 壬水는 辰土인 水庫를 깔고 있고, 다시 酉金의 생조가 있어 왕한데, 寅申 沖으로 뿌리가 손상되니 지장간의 丙火와 壬水 역시 손상되어 태왕하지는 않은 것이다. 己土는 극제하는 힘이 부족하니, 日支 寅 中의 甲木을 용하여 殺印相生하여 중화를 이루도록 한다. 己土를 용할 수 없음은, 己土가 본시 모래토이지만, 지지 申寅辰中의 戊土에 통근하여 세력을 얻었으니, 天干 壬水의 영향을 받아도 진흙토가 되지 않고 습토화 되어 金旺之節에 더욱 生金 하여 偏官을 왕하게 하기 때문이다. 통상적으로 偏官이 왕할 경우 제살(制殺)보다는 화살(化殺)하는 오행을 용신으로 잡는다. 무속인으로서 역술학 배우는 것을 간명한 것인데, 丙火대운은 한신운인데, 丙壬 沖하여 壬水 희신을 손상하니 발전이 없어 힘들었을 것이나, 子水대운은 申子辰 삼합수국의 희신운이라 다시 무속인의 길로 발전이 있을 것이다. 지지는 寅申 沖으로 寅中의 甲木 印星 용신이 손상되니 역술 학 배움의 길이 험난할 것이라 권할 바가 못 된다.

상기명은 병부살(病符殺), 낙정관살(落井關殺), 오귀살(五鬼殺), 상문살(喪門殺) 등의 흉살을 대동한 오행이 기신과 구신에 해당하니 神氣가 태동하게 된 것이다.

八月(酉月) 丙火

◉ 날이 황혼에 가까워 丙火의 여광(餘光)이 호수와 바다위에 있으니 壬水로 보조 한다.

◉ 사주에 丙火가 많고, 一位의 壬水가 투출하면, 命造가 기이(奇異)하여 국가고
시에 합격하고 부귀겸전(富貴兼全)이다. 그러나 一位의 壬水가 地支에 감추어
져 있으면 수재(秀才)가 될 뿐이다.

◉ 戊土가 많으면 水가 곤고하게 되어 복록이 크지 않고, 만일 壬水가 없으면 癸
水라도 사용한다. 그러나 공명(功名)이 길지 못하다.

◉ 辛金의 투출이 있으면 丙辛 合水의 간합이 있어 오히려 종화(從化)를 못하니
늙도록 곤궁하다. 丁火가 辛金을 극제하면 인물이 간사(奸邪)하여 처세(處世)에
분별이 없고, 여명이 이와 같으면 말이 많고 음란(淫亂)하다.

◉ 지지 金局이고 辛金이 出干하지 못하고 지장간에 있으면, 財星은 태왕한데 수
기(秀氣)하지 못한 것이니, 丙火 日干이 財를 從하지 못하게 되어, 이런 경우는
종재격(從財格)이라 하지 않고, 재다신약격(財多身弱格)이 되며, 부옥빈인(富屋貧
人)이라 하여 부잣집의 집사(執事)에 불과한 것이다.
만약 辛金이 出干하고 比劫과 印星의 투출이 없으면, 丙火 日干이 財를 從할
수밖에 없으므로 종재격이 되고 귀격이다.

用神 : 壬 癸

丁	丙	丁	丙
劫財		劫財	比肩
酉	午	酉	子
正財	劫財	正財	正官

甲	癸	壬	辛	庚	己	戊
辰	卯	寅	丑	子	亥	戌

丙火 日干이 비록 酉金月에 生했지만 사주에 比劫이 많고, 日支 午火 양인(羊刃)
을 깔고 있으니 신왕사주이다. 年支 子中의 壬水를 용신으로 잡는다. 子水 正官은
年·月干의 比劫과 상극되어 약하지만, 地支 酉金 正財의 生助를 받고, 대운의 흐름
이 亥子丑의 용신운이니 출장입상(出將入相)의 귀격사주가 되었다. 양간부잡격(兩干
不雜格)이다.

丙火 日干이 酉金月에 生하여 실기하였지만 比劫이 중중하고 印星이 있으니 신왕사주이다. 比劫이 중중하여 형제자매가 많으니 財가 있어 다툼을 막아야 하는 이치와 같다. 따라서 財星을 용신으로 잡는다. 月支 酉中의 庚金이 용신이다. 지지에 辰酉 육합금국이 있으니 용신이 왕강하고 양간부잡(兩干不雜)하여 격국이 순수하니 현재의 장관벼슬을 했다. 土金대운에 발복했다.

辰酉와 酉丑이 합하여 金局을 이루고, 辛金이 투출했으니 金氣가 태왕하다. 月干 丁火와 時支 卯木의 부조가 없으면 丙火가 旺金 세력을 좇아 종재격(從財格)으로 논했을 것이나, 재다신약격이 되니 억부법을 적용하여 용신을 잡는다. 용신은 日干 丙火를 생조하는 時支 卯中의 甲木이다. 상기의 경우는 丁卯가 없더라도 辛金이 丙火와 가까이 있어 간합수국을 이루면 왕한 金氣를 설기하니 역시 從格이 되지 못하는 것이다. 財星이 왕하나 日主가 건왕하지 못하니 큰 財를 모으기는 힘들다.

未午巳대운은 한신운이라 무탈했고, 이후 辰卯寅대운은 용신운이라 잘 풀려나갈 것이다.

九月(戌月) 丙火

● 九月 丙火는 火氣가 더욱 물러가니 土가 빛을 가릴까 두렵다. 반드시 먼저 甲木을 써서 소토(疏土)함이 필요하고, 다음으로 壬水를 쓴다.

● 甲木, 壬水가 함께 투출하면 국가고시에 합격한다.

● 壬水가 없고 癸水가 투출하면 국가고시에 합격은 못해도, 무관직이나 기술직으로 국가의 祿을 받는다.

● 甲木이 암장되고, 壬水가 出干하고, 庚金이 甲木을 벽갑(劈甲)하지 않으면 수재(秀才)의 命에 불과하다. 壬癸水가 암장되면 미관말직이고, 庚金이 甲木을 극하는데 다시 戊土가 水를 극하면 평범한 명이고, 甲壬癸가 모두 없으면 下格이다.

● 地支 火局이더라도 月令이 戌土이니 때를 잃은 격이라, 염상격(炎上格)이 되지 못하니 빈천(貧賤)하다. 이런 경우는 대운의 부조가 있어야 하는데 동남운으로 흐르면 약간의 복록이 있다.

● 火氣의 투출이 많으면 壬癸水가 있어 火氣를 극제하고 土를 윤택하게 하여 甲木을 자양(滋養)해야 하는 것이니, 용신은 壬癸水이고 甲木으로 보조한다.

```
用神 : 甲 壬
```

戊	丙	甲	己
食神		偏印	傷官
子	子	戌	亥
正官	正官	食神	偏官

丁	戊	己	庚	辛	壬	癸
卯	辰	巳	午	未	申	酉

　　丙火 日干이 戌月에 生하여 실기하였고, 天干의 甲己의 간합토국과 食神이 왕하니 설기가 태다하여 생조하는 印星을 용신으로 잡는다. 月干 印星 甲木을 용신으로 잡아 왕한 戊己土를 소토(疏土)함이 필요하다. 子水 正官은 旺한 食傷에 의해 극제됨이 심하니, 甲木 용신을 생조함이 약하다. 따라서 큰 벼슬을 하지 못했다. 대운이

火土로 흘러 용신을 생조하지 못하니 관직이 높지 못했다.

庚	丙	甲	己
偏財		偏印	傷官
寅	寅	戌	酉
偏印	偏印	食神	正財

丁	戊	己	庚	辛	壬	癸
卯	辰	巳	午	未	申	酉

사주에 印星이 중중하고, 지지 寅戌은 천간의 丙火를 끌어와 寅午戌 삼합화국을 형성하니 日主가 왕하다. 용신은 時干의 庚金 偏財를 잡는다. 戌月의 土는 건토(乾土)에 해당하니 壬癸水로 자윤(滋潤)해야 하는데, 일점 水氣가 없으니 고빈(孤貧)한 命이다. 대운의 흐름도 未午巳辰卯의 기신과 구신운이니 발복이 없었다.

丙	丙	庚	丁
比肩		偏財	劫財
申	辰	戌	未
偏財	食神	食神	傷官

癸	甲	乙	丙	丁	戊	己
卯	辰	巳	午	未	申	酉

戌月의 丙火는 해가 뉘엿뉘엿 서산에 지며 빛을 잃는 형국이다. 따라서 壬水를 용하여 광휘를 보조해야 중화를 이룰 수 있다. 申中의 壬水가 용신이다. 상기는 丙丁火가 지지 戌未에 통근하니 火氣가 태약한 것은 아니다. 따라서 月柱에서 食神의 생조를 받는 月干 庚金 財를 능히 감당할 만하다. 다만 중년까지의 운로가 未午巳의 구신운이니 발복되지 못한 것이다. 庚金 偏財는 아버지로도 논하는데 丙丁의 극을 받으니 아버지와의 연이 적다고 판단하고, 日支宮은 처궁인데 辰戌 沖이 되어 처궁이 손상되니 역시 부부연도 적다고 판단한다.

丙火(三冬)

十月(亥月) 丙火

◉ 태양이 실령(失令)하니 甲木, 戊土, 庚金의 出干함을 얻으면 국가고시에 합격한다. 성품이 청고(淸高)하고 지도자적인 학자가 된다.

◉ 辛金의 투출함을 얻고 辰을 보면 化合이 때를 만난 격이니, 辰 中의 戊土가 왕한 水氣를 극제하여 大貴한다.

◉ 壬水가 많고 甲木 印星이 없으면 종격으로 기명종살(棄命從殺)을 지으니 국가고시에 합격은 못하더라도 관직에 종사한다.

◉ 十月 丙火는 木旺하면 庚金이 좋고, 水旺하면 戊土가 좋고, 火旺하면 壬水를 쓰니, 적절히 균용(均用)하는 것이 좋다.

用神 : 甲戊庚壬

庚	丙	乙	甲
偏財		正印	偏印
寅	戌	亥	申
偏印	食神	偏官	偏財

壬	辛	庚	己	戊	丁	丙
午	巳	辰	卯	寅	丑	子

丙火 日干이 비록 亥月에 生하였으나, 사주에 印星이 중중하니 신강사주이다. 따라서 왕한 甲乙木을 전벌(剪伐)하여 印星의 세(勢)를 약화시킴이 필요하다. 용신은 時干의 庚金 偏財를 용신으로 잡는다. "시상편재격(時上偏財格)"이다. 대운에서 比劫運을 기피한다.

신강사주라 하여 亥中의 壬水를 쓸 수 없다. 壬水를 쓰면 旺한 甲乙木의 印星의 氣運을 더욱더 생조해주므로 사주가 중화가 이루어지지 않는다. 소귀(小貴)한 명조이다.

戊	丙	辛	壬
食神		正財	偏官
子	戌	亥	辰
正官	食神	偏官	食神

戊	丁	丙	乙	甲	癸	壬
午	巳	辰	卯	寅	丑	子

丙火 日干이 亥月에 生하고, 丙辛 合水의 간합이 있고, 사주에 水氣가 너무 왕하여 病이 됐다. 따라서 용신은 旺한 水氣運을 억제하는 時干 戊土를 용신으로 잡는다. 용신 戊土는 日主의 生을 받으니 왕강해져서 관록(官祿)이 있는 것이다.

상기사주는 官殺이 혼잡되었는데, 月令 亥水 偏官은 年支 辰土와 원진살로 去殺되고, 年干 壬水 偏官은 좌하에 辰土 수고(水庫)를 깔고 있지만, 역시 辰中의 戊土의 극을 받아 역시 制殺되니, 時支 子水 正官만 남게 되어 관록(官祿)이 있었다. 이런 경우는 "관살혼잡(官殺混雜)"이라 하지 않는다. 용신이 時柱에 있는 경우는 발복(發福)이 늦다. 丙辰, 丁巳, 戊午의 용·희신 대운에 발복됐다.

	(女命)		
辛	丙	辛	壬
正財		正財	偏官
卯	戌	亥	辰
正印	食神	偏官	食神

甲	乙	丙	丁	戊	己	庚
辰	巳	午	未	申	酉	戌

亥月은 동절기라 壬水가 사령하여 丙火가 쇠약하다. 천간에 丙辛 간합수국과 壬水가 투출하여 월령에 통근하니 水氣가 왕하다. 다행히 辰亥戌의 지장간에 戊土가 있어 壬水를 극제하여 태왕함을 막을 수 있었다. 甲木을 용하여 왕한 水氣를 설기하고, 암암리에 丙火의 빛을 가리는 戊土를 극제하고 日主를 생조하면 중화를 이룰 수 있다. 時支 卯中의 甲木이 용신이다. 財星이 辛金에 있는데 지지에서는 酉金이

다. 酉金은 가공된 金이라 의사들이 쓰는 집도(執刀)도 이에 해당된다. 상기명은 의료기 판매업을 하는데, 午火대운에 변업(變業)을 간명한 것이며, 午戌 반합화국의 한신운이니 크게 길하지 못하다. 아들에게 사업을 물려줬다.

戊	丙	丁	乙
食神		劫財	正印
戌	戌	亥	巳
食神	食神	偏官	比肩

甲	癸	壬	辛	庚	己	戊
午	巳	辰	卯	寅	丑	子

亥月에 壬水가 사령하니 丙火가 실기하였고, 戊戌土의 食神이 왕하여 丙火의 설기가 심하니 생조하는 印星이 필요하다. 甲木이 없으니 年干의 乙木을 용신으로 잡아 왕한 戊戌土를 소토(疏土)하고, 사령한 壬水의 왕한 기운을 설기하면 자연 중화를 이룰 수 있다. 巳亥 상충되어 뿌리가 손상되니 丁火 劫財, 戊土 食神, 乙木 正印이 손상되어 무력해지는 것이다. 日支宮 남편궁이 묘궁(墓宮)이고, 남편을 나타내는 月支 偏官이 고신살(孤神殺)을 대동했으며, 또한 용신을 남편으로도 보는데, 용신인 亥月의 乙木이 습목(濕木)이라 무력하니, 남편과의 연이 적어 독신으로 살고 있는 것이다. 巳亥 상충되어 偏官과 正印이 손상되니 年干의 正印을 써먹을 수 없다. 따라서 공직이나 교육직으로 가지 못하고 학원 강사의 길을 택한 것이다. 사주에 귀문관살(鬼門關殺)이 중중하다. 神氣와 연관된 살이라, 부부연을 방해하니 독신의 명조이다. 운로가 寅卯辰巳午未의 용신과 희신운이니 학원강사로서 실력을 인정받아 다소의 재물을 모았다.

十一月(子月) 丙火

◉ 동지(冬至)에 一陽이 生하니 약한 가운데 다시 강해진다. 壬水가 으뜸이며 戊土 는 보좌(補佐)다.

- 壬水와 戊土가 함께 투출하면 국가고시에 합격한다.
- 戊土가 없고 己土를 보면 설기가 약하여 무관직이나 기술직이다.
- 壬水가 없고 癸水가 있어 天干에 투출한 경우, 金을 얻어 자양(滋養)하면 상함이 없게 되고, 丙火의 투출이 있으면 해동(解凍)하니 의식(衣食)은 있게 된다.
- 사주에 壬水가 중중하고 甲木이 없으면 기명종살(棄命從殺 = 從殺格)로 보니 역시 벼슬길에 오르게 된다.
- 壬水가 중중하면 殺旺한 것이니 극제하기 위해 오직 戊土를 쓰는데, 이러면 功名은 못하나 문장(文章)으로 이름을 날린다. 왜냐하면 戊土가 丙火의 빛을 가리기 때문이며 甲木이 약(藥)이 되어야 하기 때문이다. 壬水가 없으면 癸水라도 쓰나 발달치 못한다.
- 水가 많고 戊土가 없으며 甲木이 있으면 印星이 있는 것이니 종살격이 아니다. 己土로 壬水를 탁(濁)하게 함은 亥月 丙火의 이치와 같다.

用神 : 壬 己 戊

癸	丙	庚	辛
正官		偏財	正財
巳	子	子	丑
比肩	正官	正官	傷官

癸	甲	乙	丙	丁	戊	己
巳	午	未	申	酉	戌	亥

子月에 一陽이 뜨니 天地는 다시 陽氣가 오르기 시작한다. 時支 巳火에 통근하니 丙火 日干은 약한 中 강함이 있다. 이 사주는 地支 子水와 天干 癸水의 투출이 있어 官星이 왕하다. 따라서 먼저는 戊土를 써서 왕한 水氣를 극제해주어야 한다. 時支 巳中의 戊土를 용신으로 잡는다.

未午巳 남방화운의 희신운으로 흐르니 약간의 富貴를 누릴 수 있었다.

戊	丙	庚	辛
食神		偏財	正財
子	戌	子	酉
正官	食神	正官	正財

癸	甲	乙	丙	丁	戊	己
巳	午	未	申	酉	戌	亥

사주에 庚辛金의 財星이 왕한데, 다시 戊戌土의 부조를 받으니 매우 旺强하다. 이 사주는 재다신약격이니 丙火 日干이 살기위해서는 印星이나 比劫이 있어야 한다. 比劫의 부조로는 힘이 부족하니 日支 戌中의 丁火 劫財를 용신으로 잡기가 어렵다. 태원(胎元)을 적용한다. 태원(胎元)이 辛卯이니 卯中의 甲木 印星으로 용신을 잡는다. 용신 甲木은 사주원국에 일점 木氣가 없고, 초년대운이 戌酉申으로 흘러 용신 甲木을 충극(沖剋)하는 기신운이니 빈천요사(貧賤夭死)했다. 또한 사주가 전부 한습지기로 구성되어 일점 난조지기가 없으니 조후가 불통이라 흉화를 면치 못한 것이다. 상기사주는 극신약(極身弱)에 부조의 氣運이 전혀 없으니 천격(賤格)의 사주이다.

庚	丙	丙	己
偏財		比肩	傷官
寅	子	子	亥
偏印	正官	正官	偏官

戊	己	庚	辛	壬	癸	甲	乙
辰	巳	午	未	申	酉	戌	亥

丙火 日干이 子月에 실기하였다. 地支에 亥子水 官星이 왕하니 물이 범람할 지경이다. 戊土로 제방을 쌓음이 시급하다. 戊土 용신을 써야 하나, 年干에 己土가 투출했으니 己土로 용신을 잡는다. 己土를 쓸 시 戊土보다 格이 떨어지니 용신이 미약한 것이다.

時干 庚金 偏財가 투출했으니 사업가의 명조이다. 중년까지의 戌酉申 金대운은

한신운이니 길하지 못했고, 辛未대운 中 辛金대운은 丙火와 간합수국의 구신운이니 흉운이고, 未土대운은 子水와 형살이 되어 용신을 극하니, 반도체를 생산하여 대기업에 납품하는 제조업을 하고 있으나 사업상 관재구설이 그치지 않았다. 庚金대운까지 흉운이다. 이후 午火, 己巳, 戊辰大運은 잘 풀려나갈 것이라 예상된다.

丁	丙	戊	庚
劫財		食神	偏財
酉	子	子	申
正財	正官	正官	偏財

乙	甲	癸	壬	辛	庚	己
未	午	巳	辰	卯	寅	丑

子月의 丙火는 一陽이 뜨니 丙火가 다시 왕해지기 시작한다. 따라서 壬水를 용하는 경우가 많으나, 상기는 지지에 子辰 반합수국과 庚酉金의 생조가 많아 水氣가 태왕하다. 戊土로 제방을 쌓아야 중화를 이룰 수 있다. 용신은 月干 戊土다. 壬辰대운은 壬水가 丙火 희신과 干沖되고, 丁火와는 정임합목의 기신운이고, 辰土는 申子辰 삼합수국의 구신운이니 흉화가 예상된다. 특히 세운에서 壬辰이 중첩되면 큰 禍를 모면할 수 없다. 의사시험 합격여부를 간명한 것인데, 새옹지마(塞翁之馬)라는 고사성어가 떠오른다. 一喜一悲의 운세가 될 것이다. 이후 巳午未대운은 희신운이니 잘 풀려나갈 것이라 판단된다.

(女命)			
癸	丙	丙	己
正官		比肩	傷官
巳	寅	子	酉
比肩	偏印	正官	正財

癸	壬	辛	庚	己	戊	丁
未	午	巳	辰	卯	寅	丑

丙火가 一陽이 뜨는 子月에 생하여 다시 왕해진다. 丙火가 출간했고, 지지 寅巳에 통근하니 신강하다. 억부법을 적용하여 壬水를 용해야 하나, 癸水가 출간했으니 이를 용신으로 잡는다. 여명의 남편은 官星과 용신과 日支宮으로 논한다. 月支에 正官이 있어 부부연은 있으나, 일지궁에 偏印인 시어머니가 들어오니 고부갈등의 문제가 발생한다. 여명의 印星은 결혼 전에는 친어머니, 결혼 후는 시어머니로 판단한다. 財星도 같은 이치이다. 결혼 후에는 시아버지로 논하는 것이다. 따라서 여명에 印星과 財星이 중중하면 부부연이 박하다고 판단한다. 상기는 재혼시기를 간명한 것인데, 卯木대운에 子卯 형살로 子水 正官 남편을 刑하니 부부연이 끝나는 것이다. 남녀 공히 比劫이 왕한데 食傷이 약하면 대체로 고집이 세다. 月干에 丙火 比肩이 투출하고 지지에 통근하니 왕한데, 설기시키는 食傷이 약하니 고집이 강하여 시댁식구들과의 충돌이 잦았던 것이다. 여명의 재혼시기는 용신운이나 관성운이다. 용신운이 우선이다. 辰土대운에 辰酉합금의 희신운, 子辰 반합수국의 용신운이니 이때 재혼하게 된다. 月·日支에 官印이 상생하여 공직이나 남을 가리키는 직업인데, 寅巳 형살로 印星이 손상되니 교직으로 가지 못하고, 학원강사의 길로 들어섰다. 癸水 용신이 약하지 않으니 유명세를 타고 돈을 많이 모았다.

十二月(丑月) 丙火

◉ 十二月 丙火는 二陽이 진기(進氣)하므로 눈과 서리를 무서워하지 않는다. 壬水를 쓰는 것이 기쁘다.

◉ 己土가 사령(司令)하니 土가 많으면 甲木이 있어야 하고, 壬水, 甲木이 양투(兩透)하면 국가고시에 합격하고, 甲木이 감추어지면 수재(秀才)에 불과하다.

◉ 甲木이 없고, 一位의 壬水가 투출하면 富中貴를 취(取)한다.

◉ 己土가 중중한데 甲乙木이 투출되지 아니하면 이름을 가상관(假傷官)이라 하니, 총기(總氣=똑똑함)는 있으나 성질이 거만하여 명리(名利)가 허부(虛浮=뜬구름)하다.

◉ 癸水가 중중하고 己土가 투출하면 반드시 사업을 창립한다. 만일 土의 극제가 지나쳐서 辛金의 설기가 필요하거나, 癸水가 투출하면 공명(功名)이 없더라도 청아(淸雅)한 문필가(文筆家)다.

用神 : 壬 甲

壬	丙	乙	癸
偏官		正印	正官
辰	午	丑	卯
食神	劫財	傷官	正印

戊	己	庚	辛	壬	癸	甲
午	未	申	酉	戌	亥	子

丙火 日干이 丑月에 生하여 天地가 차다. 그러나 丙火 日干이 日支 午火 양인(羊
刃)을 깔고 있고, 지지 辰午 사이에 巳祿을 끼고, 또한 지지 丑卯 사이에 寅木 長生
을 끼고, 乙卯木 印星의 생조를 받으니 약하지 않다. 따라서 용신은 時干의 壬水를
용신으로 잡는다. 대운이 金水대운인 용신운으로 흐르니 大貴하였다.

庚	丙	己	乙
偏財		傷官	正印
寅	寅	丑	丑
偏印	偏印	傷官	傷官

壬	癸	甲	乙	丙	丁	戊
午	未	申	酉	戌	亥	子

화토상관격이다. 傷官이 중중하여 日主의 기운을 설기함이 태다하다. 印星으로
중중한 傷官의 기운을 극제하고 日干 丙火를 생조해야 중화를 이루니 年干 乙木이
용신이다. 乙木은 日·時支의 甲木에 통근하니 약하지 않다. 月干 己土가 丙火의
수기(秀氣)를 설기하니 총명하여 장원급제하였고, 傷官이 중중하니 반드시 패인(佩
印)하게 된다. 대운의 흐름도 乙甲癸壬의 용신과 희신운으로 흐르니 현재의 지방장
관벼슬을 했다. 甲木이 투출했으면 貴가 더 높았을 것이다.

己	丙	己	乙
傷官		傷官	正印

丑	寅	丑	丑
傷官	偏印	傷官	傷官

壬	癸	甲	乙	丙	丁	戊
午	未	申	酉	戌	亥	子

　앞의 사주와는 生時가 다르다. 丙火 日干이 丑土月에 生하여 사주에 傷官이 많으니 설기가 태다하다. 乙木과 寅木의 印星이 있으니 종격으로 갈 수 없다. 왕한 己丑土의 傷官을 억제하고 신약한 日主를 생조하는 年干 乙木으로 용신을 잡는다. 화토상관격(火土傷官格)이다. 乙木 용신이 왕한 己土 傷官을 극제함이 부족하니 귀격이 되지 못한 것이다.

　앞의 사주 庚寅時生은 庚金이 왕한 己土 傷官의 기운을 설기시키고, 乙木 용신이 日·時支의 寅木 印星의 부조가 있어 귀격이 되었지만, 己丑時生은 왕한 己土 傷官의 설기가 부족하고, 용신 乙木을 부조함이 없으니 귀격이 못된 것이다.

庚	丙	癸	丁
偏財		正官	劫財
寅	申	丑	未
偏印	偏財	傷官	傷官

乙	丙	丁	戊	己	庚	辛	壬
巳	午	未	申	酉	戌	亥	子

　화토상관격(火土傷官格)으로 丙火 日干이 丑月에 생하여 실기하였다. 地支에 寅申 충살이 있으니 寅中의 丙火는 뿌리가 끊어진 것이다. 다만 年支 未中에 丁火가 있으니 일점 火氣가 남아 있을 뿐이다. 日支와 時干의 申庚金 偏財는 月令 丑土의 生助를 받으니 무척 왕하다. 財旺하고 日主가 약하니 신약하다.

　용신은 日主를 생조하는 甲木 印星이다. 時支 寅中의 甲木을 용신으로 잡는다. 다만 寅中 甲木은 寅申 충으로 손상되니 용신인 印星이 왕하지 못하고, 月干 癸水 正官은 역시 丁癸 沖으로 손상되고, 地支 傷官의 극제를 받음이 심하니 官星 역시 왕하지 못하다. 官과 印이 모두 왕하지 못하니 귀격사주가 되지 못한다. 이도(異道)

의 길을 택하여 소방직의 길을 간 것이다.

亥水 대운에 亥水가 未土와 반합목국, 時支 寅木과는 육합목국의 용신운이니,
신약한 日主를 부조하여 이도(異道)로 공직자의 길을 간 것이다. 이후는 흉운이니
크게 발복을 기대하기 어려울 것이다.

4. 정화丁火 일간日干

丁火(三春)

丁火는 陰火로 하늘로는 별에 비유하고, 땅에서는 화롯불, 아궁이불, 등촉불에
비유한다. 따라서 丁火는 甲木이 없으면 불을 지피지 못하고, 庚金이 없으면 甲木
을 부수어 땔감으로 만들지 못하고, 火氣가 태왕한 경우는 壬癸水가 없으면 중화를
이루지 못한다.

一月(寅月) 丁火

- 甲木이 당권(當權)하니 木이 왕하다. 그러므로 庚金이 아니면 벽갑인정(劈甲引
  丁 = 甲木을 쪼개어 丁火를 인도함)하지 못하니 먼저 庚金을 취하고 다음에 壬水를
  취한다.
- 甲木이 중중한데 庚金의 제극이 없으면 가난하지 않으면 요사(夭死)한다.
- 一位의 甲木이 있고 乙木를 많이 본 者는 비겁이 중중한 것이니 반드시 고향을
  떠나게 된다.
- 壬水를 얻어 化木(丁壬合木)하면 미약(微弱)한 가운데 부생(復生)한다. 이에 合하
  면 반드시 大貴한다. 다만 이 化合이 庚金의 파목(破木)이 있으면 파격(破格)이
  니 수재(秀才)에 불과하다.
- 만약 丁年, 壬月, 丁日, 壬時生이면 天干이 양간부잡(兩干不雜)하여 청순(淸純)
  하니 남자는 大貴하나, 여자는 丁壬의 有情之合이 많으니 그러하지 못하다.
  그리고 月柱에 壬水가 있어 왕하니 土를 용해야 한다. 따라서 火로써 처를 삼

고 土로써 자식을 삼는다. 다만 자녀의 양육은 가난하다. 여명이 이에 合하면 夫星인 壬水 官이 왕한 것이니 음천(陰賤)하며 자식을 형극(刑剋)한다.

⦿ 庚金, 壬水, 癸水가 있고 己土가 出干하여 壬癸水를 제하면 국가고시 합격을 못하더라도 무관직이나 기술직으로 국가의 祿을 받는다.

⦿ 지지 火局에 水의 해염(解炎)이 없으면 빈천하거나 승려(僧侶)의 팔자다.

⦿ 寅月 丁火는 쇠갈(衰竭)하니 염상격(炎上格)을 이루지 못하고, 억부를 적용하나 運路가 木火의 동남운으로 흘러 부조가 있으면 귀격을 이룬다. 이를 가염상격(假炎上格)이라 한다.

```
用神 : 庚 甲
```

```
(女命)
癸        丁        庚        辛
偏官              正財      偏財

卯        酉        寅        卯
偏印      偏財      正印      偏印
─────────────────────────
丁  丙  乙  甲  癸  壬  辛
酉  申  未  午  巳  辰  卯
```

사주에 寅卯木 印星이 중중하여 日干을 생조함이 지나치니 財星으로 왕한 印星을 극제함이 필요하다. 용신은 月干의 庚金을 용신으로 잡는다.

丁火 日干은 時干 癸水 偏官과 干沖되니 남편복이 없었고, 대운이 巳午未 남방 火대운인 기신운으로 흐르니 평생 빈천(貧賤)하게 살았다.

```
壬        丁        丙        甲
正官              劫財      正印

寅        卯        寅        申
正印      偏印      正印      正財
```

```
甲 癸 壬 辛 庚 己 戊 丁
戌 酉 申 未 午 巳 辰 卯
```

　丁火 日干이 寅月에 生하여 有精하고 사주에 印星이 많으니 신강사주이다. 고서에 "인성다에 요견재성(印星多에 要見財星)"이라 했으니, 억부법을 적용하여 旺木을 극하는 庚辛金으로 용신을 잡는다. 용신은 年支 申中의 庚金이다. 天干에 正印과 正官이 투출했다. 年干 甲木은 年·月支의 寅申 沖으로 뿌리가 끊어졌다 하나, 日支 卯木과 時支 寅木에 통근하니 印星이 약하지 않다. 時干 壬水는 좌하(坐下) 寅木에 설기당하고, 年支 申金에 뿌리를 두나, 寅申 沖으로 뿌리가 손상되니 正官이 旺한 것은 아니다. 年支 申金 正財도 사령(司令)한 寅木의 극을 받으니 역시 왕하지 못한 것이다.

庚	丁	戊	乙
正財		傷官	偏印
戌	酉	寅	巳
傷官	偏財	正印	劫財

```
辛 壬 癸 甲 乙 丙 丁
未 申 酉 戌 亥 子 丑
```

　丁火는 아궁이불이고, 화롯불이고, 등촉불이다. 寅月에 생하여 木氣가 왕하니 생조함이 지나치다. 庚金을 용하여 寅木을 전벌(剪伐)하여 丁火를 살려야 중화를 이룰 수 있다. 용신은 時干 庚金이다. 庚金은 日支 酉金에 통근하고 戊戌土의 생조를 받으니 왕하다. 月干에 傷官이 투출했으니 예체능에 재능이 많다. 체육관을 여럿 운영하며 財를 모았고, 戊土대운 희신운에 지방 시의원에 출마하여 당선됐다. 사주에 일점 官星이 없지만 財星이 旺하면 암암리에 官星을 생하니 財를 바탕으로 명예를 취득한 것이다. 용신이 旺해도 명예를 얻을 수 있다. 이것은 용신은 사주가 중화를 이루기 위해 꼭 필요한 오행이고, 日干의 입장에서는 밖으로 내세울 수 있는 것이 용신이기 때문이다. 남자에게 밖으로 내세우고 자랑할 수 있는 것은 아들이듯이, 남명에서의 용신은 아들로도 논하는 것이다.

二月(卯月) 丁火

◉ 乙木이 습(濕)하므로 丁火를 傷하니 먼저는 庚金을 쓰고 뒤에는 甲木을 쓴다. 庚金이 아니면 습한 乙木을 극거하지 못하고, 甲木이 아니면 丁火를 인도하지 못한다.

◉ 庚金과 甲木이 함께 투출하면 국가고시에 합격한다.
庚金이 투출하고 甲木이 암장돼 있으면 약간의 富와 貴는 있고,
甲木이 투출하고 庚金이 암장되어 있으면 무관직이나 기술직이다.
庚金은 있으나 甲木이 없으면 품위 있는 학자이고,
甲木이 있으나 庚金이 없으면 평범하다.

◉ 庚金과 乙木이 함께 투출하면 庚金이 반드시 乙木에게 情을 주니 탐합(貪合)을 면치 못하고, 運이 金水 서북방향으로 향하면 지극히 가난하다.

◉ 庚金이 투출하고 乙木이 감추어져 있으면 능히 탐합(貪合)을 아니하고, 乙木이 도리어 丁火를 이끌게 되니 乙木을 쓰면 해가 없다. 運이 木火의 동남방운에 들면 자연히 富貴하다.

◉ 乙木을 용신으로 쓰는 命은 水가 처고 木이 자식이다.

◉ 만일 乙木이 중중하고 一位의 甲木을 보지 못하면 富貴가 길지 못하니, 탐욕으로 화(禍)를 입고 교묘(巧妙)하게 하려다 오히려 졸렬(拙劣)하게 된다. 그리고 조상의 業을 이어받지 못한다.

◉ 지지에 木局을 이루고 庚金이 투출되면 청귀(淸貴)하고 庚金이 없으면 평범하다.

◉ 癸水가 중중하면 官殺이 태왕한 것이니 戊己土의 制殺이 없으면 빈한하다.

◉ 二月은 乙木이 사령하니 반드시 庚金이 있어야 한다.

◉ 乙木이 있고 庚金이 없으면 빈곤(貧困)하고 의지할 곳이 없다.

◉ 庚金을 용신으로 쓰면 土가 처이고 金이 자식이다.

◉ 印星이 왕하고 官殺이 수기(秀氣)를 얻으면 大富貴한다.

用神 : 庚 甲

庚	丁	癸	丁
正財		偏官	比肩

子	卯	卯	卯
偏官	偏印	偏印	偏印

丙	丁	戊	己	庚	辛	壬
申	酉	戌	亥	子	丑	寅

丁火 日干이 卯月에 생하여 地支에 印星이 중중하니 신강하다. 卯木 正印은 사주에 癸,子水 官星의 生을 받아 왕강하다. 日主를 생조함이 지나치니 庚金으로 왕한 木을 극제하여 中和를 이룸이 우선이다. 용신은 時干의 庚金을 쓴다. 庚金 용신은 사주에 희신이 없어 약하지만, 대운이 丑子亥戌酉申의 金水대운으로 흐르니 일생동안 富貴가 있었다.

甲	丁	己	庚
正印		食神	正財
辰	丑	卯	辰
傷官	食神	偏印	傷官

丙	乙	甲	癸	壬	辛	庚
戌	酉	申	未	午	巳	辰

月令의 卯木, 時干의 甲木이 丁火를 生하니, 비록 사주에 食傷이 많다 하나, 지지 丑卯 사이에 印星인 寅木이 탄함되어 日干을 생하니 신강사주이다. 억부법을 적용하여 年干 庚金을 용신으로 잡는다. 용신 庚金 正財는 지지의 旺土의 生을 받아 용신이 왕강하니 大貴하였다.

앞의 사주는 용신이 사주원국에서 生을 받음이 없어 용신이 無力하지만, 이 사주는 용신이 사주원국에서 生을 받음이 크니 용신이 有力하다. 아울러 대운도 申酉戌 金局의 용신운으로 흐르니 大貴하였다.

辛	丁	己	乙
偏財		食神	偏印

亥	卯	卯	巳
正官	偏印	偏印	劫財

辛 壬 癸 甲 乙 丙 丁 戊
未 申 酉 戌 亥 子 丑 寅

丁火 日干이 卯月에 生하여 지지에 印星이 중중하니 신강하다. "인성다에 요견 재성(印星多에 要見財星)"이라 했으니, 庚辛金으로 왕한 乙卯木을 전벌(剪伐)하여 사주의 중화를 이루도록 한다. 時干 辛金이 투출했으니 이를 용신으로 잡는다.

時支 亥水 正官은 남명에서 직업, 직장, 직책을 의미하는데, 亥卯 반합목국의 印星으로 바뀌어 印星이 태다하니, 오히려 직업이 불안정하고 직장의 변동이 많은 것이다.

日支는 처궁(妻宮)이다. 결혼한 여명의 경우는 偏印을 시댁으로도 보는데, 日支 처의 자리에 偏印인 시어머니가 있으니 고부(姑婦)간의 갈등이 많다고 판단한다. 사주에 印星이 많으면 日干을 생해주는 것이 많은 것이니, 이리되면 매사 용두사미이고 남에게 의존을 잘하고, 결단력이 부족한 면이 있다. 月干 己土 食神이 旺木에 극제를 받으니 時干 辛金 偏財를 도울 여력이 없다. 재물복이 많다고 볼 수 없다. 比劫이 기신이니 형제자매간에 화목함이 적을 것이다. 공업고등학교를 나와 아파트관리소의 기술직으로 종사하고 있는 명조이다.

三月(辰月) 丁火

◉ 戊土가 당권(當權)이니 丁火의 氣를 설기시키므로, 먼저 甲木을 써서 丁火를 인도하며 제토(制土)하고, 다음으로 庚金을 보니, 甲木, 庚金이 천간에 투출하면 국가고시에 합격한다.

◉ 辰月은 곡우(穀雨) 前은 卯月과 같은 이치로 습목(濕木)이니 庚金이 우선이고, 곡우(穀雨) 後는 土旺하니 甲木으로 소토(疏土)한 후 벽갑인정(劈甲引丁)해야 한다.

◉ 庚金, 甲木 중 하나가 암장(暗藏)되거나 혹 하나가 투출되면 비천하지는 않다.

◉ 地支에 水局이 있고 壬水의 투출이 있으면 살중신경(殺重身輕 = 官殺은 重하고 日主는 약함)이라, 반드시 어려서 죽거나 흉사를 당한다. 그러나 戊己土가 양투(兩

透)하면 조정(朝廷)의 재목이 된다. 혹 一位의 甲木이 있어 소토(疏土)시키면 평범한 명이다.

⦿ 지지에 木局이 있으면 庚金을 취한다. 庚金의 투출함이 있으면 무관직이나 기술직으로 국가의 祿을 받는다.

用神 : 甲 庚

甲	丁	壬	辛
正印		正官	偏財
辰	酉	辰	未
傷官	偏財	傷官	食神

乙	丙	丁	戊	己	庚	辛
酉	戌	亥	子	丑	寅	卯

丁火 日干이 辰月에 실기하였다. 지지 辰酉는 육합금국으로 財星을 형성하니 사주에 財가 많아 신약사주이다. 따라서 용신은 日干을 생조하는 印星으로 용신을 잡아야 한다. 時干 甲木이 용신이다. "화토상관격(火土傷官格)"이다.

상기는 용신 甲木은 月支와 時支 辰土에 미근(微根)이 있으나, 丁火 日干이 有氣하지 못하고, 벽갑인정(劈甲引丁 = 甲木을 쪼개 丁火를 살림)하는 庚金이 투출하지 못했다. 年干의 辛金은 힘이 약하다. 따라서 天干에 官·印이 투출했으나 크게 귀격사주가 되지 못한 것이다. 運의 흐름 역시 丑子亥의 희신운이다. 용신운으로 진행되지 못하니 貴格이 되지 못한 것이다.

戊	丁	丙	癸
傷官		劫財	偏官
申	未	辰	未
正財	食神	傷官	食神

己	庚	辛	壬	癸	甲	乙
酉	戌	亥	子	丑	寅	卯

丁火가 辰月에 생하여 실기하였지만, 丙火 劫財가 있고, 지지 未中에 통근하고 있으니 태약하지는 않다. 다만 사주에 食傷이 왕하여 日主의 기운을 설기함이 많으니 신약을 면키 어렵다. 年干 癸水 偏官은 辰土 수고(水庫)와 申中 壬水에 통근하였으나, 좌하(坐下) 未土 묘궁(墓宮)에 자리하고, 旺土의 극을 받음이 심하며, 또한 辰月은 木氣가 쇠하고 火氣로 進氣하는 계절이라 癸水가 심히 무력하다. 즉, 土氣인 食傷이 왕하니 제살이 태과(太過)한 것이다. 사주가 중화를 이루기 위해서는 왕한 食傷의 기운을 庚辛金 財로 설(洩)하고, 다시 財가 官殺을 생하게 하면, 土가 왕하여 病이 된 것을 庚辛金 財의 藥을 써서 치유할 수 있는 것이다. 용신은 時支 申中의 庚金이다. 말년 金水대운에 발복하여 지방장관 벼슬을 했다.

乙	丁	丙	癸
偏印		劫財	偏官
巳	酉	辰	未
劫財	偏財	傷官	食神

己	庚	辛	壬	癸	甲	乙
酉	戌	亥	子	丑	寅	卯

乙木이 辰月에 冠帶地이나, 未土에 통근하고 乙木의 생조가 있고, 丙火가 巳火에 통근하여 보조하니 약변강이 된다. 따라서 억부법을 적용하여 年干 癸水가 용신이다. 지지 辰酉巳는 육합과 반합금국의 財星局으로 쇠약한 偏官을 생조하니 재자약살격(財滋弱殺格)이다. 財가 旺하여 富는 있으나, 乙木 偏印은 지지가 金局이라 무력하니 官印相生되지 못한다. 貴가 적은 것이다.

丁火(三夏)

◉ 三夏의 丁火는 火氣가 사령하니 먼저는 壬水를 쓰고 庚金으로 보조한다.

◉ 未土月은 삼복에 생한(生寒)이라 火氣가 퇴기하는 시점이니 甲木의 보조가 먼저고 庚金으로 벽갑인정(劈甲引丁)한다.

四月(巳月) 丁火

◉ 丁火가 때를 만나 승왕(乘旺)하였으니 火가 강열하므로 壬水를 取하여 해염(解炎)시킨다. 庚金이 보조(補助)다. 壬水가 없으면 癸水를 쓰나 큰 발복을 기대하기 어렵다 金氣를 설하고 火氣를 극하기 때문이다.

◉ 印星이 없어 신약이면 甲木을 취하여 丁火를 인도하는데 반드시 庚金으로 甲木을 쪼개야 한다. 甲木을 쓰면 목화통명(木火通明)이다.

◉ 甲木이 많으면 먼저 庚金을 쓴다.

◉ 丙火가 투출하고 壬癸水가 없으면 丁火의 빛을 빼앗으니 곤고(困苦)하다.

◉ 戊土가 중중한데 甲木과 壬癸水가 없으면 상관상진(傷官傷盡)이라 하나, 길격이 아니면 傷官이 태중하여 丁火를 설기하여 빛을 어둡게 하니, 이런 명조는 秀才이나 大貴하지 못한다.

> 用神 : 壬 庚

丁火 日干이 월령 巳火에 통근하고, 사주에 印星과 比劫이 많으니 신강사주이다. 특히 年支 午火에 녹성(祿星)을 깔고 있어 심히 왕하니, 억부법(抑扶法)을 적용하여 日支 丑中의 癸水를 용신으로 잡는다. 용신 癸水는 쇠약하지만 태원(胎元)이 庚申이라, 癸水의 수원(水源)을 발(發)하니 귀격이 되었다. 癸水 용신은 日支 丑土에 근원을 두고 月·日支의 巳丑 반합금국으로 용신을 生해주니 貴를 누릴 수 있다. 대운이 申酉戌亥子로 흘러 희신과 용신운으로 흐르니 지방장관 벼슬을 했다.

乙	丁	癸	辛
偏印		偏官	偏財
巳	巳	巳	酉
劫財	劫財	劫財	偏財

丙	丁	戊	己	庚	辛	壬
戌	亥	子	丑	寅	卯	辰

丁火 日干이 有氣하고 地支에 劫財가 중중(重重)하니 신강사주이다. 火氣가 왕하
니 극제하는 月干 癸水를 용신으로 잡는다. 용신 癸水 偏官은 年干 辛金과 年·月支
巳酉 반합금국의 생조를 받으니 왕강(旺强)하다. 이처럼 용신이 왕강하니 큰 벼슬을
한 것이다. 또한 대운이 丑子亥 북방수운으로 흘러 용신을 받쳐주니 大貴한 것이다.

상기 두 사주를 비교하면, 앞의 甲午生 사주는 官星이 투출하지도 못했고, 용신
을 생해주는 희신도 사주원국에는 약하므로 大貴하지 못한 것이다. 뒤의 辛酉生
사주는 용신과 희신이 투출되고 용신인 官星을 辛酉 財星이 생조하므로 크게 富貴
를 한 것이다.

(女命)

己	丁	己	己
食神		食神	食神
酉	丑	巳	丑
偏財	食神	劫財	食神
長生	墓	帝旺	墓
	白虎大殺		白虎大殺
	飛刃殺		飛刃殺

丙	乙	甲	癸	壬	辛	庚
子	亥	戌	酉	申	未	午

丁火 日干이 사화절에 생하여 득기하였지만, 지지의 巳酉丑 삼합금국은 사화절
이라 때를 잃었지만 財星이 왕하다. 丁火가 고립무원이고 신약하다. 天干의 食神

己土는 地支에 통근하고 있으니 왕하며 日干의 기운을 설기함이 극심하다. 財星과 食神이 왕하여 사주가 태약하니 日干을 부조하는 比劫이나 印星을 용신으로 잡는다. 사주원국과 태원(胎元)에서 甲乙木 印星이 전무하니, 부득이 月令 巳中의 丙火로 용신을 잡는다.

日主가 태약하고 地支에 백호대살(白虎大殺)과 비인살(飛刃殺) 등이 있으니 평생 잔질(殘疾)이 떠나지 않았고, 대운의 흐름도 申酉戌의 구신운으로 흐르니 고빈(孤貧)한 삶을 산 것이다. 戌土대운에 사망했다.

五月(午月) 丁火

◉ 午火節에 건록(建祿)을 만나니 丁火가 승왕(乘旺)하므로, 壬水를 取하여 강열한 火氣運을 극제해주고 庚金으로 보조(補助)해 줌이 좋다.

◉ 지지에 火旺하고 庚金, 壬水의 투출함이 있으면 국가고시에 합격한다. 만약 戊己土가 出干하여 壬水를 극제하면 평범하다. 壬水가 암장되면 金水 대운에 길하다. 一位의 癸水의 투출함을 얻으면 독살(獨殺)이 당권(當權)하니 두령운(頭領運)이다.

◉ 지지에 亥卯未가 모두 있어 삼합목국을 형성하여 生火하면 평범한 사람이나 의식풍족(衣食豊足)이며, 운로가 길하면 中年에 富者가 된다. 다만 자식을 형극(刑剋)하여 노고(勞苦)는 있으나 공명(功名)이 적다.

◉ 地支에 火局이 없고 壬水가 出干하면 甲木을 쓴다. 이때도 庚金의 甲木 쪼개 줌이 필요하니 목화통명(木火通明)이라 크게 富貴한다.

> 用神 : 壬 庚 癸

戊	丁	壬	庚
傷官		正官	正財
申	亥	午	午
正財	正官	比肩	比肩

己	戊	丁	丙	乙	甲	癸
丑	子	亥	戌	酉	申	未

丁火 日干이 지지에 午火 건록(建祿)을 깔고 있으니 태왕하다. 조후(調候)가 급하다. 月干 壬水를 용신으로 잡는다. 壬水는 亥와 申에 통근하여 약하지 않으나 時干 戊土의 극을 받으니 貴가 적다. 庚申金의 財星은 時干 戊土의 생조를 받으니 財星이 왕하다. 따라서 大富가 되었다. 그리고 대운이 말년에 亥子丑의 용신운으로 흐르니 富貴를 겸했다.

甲	丁	甲	辛
正印		正印	偏財
辰	未	午	巳
傷官	食神	比肩	劫財

丁	戊	己	庚	辛	壬	癸
亥	子	丑	寅	卯	辰	巳

丁火 日干이 午火에 건록(建祿)을 득하고, 巳午未 방합화국으로 염상격(炎上格)을 이루나, 時支 辰中에 癸水가 있어 火氣를 극제하니 가염상격(假炎上格)이다. 용신을 잡는 것은 從旺格에 준한다. 比劫運과 印星運과 食傷運은 길하고 官星運과 財星運은 흉하다. 용신은 月支 午中의 丙火로 잡는다. 時支 辰土 傷官은 왕한 火의 생조를 받아 왕하다. 傷官이 왕하면 官星을 극하는 이치로, 문관(文官)과는 연이 적고, 기술직이나 무관(武官)직인 경우가 많다.

甲	丁	丙	丁
正印		劫財	比肩
辰	丑	午	亥
傷官	食神	比肩	正官

己	庚	辛	壬	癸	甲	乙
亥	子	丑	寅	卯	辰	巳

丁火가 녹왕지절(祿旺之節)에 생하고 천간에 比劫의 투출이 있으니 火氣가 태왕하다. 조후(調候)가 급하다. 年支 亥中의 壬水를 용신으로 잡아 중화를 이룬다. 印星이 閑神이니 학문으로 성공하기 힘들었겠고, 壬水 正官이 용신이니 일찍 공직에 들어섰으며, 운로가 용신과 희신운이니 무탈하게 정년을 마쳤다. 용신 壬水가 旺火에 무력하고 食傷의 극제를 받으니 귀격이 되지 못했다. 庚子대운은 정년퇴직 후 시의원 출마 등 인생의 제2의 도약을 구상했으나, 희신인 庚金이 甲庚 沖으로 손상되고, 子水 용신은 子午 沖으로 손상되니 여의치 못했다.

六月(未月) 丁火

◉ 未土月은 음유(陰柔)의 土라 남방의 火氣가 퇴기되어, 다만 삼복(三伏)에 생한(生寒)의 시기를 만나니 丁火가 극약(極弱)하다. 그러므로 오로지 甲木을 취하고 壬水로 보조한다.

◉ 甲木이 天干에 투출되고 지지에 木局이고 亥中 壬水가 있으면 木의 뿌리가 있으니 丁火를 인접(引接)하므로 반드시 국가고시에 합격한다.

◉ 木局이 없고 지장간에 壬水를 보면 비록 大貴를 못하나 역시 발달(發達)의 기운이 있다. 그러나 庚金이 없으면 발달하지 못한다.

◉ 지지에 水局을 이루고 壬水나 癸水가 天干에 투출하면, 그 성질이 丁壬합목의 습목(濕木)으로 변하여 丁火를 인도(引導)하지 못하니 반드시 平凡하다. 그러나 甲木이 투출하면 재능과 명리가 있다.

◉ 甲木의 투출이 있으면 재간이 있고, 庚金의 투출이 있으면 형상(刑傷)을 당하지 않는다. 甲木이 없으면 명리(名利)가 완전치 못하다.

用神 : 甲 壬 庚

丁	丁		丁	壬
比肩	比肩		比肩	正官
未	巳		未	子
食神	劫財		食神	偏官

甲	癸	壬	辛	庚	己	戊
寅	丑	子	亥	戌	酉	申

未土月에 火氣가 퇴기한다 하나, 지지 巳未는 天干의 丁火를 끌어와 암암리에 巳午未 방합화국을 형성하니 日干 丁火가 왕하다. 용신은 억부법을 적용하여 年干 壬水로 잡는다. 천간의 丁壬은 지지 未土에 미근(微根)이 있을 뿐이니 간합국이 형성된다 볼 수 없다. 年支 子水 偏官은 子未 원진살로 거살되니 年干 壬水 正官 일위만 남았다. 용신 壬水는 왕한 火氣의 상극을 받음이 심하니 고갈될 지경이다. 다행이 대운이 申酉戌亥子丑의 희신과 용신운이니 다소의 발전이 있었다. 용신과 官星이 무력하니 부귀가 적고, 처자가 가권(家權)을 장악한다.

丙	丁		己	戊
劫財			食神	傷官
午	巳		未	辰
比劫	劫財		食神	傷官

丙	乙	甲	癸	壬	辛	庚
寅	丑	子	亥	戌	酉	申

丁火 日干이 地支에 巳午未 남방화국을 형성했으니 일행득기격(一行得氣格) 중 "염상격(炎上格)"에 속한다고 볼 수 있으나, 月支가 未土라 때를 잃었고, 年支 辰中의 癸水가 있어 日干 丁火를 극하고, 사주에 食傷이 많아 火氣를 회화(晦火)하니 염상격이라 논할 수 없다. 억부법을 적용하여 辰中의 癸水를 용신으로 잡는다. 食傷이 왕하고 日干이 有氣하니 식상생재되고 운로(運路)가 亥子丑의 용신운이니 부격(富格)의 명조이다. 대운의 흐름이 申酉戌亥子丑의 희신과 용신운이니 大發했고, 丙寅대운은 구신과 한신운이니 凶하다.

己	丁	丁	壬
食神		比肩	正官
酉	未	未	申
偏財	食神	食神	正財

甲	癸	壬	辛	庚	己	戊
寅	丑	子	亥	戌	酉	申

未土月에 火氣는 퇴기하는 시점이나, 丁火 日干이 地支 未土에 통근하고 月干 丁火 劫財가 있으니 약하지 않으며 화염토조(火炎土燥)하다. 壬癸水로 건토(乾土)를 자윤(滋潤)케 하고, 丁火의 기운을 회화(晦火)케 하여 중화를 이룸이 필요하다. 용신은 年干 壬水이다. 壬水는 地支 申酉金의 생조를 받으니 왕하다. 正官이 왕하니 貴格이다. 대운도 申酉戌亥子丑의 희신과 용신운이니 大發하여 淸代의 개국공신이 되었다.

丁火(三秋)

◉ 三秋의 丁火는 火氣가 퇴기하므로 유약(柔弱)하니 오로지 甲木을 쓴다. 乙木을 쓰게 되는 경우에는 乙木은 습목(濕木)이니 丙火로 말려야 한다. 乙木을 쓰면 甲木에 비해 부귀가 모두 작다.

◉ 金이 비록 승왕(乘旺)하고 사령(司令)하였으나 丁火를 상(傷)할리가 없다. 庚金을 取하여 甲木을 깨뜨려 引火의 수단으로 쓴다.

◉ 丙火를 빌어 金을 따뜻하게 하고 甲木을 말리면, 丙火가 丁火의 빛을 빼앗는 것을 근심하지 않는다.

◉ 두 개의 丙火가 丁火를 끼어있게 되면 夏月에는 대기(大忌)하나 여월(餘月=그 외의 달)은 불기(不忌)한다. 다만 이 格에 합한 者는 少年에 곤고(困苦)하고 형극(刑剋)이 있으나 中年에 富貴한다. 지지에서 水를 보아서 丙火를 극제하면 妙하게 된다.

◉ 三秋의 丁火는 甲, 庚, 丙을 병용(倂用)해야 하고 그 우열(優劣)을 가려 사용해야 한다.

◎ 戌月은 戊土가 사령하니 반드시 甲木의 소토(疏土)가 있어야 한다.

七月(申月) 丁火

◎ 丁火는 아궁이불이요 화롯불, 등촉불에 비유되며, 申月에 한기가 태동하니 땔나무가 없으면 무용지물이고, 庚金이 없으면 벽갑(劈甲)할 수 없다. 甲木과 庚金이 투출하면 귀격이다.

◎ 甲木, 庚金, 丙火, 戊土를 쓴다.

用神 : 甲庚丙戊

食傷과 財星이 왕하니 신약사주이다. 申金月은 여름철의 火氣가 이미 퇴기(退氣)했으나, 大地는 아직 온기(溫氣)가 남아 과수의 열매를 탐스럽게 할 준비를 하고 있다.

月干에 丙火가 투출했으니 天地가 아주 찬 것만은 아니다. 亥 中의 甲木을 쓰는데, 甲木은 水氣를 담뿍 담은 木이지만, 丙丁火가 있으니 부족하지만 장작을 말릴준비는 되었다. 대운이 辰卯寅 동방 木運의 용신운으로 흐르고, 식신생재 되어 財가 왕하니 큰 부자가 되었다. 天干에 甲木 용신이 투출되지 못했고, 甲木의 기운이약하며 日主 丁火가 有氣하지 못하다. 또한 天干의 丙辛은 干合水局의 官星으로化하여 年支 亥申에 통근하여 官이 태왕한데, 日主가 약하여 감당하지 못하니 貴가높지 못했다.

戊	丁	丙	辛
傷官		劫財	偏財
申	卯	申	亥
正財	偏印	正財	正官

己	庚	辛	壬	癸	甲	乙
丑	寅	卯	辰	巳	午	未

財星이 많아 신약이니 日干을 부조하는 日支 卯中의 甲木을 용신으로 잡는다.
年·月干의 丙辛 合水 官星은 地支에 통근되어 왕하고 財星의 생조를 받으니 貴가
높았다.

상기사주는 年干 辛金 偏財가 丙火와 간합되어 官星으로 化하고, 月支 申金에
뿌리를 박고 있으니 官星이 유력하여졌고, 日主 丁火는 日支 卯木의 생조를 받아
旺한 官星의 기운을 감당할 만하니 높은 貴를 하게 된 것이다.

앞의 丁丑日柱는 丁火가 無氣하여 고립무원이니 왕한 官을 감당하지 못하여 貴
가 높지 못한 것이고, 뒤의 丁卯日柱는 丁火가 坐下의 卯木의 생조를 받아 유력해
지니 왕한 官을 감당할 만하여 貴가 높았던 것이다.

癸	丁	庚	戊
偏官		正財	傷官
卯	亥	申	辰
偏印	正官	正財	傷官

戊	丁	丙	乙	甲	癸	壬	辛
辰	卯	寅	丑	子	亥	戌	酉

丁火 日干이 申金月에 실기하였다. 財星이 왕하고 傷官이 있으니 신약사주이다.
日干을 생조하는 印星으로 용신을 잡는다. 時支 卯中의 甲木이 용신이다. 亥中의
甲木은 水氣를 담뿍 담은 木이라 용신으로 부적합하다.

年柱의 傷官이 月柱의 財星을 生하니 상관생재가 되어 富格사주이다. 다만 흠인
것은 日主 丁火가 地支에 통근하지 못하고 無氣하니 大財를 감당하기 어렵다. 그러

나 다행인 것은 地支 亥卯가 반합목국의 印星으로, 신약한 日主를 생조하니 길한 사주가 되었다. 그리고 대운의 흐름이 亥子丑寅卯辰의 희신과 용신운이니 길하게 된 것이다.

사주에 관살혼잡(官殺混雜)이 있으니 관직의 연이 적고, 더군다나 傷官과 偏印이 있으니 무관직이나 기술직이다. 日主가 無氣하고 財가 왕하니 이도(異道=무관·기술직)의 길이다. 한의사로 명성을 얻고 큰 富를 이루었다. 용신은 甲木이다.

八月(酉月) 丁火

◉ 甲木, 庚金, 丙火, 戊土를 쓴다.
◉ 庚金을 取하여 甲木을 쪼개고 甲木이 없으면 乙木을 쓴다. 이 경우는 乙木이 습목(濕木)이니 반드시 丙火가 필요하다.
◉ 丙火를 써서 한금(寒金)을 따뜻하게 하고, 甲木을 말려 재목(材木)으로 만든다.
◉ 辛金이 중중하고, 庚金이 없고, 比劫이 없으면, 기명종재(棄命從財)니 富貴한다. 이 경우는 사람의 도움으로 부귀를 누리니 무관직이나 기술직으로 명성과 재물과 祿을 얻는다.

| 用神 : 甲庚丙戊 |

丁火 日干이 未土에 뿌리를 박고, 年干에 比劫이 있으니 종격으로 논할 수 없다. 年支 未土는 日支 丑土 사이에 酉金이 있어 간격(間隔)되어 있으니 丑土가 未土를 직접 극한다고 볼 수가 없다. 따라서 상기사주는 酉丑 반합금국과 辛金이 투출하여

財星이 왕하니 재다신약(財多身弱)으로 보아 丁火 日干을 부조하는 亥中의 甲木으로 용신을 잡는다. 대운이 甲辰, 癸卯, 壬寅의 용·희신으로 흐르니 크게 발복한 것이다.

戊	丁	辛	癸
傷官		偏財	偏官
申	巳	酉	巳
正財	劫財	偏財	劫財

甲	乙	丙	丁	戊	己	庚
寅	卯	辰	巳	午	未	申

　丁火 日干이 癸水 偏官과 干沖되니 日主와 官星이 모두 손상되었다. 남명에서 官星은 직업, 직장, 직책인데 손상되니 변변한 호구지책을 마련하기가 어렵다. 지지 巳酉는 반합금국이고 申金이 있으니 지지에 財星이 태왕하다. 그러나 丁火 日干이 坐下에 帝旺을 깔고 있으니 從財할 수가 없다. 재다신약이다. 억부법을 적용하여 印星을 용신으로 잡아야 한다. 甲木이 있어 丁火를 생하면 길격이나, 사주에 일점 木氣가 없으니 고빈(孤貧)한 명이 된 것이다. 그나마 대운이 남동운으로 흐르니 천격(賤格)만은 면한 것이다. 상기명처럼 干沖되어 日主가 심히 손상되면, 대운의 부조가 있더라도 용신이 왕강하지 않는 한 큰 발복을 기대하기 어렵다.

戊	丁	辛	戊
傷官		偏財	傷官
申	未	酉	戌
偏財	食神	偏財	傷官

戊	丁	丙	乙	甲	癸	壬
辰	卯	寅	丑	子	亥	戌

　지지에 戌未 刑破가 있으니 신유술 방합금국이 형성된다고 볼 수 없다. 따라서 종재격으로 논할 수 없고, 財星과 食傷이 왕하니 日主가 신약하다. 재다신약격으로

논한다. 사주가 중화를 이루기 위해서는 억부법을 적용하여 印星을 용신으로 잡는다. 甲乙木의 출간이 없으니 부득이 日支 未中의 乙木을 용신으로 잡는다. 용신은 투출하지 못하고 생조받음이 없으니 귀격이 되지 못한다. 다만 운로에서 亥子丑寅卯辰의 희신과 용신운이니 다소의 발복이 있었다. 남명에서 용신과 官星을 자식으로 논한다. 申中의 壬水 正官은 食傷의 극을 받음이 심하고, 未中의 乙木 용신은 戌未 刑破되어 乙木이 손상되니 자식과의 연이 적다.

寅木대운은 본시 용신운인데 寅酉 원진살과 寅申 충살이 된다. 寅木과 申金이 모두 손상되는 것이다. 아들에 해당하는 寅木 용신이 파괴되니 아들의 흉화(凶禍)가 예고되고, 申金 역시 파괴되니 申中의 壬水 官星 역시 손상된다. 거듭 아들의 흉화가 예고되는 것이다. 癸卯세운에 다시 卯酉 沖과 卯申 원진으로 용신이 손상되니 아들을 잃게 되는 것이다. 대운과 세운에서 공히 기신운이거나 공히 용신을 손상시키면 큰 흉화를 모면할 수 없는 것이다.

"적덕지가에 필유여경(積德之家에 必有餘慶)"이라, 남에게 재물을 베푸는 공덕을 좀 더 많이 쌓았으면 혹 흉화를 피해갈 수 있었을 것이다. 이것은 사주의 병부살(病符殺), 과숙살(寡宿殺), 교신살(絞神殺), 급각살(急脚殺) 등의 조상과 연관된 흉살을 풀지 못했기 때문이다.

丁	丁	丁	辛
比肩		比肩	偏財
未	未	酉	丑
食神	食神	偏財	食神

庚	辛	壬	癸	甲	乙	丙
寅	卯	辰	巳	午	未	申

酉金月에 한기가 왕하다. 지지에 酉丑 반합금국의 財星局이 있으니 신약하다. 丁火는 화롯불이고 아궁이불이니 甲木의 생조가 없으면 살아날 수 없다. 甲木이 없으니 日支 未中의 乙木을 용한다. 金月의 乙木은 습목(濕木)이라 丙火의 건조가 있어야 하나 丁火만 있으니 건조함이 부족하여 丁火 용신이 왕하지 못하다. 巳火대

운은 巳酉丑 삼합금국의 기신운이라 만사여의치 못하니 법사(法師)의 길로 들어섰고, 壬水대운은 丁壬합목의 용신운이나 金月이라 습목(濕木)인데 丙火의 건조가 없으니 크게 길하지 못했다. 辰酉대운은 辰酉합금의 기신운이다. 향후 진로에 대해 간명한 것인데 이후의 운도 썩 길하지 못한 것이다. 財星이 왕한 것은 좋은데 日主가 왕하지 못하면 財福을 누리기 힘든 것이다.

九月(戌月) 丁火

◉ 戊土가 당권(當權)하여 火光을 막으니, 반드시 甲木으로 제지함이 좋고, 乙木은 무력하다.

◉ 七·八月에는 財星이 겸령(兼令)하니, 甲木으로 丁火를 보호함이 있으면 그 用을 얻는다. 九月에는 傷官이 겸령(兼令)하니, 印星으로 傷官을 극제하면 파재(破財)함을 근심하지 아니한다.

◉ 庚金이 중중하면 이름을 재다신약이라 하며 부옥빈인(富屋貧人)이라 하겠고, 자식과 처가 가권(家權)을 휘두르게 된다.

◉ 만약 庚金이 많으면 財가 많은 것이고, 壬水가 없으면 旺한 金의 기운을 설기시키지 못하여 파격이 되니 파란을 겪는 하천인(下賤人)이다.

◉ 戊土가 중중하면 丁火의 氣를 설(洩)하니, 甲木과 比劫이 없으면 古書에 상관상진(傷官傷盡)이라 하니, 귀격사주가 되어 그 묘(妙)를 비교할 수가 없다.

◉ 甲木이 투출(透出)하면 문장(文章)으로 청귀(清貴)하게 되고, 국가고시에 합격한다.

用神 : 甲 庚 戊

壬	丁	丙	庚
正官		劫財	正財
寅	未	戌	午
正印	食神	傷官	比肩

```
癸 壬 辛 庚 己 戊 丁
巳 辰 卯 寅 丑 子 亥
```

丁火 日干이 사주에 比劫이 있다하나 戌月이라 실기하였고, 壬水의 극제를 받으며, 또한 日支 未土의 설기가 있으니 신왕하다 할 수 없다. 따라서 사주가 중화를 이루기 위해서는, 時支 寅中의 甲木을 용신으로 잡아, 왕한 土를 극제하여 丁火의 기운이 설기됨을 막아야 한다. 대운이 寅卯辰 동방木運 용신운으로 흐르니 청귀(淸貴)한 명조가 되었다.

地支는 寅午戌 삼합화국이나, 戌未의 형파가 있고, 月支가 戌土라 때를 잃었다. 만약 月支가 午火로 때를 잃지 않았고, 年干 壬水의 극제가 없다면 일행득기격(一行得氣格) 中 "염상격(炎上格)"으로 大貴格이 되었을 것이다. 상기는 억부법을 적용하여 時支 寅中의 甲木이 용신이다.

時干 壬水 正官은 日干과 干合되어 印星으로 바뀌니 官星이 무력하다. 따라서 大貴하지는 못했다.

```
丁          丁          壬          戊
比肩                    正官        傷官

未          丑          戌          辰
食神        食神        傷官        傷官

己 戊 丁 丙 乙 甲 癸
巳 辰 卯 寅 丑 子 亥
```

戌月은 한기(寒氣)가 극심할 때니 천지가 차고 丁火가 무력하다. 戌中의 戊土가 사령하니 甲木의 소토가 필요하다. 壬水는 戊土에 剋去되어 무력하고, 甲木이 없고, 傷官이 왕하니 이는 고서에서 논하는 상관상진(傷官傷盡)된 사주이다. 부귀가 비범한 것이다. 地支에 辰戌丑未의 사고(四庫)가 전부 있다. 사방을 다 깔고 있으니 貴格이면 명진사해(名振四海)하고, 천격(賤格)이면 한 가지도 이루지 못한다.

地支는 土氣 일색으로 설기(洩氣)가 태왕하나, 辰戌과 丑未 沖으로 旺한 土氣를 순화(馴化)시켜 사주가 길해졌다. 용신은 왕한 食傷의 기운을 극제하는 辰中의 乙木

제1장 일간/월령별 용신 분석 137

이다. 상기는 대운의 흐름이 丙寅, 丁卯, 戊辰의 용신운이니 명나라 태조가 되었다. 明太祖 주원장(朱元璋)의 명조라 한다. 조화원약에 기재된 명조이다.

戊月에 戊土가 당권(當權)하고 戊己土가 중중하니 丁火가 회화(晦火)됨이 염려된다. 丁火가 신약하니 甲木으로 旺한 土氣를 소토(疏土)하고, 庚金으로 벽갑인정(劈甲引丁)하면 귀격을 이룬다. 상기는 庚金이 암장되고 甲木 용신이 己土와 간합토국을 형성하여 한신으로 바뀌니 용신의 본질이 손상되어 大貴하지는 못했으나, 지지에 亥未 반합목국의 부조가 있어 小貴를 했다. 日支 一位 正官이 傷官인 戊己土의 극제를 받음이 심하다. 즉, 傷官見官되어 正官이 손상되니, 무관직으로 출발하여 지방행정의 고위직을 지냈고, 국회에 입성했으나, 그 후 戊辰대운은 구신운이니 뜻을 이루지 못했다. 未午巳 대운은 비록 한신운이나, 사주에 한습(寒濕)한 기운이 많으니 난조지기(暖燥之氣)가 들어오는 운에서 발전이 있었던 것이다.

丁火(三冬)

◉ 三冬에 丁火가 미한(微寒)하니 오직 甲木이 귀중한데, 庚金의 벽갑(劈甲)함이 적으면 不可하다.

◉ 동절(冬節)의 丁火는 甲木이 있으면 水, 金이 많음을 무서워하지 않는다. 가히 上格이다.

◉ 甲木, 庚金이 투출하면 국가고시에 합격한다. 己土가 많으면 甲木과 간합토국 되어 기반(羈絆)되니 평범하다.

- 一位의 丙火가 丁火의 기운을 빼앗으면 반드시 地支에서 水의 구조(救助)를 얻어야 한다. 地支에 金이 있어 수원(水源)을 發하면 벼슬이 사헌부(司憲府)의 중직에 이른다. 癸水가 丙火를 制함이 전혀 없으면 빈천(貧賤)하다.
- 金이 있고 水가 없으면 빈한(貧寒)한 선비이고, 水가 있고 金이 없으면 청고(淸高)하다.
- 子月의 丁火가 金旺하고 水多하며, 印·比劫이 없으면 기명종살격(棄命從殺格)이 되어 대귀격이다.

十月(亥月) 丁火

- 甲木, 庚金을 쓴다.
- 十月 丁火는 수왕지절(水旺之節)이라 한기(寒氣)가 심하니 甲木의 부조로 따뜻하게 함이 필요하다. 甲木은 庚金으로 쪼개어 丁火를 生한다.
- 一位의 丙火가 丁火를 빼앗으면 반드시 地支의 水의 구조를 받아야 한다. 만일 地支에 金이 있어 수원(水源)을 發하면 관록(官祿)이 사헌부(司憲府)의 중직에 이른다.
- 金이 있고 水가 없으면 빈한(貧寒)한 선비고, 水가 있고 金이 없으면 청고(淸高)하다.

用神 : 甲 庚

상기사주는 官殺이 왕하다. 丁火 日干은 亥月에 실기하였고, 亥中의 甲木 印星

이 있어 丁火를 부조할 수 있을 것 같으나, 亥中의 甲木은 물기를 담뿍담은 습목(濕木)이고, 時干 辛金 偏財는 뿌리가 없고, 사주에 습목(濕木)을 건조시킬 일점(一點) 火氣가 없으니 벽갑인정(劈甲引丁)하여 日主를 부조하기를 기대하기 어렵다. 그러므로 왕한 세(勢)를 좇아갈 수밖에 없다. 따라서 종관살격(從官殺格)이다.

財官運인 金水대운은 吉하고, 比劫과 食傷運인 火土대운은 凶하다.

丁	丁	癸	癸
比肩		偏官	偏官
未	丑	亥	丑
食神	食神	正官	食神

丙	丁	戊	己	庚	辛	壬
辰	巳	午	未	申	酉	戌

사주에 官殺이 왕하다. 旺한 水氣를 극제하고 日干 丁火를 살리기 위해서는, 月支 亥中의 戊土를 용신으로 잡는다. 亥中의 戊土는 본시 습토(濕土)지만, 天干에 丁火가 있으니 미력하지만 一助를 하고 있다. 또한 戊土 용신은 地支 전체에 통근되고 있으니 약하지 않다. 己未, 戊午, 丁巳, 丙辰 대운의 용신과 희신운에 발복했다.

甲	丁	癸	戊
正印		偏官	傷官
辰	酉	亥	申
傷官	偏財	正官	正財

辛	庚	己	戊	丁	丙	乙	甲
未	午	巳	辰	卯	寅	丑	子

亥月의 丁火는 한기가 심하고 水氣가 왕하니 日主 丁火가 태약하다. 丁火는 화롯불이요 아궁이불에 비교하니, 甲木이 우선이고 다음으로 庚金의 벽갑(劈甲)이 있어야 한다. 地支 辰酉는 육합금국 財星이고, 天干 戊癸는 地支에 火氣가 없어 통근

하지 못하니 干合이라 볼 수 없다. 따라서 月柱 官殺이 財星의 생조를 받으니 태왕한 것이 病이다. 다행인 것은 年干 戊土의 制殺이 있으니 천격(賤格)은 면한 것이다.

- 丙寅대운은 丙火는 한신이고, 寅木은 용신이나 寅申 沖으로 용신이 부서진다.
- 丁卯대운은 丁癸 沖과 卯酉 沖이니 한신과 희신이 부서지니 흉운이다.
- 戊辰대운은 戊癸 合火의 한신운이고, 辰酉 合金의 기신운이니 흉운이다.
- 己巳대운은 甲己 合土의 구신운이고, 巳亥 상충으로 亥水 희신이 손상되니 흉운이다.
- 庚午, 辛未대운도 크게 길하지 못했다.

天干에 官과 印이 투출하여 귀격같지만, 亥月의 甲木은 물기를 담뿍 머금은 나무라, 사주원국에 火氣가 부족하니 말려서 火木으로 쓰기가 어려운 것이다. 月柱 官星은 관살혼잡(官殺混雜)되고, 財星의 생조가 많으니 官星이 태왕한 것이 病이다. 또한 日主 丁火가 無根하여 어느 한 곳 의지할 곳이 없으니 財와 官과 印을 감당하기 어려운 것이다.

벼슬길에 오르지 못하고, 이도(異道)의 길을 택하여 지관(地官)을 지냈으나 대운의 흐름이 길하지 못하니 이름을 날리지 못하고 천격(賤格)만 면한 명조이다.

辛	丁	丁	庚
偏財		比肩	正財
丑	丑	亥	辰
食神	食神	正官	傷官

甲	癸	壬	辛	庚	己	戊
午	巳	辰	卯	寅	丑	子

丁火 日干이 亥月에 失氣하였다. 地支에 水氣가 왕하니 丁火 日干의 극제가 심하여 신약사주이다. 印星을 요하는데 月支 亥中의 甲木이 지장간에 암장되었다. 年干 庚金이 투출했으니 벽갑(劈甲)하여 인정(引丁)하면 귀격을 이룰 수 있다. 正官은 월령을 차지하고 있어 旺하고, 庚辛金 財星 역시 辰丑 습토(濕土)의 생조를 받으니 왕하다. 日主 丁火가 有氣하지 못한데, 대운에서 寅卯辰 동방목운으로 日主를 생조하니 길해졌다. 중국 청나라 인종의 명조라 한다. 혹자는 庚戌時라고도 한다.

조화원약에 기재된 명조이다.

戊	丁	辛	丁
傷官		偏財	比肩
申	未	亥	亥
偏財	食神	正官	正官

甲	乙	丙	丁	戊	己	庚
辰	巳	午	未	申	酉	戌

　亥月은 小陽이라 陽氣가 태동하나 아직 冬節이라 한기가 심하다. 따라서 丁火가 살기위해서는 甲木의 생조가 있어야 하는데, 다시 庚金으로 벽갑(劈甲)하여 丁火를 살려야 중화를 이룰 수 있다. 용신은 亥中의 甲木이다. 지지 亥未는 반합목국을 형성하니 용신이 약하지 않고, 亥中 甲木 印星은 습목(濕木)이라 丙火의 건조가 없이는 유명무실하다. 年干 丁火가 투출하여 약하나마 火氣를 보태니 印星이 무력하지만 丁火를 생조함에 일조를 더하고 있다. 未午巳 火旺대운에 습목인 亥中의 甲木을 건조시켜 丁火를 살리니 일찍 공직에 들어 지위가 높았다. 印星이 암장되고 또한 습목인데 火氣가 부족하여 건조되지 못하니 학력은 부족했으나 부단히 노력하는 입지전적인 인물이다. 이처럼 丁火 日主에 甲木이 용신인데 습목일 경우에는, 사주에 火氣가 부족하면 인생에 노력이 많이 요구되는 것이다. 여타의 유사한 간명(看命)도 동일하게 간명한다.

十一月(子月) 丁火

◉ 甲木, 庚金을 쓴다.
◉ 子月은 癸水가 겸령(兼令)하니 水氣가 중중한데 比劫과 印星이 없으면 기명종살격(棄命從殺格)으로 보고 이로공명(異路功名=문필. 기술직. 무관. 역술인. 道人 등)을 한다.

> 用神 : 甲 庚

<table>
<tr><td>壬</td><td>丁</td><td>甲</td><td>戊</td></tr>
<tr><td>正官</td><td></td><td>正印</td><td>傷官</td></tr>
<tr><td>寅</td><td>酉</td><td>子</td><td>午</td></tr>
<tr><td>正印</td><td>偏財</td><td>偏官</td><td>比肩</td></tr>
</table>

庚	己	戊	丁	丙	乙
午	巳	辰	卯	寅	丑

丁火 日干이 子月에 生하여 실기하였다. 子月은 수왕지절(水旺之節)이니 丁火가 심히 극제를 받고 있다. 따라서 印星으로 신약한 日主를 생조하여야 한다. 丁火는 아궁이불이요, 화롯불이요, 등촉불이니, 甲木으로 生하는데 庚金이 있어 甲木을 쪼개 火木을 만들어야 귀격이다. 즉, "벽갑인정(劈甲引丁)"해야 하는 것이니 甲木과 庚金이 투출하면 귀격이다. 月支 酉中에 庚金이 암장되었다.

月干 甲木은 月支 子水의 생조를 받고, 時支 寅木에 뿌리를 박고 있으니 印星이 왕하다. 時干 壬水 正官은 月支 子水에 통근하고 있고, 日支 酉金의 생조를 받으니 역시 正官이 旺하다. 印星과 正官이 모두 왕한 것이다.

月支 子水가 偏官이니 관살혼잡이라 볼 수 있지만, 子水는 午火와 沖이 되어 잘 억제되고, 年干 戊土의 극제를 받으니 偏官이 잘 순화(馴化)되었다. 따라서 時干 一位 正官만 유력하다. 時支 寅木 正印도 酉金의 극제를 받으니 역시 순화되어 月干 一位 正印만 남게 된 것이다.

年干 戊土 傷官은 子月에 실기하였다. 月干 甲木의 극제를 받으니 傷官 역시 무력하다. 이처럼 흉신은 제압되고 길신만 통근되고 또한 유력하며, 正官과 正印이 투출했으니 귀격사주이다. 청나라 세종(옹정제 : 재위 1722~1735년)의 명조라 한다.

대운의 흐름이 용신과 한신운이니 권세(權勢)가 여의(如意)했고, 庚金대운 초에 庚金이 용신인 甲木을 충극하니 이때 卒하였다 한다.

<table>
<tr><td>己</td><td>丁</td><td>壬</td><td>丁</td></tr>
<tr><td>食神</td><td></td><td>正官</td><td>比肩</td></tr>
</table>

酉	巳	子	酉
偏財	劫財	偏官	偏財

甲	乙	丙	丁	戊	己	庚	辛
辰	巳	午	未	申	酉	戌	亥

丁火 日干이 子月에 실기하여 신약하다. 日支 巳火는 時支 酉金과 반합금국의 財星이 되니 化金되고, 年干 丁火는 壬子水와 酉金의 극제를 받으니 火氣가 무력한 것이다. 따라서 印星을 용신으로 잡아야 하는데 사주원국에 印星이 없으니 "태원법(胎元法)"을 적용한다.

상기사주의 태월(胎月)은 月支 子에서 前 四辰하면 子, 丑, 寅, 卯하여 卯月인데 前 一位 寅에 月干 壬을 부기하면 壬寅月이 되니 다음은 癸卯月이라 즉, 태월(胎月)은 癸卯月이 되는 것이니, 卯 中의 甲木을 끌어와 용신으로 잡는다.

⊙ 재다신약하니 오히려 재물복이 적다. 또한 처가 가권(家權)을 휘두르는 형국이니 부부간의 연도 좋을리 없다.

⊙ 偏財가 왕하니 부친과의 연(緣)도 적을 것이다.

⊙ 火氣인 比劫이 한신이니 부모형제자매간에 돈독함은 적고 무애무덕할 것이다.

⊙ 용신인 甲木이 무력하니 자식대에 큰 발복을 기대하기 어렵고, 자식과의 연도 적을 것이라 판단한다.

⊙ 月柱에 官殺이 혼잡되어 있으니 직업의 변동이 잦을 것이다.

⊙ 사주에 官殺이 왕하니 편업된 직업을 택하게 된다. 정비직, 운전직, 청소업, 기술직 등이다.

⊙ 日支는 처궁(妻宮)인데 고란살(孤鸞殺)과 地殺이 동주하니 처가 집안에 붙어 있을 수 없는 것이다. 떨어져 지내야 하거나 이별수가 있는 것이다.

⊙ 時柱가 식신생재되니 말년엔 다소 안정되고 재물도 모으리라 판단한다.

⊙ 年支 酉金 偏財가 月支를 生하니 다소간의 상속재산은 물려받을 수 있으리라 판단한다.

⊙ 사주상 酉金은 "인(刃)"으로 판단한다. 칼날로 판단하는 것이다. 酉金이 중중하니 사고, 질병 등으로 몸에 칼을 대는 곤고(困苦)함이 평생에 많으리라 판단한다.

⊙ 年干 丁火 比肩이 壬水와 丁壬 合木의 印星으로 바뀌니 반드시 형제자매간에

죽은 사람이 있다.

◉ 戌酉申 대운은 기신운이니 중년까지의 운이 흉운이다. 매사 저체되고, 뜻대로 풀리지 않고, 주변 환경이 나에게 이롭게 전개되지 않았을 것이다.

이후 未午巳 대운은 한신운이니 점차 나아질 것이라 판단한다.

丁火가 子月에 絕地이니 실기하였다. 癸水가 사령하여 財星의 생조를 받으니 偏官이 왕하고, 年·月支가 관인상생하니 사주가 귀격이다. 그러나 庚金이 투출하고 甲木이 불투하니 大貴하지 못한 것이다. 年支 卯中의 甲木을 용하여 벽갑인정(劈甲引丁)하면 사주가 중화를 이룰 수 있다. 사주에서 食傷은 예체능, 언변, 문필과 관련되는데 특히 食神은 문필과 연관된다. 未土 食神에 화개살(華蓋殺)이 동주하니 문학으로 명성을 얻었다 한다. 조화원약에 기재된 명조이다.

十二月(丑月) 丁火

◉ 十二月의 丁火는 천지가 차다. 印星인 甲木이 필요하고, 甲木을 쪼개 땔나무로 활용(劈甲引丁)하기 위해서는 庚金 역시 필요하다. 따라서 十二月의 丁火는 甲木과 庚金을 떠나 용신을 생각하기 힘들다. 甲木이 우선이고 그 다음이 庚金이다.

◉ 甲木, 庚金이 모두 투출하면 귀격이다.

◉ 丙火가 있어 丁火의 빛을 빼앗는 명조(命造)에는 癸水가 있어 丙火를 극제하면 길하다.

用神 : 甲 庚

甲	丁	己	庚
正印		食神	正財
辰	酉	丑	午
傷官	偏財	食神	比肩

丙	乙	甲	癸	壬	辛	庚
申	未	午	巳	辰	卯	寅

　地支의 辰·酉·丑은 육합과 반합의 金局을 형성하고 있다. 따라서 재다신약격이다. 丁火 日干은 年支 午火에 녹성(祿星)이고, 時干 甲木 印星이 있으니 종격으로 논하기 어렵다. 時干 甲木으로 旺한 土를 극제하고, 아울러 年干 庚金으로 벽갑인정(劈甲引丁＝甲木을 쪼개어 丁火를 이끎)함이 필요하다. 甲木 용신은 時支 辰土에 뿌리를 박고 있으니 약하지 않다.

　年支 午火는 녹성(祿星)을 띠고 있어 丑月이지만 火氣가 매우 약한 것은 아니다. 甲庚이 천간에 투출했으니 국가고시에 합격했다. 운로가 寅卯辰巳午未의 木火대운의 용·희신운이니 발복된 것이다.

丙	丁	癸	丁
劫財		偏官	比肩
午	亥	丑	未
比肩	正官	食神	食神

乙	丙	丁	戊	己	庚	辛	壬
巳	午	未	申	酉	戌	亥	子

　丁火 日干이 丑月에 生하여 실기하였다. 天地에 한기(寒氣)가 가득하니 丙丁火의 火氣가 있어야 하고, 또한 丁火에 불을 지필 甲木이 필요하고, 다음엔 甲木을 쪼개 火木으로 써야하니 庚金이 필요하다. 甲木, 庚金이 투출하면 귀격이다.

　天干의 丙丁火가 時支 午火에 통근했다 하나, 年干 丁火는 年支 未土에 설기되며 月干 癸水의 극제를 받으니 무력하고, 日干 丁火는 자리에 亥水를 깔고 있어 극제되니 역시 무력하고, 時干 丙火만 앉은자리에 午火가 있어 유근(有根)하나, 丑

月엔 역시 火氣가 왕하지 못한 것이다. 日干 丁火를 생조할 甲木이 없으니 日干이 심히 무력한 것이다. 용신은 日支 亥中의 甲木으로 잡는다.

戊土대운은 본시 구신운이나 地支의 丑未土와 丑戌未 삼형살(三刑殺)로 구신이 제거되니 흉변길이 된 것이다. 이때 결혼하였으나 이후 己土대운은 구신운이니 매사 풀리지 않고, 日主가 有氣하지 못하여 자립할 능력이 부족하니 결국 이혼하였다. 남명의 財星은 처로 보는데, 月支 丑土의 지장간에 일점 辛金 偏財가 있으나, 年支 未中의 乙木과 상충되어 손상되니 財星이 무력하게 된 것이다. 상기처럼 年·月支에 食神이 있다 해도 丑未 충살로 손상되면 生財되지 못하는 것이다. 이후 대운의 흐름도 기신과 한신운이니 크게 발복을 기대하기 어렵다.

癸	丁	辛	丙
偏官		偏財	劫財
卯	丑	丑	申
偏印	食神	食神	正財

戊	丁	丙	乙	甲	癸	壬
申	未	午	巳	辰	卯	寅

丁火가 丑月에 생하여 실기하였고 천지가 차다. 丁火는 아궁이불이고 화롯불이고, 등촉불이니 살아남기 위해서는 땔감인 甲木이 있어야 하고, 또한 甲木을 쪼갤 庚金 도끼가 있어야 한다. 용신은 時支 卯中의 甲木이다. 甲木과 庚金이 투출하면 貴格이나, 하나라도 부족되면 貴格이 못된다. 상기는 사주가 대다수 한습지기(寒濕之氣)로 구성되었다. 年干에 丙火가 해동(解凍)할 수 있어 소중한데 辛金을 합하여 다시 水氣로 바꾸고, 丑土도 水氣를 담뿍 먹은 흙이라 水와 동류(同類)이니, 水氣 즉 官殺이 태왕한 것이다. 制殺하는 戊己土가 태약하고 귀문관살, 백호대살, 음차살, 비인살, 오귀살, 육해살 등의 흉살이 중중하니 승려나 법사의 길이다. 식신생재되나 日主가 無根이고 약하니 財를 감당할 수 없다.

◉ 寅卯辰 대운은 용신운이니 무탈했다.

◉ 乙巳대운 중 乙木은 용신이나 乙辛 沖으로 손상되고, 巳火대운은 한신이나 巳

申 合水의 희신운, 巳丑 반합 금국의 기신운이니 사업상 손재수와 흉화가 다발
했다.

◉ 丙午대운 중 丙火는 한신이나 丙辛 合水의 희신운으로 바뀌니, 다소의 발전이
있었다.

午火대운은 한신운이나 丑午 원진살이 되어 밥그릇인 食神을 손상시키니 흉
운이다. 머리 깎고 僧이 되었다.

◉ 丁未대운 이후도 용신운이 못되니 크게 발전을 기대하기 힘들다.

지지에 申酉戌 방합금국이나 丑土月이라 때를 잃었고, 酉丑 반합금국과, 庚金의
투출이 있으니 財星인 金氣가 태왕하다. 日干 丁火가 일점 의지할 곳이 없으니 왕
한 金氣를 종할 수밖에 없다. 從財格이다. 申酉戌 방합금국이 때를 잃었으니 운로
에서 金運을 만나야 발복이 된다. 용신은 庚金이다. 運路가 寅卯辰巳午未의 구신과
기신운이니 발전의 상이 없다. 年柱에 財星이있어 부모의 재산을 물려받음이 있으
나, 도박과 주색으로 모두 탕진했다.

日支宮이 처궁인데 酉金 偏財가 도화살과 태백살을 대동하고 있다. 사주간명에
서 酉金은 술과도 연관된다. 도화살을 대동하니 주색잡기이고, 태백살을 대동하니
여난(女難)으로 인한 손재수가 발생한다. 상기처럼 從財格의 사주는 運路에서 부조
가 없으면 下格이 되는 것이다. 만약 일점 丁火를 부조하는 印星이나 比劫이 있으
면, 재다신약이 되니 비록 富屋貧人(부잣집의 관리인)이나 下格은 면했을 것이다.

5. 무토戊土 일간日干

戊土(三春)

- 三春의 戊土는 丙火의 조난(照暖)이 없으면 戊土가 不生하고, 甲木의 소벽(疏 劈)함이 없으면 불령(不靈)하게 되고, 癸水의 자양(滋養)이 없으면 만물이 성장 하지 못한다.
- 一月. 二月에는 조후를 먼저 살펴야 하니, 먼저는 丙火이고 나중은 甲木이며 癸水가 다음이다.
- 三月에는 土重하니 먼저는 甲木이고, 나중은 丙火이고, 癸水가 그 다음이다. 이는 戊土가 사령(司令)하여 日主가 旺한 것이니, 우선 甲木으로 소토(疏土)함 이 필요한 것이다.
- 甲木, 丙火, 癸水가 투출되면 고관대작(高官大爵)이다. 혹 두 개가 出干하고 하 나가 감추어져도 벼슬을 하고, 하나가 감추어지고 하나가 투출해도 文官외의 길로 功名을 얻는다.

一月(寅月) 戊土

- 甲木, 癸水가 있고 丙火의 조난(照暖)이 없으면 만물이 生하나 성장치 못한다. 고로 丙火가 없으면 부귀가 없다.
- 丙火가 있고 甲木, 癸水가 없으면 生하기는 하나 위태로움이 많다.
- 甲木, 癸水가 없는 者는 곤고(困苦)하다.
- 丙火가 중중하고 甲木이 있고 癸水가 없으면, 먼저는 평안하고 나중은 곤고(困 苦)하다.
- 地支에 火局을 이루고 壬癸水를 보지 못하면 만물이 성장하지 못하는 고로 승 도고빈(僧道孤貧)한 命이다. 그러나 癸水가 투출한 자는 貴를 하고, 壬水가 투 출한 자는 富는 한다. 癸水는 자연상태의 水로 저절로 얻어지는 것이고, 壬水 는 江河의 水로 끌어 쓰려고 노력하여야 얻어지기 때문이다.
- 甲木이 많고 丙火가 없으면 만물이 生하지 못하는 것이라 평범하다.
- 지지 水局이고, 甲木이 天干에 투출하고, 또 庚金의 투출이 있으면 부귀양전

(富貴兩全)이다.

◉ 乙木이 많으면 官殺이 당(黨)을 이룬 것(官殺會黨)이니, 庚金이 있으면 乙庚 간 합금국의 食傷으로 바뀌어 "종아격(從兒格)"이 되므로 乙木을 제지하기 어렵다. 이런 사람은 안으로는 간사(奸邪)하고 밖으로는 정직하여, 말은 옳게 하나 마음은 잘못된 사람이다.

◉ 一位의 甲木이 더 있고 庚金이 없으면, 官殺은 중중한데 제살하지 못하니, 반드시 게으르며 호식(好食)하며 천방지축이고, 체면을 차릴 줄 모른다.

◉ 丙火와 甲木이 많으면 庚金과 癸水를 참용(參用)해야 한다.

用神 : 丙 甲 癸

庚	戊	庚	丙
食神		食神	偏印
申	辰	寅	寅
食神	比肩	偏官	偏官

丁	丙	乙	甲	癸	壬	辛
酉	申	未	午	巳	辰	卯

戊土 日干이 寅月에 生하여 長生을 득하나, 年支에 다시 寅木이 있으니 偏官이 旺하여 日干 戊土를 극제함이 심하고, 또한 사주에 食神이 많으니 설기됨이 많아 신약사주이다.

사주가 아름답게 된 것은 月支 寅木 偏官은 月干 庚金 食神의 극을 받고, 年支 寅木 偏官은 年干 丙火에 설기당하니 七殺이 잘 中和되었다. 日干 戊土는 日·時支 辰土와 申金의 반합수국으로 인해 습기(濕氣)를 품어 만물을 소생시킬 준비를 하고 있고, 年干 丙火는 地支 寅木에 뿌리를 두고 있으니, 신약한 日干을 부조함에 부족함이 없다. 따라서 용신은 年干 丙火 印星을 용신으로 잡는다. 癸巳, 甲午, 乙未, 丙申, 木火 대운에 크게 발복되어 대장군 벼슬을 했다. 偏官이 왕하니 무관벼슬을 한 것이고, 용신이 年柱에 있으니 大貴한 것이다.

丙	戊	壬	丁
偏印		偏財	正印
辰	辰	寅	巳
比肩	比肩	偏官	偏印

乙	丙	丁	戊	己	庚	辛
未	申	酉	戌	亥	子	丑

戊土 日干이 寅月에 長生이니 득기했다. 또한 辰中의 戊土가 있으니 日主가 태약하지는 않다. 그러나 天干의 丁壬 合木이 月令 寅木에 통근하고, 月支 寅木과 日支 辰土 사이에 탄함(呑陷)된 卯木을 天干에 丁壬 合木이 있으니 地支로 끌어와 寅卯辰하여 방합목국이 형성되니 官殺이 태왕하여 病이 된 것이다. 왕한 木氣를 극제할 일점 庚辛金이 없으니 官殺의 난동을 제압할 길이 없는 것이다. 운의 흐름에서 부조하지 못하면 요절(夭折)하는 것이다. 年支 巳中의 庚金은 正氣인 丙火의 극을 받으니 무딘금이라 역할을 하지 못한다. 용신은 왕한 木氣를 설기시켜야 하고, 寅月의 戊土는 아직 한기가 남아있으니 時干 丙火가 용신이다.

丑子亥 기신운이 불길한데, 庚子대운은 庚金이 용신 丙火와 丙庚殺이 되어 용신이 손상되고, 子水는 辰土와 반합수국의 기신운이니 庚子대운 中 癸水 歲運에 命을 보존하기 어려울 것이라 판단한다.

丁	戊	壬	丁
正印		偏財	正印
巳	子	寅	卯
偏印	正財	偏官	正官

乙	丙	丁	戊	己	庚	辛
未	申	酉	戌	亥	子	丑

天干의 정임합목이 지지 寅卯에 통근하니 木氣인 官殺이 태왕하다. 寅月의 戊土는 아직 한기(寒氣)가 남아 있으니 丙火가 없으면 만물을 생장시키지 못하고, 癸水의 자양(滋養)이 없으면 戊土가 메마르다. 日支에 子水가 있어 大地를 자양시킬 수

있으니, 丙火의 따뜻함이 필요하다. 丙火가 투출하지 못했으니 丁火를 용하는데, 年干의 丁火는 干合하여 타 오행으로 바뀌니 時干 丁火를 용신으로 잡는다. 용신 丁火는 巳火에 통근하고 月令의 생조를 받으니 왕하다. 己亥대운에 프로축구선수 생활을 계속해야할 것인가를 간명한 것이다. 己土는 한신운이고, 亥水는 巳亥 상충하여 巳火 용신을 손상시키니 길하지 못하다. 官殺이 중중하니 운동선수의 명임은 틀림없지만, 극제되어 순화되지 못하고, 운로에서 부조하지 못하니 축구선수로서의 큰 활약상은 기대하기 힘들다.

二月(卯月) 戊土

◉ 卯月의 戊土는 乙木이 사령하여 신약하니 역시 丙火가 존귀하다. 지지 木局이면 官殺이 會局한 것이니 庚金의 제극이 없으면 하천한 명이다. 그러나 乙木을 보면 乙木이 庚金에 정을 주어 相合하니 旺木을 제하기 어렵다. 이때 甲木이 투출하면 官殺이 혼잡되니 길하지 못한데 반드시 庚金으로 七殺을 제극하지 못하면, 命主는 경거망동하고, 사리판단이 부족하고, 매사 용두사미이다.

◉ 卯月의 戊土는 대체로 寅月의 戊土와 같이 취급한다.

用神 : 丙 甲 癸

壬	戊	乙	癸
偏財		正官	正財
子	寅	卯	未
正財	偏官	正官	劫財

戊	己	庚	辛	壬	癸	甲
申	酉	戌	亥	子	丑	寅

戊土 日干이 卯月에 生하여 사주에 印星과 比劫이 전무하니 태약사주이다. 地支의 卯未는 반합목국으로 日支의 寅木과 月干의 乙木과 함께 사주상 財星의 부조를 받으니, 官星이 왕하여져서 부득이 세력을 좇아 從할 수밖에 없다. 따라서 이 사주

는 종관살격(從官殺格)이다.

대운이나 세운에서 財星이나 官殺運은 吉하고, 比劫이나 食傷運은 凶하다. 즉 水木대운은 吉하고 土金대운은 凶하다. 壬子대운 희신운에 과거에 급제했다. 용신은 甲木으로 사주원국에서 財星의 생조를 받아 旺하니 사주가 吉해졌다.

(女命)			
壬	戊	癸	丁
偏財		正財	正印
子	寅	卯	卯
正財	偏官	正官	正官

庚	己	戊	丁	丙	乙	甲
戌	酉	申	未	午	巳	辰

상기사주는 여명으로 地支에 寅卯木 官殺이 왕하니 日干 戊土가 무력하다. 따라서 木氣를 설기시키고, 日干을 생조하는 印星을 용신으로 잡는다. 丙火의 투출함이 없고 丁火가 투출했으니 年干 丁火가 용신이다.

여명에서는 食傷을 자식으로 보는데, 사주원국에 食傷이 전무하다. 따라서 본시 자식이 적을 사주인데, 더군다나 대운이 乙巳, 丙午, 丁未의 木火運으로 흘러 食傷을 극해하는 운이니 子息이 없었다. 木氣인 官殺이 태왕한데 일점 庚辛金이 없으니 제살하지 못한다. 申酉戌 말년운에 왕한 木氣를 극제하니 다소의 발복이 있었다.

癸	戊	癸	壬
正財		正財	偏財
亥	午	卯	子
偏財	正印	正官	正財

庚	己	戊	丁	丙	乙	甲
戌	酉	申	未	午	巳	辰

財星이 중중하니 재다신약사주이다. 印星을 용해야 중화를 이루는데 日支 午中

의 丙火가 용신이다. 財星이 왕한 것은 좋으나 日柱가 旺하지 못하면 재다신약하여 부옥빈인(富屋貧人)의 命이 된다. 旺하다는 것은 日支에 比劫이나, 장생, 건록, 제왕을 득한 경우를 말한다. 상기는 坐下 午火에 건록이니 旺한 것이다. 따라서 乙巳, 丙午, 丁未대운은 용신운이니 육가공유통업에 종사하며 다소의 재물을 모았다. 지지 子卯 刑殺의 물상은 육가공과도 연관이 있다. 未土대운에 사업을 확장하며 육가 공수입 건을 간명한 것인데, 未土는 사주원국과 亥卯未 삼합목국의 희신운이니 발전이 있겠다. 다만 比劫으로 동업관계의 길흉을 보는데, 閑神에 해당하니 동업 건은 썩 길하지 못하니 심사숙고할 부분이 있겠다.

三月(辰月) 戊土

- 戊土가 사령(司令)하니 丙火, 甲木, 癸水가 없는 者는 어리석고 비천(卑賤)하다.
- 甲木, 癸水가 투출한 者는 국가고시에 합격하여 관직에 나간다.
- 甲木이 암장되고 癸水가 없는 者는 富만 있다. 甲木이 암장되고 癸水가 있는 者는 문관 이외(무관이나 문필. 기술직)로 발전한다.
- 甲木과 癸水가 암장(暗藏)되면 富는 있으나 貴는 없다.
- 丙火가 투출하고 甲木이 암장되고 癸水가 없는 者는 富만 있고, 癸水가 있으면 富中貴가 있다.
- 日主가 겸령(兼令)할 때에 財(水)가 旺殺을 生하면 上格이다.
- 丙火가 많고 癸水가 없으면 가물은 논에 물이 없는 것이니 모를 심지 못한다. 선부후빈(先富後貧)할 팔자다.
- 火가 많고 壬水의 투출이 있으면 선빈후부(先貧後富)다.
  癸水가 투출하면 먼저는 천(賤)하고 나중은 영화(榮華)롭다.
  壬水가 감추어지면 의식(衣食)이 足할 뿐이고,
  癸水가 감추어져 있으면 명리(名利)만 있을 뿐이다.
- 지지에 火局을 이루고 癸水의 투출함을 얻으면 부귀를 얻음이 정연(定然)하다. 壬水가 투출하면 부귀하나 신고(身苦)가 있다. 연유는 癸水는 天上의 감로수(甘露水)니 자연상태로 얻어지는 것이고, 壬水는 강하수(江河水)라 끌어올려 사용하는데 수고로움이 따르기 때문이다.

◉ 지지 木局이고 甲乙木이 出干이면 이는 관살회당(官殺會黨)이라 하여 官殺이 중중한 것이니, 庚金의 투출이 있어 制殺하면 小富貴한다. 庚金이 없으면 천박(淺薄)한 명조이다.

◉ 木이 많고 比劫과 印星이 없으면 종관살격(從官殺格)이니 부귀한다.

◉ 比劫(甲乙木)과 印星(丙丁火)이 있으면 오직 癸水의 투출함을 살펴야 하고 癸水를 取하면 貴를 이룬다.

◉ 春月의 戊土가 癸,丙,甲의 용신이 없으면 토목자전(土木自戰)이니 질병과 근심과 곤고(困苦)함이 있다.

◉ 甲木을 쓰는 者는 水가 처이고 木이 자식이다.

用神 : 甲 丙 癸

甲	戊	戊	己
偏官		比肩	劫財
寅	寅	辰	未
偏官	偏官	比肩	劫財

辛	壬	癸	甲	乙	丙	丁
酉	戌	亥	子	丑	寅	卯

사주에 比劫이 많으니 신왕사주이다. 사주가 신왕일 경우에는 日干의 氣運을 설기시키는 食傷으로 용신으로 잡거나, 財星으로 용신을 잡는다. 상기사주는 食傷인 金氣와 財星인 水氣가 사주원국에 없으니, 부득이 時干의 甲木 偏官을 용신으로 잡아 왕한 土氣를 소토(疏土)해주어야 사주가 중화를 이룬다. 대운이 乙丑, 甲子, 癸亥로 진행되어 용·희신으로 흐르니 貴한 사주가 되었다.

癸	戊	戊	己
正財		比肩	劫財
亥	子	辰	巳
偏財	正財	比肩	偏印

辛	壬	癸	甲	乙	丙	丁
酉	戌	亥	子	丑	寅	卯

辰月의 戊土는 먼저 癸水로 자양(滋養)해야 하고, 다음은 丙火로 꽃을 피우고, 다음은 甲木으로 소토(疏土)하여 흙을 갈아주어야 한다. 따라서 癸水, 丙火, 甲木을 떠나 용신을 생각하기 힘들다. 상기는 癸水가 時干에 투출했으니 土에 수분을 대어 자양(滋養)할 준비는 했고, 巳中의 丙火와 亥中의 甲木은 암장되었다. 癸水가 투출했으니 귀격이다. 天干에 戊己土가 투출하여 比劫인 土氣가 왕하니 甲木으로 소토(疏土)함이 우선이다. 따라서 용신은 時支 亥中의 甲木이다. 대운의 흐름이 乙丑, 甲子, 癸亥의 용신과 희신운이니 발복한 것이다.

戊	戊	庚	庚
比肩		食神	食神
午	辰	辰	申
正印	比肩	比肩	食神

丁	丙	乙	甲	癸	壬	辛
亥	戌	酉	申	未	午	巳

食神이 旺하니 암암리에 生財하고 있다. 日柱가 旺하니 능히 食神의 설기를 감당하여 길하게 된 것이다. 戊辰土 比肩이 중중하니 설기시키는 庚金 食神으로 용신을 잡아야 사주가 中和를 이룰 수 있다. 용신은 月干 庚金 食神이다. 申酉戌 대운 희신운에 발전했다.

戊土(三夏)

- 夏月의 戊土는 印星이 당령(當令)했으니 官印相生이나 殺印相生이 된다. 財와 食傷이 용신이다.
- 화염토조(火炎土燥)하니 癸水가 필요하고, 土重하면 甲木으로 소토(疏土)하고, 未土月은 三伏에 生寒하여 火氣가 퇴기하니 丙火로 보조한다.

四月(巳月) 戊土

◉ 양기(陽氣)가 발승(發昇)하나, 아직 한기(寒氣)를 안으로 감추고 있으니, 외실(外實)하나 내허(內虛)하므로 화염(火炎)을 무서워하지 아니한다. 氣의 조화됨이 없으면 만물이 자라지 못한다.

◉ 甲木으로 戊土를 갈아엎고, 丙火, 癸水를 취하여 도움을 준다.

◉ 丙火와 甲木이 투출하면 조정(朝廷)의 중신(重臣)이 된다.

◉ 丙火와 癸水가 투출하게 되면 국가고시에 합격하고, 一位 투출이고 一位 암장되면 득소(得所)한 것이니 의록(衣祿)은 있다.

◉ 甲木, 丙火가 투출하고 癸水가 地支에 감추어져 있으면 반드시 조정(朝廷)의 중신(重臣)이 된다.

◉ 癸水가 투출하여 통근하지 못하면 火氣를 破하지 않으니, 戊癸가 化合하여 局을 이루게 되고, 從格을 이루니 대부귀를 하게 된다.

◉ 丙火가 많고 壬癸水가 없으면 화염토조(火炎土燥)하니 승려(僧侶)의 팔자다.

用神 : 甲 丙 癸

丙	戊	癸	辛
偏印		正財	傷官
辰	午	巳	亥
比肩	正印	偏印	偏財

丙	丁	戊	己	庚	辛	壬
戌	亥	子	丑	寅	卯	辰

　　戊土 日干이 月干 癸水와 간합되어 火局을 형성하고 月支가 사화절이니, 이 사주는 化格으로 볼 수 있으나, 지지 巳亥 상충으로 戊土와 癸水가 다 손상되니 化格으로 논할 수 없다. 火氣는 사주의 대부분을 차지하고 있으니 왕강하다. 따라서 왕한 火氣를 설기시키거나 극제하는 오행을 용신으로 잡는다. 극제하는 月干 癸水가 용신이다. 만약 化格이 성립되었다면 化된 五行이 왕할 경우에는 이를 生해주는 대운이나 세운은 凶하고, 化된 五行이 약할 경우에는 이를 부조해주는 대운이나

세운은 吉하다.

용신인 癸水는 辛金의 생조를 받고, 年支 亥水에 통근하고 대운의 흐름이 丑子亥의 용신운이니 부귀겸전(富貴兼全)하고 덕망이 높았다.

사주에 印星이 태다하다. 印星이 많으면 財星으로 용신을 잡는 경우가 많으니 용신은 年干 癸水 正財이다. 癸水는 年支 丑土에 비록 뿌리를 박고 있으나, 天干의 丁火와 癸水는 干沖으로 癸水의 水氣가 손상(損傷)되었다. 따라서 용신이 왕강하지 못하다.

사주에 일점 木氣가 없으니 왕한 日干을 견제할 세력이 없다. 따라서 사주가 심히 편고(偏枯)되었다. 印星이 많아 수재(秀才)였으나, 사주가 균형을 이루지 못하고, 대운 丑子亥運도 사주원국과 충살이 되니 운로(運路)에서 받추어주지 못한 것이다.

(女命)			
甲	戊	乙	壬
偏官		正官	偏財
寅	寅	巳	戌
偏官	偏官	偏印	比肩
戊	己	庚	辛	壬	癸	甲
戌	亥	子	丑	寅	卯	辰

戊土 日干이 사화절에 生하여 득령(得令)하였으나, 사주에 官殺이 왕하여 日主를 극함이 심하니 火를 用하여 殺印相生하여 日主를 보조하면 사주가 중화를 이룰 수

있다. 용신은 月支 巳中의 丙火를 잡는다. 사주에 귀문관살(鬼門關殺), 환신살(幻神殺), 파군살(破軍殺), 고신살(孤神殺) 등이 있으니 신기(神氣)도 다분히 있는 것이다.

辰卯寅 대운은 희신운이니 시어머니에게 의지하여 지냈으며, 寅木대운에 장남을 낳았으나, 寅巳 刑殺로 偏官과 偏印이 손상되니 심신이 피폐되고, 辛丑대운은 乙辛 충으로 乙木 희신을 부수고, 丑土는 丑戌 형살이 되고 기신운이니 신기(神氣)가 발동한 것인데, 제살(制殺)함이 부족하니 무속인이 되지 못하고 미쳐버린 것이다. 사주대관(四柱大觀)에 기재된 명조다.

庚	戊	己	己
食神		劫財	劫財
申	申	巳	酉
食神	食神	偏印	傷官

壬	癸	甲	乙	丙	丁	戊
戌	亥	子	丑	寅	卯	辰

戊土 日干이 劫財의 부조가 있고, 月支 印星의 생조가 있으니 신강하다. 旺土를 甲木으로 소토해야 중화를 이룰 수 있으나, 일점 木氣가 없으니, 申中의 壬水를 용하여 旺한 食傷의 기운을 설기시키고, 月支의 火氣를 억제하면 자연 중화를 이룰 수 있다. 月令 巳火를 중심으로 지지 巳申의 형합수국과 巳酉 반합금국의 합의 관계는, 사주가 年柱부터 時柱로 진행되니 月·日支의 합인 巳申 형합수국에 중점을 둔다.

辰卯寅 대운은 한신운으로 흐르니 발복이 적었다. 劫財가 투출하여 직업은 대인관계 및 경쟁관계가 많고 갈등요소가 많은 직업을 주로 택하게 되는데, 금융대부업을 운영하고 있으나 재복이 적었고, 丑子亥 용신운에 다소 풀릴 것이라 판단한다.

五月(午月) 戊土

◉ 五月 仲夏에 화염(火炎)하니 먼저 壬水를 보고, 다음으로 甲木을 取하며, 丙火

를 균용(均用)한다. 癸水를 쓰면 맹화(猛火)를 감당하기에 힘이 미약하다.

◉ 壬水와 甲木이 모두 투출하면, 군신경회(君臣慶會)라 하여 관직에 오르고 권세 (權勢)도 있고 벼슬이 높다. 年干에 辛金이 투출하면 관록이 一品에 이른다.

◉ 지지에 火局이고 癸水가 투출하면 癸水가 미약하므로 큰불을 끄지 못한다. 이 러한 명조는 학문을 좋아하고 게으르지는 않으나 성공을 못하고 목질(目疾)이 있다. 壬水가 출간하면 비록 甲木이 없더라도 부귀와 명예가 높다.

◉ 土·木이 중중하고 적수(滴水=적실정도의 水)가 전혀 없으면 승려(僧侶)가 되거나 고빈(孤貧)하다.

用神 : 壬 甲 丙

丙	戊	庚	甲
偏印		食神	偏官
辰	戌	午	申
比肩	比肩	正印	食神

丁	丙	乙	甲	癸	壬	辛
丑	子	亥	戌	酉	申	未

戊土 日干은 月支 午火가 양인살(羊刃殺)이 되고, 時干 丙火의 생조를 받고 지지 에 比劫이 있으니 매우 왕하다. 또한 사주가 매우 건조하니 申中의 壬水를 용신으 로 잡아 지지 午戌 반합화국의 왕한 火氣를 극제하고, 旺하고 건조한 戊土에 水氣 를 보태어 전체적인 중화를 이루게 함이 필요하다.

申中의 壬水를 쓰는 경우에는 지장간에 己土와 戊土 역시 있으니 壬水의 물은 혼탁한 물이다. 따라서 사주에 食傷이 적으면 혼탁한 물을 걸러내지 못하니 사주에 일점 결함이 생겨 대귀대부를 못한다.

壬申, 癸酉 大運은 용신과 희신운이니 크게 발복되어 큰 부자가 되었으나. 甲戌 대운 中 戌土대운에 戌土가 地支 午戌과 삼합되어 火局으로 바뀌어 왕한 火氣를 더욱 고조시키니 흉사(凶事)를 면치 못했다.

壬	戊	庚	己
偏財		食神	劫財
午	子	午	未
正印	正財	正印	劫財

癸	甲	乙	丙	丁	戊	己
亥	子	丑	寅	卯	辰	巳

오화절의 戊土는 화염토조(火炎土燥)하니 壬水가 우선이다. 癸水는 힘에 부치니 크게 발전하지 못한다. 다음은 土가 왕하면 甲木으로 소토(疏土)하고, 水가 왕하여 土가 습(濕)함이 태중하고, 火가 극제를 받으면 丙火가 있어야 한다. 壬水와 甲木이 투출하면 貴가 백관(百官)을 누른다. 상기는 時干 壬水가 용신이다. 壬水는 日支 子水에 통근하고, 印綬인 火氣를 억제하고, 月干 庚金의 생조를 받으니, 甲木이 투출하지 못했더라도 富貴가 있고, 대운의 흐름이 丑子亥의 용신운이니 무관으로 해군의 높은 직책에 올랐다.

丙	戊	庚	己
偏印		食神	劫財
辰	寅	午	卯
比肩	偏官	正印	偏官

癸	甲	乙	丙	丁	戊	己
亥	子	丑	寅	卯	辰	巳

戊土 日干이 午月에 생하여 득기하고, 지지 寅午 반합화국의 印星局이니 日主가 신강하다. 사주가 炎炎하며 난조지기가 왕한데, 일점 水氣가 없으니, 부득이 月干 庚金을 용하여 比劫과 印星을 견제한다. 運路가 巳辰卯寅의 기신과 구신운이니 흉운이다. 乙丑대운은 乙庚 간합금국의 용신운, 丑土는 희신운이라 10년 동안 발전이 있었다. 丙子年에 丙庚 상극과, 子午 충으로 月柱를 손상시키니 사망했다 한다. 月柱는 日主의 本家이다. 本家가 부서지니 내 몸이 의탁할 곳이 없어진 것이다. 조화원약에 기재된 명조이다.

六月(未月) 戊土

⦿ 하절(夏節)을 만나 건고(乾枯)하니 먼저 癸水를 쓰고, 다음으로 丙火, 甲木을 쓴다.

⦿ 癸水, 丙火, 甲木이 투출하면 국가고시(考試)에 합격하고, 癸水와 甲木은 있고 丙火가 없으면 수재(秀才)에 불과하고, 甲木이 없으면 小富요, 丙火가 있고 癸水가 없으면 의식족(衣食足)일 뿐이다.

⦿ 土가 중중하고, 一位 甲木이 출간하면 庚辛金이 없어야 한다. 이 사람은 벼슬을 바라나 성정(性情)이 근신(勤愼)하여 크게 발전은 못하나 의리 있고, 문장(文章)으로 세상을 놀라게 한다.

⦿ 癸水와 辛金이 투출하면 도필(刀筆=무직·이공계·文士)의 재주이니 무관직이나 기술직으로 小富貴를 누린다.

⦿ 癸水, 辛金과 丙火가 없으면 평인(平人)이며, 만일 甲木이 없으면 하천인(下賤人)이다.

> 用神 : 癸 丙 甲

癸	戊	己	戊
正財		劫財	比肩
丑	辰	未	戌
劫財	比肩	劫財	比肩

丙	乙	甲	癸	壬	辛	庚
寅	丑	子	亥	戌	酉	申

戊土 日干이 지지에 辰戌丑未를 모두 갖추고 있으니 종격으로 풀이하되, 연해자평(淵海子平)에 기록된 "일행득기격(一行得氣格)"中 "가색격(稼穡格)"에 해당된다. 이 경우에는 戊土 日干을 생하는 印星運과 比劫運, 食傷運은 길하고 日干과 상배(相排)되는 財星運과 官殺運은 흉하다.

사주에 土氣가 왕하면 종교에 심취하거나 종교가의 길을 가는 경우가 많다. 戊土 日干이 未土月에 生하여 水氣가 부족하지만, 時干 癸水가 時支 丑土에 뿌리를 박고, 왕한 土氣를 자윤(滋潤)해주니, 大地의 土가 식물을 무성하게 배양할 수 있는 여건이 형성되었고, 比劫이 희신으로 왕성(旺盛)하니 추종세력이 많았다.

상기사주는 신앙심이 깊은 종교인의 전형적인 명조로서 도력(道力)으로 명성을 떨친 도교(道教)의 장진인(張眞人)의 사주이다. 일행득기격의 경우는 사주에 食傷이 있을 경우, 食傷에 해당하는 오행을 용신으로 잡으면 사주의 중화를 이룰 수 있다. 용신은 丑 中의 辛金이다.

辛		戊		己		戊	
傷官				劫財		比肩	
酉		午		未		申	
傷官		正印		劫財		食神	
丙	乙	甲	癸	壬	辛	庚	
寅	丑	子	亥	戌	酉	申	

未土月은 火의 기운이 점차 퇴기(退氣)하는 계절이나, 日支에 午火가 있으니 火氣가 아주 퇴기한 것은 아니다. 따라서 이 사주는 癸水로써 메마른 대지를 자윤(滋潤)해주고 왕한 食傷의 기운을 설기시켜 중화를 이룸이 필요하다. 癸水의 투출이 없으니 年支 申中의 壬水로 용신을 잡는다. 대운이 申酉戌亥子丑 金水대운으로 흐르니 길한 사주가 되었다.

남자사주의 子息은 官星과 용신, 時柱를 위주로 보는데, 상기사주는 偏官인 甲木이 일점 없으니 자식이 없었다. 未中의 乙木은 申中의 庚金과 합이 되어 食傷으로 바뀌니 乙木의 기운도 본연의 기운을 망각한 고로, 사주상 자식의 기운인 木氣가 무력하다. 따라서 자식운이 적다고 판단한다.

丁		戊		癸		庚	
正印				正財		食神	
巳		子		未		子	
偏印		正財		劫財		正財	

庚	己	戊	丁	丙	乙	甲
寅	丑	子	亥	戌	酉	申

戊土 日干이 未土月에 生하여 시주에 印星이 있으니 사주가 신강하다. 未土月의 戊土 日干은 건토(乾土)이므로 자윤(滋潤)해주는 水氣가 필요한데, 旺한 印星의 중화를 이루기 위해서는 癸水가 필요하다. 月干 癸水를 용신으로 잡는다. 癸水 용신은 年·日支 子水에 통근하고, 年干 庚金의 생조를 받으니 용신이 왕강하다. 용신을 자식으로 보니 따라서 그 자식이 大貴하였다.

年干의 庚金이 旺한 戊土의 기운을 설기시키니 사주가 맑아졌다. 또한 食神이 왕하니, 식신생재하여 재물이 많았고, 또한 문장(文章)으로 이름을 날렸다.

癸	戊	癸	乙
正財		正財	正官
亥	子	未	未
偏財	正財	劫財 空亡	劫財 空亡

丙	丁	戊	己	庚	辛	壬
子	丑	寅	卯	辰	巳	午

未土月에 火氣가 퇴기(退氣)하고 三伏에 생한(生寒)하나, 巳午 화왕지절을 지나며 戊土가 지극히 건조해져 화염토조(火炎土燥)하다. 따라서 癸水로 戊土를 자양하고, 한기(寒氣)가 생하니 丙火로 따뜻하게 하고, 후토(厚土)를 甲木으로 소토(疏土)하면 자연 중화를 이루게 된다. 日干 戊土는 年·月支 未土에 통근하고 왕한데 癸水의 도움을 받아 水氣를 흡수하니 후토가 되었다. 年干 乙木이 쇠약하나 亥水에 통근하고 子水의 생조를 받으니 능히 후토를 견제할 만하다. 용신은 年干 乙木이다.

子未 刑殺로 子中의 癸水 正財가 손상되니 처복이 적고, 年·月支 未土가 공망되니 부모형제자매간 연이 적어 일직 고향을 뜨게 된 것이다. 상기명은 정식결혼을 하지 않고 외국에서 동거생활을 오래하다, 寅木대운 용신운에 베트남여자와 정식 결혼하고 가게창업 건을 看命한 것인데, 이후의 운이 썩 길하지 못하여 심사숙고를

권장했다.

    참고로 간명상 정식결혼을 하지 않고 동거생활을 오래하는 경우는 대체로 신약 사주에 財星이 중중한 경우, 財星이 형충된 경우, 천간의 財星이 간합되어 타 오행으로 바뀐 경우, 각 柱의 干支가 相剋으로 구성된 경우, 남명에서 희신이 태약한 경우, 운로가 기신이나 구신으로 흐르는 경우, 財星이나 日支宮이 묘궁(墓宮)이나 공망된 경우, 지지에 형충이 많고 흉살을 대동한 경우 등이다.

(女命)			
辛	**戊**	**辛**	**甲**
傷官		傷官	偏官
酉	**寅**	**未**	**寅**
傷官	偏官	劫財	偏官
甲 子	乙 丑	丙 寅	丁 卯	戊 辰	己 巳	庚 午

偏官이 왕하여 일간을 극제함이 심하고, 傷官이 투출하여 또한 日主의 기운을 설기시켜 日主가 극루(剋漏)되어 신약하다. 사주가 중화를 이루기 위해서는 甲木 偏官의 기운을 설기시키고 戊土 日主를 생조하면 자연 중화를 이룰 수 있다. 대체로 未月의 戊土는 건토(乾土)라 水氣를 용하지만, 상기는 偏官이 왕하여 水를 용하면 偏官을 더욱 왕하게 해서 사주가 편고된다.

    용신은 日支 寅中의 丙火이다. 여명에 偏官이 왕한 경우 극제하거나 설기시키는 오행이 쇠약하고, 또한 日主가 약하고 흉살이 중중하면, 기신이나 구신운에 神氣가 들어올 수 있다. 귀문관살(鬼門關殺), 양착살(陽錯殺), 단교관살(斷橋關殺), 부벽살(斧劈殺) 등은 神氣와 연관된다.

    辰土대운은 辰酉합금의 구신운이라, 집안 살림을 도외시하고 암자에서 기도에만 몰두하여 가족들이 걱정되어 문의한 것인데, 丁卯 이후의 대운은 다행히 용신과 희신운이니 큰 탈이 없을 것이다.

戊土(三秋)

七月(申月) 戊土

◉ 한기(寒氣)가 점점 들어오고 양기(陽氣)가 점점 나가게 된다. 먼저 丙火를 쓰고, 뒤에 癸水를 쓰며, 甲木이 다음이다.

◉ 丙·癸·甲이 투출한 者는 삼기격(三奇格)이니 부귀가 최상(最上)이고,
癸水가 암장되고 丙火가 투출하면 겨우 수재(秀才)이다.
壬水가 투출하고 丙火가 암장되면 국가의 녹은 받는다.

◉ 丙火, 甲木이 모두 투출하고, 癸水가 회국(會局)하여 辰 中에 감추어져 있으면 역시 학계(學界)의 거두(巨頭)로 부귀를 잃지 않는다.

◉ 丙火가 없고 癸水와 甲木이 있으면, 이 사람은 청아(淸雅)하므로 千金을 갖게 되는 부호(富豪)이다. 또한 무직이나 기술직으로 발전이 있다.

◉ 甲木과 癸水가 없으면 평범하다.

◉ 財와 官이 없고 印星이 있으면, 비록 부귀가 부족하더라도 처가 어질고 자식이 착하다.

◉ 地支에 水局이 있더라도 月令 申中에는 戊己土가 있어 뿌리가 있는 것이니, 기명종재(棄命從財=從財格)라 논하지 말고 설기하는 甲木으로 용신을 잡는다.

> 用神 : 丙 癸 甲

戊	戊	戊	壬
比肩		比肩	偏財
午	辰	申	寅
正印	比肩	食神	偏官

乙	甲	癸	壬	辛	庚	己
卯	寅	丑	子	亥	戌	酉

사주에 比肩이 중중하고 時支에 印星이 있으니 신강사주이다. 형제자매가 많으니 財를 용하여 분배해야 다툼이 없다. 年干 壬水가 용신이다. 年干의 壬水 偏財는 辰土와 申金의 지장간에 통근했다 하더라도, 年支 寅木과 寅申 沖으로 세력이 무력

해지므로, 사주에 水氣가 지나칠 정도로 왕하다고 보아서는 안된다. 만약 왕하다면 寅中의 甲木을 용신으로 잡아야하지만, 그렇지 않으므로 壬水를 용신으로 잡는데 문제될 것이 없다.

亥子丑 북방수대운에 발복됐다. 貴가 크지는 못했다.

丙	戊	丙	辛
偏印		偏印	傷官
辰	子	申	酉
比肩	正財	食神	傷官

己	庚	辛	壬	癸	甲	乙
丑	寅	卯	辰	巳	午	未

戊子日生이 지지에 申子辰 삼합수국을 형성하니 구진득위격(句陳得位格)이다. 사주에 財星과 食傷이 왕하여 신약하고 地支 水局으로 사주가 차다. 따라서 申月에 한기(寒氣)가 왕하니 戊土 日干을 생조하는 丙火를 용신으로 잡아 전체적인 中和를 이루도록 한다. 대운이 未午巳辰卯寅의 남동방 火木地의 용·희신운으로 흐르니 사주가 길해졌다. 月干 丙火는 干合되어 財星으로 바뀌니 용신으로 쓸 수 없다.

(女命)			
癸	戊	丙	辛
正財		偏印	傷官
亥	子	申	亥
偏財	正財	食神	偏財

癸	壬	辛	庚	己	戊	丁
卯	寅	丑	子	亥	戌	酉

위의 사주와는 時柱만 다를 뿐이다. 戊土가 申月에 생하여 실기하였고, 지지 申子는 반합수국을 형성하니 지지 전체가 水局인 財星局을 형성한다. 丙辛 合水는

지지에 통근하니 간합수국을 이루고, 戊癸 合火는 지지에 火氣가 전무하니 火局을 이루지 못하고 癸水는 그대로 남아 있다. 따라서 사주전체가 水氣를 형성하니, 日 干 戊土가 왕한 세력을 從할 수밖에 없다. 용신은 申中의 壬水이고 종재격이다. 대운이 酉戌亥子丑의 희신과 용신운이니 미용실을 여럿 운영하여 수억의 재산을 모은 명조이다.

戊土 日干이 申金月에 生하여 실기하였다. 壬水 偏財는 申金 食神의 생조를 받아 왕하고, 甲寅木의 官殺 역시 왕하여 日主를 극함이 심한데, 다행이 지지의 寅申 沖이 있어 甲木 偏官이 제살되었다. 식신생재되어 財星이 왕하고, 偏官 역시 중중하고, 戊土 日干을 보조하는 五行이 없으니 신약사주이다. 따라서 印星이 용신이다. 年支 寅中의 丙火를 용신으로 잡는다.

壬	戊	壬	己
偏財		偏財	劫財
子	辰	申	亥
正財	比肩	食神	偏財

乙	丙	丁	戊	己	庚	辛
丑	寅	卯	辰	巳	午	未

申子辰 삼합수국이 金月이라 때를 잃었지만 사주에 水氣가 태왕하다. 日干 戊土 는 月令 申金에 통근하고, 亥辰에도 뿌리를 내리고 있어 日主가 태약하지는 않으니

기명종재격(棄命從財格)으로 논할 수 없다. 왕한 水氣를 극제하는 戊己土가 있어야 하고, 申金月은 한기(寒氣)가 왕해지니 또한 丙丁火의 火氣가 있어야 중화를 이룰 수 있다. 戊土를 용해야 하나 年干 己土가 出干했으니 부득이 己土를 용신으로 잡는다. 운로가 未午巳辰卯寅의 희신과 용신운이고, 식신생재되니 부농(富農)을 이루었다.

八月(酉月) 戊土

◉ 酉金月은 金氣가 당령하여 자왕모쇠(子旺母衰)하다. 土가 金에 설기되고 日主가 한냉(寒冷)하니, 丙火로 따뜻하게 하고 水로써 자윤(滋潤)함이 기쁘다. 먼저는 丙火이고 나중은 癸水이다. 이렇게 되면 木의 소토(疏土)가 반드시 필요한 것은 아니다.

◉ 丙火와 癸水가 투출하면 국가고시에 합격한다.

◉ 丙火가 투출되고 癸水가 암장(暗藏)되면 小富貴한다.

◉ 癸水가 투출하고 丙火가 암장(暗藏)되면 富中貴가 있다. 관직을 돈으로 사게 된다.

◉ 丙火가 투출했으나 癸水가 없으면 단지 秀才이다.

◉ 癸水가 투출했으나 丙火가 없으면 단지 재능있는 소인배다.

◉ 丙火가 암장되고 癸水가 없거나, 癸水가 많으나 불투(不透)하고 丙火가 없으면 모두 평범하다.

◉ 癸水와 丙火가 사주원국에 없으면 하천(下賤)이다.

◉ 지지 水局에 壬癸水가 天干에 투출하면 재다신약이니 어리석고 나약하며 무능하다. 天干에 比劫이 있어 財를 분배(分配)하면 약간의 의식(衣食)이 있다.

◉ 辛金이 중중하고 丙丁火가 없으면, 토금상관격인데, 위인이 총명하나 교만기가 있고, 이도(異道=무관직. 문필가. 기술직)로 발전한다.

癸水가 있어 戊土를 윤택하게 하면 부귀격을 이루나 이 경우는 日柱가 왕함을 요한다.

┌─────────────────┐
│ 用神 : 丙 癸 │
└─────────────────┘

丁	戊	己	丁
正印		劫財	正印
巳	子	酉	亥
偏印	正財	傷官	偏財

壬	癸	甲	乙	丙	丁	戊
寅	卯	辰	巳	午	未	申

戊土 日干이 비록 酉金月에 生하여 실기했지만, 時支 巳火에 녹성(祿星)을 깔고, 사주에 印星이 많고, 劫財가 있으니 신약하지는 않다. 토금상관격인데, 酉金月에 한기(寒氣)가 태동하니 火氣가 있어야 중화를 이룬다. 지지에 財와 傷官이 있어 "수(囚)"되고 설기(洩氣)되니 부조(扶助)의 기운이 있어야 하는 것이다. 丙年대운에 는 용신인 火氣가 지지 水氣와 상파(相破)되니 파재(破財), 상처(喪妻)하였으나, 그 이후에는 용신과 희신운이라 발복(發福)되어 부귀겸전(富貴兼全)하였다. 용신은 時干 丁火다.

丁	戊	辛	癸
正印		傷官	正財
巳	辰	酉	酉
偏印	比肩	傷官	傷官

甲	乙	丙	丁	戊	己	庚
寅	卯	辰	巳	午	未	申

酉金月은 金氣가 사령(司令)하여 왕하니 자왕모쇠(子旺母衰)하다. 설기(洩氣)가 심하니 日干을 부조하고 왕한 金氣를 극제하는 火氣가 있어야 中和를 이룰 수 있다. "토금상관격(土金傷官格)"이다.

신약하고 傷官이 왕하니 丙火가 우선이고, 癸水가 있어 戊土를 자양(滋養)해주어야 한다. 상기는 時干 丁火가 투출하여 丙火보다 부족한 점이 있지만, 좌하(坐下) 巳火에 제왕(帝旺)이니 능히 丙火를 대행할 수 있다. 대운의 흐름이 未午巳辰卯寅의 용신과 희신운이니 부귀겸전(富貴兼全)하였다.

九月(戌月) 戊土

◉ 九月은 戊土가 당권(當權)하니 丙火를 전용(專用)할 수 없다. 먼저 甲木으로 소토(疏土)하고, 癸水로 자윤(滋潤)한다. 戊癸가 인접하여 化合됨을 꺼린다.

◉ 金을 보면 먼저는 癸水이고, 나중은 丙火로 干支의 배합을 살리면 土가 有氣하니 국가고시에 합격한다.

◉ 丙火가 없고 癸水가 있는데 甲木이 투출되지 않으면 小富이고,
癸水와 丙火가 없고 甲木이 있으면 의식(衣食)은 있고,
癸水와 丙火가 있는데 甲木이 없으면 빈고하고,
癸水와 甲木이 없고 丙火가 있으면 평범하거나 승도(僧道)이다.

◉ 지지 火局이면 토조(土燥)한데 金水가 같이 투출하면 청고(淸高)하니 약간 富貴를 한다. 그러나 水가 없으면 일생이 곤고하다.

◉ 지지 水局이고 壬癸水가 出干하면 戊土로 물줄기를 막고, 比肩이 투출하면 오히려 富를 한다.

用神 : 甲 丙 癸

丙	戊	甲	己
偏印		偏官	劫財
辰	辰	戌	酉
比肩	比肩	比肩	傷官

丁	戊	己	庚	辛	壬	癸
卯	辰	巳	午	未	申	酉

戊土가 戌月에 득령(得令)하고, 사주에 比劫이 많으니 신강사주이다. 천간의 甲己는 化合하려 하나, 지지가 辰戌沖이 되어 간합의 뿌리를 손상시키니 간합이 형성되지 않는다. 따라서 왕한 土氣를 극제하는 月干 甲木으로 용신을 잡는다. 甲木은 辰中 癸水의 생을 받고 또한 乙木인 뿌리가 있으니 약하지 않다. 천간의 甲丙이 살인상생하니 小貴하였다.

癸	戊	庚	丁
正財		食神	正印
亥	戌	戌	亥
偏財	比肩	比肩	偏財

癸	甲	乙	丙	丁	戊	己
卯	辰	巳	午	未	申	酉

年干 丁火는 印星으로 地支 戌土에 뿌리를 박고 있고, 比肩이 있으니 비록 財星이 많다 해도 신약사주는 아니다. 따라서 亥中의 甲木으로 왕한 土氣를 극제하고, 財星의 기운을 설기시킴으로써 사주의 중화를 이룰 수 있다.

용신은 時支 亥中의 甲木으로 잡는다. 지장간의 甲木은 財星의 생조를 받으니 약하지 않다. 乙巳, 甲辰, 癸卯 대운에 풀려나갔다.

甲	戊	甲	甲
偏官		偏官	偏官
寅	子	戌	辰
偏官	正財	比肩	比肩

辛	庚	己	戊	丁	丙	乙
巳	辰	卯	寅	丑	子	亥

사주에 官殺이 중중 하여 신약하다. 관살이 중한 것이 病이 되니 제살하는 庚金이 藥인데, 庚金이 불투하고 戌中에 辛金이 있으나 辰戌 沖이 되어 용신으로 쓸 수 없으니 부득이 왕한 官殺의 木氣를 설기하고, 日主를 생조하는 時支 寅中의 丙火를 용신으로 잡는다. 대운이 寅卯辰巳의 희신과 용신운으로 흐르니 大富格이 되었다.

官殺이 태왕한데 庚辛金의 투출이 없어 제살하지 못하니 大貴하지 못한 것이다. 甲木이 투출하고 丙火, 癸水가 암장되었지만, 寅木은 戌土를 끌어 火局을 형성하려 하고, 子水는 辰土를 끌어 水局을 형성하려 하니 火水가 태약한 것은 아니다. 甲丙癸가 조화를 이루었다. 官殺이 왕하니 이도(異道=무관직. 문필가. 기술직)로써 벼슬이 높았고, 坐下에 財를 깔고 있으니 富貴한 것이다.

戊土(三冬)

◉ 三冬의 戊土는 대지가 꽁꽁 얼어붙은 것이니 반드시 火의 해동(解凍)이 있어야
  하고, 土重하면 甲木의 소토가 있어야 한다.
◉ 官과 印이 있지만 형충되고, 金이 많으면 水旺之節에 水氣를 더욱 생조하니
  고빈(孤貧)하며 만사불성한다.
◉ 水가 旺한데 극제됨이 없으면 빈곤하거나 요절(夭折)한다.

十月(亥月) 戊土

◉ 亥月은 소양(小陽)을 만나니 양기(陽氣)가 약간 오른다. 먼저 甲木을 취하고 다
  음에 丙火를 取한다.
◉ 甲木이 長生을 얻고, 지장간의 水를 얻으며, 一位의 丙火가 고투(高透)하면 역
  시 貴하게 되고, 地支에 庚金을 보면 관직에 발탁된다.
◉ 庚金이 없고, 甲木이 암장되고, 丙火가 투출하면 국가고시에 합격한다.
◉ 庚金, 丙火가 투출하지 못하고 甲木, 丙火가 지장간(支藏干)에 있어도 역시 부
  귀하다.
◉ 壬水가 투출되고 戊土를 얻어 丙火를 구(救)하면 부중귀(富中貴)하고, 丙火와
  甲木이 없으면 승도(僧道)이다.

用神 : 甲 丙

戊	戊	癸	癸
比肩		正財	正財
午	辰	亥	卯
正印	比肩	偏財	正官

丙	丁	戊	己	庚	辛	壬
辰	巳	午	未	申	酉	戌

時支 午火는 印星이며 양인살(羊刃殺)에 해당하고 比肩이 중중하니 戊土 日干이 약하지 않다. 月干 癸水는 坐下에 亥水가 있으니 약변강이 되어 大海水로 바뀐다. 財星이 왕한 것이다. 따라서 比劫을 용하여 재물을 골고루 분배하여 줌이 필요하다. 용신은 時干 戊土다.

亥月은 소양(小陽)이 뜨고, 時支 午火에 양인살(羊刃殺)이 있으니 火氣가 아주 쇠약한 것은 아니다. 亥中 甲木 칠살이 午火 羊刃을 生하니 양인가살(羊刃駕殺)이 되고, 또한 戊癸가 化合하여 午火에 힘을 실어주고, 다시 용신 戊土를 生하니 귀격이 되었다. 현재의 지방장관 벼슬을 했다.

	庚	戊	辛	壬
	食神		傷官	偏財
	申	寅	亥	申
	食神	偏官	偏財	食神

戊	丁	丙	乙	甲	癸	壬
午	巳	辰	卯	寅	丑	子

戊土 日干이 사주에 食傷이 중중하여 설기가 심하고, 財星이 있어 戊土 日干을 무력화 시키니, 왕한 食傷의 기운을 극제하고 財星을 순화(馴化)시키기 위해서는 印星이 필요하다. 따라서 日支 寅 中의 丙火를 용신으로 잡는다. 대운이 寅卯辰巳午 희신과 용신운으로 흐르니 貴한 사주가 되었다.

戊日 庚申時生은 합록격(合祿格)에도 해당된다. 申金이 巳火를 암합하여 오고 巳火는 日干 戊土의 建祿地이기 때문이다.

辛	戊	己	辛
傷官		劫財	傷官
酉	午	亥	酉
傷官	正印	偏財	傷官

辛	壬	癸	甲	乙	丙	丁	戊
卯	辰	巳	午	未	申	酉	戌

戊土 日干이 亥月 절지(絕地)에 해당하니 실기하였다. 또한 傷官이 많으니 日主의 설기가 태왕하다. 日支 午火가 日干 戊土를 생조하나 역부족이다. 용신은 日干을 生하는 印星으로 잡는다. 상관생재하여 富는 있었으나 亥月의 丙火 용신이 약하고, 亥中 甲木 官星이 습목(濕木)이라 투출된 丙火가 없어 습목을 건조시키지 못하니 官星이 무력하여 貴가 적었다.

"식상용인격(食傷用印格)"이다. 日支 午中의 丙火가 용신이다. 한의사의 명조이다.

辛	戊	丁	庚
傷官		正印	食神
酉	申	亥	子
傷官	食神	偏財	正財

乙	甲	癸	壬	辛	庚	己	戊
未	午	巳	辰	卯	寅	丑	子

戊土 日干이 亥月에 절지(絕地)이니 실기하였다. 사주에 庚辛金의 食傷이 왕하니 설기가 태다하여 신약사주이다. 日干을 생조하는 印星으로 용신을 잡는다. 丙火가 없으니 月干 丁火로 용신을 잡는다. 丁火는 지지에 통근하지 못하니 旺하지 못하다. 식신생재(食神生財)되어 본시 재물복은 많으나 日主가 無氣하고, 신약하니 財를 감당할 수가 없다.

대운의 흐름이 寅卯辰巳午未의 희신과 용신운이나, 대운의 干支가 사주원국과 형충됨이 많아 용신과 희신이 손상되니 운의 흐름이 불길해져서 재물복이 적은 것이다.

壬	戊	辛	丁
偏財		傷官	正印
戌	午	亥	亥
比肩	正印	偏財	偏財

甲	乙	丙	丁	戊	己	庚
辰	巳	午	未	申	酉	戌

亥月은 동절이나 小陽에 해당하니 약간의 陽氣가 태동하여 戊土 日干이 힘을 얻으니 甲木이 있어야 하고, 丙火의 따뜻함이 있어야 만물이 소생할 수 있다. 상기는 水氣가 왕하다. 亥中의 甲木은 습목이라 丙火가 적을 수 없는데, 丁火가 출간하여 지지 午戌 반합화국의 부조를 받으니 火氣가 태약하지 않다. 용신은 年干 丁火다. 운로가 丁未, 丙午의 용신운이니 재물을 모았고, 지방 도의원에 당선됐다. 乙巳대운은 乙辛 沖으로 乙木 희신이 손상되고, 巳亥 상충으로 巳火 용신이 손상되니, 관재구설(官災口舌)이 따랐고 여난(女難)이 있었다. 이것은 水氣인 財星이 기신이기 때문이다.

辛	戊	辛	壬
傷官		傷官	偏財
酉	寅	亥	寅
傷官	偏官	偏財	偏官

戊	丁	丙	乙	甲	癸	壬
午	巳	辰	卯	寅	丑	子

亥月은 동절이나 小陽에 해당하니 약간의 陽氣가 뜨고, 지장간에 戊土가 있으니 日主가 태약한 것은 아니다. 월령 亥水는 傷官의 생조를 받고 壬水의 출간이 있으니 水氣가 왕하나, 지지 寅亥의 지장간에 戊土가 암장되었으니 水氣의 난동을 막을 수 있다. 따라서 丙火를 용하여 습목(濕木)을 건조하고 한토(寒土)인 戊土에 火氣를 더해주면 사주가 중화를 이룰 수 있다. 용신은 寅中의 丙火이다. 甲寅, 乙卯대운 희신운에 직장에서 직책이 높았다. 丙火대운에 창업에 대한 운세를 간명한 것인데,

丙壬 沖으로 용신이 손상되고, 丙辛합수의 기신운이니 심사숙고하라 조언했지만, 동업자의 말만 듣고 강행하다 낭패를 보았다. 간명에서 동업관계는 比劫과 月柱의 길흉으로 판단하는데, 比劫인 戊己土가 한신이니 썩 길하지 못한 것이다.

(女命)			
丁	戊	丁	乙
正印		正印	正官
丑	戌	亥	未
劫財	比肩	偏財	劫財
甲 癸	壬 辛	庚 己	戊
午 巳	辰 卯	寅 丑	子

戊土가 亥月에 절지(絕地)이나 印星이 出干하고 지지에 比劫이 중중하니 신강사주이다. 甲木으로 왕한 戊土를 극제하고 丙火로 火氣를 더하면 자연 사주가 중화를 이룰 수 있다. 甲木이 불투(不透)하니 年干 乙木으로 용신을 잡는다. 乙木은 소토(疏土)함이 부족하니 사주가 길하지 못하다. 상기는 官印이 투출하고 상생하며, 正官보다 正印이 왕하니 교육직 공무원이다. 巳火대운에 명퇴하고 창업에 대해 간명한 것인데, 巳火는 한신이나 巳亥 상충되어 亥水 희신과 같이 손상되고, 巳戌은 원진(怨嗔)되고, 巳丑 반합금국의 기신운이니 재고함이 좋을 것이다. 時支 丑土는 자식 궁이다. 丑土의 태백살(太白殺)이 月殺을 대동하여 구신이라 자식과의 연이 적은데, 더군다나 丑戌未 三刑하여 丑戌中의 辛金 傷官이 손상된다. 여명에서 食傷은 자식인데 손상되니, 태백살로 인한 2번의 대수술 이후 자식이 없는 명조이다. 여명에서는 희신을 또한 자식으로 논한다. 月令 亥中의 壬水가 희신인데, 旺土의 극제가 있고, 印星인 丁火와 상하 상쟁하고, 乙木에 설기당하니 희신 또한 무력하니 자식과의 연이 적은 것이다. 기신인 金은 질병에서 폐장(肺臟)과 대장(大腸)에 해당한다. 대장 수술을 한 것이고, 그 시기는 기신운이 도래할 때니 辛金대운인 것이다.

十一月(子月) 戊土

◉ 엄동절(嚴冬節)이므로 丙火가 귀중(貴重)하게 되고 甲木으로 돕는다.

◉ 丙火 두 개와 甲木이 투출하면 국가고시에 합격한다.

◉ 丙火가 투출하고 甲木이 암장(暗藏)되면 의록(衣祿)이 있고,

丙火가 암장(暗藏)되고 甲木이 투출하면 미관말직이다.

丙火가 있고 甲木이 없으면 富는 있으나 貴는 없고,

甲木이 있고 丙火가 없으면 청빈(淸貧)하고,

丙火와 甲木이 없으면 하천(下賤)이다.

◉ 丙火가 많은데 壬水가 투출하면 청귀(淸貴)하고 영화(榮華)가 있다.

壬水가 핍절(乏絶)되면 승도(僧道)나 고빈(孤貧)한 사람이다.

◉ 壬水가 많은데 比劫이 없으면 종재격(從財格)이라 본다. 사람으로 인하여 명리 (名利)를 얻는다.

◉ 月과 時에 癸水가 투출하면 이는 쟁합(爭合)이니 곤고(困苦)를 면치 못한다. 만 약 己土의 出干으로 癸水를 제극하면 충의지사(忠義志士)가 된다.

◉ 比劫이 중중한데 甲木이 있으면 大富格을 이루나 반드시 丙丁火의 조후가 있 어야 한다.

> 用神 : 丙 甲

壬	戊	壬	壬
偏財		偏財	偏財
子	子	子	子
正財	正財	正財	正財

己	戊	丁	丙	乙	甲	癸
未	午	巳	辰	卯	寅	丑

戊土 日干이 子月에 生하여 실기하였고, 사주의 대부분이 財星으로 구성되었으 니 戊土 日干이 뿌리를 박지 못하고 고립무원이라 財를 좇을 수밖에 없다. 따라서 종재격(從財格)이다. 용신은 月干 壬水이다. 金水대운에 크게 발복됐고, 木運도 길

하다. 태사(太師)벼슬을 했다.

戊	戊	甲	戊
比肩		偏官	比肩
午	辰	子	寅
正印	比肩	正財	偏官

辛	庚	己	戊	丁	丙	乙
未	午	巳	辰	卯	寅	丑

　戊土가 비록 子月에 生하여 실기했지만, 時支 午火에 양인살(羊刃殺)을 깔고 比肩이 중중하니 신강사주이다. 月干 甲木을 용신으로 잡아 旺土의 기운을 극제하여 중화를 이루도록 한다.

　子月에 比劫이 적으면 火氣가 필요하겠지만, 상기사주는 土가 지나치게 旺한고로 극제하는 木이 먼저 필요하다. 또한 火氣는 子에 一陽이 뜨고, 時支 午火가 있으니 火氣가 아주 태약한 것은 아니다. 용신은 月干 甲木이다.

　월령 子水는 사령(司令)하였지만 주변의 偏官과 比肩에 설기와 극제를 당하니 왕하지 못하다. 食傷의 부조가 일점 없으니 財星이 무력한 것이다. 또한 比肩이 중중하니 여러 형제가 약간의 재물을 놓고 서로 다투는 형국(群比劫爭財)이라, 비록 인품은 훌륭했지만 평생 고빈(孤貧)함을 면치 못했다. 궁통보감에 거론된 명조이다. 子月의 용신 甲木은 水氣를 담뿍 머금은 한목(寒木)이라, 天干에 丙丁火의 투출이 없으니 무용지물이 된 까닭이다.

癸	戊	戊	乙
正財		比肩	正官
丑	戌	子	亥
劫財	比肩	正財	偏財

辛	壬	癸	甲	乙	丙	丁
巳	午	未	申	酉	戌	亥

지지에 亥子丑 방합수국을 형성하니 水氣가 태왕하나, 戊土가 출간하고 지지 亥戌丑에 뿌리를 박고 있으니 태왕한 水氣의 난동을 막을 수 있다. 子月은 엄동절이니 조후도 급하나, 방합수국으로 財星이 태왕하니 戊土 比肩으로 제방을 쌓음이 먼저 필요하다. 축구선수로서 발전여부를 간명한 것인데, 운로가 戌酉申의 한신운이니 진로를 잘 선택해야 할 것이라 조언했다. 간명상 운동선수의 사주는 대체로 比劫이 중첩되거나, 官殺이 많은데 극제됨이 부족하거나, 食傷이 중중한데 日主가 약한 경우, 木氣가 중중 한 경우, 火金이 왕한 경우, 財星이 중중한데 잘 억제되지 못한 경우 등이다. 운동선수로서의 활동기간은 대체로 짧다. 따라서 발전 여부는 20세 전후의 운로가 역시 길신인가 흉신인가를 논해야 하는 것이다. 古書에 명호불여운호(命乎不如運乎=사주 좋은 것이 운의 좋음만 못하다)라 했으니 이는 千古의 명언인 것이다. 상기는 부모의 욕심으로 축구선수의 길을 강행했으나, 비록 재능과 소질은 있으나 운로에서 부조하지 못하니 다른 진로를 모색해야 했던 명조이다.

丙	戊	壬	壬
偏印		偏財	偏財
辰	戌	子	子
比肩	比肩	正財	正財
飛符	寡宿		

己	戊	丁	丙	乙	甲	癸
未	午	巳	辰	卯	寅	丑

戊土가 子月 엄동절에 생하여 水氣가 중중하니 재다신약이고 아울러 조후가 급하다. 子月엔 대지와 강호가 얼어붙었으니, 丙火가 없으면 소생하지 못하고, 甲木이 없으면 水氣를 설기시키지 못한다. 子月은 壬子水가 많아도 戊土를 용신으로 잡는 경우가 적다. 이는 얼어붙은 강호에 흙을 껴 얹은들 일시적인 방편에 불과하기 때문이다. 상기는 辰戌의 比肩이 있어 日主가 의지할 곳이 있으니 水氣가 왕해도 從하지 않는다. 따라서 財가 중중하고 旺해도 日主가 태약하지 않으니 재물복이 있다고 판단한다.

時柱에 偏印과 比肩이 동주하니 두 어머니 문제가 나오는데, 時柱는 유아기와 유년기간을 논하므로 태어나자마자 남의 집 양자로 가게 된 명조이다. 丙火대운의 운세를 간명한 것인데, 쇠약한 丙火 용신이 丙壬 沖하여 旺水에 의해 손상되니 손재수가 생기거나, 여자문제로 인해 시비다툼이나 관재구설 건이 발생하는 것이다. 辰土대운은 子水와는 子辰 반합수국의 기신운이니 여난(女難)이 계속되며 재물의 손실이 발생할 것이고, 戌土와는 辰戌 沖하여 처궁을 손상시키고 자신의 자리에 변동이 오니, 丙火대운에 발생한 문제가 법정으로 이어져 지속되다 결국 이혼수가 생기는 것이다. 풍파가 안정되는 시점은 丁火대운에 들어서서, 丁壬합목의 희신운이니 만사가 정리될 것으로 판단한다. 지지 戌土 比肩은 처남으로도 논한다. 따라서 辰戌 沖의 문제는 처남들의 개입으로 인해 문제가 더욱 악화됐다. 財星이 혼잡되고 중중한데 극제하는 오행이 약하면 반드시 손재수(損財數)와 여난(女難)이 발생하는 것이다. 日支宮은 처궁으로 논하는데 과숙살(寡宿殺)을 대동하니 처와의 연이 적은 것이고, 時支 辰土는 비부살(飛符殺)을 대동하는데, 비부살은 관재구설을 동반하는 흉살이다. 대운에서 형충되거나 기신운이면 이런 일들이 태동하는 것이다.

十二月(丑月) 戊土

● 丑月의 戊土는 子月의 戊土와 같이 취급한다. 丑月은 二陽이 생하니 子月보다 陽氣가 昇하여 땅속에서 싹이 대지를 뚫고나올 준비를 하고 있다. 따라서 사주구성에 따라 丙甲을 참용한다.

用神 : 丙 甲

己	戊	丁	己
劫財		正印	劫財
未	子	丑	未
劫財	正財	劫財	劫財

庚	辛	壬	癸	甲	乙	丙
午	未	申	酉	戌	亥	子

戊土가 丑月에 생하고, 地支 子丑은 육합토국을 이루어 地支 전체가 土局을 이루며, 日干 戊土를 극하는 甲乙木이 없으니 일행득기격(一行得氣格) 중 "가색격(稼穡格)"이다. 종격에 준하여 간명(看命)하니 比劫運과 食傷運과 印星運은 길하고, 財星運과 官星運은 흉하다. 대운의 흐름이 戊酉申未午의 食傷運과 印星運이니 길해졌다. 丑月의 戊土는 천지가 차니 조후(調候)도 중요한데, 상기는 丁火가 出干했고, 地支 未土에 통근하고 있으니 약하지 않아 富格이 된 것이다.

戊土가 丑月에 생하여 천지가 차다. 食傷이 왕하여 설기가 심하며 신약하니, 丙火로 日干을 부조하고, 食傷의 기운을 극제하여야 중화를 이룬다. 時柱 甲寅木 偏官이 왕하니 무관직이고, 天干의 傷官이 偏官을 극하니 상관견관(傷官見官)되어 길한 중 흉함이 있다. 용신은 時支 寅中의 丙火이다. 地支에 寅巳申 삼형살(三刑殺)이 있으니 생살지권(生殺之權)이 있으나, 三刑하여 역시 지장간의 丙火 용신이 손상되니 大貴하지 못하고, 軍의 장군(將軍)이 되었으나 天命을 다하지 못했다.

丙申대운 중 丙寅歲運에 卒하였다 한다. 대운 丙火는 辛金과 간합수국의 기신운이고, 대운 申金은 寅木과 충살되고, 역시 세운은 丙辛 合水의 기신운과 寅申 충살로 대운과 세운이 모두 흉운이니 이때 卒한 것이다.

癸	戊	辛	丙
正財		傷官	偏印
丑	子	丑	子
劫財	正財	劫財	正財

戊	丁	丙	乙	甲	癸	壬
申	未	午	巳	辰	卯	寅

戊土가 丑月에 생하고 사주가 대다수 한습지기(寒濕之氣)로 이루어졌으니 난조지기(暖燥之氣)가 있어야 중화를 이룬다. 즉 조후(調候)가 급하니 年干 丙火가 용신이다. 丑月은 二陽이 뜨니 대지는 얼어붙었으나 땅속에서는 이미 火氣가 돌아 씨앗이 발아(發芽)할 준비가 된 것이다. 戊癸의 간합화국이 부조(扶助)하고, 대운이 乙巳, 丙午, 丁未의 용신운으로 흐르니 크게 발전하여 대귀격을 이루었다. 용신 丙火가 坐下에 子水가 있어 子中 壬水가 丙火의 광휘(光輝)를 발하게 하니 대귀하게 된 것이다. 사주원국에 官星이 없더라도 용신이 왕하고 길격이며, 운로에서 부조가 있으면 貴함을 얻는 것이다. 여타의 명조도 같은 이치이니 간명시 반드시 참작하여야 한다.

乙	戊	丁	己
正官		正印	劫財
卯	申	丑	亥
正官	食神	劫財	偏財

庚	辛	壬	癸	甲	乙	丙
午	未	申	酉	戌	亥	子

丑月은 비록 二陽이 뜨나 아직 天地가 해동(解凍)이 되지 않아 丙火가 귀중하다. 또한 己土가 당령(當令)하고 천간에 투출하여 왕하나, 時干 乙木이 소토(疏土)하여 견제하니 火氣를 用하면 중화를 이룰 수 있다. 丙火가 불투하니 月干 丁火를 용신으로 잡는다. 丁火용신은 甲木과 庚金이 불투(不透)하여 벽갑인정(劈甲引丁)하지 못하여 용신이 쇠약하니 길하지 못하다. 酉金대운에 프랜차이즈 창업을 간명한 것인

데, 酉金은 丑土와 반합금국의 구신운이니 실패할 것이 명약관화(明若觀火)하다. 일부 친구들의 도움도 받아 창업했으나 2년도 못되어 수억의 투자비용 전액을 다 날리고 말았다. 특히 동업관계의 길흉은 比劫을 위주로 논하는데, 길신에 해당되거나, 운로에서 용신운이면 길하나, 기신, 구신 및 한신에 해당하면 길하지 못할 것이라 판단하는 것이다.

6. 기토己土 일간日干

己土(三春)

⊙ 三春의 己土는 전원(田園)의 土라, 한기(寒氣)가 아직 남아 있으니 丙火로 조후(調候)하고, 癸水로 윤택하게 하고, 甲木으로 보조해야 한다.

⊙ 三春의 己土는 丙·癸·甲이 모두 투출하면 上格이다. 어느 하나라도 부족하면 吉命이 못된다. 己土는 陰土로 氣가 쇠절(衰絶)하기 때문이다. 대체로 陰日干은 억부용신 보다는 조후용신을 많이 활용한다.

一月(寅月) 己土

⊙ 전원(田園)에 아직 한기(寒氣)가 남아있고 얼음이 풀리지 않았다. 고로 丙火를 귀중(貴重)하게 여긴다. 壬水를 꺼리니 전원(田園)을 쓸어버리기 때문이다.

⊙ 甲木이 중중하고 庚金이 투출하고 癸水, 丙火가 있으면, 중화되므로 명리(名利)가 쌍전(雙全)하다.

⊙ 甲木이 중중하고 庚金이 없으면, 잔질(殘疾)이 많아 폐인(廢人)이 될 염려가 있으니 丁火로 설기(洩氣)함이 좋다.

⊙ 戊土가 중중한데 甲木이 제극하면 현달(顯達)하나, 乙木이 있으면 소토(疏土)의 역량이 부족되어 간사(奸邪)한 소인배이다.

⊙ 寅月의 己土는 丙丁火가 중중한데, 水가 전혀 없어도 문제가 되지 않는다. 이것은 寅月의 己土는 한습(寒濕)하니 火가 성(盛)하면 己土가 후덕(厚德)해지기

때문이다.

◉ 戊土가 투출하면 평범하다. 이는 甲木이 寅宮에 祿을 얻어 旺하며 戊土를 극하니 투출함이 쓸모없는 것이다. 또한 寅宮의 丙火와 戊土는 長生地이니 스스로 旺함이 있기 때문이다.

用神 : 丙 庚 甲

丁	己	庚	丙
偏印		傷官	正印
卯	未	寅	子
偏官	比肩	正官	偏財

丁	丙	乙	甲	癸	壬	辛
酉	申	未	午	巳	辰	卯

己土가 寅月에 生하여 印星과 比肩이 있어 왕한 것 같으나, 地支 卯未는 반합목국이 되고, 月令 寅木이 있고, 年支 子水의 생조를 받으니 木이 태왕하다. 따라서 己土 日干을 극제함이 심하여 신약사주가 되니, 年干의 丙火로 왕한 寅木의 기운을 설기시키며 약한 日主를 생조함이 필요하다.

용신은 丙火인데 壬辰대운에 壬水는 용신인 丙火를 극제하고, 辰土는 年支 子水와 반합수국으로 역시 용신인 丙火를 극제하니, 용신이 산산이 부서졌다. 따라서 이때 사주가 심히 불길해져 무단가출 및 정신질환을 앓았다.

사주에 고신살(孤神殺), 상문살(喪門殺), 환신살(幻神殺)이 있으니, 정신질환의 징조는 조상으로 부터 이미 물려받고 태어난 것이다.

甲	己	丙	甲
正官		正印	正官
子	丑	寅	子
偏財	比肩	正官	偏財

己土는 전답(田畓)의 土요, 정원(庭園)의 土요, 담장의 土니 寅月에 아직 한기(寒氣)
가 있다. 丙火의 따뜻함이 없으면 만물을 소생시킬 수 없다. 또한 官星이 왕하여
日主를 극제함이 심하니 印星으로 신약한 日主를 생조하여야 중화를 이룰 수 있다.
용신은 月干 丙火이다.

天干에 甲丙의 官과 印이 투출하였고, 月令인 寅木에 통근하니 官과 印이 왕강
하다. 日干 己土는 寅中에 여기(餘氣)애 통근하고, 日支 丑土에 통근하고, 月干 丙火
의 생조가 있으니 日干 역시 유력한 것이다. 干支가 상생되고, 관인상생(官印相生)하
고, 정신기(精神氣)가 모두 왕하니 귀격사주이다.

대운의 흐름도 卯辰巳午未의 희신과 용신운이니 大發한 것이다. 과거에 급제하
여 名臣으로 태평시대의 재상(宰相)을 지낸 명조이다.

戊	己	戊	庚
劫財		劫財	傷官
辰	丑	寅	子
劫財	比肩	正官	偏財

乙	甲	癸	壬	辛	庚	己
酉	申	未	午	巳	辰	卯

己土가 寅月에 생하여 실기했지만 土氣가 중중하니 신왕사주이다. 후토(厚土)라
庚金의 설기로는 부족하고, 甲乙木이 대지를 뚫고 나오기 힘드니, 月支 寅中의 甲
木를 용하여 소토(疏土)시키면 중화를 이룰 수 있다. 용신이 甲木이고 土가 중중하
니 토목건축업자의 명조인데, 甲申대운의 운세를 간명한 것이다. 癸未대운은 戊癸
합화의 한신운, 未土의 구신운이라 발복이 적었고, 甲申대운은 甲木이 본시 용신이
나 甲庚 沖하여 손상되니 노력은 많으나 성과가 적다. 운로에서 용신운으로 들어오
나 사주원국과 沖이 될 경우는, 문서관계나 계약관계가 잘 진행되다 결정적인 시점
에서 번복되고 깨지는 경우가 많다.

二月(卯月) 己土

◉ 양기(陽氣)가 오르나 씨앗이 아직 성숙치 않았고, 땅을 뚫지 못했으므로 甲木의 소토(疏土)가 필요하고, 甲己와의 합을 꺼린다. 간격(間隔)되어 있어야 한다. 다음은 癸水로 자양(滋養)한다.

◉ 甲木과 癸水가 투출하면 국가고시에 급제한다. 이에 一位의 丙火가 있으면 권세가 百官을 누른다. 그러나 壬水를 보면 미관말직(微官末職)이다.

◉ 二月은 木이 왕하고 겸령(兼令)하니 地支에 木局을 이루고 比劫, 印星이 없으면 종살격(從殺格)이다.

◉ 지지 木局이고 庚金이 出干하면 부귀한다. 만일 乙木이 많으면 乙庚 合金으로 간사(奸詐)한 무리가 된다. 대운이 동남향이면 불측(不測)의 화(禍)가 오니 丁火로 인도해서 설기하고, 丙火가 있으면 소인배나 간악한 무리는 되지 아니한다.

> 用神 : 甲 癸 丙

己土 日干이 卯月에 生하여 乙木 편관(偏官 = 七殺)이 왕하니 病이 되었다. 따라서 時干 庚金으로 제살(制殺)하여 乙木이 日干을 극함을 억제하여야 사주가 길해진다. 辛亥, 庚戌, 己酉 대운에 용신운으로 흐르니 크게 발복되었다. 용신 庚金은 日干의 생조를 받고, 日支 巳中 庚金에 뿌리를 박고 있으니 용신이 왕하여 길한 것이다.

丑	巳	卯	卯
比肩	正印	偏官	偏官

丁	戊	己	庚	辛	壬	癸	甲
未	申	酉	戌	亥	子	丑	寅

　앞의 사주와는 時가 다르다. 月令 卯木은 年干 癸水의 생조를 받고 사주에 官殺이 중중하니 官殺이 태왕하다. 日干 己土를 극함이 심한 것이니 官殺을 억제하는 庚辛金 食傷이 용신이다. 지지에 印·比肩이 있으니 종살(從殺)할 수 없다. 부득이 日支 巳中의 庚金을 쓰는데 庚金은 지장간의 丙火의 제련을 받으니 무딘 金이다. 다행인 것은 時支 丑土와 반합금국을 형성하여 능히 乙卯木의 제살(制殺)을 감당할 수 있으니 길한 사주가 된 것이다. 그러나 반합금국이 형성됐다 하나, 중심되는 地支인 酉金이 없으니 대운에서 보조하는 金大運으로 흘러야 빛을 발할 수 있다. 과거에 급제하여 관직에 오른 명조이다.

庚	己	丁	己
傷官		偏印	比肩
午	酉	卯	亥
偏印	食神	偏官	正財

己	庚	辛	壬	癸	甲	乙	丙
未	申	酉	戌	亥	子	丑	寅

　己土 日干이 卯月에 生하여 실기하였고, 月令 卯木이 己土 日干을 극제함이 심하니, 食傷으로 제살함이 필요하다. 日干 己土는 印星과 比肩이 있으니 태약하지는 않으니 官殺을 감당할 만하다. 용신은 時干 庚金이다. 대운의 흐름이 戌酉申의 용신운이니 관직에 올랐고 사주가 길해진 것이다. 그러나 卯酉 충하여 酉金이 손상되니, 용신인 天干의 庚金 역시 손상되어 大貴하지 못한 것이다.

己土는 전답의 土요 정원과 담장의 土다. 卯月에 싹이 대지를 뚫지 않았고, 화가(禾稼)를 배양할 준비를 하기 위해 흙을 갈아엎어야 하니 甲木이 귀중하고, 다음에 癸水로 토양을 기름지게 하고, 다음으로 丙火의 따듯함이 필요하다. 천간의 甲己합토와 지지에 子丑합토가 있으니 土氣가 중후하다. 甲木을 용하여 소토(疏土)함이 우선 급하다, 용신은 年干의 甲木이다. 丁火가 午中에 통근하고 壬癸水가 子丑에 암장되어 己土를 윤택하게 하고, 용신 甲木은 월령에 통근하니 길격이다. 여명으로 부동산에 투자하여 子癸亥壬대운에 수십억의 재산을 모았다. 특히 亥壬대운은 亥卯 반합목국의 용신운, 丁壬합목의 용신운이니, 마침 전국을 휩쓸었던 부동산투기붐과 더불어 大發했던 것이다.

三月(辰月) 己土

● 三月의 己土는 화가(禾稼=벼이삭)를 배양하는 때니 먼저 丙火를 쓰고 나중에 癸水를 쓴다.

● 토난(土暖)하고 윤택(潤澤)하면 甲木의 소토(疏土)함이 필요하니, 丙,癸,甲 三者가 天干에 투출하면 고관대작이다. 三者 中 한 개만 튀어나와도 국가고시에 합격한다. 이런 경우는 득소(得所 = 長生·建祿·帝旺地)해야 하고, 형충이 없어야 한다. 庚金이 있으면 病이 된다.

● 乙木이 중중하고 庚金의 제복(制伏)이 없어 신약이면, 빈한(貧寒)하고 요사(夭死)하고, 신강이면 도적이나 폭력배의 우두머리다.

● 丙火가 있고 癸水가 없으면 富는 있으나 貴가 없고,
  癸水는 있는데 甲·丙이 없으면 평범하나 의록(衣祿)은 있고,

丙·癸는 있는데 甲木이 없으면 才士에 불과하고,

丙·癸가 모두 없으면 하천(下賤)이다.

用神 : 丙 癸 甲

丙	己	甲	壬
正印		正官	正財
寅	卯	辰	子
正官	偏官	劫財	偏財

辛	庚	己	戊	丁	丙	乙
亥	戌	酉	申	未	午	巳

地支 寅卯辰은 辰月이라 비록 때를 잃었지만 방합목국을 형성하니 日干 己土를 극제함이 극심하다. 사주에 官殺이 중중하나 日干 己土는 월령에 뿌리를 박고 있으니 태약하지 않다. 時干 丙火 印星을 용신으로 하여 日干 己土의 기운을 부조해줌이 필요하다.

巳午未 남방 火地에 발복(發福)됐고, 申酉戌 金대운도 왕한 木氣를 충극하니 흉하지 않다. 천간에 官印이 상생되고 왕하며, 月干 甲木이 月令 辰土에 뿌리박고 있고, 年柱의 壬子水의 부조를 받아 官星이 유력하니 一品벼슬을 했다. 용신 丙火가 地支 寅卯辰 동방 木氣의 생조를 받아 왕하니 귀격사주가 되었다. 신강살왕(身强殺旺)하고 왕한 官殺의 기운을 丙火로 살인상생(殺印相生)하니 대귀격이다. 甲丙이 투출하고 癸水가 암장되어 己土를 자양(滋養)하니 일점 흠잡을 수 없는 명조이다.

甲	己	壬	辛
正官		正財	食神
子	巳	辰	未
偏財	正印	劫財	比肩

乙	丙	丁	戊	己	庚	辛
酉	戌	亥	子	丑	寅	卯

己土 日干이 印星과 比劫이 있으니 사주가 신강하다. 己土는 논밭과 정원의 흙
이요 담장의 흙이니, 辰月에 丙火와 癸水가 필요한 바, 丙癸는 지지 巳辰에 암장되
었다. 甲己의 土局과 지지의 未辰土가 있어 土가 후덕(厚德)하니 癸水의 자양이 필
요하다. 月干 壬水가 투출했으니 부득이 壬水를 용신으로 쓰는데, 壬水 正財는 辛
金의 생을 받고, 좌하 辰土 水庫에 있으며, 子水에 통근되어 왕하다. 대운이 丑子亥
북방의 水대운으로 흐르니 거부(巨富)가 되었다. 식신생재되어 財가 왕하지만 日主
己土 역시 未辰土에 통근하니 왕하다. 身旺財旺하니 전형적인 富格의 사주이다.
辛金 食神이 甲木 正官을 극하니 貴는 없는 것이다. 만약 癸水가 투출되어 용신으
로 잡는다면, 癸水는 자연상태의 水라, 저절로 얻어지는 것이니 貴를 얻었을 것이
다. 그러나 상기는 壬水가 투출되었고, 壬水는 江河의 水라, 끌어서 사용함에 수고
로움이 따르니 노력하여 부자가 되었을 것이고, 甲木 正官이 干合되어 比劫으로
바뀌니 貴를 얻지 못한 것이다.

己土는 전답의 土요, 정원의 土요, 담장의 土라, 辰月에 火와 水가 부족할 수가
없다. 地支 辰酉는 반합금국으로 己土를 설기시키고, 天干의 甲乙木은 年·月支에
뿌리를 깊이 박고 있으니 旺하여 日干 己土를 극제함이 심하다. 따라서 신약사주이
다. 食傷의 기운을 극제하고 日主를 生해주는 丙丁火가 용신이다. 丙火의 투출함이
없으니 年支 未中의 丁火가 용신이다. 용신이 미약하니 귀격사주는 못된다. 대운
丁丙乙甲運에 약간의 발복이 있었다. 식신생재되니 약간의 富가 있는 것이고, 財生
官하니 약간의 명예를 얻을 수 있는 것이다.

```
(女命)
  己        己        丙        癸
 比肩                正印       偏財

  巳        亥        辰        卯
 正印       正財       劫財       偏官

 甲  癸  壬  辛  庚  己  戊  丁
 子  亥  戌  酉  申  未  午  巳
```

辰月의 己土 日干은 丙火와 癸水, 甲木을 떠나 용신을 잡기 힘들다. 상기는 比劫
과 印星이 旺하니 신강사주이다. 日干을 보조함이 태다한 것이다. 丙火와 癸水는
투출했고, 土氣가 중후(重厚)하니 甲木으로 소토(疎土)시킴이 우선 필요하다. 용신은
年支 卯中의 甲木이다.

午未申酉 대운은 한신과 기신운이니 길하지 못했다. 여명의 財星은 시댁식구들
이다. 日支 남편궁에 있으니 시댁식구들과의 갈등이 많으리라 판단한다. 연관하여
남편과의 연(緣)도 적다고 판단하는 것이다. 작은 가게를 운영했으나 대운의 흐름이
申酉戌의 기신운이니 길하지 못하여 재물을 모으기 힘들 것이라 판단한다.

己土(三夏)

四·五·六月(巳·午·未月) 己土

◉ 잡기재관격(雜氣財官格)으로 화가(禾稼)가 아직 밭에 있는 셈이니 조후(調候)가
급하여 단비를 기뻐하므로, 癸水를 取함이 중요하고 다음으로 丙火를 쓴다.

◉ 丙火, 癸水가 투출하고 또 辛金을 더하여 癸水를 생하면 이는 극귀(極貴)할 格
이다. 丙火가 왕한데 癸水가 암장되고 辛金이 투출하면 이를 수화기제(水火旣
濟)라 하여 국가고시에 합격한다. 다만 戊癸의 合은 大忌한다.
癸水는 있고 丙火가 없으면 재능과 의록(衣祿)은 있고, 丙火가 있고 癸水가 없
으면 壬水라도 있으면 좋으나 大發은 못한다.

◉ 丙火가 중중한데 癸水와 辛金이 있어도 丁火가 辛金을 극제하면 癸水의 뿌리
가 없으니, 가뭄에 싹이 마르는 것과 같아 홀아비 팔자이고, 다소의 衣祿이

있더라도 길지 못하니 빈천(貧賤)을 면하지 못한다.

◉ 壬水가 있고 庚辛金을 보면 곤고(困苦)하지 않다. 다만 목질(目疾)과 심신간담증(心腎肝膽症)이 염려된다. 그러나 壬水가 뿌리가 있고 辛金이 득지(得地)하면 그렇지 않다.

用神 : 癸 丙

戊	己	己	己
劫財		比肩	比肩
辰	巳	巳	巳
劫財	正印	正印	正印

壬	癸	甲	乙	丙	丁	戊
戌	亥	子	丑	寅	卯	辰

己土 日干이 사주에 印星이 왕하니 종격으로 논할 수 없고 억부법을 적용한다. 또한 地支에 巳火 印星이 왕하여 조열(燥熱)하므로, 時支 辰中의 癸水로 조열한 己土 日干을 자윤(滋潤)하여 줌이 필요하다.

용신 癸水는 地支 巳中의 庚金의 생조를 받고, 태원(胎元)이 庚申이라 수원(水源)을 발하니, 용신이 왕강해져서 사주가 길해졌다. 丑子亥 북방 수대운에 거부(巨富)가 되었다.

庚	己	辛	乙
傷官		食神	偏官
午	巳	巳	丑
偏印	正印	正印	比肩

甲	乙	丙	丁	戊	己	庚
戌	亥	子	丑	寅	卯	辰

己土가 巳月에 生하고 지지에 火氣가 왕하여 전답이 메말랐으니 水氣가 필요하

다. 조후가 급하니 壬癸水가 용신이다. 年支 丑中의 癸水가 용신이다. 사화절에 癸水로는 역부족이나, 庚辛金이 생조하고, 지지 巳丑 반합금국이 있고, 태원(胎元)에서 부조해주니 사주가 길해졌다. 태원을 찾는 법은 月支 巳에서 前 四辰하면 巳, 午, 未 申하여 申月이다. 태원의 天干은 申에서 一位를 후퇴하면 未인데, 生月의 天干을 부법(附法)하면 辛未月이다. 따라서 다음은 壬申月이 되는 것이다. 태원이 壬申이니 癸水 용신을 부조하여 귀격사주가 된 것이다.

　地支 巳丑은 天干의 庚辛金을 끌어와 巳酉丑 삼합금국이 되니 희신이 왕강해져 귀격사주이다. 대운의 흐름이 丑子亥로 용신운이니 현재의 도지사(道知事)의 관직에 오른 명조이다.

辛	己	辛	乙
食神		食神	偏官
未	巳	巳	巳
比肩	正印	正印	正印

甲	乙	丙	丁	戊	己	庚
戌	亥	子	丑	寅	卯	辰

　앞서의 사주와 같이 조후(調候)가 급하다. 사주원국에 壬癸水가 없으니 태원(胎元)을 적용한다. 태원이 壬申이니 壬水를 끌어와 용신으로 잡는다.

　앞서의 乙丑生은 삼합금국되어 희신이 왕해지나, 상기 乙巳生은 그러하지 못하니 용신이 왕강하지 못한 것이다. 그만큼 格이 떨어지는 것이다.

丁	己	戊	癸
偏印		劫財	偏財
卯	巳	午	丑
偏官	正印	偏印	比肩

辛	壬	癸	甲	乙	丙	丁
亥	子	丑	寅	卯	辰	巳

天干의 戊癸는 간합화국의 印星으로 바뀌니 사주가 印星이 태다하다. 따라서 旺한 세력을 좇아갈 수밖에 없으니, 상기사주는 종격(從格) 中 日主를 극하는 卯木 偏官이 있으니 가종격(假從格)에 속한다. 그러므로 比劫運과 印星運은 길하고 財星運과 官星運은 흉하다. 食傷運은 상기처럼 印星이 왕하여 從格이 된 경우에는 상호 상극되니 썩 길하지 못하다. 丙丁火가 용신인데 丁火가 투출했으니 이를 용신으로 잡는다. 丁巳, 丙辰, 乙卯, 甲寅 대운은 吉하였고 癸丑 이후는 북방 水運으로 기신운이니 凶해졌다.

(女命)			
己	己	庚	甲
比肩		傷官	正官
巳	丑	午	辰
正印	比肩	偏印	劫財

壬	癸	甲	乙	丙	丁	戊	己
戌	亥	子	丑	寅	卯	辰	巳

己土 日干이 오화절에 건록(建祿)이니 득기하였다. 또한 比肩과 印星이 있으니 신강하다. 전답(田畓)의 土가 오화절에 火氣가 왕하여 쩍쩍 갈라질 지경이니 조후가 급하여 단비가 필요하다. 日支 丑中의 癸水가 용신이다. 오화절의 庚金은 무딘금이니 癸水를 生함이 부족하고, 火氣를 생하는 年干 甲木을 제어하지 못하니 사주가 파격(破格)이 되었다.

여명에 印星이 왕하면 잔질(殘疾)이 많다. 또한 사주에 탕화살(湯火殺), 재살(災殺), 상문살(喪門殺), 유하살(流霞殺), 교신살(絞神殺), 과숙살(寡宿殺), 고신살(孤神殺), 낙정관살(落井關殺) 등의 神氣와 연관된 殺이 많다. 조상과 연관된 흉살이다. 기도(祈禱)와 선덕(善德)으로 제살(制殺)하지 못하면 신기(神氣)로 인해 유발되는 많은 흉액이 예고된다. 다행인 것은 중년 이후 丑子亥의 용신운이니 다소 나아질 것이라 판단된다.

乙	己	丁	壬
偏官		偏印	正財
亥	卯	未	寅
正財	偏官	比肩	正官

甲	癸	壬	辛	庚	己	戊
寅	丑	子	亥	戌	酉	申

地支 亥卯未는 삼합목국을 이루나 未土月이라 실기하였고, 天干의 丁壬은 간합
목국을 이루니 사주전체가 官殺로 이루어졌다. 부득이 旺한 쪽으로 從할 수밖에
없으니 "종관살격(從官殺格)"이다. 官殺運과 財星運은 길하고 食傷運과 印星運은 凶
하다. 申酉戌 金대운은 金氣로 관살운과 역행하니 곤고(困苦)를 면치 못했다가, 壬
子, 癸丑, 甲寅 대운 이후 大發하여 외교관으로 크게 활약했다. 지지 三合木局이
月令이 未土로 실기했는데, 그렇지 않고 成格이 되었으면 좀 더 貴가 높았을 것이다.

己	己	辛	甲
比肩		食神	正官
巳	酉	未	戌
正印	食神	比肩	劫財

戊	丁	丙	乙	甲	癸	壬
寅	丑	子	亥	戌	酉	申

己土가 未月에 生하여 火氣가 퇴기하는 계절이나 土氣는 건조(乾燥)한 것이다.
따라서 壬癸水가 없이는 己土 日干이 만물을 성장시킬 수 없다.

사주원국에 水氣가 없으니 태원(胎元)을 적용한다. 태원이 壬戌이니 壬水를 끌어
와 용신으로 잡는다. 地支 巳酉가 반합금국의 희신으로 용신을 生해주니 길해져
富格이 되었다. 또한 용신이 壬水 財星으로 金局의 수원(水源)이 있으니 일로 富를
향해서 전진하고, 甲木 正官은 未土月에 실기했으며, 사주에 일점 水氣가 없어 무
력하니 貴를 얻지 못한 것이다.

아울러 용신 壬水가 사주원국에 없어 태원에서 멀리 끌어와 써야하니 용신이 약

해지고, 巳火 印星이 반합금국의 食傷으로 바뀌니 관인상생하지 못하여 貴를 얻기 힘든 것이다. 대운의 흐름이 金水로 희신과 용신운이니 富格을 이룬 것이다.

```
(女命)
己        己        己        癸
比肩               比肩      偏財

巳        亥        未        巳
正印      正財      比肩      正印
─────────────────────────────────
丙   乙   甲   癸   壬   辛   庚
寅   丑   子   亥   戌   酉   申
```

己土가 未土月에 生하여 火氣가 퇴기했다고 하나, 巳·午절을 지나오며 아직 火기운이 남아있으니 화염토조(火炎土燥)하다. 조후(調候)가 급하다. 年干 癸水가 용신이다. 癸水는 日支 亥水에 통근하고 있으니 약하지 않고, 대운의 흐름이 申酉戌亥子丑의 희신과 용신운이니 운로(運路)가 길하다.

여명의 용신은 남편으로 논하는데, 용신 癸水가 약하지 않고 운로(運路)에서 용신을 부조하니 남편이 관직에 올랐고, 乙丑대운 中 丑土대운 기신운에 용신을 극하니 사망하였다.

己土(三秋)

● 丙火와 癸水가 중용된다.
● 三秋의 己土는 만물이 수확되고 감추어지는 때이니, 외허(外虛)하고 내실(內實)하고 한기(寒氣)가 점점 더해진다. 그러므로 丙火로 따뜻하게 하고 癸水로 자윤(滋潤)한다. 또 癸水가 능히 金氣를 설기하며, 丙火가 능히 金을 제극하여 土의 정신(精神)을 돕는다. 그러면 추생(秋生)된 사물이라도 무성(茂盛)하게 될 것이니 먼저는 丙火를 쓰고 뒤에는 癸水를 쓴다.
● 三秋의 己土는 三夏의 戊土와 동일하게 판단한다.
● 丙火와 癸水가 투출하면 국가고시에 합격한다.

癸水가 없고 두 개의 丙火가 투출하면 문관외의 길로 출세한다. 곧 무관직, 기술직, 문필가 등이다.

◉ 地支에 金局이고 癸水가 투출하여 뿌리가 있으면 大富貴한다.

◉ 癸水가 중중하고 比劫이 없으면 종재격이니 역시 富貴한다.

◉ 己土가 중중하면 甲木이 필요하니 甲木이 투출하면 역시 富貴한다.

◉ 庚辛金이 중중하면 丙火를 쓰나 오히려 丁火의 도움이 더 필요하다. 丙火가 감추어지면 富貴가 대단하다.

七月(申月) 己土

◉ 丙火, 癸水를 쓴다. 丙火로 온난(溫暖)하게 하고 癸水로 자윤(滋潤)한다.

◉ 七月에는 庚金이 사령(司令)하며 토금상관격이다. 천지가 寒하고, 설기(洩氣)가 심하니 丙火로 부조하고 癸水로 金氣를 洩하면 자연 중화를 이룬다.

◉ 申月의 己土는 申宮에 庚金, 壬水가 建祿과 長生되니 丙火가 매우 중요하다. 癸水가 투출하면 上格이고, 壬水가 투출하면 衣祿이 있고, 水火 중 어느 하나라도 없으면 발복이 어렵다.

> 用神 : 丙 癸

甲	己	庚	戊
正官		傷官	劫財
子	丑	申	寅
偏財	比肩	傷官	正官

丁	丙	乙	甲	癸	壬	辛
卯	寅	丑	子	亥	戌	酉

토금상관격이다. 己土 日干은 庚申月에 生하여 실기하였고 비록 사주에 比劫이 있다하나, 官星 역시 있어 己土를 극하니 신약사주이다. 따라서 용신은 寅中의 丙火로 잡아 旺한 金의 기운을 억제하고, 日主를 생조하여 전체적인 중화를 이룸이

필요하다. 辛酉, 壬戌 大運에 곤고(困苦)를 면치 못하다가, 癸亥, 甲子 대운에 정계(政界)에 이름을 떨쳤다. 癸水는 戊癸 합화의 용신으로 化하고, 亥水는 寅亥 合木의 희신으로 化하기 때문이다.

癸	己	甲	庚
偏財		正官	傷官
酉	丑	申	申
食神	比肩	傷官	傷官

壬	辛	庚	己	戊	丁	丙	乙
辰	卯	寅	丑	子	亥	戌	酉

토금상관격(土金傷官格)이다. 申月의 己土는 한토(寒土)이고 설기가 심하니, 印星인 丙丁火가 우선 필요하고 다음은 癸水이다. 사주에 일점 火氣가 없으니 부득이 旺한 金氣를 水氣로 설기시켜야 한다.

地支 金局을 이루었으나 己土 日干이 坐下에 뿌리를 깊이 박고 있어 태약한 것은 아니니 從할 이치가 없다. 食傷인 金氣가 왕하니 설기시키는 時干 癸水로 용신을 잡는다. 癸水는 年·月·日支에 통근하니 매우 왕하다. 용신이 왕하고 대운의 흐름이 酉戌亥子丑의 희신과 용신운이니 大富貴한 명조이다.

丙	己	壬	己
正印		正財	比肩
寅	丑	申	亥
正官	比肩	傷官	正財

甲	乙	丙	丁	戊	己	庚	辛
子	丑	寅	卯	辰	巳	午	未

토금상관격(土金傷官格)이다. 己土 日干이 申月에 실기하였다. 己土는 전답의 土요, 담장의 土니, 申月에 火氣가 물러나고 한기(寒氣)가 生하지만, 농작물이 아직

추수가 되지 못한 상태이니 水氣와 火氣가 부족할 수가 없다. 壬亥水 財星은 月令 申金의 생조를 받으니 水가 왕하다. 따라서 사주가 중화를 이루기 위해서는 火氣가 필요하다. 時干 丙火가 용신이다. 丙火는 坐下 寅木에 통근하고 있으니 약하지 않다.

대운의 흐름이 丁卯, 丙寅, 乙丑의 용신과 희신운이니 길하다. 공기업의 고위간부로 직장생활을 하고 있는 명조이다.

丁	己	甲	乙
偏印		正官	偏官
卯	巳	申	未
偏官	正印	傷官	比肩

丁	戊	己	庚	辛	壬	癸
丑	寅	卯	辰	巳	午	未

申月에 庚金이 사령하니 日干 己土의 설기가 심하여 신약사주이다. 申月은 한기가 왕해지는 계절이니 丙火로 日主를 생조하고, 癸水로 庚金의 기운을 설기하면 자연히 중화를 이룰 수 있다. 丙火가 투출하지 못하고 時干 丁火가 투출했으니 이를 용신으로 잡는다. 천간에 官印이 투출했으니 공직자의 명인데, 官殺이 혼잡되고 日支 巳火 正印이 巳申 刑合되어 印星이 손상된 것이 病이다. 未午巳 용신운은 관직이 순탄했고, 庚金대운은 乙庚 합금의 구신운과, 甲庚 沖하여 희신이 손상되니 흉운이다. 辰土대운은 申辰 반합수국의 기신운이니 한직(閑職)으로 밀려났다.

己卯대운의 승진운을 간명한 것이다. 己土運은 갑기합토의 한신운이라 길하지 못하다. 卯木運은 본시 희신인데 卯申 원진살이 되어 희신이 손상되고, 또한 月支 申金의 부모형제자매궁을 刑하니 이때 어머니가 사망했다. 卯木대운 庚寅세운에 寅木이 寅巳申 삼형살로 들어와 月支와 日支를 刑하니 처가 암으로 사망했고, 집안에 풍파가 다발했다. 男命에서 日支 妻宮에 印星이 있으면 대체로 고부간의 갈등이 심하다. 상기명은 財星인 壬癸水가 기신에 해당하니 妻와의 연이 돈독하지 못한 것이다.

八月(酉月) 己土

⦿ 丙火, 癸水를 쓴다. 辛金을 取하여 癸水의 도움을 얻는다.

⦿ 地支에 金局이 있고 丙丁火의 구출(救出)이 없으면 곤고하나, 丙火가 투출하고 丁火가 감추어져 있으면, 원신(元神)을 生하여 주니 이름을 천하에 날린다. 癸水가 투출하여 통근하면 식신생재격이 되어 大富格을 이룬다.

⦿ 甲木이 출간하고, 癸水가 없고, 金이 핍절(乏絶)되면, 적덕(積德)해야 국가고시에 합격한다.

> 用神 : 丙 癸

壬	己	癸	甲
正財		偏財	正官
申	未	酉	寅
傷官	比肩	食神	正官

庚	己	戊	丁	丙	乙	甲
辰	卯	寅	丑	子	亥	戌

己土 日干이 酉金月에 生하여 한기(寒氣)가 왕한데, 食傷 및 財官이 왕하여 신약 사주이다. 年支 寅中의 丙火를 용신으로 잡아 쇠약(衰弱)한 日主의 기운을 생조하고, 旺한 食傷의 기운을 억제하여 사주의 중화를 얻음이 필요하다. 寅卯辰 동방목운 희신운에 용신을 생하니, 軍의 제독(提督)이 되어 공명(功名)이 혁혁(赫赫)하였다. 年柱의 두 개의 正官은 偏官으로 논한다. 따라서 무관직인 것이다.

乙	己	乙	乙
偏官		偏官	偏官
丑	巳	酉	亥
比肩	正印	食神	正財

丁	戊	己	庚	辛	壬	癸	甲
丑	寅	卯	辰	巳	午	未	申

己土가 酉金月에 長生을 득하니 無氣한 것은 아니나, 地支 巳酉丑의 삼합금국 食傷이 되어 설기가 태왕하다. 신약하니 日干을 생조하는 印星으로 용신을 잡는다. 日支 巳中의 丙火로 용신을 잡는다. 天干의 官殺은 年支 亥水에 미근(微根)이 있을 뿐이니 왕하지 못하다. 地支 巳酉丑 삼합금국이 능히 官殺을 제어(制御)할 수 있으니 귀격사주이다. 대운의 흐름이 未午巳辰卯寅의 용신과 희신운이니 길한 사주가 된 것이다.

酉金月의 己土는 전답에 농작물이 아직 남아 있으니 丙火와 癸水를 떠나 용신을 생각할 수 없다. 地支에 金이 왕하니 日干 己土의 설기가 심하다. 丙火로 왕한 金氣를 억제하고 신약한 日主를 생조하여야 한다. 丙火가 투출되지 못했으니 時支 戊中의 丁火로 용신을 잡는다. 용신이 미약하다.

식신생재(食神生財)되어 재물복은 있으나, 日干 己土가 有氣하지 못하고 신약하니 財를 감당하기 힘들다. 상기와 같은 경우는 금전(金錢)의 入出은 많으나 돈을 모으기가 쉽지 않은 명조이다.

己巳대운 中 창업 건으로 방문한 명조인데, 己土는 甲己 合土의 기신운이고, 巳火는 巳酉 반합금국의 구신운이니 재고함이 좋겠다 하였으나, 고집대로 사업을 벌여 불황의 여파와 더불어 큰 낭패를 보았다.

九月(戌月) 己土

◉ 甲木, 丙火, 癸水를 쓴다. 九月은 戌土가 사령(司令)하니 甲木으로 소토(疏土)하고 다음으로 丙火, 癸水를 쓴다.

◉ 지지에 辰未戌丑의 사고(四庫)가 있어 土重하면 甲木의 소토(疏土)가 있어야 한다. 甲木이 투출하고, 干合이 없고, 癸水가 있으면 財官이 있는 것이니 귀격이다.

◉ 癸水가 사고(四庫 = 辰未戌丑)에 암장되고, 甲木이 있어 劫財인 戊土를 극하여 財星을 보호하면 富格이다.

◉ 甲癸가 출간했는데 庚金이 있어 甲木을 극하지 않으면 己土가 후덕해지니 국가고시에 합격한다.

◉ 甲木이 투출하여 甲己 合土되면 化土格인 바, 이때 火氣가 있으면 귀격이다.

◉ 지지 火局인데 水의 극제가 없으면 간사하고 흉악한 사람이다.

◉ 丙火가 出干하고, 癸水가 암장인데, 金의 生함이 있으면 선발되어 국가의 은덕이 있다. 아울러 壬水가 出干하여 癸水를 부조하면 무리의 우두머리가 되고 부귀격을 이룬다. 이러한 명조는 재략(才略)과 강개지심(慷慨之心)이 있어 난세(亂世)에는 초군(超群)의 책략가(策略家)이다.

◉ 지지 金局인데 丙丁火의 극제가 있으면 富貴하나, 丙丁火가 없으면 빈한(貧寒)하고 곤고(困苦)한 명이다.

用神 : 甲 丙 癸

壬	己	甲	己
正財		正官	比肩
申	丑	戌	巳
傷官	比肩	劫財	正印

丁	戊	己	庚	辛	壬	癸
卯	辰	巳	午	未	申	酉

天干의 甲木과 己土는 간합되어 土局으로 바뀌고, 사주에 比劫과 印星이 있어,

比劫의 기운이 太旺하므로 왕한 세력을 좇을 수밖에 없다. 상기사주는 종격 中 "종왕격(從旺格)"으로 논한다. 印星과 比劫運은 吉하고, 食傷運도 흉하지 않으나 官星과 財星運은 凶하다. 未午巳 남방 화대운에 크게 발복됐다. 軍人으로써 공명(功名)이 높았다.

己	己	甲	甲
比肩		正官	正官
巳	丑	戌	辰
正印	比肩	劫財	劫財

壬	辛	庚	己	戊	丁	丙	乙
午	巳	辰	卯	寅	丑	子	亥

己土 日干이 戌月에 生하여 天干에 甲己 간합토국이 있고, 사주에 土氣가 중중하며 印星이 있으니 신강사주이다. 따라서 억부법을 적용하여 年干 甲木을 용신으로 잡는다. 戌月의 甲木 용신은 旺·相·休·囚·死의 "死"에 해당하니 왕하지 못한 것이다. 天干의 두 개의 甲木 正官 中 하나가 간합되어 比劫으로 바뀌니 一位의 正官만 남게 되어 명예를 추구하는 지방의원을 지냈다. 사주에 財星이 없으니 복록이 길지 못한 것이다.

己土(三冬)

十·十一·十二月(亥·子·丑月) 己土

⊙ 丙火, 甲木, 癸水를 쓴다.

⊙ 三冬의 己土는 진흙이 얼어붙은 格이니, 丙火가 아니면 生氣를 띄지 못한다. 그러므로 丙火를 존귀(尊貴)하게 여기고 甲木을 참작한다.

⊙ 동절의 己土는 대체로 戊土와 癸水를 쓰지 아니하나, 오직 초동(初冬)에는 壬水가 왕하니 戊土를 취한다. 나머지는 모두 丙丁火를 쓴다. 그러나 丁火는 해동제한(解凍制寒)을 못하니 얼어붙은 土를 구제하지 못한다.

- 天干에 一位의 丙火가 있고, 지장간에 一位의 丙火가 암장되며, 甲木의 出干함이 있고, 壬水와 丙火의 상극이 없으면 국가고시에 합격한다.
- 癸水가 중중하고 印星과 比劫을 보지 아니하면 이는 종재격이니 도리어 부귀한다. 만일 比劫의 다툼이 있으면 군비겁쟁재(群比劫爭財)되니 평범한 命이고, 妻子가 집안의 대소사를 주관하게 된다.
- 戊己土가 중중하면 甲木을 취하여 제지(制止)해야 하니, 甲木이 투출한 者는 부귀한다.
- 庚辛金이 중중하면 丙火를 쓰는데, 丁火의 도움도 필요하다. 丙火가 암장되면 부귀가 기이(奇異)한 사람이다.
- 三冬의 庚辛金은 한금(寒金)이니 丙火의 따듯함이 있어야 유용하고, 丁火가 없으면 극제를 하지 못한다. 그러나 丙火가 없으면 단지 의록(衣祿)이 있을 뿐이고, 만약 丙火가 암장되면 小貴가 있다.

  즉, 秋冬의 己土가 사주에 庚辛金이 많으면 丙火 正印을 쓰니, 토금상관격(土金傷官格)이 패인(佩印)하면 극부극귀(極富極貴)할 사람이다. 상관패인(傷官佩印)이라 논한다.

┌─────────────────┐
│ 用神 : 丙 甲 癸 │
└─────────────────┘

상기사주는 己土 日干이 亥月에 生하여 사주에 財官이 왕하다. 또한 年支와 時支의 食神으로 인해 己土의 기운이 설기됨이 심하니 신약사주이다. 따라서 己土 日干을 생조하는 印星이 필요한데 사주에 일점 火氣가 없으니 사주가 심히 편고(偏枯)되었다. 대운이 비록 未午巳 남방화지로 흐르나 사주원국에 일점 火氣가 없어 불을 피우지 못하니 일생이 곤고(困苦)하였다. 상기명은 食神과 財星이 있어 財福이 있는 것 같으나, 日主를 생조하는 오행이 없어 고립무원이니 身弱하여 財를 감당하지 못하는 것이다.

己土 日干이 亥月에 生하여 실기하였다. 天干에 己土 比肩이 있으나, 단지 지장 간에 미근(微根)이 있을 뿐이니 日干이 旺하지 못한 것이다. 地支 亥卯 반합목국이 있어 日主를 극제하니 신약하다. 亥月의 己土 日干은 丙火, 甲木, 癸水를 떠나 용신을 잡기 어려우니 時支 巳中의 丙火로 용신을 잡아 왕한 木氣를 설기시키고, 신약한 日主 己土를 생조하여 중화를 이루어야 한다. 月支 亥水 正財는 亥卯 반합목국의 官星으로 바뀌니 財를 바탕으로 명예를 추구하는 명조이다. 지방자치단체의 시의원을 지냈다. 대운의 흐름이 午巳辰卯의 용신과 희신운이니 약간의 발복(發福)은 있었으나 용신이 미약하니 귀격사주는 못된다.

戊	己	甲	戊
劫財		正官	劫財
辰	巳	子	戌
劫財	正印	偏財	劫財

辛	庚	己	戊	丁	丙	乙
未	午	巳	辰	卯	寅	丑

己土 日干이 子月에 生하여 실기하였으나 사주에 戊土 劫財가 많으니 신왕사주

이다. 따라서 旺한 己土를 설기시키거나 극제하는 것을 용신으로 잡아야 하는데, 庚金은 子月에 한금(寒金)이니 무력하고, 月干의 甲木을 용신으로 잡아 왕한 土氣를 극제하고, 月令 子水의 水氣를 설기시켜야 한다. 그렇게 하여야 사주가 중화를 이룬다. 寅卯辰巳午未 동남 木火地에 발복(發福)됐다. 子水 偏財는 月令을 차지하고 있고, 용신이 왕하니 부격을 이루었다. 丙火가 투출되지 못하여 貴가 없는 것이다.

丁	己	戊	乙
偏印		劫財	偏官
卯	卯	子	卯
偏官	偏官	偏財	偏官

庚	辛	壬	癸	甲	乙	丙	丁
辰	巳	午	未	申	酉	戌	亥

子月의 己土는 한습토(寒濕土)다. 時干 丁火는 지지에 뿌리를 내리지 못하니 쇠약하다. 月干 戊土는 月支 지장간의 癸水인 자기 짝을 탐하여 合火하려 하고 있다. 火氣가 전혀 없는 것은 아니다. 그러나 偏印과 劫財가 있더라도, 乙卯木의 偏官이 태왕하니 극제하는 庚辛金 食傷이 있어야 하나, 일점 金氣가 없으니 用할 수 없고, 왕한 官殺의 기운을 설기시키고, 신약한 日干을 생조하는 印星이 있어야 중화를 이룬다. 용신은 時干 丁火이다. 지지의 왕한 偏官이 용신 丁火를 생하니 관인상생되고 용신이 왕강하여져서 귀격을 이루었다. 대운의 흐름이 未午巳辰의 용신과 희신운으로 흐르니 대귀격이다.

甲	己	癸	壬
正官		偏財	正財
戌	丑	丑	申
劫財	比肩	比肩	傷官

庚	己	戊	丁	丙	乙	甲
申	未	午	巳	辰	卯	寅

己土가 丑月에 生하여 천지가 차다. 조후(調候)가 급하나 戊己土가 중중하니 소토 (疏土)하는 甲木이 먼저 필요하고, 다음에 丙丁火다. 丁火가 지장간에 암장되었다. 용신인 甲木의 뿌리가 없고, 丙火가 투출하지 못하여 조후를 이루지 못하니 大貴하 지 못했다. 대운이 寅卯辰巳午未의 용신과 희신운으로 흐르니 小貴한 것이다.

己土가 丑月에 生하여 통근(通根)했으나, 己土는 전원(田園)의 土요, 담장의 土라, 丙火가 없이는 만물을 소생시킬 수 없으니 조후가 급하다.

사주에 寅卯木의 木氣가 旺하여 日主를 극함이 심하니, 관인상생(官印相生)되기 위해서는 日干 己土를 생하는 印星 丙丁火가 필요하며, 또한 丑月의 己土가 火氣가 돌아 만물을 성장시키기 위해서는 丙火가 우선이나, 丙火가 없으니 月干 丁火로 용신을 잡는다. 용신이 미흡하다.

年柱는 干支가 모두 正官이니 偏官으로 논한다. 따라서 상기사주는 官殺이 태왕 한 것이다. 극제하는 庚金이 있어 왕한 官殺을 억제하면 길격이 되나, 時支 酉金은 日支 卯木과 충살이 되니, 酉中의 庚金이 손상되어 왕한 官殺을 억제하기에는 무력 한 것이다. 따라서 사주가 썩 길하지 못한 것이다.

여명에서 官星은 남편인데 상기처럼 官殺이 왕하고 극제되지 못하니 결혼운이 적은 것이다. 年·月干에 官과 印이 투출했어도 격국이 파격이 되고, 대운의 흐름도 子亥戌酉申의 기신과 구신운이니 중년까지 곤고(困苦)한 인생을 살아야 할 것이다. 이후 未午巳 남방 火大運 용신운은 다소 형편이 나아지리라 본다.

7. 경금庚金 일간日干

庚金(三春)

◉ 한기(寒氣)가 아직 남아있으니 貴가 火氣에 있어 영화(榮華)를 이룬다. 이때의 金은 성질이 부드럽고 유약(柔弱)하니 후토(厚土)로 보조(補助)해준다.

◉ 三春의 庚金은 官殺이 혼잡되고 인수(印綬)의 생조가 없으면 처자를 극한다. 印綬가 있으나 官殺이 없으면 빈한하고, 財星이 왕한데 신약이면 약간의 의식이 있을 뿐이고, 食傷이 중중하면 남에게 의지를 잘하고 성격이 유약하다.

一月(寅月) 庚金

◉ 木旺한 때니 土가 있더라도 木의 극제가 심하여 生金하지 못한다.

◉ 金에 한기(寒氣)가 남아 있으니 丙火로 한금(寒金)을 따뜻하게 한다. 또한 토후(土厚)하면 금매(金埋)될까 두려우니 甲木으로 소토(疏土)한다.

◉ 丙火, 甲木이 출간하면 국가고시에 합격한다. 丙火, 甲木 中 한 개라도 투출하면 小貴이고, 丙火가 감추어지고 甲木이 튀어나오면 무관직, 기술직, 문장가 등이다.

◉ 사주 중에 土多한데 甲木이 出干하면 貴하고, 甲木이 감추어지면 富하나, 庚金이 투출하면 흉하다.

◉ 지지 火局에 壬水가 出干하고 庚金이 있으면 대부귀하고, 庚金이 없으면 小富貴다. 壬水가 핍절(乏絶=결핍되고 끊어짐)된 者는 잔질(殘疾)을 앓거나 요절(夭折)할 사람이다. 이는 官殺이 會局할 경우 食神인 壬癸水가 없으면 制殺하지 못하기 때문이다.

◉ 丁火가 여럿 출간하고 戊己土가 있고 水가 없으면 부귀격이다. 이것은 寅宮 甲木이 丁火 官星을 이끄는데 水가 있으면 病이 되기 때문이다. 이런 경우를 官星이 有氣하다고 한다.

◉ 木이 金에 剋을 당하고, 丙火가 없고, 丁火가 出干인데, 지장간에 丁火가 없으면 뿌리가 없는 것이니 平人이다. 또한 丙火가 癸水의 극을 당하고 戊土의 제극이 없어도 역시 그러하다.

用神 : 丙甲丁戊

庚	庚	壬	壬
比肩		食神	食神
辰	申	寅	子
偏印	比肩	偏財	傷官

己	戊	丁	丙	乙	甲	癸
酉	申	未	午	巳	辰	卯

天干에 壬水가 투출하여 年支와 日支에 통근하니 食傷이 매우 왕하다. 申子辰은 月令을 차지하지 못하니 삼합수국이 때를 잃었다. 月令 寅木이 사령(司令)하니 왕한 水氣를 어느 정도 설기시킨다 해도, 庚申金 比肩의 생조가 있으니, 丙火로써 金氣를 극제하여 왕한 食傷을 더욱더 生해주는 것을 억제하며, 寅月은 아직 한기(寒氣)가 남아있어 조후(調候)가 필요하니 月令 寅中의 丙火를 용신으로 잡는다. 용신 丙火는 사주에 金水가 왕하여 극제가 심하니 매우 弱하다. 다만 대운이 巳午未 남방 화지로 흐르니 약간의 貴와 의식(衣食)은 있었다.

초년 癸卯대운 중 癸水는 기신운이고, 卯木은 본시 희신이나 지지에 子卯 형살과 卯申 원진살로 손상되니 희신의 역할을 하지 못한다.

甲辰대운 중 甲木은 본시 희신이나 甲庚 沖으로 손상되고, 辰土는 지지 申子辰 삼합수국의 기신으로 化하니 초년운에 곤란이 많았을 것이다.

丙	庚	庚	辛
偏官		比肩	劫財
戌	戌	寅	巳
偏印	偏印	偏財	偏官

癸	甲	乙	丙	丁	戊	己
未	申	酉	戌	亥	子	丑

천간의 丙火는 地支에 영향을 미친다. 따라서 地支 寅戌은 時干 丙火를 끌어와 寅午戌 삼합화국을 형성하니, 地支에 火氣가 왕하고 時干에 丙火가 투출했으니 사주가 조열(燥熱)하다. 일점 水氣가 없으니 조열한 기운을 극제할 수 없고 金氣를 설하여 중화를 이룰 수 없다. 日干 庚金을 지나치게 하련(煆鍊)하니 조후가 급하다. 사주원국에 水氣가 전혀 없으니 구제할 수 없어 빈천(貧賤)한 명조다. 다만 天干에 丙火와 辛金의 간합수국이 있고, 月支 寅中의 丙火와 日支 戌中의 辛金이 역시 간합되어 사주에 水氣가 약간 남아있으니 요사(夭死)하지는 않았다. 용신은 조후용신으로 壬水가 필요한데 태원(胎元)에서도 끌어오지 못하니 행운(行運)에서 용신을 끌어온다. 대운 子亥에서 壬水를 끌어 용신으로 잡는다.

- 己丑, 戊子대운은 기신운이니 길하지 못하다.
- 丁亥대운 중 丁火는 구신운이고, 亥水는 본시 용신운이나 年支 巳火와 巳亥 상충되어 손상되니 역시 길하지 못하다.
- 丙戌대운 중 丙火는 구신운이고, 戌土는 본시 기신운인데, 年支 巳火와는 巳戌 원진살(怨嗔殺)이 되고, 月支와는 寅戌 반합화국의 구신운이 되어 역시 흉하다.
- 乙酉대운 중 乙木은 본시 한신운이나 辛金과는 干沖되어 희신이 손상되고, 庚金과는 간합금국의 희신운이니 일희일비하고, 酉金대운은 본시 희신운이나 月支 寅木과는 寅酉 원진살(怨嗔殺)이 되어 희신이 손상되니 흉운이다.
- 甲申대운 중 甲木은 한신운이나 甲庚 충으로 庚金 희신을 손상시키고, 年支 巳火와 巳申 刑合되어 일희일비하고, 月支 寅木과는 寅申 충살이 되어 희신을 손상시키니 흉하다.

이처럼 대운의 흐름이 丑子亥戌酉申의 용신과 희신운으로 흘러 길할 것 같지만, 사주원국과의 관계에서 서로 상극이 되면 본래의 길함이 반감되거나 소멸되는 것이다. 모든 사주의 행운(行運)의 이치가 이와 같은 것이다.

戊	庚	甲	戊
偏印		偏財	偏印
寅	午	寅	戌
偏財	正官	偏財	偏印

壬	辛	庚	己	戊	丁	丙	乙
戌	酉	申	未	午	巳	辰	卯

庚金 日干이 寅月에 절지(絶地)이다. 실기하였고, 地支 寅午戌 삼합화국을 형성하여 官星이 왕하여 日干 庚金을 극제하니 신약사주이다. 官星이 왕하니 印星으로 설기시키고, 신약한 日主를 생조하여 중화를 이루어야 한다.

용신은 年干 戊土이다. 사주상 財는 旺하나 日主가 無根이니 財를 감당하기 어렵다. 평생 큰 재물을 모으기 어렵다고 판단한다. 대운의 흐름도 중년 이후 한신운이니 길운을 기대하기 어려운 것이다.

(女命)

戊	庚	戊	庚
偏印		偏印	比肩
寅	申	寅	戌
偏財	比肩	偏財	偏印

辛	壬	癸	甲	乙	丙	丁
未	申	酉	戌	亥	子	丑

庚金 日干이 寅月에 생하여 실기하였다. 印星이 투출하여 신강한 것 같으나 지지 寅木에 극제를 당하고, 庚辛金이 있어 土氣가 설기(洩氣)되니 생조함이 많다할 수 없다. 寅月의 庚金은 아직 한기(寒氣)가 남아 한금(寒金)이니 조후를 용하여 丙火의 따뜻함이 필요하다. 月支 寅中의 丙火를 용한다.

여명의 日支宮과 官星은 남편으로 논하는데, 寅申 상충으로 申金 日支宮이 손상되고, 寅中의 丙火 官星 역시 손상된다. 따라서 남편과의 연이 없는 것이다. 여명의 印星은 결혼 전에는 친부모로 보고, 결혼 후는 財星과 더불어 시어머니로 논하니 중중하면 결국 시어머니가 많은 것이라 보고, 재혼하게 되거나 시댁과의 연이 적다 판단하여, 부부해로 하기 힘든 命이라 판단하는 것이다. 여명의 月支 偏財가 日支와 상충되면 시어머니로 인한 갈등요소가 태동되어 부부연을 갈라서게 만들고, 또한 여명의 日支宮은 남편궁인데 比肩을 대동하면, 남편의 입장에서는 처가식구들과의 갈등요소로 인해 결혼생활에 위기가 오는 것이라 판단한다.

◉ 통변에서 여명의 용신은 남편이라 논하고, 희신은 아들과 시어머니로 논한다. 亥水대운은 寅亥 合木의 희신운이니 시어머니가 들어오는 운이다. 이때 결혼했다.

◉ 天干에 印星과 比肩이 투출했다. 두 어머니나 두 할머니 문제가 나온다. 아버지의 두 집 살림으로 인해 이복형제가 있고, 본인의 가족은 아버지와의 不和로 인해 뿔뿔이 흩어졌다.

◉ 여명의 食傷이 자식인데 坐下 申中의 壬水이다. 寅申 沖되어 떨어져야 하니 친정집에서 키우게 된다.

◉ 甲戌대운 중 甲木은 희신인데, 甲庚 沖으로 日干을 손상시키니 시어머니와의 갈등으로 인해 이혼했다.
戌土는 寅戌 반합화국의 용신운으로 남편이 들어온다. 이때 남자를 만나 동거를 시작했으나, 寅申 沖으로 寅中 丙火인 官星이 손상되니 정식 결혼을 하지 못한 것이다.

◉ 癸酉 이후의 대운은 기신과 구신운이니 크게 발복을 기대하기 힘들다.

◉ 남녀 공히 사주원국의 寅申 沖의 물상은 차사고와 연관된다. 평생에 걸쳐 차사고로 인한 흉화(凶禍)와 손재수(損財數)를 조심해야 한다.

辛	庚	甲	癸
劫財		偏財	傷官
巳	寅	寅	丑
偏官	偏財	偏財	正印

丁	戊	己	庚	辛	壬	癸
未	申	酉	戌	亥	子	丑

庚金 日干이 寅月에 실기하였고 木氣가 왕하다. 寅月은 前月인 丑月의 한기가 남아 있으니 庚金은 한금(寒金)이다. 丙火의 따뜻함이 필요하다. 木氣가 왕해도 時干 辛金을 용할 수 없다. 寅中 丙火와 암합(暗合)하여 木氣를 더욱 생조하기 때문이다. 따라서 용신은 時支 巳中의 丙火를 용하여 왕한 木氣를 설기하고 한금을 따뜻하게 하면 중화를 이룰 수 있다.

二月(卯月) 庚金

◉ 月令 卯月의 지장간(支藏干)에 자연히 乙木이 있으니, 당령(當令)한 乙木이 庚金을 보면 庚金 日干은 반드시 乙木에게 情을 준다. 이것은 庚金이 암강(暗剛)의 세(勢)가 있기 때문이니 가을의 金과 같다.

◉ 二月 庚金은 오직 丁火를 써서 庚金을 하련(煆煉)시키고, 또한 甲木을 빌어 丁火를 인도한다.

◉ 庚金을 빌어 甲木을 쪼개야 하니(劈甲引丁), 丁火가 없고 甲木을 쓰는 者는 부귀를 한다 해도 노력이 많이 요구된다.

◉ 丁火과 甲木이 투출하여 丁火를 인도(引導)하며, 다시 地支에 一位 庚金이 있어 甲木을 극제하면 중화되니 반드시 大貴한다.

◉ 丁火가 투출하고 庚甲이 암장되면 小富貴하고, 丁火 대신 丙火가 투출하면 무관직이나 기술직, 문장 등으로 富格을 이룬다.

◉ 甲乙木이 태다(太多)하고 印·比劫이 없으면 종재격이 되어 大富貴하고, 比肩이 있으면 從하지 못하니 재다신약이 되어 부옥빈인(富屋貧人)이다.

用神 : 丁甲丙庚

丁	庚	己	庚
正官		正印	比肩
丑	寅	卯	申
正印	偏財	正財	比肩

丙	乙	甲	癸	壬	辛	庚
戌	酉	申	未	午	巳	辰

庚金 日干이 卯月 목왕절에 생하여 신약한 것 같아도, 年柱의 比肩과 月干 印星이 있으니 사주가 약하지 않다. 따라서 時干 丁火를 용신으로 잡아 왕한 日干의 기운을 극제하고, 왕한 寅卯木의 기운을 설기시켜 중화를 이룸이 필요하다. 卯月의 庚金은 月令 卯木이 지장간(支藏干)에 乙木이 있어, 日干 庚金과 干合되기를 바라니 財星으로서의 본분을 잊고 있어 왕한 日主를 견제(牽制)하지 못하고 있다.

용신 丁火는 月支와 日支의 卯寅木이 年干 庚金 도끼의 힘을 빌려 "벽갑인정(劈甲引丁)"하여 용신인 丁火를 일로 생해주니 귀격사주가 되었다. 甲木이 암장되니 문관직을 가지 못하고 무관직으로 많은 재물을 모았다.

丁	庚	己	庚
正官		正印	比肩
亥	寅	卯	午
食神	偏財	正財	正官

丙	乙	甲	癸	壬	辛	庚
戌	酉	申	未	午	巳	辰

庚金 日干은 卯月에 실기했지만 印星과 比肩이 있으니 약하지 않고, 時干 丁火 正官도 地支 寅木과 午火에 통근되었으니 약하지 않고, 地支에 寅亥 合木과 月令의 卯木이 있으니 역시 財星도 약하지 않다. 관인상생하고 財와 官과 印과 日干이 서로 세력이 비등하고 중화되어 왕하니 귀격사주가 되었다. 용신은 旺한 日干 庚金을 극제하는 時干 丁火로 잡는다. 용신 丁火는 地支 寅卯木의 부조를 받으니 용신이 왕강하다. 巳午未 남방 火地에 장원급제(壯元及第)를 하여 벼슬길에 올랐다.

丁	庚	辛	辛
正官		劫財	劫財

亥	寅	卯	酉
食神	偏財	正財	劫財

甲	乙	丙	丁	戊	己	庚
申	酉	戌	亥	子	丑	寅

庚金 日干이 卯月에 生하여 실기하였지만 劫財가 중중하니 신왕하다. 日干을 극제하는 時干 丁火로 용신을 잡는다. 地支 寅亥는 육합목국이니 時干 丁火를 생조하여 용신이 왕강하다. 귀격사주이다. 사주에 火金이 성(盛)하면 무관(武官)사주가 많은데, 丁火가 투출하여 왕한 金氣를 견제하니, 丁火대운 용신운부터 비약적인 발전을 하여 무관(武官)으로 대장(大將)의 위치에까지 올랐다. 용신은 時干 丁火다.

- 丁亥대운은 丁火는 본시 용신운이고, 亥水는 寅木과 육합목국의 희신운이라 吉하다.

- 丙戌대운은 丙火가 辛金과 간합수국의 기신운이나, 卯月은 卯 中 乙木이 희신이고, 戌土와는 卯戌 육합화국이 용신운이니 길하다.

- 乙酉대운은 乙木이 희신으로 月令 卯木에 근기(根基)를 두니 세력이 있다. 따라서 乙辛 충살과 乙庚 合金의 구신운이나, 세력이 있으니 희신의 역할을 하게 되어 길하다.

  酉金대운은 卯木과 沖이 되어 旺神인 卯木을 충동질하니 卯木 희신을 분발케 한다. 따라서 乙酉대운도 흉하지 않다.

- 甲申대운은 甲木은 甲庚 沖이 되고, 申金대운은 寅申 沖으로 甲木을 쪼개어 引丁하니(劈甲引丁) 역시 흉하지 않다.

戊	庚	癸	壬
偏印		傷官	食神
子	午	卯	寅
傷官	正官	正財	偏財

庚	己	戊	丁	丙	乙	甲
戌	酉	申	未	午	巳	辰

月令 卯木의 지장간에 乙木이 있어, 庚金 日干이 暗中에 乙木에게 정을 주어 간합하려 하니, 庚金은 암암리에 세력을 형성하고 있는 것이다. 午中의 丁火를 용하여 왕한 財星의 기운을 설기시키고, 암중에 세력을 형성한 庚金을 제련하여 귀기(貴器)를 만들도록 한다.

용신은 子午 沖으로 午中 丁火가 손상되니 왕하지 못하고, 正官이 충되니 봉급생활과는 인연이 적어 일찍 자영업을 시작하여 巳午未대운은 발복이 있었으나, 申金대운은 구신운으로 卯申 원진살(怨嗔殺)과 寅申 충살(沖殺)로 희신인 木氣가 손상되니 사업을 확장하다 많은 손해를 보았다. 이후의 운세는 썩 길하지 못하다.

三月(辰月) 庚金

⦿ 戊土가 사령(司令)하나 사주에 습기가 없으면 金을 生하지 못하고, 오히려 매금(埋金)될 염려가 있으므로 먼저는 甲木을 써서 소토(疏土)하고, 뒤에 丁火를 써서 庚金을 귀기(貴器)로 만든다.

⦿ 土旺하면 甲木을 쓰나 甲木이 핍절(乏絕)되면 임업(林業)을 하지 못하게 되고, 또한 丁火가 핍절(乏絕)되면 어찌 이름이 있겠는가? 둘 중에 하나만 적어도 부귀하지 못하며, 庚金이 火를 못 보면 빈천단명(貧賤短命)이다. 그리고 재다신약(財多身弱)이면 財가 오래가지 못한다.

⦿ 丁火, 甲木이 出干하고 比劫이 파목(破木)하지 않고 대운에서 부조하면 국가고시에 합격한다.

⦿ 甲木이 투출하고 丁火가 암장되어 있으면 소부귀하고, 甲木이 암장되고 丁火가 투출하면 무관직, 기술직 등으로 貴가 있고, 丁火와 甲木이 암장(暗藏)되고, 庚金의 제극이 없으면 富中貴하며 도필지명(刀筆之命=무관이나 문장가)이다.

⦿ 甲木이 있으나 丁火가 없으면 평범하고, 丁火는 있는데 甲木이 없으면 일개 재사(才士)에 불과하고, 丁火, 甲木이 모두 없으면 하천(下賤)이다.

⦿ 一位 甲木에 丁火가 없고 丙火가 있으면 庚金을 제극함이 부족하니, 文이 아닌 武로서 군대(軍隊)에서 관직을 얻는다. 壬癸水가 투출되지 아니하면 妙한 命이다.

⦿ 지지 土局에 甲木이 없으면 빈천한 승도이고, 乙木이 있으면 간사하다.

- 지지 火局에 癸水가 투출되면 富貴가 있다. 일점 水氣가 없으면 多病하거나 폐인이 된다.
- 지지 木局이고 다시 甲乙木이 투출하면 재다신약이니 부옥빈인이다.
- 지지 水局이고 戊土의 극제가 없으면 庚金의 설기가 심하니 下格이다.

用神 : 甲丁壬癸

壬	庚	庚	庚
食神		比肩	比肩
午	申	辰	子
正官	比肩	偏印	傷官

丁	丙	乙	甲	癸	壬	辛
亥	戌	酉	申	未	午	巳

辰月의 庚金은 月令이 습토(濕土)이고 다시 사주에 水氣가 있어 生金하니 생조를 받음이 왕하다. 또한 日支 申金에 통근되고 있으니 日干이 매우 왕하며, 天干에 比肩이 투출하니 신왕사주이다. 辰月의 庚金은 생조받음이 왕하니 통상 억부법을 적용하여 丁火를 용신으로 잡는 경우가 많은데, 상기사주는 時支 午火가 있으나 地支에서 申子辰 삼합수국을 형성하여 午火를 극제함이 심하니 午中의 丁火를 용신으로 잡기가 어렵다. 따라서 왕한 日干의 기운을 설기시키는 時干 壬水를 용신으로 잡는다. 용신 壬水는 庚申金 日柱의 생조를 받으니 용신이 왕하다.

상기 命은 庚申日生이 지지에 申子辰 삼합수국이 있고, 比肩이 투출했으니 정란차격(井欄叉格)으로 上格이다.

申酉戌 서방 金대운에 용신인 壬水를 생조하니 태사(太師)벼슬을 했다.

己	庚	壬	辛
正印		食神	劫財
卯	辰	辰	丑
正財	偏印	偏印	正印

```
甲 乙 丙 丁 戊 己 庚 辛
申 酉 戌 亥 子 丑 寅 卯
```

庚金 日干이 辰月에 生하여 생조를 받고 사주에 印星이 많으니 신강사주이다. 辰月의 庚金은 신강하니 먼저 丁火의 하련(煆鍊)이 있어야 하고, 土重하면 金이 매몰될 염려가 있으니 甲木으로 소토(疏土)시켜야 한다. 상기는 土氣가 중중하여 토다금매(土多金埋)의 염려가 있으니 甲木이 먼저 필요하다. 時支 卯中의 甲木이 용신이다.

丁火, 甲木의 투출함이 없으니 평범한 명조이다. 印星이 왕하지만 丙丁火의 일점 官星이 없으니 관인상생(官印相生)이 되지 못하여 공직자의 길을 가지 못하고, 공기업에 근무하고 있다. 남명에서 丙丁火 官星은 자식으로 보는데, 全無하니 자식과의 연이 적다.

또한 지지에 부벽살(斧劈殺), 천살(天殺), 괴강살(魁罡殺), 양착살(陽錯殺), 유하살(流霞殺), 환신살(幻神殺), 효신살(梟神殺), 재살(災殺), 비인살(飛刃殺), 격각살(隔角殺) 등의 흉살이 많다. 조상과 연관된 殺로써 부모대에 제살(制殺)하지 못했으니 자식에게 유전되어 정신병을 앓아 정신병원에 있는 자식이 있는 것이다.

卯寅丑子亥의 대운은 용신과 희신운이라 대과(大過)없이 지내왔으나, 이후 戌酉申의 기신운은 많은 흉사가 예고된다.

庚金(三夏)

◉ 夏月의 金은 매우 유약하여 형질(形質)이 갖추어지지 못했으므로 사절(死絕)됨을 매우 싫어한다.

◉ 水氣가 성(盛)하면 지나치게 자윤(滋潤)하게 되니 火가 있음을 싫어하지 않는다.

◉ 木을 보면 火氣인 官殺을 生하므로 몸을 傷하게 되고, 金을 만나면 比劫이 왕한 것이니 食傷으로 설기시킴을 요한다.

◉ 土가 지나치게 旺하지 않으면 가장 긴요한 用이 되나, 土가 중중하면 매몰(埋沒)되어 빛이 없어진다.

四月(巳月) 庚金

◉ 巳火節의 庚金은 巳에서 長生하고, 巳中 戊土가 있으니 丙火가 용금(鎔金)을
하지 아니한다. 丙火도 역시 용신이 되나 다만 먼저 壬水를 가져야 中和를 얻
는다.

◉ 庚金이 중중한데 夏節에 生하면 용신과 희신이 구진(句陳 = 北西·水金)에 있고,
다음으로 戊土를 취하고 丙火로 돕는다. 세 개가 다 있으면 국가고시에 합격하
고 부귀쌍전하나, 한두 개가 투출(透出)해도 의록(衣祿)은 있다.

◉ 지지에 金局을 이루면 강하게 되니, 丙火를 쓰면 무력하고 丁火를 쓰면 妙하
다. 그러나 하련제극(煅煉制剋)이 지나치면 풍파(風波)가 있다.

◉ 丙火가 太多하면 이름이 가살(假殺)이고 당권(當權)하니, 壬水의 제극이 없으면
청고(淸高)하다 하나, 인의(仁義)가 없고 妻子를 극한다. 壬水의 제극이 있으면
길하다. 壬水를 지장간에 감추면 부귀하나 실속이 없다.

◉ 庚金이 중중하고 丙火가 투출하면 신왕살고(身旺殺高)하여 가살위권(假殺爲權)
이 된다. 이런 경우 壬水로 제살하면 大富貴하나, 壬水가 없으면 화염토조(火炎
土燥)함을 중화시키지 못하니 下格이다.

用神 : 壬戊丙丁

甲	庚	己	己
偏財		正印	正印
申	子	巳	未
比肩	傷官	偏官	正印

壬	癸	甲	乙	丙	丁	戊
戌	亥	子	丑	寅	卯	辰

庚金 日干은 月令 사화절에 長生地이고, 巳中의 戊土가 丙火를 설기하니 庚金을
용금(鎔金)하지 못한다. 또한 사주에 印星과 比肩이 있으니 상기사주는 비록 사화절
에 생했다 하더라도 庚金이 무력하지 않으므로 신왕사주이다. 신왕사주인 경우 대
체로 旺氣를 설기시키는 六神을 용신으로 잡는 경우가 많으므로 時支 申中의 壬水

를 용신으로 잡는다.

丑子亥 북방 수대운에 발복(發福)되어 中貴를 했다. 壬水가 투출하지 못했고, 己未土는 불순물이라 壬水를 탁(濁)하게 하니 大貴를 못한 것이다.

辛	庚	乙	壬
劫財		正財	食神
巳	戌	巳	午
偏官	偏印	偏官	正官

壬	辛	庚	己	戊	丁	丙
子	亥	戌	酉	申	未	午

庚金 日干이 사화절에 生하여 무딘 金이 되었다. 地支 午戌은 반합화국이니 地支 전체가 火局을 형성하여 日干을 심하게 극제하니 신약하다. 庚金은 지지 巳火에 長生이 되고 戌中 辛金에 통근하니 신약한 中 有氣한 것이며, 태왕한 火氣 즉 官殺을 감당할 만하다. 사주가 중화가 되기 위해서는 왕한 火氣를 극제함이 우선인데, 年干에 壬水가 투출했다. 壬水는 無氣한 것 같지만 태원(胎元)이 丙申이니 申中 壬水에 뿌리를 박고 있는 것이다. 약하지 않다. 능히 제살(制殺)할 수 있으니 가살위권 (假殺爲權)이 되어 무관(武官)으로 貴히 된 것이다.

戊	庚	丁	癸
偏印		正官	傷官
寅	午	巳	丑
偏財	正官	偏官	正印

庚	辛	壬	癸	甲	乙	丙
戌	亥	子	丑	寅	卯	辰

사화절의 庚金은 長生地이고 巳宮에 戊土와 庚金의 부조가 있으니, 丙火가 庚金을 직접 용금(鎔金)하지 못하나, 月干 丁火가 坐下 巳宮에 통근하고 지지 寅午 반합

화국이 있어, 丁火가 왕강하여 庚金을 핍박하니 壬水로 火氣를 극제하고, 生金하는 印星 土氣를 씻어내면 자연 중화를 이룰 수 있다. 官殺이 혼잡되어 왕한데 극제하는 水氣가 약하니 귀격이 못된다. 天干에 官印이 투출했으나 구신과 기신이라 길하지 못하여 공직으로 가지 못하고 세무사 사무실을 운영하고 있다. 甲寅대운에 결혼운을 간명한 것인데, 甲木대운은 甲庚 沖하여 희신이 손상되니 결혼운이 적고, 寅木대운은 한신운이나 庚寅세운에 庚金이 희신운이고 寅木은 財星인 妻에 해당하니 결혼운이 있는 것이다.

五月(午月) 庚金

◉ 丁火가 왕열(旺烈)하니 庚金이 패지(敗地)를 만난 것이다. 오직 壬水를 쓰고 癸水로 보조한다.

◉ 壬水가 투출하고 癸水가 암장되고 지장간에서 庚辛金을 보면 국가고시에 합격한다. 혹 戊己土가 출간하면 평범하고, 戊土가 암장되었고 甲木의 극제가 있으면 才士이다. 癸水가 투출하고 庚金이 있으면 소부귀하나 장구(長久)하지 못하다.

◉ 庚辛金이 투출하고 壬水가 암장되면 의록(衣祿)이 있고, 壬水가 암장되고 戊土가 출간했는데 甲木의 극제가 없으면 평범하다.

◉ 地支에 火局을 이루고 水가 핍절(乏絶)된 者는 고생할 사람이다.

◉ 甲乙木이 태다하고 食傷이나 印·比劫이 없으면 종살격으로 富貴가 크다.

| 用神 : 壬 癸 |

壬	庚	庚	己
食神		比肩	正印
午	戌	午	未
正官	偏印	正官	正印

癸	甲	乙	丙	丁	戊	己
亥	子	丑	寅	卯	辰	巳

地支에 午戌 반합화국으로 火氣가 맹렬하다. 日干 庚金은 日支 戌土에 통근되고 印星과 比肩이 있어 약하지는 않으나 맹화(猛火)를 감당하기에는 역부족이다. 時干 壬水를 용신으로 잡아 旺한 火氣를 극제하고, 日干 庚金의 수기(秀氣)를 설기시키어 中和를 이룸이 필요하다.

용신 壬水는 地支에 통근되지 못하니 왕하지 못하다. 용신이 時柱에 있으니 선빈후부(先貧後富)의 팔자이다. 용신이 壬水이니 사주상 旺한 火氣는 官星으로 구신이 된다. 따라서 官星이 구신이니 貴는 높지 못했다.

초년대운이 己巳, 戊辰의 기신운이니 형액과 고초가 많았고, 처자식을 늦게 두었으나, 말년 丑子亥 용신대운에 大富를 이루었다.

丙	庚	甲	辛
偏官		偏財	劫財
戌	寅	午	丑
偏印	偏財	正官	偏印

丁	戊	己	庚	辛	壬	癸
亥	子	丑	寅	卯	辰	巳

지지에 寅午戌 삼합화국이 득령(得令)했으니 火氣가 태왕하다. 日干 庚金이 녹아 없어질 지경이라 무력하나, 사주에 印星과 劫財가 있으니 從格으로 논할 수 없다. 억부법을 적용하여 壬癸水를 용해야 하나, 壬水가 없으니 부득이 丑中의 癸水를 용신으로 잡는다. 癸水는 화왕지절에 무력하나, 태원(胎元)이 丁酉라, 酉金이 생조하니 癸水가 고갈될 지경은 아닌 것이다. 年·月支의 印과 官이 상생하니 공무원의 명조이다. 官殺이 혼잡되고 旺火를 극제하는 水氣가 태약하니 귀격이 되지 못한다. 다만 초·중년대운이 癸壬辛庚의 용신과 희신운이니 일찍 공직에 들어섰으나, 이후의 운로가 구신과 기신운이니 크게 발복을 기대하기 어렵다고 판단한다.

日支 寅木 偏財가 삼합화국의 官星으로 바뀌었다. 이런 명조는 財를 근간으로 명예를 탐하는 사주이다. 즉, 명예를 얻고자 끊임없이 노력하는 사주이니, 운로에서 받추어 주면 명성을 얻으나, 기신운이면 명예를 좇다 모든 것을 잃을 수 있다.

사주에 암시되는 물상은 合과 沖의 작용이 강한데, 상기명은 寅午戌 즉, 財官印

이 삼합화국을 이루어 구신으로 바뀐다. 이런 경우는 여자와 문서로 인한 명예훼손과 시비다툼, 관재구설 등의 흉화가 따를 수 있다. 그 시기는 기신과 구신이 들어오는 대운과 세운이다.

　　庚金이 맹화절에 용금(鎔金)되니 조후(調候)가 급하다. 壬水를 용하여 중화를 이룬다. 天干에 財·官·印이 모두 투출하여 본시 귀격이나. 지지 子午 沖으로 인해 官과 印이 손상되니 偏財 하나만 활용할 수 있게 된 것이다. 용신은 申中의 壬水를 용한다. 이것 역시 寅申 沖으로 용신이 손상되니 大財를 모으기는 힘든 명조이다.

　　申酉戌亥의 희신과 용신운에 발전이 있었으나, 庚子대운은 甲庚 沖과 子午 沖으로 희신과 용신이 모두 손상되니 회사운영에 어려움이 많았던 것이다.

　　辛丑대운 중 戊子세운에 회사의 길흉을 간명한 것인데, 戊土는 기신이고, 子水는 본시 용신이나 子午 沖으로 손상되니, 운세의 길함이 없다. 접착테이프를 생산하는 해외공장의 판매실적 난조와 더불어, 국내공장 역시 내수침체와 과잉 시설투자 및 직원들의 사기저하로 인해 큰 손실을 보았다.

六月(未月) 庚金

◉ 삼복(三伏)에 생한(生寒)하니 완둔(頑鈍)함이 극도(極度)에 올랐으니, 丁火를 먼저 쓰고 다음으로 甲木을 쓴다.
◉ 丁火, 甲木이 투출하고 壬癸水의 투출이 없으면 국가고시에 합격한다.
　丁火가 있고 丁火가 없으면 평범하다.
　丁火가 있고 甲木이 없으면 才士이다.

丁火와 甲木이 모두 없으면 下格이다.

◉ 未月은 火氣가 퇴기하는 시점이니 丁火가 투출해야 묘용(妙用)이 있다. 투출하지 못하면 火氣가 土氣에 설되니 약간의 의록(衣祿)만 있고 貴를 기대하기 어렵다.

◉ 지지에 土局을 이루면 甲木을 먼저 쓰고 丁火를 뒤에 쓴다. 甲木이 투출하면 문장가이고 부귀가 있다.

◉ 사주에 金이 많고 두 개의 丁火가 出干하여 왕한 金氣를 극제하는 경우, 正官이 두 개 이상이면 偏官으로 논하니 文官외의 길로 발전하고, 丁火가 하나 出干하면 무관이나 문필가이다.

用神 : 丁 甲

未土는 사토(沙土)지만 申亥 등 水氣의 영향으로 습토(濕土)화 되어 日干을 생하고, 천간에 乙庚 간합금국을 형성하니 日主가 신강하다. 용신은 억부법을 적용하여 時干 丁火로 잡는다. 丁火를 생하는 甲木이 투출하지 못하고 時支 亥宮에 암장되었으니 크게 귀격을 이루지는 못했다. 乙木 財星이 월령에 통근하고 食神의 생조를 받으니 富格이 되었다. 丁甲이 투출했으면 귀격사주인데, 乙木이 투출하여 丁火를 생함이 부족하니 富는 크나 貴는 小貴에 그친 것이다.

未	辰	未	辰
正印	偏印	正印	偏印

壬	辛	庚	己	戊	丁	丙
寅	丑	子	亥	戌	酉	申

앞의 사주와는 日·時가 다르다. 庚金 日干이 지지에 印星이 태다하니 신강하다. 특히 辰土는 습토(濕土)라 生金하니 日干이 왕한 것이다. 억부법을 적용하여 庚金을 제련하여 귀기(貴器)를 만들 수 있는 丁火를 용신으로 잡아야 한다. 月支 未中의 丁火가 용신이다. 丁火는 생조하는 甲木이 투출해야 귀격인데 乙木이 투출했으니 생조의 힘이 부족하다. 따라서 大貴하지는 못했고 小富貴했다. 용신이 투출하지 못했으니 의록(衣祿)은 있으나 貴가 적은 것이다.

庚金(三秋)

◉ 三秋의 庚金은 金이 사령(司令)하여 권세를 잡았으니 火로 단련하여 귀기(貴器)를 만들고, 水로 金의 수기(秀氣)를 설(洩)하면 금백수청(金白水淸)이 된다.

◉ 土가 重하면 金이 매몰되니 고빈(孤貧)한 命이 되고, 金이 중중한데 火가 없으면 오히려 강하여 꺾어지니 흉함이 많다.

七月(申月) 庚金

◉ 庚金의 강예(剛銳)가 극도(極度)에 달하므로 오직 丁火로 하련(煆煉)함을 쓰고, 다음으로 甲木을 取하여 인정(引丁 = 丁火를 이끈다)한다.

◉ 壬癸水를 만나면 좋지 못하고, 木火를 만나 성국(成局)하면 수복(壽福)이 온전하다.

◉ 丁火, 甲木이 투출하면 국가고시에 합격한다. 丁火가 있고 甲木이 없으면 준수(俊秀)하나, 甲木이 있고 丁火가 없으면 平人이다. 甲木이 없고 丁火도 없으면 하천(下賤)이다.

◉ 金神이 酉金月에 생하여 羊刃殺을 만나고 화향(火鄕)에 들어 제극되면 부귀영달(富貴榮達)한다.

● 지지가 三合이나 방합금국을 형성하고 火가 없으면 종혁격(從革格)이니 부귀격
  이다. 丁火와 甲木이 투출하여 벽갑인정(劈甲引丁)하면 역시 부귀격이다.
● 지지 土局이면 먼저는 甲木이고 다음은 丁火를 用한다. 丁火가 없으면 丙火를
  대용하나 丁火만큼 복록이 크지 못하다.

用神 : 丁 甲

(女命)			
壬	庚	甲	庚
食神		偏財	比肩
午	申	申	午
正官	比肩	比肩	正官
丁	戊	己	庚	辛	壬	癸
丑	寅	卯	辰	巳	午	未

　　庚金 日干이 사주에 比肩이 중중하니 신왕사주이다. 따라서 설기시키는 時干의
壬水를 용신으로 잡는다. 壬水 용신은 地支 申金에 통근되었으나 地支 申金의 지장
간에는 역시 戊土도 있으니 壬水가 탁(濁)하다. 未午巳 남방 화대운에 용신인 壬水
와 상전(相戰)하니 요절(夭折)했다. 특히 상기 命처럼 比劫이 중중하고 財星이 一位
있지만 통근하지 못하여 미약하면 군비겁쟁재(群比劫爭財)되니, 대운이나 세운에서
다시 비겁운을 만나면 흉화(凶禍)를 모면하기 힘들다.

丙	庚	丙	辛
偏官		偏官	劫財
戌	子	申	酉
偏印	傷官	比肩	劫財
己	庚	辛	壬	癸	甲	乙
丑	寅	卯	辰	巳	午	未

庚金 日干이 申月에 득기하였다. 地支는 申酉戌의 방합금국을 형성하니 金氣가 태왕하다. 制殺하는 丙丁火가 용신인데, 천간에 두 개의 丙火가 투출했지만 月干 丙火는 年干 辛金과 간합수국으로 바뀌니, 時干 一位 偏官만 남게 되어 귀격이 되었다. 대운의 흐름도 未午巳辰卯寅의 용신과 희신운이니 중국 청나라 말 군벌(軍閥)의 영수(領袖)가 되었다 한다. 金神이 화향(火鄕 = 대운의 火地)에 들어 제극되니 부귀격이 된 것이다.

지지에 申酉戌 방합금국을 형성하나, 천간에 丙火의 剋이 있으니 일행득기격(一行得氣格) 中 종혁격(從革格)으로 논할 수 없다. 억부법을 적용하여 태왕한 金氣를 극제하는 火氣로 용신을 잡는다. 丁火가 투출하지 못하고 丙火가 투출했으니 이를 용신으로 잡는다. 丙丁火 官殺이 혼잡됐는데, 극제하거나 설기시키는 오행이 투출하지 못하여 官殺의 난동을 제압하지 못하고, 月支 申金이 고신살(孤神殺)을 대동하여 부모형제자매와 연이 적고, 日支 戌土 偏印은 화개살(華蓋殺)을 대동하여 처와의 연이 적고, 운로가 酉戌亥子丑의 구신과 기신운이라 발전의 상이 없으니 머리깍고 중이 되었다. 時干의 일점 乙木 正財는 처를 나타내는데, 방합금국으로 사주에 比劫이 왕하니 군비겁쟁재(群比劫爭財)되었다. 여자 한명을 여러 형제들이 차지하려고 다투니 처와의 연이 없는 것이다. 이런 명조는 운로에서 다시 비겁운이 들어올 시 큰 흉화를 면키 어렵다. 庚金대운이 그런 것이다.

日干 庚金이 乙木 正財를 탐하여 比劫으로 化했는데, 다시 대운에서 庚金 비겁운이 들어와 正財를 탐하려 하니 凶禍가 명약관화(明若觀火)한 것이다. 다행인 것은 출가하여 승려가 됨으로써 흉화를 비껴갈 수 있었던 것이다.

八月(酉月) 庚金

◉ 庚金의 강예(剛銳)가 아직 물러나지 않았으니 丁火와 甲木을 쓰고, 한기(寒氣)가 심하니 丙火가 적을 수 없다.

◉ 丁火, 甲木이 투출하고 一位 丙火를 보면 功名이 높다. 또 月에 양인살(羊刃殺)을 보고 형충이 없으며, 丙火 殺性이 지장간에 감추어져 있으면, 이름을 양인가살(羊刃駕殺)이라 하니, 출장입상(出將入相)할 사람이고 지조가 굳은 충신이 된다. 양인살이 沖되면 불측재화(不測災禍)가 있다.

◉ 丙火를 거듭 보고, 一位 丁火가 투출하고, 甲木이 암장되어 있으면 국가고시에 합격한다.
  丙火가 出干하고 丁火가 감추어져 있으면 무관직이나, 기술직, 문필 등으로 국가의 祿을 얻는다.

◉ 甲木이 지장간에 감추어져 있고 火가 투출하고, 水가 불투(不透)한 者는 역시 청고(清高)하며 의식(衣食)은 足하다.

◉ 一位 丙火가 투출하면 수기(秀氣)는 있으나 富가 없다. 혹 지장간에 甲乙木이 거듭 있으면 신약살강(身弱殺强)하니 하천(下賤)격이다.

◉ 지지에 丙丁火가 있고, 甲木이 투출하고, 水의 투출이 없으면, 단지 의금(衣衾)이 있는 청고(清高)한 才士이다.

◉ 丁火가 불투(不透)하고 丙火가 거듭 出干하면, 가살(假殺)이 중한데 月令에 양인살(羊刃殺)이 있으니 종살격(從殺格)이 되지 못하여 평범한 명이다.

◉ 지지 金局이고 사주에 木火가 없으면 水로 설기(洩氣)해야 하는데, 운로(運路)가 金水대운으로 흐르고 화향(火鄉)에 들지 않으면 종혁격(從革格)이 되니, 청고(清高)하고 富貴를 얻으나 흉화(凶禍)가 많이 따른다. 화향(火鄉)에 들면 命이 위태롭다.

◉ 丙, 丁火가 없으면 예술지명(藝術之命)이다.

> 用神 : 丁 甲 丙

丙	庚	丁	丙
偏官		正官	偏官
子	子	酉	子
傷官	傷官	劫財	傷官

甲	癸	壬	辛	庚	己	戊
辰	卯	寅	丑	子	亥	戌

　庚金 日干이 酉金月에 생하니 신왕하다. 天干의 丙丁火 官殺은 통근하지 못하니 태왕하지 않고, 地支의 중첩(重疊)된 傷官이 制殺하니 중화를 이루었다. 상기사주는 身旺하고 殺旺하고 傷官이 왕하니, 地支의 傷官이 丙丁火 官星을 견제하여 귀격사주가 되었다. 身旺하니 능히 食傷과 官殺을 감당할 수 있는 것이다. 용신은 억부법을 적용하여 庚金을 제련하여 귀기(貴器)를 만들 月干 丁火로 잡는다. 벽갑인정(劈甲引丁)하는 甲木이 없지만, 丙火가 酉金月의 한기를 따듯하게 하고 丁火를 보조하니 대귀격의 사주가 되었다.

丁	庚	乙	乙
正官		正財	正財
亥	午	酉	巳
食神	正官	劫財	偏官

戊	己	庚	辛	壬	癸	甲
寅	卯	辰	巳	午	未	申

　天干에 乙庚의 간합과, 地支에 巳酉의 반합금국이 있으니 金氣가 왕하다. 따라서 중화를 이루기 위해서는 억부법(抑扶法)을 적용하여 時干 丁火를 용신으로 잡는다. 丁火는 日地 午火에 통근되고 天干의 乙木 財星의 부조를 받으니 官星이 왕강하다. 귀격사주이다. 年支 巳火 偏官은 월령과 巳酉 반합금국의 比劫으로 바뀌니 합살유관(合殺留官)되어 一位 丁火 正官만 남아 귀격이 되었다. 위인이 총명하고 부사(府使)벼슬을 했다. 未午巳 남방 화대운 용신운에 발복됐다.

丁	庚	己	丁
正官		正印	正官
亥	辰	酉	卯
食神	偏印	劫財	正財

丁	丙	乙	甲	癸	壬	辛	庚
巳	辰	卯	寅	丑	子	亥	戌

庚金 日干이 酉金月에 득령(得令)했고, 印星의 생조를 받으니 신강하다. 용신은 억부법을 적용하여 年干 丁火로 잡는다. 年·月干에 官印이 투출하여 관인상생되고 日主가 왕하니 귀격사주이다. 甲寅大運 이후 용신과 희신운이니 크게 발복됐다. 여명의 看命은 먼저 官星을 보는데, 상기는 丁火 正官이 용신이고, 財星의 생조를 받고 天干에 투출했으니 귀격인 것이다.

己	庚	己	丁
正印		正印	正官
卯	子	酉	亥
正財	傷官	劫財	食神

壬	癸	甲	乙	丙	丁	戊
寅	卯	辰	巳	午	未	申

庚金 日干이 酉金月에 생하여 양인살을 대동하니 金氣가 태왕하다. 丁火로 극제하여 중화를 이루고, 酉金月은 한금(寒金)이니 丙火가 있어야 하고, 또한 용신 丁火를 생조하는 甲木이 있어야 귀격을 이룬다. 天干에 官印이 투출하여 관료의 길을 가게 되나, 正印이 둘이면 偏印으로 논하고, 子水 傷官이 金의 생조를 받아 왕한데 일점 丁火를 극제하니, 正官이 손상되어 문관의 길을 가지 못한다. 무관직으로 경찰직이다. 官과 印이 모두 지지에 통근하지 못하고 생조 받음이 적으니 관직이 높지 못했다.

◉ 未土대운에 지지와 亥卯未 삼합목국의 희신운이니 경찰직시험에 합격하여 경

찰의 길로 들어섰다.

◉ 丙午대운은 丙庚殺과 子午 沖殺로 용신이 손상되어 흉운이다.

◉ 乙巳대운은 乙庚 간합금국의 구신운과 巳酉 반합금국의 구신운이니 발복이
적었다.

◉ 甲辰대운은 甲己 합토의 한신운과 甲庚 沖으로 희신 甲木이 손상되고, 辰土대
운은 辰酉 육합금국의 구신운이니 역시 발복이 적었다.

◉ 癸卯대운은 丁癸 沖으로 용신이 손상되고, 卯木 희신은 卯酉 沖으로 역시 희
신이 손상되니 지방경찰의 수장이 되지 못하고 퇴직했다. 인간사 모든 일이
사주운명이 정한 이치대로 한 치의 오차도 없이 틀림없이 진행되는 것이다.

丁	庚	癸	甲
正官		傷官	偏財
丑	申	酉	辰
正印	比肩	劫財	偏印

庚	己	戊	丁	丙	乙	甲
辰	卯	寅	丑	子	亥	戌

庚金이 酉金月에 득기(得氣)하고, 지지에 辰酉 반합금국과 申金이 있어 金氣가
왕하니 丁火로 제련해야 귀기(貴器)를 만들고 중화를 이룰 수 있다. 甲木이 투출했
으나 벽갑(劈甲)하는 庚金이 불투(不透)하고, 용신 丁火의 뿌리가 없고 쇠약하니 귀
격이 되지 못한다. 대운 甲乙丙丁의 희신과 용신운에 다소의 발복이 있었으나, 丁
火대운은 丁癸 沖하여 용신이 손상되고, 丑土대운은 酉丑 반합금국의 구신운이니
매사 잘 풀리지 않았다. 戊寅대운 이후는 다소의 발복이 있으리라 판단한다. 丑土
대운에 시의원 출마에 대해 간명한 것인데, 용신이 왕강하지 못하고 운로가 구신운
이니 길하지 못하다. 年柱에 財星이 있으니 부모에게 재산을 상속받음이 나오나,
財星이 時干 丁火 正官을 생하니 재물이 있으면 명예와 체면을 중시하여 이를 위해
재물을 허비하는 명조이다. 月干 癸水 傷官은 旺金의 生을 받으니 旺하다. 丁火
正官을 극한다. 즉, 상관견관(傷官見官)되니 正官이 손상된다. 官은 명예, 직책, 직

장, 직업이다. 이러한 명조자는 끊임없이 손상된 官을 복구하기 위해 명예를 탐하는 것이다.

九月(戌月) 庚金

- 戌土가 사령(司令)하니 토후금매(土厚金埋)됨을 무서워한다. 甲木으로 소토(疏土)하고 壬水로 씻어낸다. 그러면 金이 스스로 나오게 된다. 그러나 己土가 壬水를 흐리는 것을 대기(大忌)한다.
- 甲木, 壬水가 출간하면 국가고시에 합격한다.
- 甲木이 出干하고 壬水가 암장(暗藏)되면 지방의 유력자(有力者)이고, 甲木이 암장(暗藏)되고 壬水가 투출하면 의식(衣食)이 足할 뿐이고. 甲木이 있고 壬水가 없으면 才士이고, 壬水가 있고 甲木이 없으면 평범하고, 壬水와 甲木이 모두 없으면 승도(僧道)나 하천(下賤)인이다.
- 지지 火局이면 才士이고, 甲木과 癸水가 없으면 小富貴한다. 戌月은 戊土가 당권하니 癸水가 있으면 戊癸 合火되어 적수(滴水)가 홍로(洪爐)에 들어가 火氣를 분발시키는 격이 되니 흉하다.
- 지지 水局이고 丙火가 투출하면 구조(救助)가 되니, 재예(才藝)가 높고, 중인(衆人)에 으뜸이며 고을에 이름이 높다. 만약 癸水가 투출하지 않으면 丙火 官星을 극제하지 않으니 국가고시에 합격한다.
- 戊土가 중중한데 甲木과 壬水가 없으면 사주가 혼탁하다. 이런 경우는 위인이 경박하고, 쓸데없는 고집이 세고, 비록 의록(衣祿)이 있더라도 장구(長久)하지 못하다.

> 用神 : 甲 壬

甲	庚	戊	辛
偏財		偏印	劫財
申	申	戌	酉
比肩	比肩	偏印	劫財

辛	壬	癸	甲	乙	丙	丁
卯	辰	巳	午	未	申	酉

庚金 日干이 地支에 申酉戌 방합금국을 형성하나 실기하였다. 月柱의 印星이 日干을 생조하여 신강하니 時干 甲木을 용신으로 잡아 소토(疏土)시켜야 한다. 대운이 화향(火鄕)으로 흘러 旺金을 제련시키고, 암장된 壬水가 金의 수기(秀氣)를 설기하니 귀격사주가 되었다. 사주에 比劫이 중중하니 財를 용신으로 잡아 형제자매들에게 재물을 골고루 분배하면 사주가 다툼이 없고 중화를 이룬다.

용신은 時干 甲木이다. 대운이 남동의 火木대운으로 흐르니 길하였고, 벼슬이 지금의 장관의 위치에 올랐다.

辛	庚	丙	庚
劫財		偏官	比肩
巳	戌	戌	寅
偏官	偏印	偏印	偏財

癸	壬	辛	庚	己	戊	丁
巳	辰	卯	寅	丑	子	亥

日干 庚金은 戌月에 생조를 받고 比劫과 印星이 있으니 신강하다. 戌月의 여기(餘氣)는 辛金인데 천간에 투출하여 旺하다. 왕한 日主를 丁火를 用하여 극제하여 중화를 이루어야 하는데, 丁火가 없고 丙火가 투출했으니 부득이 이를 용신으로 잡는다. 사주의 格이 떨어지니 大貴하지 못한 것이다. 丙火 용신은 地支 戌土와 寅木에 통근하고 있으니 왕하다. 귀격이다. 문무(文武)를 겸(兼)하였고, 현재의 도지사(道知事)에 오른 명조이다.

庚	庚	丙	乙
比肩		偏官	正財
辰	子	戌	卯
偏印	傷官	偏印	正財

```
己   庚   辛   壬   癸   甲   乙
卯   辰   巳   午   未   申   酉
```

月令 戌中의 戊土가 암암리에 庚金을 생하니 庚金이 왕하다. 甲木으로 戊土가 生金함을 억제하고 壬水로 씻어내면 자연 중화를 이룰 수 있다. 지지 卯戌과 辰子는 합이 성립되지 않는다. 일위 격하여 子卯 형살과 辰戌 충살이 되어 교차극(交叉剋)이 되기 때문이다. 甲木의 투출이 없으니 年干 乙木으로 용신을 잡는다. 戌月의 庚金은 比劫이 있어도 대체로 丙丁火를 용하지 않는데. 이는 火氣가 月令 土를 더욱 생조하기 때문이다. 月柱에 官印이 상생하나 戌月의 丙火는 해가 서산에 지는 격이니 왕하지 못하고, 또한 庚金과 상극되니 官星이 손상되는 것이다. 따라서 공직계통과는 연이 적고 印星이 왕하니 남을 가르치는 직업이다. 천간에 火金이 있으니 생활체육과 연관된 학원이다. 壬午대운에 변업여부(變業與否)를 간명한 것인데, 壬水대운은 본시 희신운이나 丙壬 沖하여 손상되니 노력한 만큼의 성과가 나오지 않는 것이다. 午火대운 역시 길하지 못하니 변업(變業)이나 재투자는 불가한 것이다.

庚金(三冬)

◉ 三冬은 水氣가 왕한 때이니 금한수냉(金寒水冷)하다. 丁火가 없으면 제련하지 못하고, 丙火가 없으면 金을 따듯하게 만들지 못한다.

◉ 火로 金을 따듯하게 만들고 土로 배양하면 길하다. 官印이 투출하여 官印相生 되면 복록이 크다.

十月(亥月) 庚金

◉ 수냉(水冷)하고 금한(金寒)하니 丁火가 아니면 하련(煆煉)을 하지 못하고, 丙火가 아니면 따듯하게 하지 못한다.

◉ 丁火, 丙火, 甲木이 투출하고 地支에 水局이 없으면 국가고시에 합격한다. 丙火가 암장(暗藏)되면 의록은 있고, 地支에 亥子水면 己土가 투출하여 水를 극제하면 역시 공명(功名)이 있다.

● 丙火, 甲木이 투출되고 丁火가 없으면 발전이 없고, 丙火, 甲木이 투출되고
   丁火가 암장(暗藏)되면 무관직이나 기술직으로 富를 이룬다.
● 金水가 혼재(混在)되고 丙丁火가 없으면 하천격(下賤格)이다.
   지지 金局에 火氣가 없으면 승도(僧道)이다.

用神 : 丁 甲 丙

壬	庚	辛	丁
食神		劫財	正官
午	子	亥	亥
正官	傷官	食神	食神

甲	乙	丙	丁	戊	己	庚
辰	巳	午	未	申	酉	戌

　庚金 日干이 亥月에 生하여 성질이 냉한(冷寒)하나, 月干에 劫財가 있으니 신약
은 아니다. 年干의 丁火로 용신을 잡아 庚金을 하련(煅鍊)해야 한다. 아쉬운 것은
사주에 食神 水氣가 왕하며, 용신인 丁火를 生해주고 왕한 水氣를 설기시킬 甲木이
투출하지 못하고, 또한 丙火의 투출이 없으니 냉금한금(冷金寒金)이라 大貴를 하지
못했다. 대운이 巳午未 남방 화대운으로 흐르니 小貴를 했다.

(女命)			
戊	庚	己	辛
偏印		正印	劫財
寅	申	亥	丑
偏財	比肩	食神	正印

丁	丙	乙	甲	癸	壬	辛	庚
未	午	巳	辰	卯	寅	丑	子

　금수식상격(金水食傷格)이다. 庚金이 亥月에 生하여 한금(寒金), 냉금(冷金)이니 丙

火가 있어 따뜻하게 해야 하고, 丁火가 있어 제련(製鍊)해야 귀격이 된다. 庚金이 日支 申金에 통근하니 有氣하여 능히 財官을 감당할 만하나, 時支 寅中에 丙火가 암장되었으나 沖을 맞으니 평범한 사주에 불과하다. 時支 寅木은 日支 申金과 충살로 偏財가 손상되고, 月支 亥水 食神은 戊己土에 의해 도식(盜食)되니 財星을 생조할 여력이 없다. 日主가 有氣하고 냉금(冷金)이니 丁火의 하련(煆煉)이 필요하다. 사주원국에 丁火가 없으니 時支 寅中의 丙火로 용신을 잡는다. 용신이 왕하지 못한 것이다. 예술방면의 학원을 운영하고 있다.

대운의 흐름이 寅卯辰巳午未의 희신과 용신운이니 다소 발복이 있었다.

```
(女命)
  戊        庚        辛        壬
 偏印                 劫財      食神

  寅        申        亥        辰
 偏財      比肩      食神      偏印
─────────────────────────────────
甲   乙   丙   丁   戊   己   庚
辰   巳   午   未   申   酉   戌
```

亥月의 庚金은 금한수냉(金寒水冷)하다. 坐下에 祿星을 깔고, 辛金의 부조가 있고, 辰土의 생조가 있으니 왕하다. 따라서 丁火의 제련이 있어야 귀기(貴器)가 되고, 한금(寒金)이니 丙火의 따뜻함이 있어야 한다. 丁火가 투출하지 못했으니 時支 寅中의 丙火를 용신으로 잡는다. 상기는 여명이나 식신생재하여 財福이 많은 命이다. 다만 지지에 辰亥 원진살과 申亥 해살과, 寅申 충살이 있어, 지지 전체를 흔들어 놓고, 효신살, 괴강살, 양착살, 급각살, 화개살, 귀문관살, 망신살, 비부살, 조객살 등의 흉살을 대동하니 神氣가 태동하여 무당의 길을 간 것이다. 丁未와 丙午대운 20년간은 용신운이니 큰돈을 벌었으나, 乙巳대운은 乙辛 충살로 희신이 손상되고, 다시 乙庚합금의 구신운이고, 巳火는 巳亥 相沖과 寅巳申 삼형살이니 밥그릇이 깨지고 흉한 기운이 몸을 치고 들어오니, 손재수와 건강문제로 풍파가 많았다. 이후는 다소 나아질 것이다.

十一月(子月) 庚金

◉ 천기가 매우 차니 丁火, 甲木을 取하고, 다음으로 丙火를 취하여 조난(照暖)케 한다.

◉ 丁火, 甲木, 丙火가 투출하면 국가고시에 합격하고, 丙火가 암장되면 국가고시합격에 준함이 있고, 丙火가 없으면 의록(衣祿)이 있을 뿐이다.

◉ 丁火가 있고 甲木이 없으면 丁火가 약하니 富만 있고, 甲木이 있고 丁火가 없으면 平凡하다.

◉ 丙火가 투출하고 丁火가 암장되면 무관이나 기술직으로 국가의 祿을 얻고, 丁火가 암장(暗藏)되고 甲木이 있으면 무관직은 얻는다.

◉ 丙火, 癸水가 모두 투출하면 평범하고, 丙火가 多出하면 약간의 富는 있으나 청고(淸高)하지 못하고 貴가 없다. 丙火가 지지에 한두 개 암장되면 약간의 富만 있다.

◉ 丙火가 한두 개 투출하고, 日干 좌하(坐下)에 寅木이 있어 寅 中 丙火로 통근되면 官殺이 왕한 것이니 富는 하되 貴가 없다. 다시 癸水의 투출함을 보면 일개 가난한 선비다.

◉ 지지 水局이고 日柱가 왕하고 丙丁火가 암장되면 金水傷官格이니 청아(淸雅)하고 의록(衣祿)은 넉넉하나 반면에 자식이 가난하다.

> 用神 : 丁 甲 丙

庚申日生이 地支에 申子辰 삼합수국을 형성하니 정란차격(井欄叉格)이 되었다. 정란차격은 지지 申子辰이 각각 寅午戌을 沖하여 오므로 財(寅木)·官(午火)·印(戌土)

을 얻게 되는 귀격이다. 이 格은 柱 中에 丙丁이나 寅午戌巳가 있으면 전실(塡實)되어 흉하고, 지지에 申子辰 중 한 자라도 더 있으면 길함이 감소하고, 천간에 庚金이 多出하면 身旺해지니 上格이다. 따라서 대운이나 세운에서 木火運은 길하고 기타는 흉하다. 용신은 月支 子水가 沖해오는 午中 丁火이다.

대운이 寅卯辰巳午未의 희신과 용신운으로 흐르니 크게 발전했다.

戊	庚	戊	乙
偏印		偏印	正財
寅	寅	子	卯
偏財	偏財	傷官	正財

辛	壬	癸	甲	乙	丙	丁
巳	午	未	申	酉	戌	亥

금수상관격(金水傷官格)이다. 庚金 日干이 子月에 生하고 사주에 財星이 많으니 신약이라 생각할 수 있으나, 天干의 戊土 偏印은 地支 寅中에 통근되어 日干을 생조하니 庚金 日干이 약하지 않다. 子月의 庚金은 한금(寒金)이라 丙丁火가 없으면 귀기(貴器)를 만들지 못하니, 地支 寅中의 丙火를 용신으로 잡아 사주상 旺한 財星의 기운을 설기시키고, 한금(寒金)인 庚金을 온난(溫暖)하게 하여 연금(鍊金)할 수 있게 하여야 사주가 중화가 된다.

巳午未 남방 火대운에 水氣를 따뜻하게 하고, 한금(寒金)인 庚金을 온난(溫暖)케 하여 발복되어 부귀를 누렸다.

十二月(丑月) 庚金

● 한기(寒氣)가 태중(太重)하고 습(濕)한 진흙이 많으므로 더욱 춥고 더욱 얼어붙는다. 먼저 丙火를 取하여 해동(解凍)을 하고, 다음으로 丁火의 하련(煆煉)이 있어야 하니 甲木이 적을 수가 없다.

● 丙·丁火와 甲木이 투출되면 대부귀격을 이루고, 丙火가 있고 丁火, 甲木이 없으면 富中貴하고, 丙火가 있으나 丁火, 甲木이 없으면 才士로서 富는 없으나

小貴하고, 다시 癸水가 투출하여 火氣를 극하면 의록(衣祿)은 있으나 평범하다. 丙丁火가 있고 甲木이 없으면, 자수성가하여 무관직, 기술직, 문필가 등으로 발전한다.

⊙ 지지 金局에 火氣가 없으면 승도(僧道)나 빈천하다. 이는 지지에 巳火가 있어도 會局하여 金局으로 바뀌니 丙火가 무력해지는 것이다. 천간에 丁火가 투출하면 巳火에 통근하니 대운이 남방 火地로 흐를 경우 약간의 발전이 있다.

用神 : 丙 丁 甲

癸	庚	己	庚
傷官		正印	比肩
未	戌	丑	辰
正印	偏印	正印	偏印

丙	乙	甲	癸	壬	辛	庚
申	未	午	巳	辰	卯	寅

庚金 日干이 地支에 印星이 중중하니 태강(太强)할 것 같아도 이 사주는 묘(妙)하게도 地支가 辰未戌丑으로 상호간 충살로 배합되어 旺한 印星의 기운을 누그러뜨리고 있다. 印星이 중중해도 坐下에 戌中의 辛金과 庚金 비견이 있으니 從할 수 없다. 억부법을 적용한다. 年支와 日支는 辰戌 충으로 戌中 丁火를 인출(引出)하고, 月支와 時支는 丑未 충살로 未中의 丁火를 인출(引出)하니, 丁火를 用하여 日干 庚金의 旺한 기운을 극제하기가 충분하다. 巳午未 남방 火地의 용신과 희신운으로 크게 발복되어 수복(壽福)이 충만하고 자식이 모두 大貴하였다. 용신은 日支 戌中의 丁火이다.

丙	庚	丁	己
偏官		正官	正印
戌	辛	丑	丑
偏印	劫財	正印	正印

丑月의 庚金은 냉금(冷金)이다. 丑土節은 습(濕)한 진흙이라 더욱 얼어붙으니 먼저는 丙火로 해동(解凍)하고 다음은 丁火로 제련(製鍊)하여 귀기(貴器)를 만든다. 甲木이 있어 丙·丁火를 生하면 귀격이다.

상기는 丙丁火는 투출했지만 己丑土의 印星이 왕한데 甲木이 없으니 약간의 富만 있었다. 天干에 官과 印이 투출했지만 印星이 태왕하여 病이 되고, 丁火 正官은 戌中에 미근(微根)이고 생해주는 甲木이 없으니 正官이 무력하다. 따라서 공직으로 가지 못했다. 대운의 흐름도 子亥酉戌申의 기신과 구신운이니 크게 발복되지 못한 것이다. 壬水대운에 丁壬 合木의 희신운이니 제조공장을 차려 운영했으나 여의치 않았다. 이후 未午巳 火대운은 용신운이니 다소 풀려나갈 것이라 판단한다.

壬	庚	己	乙
食神		正印	正財
午	子	丑	巳
正官	傷官	正印	偏官

壬 癸 甲 乙 丙 丁 戊
午 未 申 酉 戌 亥 子

庚金 일간이 丑月에 생하여 한금(寒金)이다. 지지 巳丑은 천간의 庚金을 끌어와 巳酉丑 삼합금국을 형성하니 日干이 왕하다. 壬水는 지지 子丑에 통근하니 역시 왕하다. 金水가 왕하니 사주가 한습(寒濕)하여 조후기 필요한데 난조지기(暖燥之氣)가 있어야 중화를 이룰 수 있다. 조후(調候)하는 丙丁火가 용신이다. 火氣가 투출하지 못하고 암장되었는데, 지지 巳中 丙火는 巳火가 금국으로 化하니 무력하고, 午中 丁火는 子午 沖으로 손상되니 역시 무력하다. 이처럼 용신인 火氣가 무력하여 태약하고, 대운이 子亥戌酉申의 기신과 구신운이니 평생 잔질이 많았고 종국에는 폐인이 됐던 것이다. 용신은 조후가 급하니 巳中의 丙火로 잡는다.

8. 신금辛金 일간日干

辛金(三春)

◉ 三春의 辛金은 木旺하여 金氣가 쇠절(衰絶)하니 매우 유약하다.
寅月은 金氣가 囚되니 己土로 생조하고 壬水로 습하게 하여 길러주면 길하다.
己土와 壬水가 투출하고 지지에 통근하면 吉命이다. 卯月은 절지이고 金氣가
휴수되니, 먼저 壬水를 쓰고 다음에 甲木을 쓰면 칼끝이 드러나서 나무에 조각
을 할 수 있다. 辰月은 印綬가 왕하여 厚土되니 壬水와 甲木이 투출하면 길하다.
◉ 토다금매(土多金埋)됨을 기피하고, 壬水로 씻어 귀기(貴器)를 드러냄을 좋아한다.

一月(寅月) 辛金

◉ 辛金은 성질이 숙살지기(肅殺之氣)인데 寅月에 쇠갈했기 때문에 약하고, 습윤
(濕潤)하며, 淸하다. 土多하면 금매(金埋)되니 흉하고, 水多하면 귀기(貴器)를 드
러내니 길하다.
◉ 먼저 습니(濕泥)로 자양(滋養)해야 하니 먼저 己土를 쓰고 뒤에 壬水를 쓴다. 己
土는 군왕(君王)이 되고 庚金은 신하(臣下)가 된다. 寅月은 아직 한기(寒氣)가 남
아있으니 丙火도 참작하여 살핀다.
◉ 一月의 辛金은 寅宮에 丙火가 있으니 조후로 용신을 잡지 않고, 또한 휴수(休
囚)되는 때이니 己土의 생함이 필요하고 壬水로 씻어내면 유용하다.
◉ 지지 水局이고 丙火가 없으면 금약침한(金弱沈寒)하니 평범하다.
◉ 己土가 있고 壬水가 없으면 수재(秀才)일 뿐이다.
◉ 己土와 壬水 중 하나라도 투출이 없으면 부귀를 갖추기 어렵다. 丙火가 용신
이면 무직, 기술직, 문장가 등이고, 壬水가 투출했는데 己土나 庚金이 없으면
빈천하다.
◉ 壬水가 출간했는데 己庚이 없으면 辛金의 설기가 태다하니 빈천하다.

| 用神 : 己 壬 庚 |

己	辛	庚	丙
偏印		劫財	正官
丑	酉	寅	辰
偏印	比肩	正財	正印

丁	丙	乙	甲	癸	壬	辛
酉	申	未	午	巳	辰	卯

　辛金 日干이 寅月에 生하였지만 사주에 印星과 比劫이 많으니 日干이 약하지 않다. 辛金은 가공한 금속이요, 귀금속이니 壬水로 씻어내어 貴함을 드러내야 하는 것이다. 寅月의 辛金은 아직 한기(寒氣)가 남아 있으니 丙火도 참간(參看)한다. 상기 사주는 年干의 丙火가 투출했으니 약간의 火氣가 있으나 미력하다. 다만 壬水가 없어 丑辰土의 지장간 中 癸水를 쓸 수밖에 없으니 용신이 약하다. 상기 사주는 己土는 출간했지만 壬水가 없으니 귀격이 되지 못하고 印星이 왕하니 수재(秀才)에 불과했다.

己	辛	庚	辛
偏印		劫財	比肩
丑	卯	寅	巳
偏印	偏財	正財	正官

壬	癸	甲	乙	丙	丁	戊	己
午	未	申	酉	戌	亥	子	丑

　辛金 日干이 寅月에 실기하였다. 地支 寅卯의 財星이 왕하니 比劫인 庚辛金의 형제자매에게 재물을 골고루 분배해주어야 형제간에 다툼이 없는 것처럼, 사주가 中和를 이루게 된다. 따라서 용신은 月干 庚金이다.
　戊酉申 대운은 용신운이라 사업운이 좋았으나 이후는 기신과 한신운이니 흉운이었다.

二月(卯月) 辛金

◉ 양기(陽氣)가 일어나는 시점이니 壬水를 높게 여긴다.

◉ 戊己土를 보면 病이 되니 甲木의 제복(制伏)함을 얻으면, 辛金이 매몰(埋沒)되지 아니하니 壬水가 혼탁(混濁)하지 않다.

◉ 壬水, 甲木이 투출하면 국가고시에 합격하고 현달(顯達)한다. 申中의 壬水를 얻은 者는 무관직이나 기술직이다. 壬水가 없으면 평범하다.

◉ 지지 木局이면 壬水를 설기하니 庚金이 있어야 부귀한다. 庚金이 없으면 平凡하다.

◉ 지지 火局이면 辛金을 녹여 잔질과 요절함이 따르나 두 개의 壬水가 출간하던지, 壬庚이 모두 出干하면 오히려 부귀를 누린다.

◉ 辛金이 그 用이 있으려면 壬水로 씻어 내야하니, 壬水가 필요하다.

◉ 壬水, 戊土가 투출하고, 甲木이 불투(不透)하면 병(病)은 있고 약(藥)은 없으니 평범이다. 혹 乙木이 투출하면 소토(疏土)의 힘이 부족하니 외화내빈(外華內貧)한 命으로 간사하고 이기적인 사람이다.

◉ 壬水가 중중하면 戊土의 제극이 필요하다. 戊土가 없으면 금수왕양(金水汪洋)하니 설기가 태다하여 만사불성한다.

◉ 壬水가 중중한데 丙火가 투출하고 통근되면, 辛金은 壬水의 왕한 기세에 그 기운이 진설(盡洩)되어 壬水로 논한다. 따라서 壬丙이 광휘(光輝)를 상호 보조하니 대부귀격을 누린다.

> 用神 : 壬 甲

甲	辛	己	乙
正財		偏印	偏財
午	酉	卯	卯
偏官	比肩	偏財	偏財

壬	癸	甲	乙	丙	丁	戊
申	酉	戌	亥	子	丑	寅

사주에 財星이 많으니 "재다신약(財多身弱)"사주이다. 재다신약의 경우에는 比劫이 들어와서 왕한 財星의 기운을 골고루 분배하여 줌이 필요하다. 이는 마치 부모의 재산을 형제자매들이 다투지 않게 균등하게 배분해야 한다는 논리이다. 日支 酉中의 庚金으로 용신을 잡는다.

戌酉申 대운에 발복되어 태수(太守)벼슬을 했다. 그러나 사주원국에 食傷인 壬水가 없으니 대를 이을 자식이 없었다. 남명에서도 또한 食傷을 官星과 用神과 時柱와 더불어 자식으로 논하기 때문이다.

丙	辛	己	乙
正官		偏印	偏財
申	卯	卯	酉
劫財	偏財	偏財	比肩

壬	癸	甲	乙	丙	丁	戊
申	酉	戌	亥	子	丑	寅

辛金 日干이 卯月에 절지(絕支)에 해당하니, 비록 印星과 比劫이 있으나 미력하다. 財星은 月令과 日支와 年干에 있어 왕하니, 왕한 財星을 극제(剋制)하는 庚金을 용신으로 잡는다. 대운이 戌酉申 서방 金地의 용신운으로 흐르니 발복되어 中貴를 했다. 日支는 처의 자리인데 辛金 日干이 절지에 해당하니 처와의 연이 박한 것이다. 사주통변상 남명에서 官星과 용신과 食傷과 時柱는 자식으로 논한다. 時支 申中 壬水가 자식인데 일지 卯木과 원진되어 相破되니 자식과의 연 또한 적었던 것이다.

(女命)			
己	辛	癸	丁
偏印		食神	偏官
亥	未	卯	巳
傷官	偏印	偏財	正官

辛	庚	己	戊	丁	丙	乙	甲
亥	戌	酉	申	未	午	巳	辰

辛金 日干이 卯月에 生하여 실기하였다. 地支 亥卯未 삼합목국의 財星을 형성하고. 年柱에 官星이 있으니 日主가 신약하다. 따라서 日主를 부조하는 印星을 용신으로 잡는다. 時干 己土가 용신이다. 天干에 官과 印이 투출했지만 己土 偏印이 목왕절에 득기하지 못했고, 극제 받음이 심하니 印星이 무력하다. 따라서 공직자의 길을 가지 못했고, 학원 강사의 길을 간 것이다. 또한 年柱에 正,偏官이 혼잡되어 있으니 예체능, 이공계, 기술직 계통의 학원이다.

月干 癸水 食神은 밥그릇인데, 年干 丁火와 충살이 되어 왕한 火氣에 극제되어 손상되니 生財할 여력이 없다. 따라서 재물복이 많다 할 수 없다.

壬	辛	己	庚
傷官		偏印	劫財
辰	未	卯	辰
正印	偏印	偏財	正印

丙	乙	甲	癸	壬	辛	庚
戌	酉	申	未	午	巳	辰

卯月은 陽氣가 왕해지는 계절이니 壬水를 중히 여긴다. 卯宮의 지장간 甲木은 月干 己土와 암중에 간합토국을 형성하고, 지지에 두 개의 辰土가 있으니 土가 왕하여 辛金이 매몰될 염려가 있다. 지지 卯未는 반합목국의 財星局을 형성하여 壬水를 설기시키니, 사주가 중화를 이루기 위해서는 庚金을 용하여 왕한 木氣를 극제하고, 중중한 土氣를 설기시키고, 壬水를 생하여, 土氣를 씻어내고 辛金의 귀함을 드러내게 함이 필요하다.

초년 巳午未 대운은 기신운이니 발전이 적다가, 申酉戌 대운은 용신운이니 일약발전이 있었다. 乙酉대운은 乙庚 간합금국의 용신운이고 酉金은 辰酉 육합금국의 용신운이니 이때에 재물을 모았고, 지방 도의원에 당선됐다.

三月(辰月) 辛金

⊙ 戊土가 司令하니 辛金이 정기(精氣)를 얻었다. 모왕자상(母旺子相)하니 먼저 壬水를 쓰고 뒤에 甲木을 쓴다.

⊙ 壬水, 甲木이 투출하면 국가고시에 합격한다.
壬水가 투출하고 甲木이 암장(暗藏)되면 의식(衣食)은 있다.
甲木이 투출하고 壬水가 암장(暗藏)이면 文官외의 길로 부귀한다.
壬水와 甲木이 투출하지 못하면 평범하다.

⊙ 三月은 辰土가 건왕(建旺)하니 辰土는 습토(濕土)로 수고(水庫)가 된다.

⊙ 火旺하면 金을 녹이고 토조(土燥)하면 金이 부스러진다. 水의 조화(造化)가 없으면 辛金이 능히 자존(自存)을 못하니 곤고하다. 대개 辛金은 유약하니 火의 하련(煅煉)을 이기지 못한다.

⊙ 比劫이 중중한데 壬水, 癸水가 약하면 왕한 金氣가 설기가 부족한 것이니 요사(夭死)한다. 甲木이 투출하면 貴하게 되는데 庚金의 破木이 없으면 아주 妙하다.

> 用神 : 壬 甲

戊	辛	丙	癸
正印		正官	食神
子	亥	辰	丑
食神	傷官	正印	偏印

己	庚	辛	壬	癸	甲	乙
酉	戌	亥	子	丑	寅	卯

辛金 日干이 辰月에 生하고 사주에 印星이 중중하니 보조가 太多하다. 土多하면 금매(金埋)되니 壬水가 필요한데, 壬水가 불투(不透)하고 年干 癸水가 투출했으니 이를 용신으로 잡아 왕한 土氣를 씻어내어 辛金이 매몰됨을 막아야 한다. 地支는 亥子丑 방합수국으로 癸水를 보조하니 용신이 왕강하고, 月柱가 관인상생되며, 대운도 丑子亥戌酉의 용신, 희신운으로 흐르니 공명(功名)이 혁혁(赫赫)하여 총독의 지위에 올랐다.

庚	辛	壬	辛
劫財		傷官	比肩
寅	卯	辰	巳
正財	偏財	正印	正官

乙	丙	丁	戊	己	庚	辛
酉	戌	亥	子	丑	寅	卯

　지지에 寅卯辰 방합목국이니 財星이 태왕하다. 천간의 庚辛金은 연지 巳火에 통근했다 하나 같은 宮의 丙火로 인해 극제를 받으니 庚辛金 比劫이 약하다. 따라서 財旺하면 比劫용신을 쓰는 경우가 많으나 상기는 지지 木局의 財星이 왕하니 재다 신약이다. 따라서 印星으로 용신을 잡아 日主를 생조하여 중화를 이룸이 필요하다. 용신은 辰中의 戊土이다.

　財旺하니 己丑, 戊子 용신대운에 은행을 세워 금융계의 거두가 되었으나, 戊寅 년 가을에 비행기사고로 비명횡사했다 한다. 조화원약에 기재된 명조이다. 상관견 관(傷官見官)하니 貴는 적었다. 男命에서 官星과 용신을 자식으로 보는데 財生官하여 官星이 왕하여 자식을 여럿 두었으나, 용신 辰中의 戊土는 寅卯辰 방합목국의 財星으로 바뀌니 아들이 귀했던 것이다. 아들을 늦게 두는 경우는 간명법상 官星이 암장되었거나, 용신이 時柱에 있는 경우, 官殺이 태왕한 경우, 官殺이 혼잡된 경우, 印星이 태왕한 경우, 食傷이 기신, 구신인 경우 등인데 여러 사항을 겸하여 참작하여 판단해야 한다.

(女命)			
癸	辛	庚	乙
食神		劫財	偏財
巳	丑	辰	未
正官	偏印	正印	偏印

丁	丙	乙	甲	癸	壬	辛
亥	戌	酉	申	未	午	巳

지지에 印星이 중중하여 辛金을 생조함이 지나치니 辛金이 흙에 묻힐 염려가 있다. 즉, 토다금매(土多金埋)의 경우이다. 따라서 壬水로 흙을 씻어내어 귀금속인 辛金을 드러내야 하나, 土氣가 태왕하니 우선 소토(疏土)가 급하여, 먼저 甲木이 필요하고 나중은 壬癸水다. 용신은 甲木이 불투(不透)하니 부득이 年干 乙木을 용하나, 庚金과 간합이 있으니 용신이 쇠약하다. 酉金대운에 시골의 땅을 처분하고 편의점 개업을 간명한 것인데, 酉金이 辰酉 합금의 기신운과 巳酉丑 삼합금국의 기신운이니, 심사숙고함이 필요한데 남편의 고집으로 개업을 하였고, 부부 모두 건강문제가 대두되고, 장사가 뜻대로 되지 않아 3년만에 가게를 처분했다. 辰土 正印과 巳火 正官이 空亡이다. 따라서 命主는 부모와의 연이 적었고, 남편과도 연이 적어 부부간 화목함이 적었다. 또한 日支에 偏印이 있으니 고부간의 갈등도 심했던 것이다. 丙戌대운은 丙庚殺의 흉함과 丙辛합수의 희신운이니 一喜一悲하겠고, 戌土대운은 丑戌未 삼형살로 偏印을 刑하니, 가까운 인척의 사망소식이 있거나, 偏印은 사고나 질병, 계약 파기 등의 흉함과 연관된 문서로 간명하니, 본인의 신상에 질병이나 사고 등의 큰 흉화가 예상되는 것이다. 상기명은 土가 구신이라 丑戌未하여 土氣를 刑하면 흉함이 다소 줄어들 것 같으나, 辰戌丑未의 형충은 풀썩하고 먼지만 날 뿐이니 길함이 적은 것이다.

辛金(三夏)

◉ 三夏의 辛金은 火氣가 왕성할 때이니 壬癸水가 존신(尊神)이다.
◉ 巳火節은 壬癸水의 투출과 형충이 없음을 요한다. 癸水는 庚金의 보조가 필요하다.
  午火節은 火氣가 극성하니 壬癸水와 습니(濕泥)인 己土가 필요하다.
  未土節은 화염토조(火炎土燥)하니 壬水가 필요하고 庚金의 보조가 필요하다.

四月(巳月) 辛金

◉ 첫여름을 만나니 丙火의 조열(燥熱)함을 대기(大忌)하고 壬水의 세도(洗淘)함을 기뻐한다.

◉ 지지 金局이고 壬水가 투출하고 甲木이 있어 戊土를 극제하면 국가고시에 합
격한다.

◉ 癸水가 투출하고 壬水가 암장(暗藏)되면 富는 있으나 貴가 없다.

◉ 壬癸水가 암장(暗藏)되고 역시 戊己土가 암장(暗藏)이면 小富이다.

◉ 壬癸水가 없으면 도리어 火가 왕하니 잔질(殘疾)이 많고 곤고(困苦)한 홀아비다.

◉ 壬水가 亥中에 감추어지고 戊土의 出干이 없으면 출세는 한다.
戊土가 있으면 평범하다. 그러나 一位 甲木의 투출이 있으면 의식(衣食)은 있다.

◉ 甲木이 있고 壬癸水가 없으면 부귀가 허망(虛妄)하다. 戊土가 투출하지 못하면
하천격(下賤格)이다.

◉ 巳火節은 宮에 丙戊가 있으니 지지 火局이나 木局이면 不生不長한다. 따라서
반드시 庚壬으로 구제해야 한다.

用神 : 壬 甲 癸

辛金 日干이 巳月에 生하여 실기하였고, 월령 巳火 正官은 年干과 時干의 財星
의 생조를 받으니, 사주가 심히 조열(燥熱)하여 辛金이 무력하다. 따라서 日支 亥中
의 壬水를 용신으로 잡아 조열(燥熱)한 사주를 자윤(滋潤)하고 辛金을 구제(救濟)하여
야 한다. 다만 日支 亥水는 월령 巳火와 巳亥 상충으로 상호 부서지니 亥中의 壬水
가 무력해졌다. 따라서 용신이 무력해진 것이다. 재주는 있으나 복록이 없었다.

丑子亥 북방 수대운에 다소 발전이 있었다.

己	辛	乙	壬
偏印		偏財	傷官
丑	巳	巳	午
偏印	正官	正官	偏官

癸	壬	辛	庚	己	戊	丁	丙
丑	子	亥	戌	酉	申	未	午

地支에 火氣가 왕하니 辛金이 녹아 없어질 지경이다. 年干의 壬水로 용신을 잡는다. 旺火를 극제할 壬水의 뿌리가 약하니 官殺의 망동(妄動)을 순화(馴化)시키기 힘들다. 己土 偏印은 坐下에 통근하고 있으니 印星이 왕하다. 官과 印이 있고 年干에 壬水 傷官이 투출했으니 공직(公職) 중 중학교 미술교사를 지냈고, 대운의 흐름이 申酉戌亥子丑의 희신과 용신운이니 학교장(學校長)을 역임했다. 壬水 傷官이 용신이니 예체능계통의 교사를 한 것이다.

(女命)

辛	辛	乙	壬
比肩		偏財	傷官
卯	亥	巳	寅
偏財	傷官	正官	正財

丁	戊	己	庚	辛	壬	癸	甲
酉	戌	亥	子	丑	寅	卯	辰

辛金 日干이 사화절에 生하여 실기하였다. 日支 亥水는 卯木과 合하려 하나 月支 巳火가 충동질하니 이는 合도 아니고 沖도 아니다. 月支 巳火는 年支 寅木과는 형살이고 日支와는 충살이다. 女命의 官星은 남편인데 상기처럼 형충되면 결혼운이 박하고 이혼수가 높다. 巳火 正官은 財星의 생조를 받으니 왕하다. 따라서 年干 壬水로 용신을 잡아 火氣를 극제하고 辛金을 씻어 귀기(貴器)를 드러내야 한다.

丑土대운은 기신운이니 가정에 다툼이 많았고, 庚金대운에 재산 및 자녀양육 문제로 소송 중에 상담한 명조인데, 庚金이 月干 乙木과 간합금국의 희신운이니 유리

할 것이라 했다. 요구사항의 80%를 승소했다 한다.

　상기사주는 사주에 고신살(孤神殺), 환신살(幻神殺), 교신살(絞神殺), 음차살(陰差殺) 등의 흉살들이 많다. 女命이 이러하면 신기(神氣)가 많은 것이니 인생에 크고 작은 풍파가 예상된다.

　辛金은 가공된 금속이고 귀금속인데 지지에 火氣가 태다하니 녹아 없어질 지경 이다. 조후(調候)가 급하다. 壬水를 용하여 火氣를 억제하고 辛金을 씻어내어 귀기 (貴器)를 드러나게 함이 필요하다. 壬水가 불투(不透)하니 時干 癸水를 용신으로 잡는 다. 癸水는 화왕지절에 태약한 것 같지만 年支 酉金이 생조하고, 태원(胎元)이 丙申 이라 申金 역시 생조하니 태약한 것은 아니다. 官殺이 중중하고 극제하는 水氣가 약하니 남편과의 연이 적다. 戊土대운에 부동산중개업에서 식당으로의 변업(變業) 을 간명(看命)한 것인데, 기신운이니 길하지 못하다. 사주상 水火가 투출했으니 식당 업이 맞지 않는 것은 아니나, 운이 막혀있으니 현업(現業)을 고수함이 좋은 것이다.

五月(午月) 辛金

◉ 壬水, 癸水, 己土를 모두 참간(參看)하여 쓴다.
◉ 壬水, 己土가 出干하고 地支에 子中 癸水가 있는데 沖이 없으면 귀격이 되어 국가고시에 합격하고 권세가 있다.
◉ 壬水가 암장되고 癸水가 투출하면 소부귀한다.
◉ 壬水가 없고, 己土와 癸水가 있으면 이로공명(異路功名 = 무직·기술직·문필)이다.

● 壬水가 없고 癸水와 庚金이 투출하면 조정(朝廷)의 신하가 된다.

● 水, 土가 중중하면 甲木을 봄이 좋다.

● 木, 火가 중중하면 金水의 뿌리가 없으면, 종격(從格)의 이치도 검토하고, 만일 그러하다면 金水運을 만나면 좋지 않다.

用神 : 壬 己 癸

壬	辛	甲	丙
傷官		正財	正官
辰	亥	午	子
正印	傷官	偏官	食神

辛	庚	己	戊	丁	丙	乙
丑	子	亥	戌	酉	申	未

午火가 사령하고 甲木의 생조를 받으니 官殺이 왕하다. 丙午火 官星이 태왕하면 病이 되나, 壬癸水의 극제를 받아 중화되면 귀격이 된다. 辛金 日干은 왕한 火氣에 녹아내릴듯 하니 時干 壬水를 용신으로 잡아 官殺을 극제하고, 辛金을 씻어내어 광채를 드러나게 함이 필요하다. 용신 壬水는 지지 子亥辰에 통근하고 申酉戌亥子丑 희신과 용신대운에 발복되어 중서(中書)벼슬을 했다.

辛	辛	丙	壬
比肩		正官	傷官
卯	亥	午	辰
偏財	傷官	偏官	正印

癸	壬	辛	庚	己	戊	丁
丑	子	亥	戌	酉	申	未

辛金은 흙속에 묻힌 금덩어리요, 火氣로 제련된 가공된 금속이다. 오화절에 생하여 旺火에 녹아 없어질 지경이니 壬水를 용하여 火氣를 극제하고 물로 씻어 貴함

을 드러나게 함이 필요하다. 年干 壬水가 용신이다. 壬水는 오화절에 무력하지만 坐下에 辰土 수고(水庫)를 깔고, 日支 亥水에 통근하니 태약한 것은 아니다. 月柱의 官殺이 病인데, 正官 丙火는 壬水의 극제를 받고 辛金과는 간합수국의 食傷으로 바뀌니 月支 偏官만 남게 되어 사주가 길해졌고, 대운이 申酉戌亥子의 희신과 용신 운이니 일찍 공직에 들어 高官을 지낸 귀격사주이다.

壬子대운에 국회의원 출마를 간명한 것인데, 비록 壬子水가 용신이나, 壬水는 丙壬 沖으로 손상되고, 子水는 子午 沖으로 역시 旺火에 용신이 손상되니 길운이 못되는 것이다. 대운과 세운의 好不好를 논하는 경우에는 사주원국과의 생화극제 관계와 그에 따른 힘의 왕쇠(旺衰)를 면밀하게 검토해야 한다. 국회의원 당선이나 국가고시의 합격문제 등은 대운과 세운에서 공히 용신운으로 들어오고 刑沖 등이 없어야 한다. 즉, 용신의 기운이 손상되지 않고 한결같은 운이어야 좋을 결과가 기대되는 것이다. 또한 사주상 기신이 대운이나 세운과 합되어 용신운으로 강하게 들어오면 이 또한 좋은 결과를 기대할 수 있는 것이다. 특히 日干과 합되어 용신운이면 분에 넘치는 복이 되니 소망하는 바가 대체로 성취된다고 판단할 수 있다.

六月(未月) 辛金

⊙ 己土가 당권(當權)하니 보조가 지나쳐 금빛을 가림을 염려하니, 먼저 壬水를 쓰고 나중에 庚金을 쓴다.

⊙ 壬水, 庚金이 모두 투출하면 국가고시에 합격한다. 투출하지 못하고 지장간에 암장(暗藏)되도 묘(妙)함이 있다. 암장됐다는 것은 지지에 申亥가 있다는 것이다.

⊙ 戊土가 出干하면 甲木의 제지(制止)가 필요하다.

⊙ 未中에 一位 己土가 있어 壬水를 보면 혼니(混泥)가 되어 辛金을 보조하니 오히려 甲木이 없음이 좋고, 甲木이 出干하면 평범하다.

⊙ 戊己土, 甲木의 불투(不透)함이 필요하고, 壬水의 윤토(潤土)해줌과 庚金의 생조가 필요하다.

⊙ 丁火, 乙木이 出干하고 庚金, 壬水가 있으면 귀현(貴顯)한다.

⊙ 未月 辛金이 丁火, 己土가 출간하고, 지지에 申金이 있어 申宮에 壬水가 있고 庚金이 투출하면 국가고시에 합격하여 높은 관직에 오른다. 그러나 壬水가 없

으면 명리가 없다. 丁己는 월령 未宮에 통근하고, 壬庚은 지지 申宮에 있으니, 지지에 반드시 申金이 있어야 壬水를 용하고 庚金이 보조하니 大貴한다는 것이다.

用神 : 壬 庚 甲

甲	辛	丁	壬
正財		偏官	傷官
午	丑	未	辰
偏官	偏印	偏印	正印

甲	癸	壬	辛	庚	己	戊
寅	丑	子	亥	戌	酉	申

辛金 日干이 축고(丑庫)에 있고, 年支 및 月支에 印星이 있으니 보조(補助)가 태다하다. 月干과 時支의 偏官은 地支에 통근되어 있어 왕하나, 月干 丁火 偏官은 年干 壬水와 간합되어 去殺되니 時支 午火 偏官만 남아 귀격사주가 되었다.

사주상 辛金 日干의 보조가 태다하여 금빛을 가릴까 염려되니, 年干의 壬水로 씻어내어 빛을 드러내고, 午火 偏官의 旺氣를 억제하면 사주가 중화가 된다. 壬水는 坐下 辰土 水庫를 깔고 있으니 약하지 않다. 年·月干은 干合되어 合木이라 하지만, 木의 성질을 띠는 것뿐이고, 丁火의 기운과 壬水의 기운이 소멸되는 것은 아니니 年干 壬水를 용신으로 잡는데 아무 문제가 없다. 身旺하고 殺旺하고 印旺하니 사주가 중화를 이루었다. 亥子丑 북방 水대운에 발복되어 大貴했다.

丁	辛	辛	甲
偏官		比肩	正財
酉	未	未	寅
比肩	偏印	偏印	正財

戊	丁	丙	乙	甲	癸	壬
寅	丑	子	亥	戌	酉	申

辛金 日干이 未土月에 生하였다. 未土는 사토(沙土)라 사주에 水氣가 전혀 없으니 生金을 하기 어렵다.

未土月에 화기가 퇴기한다고 하나, 時干 丁火는 月支와 日支의 未土에 통근되고 年柱의 부조를 받으니 맹렬(猛烈)하고 왕강하다. 안타깝게도 사주에 일점 水氣가 없으니 丁火의 火氣를 설기시키고 辛金을 씻어내어 귀기(貴器)를 드러내게 할 방법이 없다. 따라서 사주가 편고(偏枯)되어 평생 빈곤을 면치 못했다. 상기사주는 용신을 끌어올 수밖에 없다. 年支 寅木이 申金을 沖하여 申中 壬水를 끌어올 수밖에 없다. 즉 요충격(遙沖格)을 적용한다. 다만 사주원국에 용신이 없어 요충(遙沖)하여 끌어오니 용신이 태약하다. 따라서 평생 질병과 곤고(困苦)함을 면치 못했다.

```
(女命)
丁          辛          己          戊
偏官                    偏印        正印

酉          卯          未          申
比肩        偏財        偏印        劫財

辛  壬  癸  甲  乙  丙  丁  戊
亥  子  丑  寅  卯  辰  巳  午
```

辛金이 未土月에 生하여 印星이 중중하여 보조가 지나치니 辛金이 흙에 파묻힐 지경이다. 壬水로 씻어내어 辛金을 드러나게 함이 우선이다. 土重하면 금매(金埋)되니 먼저는 甲木으로 소토(疏土)하고 다음이 壬水다. 상기는 地支에 卯未 반합목국이 있어 왕한 土氣를 소토하니, 辛金이 매몰되지는 않는다. 壬水를 용신으로 잡아 土氣를 씻어내고 辛金을 드러내어 사주의 중화를 이루도록 한다. 年支 申中의 壬水를 용신으로 잡는다.

대운의 흐름이 午巳辰卯寅의 구신과 한신운이니 운세가 썩 길하지 못하다.

이후 丑子亥 대운은 용신운이니 잘 풀려나갈 것이라 판단한다.

여명에 印星이 중중하면 결혼운이 적고, 日支와 時支가 沖되면 남편과 자식과의 연(緣)이 적다고 판단한다.

戊	辛	丁	壬
正印		偏官	傷官
子	巳	未	申
食神	正官	偏印	劫財

甲	癸	壬	辛	庚	己	戊
寅	丑	子	亥	戌	酉	申

辛金이 未土月에 생하고 丙丁火가 왕하니 화염토조(火炎土燥)하다. 戊土가 출간하여 辛金을 매몰하고 壬水를 극하여 病이 되었으나, 丁壬 合木으로 戊土를 견제하고, 合殺하여 巳火 正官을 남기니(合殺留官) 사주가 길해졌다. 화염토조하여 조후가 급하니 年干 壬水가 용신이다. 壬水는 坐下 申金에 長生地이고, 다시 申金은 멀리 子水와 반합수국을 형성하여 보조하고, 대운의 흐름이 申酉戌亥子丑의 용신과 희신운으로 흐르니 극귀(極貴)의 명조이다. 청나라 덕종(德宗)의 명조라 한다. 용신이 年柱에 있으니 조상의 음덕이 있는 것이고, 月柱가 관인상생하니 관록이 높고, 초년대운이 희신운이니 어려서 帝位에 오른 것이다.

(女命)			
辛	辛	辛	己
比肩		比肩	偏印
印	丑	未	亥
偏財	偏印	偏印	傷官

戊	丁	丙	乙	甲	癸	壬
寅	丑	子	亥	戌	酉	申

印星이 중중하니 辛金이 매몰될 염려가 있고, 未土月은 삼복(三伏)에 생한(生寒)하나, 아직 火氣가 남아있으니 壬水로 씻어내어 辛金의 귀함을 드러내야 한다. 용신은 亥中의 壬水이다. 지지 亥卯未는 日·月支의 丑未 沖이 있어 삼합국이 형성되지 않는다. 다만 木氣가 남아 있으니 印星이 태왕함을 막을 수 있는 것이다. 사주에 官星이 태약하다. 女命의 官星은 남편으로 논하는데, 未中의 일점 丁火는 丑未 충

살로 인해 손상되니 부부연이 없는 것이다. 月支 未土가 효신살과 화개살을 대동하고 사주에 흉살이 많으니 여승(女僧)이 된 것이다.

丙子대운에 사찰건립 건으로 간명한 것인데, 丙火대운은 丙辛합수의 용신운이니 형제와 친지 및 신도들의 도움으로 사찰을 세웠으나, 이후 子水대운은 子未의 원진살과 해살, 子丑합토의 기신운, 子卯의 형살로 財와 印을 손상시키니 소유권 및 운영문제로 많은 풍파가 있었다.

辛金(三秋)

⦿ 三秋의 申月은 金이 사령하여 왕하니 먼저 壬水를 쓰고 甲木과 戊土를 참간(參看)한다.

⦿ 酉月은 辛金이 건록지이니 반드시 壬水로 설기시켜야 하고 丙丁火를 보면 흉하다.

⦿ 戌月은 戊土가 당권하니 매금(埋金)의 우려가 있다. 먼저 甲木으로 소토하고 다음에 壬水를 취하여 씻어낸다.

七月(申月) 辛金

⦿ 庚金의 사령(司令)을 만나니 자왕(自旺)하다. 戊土의 투출이 없으면 申宮에 壬水와 戊土도 있으니 土가 壬水를 제방(制防)한다. 命이 이와 같으면 官은 청정(淸淨)하나 富는 못한다.

⦿ 戊土가 있고 甲木이 없으면 병(病)이 있고 약(藥)이 없으니 平凡하다. 甲木이 있으면 의식(衣食)은 있다.

⦿ 金이 많으면 水로 설기함이 좋고, 金·水가 중중한데 一位 戊土를 얻으면 도리어 辛金의 用이 된다. 이렇게 되면 甲木을 제극하게 되므로 자연 부귀한다.

⦿ 七月 辛金은 壬水가 많지 않아야 한다. 金水가 대등하니 壬水가 많으면 설기가 태다하여 중화를 이루지 못하기 때문이다.

⦿ 壬水, 甲木이 투출하면 국가고시에 합격한다.

◉ 지지 水局이고 壬癸水가 많으면 金水傷官으로 변하니 반드시 戊土가 하나 있어야 귀격이 된다.

用神 : 壬 甲 戊

癸	辛	壬	甲
食神		傷官	正財
巳	卯	申	午
正官	偏財	劫財	偏官

己	戊	丁	丙	乙	甲	癸
卯	寅	丑	子	亥	戌	酉

辛金 日干이 申月 금왕절에 生하였으니 신왕하다. 月干 壬水와 時干 癸水는 月支 申金에 통근되어 旺하니 따라서 辛金 日干의 설기가 많은 것 같지만, 年干의 甲木과 日支의 卯木이 왕한 水氣를 설기시키어 중화를 이루고, 중화된 水氣가 年支와 時支의 官殺을 제어(制御)하니 사주가 귀격이 되었다. 대운이 酉戌亥子丑의 金水 대운으로 흘러 희신과 용신운이 되니 공명(功名)이 혁혁(赫赫)하였다.

상기사주는 官殺이 잘 억제되었으나 그렇더라도 다소의 혼잡을 면치 못하니 大貴하지는 못했다.

戊	辛	庚	戊
正印		劫財	正印
子	卯	申	午
食神	偏財	劫財	偏官

丁	丙	乙	甲	癸	壬	辛
卯	寅	丑	子	亥	戌	酉

辛金 日干이 申金月에 帝旺地이니 陰日干이 약변강(弱變强)이 되어 陽의 성격을 띤다. 辛金은 가공된 金이니 귀기(貴器)를 드러내기 위해서는 壬水의 세도(洗淘)가

있어야 한다. 따라서 壬水를 용하고 癸水를 용할 수 없는 이치이다. 月支 申中의 壬水가 용신인데 天干에 戊土가 두 개 투출하여 용신인 壬水를 극제하는데 甲木의 출간이 없으니 대귀하지 못했다. 印星이 투출하여 머리는 좋지만 크게 길하지 못하였고, 年柱에 正印과 偏官이 동주(同柱)하여 관인상생하니 무관직이다. 亥子丑 용신 운에 발전하여 총병(總兵)을 지냈다.

八月(酉月) 辛金

◉ 月令이 酉月이라 酉中 辛金이 있어 당권(當權)하고 사령(司令)하였으니 극왕(極旺)하다. 오로지 壬水로 설기하여 유통시킴이 좋다. 戊己土를 보면 생조가 지나치니 甲木으로 소토시켜 줌이 좋다.

◉ 一位 壬水에 甲木이 많아 水를 설기하면 용신이 무력해져 간사(奸邪)한 무리이다. 소리장도(笑裏藏刀=웃음 속에 칼을 감춤)하고 재물에 있어 인색하다.

◉ 辛金이 중중하며, 一位 壬水가 있으며, 甲木이 많은데 庚壬이 투출하면 대부 귀격을 이룬다.

◉ 辛金이 다수 있고, 一位 壬水가 있으며, 庚金이 없으면, 잡란(雜亂)하지 않으니 자수성가하여 富 中 貴를 얻는다. 이런 경우 壬水 상관이 용신이다.

◉ 辛金이 다수 있고, 壬甲이 하나씩 투출하고, 庚金이 없으면 大貴한다. 설혹 풍수가 미치지 못하더라도 무관직이나 기술직으로 관직에 나간다.

◉ 壬水가 중중하여 金氣를 설기하면 戊土가 없음이 좋고, 사수(沙水=불순물)가 동류(同流)하면 분파(奔波)하고 곤고(困苦)하다.
地支에 一位 戊土의 지류(止流)함을 얻으면 재략(才略)이 있고 예술(藝術)이 뛰어나다.

◉ 지지 金局에 比劫이 있고 壬水의 설기가 없으면 丁火를 쓰는 것이 좋다. 丁火가 없으면 무딘금으로 귀기(貴器)를 만들지 못하니 우둔하다.

◉ 지지 金局이고 戊己土가 出干하면, 壬水가 투출하더라도 水氣를 제압할 수 있다. 따라서 전왕격(專旺格)을 이루어 백호격(白虎格)이 되는 것이다. 이때 火가 있으면 破格이다. 서북운은 길하고 동남운은 흉하다.

◉ 一位 壬水의 고투(高透)함을 얻어 旺金의 氣를 설기하면, 수기(秀氣)가 發하니

"일청이 도저(一淸이 到底)"라 한다. 이렇게 되면 재주와 학식이 뛰어나니 국가의 초석(礎石)이 된다.

⦿ 한두 개의 辛金이 있는데 己土가 중중하면 승려가 되고, 地支에 庚金, 甲木을 보면 일생이 평범하다.

⦿ 己土가 중중한데 지지에 甲木이 一位 있으면 衣祿은 있다. 또한 庚丁이 암장되어 있으면 재물로 관직을 사게 된다.

⦿ 乙木이 중중하고 庚金과 壬水가 없으면 재다신약이다. 庚金의 제극이 있으면 富貴한다.

⦿ 金이 추월(秋月)에 生하여 土氣가 중중하면 매금(埋金)되니 구신(救神)이 없는 한 가난하다.

用神 : 壬 甲

辛金 日干이 酉金月에 녹성(祿星)을 깔고 있으니 신왕하다. 더군다나 사주에 印星이 많으니 토다금매(土多金埋)의 상황이다. 壬水를 용신으로 잡아 辛金을 매몰시킬 위험요소가 있는 己未土를 씻어내고, 왕한 金氣를 설기시키어 중화를 이룸이 중요하나, 壬水의 투출이 없으니 月干 癸水를 용신으로 잡는다. 癸水는 亥水에 통근하고 地支 酉金이 수원(水源)은 發하나, 역시 己未土의 극제가 있으니 용신이 왕하지 못한 것이다. 따라서 小貴를 했을 뿐이다.

辛金 日干이 地支에 比劫이 중중하니 신왕사주이다. 억부법을 적용하여 용신을 잡아야 하므로 丙丁火 官星을 용신으로 잡는다. 天干에 官殺이 투출하여 관살혼잡이라 할 것 같으나, 時干 丙火는 日干 辛金과 간합되어 食傷으로 바뀌어 去官되니 年干의 丁火 偏官만 남게 되어 귀격사주가 되었다.

신왕살천(身旺殺淺)하고, 偏官을 부조하는 용신이 없으니 大貴하지 못했다. 용신 偏官은 未午巳 남방 화대운에 용신운으로 흐르니 小貴했다.

상기는 여명의 사주로 앞서 남명의 辛未日柱 사주와는 日支 하나만이 틀릴 뿐이다. 辛金 日干이 酉金月에 득기하였고, 사주에 比肩이 왕하고 印星이 있으니 신왕사주이다. 설기시키는 壬癸水가 용신인데 月干 癸水가 투출했으니 癸水가 용신이다.

亥子대운은 용신운이니 대학을 마치고, 결혼 하였으며, 자영업을 시작하였으나, 丁火대운은 月干 癸水와 丁癸 충살이 되어 食神이 손상되니 뜻한바 대로 풀리지 않았다.

丑土대운은 지지 酉金과 반합금국의 희신운이니 다소 풀려나가겠으나, 이후 寅

卯辰 대운은 한신운이니 크게 발복을 기대하기 어려울 것이라 판단한다.

辛金 日干이 酉金月에 건록지라 當令했으니 극왕하다. 지지의 酉丑 반합금국과 庚金의 투출이 없으면 壬水를 용하여 설기함이 마땅하나, 사주에 金氣가 태왕하니 극제하는 丁火를 용신으로 잡아야 중화를 이룰 수 있다.

乙巳대운은 乙木은 乙辛 沖되고 乙庚 합금의 구신운이고, 巳火는 巳酉丑 삼합금국의 구신운이니 인생에 고락이 많았다.

甲辰대운은 甲木은 甲庚 沖되고 辰酉합금의 역시 구신운이니 발복이 없었다. 壬寅 이후의 대운도 썩 길하지 못하다. 상기인은 偏印이 투출하여 두뇌가 비상하나 운로에서 부조하지 못하니 안타깝게도 平生半作의 명조가 된 것이다.

月干 乙木은 좌우에 沖과 합이 있으니 沖合이 모두 성립되지 않는다. 酉金月에 辛金이 당령하고, 酉丑의 반합금국이 있으며, 庚金의 부조가 있으니 日主가 태왕하다. 설기시키는 壬水로 용신을 잡아야 하나, 壬水가 없으니 日支 丑中의 癸水로

잡는다. 태원(胎元)이 丙子라 子水가 부조하니 용신이 태약하지는 않다. 月干 乙木은 坐下 酉金이 절지(絕地)이다. 乙木은 偏財로 육친에서 아버지로 논하는데 뿌리가 손상되니 아버지가 일찍 돌아가셨다. 時支 寅木 正財가 처인데 군비겁쟁재되니 부부연이 적은 것이다. 쟁재(爭財)되니 재물복도 크지 않다.

子水대운은 子丑합토의 기신운이다. 日支에 偏印이 있어 고부갈등이 예상되는데, 어머니인 偏印과 합하여 기신운으로 들어오니 고부갈등이 심해져 처와 이혼했다.

己土대운은 기신운이니 매사 잘 풀리지 않았다.

丑土대운에 재혼 건을 간명한 것인데, 酉丑 반합금국의 희신운이니 결혼운이 들어오는 것이다.

九月(戌月) 辛金

◉ 戊土가 司令하니 모왕자상(母旺子相)이라 먼저 壬水고, 나중은 甲木으로 소토(疏土)한다.

◉ 戊土가 투출하면 甲木으로 제극하고, 투출하지 못하면 壬水를 쓴다.

◉ 지지 水局에 壬水와 甲木이 투출하면 국가고시에 합격하고 부귀가 따른다.

◉ 火·土가 병(病)이 되면 水木으로 약(藥)을 삼는다.

◉ 戊土가 많고 甲木이 투출하지 못하면 공명(功名)은 없고, 一位 壬水가 투출하면 세토조갑(洗土助甲)하니 貴는 없어도 富는 있다.
  壬水가 투출하고 甲木이 암장되면 小富貴한다.

◉ 甲木이 투출하고 壬水가 암장되면 무관이나 기술직이다.

◉ 己土, 癸水가 투출하고 壬水가 없으면 능히 生金하므로 의식(衣食)은 있고 小貴는 한다. 다만 己土가 많으면 불순물이 많은 것이니 탁부(濁富)됨을 면할 수 없다.

◉ 甲木의 투출이 없고 천간에 丙火가 있어 丙辛 合水가 되면 小富하고, 지지에 辰이 있으면 大富貴한다. 辛金 戌月에 辰이 있다는 것은 壬辰時를 의미하여, 干合 水局이 眞이 되어 용신 壬水가 왕해지니 대부귀격이 되는 것이다.

| 用神 : 壬 甲 |

壬	辛	戊	丙
傷官		正印	正官
辰	未	戌	戌
正印	偏印	正印	正印

乙	甲	癸	壬	辛	庚	己
巳	辰	卯	寅	丑	子	亥

　　사주에 印星이 중중하여 토다금매(土多金埋)의 상황이니, 우선 甲木으로 旺土를 소토(疏土)함이 필요하고, 다음은 壬水로써 金을 씻어내어 줌이 필요하다. 상기사주는 甲木이 없고 지지 未辰 중에 乙木만이 있으니 소토함이 미력하다. 그러나 지지의 土는 辰戌과 戌未로 상호 상극되어 이미 土의 기세가 많이 완화되었다. 時干의 壬水를 용신으로 잡아 중중한 土氣를 물로 씻어내어 辛金을 드러냄이 필요하다. 대운이 水木대운으로 흐르니 사주가 귀격이 되어 벼슬이 지금의 장관에 이르렀다. 丙辛 合水가 壬辰時를 만나 眞이 되어 水旺 진기(進氣)하니 용신이 왕강해져 대귀한 것이다. 丙火 正官 자식이 干合되어 食傷으로 바뀌고, 지장간 丁火 偏官은 상호 相破되니 아들을 두지 못한 것이다.

(女命)			
丙	辛	庚	丁
正官		劫財	偏官
申	未	戌	未
劫財	偏印	正印	偏印

戊	丁	丙	乙	甲	癸	壬	辛
午	巳	辰	卯	寅	丑	子	亥

　　辛金 戌月에 戊土가 사령(司令)하니 土氣가 왕하다. 天干의 丙丁火는 地支 戌未 土를 생하니 土氣가 태왕한 것이다. 토다금매(土多金埋)되니 甲木의 소토(疏土)가 있어야 하고, 다시 壬水로 씻어내어 辛金을 드러내야 한다. 따라서 먼저는 甲木이고 나중은 壬水다. 壬水, 甲木이 天干에 투출하면 귀격인데, 상기는 壬水가 암장되었

고, 未土는 戌土와 상호 刑破되니 未中 乙木도 손상되어 명색을 유지할 뿐이니 평범한 명조다.

地支 申中의 壬水를 쓰는 경우는 또한 지장간에 戊己土가 있으니 壬水가 淸하지 못하다. 그러나 지장간 중 正氣인 庚金의 生을 받으니 水氣가 왕하다. 또다른 지지 亥 中의 壬水보다는 水氣가 왕한 것이다.

天干에 丙丁火의 正, 偏官이 있으니 官殺이 혼잡되었다. 女命의 관살혼잡(官殺混雜)은 대체로 남편복이 적다. 특히 丁火 偏官이 地支 未中에 단단히 뿌리를 박고 있으니, 여명의 偏官은 재혼상대의 남자, 남자 친구, 애인 등으로 보는 것이니 情人이 항시 주변에 있다고 판단한다.

또한 女命에 印星이 많으면 시어머니가 많다고 판단하는 것이니 결혼 이후의 인생이 아름답지 못하고 풍파가 많으리라 판단한다.

◉ 亥子丑 대운은 용신운이니 대과(大過)없이 지냈다.

◉ 甲寅대운은 甲木은 한신운이고, 寅木은 본시 한신이나 時支 申金 희신과 충살로 相破되니 희신이 손상되었다. 흉운이다. 남편의 사업부진으로 재정적으로 어려움이 많았다.

◉ 乙卯대운은 乙木이 乙庚 干合의 희신운과 乙辛 沖으로 희신을 손상시키니 일희일비(一喜一悲) 했고, 卯木은 卯未 반합목국의 한신운이고, 卯戌 合火의 구신운, 卯申의 원진살(怨嗔殺)로 희신이 부서지니 길하지 못할 것이라 예견된다.

◉ 이후 辰巳午 대운도 크게 吉함을 기대하기 어렵다.

印星이 태다하여 病이 되니 공직자의 길을 가지 못하고, 우체국에 근무하다, 중년 이후 자영업을 시작했으나 여의치 못했다.

丁	辛	戊	丙
偏官		正印	正官
酉	未	戌	戌
比肩	偏印	正印	正印

乙	甲	癸	壬	辛	庚	己
巳	辰	卯	寅	丑	子	亥

天干의 官殺이 戌未土에 통근하니 官殺이 왕하다. 더구나 印星이 태다하여 토다 금매(土多金埋)의 상황인데, 甲木의 투출이 없어 소토(疏土)하지 못하고, 사주에 일점 水氣가 없으니 旺한 官殺을 억제치 못하고, 왕한 印星 土氣를 물로 씻어내지 못하니 사주가 하천격이 되고 말았다. 天干의 丙丁火가 없으면 소토(疏土)하는 甲木을 우선 용신으로 잡을 것이나, 火氣가 약한 것이 아니니 火氣를 生하는 甲木 용신을 쓸 수 없다. 행운이 亥子丑이니 행운에서 壬水 용신을 끌어온다.

癸	辛	甲	甲
食神		正財	正財
巳	酉	戌	午
正官	比肩	正印	偏官

壬	辛	庚	己	戊	丁	丙	乙
午	巳	辰	卯	寅	丑	子	亥

天干의 甲木은 지지에 통근하지 못하니 財星이 무력하다. 官星을 生할 여력이 없는 것이다. 지지에 巳午火의 正·偏官이 있는데 巳火는 酉金과 반합금국의 比劫으로 바뀌니 午火 一位 偏官만 남게 되어 공직으로 갈 수 있었다. 경찰직에 근무하고 있다.

月支 戌土 正印은 午火와 반합화국의 官星으로 바뀌니 印星이 무력해졌다. 관인 상생되지 못하니 귀격이 되지 못한 것이다. 地支에 火氣가 왕하고 또한 戌中의 戊土가 日主 辛金을 생함이 왕하니, 壬癸水를 用하여 火氣를 억제하고 土氣를 씻어내어 辛金을 드러냄이 필요하다. 壬水가 없고 癸水가 투출했으니 이를 용신으로 잡는다. 壬水가 없으니 용신이 旺하지 못한 것이다.

亥子丑 북방 수대운은 용신운이라 공직자의 길로 들어서 순탄했으나, 이후 戊寅, 己卯, 庚辰 대운은 기신과 한신운이라 크게 발복되지 못했다. 이렇다 할 승진운이 없는 것이다. 財星이 무력하여 官星을 生하지 못하고, 印星이 합되어 他 五行으로 바뀌어 印星의 역할을 못하니 官運이 왕하지 못한 것이다. 또한 대운의 흐름도 길하지 못하다.

辛金(三冬)

◉ 三冬의 辛金은 한금(寒金)이니 壬水와 丙火를 참간한다.

◉ 亥月은 小陽이라 陽氣가 태동하기 시작하니 먼저는 壬水고 나중은 丙火다.

◉ 子月은 一陽이 생하고 癸水가 사령하며, 한기(寒氣)가 태다하니 丙火와 壬水를 쓰고 水가 왕하면 戊土가 있어야 한다.

◉ 丑月은 二陽이 생하고 己土가 사령하며 동토(凍土)라, 丙火가 없으면 해동(解凍)하지 못하니 生金하기 힘들고 壬水가 없으면 귀기(貴器)를 드러내지 못하고, 水旺하면 戊土가 있어야 한다.

十月(亥月) 辛金

◉ 때가 소양(小陽)을 만나니 양기(陽氣)는 점점 오르고 한기(寒氣)는 점점 내려온다. 먼저는 壬水를 쓰고 다음엔 丙火를 쓴다.

◉ 壬水와 丙火가 투출하면 국가고시에 합격한다.

◉ 辛金은 壬水와 丙火가 있으면 [금백수청(金白水淸)]이라 부르고, 十月이 되므로 발월(發越)하는 것이다.

◉ 亥月은 소양춘(小陽春)이라 하니 木氣가 내적으로 움직인다.

◉ 丙火가 투출하고 壬水가 암장(暗藏)되면 소부귀하고, 丙火가 암장(暗藏)되고 壬水가 투출하면 천금지부(千金之富)가 되고, 壬水와 丙火가 모두 감추어지면 才士이다.

 丙火가 없고 壬水와 戊土가 있으면 富格이고, 壬水가 중중한데 戊土가 없으면 金水가 왕양(汪洋)하게 되니 빈천하다. 그러나 戊土가 출간하고 지지 寅巳에 통근하며 制水하면 국가고시에 합격하고, 戊土가 암장되면 의록(衣祿)이 있을 뿐이다.

◉ 甲木이 많고 戊土가 적으면 예술(藝術)로 치부(致富)한다.

> 用神 : 壬 丙

己	辛	己	辛
偏印		偏印	比肩
亥	巳	亥	巳
傷官	正官	傷官	正官

壬	癸	甲	乙	丙	丁	戊
辰	巳	午	未	申	酉	戌

　辛金이 亥月에 生하여 한금(寒金)이다. 月·時支 亥中에 壬水가 있어 왕하나 己土가 지지 巳火에 통근하여 제방을 쌓으니 水氣는 극제되었다. 다만 한금(寒金)으로는 귀기(貴器)를 만들지 못하니, 地支 巳中의 丙火를 끌어내어 한금(寒金)을 조난(燥暖)하게 하여야 귀기(貴器)를 만들 수 있다. 양신성상격(兩神成象格)이다. 관인상생하니 귀격이며 未午巳 남방 화대운에 발복되어 中貴는 했다.

庚	辛	癸	戊
劫財		食神	正印
寅	酉	亥	午
正財	比肩	傷官	偏官

庚	己	戊	丁	丙	乙	甲
午	巳	辰	卯	寅	丑	子

　금수상관격(金水傷官格)이며, 日支 酉金에 녹성(祿星)을 깔고 있으니 전록격(專祿格)이다. 辛金이 亥月에 생하여 한금(寒金)이다. 亥月의 辛金은 한금(寒金)이니 丙丁火의 따뜻함이 필요하고, 아직 한기(寒氣)가 성(盛)하지 않은 때이니 壬水로 씻어내어 광채를 드러냄이 필요하다. 天干의 戊癸는 年支에 午火를 깔고 있으니 간합 火局이 형성된 것이다. 용신은 丙火인데 火氣가 地支 寅午에 통근되니 火氣가 왕하다. 따라서 용신이 왕강하고 대운이 寅卯辰巳午의 희신과 용신운으로 흐르니 귀격 사주가 된 것이다. 지금의 장관벼슬을 한 사주이다.

丙	辛	辛	壬
正官		比肩	傷官
申	亥	亥	辰
劫財	傷官	傷官	正印

戊	丁	丙	乙	甲	癸	壬
午	巳	辰	卯	寅	丑	子

금수상관격이다. 금수상관격이 귀격을 이루려면 日主가 왕강해야 하고, 亥月은 한월(寒月)이니 火氣가 있어 金을 따듯하게 해주어야 한다. 상기는 丙壬이 투출했고, 壬水는 辛金을 씻어내어 귀기(貴器)를 드러내고, 丙火는 한금(寒金)을 따듯하게 하는데, 壬水는 지지 亥水에 통근하여 왕강하고, 丙火는 亥月에 小陽이라 陽氣가 태동하기 시작하며, 사주원국의 지지에 통근되지 못했지만 태원(胎元)이 壬寅이라 寅中 丙火가 부조하고, 대운에서 역시 보조하니 丙火도 왕강하다. 따라서 丙火와 壬水가 투출하고 왕강하며, 甲戊의 투출이 없어 사주가 잡되지 않으니 극귀(極貴)의 사주이다. 청나라 태종의 명조라 한다.

十一月(子月) 辛金

◉ 월령이 子月이므로 癸水가 세력을 잡아 겨울철의 눈과 얼음이 되니 얼어붙는 것을 꺼리며 丙火를 약하게 한다.

◉ 壬水, 丙火가 투출하고 戊土, 癸水가 없으면 국가고시에 합격하고 국가의 요직을 맡는다.

◉ 壬水가 지장간에 암장되고 丙火가 투출하면 의록(衣祿)이 있다.

◉ 壬水(傷官)가 많고, 戊土가 있어 制水하고, 丙火,甲木이 出干하면 국가의 祿을 얻는다.

◉ 壬水가 많고 丙火, 戊土가 없으면 설기함이 많은 것이니 가난한 선비다.

◉ 壬水가 많고, 甲乙木(財星)이 중중하고, 丙火 官星이 없으면, 日主가 無氣하고 傷官과 財星이 旺하며 한기(寒氣)가 태중한 것이니 반드시 빈한(貧寒)하다.

◉ 지지 水局이고 丙火가 투출하고 戊土가 두 개 투출하여 制水하면 大富貴格을

이룬다.

- 地支에 亥子丑의 방합수국이 있고, 天干에 庚辛金이 있고, 丙戊가 없으면, 日主가 왕한 水氣를 좇아야 하는 것이니 "일행득기격(一行得氣格)"中 "윤하격(潤下格)"으로 부귀쌍전(富貴雙全)이다.

- 지지 金局이고 丁火가 투출하고 甲木의 생조가 있으면 국가고시에 합격한다.

- 運은 金水(서북운)가 길하니 만일 庚辛金이 없고, 甲乙木이 出干하고 丙火, 戊土가 없으면 반드시 승려(僧侶)이다. 즉 比劫이 없고, 財星이 투출하고, 官과 印이 없는 경우는 출가지인(出家之人)의 命인 것이다.

> 用神 : 丙戊壬甲

壬	辛	庚	辛
傷官		劫財	比肩
辰	未	子	卯
正印	偏印	食神	偏財

癸	甲	乙	丙	丁	戊	己
巳	午	未	申	酉	戌	亥

辛金 日干이 子月에 生하여 장생지이니 득령(得令)하였다. 天干의 比劫과 地支에 未辰土의 印星이 있으니 辛金이 왕하다. 상기사주는 子月이라 辛金이 냉금(冷金)이니 丙火가 우선이지만, 사주에 일점 丙火가 없으니 귀격이 되지 못했다. 부득이 時干 壬水를 용신으로 삼을 수밖에 없다. 가신(假神)을 用한 것이다. 따라서 辛金의 수기(秀氣)를 설기시키니 재예(才藝)가 출중했고 인격자였다.

丁	辛	壬	丁
偏官		傷官	偏官
酉	丑	子	亥
比肩	偏印	食神	傷官

```
乙　丙　丁　戊　己　庚　辛
巳　午　未　申　酉　戌　亥
```

　辛金이 子月에 장생을 득하고, 地支 亥子丑의 방합수국이 있으니 辛金 日干의 설기(洩氣)가 태다하다. 子月의 辛金은 한금(寒金)이니 丙丁火가 없으면 쓸 수가 없고, 水旺하니 戊土가 없으면 制水하지 못한다. 상기는 조후와 억부가 모두 필요하니 丙戊를 같이 쓴다. 용신은 水旺한 것이 病이 되었으니 戊土가 藥이 되고 丙火가 보조다. 지지 방합수국이지만 천간에 戊土가 투출하지 못하고, 丙火가 없어 戊土를 따듯하게 하지 못하니 戊土 역시 건실치 못한 것이다. 年·月干의 丁壬은 간합목국으로 地支 亥水에 통근하나, 亥中의 甲木은 습목(濕木)이니 왕한 水氣를 설기시킴이 약하니 사주의 중화를 이루는데 유용하지 못하다. 따라서 과거시험에 합격은 했으나 관직에 나가지는 못했다. 대운의 흐름도 戊酉申의 구신운이니 크게 발복되지 못한 것이다.

十二月(丑月) 辛金

◉ 한냉(寒冷)이 심하므로 반드시 먼저 丙火를 쓰고 뒤에 壬水를 쓴다. 丙火가 없으면 해동(解凍)이 어렵고, 壬水가 없으면 씻어내질 못하니 丙火, 壬水가 出干하면 국가고시에 합격한다.

◉ 壬水와 丙火 중 어느 하나라도 투출하면 衣祿은 있다.

　壬水가 있고 丙火가 없으면 승도나 빈천하다.

　丙火가 있고 壬水가 없으면 富는 있으나 貴가 없다.

　丙火가 중중하고, 壬水가 없고, 癸水가 있으면, 旺한 火氣를 극제함이 부족하니 평범하나 상업으로 발달한다.

> 用神 : 丙壬戊己

戊	辛	己	乙
正印		偏印	偏財
子	丑	丑	丑
食神	偏印	偏印	偏印

壬	癸	甲	乙	丙	丁	戊
午	未	申	酉	戌	亥	子

사주가 대부분 印星으로 이루어져 日干을 생조함이 지나치니 부득이 세력에 從할 수밖에 없다. 이는 종격 중 "종강격(從强格)"에 속한다.

따라서 比劫과 印星運은 길하고, 財星과 官星運은 凶하다. 戌酉申 서방 금대운에 발복되어 大貴를 했다.

己	辛	丁	甲
偏印		偏官	正財
亥	卯	丑	申
傷官	偏財	偏印	劫財

甲	癸	壬	辛	庚	己	戊
申	未	午	巳	辰	卯	寅

辛金 日干이 丑月에 生하여 통근되고 年支의 劫財가 있으며 時干 己土 印星이 있으니 신왕하다. 다만 丑月은 비록 二陽이 뜬다 하나 아직 天地가 차니 辛金 日干은 냉금(冷金)이다. 丙火를 용하여 辛金을 해동(解凍)하여 귀기(貴器)를 만들어야 하나, 사주에 丙火가 없으니 月干 丁火를 용신으로 잡는다. 丁火 용신은 地支의 亥卯 반합목국과 年干 甲木의 생조를 받아 약하지 않다. 다만 丙火에 비하여 해동(解凍)의 힘이 약하고 용신이 偏官이니 무관(武官)의 길을 갔다. 기쁜 것은 용신 丁火를 生하는 희신인 財星이 왕강하니 무관(武官)으로 대장(大將)의 위치까지 올랐다.

辛金 日干이 丑月에 生하여 地支에 辰酉 육합금국과, 酉丑 반합금국이 있으니 사주에 金氣가 태다하다. 日干 辛金이 왕한 金氣를 從할 수밖에 없다. 사주에 比劫이 많은 것이니 "종왕격(從旺格)"이고, 日主의 기운을 설기하는 오행이 있으면 이를 용신으로 잡으니 용신은 壬水이다.

辰土대운은 日支 酉金과 육합금국의 희신운이니 이때 결혼했다. 乙木대운은 한신으로 용신 辛金과 충살이 되니 흉운으로 부부간의 다툼이 잦아 이혼수가 높다. 女命에서 용신은 官星과 더불어 남편을 의미하는데, 세운이나 대운에서 용신을 충극하고 들어오면 이혼수가 높은 것이다. 이후 巳午未의 火대운 역시 구신운이니 크게 발복을 기대하기 어렵다.

9. 임수壬水 일간日干

壬水(三春)

◉ 三春의 壬水는 눈이 녹아 물이 모이는 상이나 아직 水性이 유약하고 또한 한기(寒氣)가 남아 있으니, 庚金으로 수원(水源)을 발하고 丙火로 따듯함이 필요하다.

◉ 水旺하면 戊土로 제방을 쌓고, 木旺하면 庚金으로 극제하여 물줄기를 이어준다. 한기가 남아 있으니 丙火도 귀히 여긴다.

一月(寅月) 壬水

◉ 壬水가 왕양(汪洋)한 상(象)이니 능히 百川에 흐르는 물을 모은다. 그러나 水性이 유약하니 庚金의 근원이 있으면 좋고, 또한 寅月의 壬水는 한기(寒氣)가 남아있으니 丙火로 한기를 제거하고, 戊土가 있어 壬水의 분탕(憤蕩)함을 막으면 왕양무도(汪洋無道)까지는 가지 않는다.

◉ 庚金, 戊土, 丙火가 出干하면 국가고시에 합격하고 국가의 중책을 맡는다.
庚金, 戊土가 투출하고 丙火가 암장되면 부귀한다.
庚金만 투출하고 相破가 없고 戊土, 丙火가 암장되면 소부귀한다.
庚金과 戊土가 암장되고, 丙火가 寅木의 지장간에 있어도 관록(官祿)이 있다.
一位의 庚金이 투출하면 공명(功名)은 있다.

◉ 壬日生으로 比肩과 양인살(羊刃殺)이 없는 者는, 대체로 戊土를 쓰지 아니하고 오직 庚金을 쓰고 丙火로 돕는다.

◉ 比劫이나 庚辛金이 있으면 생조받음이 많은 것이니, 戊土의 제복(制伏)함이 필요하고 그러하면 국가고시에 합격한다.
戊土가 감추어지면 수재(秀才)이고, 무관직이나 기술직으로 발달한다.

◉ 辛金이 있고, 丙火가 出干하고, 干合이 없으면 묘(妙)함이 있다.

◉ 地支에 많은 戊土를 보고 甲木이 出干하여 잘 제극하면, 이를 일러 일장당궐(一將當關)이라 하니 군사(群邪=사악한 무리)가 스스로 엎드린다. 또한 광명뇌락(光明磊落=공명정대한 기상)하니 이름이 백관(百官)의 上에 이른다.

◉ 지지 火局이면 壬水가 때를 만나지 못했으니 명리(名利)가 허망(虛妄)하고, 표리부동(表裏不同)하고, 단지 문장(文章)으로 세상을 놀라게 할 뿐이다.

用神 : 庚 丙 戊

庚	壬	丙	己
偏印		偏財	正官
子	辰	寅	巳
劫財	偏官	食神	偏財

己	庚	辛	壬	癸	甲	乙
未	申	酉	戌	亥	子	丑

壬水 日干이 地支에 子辰 반합수국과 庚金 偏官이 있어 왕한 것 같아도, 月干의 丙火가 地支 巳火와 寅木에 통근하여 뿌리가 있어, 日干 壬水와 충극하니 日干 壬水는 왕한 중 약하다. 따라서 壬水의 물줄기를 연결해주는 時干 庚金을 용신으로 잡는다.

壬水 日干에 己土는 물을 탁(濁)하게 하여 청수(淸水)하지 못하게 하니 富는 있으니 貴는 적었다. 戌酉申 용신대운에 발복되어 富를 이루었으나, 貴는 己土 正官이 희신이나 寅月에 木의 극제(剋制)가 심하여 無力하니 높지 않았다.

辛	壬	庚	丙
正印		偏印	偏財
亥	寅	寅	子
比肩	食神	食神	劫財

丁	丙	乙	甲	癸	壬	辛
酉	申	未	午	巳	辰	卯

壬水 日干이 寅月에 生하여 실기하였고, 地支 寅亥 合木의 食傷이 있으니 日主의 설기가 태왕하다. 天干에 庚辛金의 印星이 있으니 寅月 木旺之節에 고갈될 염려가 있는 壬水의 수원(水源)은 發하였다. 그러나 寅月의 壬水는 아직 한수(寒水)이니 丙丁火가 없이는 壬水가 가치를 발휘할 수 없다. 年干의 丙火를 용신으로 잡아 한수(寒水)를 따뜻하게 하고, 왕한 木氣를 설기시켜 사주의 중화를 이룸이 필요하다. 용신 丙火는 月令 寅木에 통근하니 용신이 왕강하여 귀격이 되었다. 대운의 흐름이 卯辰巳午未의 희신과 용신운이니 크게 발복된 것이다. 도독(都督)의 벼슬에 오른 명조이다.

壬	壬	壬	壬
比肩		比肩	比肩
寅	辰	寅	寅
食神	偏官	食神	食神

己	戊	丁	丙	乙	甲	癸
酉	申	未	午	巳	辰	卯

　임기용배격(壬騎龍背格)이다. 壬辰日生이 지지에 辰이나 寅이 많은 것인데 辰의 경우 戌土를 沖하여 와서 戌中의 丁火와 戊土로 財官을 삼는 것이다. 천간의 一氣 壬水는 辰土에 미근(微根)이 있고, 寅辰 사이에 卯木이 탄함(呑陷)되어 있으니 지지 전체가 목국을 형성하고 있다고 보아야 한다. 따라서 壬水가 지지 寅木 食神을 생하여 食神이 태왕한데 사주가 중화를 이루기 위해서는, 오행의 기운이 상생유통됨을 요하니, 寅中 丙火 財星을 용하여 旺木의 기운을 설기시켜야 한다. 그러면 水生木, 木生火, 火生土로 干支가 상생을 이루어 사주는 자연히 중화가 된다. 食神이 왕하여 生財하고 대운이 卯辰巳午未의 희신과 용신운이니 富格을 이루었다.

壬	壬	壬	壬
比肩	比肩	比肩	比肩
寅	寅	寅	寅
食神	食神	食神	食神

戊	丁	丙	乙	甲	癸
申	未	午	巳	辰	卯

　육임추간격(六壬趨艮格)이다. 壬水 日主가 지지에 寅木을 많이 만나면, 寅中의 甲木이 己土를 암합(暗合)하여 己土 正官을 끌어오고, 또한 寅中의 丙火가 辛金을 암합(暗合)하여 辛金 인수(印綬)를 끌어오니 관인상생되어 귀격이 된다는 것이다. 단, 사주에 午火나 申金이 없어야 하고, 財官이 전실(塡實 = 사주에 다시 財官이 있는 것을 말함)됨을 大忌한다. 午火는 반합화국이 되니 전실되고 파격이 되며, 申金은 寅申 沖이 되니 역시 파격이 되는 것이다. 또한 壬水 日干의 녹성(祿星)은 亥水에 있는데,

寅木이 亥水를 암합(暗合) 해오므로 합록격(合祿格)도 겸하여 성립되는 것이다.

天干一氣 壬水가 地支一氣 寅木을 일로 生하고, 寅木은 팔괘상 艮宮이라 따라서 추간(趨艮)이라 칭한 것이다.

壬水 日干이 寅月에 生하여 실기하였다. 寅月의 壬水는 아직 한기가 남아있으며, 지지 전체가 食神이니 壬水 日干의 설기가 태다하여 日干이 무력하다. 사주가 중화를 이루려면 왕한 寅木 食神의 기운을 설기시켜야 하니 月支 寅中의 丙火를 용신으로 잡는다. 용신은 月令을 차지하고 食神의 생조를 받으니 용신이 왕강하다. 대귀격이다. 대운의 흐름도 卯辰巳午未의 희신과 용신운이니 크게 발복된 것이다. 申金대운에 寅木 희신을 충극하니 관직이 파직되고 사망했다.

```
(女命)

丙        壬        丙        己
偏財               偏財      正官

午        午        寅        巳
正財      正財      食神      偏財
─────────────────────────────
癸   壬   辛   庚   己   戊   丁
酉   申   未   午   巳   辰   卯
```

지지 寅午가 반합화국을 형성하고 지지에 火氣가 태다하여 염상격(炎上格)을 이루었으나 월령이 寅木이니 때를 잃었다. 이런 경우는 대운이 동남운으로 흘러 용신을 부조해야 사주가 길해진다. 巳午未 남방화대운에 발복이 됐다. 丙火와 寅木이 용신과 희신이니 이것의 물상으로 직업을 삼는다. 미용실, 인테리어, 포목점, 문방구, 인쇄업, 화방 등이 선천직업운이다. 己土 正官은 남편이고, 寅木 食神은 자식이다. 寅木 자식은 旺火에 寅巳 형살을 맞고, 寅午 반합화국으로 化하니 아들을 잃거나 아들이 손상되는 경우이다. 己土 正官 남편은 旺火에 水氣가 태약하니 더욱더 건조해진 조토(燥土)로 산산이 부수어지는데, 다시 月令 寅木 자식의 극을 받으니 자식이 태어남으로써 아버지를 극하는 것이다.

辛未대운은 辛金이 丙火와 간합수국의 기신운이니 흉화가 예상된다. 이것은 격화지염(激火之炎=火氣가 왕한데 일점 水氣를 가하면 火氣가 더욱더 분동한다는 뜻)이라 하는데, 염상격이 이런 경우는 그 흉화를 가늠하기 어렵다. 女命에서 희신을 자식으로도 논하는데, 寅木 食神인 자식이 들어오는 세운에는 寅木이 劫殺과 교신살(絞神殺)을 대동하여 寅巳 형살이 되니 반드시 자식에게 탈이 생기는 것이다.

二月(卯月) 壬水

◉ 卯月의 壬水는 한기(寒氣)가 모두 제거되니 물이 맑고 깊다. 따라서 戊土로 제방(堤防)을 하고, 辛金으로 수원(水源)을 發하고 庚金으로 돕는다.

◉ 戊土와 辛金이 투출하면 국가고시에 합격한다.
戊土가 투출하고 辛金이 암장되면 衣祿이 있다.
戊土와 辛金이 암장되고 甲木과 丁火의 투출이 없으면 수재(秀才)이다.

◉ 지지 木局이고 庚金이 出干하면 국가고시에 합격한다. 庚金이 암장되어 있으면 무관직이나 기술직이다.

◉ 甲乙木이 出干하고 火가 중중하면 목성화염(木盛火炎)이니 日主가 약해지므로, 比肩, 양인살(羊刃殺)이 있으면 다시 日主가 有氣해져 길한데, 이 경우 木氣가 투출하면 수기유행(秀氣流行)되어 좋다.

◉ 比肩(水)이 많고, 戊土가 있으면 土가 물길을 막으니 복록(福祿)과 수명(壽命)이 온전하다 하였다. 만일 戊가 없으면 수범목부(水汎木浮)라 일생이 곤고(困苦)하다.

◉ 甲乙木이 거듭 보이고 比劫이 없으면 日主가 無氣하니 일생이 곤고하다. 만일 庚辛金이 있으면 가난은 면할 수 있다.

用神 : 辛 戊 庚

庚	壬	己	庚
偏印		正官	偏印
戌	寅	卯	午
偏官	食神	傷官	正財

丙	乙	甲	癸	壬	辛	庚
戌	酉	申	未	午	巳	辰

壬水 日干이 卯月에 生하여 실기하였다. 庚金이 두 개가 투출했다 하나, 地支 寅午戌 삼합화국을 형성하여 財가 왕해져 印星인 庚金을 극제하니 庚金 印星이 태왕한 것은 아니다. 따라서 壬水 日干의 수원(水源)을 발하여 왕한 火氣를 억제하고, 日干을 생조하여 중화를 이루기 위해서는 印星이 필요하다. 辛金을 우선 用하나 辛金이 없으니 時干 庚金을 용신으로 잡는다. 사주원국에 正·偏官이 있어 관살혼잡(官殺混雜)된 듯하나, 時支 戌土 偏官은 寅午戌 삼합화국의 財星으로 바뀌니, 月干 己土 正官만 남아 귀격이 된 것이다. 食傷이 生財하고, 다시 財가 官을 生하고, 官이 印을 생하여 관인상생(官印相生)되어, 財·官·印이 모두 旺하니 지방장관의 벼슬을 했다.

대운의 흐름이 申酉戌의 용신운이니 도독(都督)의 벼슬에 올랐다. 地支 寅午戌 삼합국은 월령이 卯木이라 때를 잃었지만, 卯月은 火氣를 생하는 계절이고, 지지에 상극되는 오행이 전혀 없으니 삼합화국이 성립된 것이다.

丁	壬	己	庚
正財		正官	偏印
未	寅	卯	辰
正官	食神	傷官	偏官

丙	乙	甲	癸	壬	辛	庚
戌	酉	申	未	午	巳	辰

壬水가 卯月에 생하여 地支에 寅卯辰 방합목국을 형성하니 日主의 기운을 설기함이 극심하다. 또한 壬水는 時干 丁火와 간합목국이 되니 印星의 부조가 없이는 日干 壬水가 살아남기 힘들다. 따라서 용신은 왕한 木氣를 전벌(剪伐)하고 壬水의 수원(水源)을 발하는 年干 庚金이다.

용신 庚金은 坐下 辰土의 생을 받으나, 時干 丁火의 극제가 있으니 용신이 왕강하지 못하다. 丁火는 壬水와 간합목국이 되며, 地支 寅未에 통근하니 약하지 않다. 따라서 능히 庚金의 기운을 손상시킨다. 용신이 왕강하지 못하고, 官殺이 혼잡되었으며, 중년까지의 운이 辰巳午未로 구신과 기신운이니 부귀가 크지 못한 것이다.

丁火 正財는 간합되어 食傷으로 바뀌어 官星을 생함이 약하니 관록이 크지 못했던 것이다.

甲	壬	癸	丁
食神		劫財	正財
辰	子	卯	丑
偏官	劫財	傷官	正官

丙	丁	戊	己	庚	辛	壬
申	酉	戌	亥	子	丑	寅

壬水가 卯月에 실기하였다. 지지 子卯는 형살이니 子辰 반합수국이 되지 못한다. 時干 甲木이 득령하여 壬水를 설기시키고, 丁壬의 간합목국이 있으니 日主가 왕하지 못하다. 庚辛金으로 수원(水源)을 발하여 중화를 이루어야 한다. 용신은 丑中의 辛金이다.

庚	壬	辛	辛
偏印		正印	正印
戌	戌	卯	丑
偏官	偏官	傷官	正官

甲	乙	丙	丁	戊	己	庚
申	酉	戌	亥	子	丑	寅

수목상관격이다. 壬水가 卯月에 생하여 실기하였고, 지지에 土氣가 왕하여 壬水를 극제함이 심하니 印星을 용하여 日干을 생조하면 중화를 이룬다. 卯月은 한기(寒氣)가 제거되고 수목이 잎과 줄기를 생성하기 위해 물기를 가득 머금으니, 비록 卯月은 壬水의 물줄기가 맑고 깊으나 수원(水源)을 발하는 庚辛金이 없으면 日主가 쇠약해진다. 庚金은 생해줌이 지나치니 辛金을 용신으로 잡는다. 官殺이 혼잡되고 왕한데 극제하는 甲木이 불투하니 길하지 못하다. 天干에 正·偏印이 투출하니 역

시 印星도 혼잡된 것이다. 따라서 官印을 써먹지 못한다. 비록 두뇌가 명민하고 기획력이 있으나 오행이 편고되니 길하지 못한 것이다. 戊酉申대운은 희신과 용신 운이니 다소 발전이 있을 것이다.

三月(辰月) 壬水

◉ 三月의 壬水는 戊土가 사령하니 壬水를 메울까 두렵다. 고로 먼저 甲木을 써서 소토(疏土)시키고, 다음으로 庚金으로 수원(水源)을 발한다. 甲木과 庚金이 간격되어 있어 상호 극제하지 않아야 좋다.

◉ 庚金, 甲木이 투출하면 고시에 합격한다.
　甲木이 투출하고 庚金이 암장되면 수재(秀才)이고, 이 경우 癸水가 투출하여 甲木을 자윤(滋潤)하면 문관외의 길로 조정의 중신이 된다.
　庚金이 투출하고 甲木이 암장되면 의록(衣祿)은 있다.

◉ 一位의 甲木이 암장(暗藏)되면 富는 있다. 一位의 庚金이 암장되어 있으면 平凡하고, 甲木이 없으면 강폭한 무리이고, 庚金이 핍절(乏絕)되면 우둔하고 고집이 세다.

◉ 時干에 丁火가 出干하면 化合하여 火를 돕고 水를 돕지 않으니 평범한 命인데, 庚辛金이 있으면 좋다.

◉ 地支에 사고(四庫＝辰未戌丑)를 이루고 甲木이 부족한 者는, 살중신경(殺重身輕＝官殺이 왕하고 日主가 약함)이니 종신(終身)토록 곤고(困苦)하다.

◉ 辰月은 戊土가 당왕한데 己土가 출간한 경우 甲木이 두 개 있어 土旺함을 극제해야 한다. 이때 甲己는 떨어져있어야 化合하지 않는다.

◉ 水가 旺하고 庚金이 중중하면 보잘 것 없으나, 丙火의 제극이 있으면 길함이 있다.

> 用神 : 甲 庚

甲	壬	甲	壬
食神		食神	比肩
辰	辰	辰	申
偏官	偏官	偏官	偏印

辛	庚	己	戊	丁	丙	乙
亥	戌	酉	申	未	午	巳

임기용배격(壬騎龍背格)이다. 壬水가 辰月에 생하여 실기하였다. 또한 辰中에 戊土가 있으니, 비록 天干에 比肩이 있다하나 日干 壬水가 왕하지 못하다. 다행히 후토(厚土)인 偏官을 甲木 食神이 제살하니 壬水가 흙속에 파묻혀 고갈됨을 면할 수는 있다. 年支 申中의 庚金을 용신으로 잡아 日干 壬水의 수원(水源)을 만들어 줌이 필요하다. 申酉戌 金대운에 용신운으로 흐르니 부귀가 겸전(兼全)했다.

壬	壬	甲	壬
比肩		食神	比肩
寅	辰	辰	辰
食神	偏官	偏官	偏官

庚	己	戊	丁	丙	乙
戌	酉	申	未	午	巳

상기사주는 연해자평(淵海子平)에 임기용배격(壬騎龍背格)으로 설명된 명조이다. 辰土가 많으니 戌土를 암충(暗沖)하여 戌中의 丁火 正財와 戊土 偏官을 끌어오는 것이다. 壬日干이 辰月에 生하여 실기하였고, 辰中의 戊土가 있어 日干을 극제하며, 甲寅木의 食神이 壬水의 기운을 설기시키니 신약하다. 용신은 印星이나 比劫이다. 壬水 比肩을 용신으로 잡으면 甲寅木 食神을 더욱 생조하여 日干의 기운을 설기시키니, 戌中의 辛金을 용신으로 잡아 왕한 官殺의 기운을 설기시키고, 食神을 극제하여 중화를 이룰 수 있다.

용신은 辛金이다. 申酉戌 희신운에 大發하여 재상(宰相)을 지냈다.

壬水(三夏)

⊙ 三夏의 壬水는 無氣하고 火旺土燥하다. 壬水의 물줄기가 끊어지지 않도록 함이 중요하다.

⊙ 比肩과 印星의 조화가 필요하다.

四月(巳月) 壬水

⊙ 丙火가 사령(司令)하니 水가 극약(極弱)하다. 우선 壬水 比肩으로 돕는다. 다음으로 辛金으로 수원(水源)을 만들고, 만일 丙火와 암합(暗合, 丙辛合水)하면 庚金으로 돕는다.

⊙ 壬水, 庚金이 투출하면 국가고시에 합격한다.

⊙ 癸水와 辛金이 出干하고 다시 甲木이 出干하면 의록이 있다. 甲木이 없으면 巳中의 戊土를 극제하지 못하니 부옥빈인(富屋貧人)이다.

⊙ 甲乙木이 많고 庚金이 出干시 제복(制伏)함이 있으면 貴하게 된다. 庚金이 없는 者는 平凡하다. 혹 地支에 水局을 이루면 大貴한다.

⊙ 火가 중중하고 水가 적으면 기명종재격(棄命從財格)이 되니 妻로 인해 富를 축재한다. 이때 癸水가 出干하면 잔질(殘疾)이 많다.

⊙ 丁火가 없고 壬癸水가 많으면 총명하고, 다시 지지에 水局이 있으면 壬水가 약변강(弱變强)이 되어 巳中의 丙火와 戊土가 용신이 되니 대귀격을 이룬다.

> 用神 : 壬庚辛癸

乙	壬	乙	壬
傷官		傷官	比肩
巳	午	巳	寅
偏財	正財	偏財	食神

壬	辛	庚	己	戊	丁	丙
子	亥	戌	酉	申	未	午

壬水가 사화절에 生하여 실기하였고, 地支에 巳午火가 왕하고, 다시 寅午 반합 화국이고, 天干의 乙木이 다시 生財하니 火가 태왕하다. 용신은 比劫이나 印星을 용신으로 잡아야 하는데 壬水가 투출했으니 壬水를 용신으로 잡는다. 상기명은 태원(胎元)이 丙申이라 申中의 壬庚이 용신을 보조하니 귀격이 되었다. 운로가 申酉戌亥子의 희신과 용신운이니 지방장관 벼슬을 했다.

乙	壬	乙	壬
傷官		傷官	比肩
巳	申	巳	寅
偏財	偏印	偏財	食神

壬	辛	庚	己	戊	丁	丙
子	亥	戌	酉	申	未	午

　앞의 명조와 日支 한 글자가 다르다. 壬午日生은 壬水가 무근이지만, 壬申日生은 壬水가 坐下 申中에 통근하니 日主가 왕강해져 귀격이 된 것이다. 日干이 사화절에 生하여 지지에 火가 왕하다. 아울러 天干의 乙木과 지지의 寅木이 巳火 財星을 生하니, 壬水 日干이 天干에 比肩이 있고 日支에 통근되었다 하더라도 왕한 財星을 견제하지 못하니 신약함을 면치 못한다. 壬水 日干의 수원(水源)이 끊어지지 않기 위해서는 比劫과 印星의 부조가 필요하다. 壬水가 투출했으니 年干 壬水를 용신으로 잡는다. 壬水는 日支 申金에 통근하니 용신이 왕강해져 사주가 길해졌고, 대운이 申酉戌亥子의 희신과 용신운으로 흐르니 상서(尙書) 벼슬을 했다.

辛	壬	癸	丙
正印		劫財	偏財
丑	午	巳	辰
正官	正財	偏財	偏官

辛	庚	己	戊	丁	丙	乙	甲
丑	子	亥	戌	酉	申	未	午

壬水가 사화절에 실기하였다. 壬水가 旺火에 고갈될 지경이니 우선 壬癸水 比劫을 생각해야 하나, 月干 癸水는 年柱와 月支의 극제를 받으니 용신으로 쓸 수 없다. 따라서 壬水의 수원(水源)을 만들어 주는 時干 辛金 印星을 용신으로 잡는다. 壬水가 無根으로 有氣하지 못하니 旺財를 감당하기 힘들다. 따라서 결혼운이 적거나 늦게 결혼하게 된다. 대운의 흐름은 용신과 한신운이니 순탄할 것이라 판단한다. 상기는 재다신약격(財多身弱格)으로 이런 명주는 오히려 재를 모으기 힘들다. 또한 妻가 가권(家權)을 장악하게 되고, 대체로 부부간에 성격상 충돌이 많은 편인데, 부부가 직장생활을 하면 다소 나아진다. 이런 이치는 처를 財로 보는데, 사주에 財가 많아 신약인데 결혼하면 또다시 財가 들어오는 것이니 더욱 감당이 안되어 충돌이 잦은 것이다. 따라서 부부가 직장생활을 하여 주말부부로 지내던가, 부부가 같이 붙어있는 시간이 적으면 적을수록 여러 가지 충돌이 적어지는 것이다.

五月(午月) 壬水

⊙ 丁火가 왕하고 壬水가 약하니, 癸水를 取하여 용신을 삼고 庚金을 取하여 돕는다.

⊙ 五月의 壬水는 辛金과 癸水도 역시 淸하니 좋다.

⊙ 庚金, 癸水가 투출하면 국가고시에 합격하고, 壬水가 용신인데 사주에 合沖이 없고 대운이 용신운이면 벼슬이 극품(極品)에 이른다.
  庚金과 壬水가 투출하면 午中 丁火를 극제하지 못하니 大貴하지 못하고 재략과 권세만 따른다. 巳火節은 丙火가 사령하니 극제하는 壬水의 투출이 필요하고, 午火節은 丁火가 사령하니 극제하는 癸水가 투출해야 大貴하는 것이다. 庚金이 있고 癸水가 없으면 평범하다.

⊙ 지지에 火局이 있고 金水가 없으면 종격으로 논하지 않고, 재다신약이니 부옥빈인(富屋貧人)이고, 만일 甲乙木(食傷)이 많으면 日主의 기운을 설기시키니 승려(僧侶)이다.

用神 : 癸 庚 辛

	辛	壬	壬	庚
	正印		比肩	偏印
	亥	寅	午	午
	比肩	食神	正財	正財

己	戊	丁	丙	乙	甲	癸
丑	子	亥	戌	酉	申	未

地支 寅과 亥는 合木이고, 또한 지지 寅午는 반합화국이니, 시지 亥水는 化火되는 것이다. 결국 지지 전체가 火氣를 띄니 財星이 태왕하다. 壬水 日干은 午火節에 생하여 실기하였지만, 天干에 比肩과 印星이 있고, 時支 亥水에 건록이니 미약하지는 않다.

地支에 財星이 旺한 경우에는, 형제자매에게 재물을 분배하여야 분쟁의 소지가 적어지는 이치이니, 月干의 壬水 比肩을 용신으로 잡아 왕한 財星의 기운을 극제하여야 하고, 지지 寅木을 생하여 寅中 丙戊 財官을 왕하게 한다. 용신 壬水는 坐下에 午火가 있어 쇠약하지만, 印星과 比肩이 있고, 대운에서 받추어주니 귀격사주가 된 것이다.

申酉戌亥子丑 金水대운에 용신, 희신운으로 흐르니 상서(尚書)벼슬을 했다.

丙	壬	甲	辛
偏財		食神	正印
午	辰	午	未
正財	偏官	正財	正官

丁	戊	己	庚	辛	壬	癸
亥	子	丑	寅	卯	辰	巳

壬水가 오화절에 생하여 실기하였고, 사주에 財官이 왕하니 신약하다. 따라서 壬水의 수원(水源)을 발하는 年干 辛金이 용신이다. 火氣가 왕한데 庚金과 癸水의 투출이 없으며, 壬水 日干이 有氣하지 못하니 旺火인 財를 감당하기에 부족함이 있다. 따라서 재다신약(財多身弱)의 부옥빈인(富屋貧人)이다. 용신 年干 辛金은 年支

未土가 사토(沙土)니 생조를 받기 힘들고, 日支 辰土는 수고(水庫)를 이루었으나, 月干 甲木의 극제와 午火 火氣의 영향을 받으니 辛金을 생함이 약한 것이다. 다만 壬水 日干이 坐下 日支 辰土 수고(水庫)에 있으니 태약하지는 않고, 辰과 午 사이에 巳火가 탄함(呑陷)되어 巳中의 戊土 偏官과 丙火 偏財를 공래(拱來)하니 재정총장(財政總長)이 된 것이다. 대운의 흐름이 辰卯寅丑子亥의 구신과 한신운이니 크게 발복되지는 못했다.

壬水가 오화절에 생하여 실기하였고, 甲乙木 食傷의 설기와, 偏官의 극제가 심하니 日主가 신약하다. 庚辛金의 생조가 있어야 사주가 중화를 이루나, 年干에 辛金이 투출했으니 이를 용신으로 잡는다. 용신 辛金은 지지에 통근하지 못하고 다만 습토인 辰土의 생조만 있으니 용신이 왕강하지 못하다.

月柱가 식신생재하고 다시 財生官하고, 官生印하고 印生身하여 사주가 상생을 이루고 있다. 天干에 官印이 투출하지 못했으니 다만 財를 바탕으로 명예를 얻는 명조인 것이다. 辛庚대운 용신운에 발복하여 己丑과 戊土 희신운에 지방의 농협조합장에 재선(再選)됐다.

六月(未月) 壬水

◉ 己土가 당권(當權)이니 丁火가 퇴기하였다. 먼저 辛金과 癸水를 쓰고, 甲木으로 소토(疏土)시킨다. 먼저는 辛金이고, 다음은 甲木이고, 나중에는 癸水다.

◉ 辛金, 甲木이 出干하면 국가고시에 합격하여 부귀가 청고(淸高)하고, 甲木이

암장(暗藏)되고 辛金이 투출되면 의록(衣祿)이 있는 생원(生員)이다.

辛金이 암장(暗藏)되고 甲木이 투출되면 文官외의 길로 발달한다.

◉ 甲木, 壬水가 出干하고 庚金의 보조가 있으면 水의 상(傷)함이 없으니 국가의 고위관직을 지낸다.

甲木이 암장되고 壬水가 파(破)당하지 않으면 재략(才略)이 있다.

壬水가 투출하고 庚金이 암장되고 형충이 없으면 수재이고, 火가 있어 庚金을 파하면 淸高하나 곤궁하다.

◉ 地支에 火土가 중중하면 청빈(淸貧)하다.

◉ 己土가 태다하면 가종살격(假從殺格)이니 간사(奸邪)하고 고빈(孤貧)하다. 그러나 甲乙木의 투출이 있으면 구제받는다.

◉ 지지 木局이면 설기가 지나치니 金水를 쓰면 묘(妙)하다.

用神 : 辛 甲 癸

未土月에 丁壬 合木이니 화격(化格)이라 볼 수 있으나, 月支 未土는 年支와 日支의 子水와 子未 형살이 되어 地支를 흔들어 뿌리를 내릴 수 없으니 화격으로 볼 수 없다. 따라서 未中 己土가 당권(當權)하고 사주에 壬癸水의 比劫이 왕하니 극설(剋洩)시키는 甲乙木으로 용신을 잡는다.

時支 亥中의 甲木은 습목(濕木)이니 용신으로 잡기 어렵고, 月支 未中의 乙木으로 용신을 잡는다. 초년운은 申酉戌 기신운이라 고생이 많았다. 辛金 正印이 투출하여 수재(秀才)였으나 기신에 해당하니 크게 발복되지는 못했다. 조화원약(造化元鑰)에 기재된 명조이다.

戊	壬	辛	甲
偏官		正印	食神
申	戌	未	申
偏印	偏官	正官	偏印

戊	丁	丙	乙	甲	癸	壬
寅	丑	子	亥	戌	酉	申

　壬水 日干이 未土月에 생하여 실기하였고 官星이 왕하여 日主를 극제함이 심하니 壬水가 고갈될 지경이다. 용신은 수원(水源)을 발하는 月干 辛金이다. 후토(厚土)를 年干 甲木이 견제하고, 용신 辛金은 年·日·時支에 통근하니 왕하다. 용신이 왕강하고 대운의 흐름도 申酉戌亥子丑의 용신과 한신운이니 크게 발복되어 현재의 지방장관이 된 것이다.

壬	壬	己	癸
比肩		正官	劫財
寅	申	未	巳
食神	正印	正官	偏財

壬	癸	甲	乙	丙	丁	戊
子	丑	寅	卯	辰	巳	午

　壬水 日干이 坐下 申金에 長生을 득하여 득지(得地)했지만, 월령이 未土라 실기하였다. 더군다나 寅申 沖으로 寅木과 申金이 모두 손상되니 申宮의 壬水도 손상되어 天干의 壬癸水가 태왕하다 볼 수 없다. 未土月은 火氣가 退氣하는 계절이지만, 지지 巳未申寅에 戊己土가 있으니 土氣가 왕한 것이다. 따라서 寅中의 甲木을 용하여 旺土를 소토하고, 水氣를 설기시키면 자연 중화를 이룰 수 있다. 未中의 乙木은 허초(虛焦)하니 용신으로 쓸 수 없다.

　寅木 食神이 용신이고 역마살을 대동하고 있다. 일찍 미국으로 이민하여 의류업으로 많은 재물을 모았다. 운로가 辰卯寅의 용신운이기 때문이다. 癸水대운에 정계진출을 간명한 것인데, 癸水는 희신이나 未土月에 힘이 약하고, 歲運의 부조가 없

으니 뜻을 이루지 못했다. 용신의 힘을 100%로 본다면 희신은 70%의 역할 밖에 못한다 판단한다. 국회의원이나 장관 등 고위직의 뜻을 이루려면 용신이 왕강하고, 대운과 세운에서 공히 용신운이거나, 사주원국의 기신을 대운과 세운에서 습되어 공히 용신으로 바뀌는 경우에 가능하다.

未土月은 己土가 당권(當權)하고 천간에 투출하여 日干을 극하고, 日支 寅木이 水氣를 설하니 壬水가 신약하다. 印星을 용하여 日干을 생조하면 중화를 이룰 수 있다. 천간에 官印이 투출하고 관인상생하여 본시 공직자의 명조인데, 正官이 중중하여 偏官으로 바뀌고, 극제하는 甲木이 투출하지 못하여 사주가 일점 탁기(濁氣)가 있다. 따라서 교육직으로 가지 못하고 학원강사의 길로 들어서서 나중에 학원원장이 되었다. 이는 용신 辛金이 酉金의 생조를 받고, 未土가 沙土지만 年支 亥水의 영향으로 습토화(濕土化)되어 辛金을 생하여 용신이 약하지 않았기 때문이다.

壬水(三秋)

● 三秋의 壬水는 淸하나 왕성하지 않으니 印星인 庚辛金이 있어야 하고, 또한 한기(寒氣)가 태동하는 계절이니 丙火의 따듯함이 없으면 壬水가 무용지물이다. 壬水가 왕하면 戊土로 제방을 쌓고, 庚金이 왕하면 丁火로 극제한다.

七月(申月) 壬水

● 庚金이 사령(司令)하니, 壬水가 申에 長生을 얻어 왕강하고 원류(源流)를 이룬

다. 오직 戊土를 쓰고, 다음에 丁火를 취해 戊土를 돕고 庚金을 제지한다. 다만 辰戌中의 戊土를 쓴다. 申中의 病을 가진 戊土는 쓰지 않는다.(申金 지장간에 壬水와 戊土가 있어 서로 상극되고 혼탁하므로 病이 있다는 의미)

◉ 戊土가 여럿 出干하면 甲木의 제극이 있어야 小貴한다. 甲木이 없으면 평범이다.

◉ 年干에 丁火가 출간하면 月柱는 戊申月이니 戊土가 자연 出干하게 되어 국가고시에 합격한다.

戊土가 출간하고 丁火가 암장되면 의록(衣祿)은 있다. 혹 癸水가 투출하여 合火하면 흉하다.

◉ 甲木이 중중한데 庚金이 없으면 부모이별, 고향 떠남, 친척집 의존 등 하천격(下賤格)이다. 申中 庚金이 있어도 구조(救助)를 못한다.

◉ 戊癸合을 꺼리고 地支에 寅午戌 화국이고 年干에 丁火가 出干하면, 戌中 戊土가 火氣를 설하니 衣食은 족하다.

◉ 丁火, 戊土가 지장간에 있더라도 富中 貴는 할 수 있다.

◉ 壬水가 중중하고 戊土가 투출되면 가살화권(假殺化權)이라하고 신선(神仙)처럼 안락하고 권위가 있다. 만약 甲木이 중중하면 평범한데, 庚金이 투출하여 甲木을 제하면 부귀격이다. 庚金이 申 中에 암장(暗藏)되면 힘이 부족하니 의식족(衣食足)이다.

用神 : 戊 丁

壬	壬	庚	戊
比肩		偏印	偏官
寅	辰	申	寅
食神	偏官	偏印	食神

丁	丙	乙	甲	癸	壬	辛
卯	寅	丑	子	亥	戌	酉

壬水 日干이 申金月에 長生을 得하고, 天干에 比肩과 月柱에 印星이 있으니 신

강하다, 억부법을 적용하여 연간 戊土가 용신이다. 지지 寅中의 丙戊가 있어 부조하니 사주가 길해졌다. 천간에 戊庚이 투출하여 殺印相生하니 무직(武職)으로 귀격이 되었다. 천간의 戊庚壬이 월령에 통근하고 왕하니 귀격이 된 것이다.

丙	壬	戊	丁
偏財		偏官	正財
午	辰	申	亥
正財	偏官	偏印	比肩

辛	壬	癸	甲	乙	丙	丁
丑	寅	卯	辰	巳	午	未

壬水 日干이 地支에 比肩이 있고 월령에 長生이고, 申辰 반합수국이 있으니 신강하다. 年干 丁火로 地支 申金 偏印의 물줄기를 극제하여 壬水 日干을 生해줌을 통제하여야 한다. 時干 丙火는 日干 壬水와 沖이 되고, 時支 午火는 日支 습토(濕土)에 회화(晦火)되니 時柱의 火氣는 왕하지 못하다. 따라서 부득이 年干의 丁火를 용신으로 잡는다. 丁火 용신은 坐下 亥水에 극제되나, 時柱 丙午의 부조를 받고, 대운에서 부조하니 吉한 사주가 되었다.

未午巳辰卯寅의 동남 木火대운에 용신, 희신운으로 흘러 상서(尙書) 벼슬을 했다.

癸	壬	壬	甲
劫財		比肩	食神
卯	子	申	午
傷官	劫財	偏印	正財

己	戊	丁	丙	乙	甲	癸
卯	寅	丑	子	亥	戌	酉

壬水가 申月에 長生을 득하여 왕양(汪洋)함을 이루고 比劫이 중중하니 태왕하다. 억부법을 적용하여 戊土를 용해야 하는데, 申中의 戊土는 申子 반합수국의 比劫으

로 化하니 用하기 힘들고, 부득이 水氣를 설기하는 年干 甲木을 용신으로 잡는다. 甲木은 時支 卯木에 통근하니 태약하지는 않다. 월령의 印星이 왕하여, 남을 가르치거나 공직자의 길이 순탄한데, 官星인 戊土가 일점 申宮에 있지만, 同宮의 庚金에 설기되어 쇠약하고, 子辰 반합수국으로 바뀌어 본분을 망각하니 공직자로서 높이 오르지 못했다. 乙木대운 용신운에 관직에 들어섰고, 이후 亥子丁運은 순탄했다. 丑土대운에 승진운을 간명한 것인데, 日支 子水와 육합토국의 구신운이니 운이 길하지 못하다. 戊寅대운에 소망을 이룰 수 있을 것이다.

八月(酉月) 壬水

◉ 辛金이 사령(司令)하니 정히 금백수청(金白水淸)이다.

◉ 戊己土가 있으면 病이 되니 甲木이 出干하여 제극하면 맑아져 학자(學者)의 반열(班列)이다. 혹 甲木이 時干에 出干하면 공명현달(功名顯達)한다.
   甲木이 파목(破木)되면 평범한데, 地支에 庚金이 없어 파목시키지 않으면 수재(秀才)이고, 地支에 申. 亥가 있으면 壬水가 충분(沖奔)하니 甲木을 쓰지 않고 戊土를 쓴다. 甲木을 不用함은 亥中 甲木이 申中 庚金의 剋을 받아 손상되기 때문이다. 이런 경우는 富가 많던지, 재예(才藝)가 많다.

◉ 八月의 壬水는 오직 甲木을 쓰고 庚金으로 발원(發源)을 만든다. 甲木은 壬水의 불순물을 걸러내니 水淸하게 되는 것이다.

用神 : 甲 庚

壬	壬	丁	辛
比肩		正財	正印
寅	辰	酉	酉
食神	偏官	正印	正印

庚	辛	壬	癸	甲	乙	丙
寅	卯	辰	巳	午	未	申

天干의 丁壬은 간합되어 木局으로 바뀌나 월령이 酉金月이고 辰中의 乙木 미근(微根)이 있을 뿐이니 간합의 힘이 태약하다. 地支 辰酉는 반합 금국의 印星으로 바뀌니 日干 壬水를 보조함이 태다하다. 인성다에 요견재성(印星多에 要見財星)이라 했으니 月干 丁火를 용신으로 잡는다. 丁火는 時支 寅木에 통근하고 대운이 未午巳辰卯寅의 용신과 희신운이니 발복된 것이다.

甲	壬	乙	庚
食神		傷官	偏印
辰	子	酉	午
偏官	劫財	正印	正財

壬	辛	庚	己	戊	丁	丙
辰	卯	寅	丑	子	亥	戌

天干의 乙庚이 간합되어 月令과 통근하여 印星이 왕하고, 壬水 日干은 坐下의 子水에 건록이니 有氣하고 신왕하다. 身旺하면 대체로 설기시키는 오행을 용신으로 잡으니 時干 甲木이 용신이다. 時干 甲木은 時支 辰土에 뿌리를 박고 있고, 日主의 생조를 받고, 대운이 亥子丑寅卯辰의 용신과 희신운으로 흐르니 귀격사주가 되었다.

(女命)

庚	壬	丁	丙
偏印		正財	偏財
子	申	酉	寅
劫財	偏印	正印	食神

庚	辛	壬	癸	甲	乙	丙
寅	卯	辰	巳	午	未	申

壬水 日干이 酉金月에 生하였고, 印星이 많으니 보조가 태다하다. 甲木이 투출하여 日主 壬水의 水氣를 유행시키면 귀격이 되나, 상기는 甲木이 암장(暗藏)되어

있으니 평범하다. 年支 寅中의 甲木으로 용신을 잡는다. 寅木은 酉金과 申金의 충극을 받으니 왕하지 못하다.

乙未대운은 乙木이 時干 庚金과 간합금국의 기신운이고, 未土는 구신운이니 연예계 진출을 꿈꾸며 연극영화과에 입학하였고, 재학 중 연예기획사 발탁을 위해 열심히 노력했으나 흉운이니 잘 풀리지 못했다.

甲木대운은 본시 용신운이나 甲庚 충으로 손상되니 길중 흉이 있는 것이고, 午火대운은 본시 한신운인데, 다시 寅午 반합화국의 한신운인데, 時支 子水와 충되어 한신이 부서지니 吉하지 못하다.

辰卯寅 대운은 동방 木運의 용신운이니, 꾸준히 중단없이 노력하며 재능과 실력을 닦으면 중년 이후 빛을 보리라 예상된다.

戊	壬	丁	辛
偏官		正財	正印
申	申	酉	卯
偏印	偏印	正印	傷官

庚	辛	壬	癸	甲	乙	丙
寅	卯	辰	巳	午	未	申

壬水가 酉金月에 생하면 금백수청(金白水淸)하다. 戊土가 출간하면 壬水를 혼탁하게 하니 甲木을 용하여 戊土를 극제하고 壬水의 불순물을 걸러내야 사주가 귀격을 이룬다. 상기는 申酉金이 있어 壬水를 생조함이 지나치니 戊土를 용신으로 볼 수 있지만, 申宮에 戊土가 있어 壬水를 더욱 혼탁하게 하니 戊土를 용할 수 없는 것이다. 인성다에 요견재성(印星多에 要見財星)이라 月干 丁火를 용신으로 잡아, 申酉金이 日干 壬水를 지나치게 생조함을 억제하는 것이 우선이다. 용신은 丁火인데 지지에 통근하지 못하여 왕강하지 못하니 귀격이 되지 못한다.

未午巳 火대운에 용신을 부조하니 소목장을 운영하여 부농(富農)을 이루었으나, 壬水대운 기신운에, 고속철도 건설시 연관된 부지문제가 오랜 기간 소송건으로 이어졌고, 그로인해 스트레스를 많이 받고 건강이 악화되어 위암수술을 받게 됐다.

그 이후는 현업에서 은퇴했으나 길하지 못했다.

九月(戌月) 壬水

◉ 戌月의 壬水는 관대지(冠帶地)라 점차 수왕지절(水旺之節)로 진기(進氣)하니 甲木
으로 용신을 잡고 丙火로 보좌하고 戌土 역시 참간(參看)한다.

◉ 壬水가 중중한데 甲木을 보면 月令 戌中 戌土를 제극하고, 戌土가 出干하면
丙火를 쓰게 되니 청귀(淸貴)가 극귀(極貴)하다. 고로 일장당궐(一將當闕)과 같은
의미이다. 戌土, 丙火가 없으면 묘(妙)함이 없다.
丁火가 出干하고 甲木이 있으면 小貴한다.

◉ 庚金이 투출하면 日主가 왕하여 대체로 甲木 食神이 용신인데 庚金의 破木이
염려되니 丁火가 있으면 小富貴한다. 丁火가 없으면 빈천하다.

◉ 九月 壬水는 오직 甲木을 쓰고 다음으로 丙火를 쓴다.

用神 : 甲 丙

辛	壬	戊	丙
正印		偏官	偏財
丑	辰	戌	寅
正官	偏官	偏官	食神

乙	甲	癸	壬	辛	庚	己
巳	辰	卯	寅	丑	子	亥

사주에 官殺이 태왕하다. 時干 辛金이 있다 하나 土多하여 壬水가 고갈될 염려
가 있다. 먼저는 甲木으로 소토(疏土)하여 制殺하고, 뒤에는 壬水 日干의 물줄기를
연결하는 印星이 필요하다. 年支 寅中의 甲木으로 용신을 잡아 旺한 土氣를 극제하
여야 한다. 壬寅, 癸卯, 甲辰 용신대운에 발복됐다.

庚	壬	甲	己
偏印		食神	正官
子	辰	戌	亥
劫財	偏官	偏官	比肩

丙	丁	戊	己	庚	辛	壬	癸
寅	卯	辰	巳	午	未	申	酉

壬水 日干이 戌月에 생하여 비록 득기(得氣)하지는 못했지만, 亥子水에 통근하고 있으니 득세(得勢)한 것이다. 그러나 사주에 土氣가 중중하여 日干을 극제함이 심하니 신약하다. 우선 甲木으로 土氣를 억제하고, 戌月의 壬水는 한수(寒水)이니 丙火 역시 필요하다. 甲木과 丙火가 투출했으면 귀격사주이다.

상기는 正官이 중중하니 官殺로 본다. 官殺이 왕한 것이니 정비직, 폐기물, 운전직 등의 편업된 직업에 종사한다. 폐기물사업을 하고 있다. 月干 甲木 食神이 투출했으나 年干 己土와 간합토국의 官星으로 바뀌니 食神의 역할을 하지 못한다. 火氣가 왕하지 못하고, 月支 戌中에 일점 미약한 丁火밖에 없으니 재물복이 많은 것은 아니다. 月干 甲木은 己土와 간합되어 본분을 망각하니 용신으로 쓰기 어렵고 年支 亥中의 甲木으로 용신을 잡는다.

中年 이후 辰卯寅 동방 木大運 용신운에 풀려나갈 것이라 예상된다.

庚	壬	壬	戊
偏印		比肩	偏官
戌	戌	戌	戌
偏官	偏官	偏官	偏官

庚	己	戊	丁	丙	乙	甲	癸
午	巳	辰	卯	寅	丑	子	亥

壬水 日干이 戌月에 生하여 실기하였다. 사주에 官殺이 태왕하니 日主가 심히 극제되었다. 壬水는 무근이나 天干에 偏印과 比肩이 있으니 官殺이 왕해도 종(從)할 이치는 없다. 제살(制殺)하는 甲乙木이 전혀 없고, 官殺이 태다하니, 印星을 용하

여 化殺해야 하고, 왕한 土氣를 설기시켜야 중화를 이루니 時干 庚金으로 용신을 잡는다. 사주에 制殺하는 木氣가 전혀 없으니 귀격사주는 못된다. 상기처럼 制殺되지 못한 사주는 인생에 예기치 않은 풍파가 많다.

甲	壬	壬	戊
食神		比肩	偏官
辰	子	戌	寅
偏官	劫財	偏官	食神

己	戊	丁	丙	乙	甲	癸
巳	辰	卯	寅	丑	子	亥

戊土 偏官이 왕하여 日干 壬水를 극제함이 심하니 甲木으로 용신을 잡아 소토(疏土)시켜야 한다. 戌月은 한기(寒氣)가 왕하여 壬水가 寒水인데, 年支 寅中의 丙火가 있어 한수(寒水)를 따듯하게 하니 사주가 중화되어 귀격사주가 되었다. 용신은 甲木이다. 초년대운이 희신과 용신운이니 일찍 등과하여 관직에 올랐고, 운로(運路)가 용신운으로 장구하니 벼슬이 一品에 이르렀다. 조화원약에 기재된 명조이다.

壬水(三冬)

◉ 三冬의 壬水는 水氣가 사령했으니 충분(沖奔)하는 기질이 있다. 따라서 戊土가 요긴하게 쓰이고, 또한 만물이 얼어붙었으니 생동의 기미가 없다. 丙火도 귀중하게 쓰인다.

十月(亥月) 壬水

◉ 亥月에 壬水가 사령(司令)하니 왕(旺)함이 극(極)에 이르러 戊土를 취(取)하여 쓰고 丙火로 보좌한다.
◉ 甲木과 戊土가 투출한 경우 庚金이 甲木을 제지(制止)하면 戊土가 상하지 않

고, 戊土와 庚金이 양전(兩全)하면 국가고시에 합격한다.

甲木이 戊土를 극제하는 경우, 庚金이 없으면 구조(救助)가 없으니 곤궁하다.

◉ 丙火와 戊土가 투출한 경우 火土運은 명리가 있고, 丙火가 있고 戊土가 없으면 평범하고, 戊土는 있고 丙火가 없으면 의록(衣祿)은 있되 재물을 모으기가 힘들다.

◉ 지지 木局이고, 甲乙木이 出干하고, 또한 庚金이 出干하면 부귀하고, 庚金이 없으면 平凡하다.

◉ 지지 水局이고 戊己土가 없으면 일행득기격(一行得氣格) 중 윤하격(潤下格)이니, 서북 金水運은 좋고, 동남 木火運은 위태롭다.

用神 : 戊 庚 丙

癸	壬	丁	乙
劫財		正財	傷官
卯	子	亥	丑
傷官	劫財	比肩	正官

庚	辛	壬	癸	甲	乙	丙
辰	巳	午	未	申	酉	戌

壬水 日干이 지지에 亥子 水氣가 왕하고, 天干에 癸水가 있으니 신왕사주이다. 比劫이 중중하여 신왕하니 왕한 日主의 水氣를 설기시키는 甲乙木 食傷으로 용신을 잡는다. 年干 乙木이 투출했으니 이를 용신으로 잡는다. 대운이 戌酉申未午巳 金火대운으로 흘러 용신의 기운을 극제하고 설기시키는 운이니 다병빈천(多病貧賤)하였다. 水氣가 왕한데 戊土의 극제가 없으니 흉한 命이 되었다. 지지에 子卯 형살이 있으니 亥子丑 방합수국은 형성되지 않는다.

壬水 日干이 亥月에 생하여 득령(得令)하였고, 坐下에 子水 劫財가 있으니 신왕하다. 乙木 傷官이 왕한 水氣를 설기시키며, 年干 己土가 巳中 戊土에 통근하고 水氣를 극제하니 귀격이 되었다. 亥月의 壬水는 한수(寒水)인데 丙火의 난조(暖燥)함이 없으면 활용할 수 없다. 時支 巳中의 丙火가 용신인데, 태월(胎月)이 丙寅月이므로 干과 寅宮 丙火에 통근하고 있으니 용신이 왕하다. 더군다나 대운의 흐름이 未午巳의 남방 火地 용신운으로 흐르니 귀격사주가 된 것이다. 年支 巳火는 巳亥 상충되니 용신으로 쓸 수 없다. 상관생재(傷官生財)하여 財星이 왕하니 재정담당(財政擔當)의 수장(首長)이 된 것이다.

年·月支 丑亥 사이에 子水가 탄함(呑陷)되었으나 지지는 암암리에 天干에 水氣가 중중하니 癸水를 끌어와 亥子丑 방합수국을 형성하고 있다고 판단하여 水氣가 태왕하다. 戊土의 극제가 없으면 旺水의 난동을 막을 수 없다. 丑亥申 중의 土氣는 물기를 가득 머금은 土라 用하기 힘들고, 時支 寅中의 戊土를 용신으로 잡고, 亥月의 壬水는 한수(寒水)이니 丙火로 보조한다. 卯木대운에 별거중인 남편과의 재결합

건으로 간명한 것이다. 丑土 正官 남편은 암암리에 亥子丑의 삼합수국을 형성하여 구신으로 바뀌니 본시 남편과의 연이 적다. 또한 日支 남편궁은 寅申 沖하여 손상되니 남편자리가 부서지는 것이다. 丁火대운은 정임합목의 구신운이니 별거가 시작됐고, 卯木대운은 月支 亥水가 공망(空亡)되어 天干의 壬癸水 역시 힘을 얻지 못했었는데, 亥水와 반합목국이 되어 亥水 空亡이 살아나니 壬癸水가 다시 득세하고, 구신운으로 들어오니 아직 시기가 도래하지 않은 것이다.

본인은 丁卯대운 중 丙戌세운에 戊土가 용신이라 남자가 들어오니 연하남(年下男)을 사귀고 있는 것이다. 연하남인 것은 戊土가 선천수로 5에 해당된다. 甲(9)·乙(8)·丙(7)·丁(6)·戊(5)하여 숫자가 적으니 본인보다 나이가 적은 남자라 판단하는 것이다. 戊辰대운 용신운에 재결합이 가능할 것이다. 간명에서 부부 어느 한쪽이 이혼을 허락하지 않아 별거중일 때, 남명의 財星, 여명의 官星이 상기명처럼 용신이나 희신에 해당하면, 부부 상호간 별거기간 중 애인이 생긴 것이니 별거를 오래하게 되는 경우가 많다. 간명에서 남녀 공히 사주에 水氣가 많은 경우는, 사주에 홍염살(紅艶殺)과 도화살(桃花殺)이 없더라도 대체로 色을 탐하는 경우가 많다.

十一月(子月) 壬水

◉ 양인살(羊刃殺)을 패신(佩身)하니 더욱 왕강하다. 먼저 戊土를 取하고, 다음에 丙火를 取하고, 戊土와 丙火가 출간하면 부귀쌍전(富貴雙全)이다.

◉ 戊土가 있고 丙火가 없으면 의록(衣祿)이 있고, 丙火가 있고 戊土가 없으면 만사불성(萬事不成)이다.

◉ 지지 水局에 丙火가 없으면 戊土가 있더라도 득소(得所)하지 못하여 평범하다. 득소는 지지에 건록·제왕이 있어 왕해지는 것을 말한다. 戊土는 지지에 巳午가 있는 경우이다.

　丙火, 戊土가 암장되면 丙火가 壬水를 해동(解凍)시키고 戊土가 제방을 쌓으니, 대운에서 부조한다면 부귀공명을 이룬다.

◉ 지지 火局이면 신왕재왕하니 大富格이다. 壬癸水가 있는데 丁火가 투출하면 평범하고, 丁火가 두 개 출간하면 쟁합(爭合)하니 명리(名利)를 얻기 힘들다.

用神 : 戊 丙

辛	壬	庚	辛
正印		偏印	正印
亥	申	子	丑
比肩	偏印	劫財	正官

癸	甲	乙	丙	丁	戊	己
巳	午	未	申	酉	戌	亥

壬水 日干이 사주에 印星과 比劫이 중중하니 신강사주이다. 印星이 많아 사주가 신강해진 경우에는 印星을 극제하는 丙丁火 財星으로 용신을 잡아야하는데, 사주상 일점 火氣가 없으니 용신으로 잡을 수 없고, 왕한 水氣를 설기시키는 亥中의 甲木으로 용신을 잡는다. 상기사주처럼 印星이 중중하여 신강사주인 경우는, 壬水 日干을 극제하는 戊土 官星을 용신으로 잡으면 안된다. 이리되면 오히려 왕한 印星을 부조하는 경우가 되어 사주가 파격(破格)이 되는 것이다. 따라서 용신은 甲木이다.

戊酉申 金大運은 기신운으로 흘러 용신을 충극하니, 파재(破財)하고 가업(家業)이 파산되었다.

庚	壬	庚	丙
偏印		偏印	偏財
子	午	子	午
劫財	正財	劫財	正財

丁	丙	乙	甲	癸	壬	辛
未	午	巳	辰	卯	寅	丑

지지 子午는 상호 兩干兩支를 차지하고 서로 상극되니 결국 沖이라 말할 수 없다. 壬水가 子月에 생하여 한수(寒水)이고, 印星이 투출했으니 신강하다. 子月의 壬水는 戊土의 극제가 없으면 富를 얻을 수 없고, 丙火의 따뜻함이 없으면 貴히 사용할 수 없으니 먼저는 戊土이고 나중은 丙火다. 戊土가 불투하니 부득이 丙火를 用한다. 丙火는 지지 午中에 통근하고, 또한 午中에 己土가 있으니 부족하지만 旺한 水氣를 극제하여 어느 정도 水氣의 범람함을 막을 수 있다. 대운의 흐름이 巳午未

남방 火地로 흐르니 귀격을 이루었다.

壬水가 子月에 생하여 양인살을 대동하니 日干이 신강하다. 月干의 甲木은 子月에 水氣를 담뿍 담은 木이라 水氣를 설기함이 부족하다. 따라서 壬水의 왕양(汪洋)함을 극제하기 위해 戊土를 용하여 제방을 쌓아야 한다. 日支 寅中의 戊土가 용신이다. 子月의 壬水는 水氣가 왕하고 한수(寒水)이니 戊土와 丙火를 떠나 용신을 잡기 힘들다. 地支 寅宮의 丙火가 火氣를 더하여 해동(解凍)하고, 戊土가 왕양한 물줄기를 제어하니 길한 명조이다. 古書에 "식신이 유기하면 승재관(食神이 有氣하면 勝財官)"이라 했는데 상기명도 食神이 유기하고 왕하여 길한 것이다. 명문대를 나와 중견기업의 간부인데, 酉金대운에 타 회사의 스카우트 제의에 대해 간명(看命)한 것이다. 酉金이 日支宮 寅木과 寅酉 원진살이 되어 자기 자리를 흔들어 놓으니 옮기고자 하는 생각도 나겠지만, 酉金 한신이 寅木 食神 밥그릇과 상극되어 손상되니 현위치를 고수함이 좋은 것이다.

十二月(丑月) 壬水

◉ 왕성(旺盛)함이 극(極)하면 다시 衰하는 법이다. 上半月은 癸辛(月令 丑의 支藏干)이 주관하므로 왕성하여 오로지 丙火를 쓴다. 下半月은 丑土의 正氣인 己土가 일을 주관하므로 衰하여 역시 丙火를 쓰고, 甲木으로 보조(補助)한다. 丙火가 있으면 해빙(解氷)하여 명리(名利)가 높다.

◉ 丙火, 壬水가 투출하면 국가고시에 합격한다.
  丙火가 없고, 壬水가 투출하면 빈한고독하다.

◉ 丙火와 甲木이 투출하면 고시합격의 運은 있으나 壬水가 불투해야 한다. 甲木이 투출했는데 壬水는 있고, 丙火가 암장되면 평범하다. 그러나 戊土가 있어 制水하면 의록(衣祿)이 있다.

◉ 壬水가 많고 戊土가 出干하면 의식족(衣食足)이다.

◉ 지지 金局에 丙丁火가 없으면 빈천하다.

◉ 時干에 丁火가 투출하면 丁壬의 간합목국이 되는데, 丑宮의 癸水가 丁火를 파하지 않으면 부귀격을 이룬다.

◉ 十二月 壬水는 먼저 丙火를 取하고 다음엔 丁火, 甲木을 보조로 삼는다.

用神 : 丙 丁 甲

甲	壬	丁	甲
食神		正財	食神
辰	辰	丑	午
偏官	偏官	正官	正財

甲	癸	壬	辛	庚	己	戊
申	未	午	巳	辰	卯	寅

壬水 日干이 丑月에 生하여 天地가 차다. 따라서 조후(調候)가 급하므로 丙火가 우선이고 그 다음에는 水氣를 설하는 甲木이다. 상기사주는 年支 午中에 丙火가 있고 月干에 丁火가 투출했고, 또한 丑月에는 二陽이 뜨니 한랭(寒冷)한 中 약간의 火氣는 있는 것이다.

그런데 이 사주에서는 官殺이 중중한 것이 病이다. 그러므로 우선 왕한 官殺의 기운을 억제하고, 다음에는 한수(寒水)를 丙火로 따뜻하게 하여 사주의 전체적인 中和를 이루게 함이 필요하다. 官殺을 극제하는 甲木 食神이 투출하여 천격(賤格)은 면했으나, 丙火의 투출함이 없으니 부득이 용신은 月干의 丁火로 잡아야 하는데, 벽갑(劈甲)하는 庚金이 없으니 丁火를 살릴 수가 없다. 丁火의 힘이 부족하니 사주가 길하지 못하고 빈고(貧苦)했다.

辛	壬	辛	丙
正印		正印	偏財
丑	寅	丑	寅
正官	食神	正官	食神

己	戊	丁	丙	乙	甲	癸	壬
酉	申	未	午	巳	辰	卯	寅

壬水 日干이 丑月에 生하여 천지가 차다. 조후(調候)가 급하다. 年干 丙火로 용신을 잡는다. 丙辛 合水로 水氣를 띤다하나, 丙火는 坐下 寅木에 長生이고, 日支 寅木에 통근하니 용신이 약하지 않다. 丑土 正官은 司令했으니 왕하고, 月干 辛金 印星도 月令의 생조를 받으니 왕하다. 丙火 財星은 丑月에 二陽이 뜨고, 年·日支 寅木의 생조를 받으니 역시 旺하다. 즉, 財·官·印 모두 旺한 것이다. 특히 官과 印이 月柱를 차지하여 왕강하니 귀격사주이다. 다만 甲木이 地支에 암장(暗藏)되어 있으니 옥에 티라 할 수 있겠다.

丑月의 壬水는 얼어붙은 호수다. 丑時는 야시(夜時)라, 달빛이 고즈넉이 얼어붙은 호수위를 비추니 환상적인 장관(壯觀)을 연출하는 것이라, 이른바 "설야등광(雪夜燈光)"이다. 대운의 흐름도 寅卯辰巳午未의 희신과 용신운이니 小富貴했다. 辛金이 간격(間隔)되어 있어, 丙辛 合水의 간합이 없었다면 大富貴했을 것이다.

己	壬	辛	辛
正官		正印	正印
酉	子	丑	丑
正印	劫財	正官	正官

癸	甲	乙	丙	丁	戊	己	庚
巳	午	未	申	酉	戌	亥	子

壬水가 丑月에 生하여 사주가 한습지기(寒濕之氣)로 구성되었다. 우선은 난조지기(暖燥之氣)인 丙丁火가 필요하고, 다음은 壬水가 중첩된 印星의 생조를 받아 태왕하니 戊土로 水氣를 극제해야 한다. 진신(眞神)에 해당하는 丙丁火가 없으니 부득이

가신(假神)에 해당하는 戊己土를 용신으로 잡는데, 己土가 時干에 투출했으니 己土를 용신으로 잡는다. 丙丁火가 없으니 한수(寒水)를 해동(解凍)시키지 못한다. 귀격이 못된다. 사주에 官과 印이 있으나 중첩(重疊)되고, 제극되지 못하고, 일점 火氣가 없으니 모두 써먹을 수 없다. 命主는 酉金대운 한신운에 보석류의 원석(原石) 가공공장을 시작했으나, 이후 丙火대운에 丙辛 合水의 구신운과 丙壬 충으로 丙火 희신이 부서지니 흉운이라 일본업체에 합병되었다.

辛	壬	丁	己
正印		正財	正官
亥	午	丑	丑
比肩	正財	正官	正官

庚	辛	壬	癸	甲	乙	丙
午	未	申	酉	戌	亥	子

丑宮의 辛·己가 천간에 투출했으니 잡기관인격(雜氣官印格)이다. 丑月의 壬水가 水氣가 왕한데, 己土가 출간하여 지지 전체에 미근(微根)이 있어 약하지 않으니, 능히 壬水의 제방을 쌓을 수 있다. 다음은 丙丁火가 있어 해동(解凍)해야 하는데, 丙火가 불투하고 丁火가 투출했으니 丁火가 용신이다. 丁火는 甲木이 불투하여 생조받지 못하니 大貴하지 못했다. 丑月의 壬水는 한수(寒水)이고 亥子丑時生이라면 강호가 얼어붙어 있는데, 밤이라 빛이 고즈넉이 호수위를 비추어 아름다운 광경을 연출하니 이른바 설야등광(雪夜燈光)이라 귀격을 이룬다. 상기는 비록 丙火가 불투하여 해동함이 부족하지만 천간에 財官印이 모두 투출하여 귀격을 이루었고, 대운이 丙乙甲戌의 용신운이니 총독(현재의 지방장관)벼슬을 했다.

10. 계수癸水 일간日干

癸水(三春)

◉ 三春에서 초춘(初春)은 아직 한기가 남아있고, 癸水가 메마르니 먼저는 辛金으로 수원(水源)을 발하고 다음은 丙火로 따뜻하게 한다.

◉ 중춘(仲春) 이후는 木氣가 盛하니 庚辛金으로 돕고, 丁火로 인한 손상됨이 없어야 하며, 火氣가 있어야 꽃을 피우고 성장하니 丙火도 중요하다.

一月(寅月) 癸水

◉ 辛金과 丙火를 쓴다. 辛金으로 癸水의 수원(水源)을 만든다. 만일 辛金이 없으면 庚金을 쓰지만 丙火가 적을 수 없다. 그 이유는 一月은 한기(寒氣)가 남아 있으니 丙火로 따뜻하게 해주어야 하기 때문이다.

◉ 辛金과 丙火가 투출하면 국가고시에 합격하고 높은 관직에 오른다.

◉ 辛金이 우선이고 庚金은 다음이다. 고로 丙火가 많으면 丙辛 合水되니 적어야 좋다. 만약 庚辛金이 없으면 丙火가 있어도 하천인(下賤人)이다.

◉ 지지 火局이고 丙火가 투출하고 辛金이 酉丑에 암장이면 小富貴하고, 辛金과 丙火가 없으면 빈천하고, 辛金이 투출하고 丙火가 암장되면 국가의 은덕을 입어 貴格을 이루고, 辛金과 丙火가 모두 암장되면 富中 貴를 얻는다.

◉ 지지 火局이고 辛金이 투출하면, 辛金이 困해지니 壬水가 있으면 부귀격을 이룬다. 壬水가 없으면 빈천하다.

◉ 종화격(從化格)을 이루고 형충이 없으면 부귀가 크다.

◉ 지지 水局이고 丙火가 투출했는데 壬水가 없으면 평범하나 의록(衣祿)이 있고, 丙火가 중중하면 국가고시에 합격은 못하더라도 政·財界의 名士가 된다.

◉ 火·土가 많으면 日主를 극제함이 심하니 질병(疾病)을 면치 못한다.

用神 : 辛 丙

　　癸水 日干이 寅月에 生하여 실기하였고, 財와 官이 중중하니 신약사주이다. 비록 庚申金의 印星이 있어 癸水의 수원(水源)을 발하여 줌에는 부족함이 없으나, 월령이 木旺節에 財官이 旺하니 신약을 면치 못한다. 특히 寅月은 아직 한기(寒氣)가 남아있어 癸水가 한수(寒水)가 되니, 月干 丙火로 용신을 잡아 印星을 억제하고 한수를 따뜻하게 하는 조후(調候)도 필요하다. 용신은 丙火이다. 지지에 寅巳申 삼형살이 있어 財·印을 손상시키니 불령(不寧)하고, 丑子亥戌酉申 水金대운이라 용신과 상배(相排)되어 흐르니 평생 다병(多病)하였고, 포부를 펴지 못했으며 富貴를 얻지 못했다.

　　癸水 日干이 寅月에 실기하였고, 財星이 중중하니 신약사주이다. 寅月의 癸水는 辛金과 丙火를 떠나 용신을 잡을 수 없는데, 지지에 寅亥 합목이고, 年·月干은 丁壬 合木의 食傷으로 바뀌니 火를 용신으로 잡을 수 없다. 신약하여 癸水의 수원(水源)을 마련함이 급하니 時支 巳中의 庚金으로 용신을 잡는다. 부득이 巳中의 庚金을 쓰나 庚金은 지장간 丙火의 극제를 받아 무력사니 용신이 미약한 것이다.

午火대운에 寅午 반합화국이고, 巳午未 방합화국이 되어 地支 전체에 火氣가 맹렬하니 癸水가 고갈되고 기신운이니 대수술을 하였고, 月支 寅木에 고신살(孤神殺), 귀문관살(鬼門關殺), 환신살(幻神殺) 등의 神氣와 연관된 殺이 왕하니 절에 들어가 여승이 되었으나, 다시 환속한 후 무속인이 되었다.

癸水는 하늘로는 우로(雨露)에 비유되고 땅에서는 산간계(山澗溪)요 전답(田畓)의 물이다. 따라서 寅月의 癸水가 살아남기 위해서는 수원(水源)을 발하는 庚辛金이 있어야 하고, 한수(寒水)로는 활용을 못하니 丙火의 따듯함이 있어야 한다. 상기는 癸水가 寅月에 생하여 水氣가 고갈될 지경이니 辛金으로 수원을 發함이 우선이다. 日支 酉中의 辛金이 용신이다. 지지 卯酉 충으로 용신이 손상되니 길하지 못하다.

癸水가 寅月에 생하여 설기가 심하니 印星으로 수원(水源)을 만들어주어야 하고, 아직 한기가 남아있으니 丙火로 따듯하게 해야 癸水를 쓸 수 있다. 천간에 財·官

·印이 투출하고 지지에 통근하고 있으니 길격이다. 용신은 癸水의 수원을 만들어 줌이 급하니 時干 辛金이다.

己巳대운에 재혼 건을 간명한 것이다. 女命의 남편은 용신으로도 논하는데 己土 대운 용신운에 남편이 들어오니 결혼하게 된 것이다. 이후 巳火대운은 기신운이고 寅巳 형살로, 女命의 본가인 寅木 월령을 흔들어 놓으니, 남편과 친정과의 충돌로 인해, 결혼 3년만에 애 하나를 낳고 이혼한 것이다. 근본 원인은 남편의 무능력 때문이다. 未土 偏官이 남편인데, 십이운성의 묘궁(墓宮)과 동주하니 남편이 갇히어 아무 일도 할 수 없게 된 것이다. 요즈음은 이혼을 많이 하는 세태이지만 근본 원인은 사주상 궁합이 맞지 않는 경우가 많다.

이혼한 전 남편의 사주는 다음과 같다.

丁	庚	辛	癸
正官		劫財	傷官
丑	申	酉	丑
正印	比肩	劫財	正印

甲	乙	丙	丁	戊	己	庚
寅	卯	辰	巳	午	未	申

상기명은 사주에 庚辛金이 왕하니 억부법을 적용하여 왕한 日主를 극제하는 時干 丁火가 용신이다.

궁합을 보는 것은 앞에서 자세히 설명했다. 우선 두 사람의 용신의 생극관계를 보고, 또한 두 사람의 月令과 日支를 각각 비교하여 합과 沖의 관계를 보고, 또한 日干을 비교하여 생극제화 관계를 살펴보는 것이다.

용신은 여명이 辛金이고, 남명이 丁火라 상극관계라 흉하다.

월령은 여명이 寅木이고, 남명이 酉金이라 寅酉 원진살이 되니 흉하다.

日支는 여명이 卯木이고, 남명이 申金이라 卯申 원진살이 되니 흉하다.

어느 하나도 길한 것이 없다. 연애결혼하여 여명은 학력과 미모가 출중하지만, 사주원국에 흉살이 태다하고, 부부연이 적으니, 매사 타고난 천명을 벗어날 수 없는 것이다.

친정어머니는 아이를 본인이 키우고 딸을 재혼시키고자 하는데, 여명의 운로가 巳午未의 기신운이니 재혼도 또한 길하지 못한 것이다. 이혼 후 아이를 키우는 문제가 대두되는데, 이는 아이의 月令과 부모사주의 月令과 비교하여 合이 되거나 相生이 되는 쪽이 키우면 필자의 간명 경험상 큰 탈이 적었다.

二月(卯月) 癸水

⊚ 二月 癸水는 강하지도 유약하지도 않다. 乙木이 사령(司令)하므로 癸水의 원신(元神)을 설약(洩弱)케 하므로 오직 庚金을 쓰고 다음에 辛金으로 보좌한다.

⊚ 庚辛金이 出干하고 丁火가 不出이면 국가고시에 합격하고 부귀하며, 庚辛金이 없으면 빈천한 명이다.

庚金이 出干하고 辛金이 암장되면 문관 외의 높은 벼슬을 하고, 庚金이 암장되고 辛金이 出干하면 小富貴 한다.

⊚ 庚辛金이 모두 지지장간에 감추어져도 富中 貴를 얻고, 예외적으로 무관직이나 기술직, 문장가 등으로 명성을 얻는 경우도 있다.

⊚ 庚辛金이 많고 己土, 丁火가 出干하면 대귀격을 이룬다.

庚辛金이 많으면 癸水가 약변강이 되니, 壬水가 투출하지 않으면 戊土를 쓰지 못하니 己土와 丁火를 쓰는 것이다.

⊚ 地支에 木局이고 月·時干에 다시 木을 보면 설기가 지나치니 곤궁하다. 비록 대운이 서방 金대운으로 흘러도 보조하지 못한다.

用神 : 庚 辛

癸	癸	癸	丁
比肩		比肩	偏財
丑	亥	卯	未
偏官	劫財	食神	偏官

丙	丁	戊	己	庚	辛	壬
申	酉	戌	亥	子	丑	寅

상기사주는 癸水 日干이 比劫이 있다하나, 地支 亥卯未 삼합목국을 형성하여 食傷이 왕하므로 설기가 심하다. 時干 癸水는 丑土에 통근하고 比肩이 있으니 從하지 못한다. 月干 癸水는 丁癸 沖으로 日干 癸水를 보조함이 약하다. 용신은 日干을 생조하는 庚金으로 잡아 地支의 삼합목국을 극제하고, 日干 癸水의 물줄기를 연결하여 줌이 필요한데, 庚金이 없으니 時支 丑中의 辛金을 용신으로 잡는다. 그러나 용신이 다소 약함을 벗어날 수는 없다. 戌酉申 金대운 용신운에 발복되어 지금의 장관의 벼슬을 했다.

癸	癸	癸	丁
比肩		比肩	偏財
丑	卯	卯	亥
偏官	食神	食神	劫財

丙	丁	戊	己	庚	辛	壬
申	酉	戌	亥	子	丑	寅

癸水 日干이 亥丑에 통근했다 하나, 年, 月, 日支는 木局을 형성하니 木이 旺하여 설기가 심하니 癸水의 물줄기를 끊을 염려가 있다. 따라서 물의 근원을 만들어 줌이 필요하다. 時支 丑中의 辛金으로 旺한 木氣를 견제하고 日干 癸水의 수원(水源)을 만들어준다. 용신은 辛金이다. 戌酉申 金대운의 용신운으로 흐르니 中貴를 했다. 용신이 왕강하지 못하고 官과 印이 투출하지 못했으니 대귀하지 못한 것이다.

癸	癸	癸	丁
比肩		比肩	偏財
丑	巳	卯	亥
偏官	正財	食神	劫財

丙	丁	戊	己	庚	辛	壬
申	酉	戌	亥	子	丑	寅

앞의 사주와는 日支 한 글자가 다르다. 지지 亥卯 반합목국으로 癸水의 설기가 심하니 印星으로 보조하여야 중화를 이룰 수 있다. 巳中의 庚金은 同宮의 丙火의 극을 받으니 용할 수 없고, 時支 丑中의 辛金을 용신으로 잡는다. 앞의 사주는 日支가 卯木이라 年干 丁火 偏財가 통근하지 못하여 財福이 적었고, 이 사주는 丁火가 巳火에 통근하고, 日支宮 처궁이 正財라, 자기 자리를 차지하니 처복과 재복이 많았던 것이다. 또한 앞의 사주는 日支가 卯木이라 용신 辛金을 부조하지 못하나, 이 사주는 巳火가 丑土와 반합금국으로 용신 辛金을 부조(扶助)하니 길하게 된 것이다. 경찰서장을 역임했고, 요직을 두루 거쳤다. 酉金대운은 卯酉 沖되어 巳酉丑 삼합금국이 不成이다. 용신운이 되지 못하니 한 단계 더 진급하지 못하고 퇴직했다. 인간사 모든 일이 運路의 길흉에 좌우되는 것이다.

三月(辰月) 癸水

◉ 丙火, 辛金, 甲木을 쓴다.

◉ 상반월(上半月＝곡우 전)에는 火氣가 왕하지 않으니 丙火를 쓰고, 하반월(下半月 ＝곡우 후)에는 丙火를 쓰나 辛金, 甲木으로 도와주어야 한다.

◉ 丙火는 財로 쓰고, 甲木은 三月에 土重하므로 土를 소토하는데 필요하고, 辛金은 수원(水源)을 發하는데 쓰인다.

◉ 辰月의 癸水는 丙火와 辛金이 하나라도 없으면 귀격을 이루지 못한다.

◉ 지지 水局이고 己土와 丙火가 투출했는데 甲木이 없으면 가살위권(假殺爲權)이 되어 귀격을 이룬다.

◉ 지지 木局이고 金이 없으면 상관생재격(傷官生財格)이 된다. 따라서 재사(才士)이고 의록(衣祿)은 있으나 재물을 모으지 못한다. 그러나 金이 있으면 귀격을 이룬다.

◉ 三月 癸水는 종화자(從化者＝化格四柱)가 많으니 化를 얻은 者는 부귀쌍전(富貴雙全)이고 그렇지 못하면 평범하다.

● 地支가 사고(四庫 = 辰戌丑未)인 경우 甲木이 出干이면 현달(顯達)하나, 甲木이 없으면 승려(僧侶)가 되거나 곤고(困苦)하다.

用神 : 丙 辛 甲

丙	癸	壬	丙
正財		劫財	正財
辰	丑	辰	寅
正官	偏官	正官	傷官

己	戊	丁	丙	乙	甲	癸
亥	戌	酉	申	未	午	巳

癸水 日干이 辰月에 生하여 실기하였고, 丙火의 극제가 있으나, 癸水 日干이 坐下 丑土에 통근하고, 月干 壬水의 겁재가 있으니 태약하지는 않다. 사주에 丑辰壬의 습기가 왕한데 丙火가 出干하여 癸水를 온난하게 하니 조후(調候)는 얻었다. 다만 辰月의 癸水는 辰土가 수고(水庫)라 하나, 辰宮 戊土의 극제를 또한 받으니 수원(水源)을 發하여 줌이 필요하다. 용신은 日支 丑中의 辛金이다. 대운의 흐름이 申酉戌의 용신운이니 임금의 사위로써 크게 발복됐다.

辛	癸	丙	戊
偏印		正財	正官
酉	丑	辰	午
偏印	偏官	正官	偏財

癸	壬	辛	庚	己	戊	丁
亥	戌	酉	申	未	午	巳

下半月 곡우(穀雨) 後에 생하였고, 丙午火가 있으니 火氣가 旺動하고 있다. 또한 사주에 官殺이 왕하여 癸水 日干을 극제함이 심하니 수원(水源)을 발하여 줌이 필요하다. 용신은 時干 辛金이다. 辛金은 酉金에 통근하고 丑辰土의 생조를 받으니 왕

강하다. 다만 후토(厚土)를 극제하는 甲木이 없으니 사주가 탁(濁)함을 면할 수 없고, 또한 관살혼잡(官殺混雜)이 되었으니 문관이 아닌 무관(武官)의 길을 간 것이다. 申酉戌 대운에 軍의 장군(將軍)이 되었다. 天干에 財·官·印이 투출했으니 귀격이다.

癸水가 辰月에 생하여 실기하였고, 지지 辰酉 합금은 辰月이라 金氣가 때를 잃었다. 月干 甲木은 辰月에 뿌리를 박고, 亥水에 통근하니 왕하다. 비록 辛酉金의 印星이 있으나 甲辰의 설극(洩剋)이 있고, 辰 中의 戊土가 있어 癸水를 극제하니 왕하지 못하다. 수원(水源)을 발하는 時干 辛金으로 용신을 잡는다. 辰月은 전답(田畓)의 가화(稼花)를 배양하는 때이니 丙火의 따뜻함이 있어야 하고, 잎과 줄기를 무성하게 하기 위해서는 水氣가 부족해서도 안된다. 따라서 丙火와 수원(水源)을 발하는 辛金이 투출하면 귀격인 것이다.

상기는 丙火가 불투하고 丁火가 출간했으나 지장간의 庚金이 甲木을 부수어 丁火를 살리니 丙火의 역할을 대행하고 있다. 운로가 辛丑, 庚子, 亥, 戌의 용신과 한신운이니 길하고, 月支가 正官이고 천간에 甲丁이 있어 傷官生財하니 부귀격을 이룬 것이다.

癸水(三夏)

◉ 三夏 中 초하절(初夏節)은 火氣가 사령한 때이니 癸水가 고갈될 염려가 있다. 癸水의 수원(水源)을 발하여 줌이 시급하다. 먼저는 辛金이고 庚金은 보조이다. 癸水 日干에 辛·庚을 用할 시, 癸水는 음일간이니 대체로 陰用神을 사용

한다. 陽金인 庚金은 格이 맞지 않기 때문이다. 여타의 경우도 사주구성에 따라 이를 잘 응용하여 적용한다.

⊙ 午火節은 火氣가 더욱 盛하니 壬水의 보조가 있으면 더욱 좋다.

⊙ 未土月은 火氣가 퇴기하나 화염토조(火炎土燥)하니 역시 庚辛金의 생조가 필요하다.

四月(巳月) 癸水

⊙ 辛金을 전용(專用)한다. 辛金이 없으면 庚金을 쓴다. 庚金을 쓰는 者는 富는 있으나 貴가 없고 文官외의 길로 관직에 나간다.

⊙ 巳月에는 丙火인 財가 왕하니 庚·辛金의 생조가 필요하다.

⊙ 辛金이 出干하고, 丁火가 없고, 壬水가 투출하면, 大富貴하고 명진사해(名振四海)한다.
만약 丁火가 투출하면 丁癸 沖 되어 파격(破格)이니 곤고(困苦)하나, 壬水가 있다면 구제(救濟)된다.

⊙ 辛金이 암장(暗藏)되고 丁火가 없으면 小富貴한다.
癸水가 丁火를 극제하면 의록(衣祿)은 풍족하나 丁火는 財星이니 妻를 극하게 된다.

⊙ 火土가 太多한데 辛金이나 壬癸水가 없으면 癸水가 핍박당하니 안질(眼疾)과 정기(精氣)가 손상되나 악질(惡疾)까지는 가지 않는다. 巳宮의 庚金은 丙火의 핍박으로 水를 생하지 못한다.

⊙ 庚金과 壬水가 투출하면 火를 극제하고 土를 자윤(滋潤)하니 大富貴格을 이룬다. 그러나 丁火가 있으면 庚金을 극하고 壬水와 干合하여 印星을 무력화시키니 폐인(廢人)이 된다.

┌─────────────────┐
│ 用神 : 辛 庚 │
└─────────────────┘

辛	癸	己	甲
偏印		偏官	傷官
酉	酉	巳	辰
偏印	偏印	正財	正官

丙	乙	甲	癸	壬	辛	庚
子	亥	戌	酉	申	未	午

　癸水 日干이 사화절에 生하여 실기하였으나, 地支에 印星이 왕하여 수원(水源)을 發하니 日主가 약하지 않다. 그러나 年·月柱의 財官 역시 왕하여 日干 癸水를 극제함이 심하니, 癸水의 수원(水源)을 發하는 年干 辛金이 용신이다. 身旺하고 官殺이 旺하니 귀격의 사주임에 틀림없다. 申酉戌 金대운에 발복되어 현재의 지방장관의 벼슬을 했다. 年干 傷官이 官殺을 剋하여 옥에 티인데 甲己 合土되어 傷官이 官으로 化하니 길하게 되었다.

丙	癸	乙	丁
正財		食神	偏財
辰	丑	巳	巳
正官	偏官	正財	正財

戊	己	庚	辛	壬	癸	甲
戌	亥	子	丑	寅	卯	辰

　癸水 日干이 사화절에 실기하였고, 사주에 火氣가 맹렬하니 癸水의 물줄기가 끊어질 염려가 있다. 따라서 수원(水源)을 發하는 辛金 印星이 용신이다. 日支 丑中의 辛金을 용신으로 잡는다. 癸水 日干은 坐下에 丑土를 깔고 생조를 받으니 有氣하다. 또한 대운의 흐름이 辛丑, 庚子의 용신운일 때 지금의 지방장관격인 총독(總督)이 되고 부귀복수(富貴福壽)를 누렸다.

辛	癸	辛	庚
偏印		偏印	正印
酉	酉	巳	子
偏印	偏印	正財	比肩

戊	丁	丙	乙	甲	癸	壬
子	亥	戌	酉	申	未	午

庚辛金이 모두 투출했고, 지지에 巳酉 반합금국이 있어 印星이 태다하다. 그러나 巳宮의 庚金은 丙火의 핍박을 받으니 印星의 역할을 제대로 하지 못한다. 또한 年支 子水의 比肩이 있어 日主가 의지할 곳이 있으니, 비록 印星이 중중해도 종격으로 논할 수 없다. 癸水가 사화절에 태약하나 지지 巳酉 반합금국이 있어 약변강이 된다. 따라서 억부법을 적용하여 巳宮의 丙戊를 用하는데, 戊土는 왕한 庚辛金을 더욱 생하게 하니 丙火를 용신으로 잡는다. 印星이 중중하니 財星을 用하는 것이다. 상기명은 중국 명나라 영락제(永樂帝)의 명인데, 丙丁火 용신운에 발복되어 왕위에 올랐다.

申酉대운 중년운은 구신운이니 큰 뜻을 펴지 못하고, 형제 왕족들과 부왕의 견제가 심해 폐인의 지경까지 갔으나, 丙火運에 일약 발복되어 조카의 왕위를 찬탈하고 왕위에 오른 것이다.

己	癸	乙	丁
偏官		食神	偏財
未	丑	巳	亥
偏官	偏官	正財	劫財

戊	己	庚	辛	壬	癸	甲
戌	亥	子	丑	寅	卯	辰

癸水는 간계수(澗溪水)요 전답(田畓)의 물인데 사화절에 생하여 고갈될 지경이다. 印星으로 수원(水源)을 발하여 주고, 旺한 偏官의 기운을 살인상생(殺印相生)하여 설기시켜 중화를 이룸이 시급하다. 丑中의 辛金을 用한다. 丑土는 丑未 충살로 손상

되었지만 태원(胎元)이 丙申이라 申中의 庚金이 있어 용신을 부조하니 용신이 태약하지는 않다. 月柱가 식신생재하여 富格인데, 日柱가 身旺하지 못하니 大財를 모으기는 힘들다.

　庚金대운은 乙庚 간합금국의 용신운이니 발복이 있었으나, 子水대운은 日支와 子丑 합토의 희신운이고, 時支와 子未 형살이 있으니, 길흉이 교차한다. 대운은 年柱부터 비교하니 時柱는 대운의 끝자락이다. 따라서 偏官 未土 희신이 子未 형살이 되니, 庚金運부터 진행되던 대규모 오피스텔 건립이 자금난과 크고 작은 사고와 민원으로 인해 중단됐다. 관재구설과 시비다툼이 다발했고, 재판에 계류중인데 이후의 운세도 크게 길하지 못하니 해결이 난망하다.

```
(女命)
    戊          癸          乙          丁
   正官                    食神         偏財

    午          巳          巳          酉
   偏財         正財         正財         偏印
─────────────────────────────────────────
   壬   辛   庚   己   戊   丁   丙
   子   亥   戌   酉   申   未   午
```

　癸水가 사화절에 실기하였고, 戊癸 합화의 간합이 있으며, 지지에 火氣가 중중하니 日干이 신약하다. 조후(調候)가 급하다. 印星을 용하여 日干을 생조해야 사주가 중화를 이룰 수 있다. 火氣가 태다하니 종격으로 논할 수 있겠지만, 酉金의 생조가 있고, 태원(胎元)이 丙申이라, 태원의 申金이 日干을 생조하니 종격으로 논할 수 없다. 용신은 年地 酉中의 辛金이다. 상기는 財星이 중중하고 食神이 있어 富格의 사주로 보이나 日主가 왕하지 못하니 재다신약격이다. 따라서 금전의 입출이 빈번하니 재물을 모으기 힘든 것이다. 申·酉·庚金 대운은 용신운이니 미국 뉴욕에서 화장품업을 시작하여 다소의 재물을 모았으나, 戊土대운에 午戌 반합화국의 기신운이니, 미국의 사업을 처분하고 다시 환국해서 새로 사업을 시작하는 것에 대한 길흉을 간명한 것이다.

　외국이민 건이나, 외국에서 사업하는 건, 외국에 주재원으로 가는 건, 유학 건

등의 길흉에 대해 간명을 의뢰하는 경우도 종종 있는데, 이는 전적으로 용신과 運路의 길흉 여부와 십이신살 중의 지살(地殺)과 역마살(驛馬殺)의 동태를 면밀히 살펴야한다.

상기는 지지 巳火 正財가 지살을 대동하고 있다. 지살은 이동하고 변동하고 여행하는 살이다. 酉金대운에 巳酉 반합금국의 용신운이니, 길운이며 正財가 지살을 대동했으니 외국으로가 사업을 할 기회가 오는 것이다. 庚金대운까지 길운이 지속된다, 戊土대운은 午戌 반합화국의 기신운이니 환국(還國)한 것이고, 辛金대운은 본시 용신운인데 乙辛 沖하여 용신이 손상되니 길함이 적어 사업을 다시 시작함은 재고함이 좋겠다. 時干 戊土 正官이 남편인데, 戊癸 合火하여 타 오행으로 바뀌고, 日支 巳火 남편궁이 기신이니 남편과의 연은 적은 것이다. 남명은 財星이 합되어 타 오행으로 바뀌거나, 여명은 官星이 합되어 타 오행으로 바뀌면, 길신(용신·희신)으로 바뀌지 않는 한, 부부 공히 배우자와의 연이 적다고 판단한다.

五月(午月) 癸水

◉ 庚金, 壬水, 癸水를 쓴다. 庚金, 辛金은 生身하여 주는 근본이 된다. 그 이유는 오화절은 丁火가 사령(司令)하므로 金이 견디기 어려우니, 比劫을 겸용(兼用)하여 火氣를 억제하고, 庚辛金으로 수원(水源)을 發하기 위함이다.

◉ 庚辛金이 出干하고 또한 壬·癸水가 出干하면 부귀공명(富貴功名)하며, 貴가 극품(極品)에 오른다.

◉ 庚辛金이 天干에 투출되고, 地支에 申子辰 방합수국이면 소년급제(少年及第)하여 높은 관직에 오른다.

◉ 水가 天干에 없고 地支에 一位 水만 있으면, 비록 庚·辛金이 있다 하여도 부자의 팔자에 불과하다. 고로 수원회하(水源會夏=물줄기가 여름철을 만남)하면 富는 있으나 貴는 없다.

◉ 금수회하천(金水會夏天=金水가 여름철에 出干)하면 약변왕(弱變旺)이 되어 財官이 진신(眞神)이 되어 용신이 되니 富와 貴가 끝이 없다.
運이 火土地로 행하면 쾌락함이 신선(神仙)과 같다.

- 地支 火局에 壬水의 투출이 없으면 재다신약이니 運路에서 부조가 없는 한 승려(僧侶)의 팔자다.
- 午月 癸水는 지지에 火局을 이루어도 염상격(炎上格)을 이루지 못한다. 午月 癸水는 대체로 태원(胎元)이 酉金이니 無根인 것 같지만 有根이기 때문이다. 따라서 이 경우는 戊土의 출간이 있어 戊癸 간합 화국을 이루어야 종화격(從化格)을 이룬다.
- 二位의 壬水와 一位 庚金이 병출(竝出)하면 부귀공명한다.
- 己土가 중중하고 甲木의 투출이 없으면 종살격(從殺格)이니 대귀한다.
- 午月 癸水는 比劫과 印星에 의지해야 하기 때문에 복록이 반드시 조상의 음덕(陰德)에서 온다.

用神 : 庚 壬 癸

乙	癸	壬	庚
食神		劫財	正印
卯	丑	午	辰
食神	偏官	偏財	正官

己	戊	丁	丙	乙	甲	癸
丑	子	亥	戌	酉	申	未

　癸水 日干이 오화절에 生하여 실기하였고, 食神과 官星이 약하지 않으니 설기와 극제가 심하다. 月干 壬水는 午火를 깔고 있고, 年支 辰土의 극제를 받으니 癸水를 보좌함이 부족하다. 癸水 日干의 수원(水源)을 발하여 줌이 필요하다. 용신은 年干 庚金이다. 地支의 正·偏官은, 丑土 偏官이 時支 卯木의 극을 받고, 月支 午火와 원진살(怨嗔殺)로 상극되니, 거살유관(去殺留官)되어 年支 辰土 正官만 남아 귀격이 되었다. 또한 태원이 癸酉이다. 酉金이 보조하고 운로에서 申酉戌의 용신운이니 지방장관 벼슬을 한 것이다.
　대운의 흐름이 申酉戌亥子丑의 용신과 한신운이니 관직이 총독(總督)에 올랐다.

甲	癸	丙	壬
傷官		正財	劫財
寅	巳	午	午
傷官	正財	偏財	偏財

癸	壬	辛	庚	己	戊	丁
丑	子	亥	戌	酉	申	未

　癸水가 오화절에 실기하였고, 壬水는 무근이며 또한 丙壬 충으로 부서지니 癸水
日干이 몸을 기댈 곳이 없다. 또한 時柱의 甲寅木 傷官은 旺火인 財를 생하여 財星
이 태왕하다. 다행인 것은 태원(胎元)이 丁酉라, 酉金이 年干 壬水를 생하고, 대운에
서 申酉戌亥子丑으로 흘러 壬水를 생하니, 壬水가 능히 日干 癸水를 부조할 수 있
다. 따라서 용신은 年干 壬水이다. 대운이 희신과 용신운이니 거부(巨富)가 된 것이
다. 癸水와 壬水가 無根이니 종격(從格)으로 논할 수 있겠지만, 태원(胎元)에서 생해
주고, 대운에서 보좌하면 癸水 日干이 세력을 얻는 것이니 종격으로 논하지 않는다.

　亥子丑 북방수운에 횡액을 만나 손실이 컸다는 것은, 亥水는 日支 巳火와 상충
되고, 子水는 年·月支 午火와 상충되고, 丑土는 午火와 원진살(怨嗔殺)이 되니 비록
용신운이지만 용신의 역할을 못하여 흉했던 것이다.

乙	癸	甲	丙
食神		傷官	正財
卯	酉	午	申
食神	偏印	偏財	正印

辛	庚	己	戊	丁	丙	乙
丑	子	亥	戌	酉	申	未

　癸水가 오화절에 고갈될 지경이다. 천간에 甲乙木이 출간하여 쇠약한 日主의 기
운을 더욱 설기시키니 조후가 급하다. 印星이 필요하다. 日支 酉金은 卯酉 沖으로
손상되었으니 年支 申中의 庚金을 용한다. 月支 午中의 丁火가 용신 庚金을 극제함
이 염려되나 申中에 壬水가 있으니 해염(解炎)할 수 있다. 印星인 庚金이 용신이라

공직에 들어섰으나 화왕절이라 왕하지 못하고, 官星이 투출하지 못하여 관인상생하지 못하니 관직이 높지 못했다. 食傷이 투출했으니 예체능 방면에 취미와 소질이 많았고, 正·偏印이 있으니 외국어도 능통했다. 庚子대운에 사무관 승진을 간명한 것인데, 庚金은 용신이나 丙火의 극을 받고, 다시 甲庚 沖으로 손상되니, 비록 時干 乙木이 간합금국의 용신운이나 역부족이다. 子水는 年支 申金과 子申 반합수국의 한신이고, 月支 午火와는 子午 沖으로 한신이 손상되어 旺火의 기세를 억제하지 못하니 길하지 못하다.

六月(未月) 癸水

◉ 庚·辛金과 比劫인 壬·癸水를 쓴다.
◉ 상반월(上半月)에는 火氣가 왕하므로 金이 쇠약해져 比劫으로 도와주고, 하반월(下半月)에는 금왕지절(金旺之節)로 진기(進氣)하기 때문에 比劫을 쓰지 않아도 좋다.
◉ 丁火가 있는데, 庚辛金이 투출하면 부귀격을 이루나, 丁火가 투출하거나 未宮에 암장되어 있으면 평범하다.

用神 : 庚辛壬癸

地支 亥未는 반합목국이 되고, 또한 地支 寅亥는 육합목국이 되니, 地支 전체가 木局을 형성했다고 보아야 한다. 따라서 癸水 日干은 未土月에 실기하여 설 땅이 없으니 부득이 旺한 세력을 좇을 수밖에 없다. 사주의 대부분이 食傷으로 형성되었

으니 종격 중 "종아격(從兒格)"으로 풀이한다. 따라서 食傷運은 길하고 印星運과 官星運은 흉하다. 辰卯寅 동방목운에 용신운으로 흐르니 大發하여 절도사(節度使)를 지냈으며 大貴하였다.

地支에 亥卯未 삼합목국이 있으니 癸水 日干의 설기가 극심하다. 日干 癸水는 辛金 偏印의 생조가 있고 亥水에 통근하고 있으니 從格으로 논할 수 없다. 따라서 억부법을 적용하여 印星을 용신으로 잡는다. 月干 辛金이 용신이다. 용신 辛金은 地支에 통근하지 못하니 무력하다. 대운의 흐름이 午巳辰卯寅의 기신과 구신운이니 길하지 못하다. 만약 日干이 통근되어 有力하면 사주에 財星이 전혀 없더라도 食傷이 왕하면, 食傷이 生財하니 재물운이 있는 것이다. 상기는 癸水 日干이 有氣하지 못하니 무력하여 食傷을 감당하지 못한다. 따라서 재물복이 적은 것이다.

丁	癸	乙	丙
偏財		食神	正財
巳	卯	未	子
正財	食神	偏官	比肩

壬	辛	庚	己	戊	丁	丙
寅	丑	子	亥	戌	酉	申

식신생재격이다. 未土月은 火氣가 퇴기하는 계절이나 巳午의 화왕지절을 지나왔으니 천지는 화염토조(火炎土燥)하다. 따라서 부조하는 壬癸水와 수원(水源)을 발

하는 庚辛金을 떠나 용신을 잡기 힘들다. 상기는 食神과 財星이 왕하니 신약사주이다. 다행인 것은 年支 子水가 태약한 日主를 생조하여 단비를 보태니 조상의 음덕이 있었고, 卯未의 반합목국으로 食傷이 왕하여 日干 癸水의 불순물을 걸러내니 총명하고, 또한 食傷은 간명에서 예체능, 문학 등과 연관되니 문장이 뛰어났다 한다. 丁癸의 干沖이 있다. 丁火는 왕하고 癸水는 쇠약한데 상충되니 癸水가 많이 손상된다. 이런 경우 운로에서 부조하지 못하면 단명하거나 횡액을 당하는 경우가 많은데, 年支 子水가 부조하니 부족하지만 길함이 있는 것이다. 용신은 年支 子中의 癸水이다. 운로가 申酉戌亥子丑의 희신과 용신운이니 사주가 길해진 것이다. 입추 4일 전에 생하여 金氣로 진기(進氣)하니 굳이 庚辛의 印星이 필요한 것은 아니다. 寅運에 피살되었다 한다. 조화원약에 기재된 명조이다.

癸水(三秋)

⊚ 三秋의 初秋는 庚金이 왕성하니 먼저 丁火를 써서 庚金을 극제하고 甲木으로 丁火를 보조한다.

⊚ 仲秋는 酉金이 허령(虛靈)하니 辛金으로 생조하고 한기(寒氣)가 왕하니 丙火로 보좌한다. 이리되면 수난금온(水暖金溫)하여 귀격을 이룬다.

⊚ 戌土月은 戊土가 사령하니 癸水가 극제된다. 辛金으로 수원(水源)을 발하고 甲木으로 旺土를 견제한다.

七月(申月) 癸水

⊚ 丁火가 필요하다. 月令이 申月이라 申中 庚金이 사령(司令)하여 보조가 지나치기 때문이다. 또한 丁火는 午戌未 地支에 통근됨을 좋아한다.

⊚ 丁火가 투출하고 午火를 보면 독재격(獨財格)이라 하겠으니, 금옥만당(金玉滿堂)으로 부귀양전(富貴兩全)이다. 만약 丁火가 戌未의 사고(四庫)에 있으면 평범하나, 대운이나 세운에서 沖되면 庫가 열려 丁火를 자연 드러내니 발전이 있다. 그러나 戌未가 많으면 沖되도 무력하니 이에 해당되지 않는다.
丁火가 투출하고 甲木이 있어 생조하면 역시 부귀한다.

丁火가 투출하고 甲木이 없고, 庚金이 한두 개 있으나, 壬癸水가 丁火를 극제하지 않으면 의록(衣祿)이 크다. 이때 丁火가 하나 더 있어 庚金을 극제하면 길하나, 金이 많은데 극제하는 丁火가 없다면 빈천한 명이다.

◉ 丁火가 戊土에 암장되어 있어도 沖되면 발전이 있다. 이때 甲木이 많으면 戊土를 破하여 戊中 丁火를 손상시키니, 비록 天干에 壬癸水가 없어도 평범한 命이 된다.

> 用神 : 丁

甲	癸	戊	丁
傷官		正官	偏財
寅	卯	申	酉
傷官	食神	正印	偏印

辛	壬	癸	甲	乙	丙	丁
丑	寅	卯	辰	巳	午	未

癸水 日干이 日支와 時柱에 食傷이 있으나, 申金月에 申中 庚金이 사령(司令)하여 日干을 생조하고, 年支 酉金 역시 日主를 생하니 신강하다. 年干 丁火로 왕한 印星의 기운을 극제하고, 食傷의 기운을 설기(洩氣)시켜 사주의 中和를 이룸이 필요하다. 月柱가 관인상생되고, 未午巳辰卯寅의 동남 木火대운에 용신과 희신운으로 흐르니 발복되어 벼슬이 상서(尙書. 현재의 장관 벼슬)에 이르렀다.

乙	癸	庚	戊
食神		正印	正官
卯	亥	申	午
食神	劫財	正印	偏財

己	戊	丁	丙	乙	甲	癸	壬	辛
巳	辰	卯	寅	丑	子	亥	戌	酉

癸水 日干이 申金月에 생하여 실기하였지만, 月柱가 庚申金의 印星으로 日主를 생하니 "정(精)"이 왕하다. 癸水는 坐下의 亥水에 득지했으니 日主가 有氣하여 "기(氣)"역시 왕하다. 地支 亥卯는 반합목국이나 卯木이 月支 申金의 극을 받으니 반합국이 성립된다 볼 수 없다. 따라서 亥水의 水氣는 남아있는 것이다. 時柱 乙卯木은 日柱의 생조를 받으니 역시 약하지 않으니 "신(神)"역시 왕한 것이다. 이처럼 정신기(精神氣) 三者가 모두 왕하고, 年干의 戊土부터 時干 乙木에 이르기까지 五行이 생생불식(生生不息)하니 장수(長壽)한 것이다.

年干 戊土는 日干 癸水와 간합화국의 財星이 되니 官星이 무력해져서 貴는 적었던 것이다. 時柱의 食神이 生財하니 거부(巨富)가 된 것이다. 日主(日干)가 有氣하여 大財를 능히 감당할 만하나, 庚申金의 印星이 왕하니, 용신은 왕한 印星을 극제하는 年支 午中의 丁火가 용신이다.

五行이 생생불식(生生不息)하니 90세까지 장수(長壽)하였고, 또한 용신을 자식으로 보는데, 丁火 용신은 時柱 乙卯木의 생조를 받아 왕강하니 자식들도 모두 의록(衣祿)이 있었다.

(女命)			
甲	癸	甲	庚
傷官		傷官	正印
寅	丑	申	午
傷官	偏官	正印	偏財

丙	丁	戊	己	庚	辛	壬	癸
子	丑	寅	卯	辰	巳	午	未

癸水가 금왕지절에 생하여 생조받음이 지나치다. 申宮의 壬水와 庚金의 부조가 태다하니 癸水를 생하는 물줄기를 막아 扶助가 지나침을 막아야 한다. 용신은 月支 申金을 극제하는 年支 午中의 丁火이다. 여명의 官星은 남편으로 논하는데 日支 丑土 偏官이 남편이다. 丑土는 甲寅木의 극제를 많이 받으니 남편궁이 왕하지 못하고 한신에 해당하니 부부해로는 힘들다 판단한다. 재혼한 남편의 자식들과 상속문제의 다툼이 있어 소송건으로 丙子대운에 간명한 명조이다. 丙火는 용신운이고,

子水는 본시 기신인데, 子午 沖하여 용신을 충극하고, 申金과는 방합수극의 기신운이니, 丙火대운을 넘기기 전에 재판이 마무리되면 길하다 했다. 다행이 子水대운 이전에 합의가 성사되 근심걱정을 덜었던 것이다. 운로가 未午巳辰卯寅의 용신과 희신운으로 흘러 명문가에서 태어나 미모도 있고 학력이 높았으나, 자식이 없어 전 남편과 이혼하게 된 것이다. 본인의 사주에는 食傷이 있고, 희신이 약하지 않아 간명상 자식이 반드시 있으나, 전 남편의 사주에 자식연이 없었던 것이다. 소송건의 승패여부도 결국 運路의 길흉에 많이 좌우되는 것이다.

八月(酉月) 癸水

◉ 酉金月의 癸水는 酉中 辛金이 허령(虛靈)하고 금백수청(金白水淸)한 때이니 辛金으로 생조하고, 한기(寒氣)가 성하니 丙火로 조후하면 수난금온(水暖金溫)하니 귀격을 이룬다.

◉ 辛金이 용신이 되니 丙火로 도와주면 水와 金은 따뜻해지니 투출됨이 좋고, 가까이 있으면 丙辛 合水로 변하니 간격(間隔)하여 있음을 要한다.

◉ 辛金과 丙火가 투출하면 국가고시에 합격하고, 丙火가 투출하고 辛金이 암장되면 의록(衣祿)이 있을 뿐이다.

◉ 水를 제극하는 土氣가 많으면 복록(福祿)이 중간 정도이다.

> 用神 : 辛 丙

癸	癸	丁	辛
比肩		偏財	偏印
亥	巳	酉	酉
劫財	正財	偏印	偏印

庚	辛	壬	癸	甲	乙	丙
寅	卯	辰	巳	午	未	申

癸水 日干이 사주에 印星이 많으니 생조가 태다하다. "인성다에 요견재성(印星多

에 要見財星)"이니, 丙火의 조후(調候)가 필요하나, 丁火가 투출했으니, 月干 丁火를
용신으로 잡아 印星의 기운을 극제하여 사주의 중화를 이룸이 필요하다. 대운이
未午巳辰卯寅 남동방 용신과 희신운으로 흐르니 복록이 많았다. 다만 지지의 巳亥
상충으로 용신인 丁火의 뿌리가 손상되니 貴가 크지는 못했다.

酉金月의 癸水는 득기하지는 못했지만 생조를 받으니 旺하다. 癸水는 산간계(山
澗溪)요, 전답의 水니 차가워서는 활용할 수 없다. 癸水는 청윤(淸潤)하고, 辛金은
허령(虛靈)하니, 금백수청(金白水淸)이라, 丙火로 조후(調候)함이 우선이고, 다음은
수원(水源)을 발하여 줌이 필요하다. 丙丁火가 旺한 것 같지만 時支 寅木은 日支
酉金과 원진(怨嗔)되어 寅木의 뿌리가 끊어지니, 時干 甲木과 年干 丙火가 손상되었
다. 또한 丁癸 충살로 月干 丁火 역시 손상되었다. 단지 年支 午中에 丙丁火가 통근
하고 있으니 火氣는 왕한 중 약한 것이다. 따라서 酉金의 수원(水源)은 있으나 火氣
가 부족하니 年干 丙火로 용신을 잡는다.

用神 : 丙火
喜神 :　木
忌神 :　水
閑神 :　土
仇神 :　金

여명에서 正官이 남편이다. 時支 寅中에 戊土가 있지만 印星과 傷官이 왕하니
正官이 무력하다. 결혼운이 박한 것이다.

壬水대운에 가게를 운영할 것을 상담한 명조라, 먼저는 丙壬 沖으로 용신이 손상
되고, 나중은 丁壬 合木의 희신운이라, "고진감래(苦盡甘來 = 고생끝에 낙)"라 하였더

니, 두 달여간의 가게자리 탐색 끝에 학교 옆 튀김가게를 열어 다소 집안 살림에 보탬이 있었다 한다. 향후 辰土 대운은 辰酉 육합금국의 구신운이니 다소의 풍파가 있으리라 예상된다.

丁	癸	癸	己
偏財		比肩	偏官
巳	丑	酉	亥
正財	偏官	偏印	劫財

丙	丁	戊	己	庚	辛	壬
寅	卯	辰	巳	午	未	申

지지에 巳酉丑 삼합금국이 있으니 印星인 金氣가 태왕하다. 日干 癸水는 坐下 丑土와 年支 亥水에 통근하니 종격으로 논할 수 없다. 따라서 왕한 金氣를 극제하는 時干 丁火가 용신이다. 未午대운은 용신운이니 다소 길하였다. 己巳대운은 己土는 한신운이고, 巳火는 지지와 巳酉丑 삼합금국의 구신운이니 길하지 못했다. 유흥주점의 실패로 많은 손실을 보았다. 이후 辰土대운에 유기장(遊技場) 개업을 간명한 것인데, 辰酉합금의 구신운이니 길하지 못하다. 이후 丁火대운은 丁癸 沖하여 용신인 丁火를 손상시키니 적당한 시기에 정리함이 좋을 것이다.

九月(戌月) 癸水

◉ 辛金, 甲木, 壬癸水를 쓴다.

◉ 九月은 戊土가 사령하여 癸水를 메우니 辛金을 쓰고, 壬癸水 比劫을 要함은 甲木을 도와 소토(疏土)시키고자 함이다. 甲木으로 月令 戊土를 제극하면 癸水 日主가 자연히 왕해진다.

◉ 癸水가 때를 잃어 뿌리가 없고, 戊土가 세력을 장악하고 있어 극제함이 심하기에, 辛金으로 수원(水源)을 發하고, 比肩으로 甲木을 자양(滋養)시키고, 이로써 戊土를 제압하여 주면 자연 중화를 이루게 된다.

◉ 辛金과 甲木이 出干하고, 地支에 子中 癸水를 보면 입신양명(立身揚名)한다.

◉ 辛金과 癸水와 甲木이 모두 出干하면 大富貴한다.

◉ 甲木이 투출하고 癸水 대신 壬水가 있으면 수재(秀才)의 命이다.

◉ 甲木, 辛金이 있고 癸水가 없더라도 조정(朝廷)의 신하(臣下)는 된다.

◉ 癸水, 甲木이 있고 辛金이 없으면 富는 크나 貴는 적다.

◉ 癸水, 甲木이 있고 火土가 없으면 학문에 재능이 있고 수명이 길다.

◉ 甲木이 있고 癸水와 辛金이 없으면 平凡하다.

◉ 甲木과 辛金이 모두 없으면 하천(下賤)이다.

用神 : 辛甲壬癸

甲	癸	丙	乙
傷官		正財	食神
寅	卯	戌	亥
傷官	食神	正官	劫財

己	庚	辛	壬	癸	甲	乙
卯	辰	巳	午	未	申	酉

　　癸水 日干이 戌月에 生하여 실기하였고 月支 戌土 正官은 月干 丙火의 生助를
받으니 왕하다. 사주에 財官과 食傷이 왕하니 癸水가 고갈될 위험에 처했다. 甲木
으로 왕한 戌土를 소토(疎土)시키고, 또한 戌中의 辛金으로 癸水 日干의 수원(水源)
을 발하여 줌이 필요하다. 용신은 月支 戌中의 辛金이다.

　　金水대운에 발복되어 현재의 지방장관 벼슬인 총독(總督)이 되었다.

(女命)			
壬	癸	壬	癸
劫財		劫財	比肩
子	卯	戌	卯
比肩	食神	正官	食神

庚	己	戊	丁	丙	乙	甲	癸
午	巳	辰	卯	寅	丑	子	亥

癸水 日干이 戌月에 실기했지만 比劫이 많고 時支 子水에 통근하고 있으니 水氣
가 약하지 않다. 比劫과 官星이 왕하니 설기시키는 甲木으로 용신을 잡고, 아울러
月令의 土氣를 억제하여 중화를 이루도록 한다. 日支 卯中의 甲木이 용신이다. 여
명의 正官은 남편인데 구신에 해당하고, 子卯 형살이 되니 남편과의 연(緣)은 적다
고 판단한다.

甲	癸	壬	癸
傷官		劫財	比肩
寅	卯	戌	亥
傷官	食神	正官	劫財

乙	丙	丁	戊	己	庚	辛
卯	辰	巳	午	未	申	酉

戌月은 戊土가 사령하여 癸水를 극제함이 심한데, 時干에 甲木이 투출하여 왕한
戊土를 극제하고, 年干 癸水가 甲木을 자양하여 힘을 실어주고, 월령 戌中의 辛金
이 수원(水源)을 발하고, 時支 寅中의 丙火가 조후하고, 甲木과 癸水가 투출했으니
귀격사주이다. 다만 壬癸水가 투출했어도 戌中 戊土와 寅卯木의 설기(洩氣)가 있으
니 水氣가 태왕한 것은 아니다. 따라서 辛金이 투출하여 癸水의 수원을 발함이 필
요한데 불투했으니 大貴하지 못한 것이다. 지방장관 벼슬인 총독을 지냈다. 용신은
月支 戌中의 辛金이다.

癸	癸	丙	庚
比肩		正財	正印
丑	未	戌	寅
偏官	偏官	正官	傷官

癸	壬	辛	庚	己	戊	丁
巳	辰	卯	寅	丑	子	亥

戌月에 戊土가 사령하니 癸水가 고갈될 지경이다. 지지에 土氣가 왕하여 病인데, 비록 甲木의 소토(疏土)함이 없더라도 丑戌未 삼형살을 이루니 旺土 官殺이 잘 억제되고 순화(馴化)되었다. 戌月은 한기(寒氣)가 심하여 癸水가 한수(寒水)이니 丙火의 따뜻함이 있어야 하겠고, 戊土가 왕하니 甲木의 소토가 있어야 하고, 庚辛金이 있어 癸水의 수원을 만들어주면 귀격을 이룬다. 癸水가 陰干이라 辛金을 용해야 하나, 庚金이 투출했으니 이를 용신으로 잡는다. 용신이 투출하여 지지의 生을 받고, 丙火 財가 出干하고, 甲木이 투출하지 못하고 암장되었으나, 삼형살로 官殺이 잘 억제되니 길한 사주이다. 月柱의 財官은 재물을 모아 명예를 궁구하는 명조이니, 지방의회에 입문하여 수장을 지냈다. 戊己庚辛 초·중년운은 희신과 용신운이니 재물을 모았고, 이후 壬辰대운은 壬水가 한신인데 丙火 財星과 丙壬 沖되니 손재수가 발생하고, 辰土는 희신이나 辰戌 沖하여 正官 명예를 손상시키니, 국회입성에 실패했다.

(女命)			
庚	**癸**	**壬**	**癸**
正印		劫財	比肩
申	**未**	**戌**	**丑**
正印	偏官	正官	偏官

己	戊	丁	丙	乙	甲	癸
巳	辰	卯	寅	丑	子	亥

戌月은 戊土가 사령하여 간계수(澗溪水)인 癸水를 메우고, 官殺이 중하니 庚辛金 印星으로 살인상생시키고 癸水의 水源을 만들어줌이 급하고, 다음은 甲木으로 소토(疏土)하여 물줄기를 터주어야 한다. 따라서 용신은 時干 庚金 正印이다. 여명의 남편은 官星인데, 官殺이 중중하고 삼형살을 이루어 月·日支를 刑하니 本家와 연이 적어 일찍 집을 나왔고, 남자문제로 많은 풍파를 겪었다.

乙木대운은 乙庚 간합금국의 용신운이니 유흥주점과 카페를 운영하며 꽤 돈을 모았으나, 丑土대운은 다시 사주원국과 丑戌未 三刑殺의 重殺로 들어오니, 남자와 연관된 시비구설과 배신과 손재수로 힘든 시간을 보냈다. 이후 寅卯辰대운은 구신운이니 썩 길하지 못하다. 상기에 언급한 重殺의 경우는, 사주명리학에서 학자들간 의견이 분분한데, 重殺이니 흉함이 더욱 가중된다는 의견과, 사주원국의 삼형살은 지지를 이미 한번 흔들어 놓은 것이니, 다시 운로에서 重殺이 入命하면 오히려 흉함이 감소된다는 의견도 있다. 필자의 간명경험상 運路에서 重殺이 들어오는 경우는 흉함이 더욱 가중되는 경우가 많음을 알 수 있었다.

癸水(三冬)

◉ 三冬의 初冬 亥月은 비록 水가 사령하였으나 宮에 戊土와 甲木이 있어 왕한 중 약하다. 甲木이 癸水를 설기함으로 庚金으로 수원(水源)을 발하고, 戊土와 丁火를 참간(參看)한다.

◉ 子月과 丑月은 추위가 매우 심하니 丙火의 해동(解凍)이 시급하고, 辛金과 丁火를 참간한다.

十月(亥月) 癸水

◉ 庚金, 辛金, 戊土, 丁火를 쓴다.

◉ 十月 月令은 亥水인데 亥中에 甲木이 長生하여 癸水가 설기됨으로, 庚辛金으로 수원(水源)을 만들고 한편으로 甲木을 극제하고자 하는 것이다.

◉ 十月 月令에 亥水가 旺한데 또 庚辛金이 水를 도우면, 수세(水勢)가 왕양(汪洋)하기에 戊土로 제압하여야 한다. 만일 또 金이 많으면 丁火를 써서 金을 제압하는 것이 좋다.

◉ 지지 木局이고 庚辛金이 있는데 丁火가 出干하면, 庚辛金이 水를 生하지 못하므로 청한(淸寒)하다. 文官외의 길로 祿을 얻는다.

◉ 庚辛金이 모두 투출하고 丁火가 金氣를 상하지 않으면 국가고시에 합격하고 부귀격을 이룬다.

◉ 사주에 火가 많으면 재다신약(財多身弱)이니 부옥빈인(富屋貧人)이다. 그러나 火가 많아도 印星과 比劫이 있어 癸水를 생조하면 大富格을 이룬다.

用神 : 庚辛戊丁

壬	癸	癸	壬
劫財		比肩	劫財
子	亥	亥	申
比肩	劫財	劫財	正印

庚	己	戊	丁	丙	乙	甲
午	巳	辰	卯	寅	丑	子

사주의 대부분이 比劫으로 형성되었으니 부득이 세력을 從할 수밖에 없다. 이는 비천녹마격(飛天祿馬格)이라 하나, 용신을 잡는 것은 종격(從格) 중 "종왕격(從旺格)"에 준하여 풀이한다. 따라서 왕한 기운을 설기시키는 食傷運과 比劫運은 길하고 印星運과 官星運은 凶하다. 月支 亥中의 甲木을 용신으로 잡는다. 子丑寅卯辰 대운에 발복되어 낭중(郎中)벼슬을 하였다.

壬	癸	辛	壬
劫財		偏印	劫財
子	亥	亥	寅
比肩	劫財	劫財	傷官

戊	丁	丙	乙	甲	癸	壬
午	巳	辰	卯	寅	丑	子

癸水 日干이 亥月에 生하여 득기(得氣)하였고, 天干에 두 개의 壬水가 투출했으니 水氣가 태왕하다. 戊土로 왕한 水氣를 제압해야 하고, 또한 亥月의 癸水는 한수(寒水)이니 丙火의 조후가 필요하다.

먼저는 戊土고, 나중은 丙火다. 戊土의 出干이 없으니 地支 寅中의 戊土를 써야

하나, 水氣를 담뿍 담은 土라 왕한 水氣의 제방을 쌓기에 부족함이 많다. 따라서 사주가 파격(破格)이니 부귀가 어렵다. 丙火마저 없으면 천격(賤格)을 면하지 못할 것이나, 年支 寅中에 丙火가 있으니 癸水 日干이 한기(寒氣)는 면한 것이다.

　대운의 흐름이 중년 이후 丙辰, 丁巳, 戊午의 희신과 용신운이니 비천함은 면한 것이다. 형제자매를 의미하는 比劫이 水이다. 水가 구신에 해당하니 골육간의 돈독한 情이 없었다.

```
(女命)
  辛        癸        癸        戊
  偏印               比肩      正官

  酉        卯        亥        戌
  偏印      食神      劫財      正官

  丙   丁   戊   己   庚   辛   壬
  辰   巳   午   未   申   酉   戌
```

　亥月에 壬水가 사령하여 癸水가 有氣하고 왕하지만, 亥宮의 甲木이 長生이라 또한 水氣를 설기시킨다. 月柱의 比劫과 時柱의 印星이 日主를 부조하나, 年柱의 戊土가 극제하고, 또한 亥宮의 戊土가 日主를 극제하며, 日支 卯中의 甲木이 水氣를 설기하니 癸水는 旺中弱이 되는 것이다. 따라서 癸水의 수원(水源)을 만들어 줌이 급하다. 용신은 時干 辛金이다. 辛酉, 庚申, 己土대운에 발전이 있었으나, 未土대운은 亥卯未 삼합목국의 구신운이니 남편의 사업 실패로 인해 이혼하고 보험설계업을 시작했다.

　戊午대운에 조그마한 가게 차리는 것을 간명한 것인데, 戊土는 戊癸합화의 기신운, 午火 역시 기신운이고, 이후의 대운도 길하지 못하니 생각을 접으라 조언했다. 다행히 조언을 따라서 비록 운로가 길하지 못하나 열심히 노력한 결과 보험설계사로 안정적인 생활을 하고 있다.

十一月(子月) 癸水

◉ 丙火, 辛金을 전용(專用)한다. 丙火로 해동(解凍)하고 辛金으로 수원(水源)을 發해준다.

◉ 때가 얼음이 어는 때이니 金水가 교환(交驩=相生의 美)의 뜻이 없다. 오직 丙火를 써서 해동(解凍)하고 辛金의 부조가 필요하다.

◉ 丙火, 辛金이 출간하고 壬水가 없으면 국가고시에 합격한다.

◉ 壬癸水가 중중 한데 丙火가 없으면 빈천한 선비의 명이다. 그러나 대운이 火旺地로 흐르면 길하다. 그러나 이 경우 지지에 壬水가 많으면 구제받지 못한다.

◉ 戊土가 중중한데 癸水가 생조받지 못하면 살중신경(殺重身輕)하여 빈천하거나 요사(夭死)한다.

◉ 지지 金局에 丙火가 없으면 하천(下賤)이다.

> 用神 : 丙 辛

癸	癸	戊	庚
比肩		正官	正印
亥	巳	子	戌
劫財	正財	比肩	正官

乙	甲	癸	壬	辛	庚	己
未	午	巳	辰	卯	寅	丑

癸水 日干이 子月에 生하여 사주에 比劫과 印星이 많으니 신강하다. 旺한 水氣를 月干의 戊土가 地支 戌巳에 통근되어 있어 어느 정도 극제하니, 산간계(山澗溪-산골짜기의 물)인 癸水가 넘치는 것을 막을 수 있다. 다만 子月은 동절(冬節)이라 癸水 日干이 해동(解凍)이 되지 않고서는 활용할 수 없으니 日支 巳中의 丙火로 용신을 삼는다.

年支 戌中의 丁火가 있고, 天干에 戊癸 合火의 火氣가 있으니 사주에 火氣가 태약한 것은 아니다. 아울러 子月은 동절이라 만물이 숙장(宿藏)되어 있지만, 天氣는 子月에 一陽이 뜨니 땅속은 이미 온기(溫氣)가 돌아 싹을 발아(發芽)할 준비를 하고

있는 것이다. 따라서 丙火는 태약하지는 않다.

巳午대운에 발복되어 재상(宰相)의 위치에까지 이르렀다. 年·月干에 官印이 상생하니 一品벼슬을 한 것이다.

壬	癸	丙	甲
劫財		正財	傷官
戌	卯	子	戌
正官	食神	比肩	正官

癸	壬	辛	庚	己	戊	丁
未	午	巳	辰	卯	寅	丑

癸水가 子月에 건록(建祿)이니 득기하였고, 壬水 劫財가 있으니 신왕하다. 왕한 水氣를 地支 戌中의 戊土가 극제하고, 丙火가 투출하여 조후(調候)하니 사주가 귀격이다. 다만 地支에 正官이 둘이니 偏官으로 논하고, 年干 甲木이 官星을 극하니 무관직(武官職)이다. 丙火 용신은 甲木의 생조를 받고, 지지 戌土에 뿌리를 박고 있으니 약하지 않다. 대운의 흐름이 寅卯辰巳午未의 희신과 용신운이니 무관으로 관직이 높았던 것이다. 해군총장(海軍總長)에 올랐다.

乙	癸	丙	甲
食神		正財	傷官
卯	丑	子	申
食神	偏官	比肩	正印

癸	壬	辛	庚	己	戊	丁
未	午	巳	辰	卯	寅	丑

子月의 癸水는 천지가 꽁꽁 얼어붙어 發生과 상생의 情이 없으니 丙火의 해동(解凍)이 없으면 무용지물이고, 수원(水源)을 발하는 庚辛金이 없으면 하격이다. 月干 丙火가 용신인데, 지지에 통근하지 못하여 쇠약하나, 子月은 一陽이 생하여 대지는

땅속에서 이미 발아(發芽)할 준비를 하고 있으니 火氣가 태약한 것은 아니다. 이런 경우 운로에서 부조가 있으면 귀격을 이룬다. 대운의 흐름이 寅卯辰巳午未의 희신과 용신운이니 길하게 되었다. 지지에 水氣가 왕한 것을 甲乙木이 설기하니 旺水의 난동을 막을 수 있고, 丙火가 투출하여 해동하니 만물을 소생시킬 준비가 된 것이다.

天干의 丁壬합목은 지지에 통근하지 못하니 合이라 볼 수 없다. 亥中의 甲木은 子月에 동목(凍木)이니 활용할 수 없기 때문이다. 사주 전체가 水氣가 태왕하니 日干 癸水가 왕한 세력을 從할 수밖에 없고, 比劫이 중중하니 종왕격(從旺格)으로 논한다. 따라서 比劫運과 印星運은 길하고, 財星과 官星運은 흉하다.

己土가 투출했으면 年干에 丁火가 투출하고 子時에 생하였으니 "설야등광(雪夜燈光)"이라 하여 귀격으로 논할 수 있으나, 己土의 투출이 없으니 從格으로 논하고 운로에서 戌酉申의 印星運으로 부조하니 길하게 된 것이다.

十二月(丑月) 癸水

◉ 丙火, 丁火를 쓴다.

◉ 丙火가 통근되어야 하기에 지지에 巳午未戌이 있으면 더욱 좋다.

◉ 癸水와 己土가 중중한데 年干에 丁火가 투출하면 이름을 설야등광(雪夜燈光)이라 하니, 밤에 태어난 者만 貴를 한다.

◉ 지지 水局이고 丙火의 난조지기(暖燥之氣)가 없으면 빈천(貧賤)하다. 戊己土가 있어도 벗어나지 못한다. 그러나 지지가 火局을 이루면 庚辛金을 쓰는 것도

무방하다.

◉ 지지 金局이고, 丙火가 出干하고 지장간에 丙火가 있으면, 가문이 빛나고 학계(學界)에 이름을 얻는다. 혹 丙火가 없으면 조후(調候)가 부족되어 파격(破格)이니 문장(文章)은 뛰어나나 실속이 없다.

◉ 丙火가 年·時干에 나오고 壬水가 出干하고, 戊土가 암장(暗藏)되면 수보양광(水輔陽光)이니 국가고시에 합격하고 대귀격을 이룬다.

◉ 지지 木局이고 金이 없으면 잔질이 많다. 金이 있으면 비록 학업으로 성취하지는 못하나, 丙火가 있을 경우에는 자수성가한다.

用神 : 丙 丁

庚	癸	乙	癸
正印		食神	比肩
辛	丑	丑	酉
偏印	偏官	偏官	偏印

戊	己	庚	辛	壬	癸	甲
午	未	申	酉	戌	亥	子

地支에 酉丑 반합금국으로 사주의 대부분이 印星으로 이루어졌으니, 日干 癸水가 부득이 왕한 세력에 從할 수밖에 없다. 따라서 이 사주는 외격 중 "종강격(從强格)"으로 논한다. 그러므로 印星運과 比劫運, 食傷運은 길하나 財星運과 官星運은 凶하다. 壬戌, 辛酉, 庚申大運은 吉했고, 己未, 戊午 대운은 용신과 상배(相排)되는 운이니 凶했다.

癸	癸	乙	癸
比肩		食神	比肩
丑	卯	丑	未
偏官	食神	偏官	偏官

戊	己	庚	辛	壬	癸	甲
午	未	申	酉	戌	亥	子

癸水가 丑月에 생하여 천지가 차다. 조후(調候)가 시급하다. 丙火가 용신인데 未中에 일점 火氣인 丁火가 있지만, 丑未 충살이 되어 丁火 불씨가 꺼져버렸다. 사주가 파격이 된 것이다. 地支에 음토(陰土) 偏官이 태왕하다. 제살하는 甲乙木과, 설기시키는 庚辛金이 약하니 偏官의 난동을 제압할 길이 없다. 따라서 잔병치레가 많았던 것이다. 태원(胎元)은 丙辰이지만 天干의 癸水 안개가 태양빛을 가리니 용신이 무력하다. 아울러 대운의 흐름이 子亥戌酉申의 기신과 구신운이니 발복(發福)이 되지 못했던 것이다.

(女命)			
甲	癸	癸	丁
傷官		劫財	偏財
寅	巳	丑	未
傷官	正財	偏官	偏官

庚	己	戊	丁	丙	乙	甲
申	未	午	巳	辰	卯	寅

癸水가 엄동절(嚴冬節)에 생하여 조후(調候)가 급하다. 年·月支의 未丑 偏官은 時干 甲木이 견제하여 난동을 막고 있다. 丙火를 用해야 하나 丁火가 투출했으니 부득이 丁火를 용신으로 잡는다. 용신 丁火는 지지 未巳寅에 통근하나 왕한 癸水의 극제를 받으니 용신이 왕강하지 못하다. 巳午未 용신대운에 다소의 발복이 있으리라 판단한다.

여명의 용신과 官星과 日支宮은 남편으로 논한다. 용신이 왕강하지 못하고, 丑未 偏官이 왕한데, 丑月의 甲木은 습목(濕木)이라 丙火의 건조가 없으면 소토(疏土)함이 부족하니 역시 길하지 못한 것이다. 따라서 부부연은 돈독하지 못하리라 판단한다.

여명에서 時柱와 食傷과 희신은 자식으로 논한다. 寅巳 형살로 寅木 傷官이 손상되니 자식에게 흉화(凶禍)기 발생하거나 자식과의 연도 썩 길하나 논할 수 없다.

四柱秘訣

제2장

실전 사주간명四柱看命 요약

직업은 무엇을 보고 판단하는가?

◉ 天干에 투출된 오행과 六神을 보고 판단한다.

◉ 사주의 用神을 보고 판단한다.

◉ 사주의 格局을 보고 판단한다.

◉ 日干의 오행을 보고 판단한다.

성격은 어떻게 알아 보는가?

◉ 天干에 투출된 五行을 보고 판단한다.

◉ 日干의 五行을 보고 판단한다.

◉ 용신의 五行을 보고 판단한다.

◉ 사주상 五行의 태과(太過)와 불급(不及) 및 합과 沖의 관계를 보고 판단한다.

처덕(妻德)의 有無를 어떻게 알 수 있는가?

◉ 사주상 正財에 해당하는 五行이 용신이나, 희신이면 처덕(妻德)이 있고, 한신
이면 보통이고, 기신이나 구신이면 처덕이 없다.

◉ 사주상 日主가 왕하며 正財가 日支나 月支에 있고, 형(刑), 충(沖), 파(破), 해
  (害), 원진(怨嗔)됨이 없고, 凶殺을 대동하지 않으면 처덕(妻德)이 있다.

◉ 日干支가 相生되면 처덕(妻德)이 있고, 相剋이면 처덕(妻德)이 없다.

◉ 사주상 희신이 刑沖되지 아니하고 왕하면 처덕이 있다.

재물의 많고 적음을 어떻게 알아보는가?

◉ 身旺하고 財星이 天干에 투출되고 통근되면 재물복이 많다.

◉ 身旺하고 財星이 있고 刑, 沖, 破, 害, 怨嗔됨이 없고 식상이 生助해주면 재물
  복이 많다.

◉ 身旺하며 財星이 사주상 용신, 희신이면 재복이 많다.

◉ 用神이 旺相하며 運路에서 부조가 있으면 재물복이 많다.

◉ 身旺하며 食神이 有氣하고 왕하여 財를 生해주면 재물복이 많다.

◉ 身旺하고 日支나 月支의 財星이 길신(용신·희신)이면 재물복이 많다.

◉ 從財格이 運路의 부조가 있으면 재물복이 많다.

◉ 財가 약한데 比劫이 많아 군비겁쟁재(群比劫爭財)되면 재물복이 적다.

◉ 재다신약사주에 운로에서 부조가 없으면 재물복이 적다.

◉ 財가 약한데 印星이 중중하면 재물복이 적다.

형제덕은 어떻게 알아보는가?

◉ 比劫이 용신, 희신이면 형제덕이 있다.

◉ 比劫이 기신, 한신, 구신이면 형제덕이 없다.

◉ 月柱에 해당하는 五行이 길신이면 형제덕이 있고, 흉신이면 형제덕이 없다.

◉ 月柱에 용신이 있으면 형제덕이 있다.

◉ 年柱부터 月柱까지 生生不息되면 형제덕이 있다.

형제 중 형과 아우는 어떻게 구별하는가?

◉ 사주상 年柱에 비겁이 있으면 형이 있는 것이고, 月柱에 있으면 본인이 장남이
  거나 장남 역할을 한다.

◉ 年柱에 관성이 있으면 형이 있는 경우가 많고, 月柱에 관성이 있으면 본인이
  장남이거나 아니면 집안에서 장남 역할을 해야 한다.
◉ 지장간을 포함해서 판단한다.

양자(養子), 양녀(養女)문제는 어떻게 판단하는가?

◉ 사주상 正·偏印과 比劫이 동주하면 양자(養子), 양녀(養女)의 문제가 있다.
◉ 사주상 比劫에 십이포태운성의 "양(養)"이 동주하면 양자나 양녀로 가는 문제
  가 있다.
◉ 年柱에 比劫이 있으면 조상 중에 양자나 양녀문제로 연관된 분이 있는 경우가
  많다.
◉ 사주에 印星과 比劫이 중중하면 양자, 양녀 문제가 나온다.
◉ 月支나 年支가 입묘(入墓)되면 양자, 양녀 문제가 나온다.

여자사주의 남편복이 있음은 어떻게 판단하는가?

◉ 正官이 용신, 희신이면 남편복이 있다.
◉ 正官이 天月二德과 동주하거나, 天乙貴人과 동주하면 남편복이 있다.
◉ 正官이 長生이나 建祿, 帝旺과 동주하면 남편복이 있다.
◉ 正官이 刑, 沖, 破, 害, 怨嗔殺이 되지 않으면 남편복이 있다.
◉ 日柱가 上下 相生되고, 日支가 길신이면 남편복이 있다.
◉ 용신이 왕하고 刑, 沖, 破, 害, 怨嗔됨이 없으면 남편복이 있다. 여명의 용신은
  남편으로 보기 때문이다.
◉ 財星이 합이 되어 관성으로 바뀌고 길신이면 남편복이 있다.
◉ 日柱가 용신에 해당되면 남편복이 있다.
◉ 사주상 忌神이 합되어 용신으로 바뀌면 남편복이 있다.

여자사주에 남편복 없음을 어떻게 판단하는가?

◉ 正官이 기신, 구신이면 남편복이 없다.
◉ 官星이 공망되면 남편복이 없다.

- 正官이 刑, 沖, 破, 害, 怨嗔되면 남편복이 없다.
- 地支나 지장간에 官星이 없어도 남편복이 없다.
- 官星이 合이 되어 기신이나, 구신으로 바뀌어도 남편복이 없다.
- 사주에 印星, 財星, 官星이 왕해도 남편복이 없다.
- 사주에 고신살(孤神殺), 과숙살(寡宿殺), 병부살(病符殺), 도화살(桃花殺) 등 흉살이 많아도 남편복이 없다.
- 日支가 刑沖되면 남편복이 없다.
- 日支가 合이 되어 기신이나 구신으로 바뀌면 남편복이 없다.
- 官星이 중중한데 剋洩하는 오행이 없으면 남편복이 없다.
- 용신이 태약하거나, 官星이 全無해도 남편복이 없다.

妻의 나이 많고 적음을 어떻게 알 것인가?

- 남명에서 正財에 해당하는 五行의 선천수(先天數)를 비교하여 판단한다.

地支	子	丑	寅	卯	辰	巳	午	未	申	酉	戌	亥
先天數	9	8	7	6	5	4	9	8	7	6	5	4

- 상기 先天數에서 子와 巳의 중간, 午와 亥의 중간을 임의로 남편의 나이라 간주하여 正財에 해당하는 五行이 子와 午쪽이면 부인이 남편보다 나이가 더 많은 경우가 많고, 巳와 亥쪽이면 남편이 부인보다 나이가 더 많은 것이라 판단한다.
- 예로, 남명에서 正財에 해당하는 五行이 辰이라면 남편 본인보다 나이 적은 처를 얻는다.
- 예로, 남명에서 正財에 해당하는 五行이 子라면 남편 본인보다 손위의 여자를 얻는다.

妻를 얻음에 같은 고향인가 아니면 타향인가를 어떻게 알 수 있는가?

- 남명에서 正財가 내괘(內卦)면 같은 고향이나 인근에 사는 여자, 외괘(外卦)면 타향이나 먼 곳에 사는 여자이다.

- 內卦는 奇門遁甲 九宮圖의 감(坎), 간(艮), 진(震), 손(巽) 卦를 말하고 外卦는 奇門遁甲 九宮圖의 이(離), 곤(坤), 태(兌), 건(乾) 卦를 말한다.

연애결혼과 중매결혼은 어떻게 아는가?

- 남·녀 사주 공히 干合이 있으면 연애결혼 확률이 높다.
- 남·녀 공히 支合이 많으면 연애결혼 확률이 높다.
- 여명에 관살혼잡(官殺混雜)이거나, 官星이 왕하면 연애결혼수가 높다.
- 남명에 財星이 많고 왕하면 연애결혼 한다.
- 여명에서 官星이 합이 되어 他 五行으로 바뀌어도 연애결혼수가 높다.
- 남명에서 財星이 합이 되어 타 오행으로 바뀌어도 연애결혼수가 높다.
- 地支에 형, 충, 파, 해 원진살이 많아도 연애결혼 한다.
- 홍염살과 도화살이 동주한 오행이 旺해도 연애결혼 한다.
- 남녀 공히 사주에 水氣가 많아도 연애결혼하는 경우가 많다.

자식의 數는 어떻게 알아보는가?

- 用神의 五行을 보고 판단한다.
- 용신이 木 – 3명(아들). 8명(아들+딸)
  용신이 火 – 2명(아들). 7명(아들+딸)
  용신이 土 – 5명(아들). 10명(아들+딸)
  용신이 金 – 4명(아들). 9명(아들+딸)
  용신이 水 – 1명(아들). 6명(아들+딸)
- 천간과 지지, 지장간 포함 官星의 숫자를 자식의 수로 본다.
- 남명은 관성, 여명은 식상에 해당되는 오행의 대정수(大定數)로 논하되 왕쇠(旺衰)를 참작한다.

자식의 운세 좋고, 나쁨은 어떻게 알 수 있는가?

- 남명의 용신이 旺相하고 길신이면 자식의 운세가 좋고, 용신이 休, 囚, 死되고 흉신이면 운세가 좋지 않다.

◉ 남명에 官星이 길신이고, 여명에 食傷이 길신이면 자식의 운세가 좋다.

◉ 남녀 공히 時柱의 五行이 旺相하고, 干支가 相生되며 길신이면 자식의 운세가 좋다.

◉ 남명의 중년 이후 大運의 흐름이 용신이나, 희신운이면 자식의 운세가 좋다.

◉ 時柱에 용신이 있으면 자식의 운세가 좋다.

◉ 時柱의 오행이 용신을 생하면 자식의 운세가 좋다.

죽은 후 후손들의 가운의 성쇠를 어떻게 알아보는가?

◉ 본인사주의 大運의 흐름이 죽은 후 용신, 희신운으로 흐르면 자손들의 家運이 盛하고, 기신, 한신, 구신으로 흐르면 자손들의 家運이 衰하다.

◉ 時柱가 上下 相生되고 길신에 해당하면 후손들의 운세가 좋다.

◉ 사주가 年柱부터 時柱까지 相生되고 주류무체(周流無滯)되면 반드시 후손들의 家運이 빛난다.

사주에 신기(神氣)가 많고 적음을 어떻게 알아보는가?

◉ 사주에 상문살(喪門殺), 조객살(弔客殺), 환신살(幻神殺), 교신살(絞神殺), 귀문관살(鬼門關殺), 병부살(病符殺), 양착살(陽錯殺), 음차살(陰差殺), 고신살(孤神殺), 과숙살(寡宿殺), 오귀살(五鬼殺) 등이 있으면 神氣가 많다고 본다.

◉ 日主가 신약하고 干支가 상극되고, 地支에 형, 충, 파, 해, 원진살 등이 많으면 神氣가 있다.

조상들의 묏자리 좋고 나쁨을 어떻게 아는가?

◉ 상문살(喪門殺), 조객살(弔客殺), 환신살(幻神殺), 교신살(絞神殺), 귀문관살(鬼門關殺), 병부살(病符殺), 양착살(陽錯殺), 음차살(陰差殺), 오귀살(五鬼殺) 등과 同地의 五行에 해당하는 조상을 추적하여 그 조상의 자리는 좋지 않다.

◉ 사주상 기신에 해당하는 五行의 조상의 묘소는 좋지 않다.

◉ 年柱가 기신에 해당하면 凶한 묏자리에 든 조상이 있다.

여자사주의 남편복과 시어머니와의 사이는 어떻게 아는가?

⊙ 여자사주에서 用神은 남편으로 보고, 喜神은 아들 혹은 시어머니로 본다.

⊙ 용신이 旺, 相하면 남편복이 많고, 희신이 旺, 相하면 시어머니와의 사이가 좋다.

⊙ 여명에 印星이나 財星이 왕하면 시어머니와 사이가 좋지 않고, 남명에서 日支에 印星이 있을 때도 시어머니와의 사이가 좋지 않다.

⊙ 여명에 財星이 중중하거나 왕해도 남편복이 적고 시어머니와의 사이도 썩 좋지는 않다.

⊙ 여명에서 官星이 중중하고, 기신에 해당하면 남편복도 적고 시어머니와의 사이도 썩 좋지가 않다.

이혼 후 자식의 양육문제는 어떻게 논할 수 있는가?

⊙ 남자사주는 官星이 용신, 희신이면 자식들을 양육하려고 하고, 여자사주는 食神, 傷官이 용신, 희신이면 자식들을 양육하려고 한다.

⊙ 남녀 공히 용신이 時柱에 있으면 자식들을 본인이 양육하려 한다.

⊙ 자식들의 사주에서 月支에 해당하는 五行이, 본인사주의 月支에 해당하는 五行과 相生되거나 合이 되면 그 자식은 양육하려고 한다.

자식과의 인연이 있고 없음을 어떻게 아는가?

⊙ 남명은 官星, 여명은 食傷으로 판단하는데, 용신, 희신이면 자식과의 연(緣)이 많고, 기신, 구신이면 연(緣)이 없다.

⊙ 男女 공히 日支와 時支가 刑沖되면 자식과의 緣(연)이 적다.

⊙ 男女 공히 地支에 刑, 沖, 破, 害, 怨嗔殺 등이 많거나 時支에 고신살(孤神殺), 과숙살(寡宿殺), 병부살(病符殺), 상문살(喪門殺), 조객살(弔客殺), 환신살(幻神殺), 교신살(絞神殺), 귀문관살(鬼門關殺), 양인살(羊刃殺) 등의 凶殺이 많으면 자식과의 緣이 적다.

⊙ 父母의 月支와 子息의 月支가 合이 되거나 比化되면 緣이 많고, 刑沖되면 緣이 적다.

남명에서 아버지와의 연(緣)은 어떻게 보는가?

◉ 偏財를 위주로 보되, 용신, 희신이면 아버지와의 緣이 있다.

◉ 偏財가 旺相하고 刑, 沖되지 않으면 아버지와의 緣이 있다.

◉ 偏財가 忌神이면 아버지와의 연이 적다.

◉ 偏財가 合이 되어 用神, 喜神으로 바뀌면 아버지와의 緣이 많다.

◉ 偏財가 合이 되어 忌神, 仇神으로 바뀌면 아버지와의 緣이 적다.

◉ 時上偏財에 比肩, 劫財가 많으면 아버지와의 緣이 적다.

◉ 月支와 日支가 刑沖이나 상극되면 아버지와의 연이 적다.

◉ 月干과 日干이 干沖되면 아버지와의 연이 적다.

◉ 偏印이 기신이나 구신에 해당하면 아버지와의 연이 적다.

고향을 떠나 타향에서 살게 됨을 어떻게 아는가?

◉ 年干과 月干이 沖되면 고향을 떠난다.

◉ 年支와 月支가 형, 충, 파. 해, 원진살이 되면 고향을 떠난다.

◉ 사주에 比劫이 많고 왕해도 고향과의 연이 적다.

◉ 月柱의 五行이 기신에 해당하면 고향을 떠나 산다.

◉ 초년대운이 기신운이어도 마찬가지다.

◉ 年柱가 기신에 해당해도 고향을 떠나 산다.

◉ 재다신약(財多身弱)의 사주도 고향과의 緣이 적다.

◉ 月柱에 偏官이나 傷官이 있으면 고향을 떠나 살게 된다.

官運이 있고, 없음을 어떻게 아는가?

◉ 天干에 官星과 印星이 투출(透出)되고 길신이며 刑, 沖되지 않으면 官運이 있다.

◉ 日干이 왕하고 地支에 六合이나 三合이 있어 관성으로 바뀌어도 官運이 있다.

◉ 天干의 합이 官星으로 바뀌고 길신이면 관운이 있다.

◉ 사주에 財星이 왕하고 길신이면 官星을 생하므로 관운이 있다.

◉ 사주에 印星이 왕하고 길신이면 官星을 끌어옴으로 관운이 있다.

◉ 官星이 지장간(支藏干)에 암장되었어도, 四柱干支가 상생되고 생생불식(生生不

息)되어 아름다우면 관운이 있다.

◉ 官星이 용신에 해당되고 또한 印星이 있어 官印相生되고 旺하며 대운이나 세운에서 용신운이면 관운이 있다.

官職의 高下는 어떻게 아는가?

◉ 年干, 月干의 官은 직위가 높다.

◉ 時干의 官은 지위가 낮고, 늦게 풀린다.

◉ 官星이 旺하고 길신이고, 사주가 淸하면 직위가 높다.

◉ 月干支가 財와 官이거나, 官과 印이거나 하면 직위가 높다.

◉ 대운과 세운이 용신, 희신으로 흐르면 직위가 높다.

◉ 사주에 官星이 아름답고 용신이 왕강하면 관직이 높다.

◉ 年·月干에 있는 官과 印이 용신과 희신이며 運路가 용신운이면 관직이 높다.

처가 직장이나 직업을 갖고 사회활동을 하는 것이 좋은 경우는 어떤 사주인가?

◉ 男命이 財多身弱格의 사주이다.

◉ 女命에서 財星이나 印星이 태왕한 경우이다.

◉ 男命에서 日支에 印星이 있거나, 日支가 他 地支와 형충되는 경우이다.

◉ 女命에서 官星이 태왕하거나 日支가 他 地支와 형충되는 경우이다.

건강문제는 무엇으로 판단하는가?

◉ 사주상 기신, 구신에 해당하는 五行으로 판단할 수 있다.

◉ 사주상 오행의 태과와 불급으로 판단할 수 있다.

◉ 사주상 병부살(病符殺)에 해당하는 五行으로 판단할 수 있다.

◉ 세운이 기신운이면 질병은 1년간이고, 大運이 忌神運이면 10년이고, 사주원국의 기신은 평생을 따라 다닌다.

◉ 태원사주(胎元四柱)의 오운육기(五運六氣)로 오장육부(五臟六腑)의 질병관계를 알수 있다.

건강상 소화장애가 있고 없음을 어떻게 아는가?

⊙ 사주에 食神, 傷官이 없으면 소화장애가 있다.

⊙ 사주에 比肩, 劫財가 왕해도 소화장애가 있다.

⊙ 사주에 土氣가 왕해도 소화장애가 있다.

⊙ 사주상 土가 기신에 해당하면 소화장애가 있다.

⊙ 사주에 印星이 중중하고 왕해도 소화장애가 있다.

예술가의 사주는 어떠한가?

⊙ 사주에 食神, 傷官이 많은 경우이다.

⊙ 食神은 문학, 문필가의 경우이고, 傷官은 예체능 쪽이다.

⊙ 사주에 도화살(桃花殺)이 旺하면 예술가인 경우가 많다.

⊙ 天干에 木火가 많으면 예체능 계통이다.

⊙ 日干이 火木이면 예술가의 사주가 많다.

沖殺에도 강약이 있는가?

⊙ 寅申巳亥의 沖은 사계절의 초입이니 유약하여 다 부서진다.

⊙ 子午卯酉의 沖은 正方位 四方을 지키고 있으므로 다 부서지지는 않는다.

⊙ 辰戌丑未의 沖은 먼지만 날 뿐이다.

간명법상 대운과 세운은 어떻게 적용하는가?

⊙ 대운에서 세운을 剋하면 事案은 凶하다.

⊙ 세운에서 대운을 剋하면 事案은 흉함이 심하지 않다.

⊙ 대운과 세운이 合이 되어 용신, 희신으로 바뀌면 吉하다.

⊙ 대운과 세운이 合이 되어 기신, 구신으로 바꾸면 凶하다.

⊙ 대운이 기신운인데 세운이 충극하면 凶變吉이다.

⊙ 대운이 용신운인데 세운이 충극하면 吉變凶이다.

사주에서의 대운과 세운은 어떻게 정의할 수 있는가?

◉ 사주원국의 日干은 군왕, 기타 간지는 신하로 생각한다.

◉ 대운은 지방영주와 신하로 생각한다.

◉ 세운은 중앙정부 군왕의 명령을 전달하는 사신(使臣)과 칙령(勅令)으로 본다.

大運과 歲運이 사주에 미치는 영향은 어떠한가?

◉ 大運은 30%, 歲運은 70%의 영향을 미친다고 본다.

◉ 대운과 세운이 슴이 되면 길흉 공히 배가가 된다.

◉ 사주원국과 세운을 먼저 비교하고, 그 다음은 대운과의 관계를 살펴서 미치는 영향의 강약을 판단한다. 대운에서 세운을 극하면 길흉이 공히 감쇠되고, 대운이 세운을 생하면 길흉이 공히 증강된다.

수명(壽命)의 장단(長短)은 어떻게 보는가?

◉ 印星이 용신, 희신이면 수명이 길다.

◉ 印星이 기신, 구신이면 수명이 짧다.

◉ 印星이 한신이면 수명은 중간이다.

◉ 年柱 부터 時柱까지 五行이 생생불식되면 수명이 길다.

◉ 天干과 地支가 上下 相生돼도 수명이 길다.

◉ 태원사주(胎元四柱)의 오운육기(五運六氣)에서 복중일수(腹中日數)가 상명(上命)이고, 干支가 相生되면 장수(長壽)한다.

◉ 사주상 오행이 편중되지 않고 고르게 구비되어 있으며, 相生되면 수명이 길다.

역술가의 사주는 어떠한가?

◉ 印星과 官星이 있되 他 五行에 의해 破剋되거나 기신에 해당하는 경우.

◉ 사주에 상문살(喪門殺), 조객살(弔客殺), 환신살(幻神殺), 교신살(絞神殺), 귀문관살(鬼門關殺), 병부살(病符殺) 등이 있을 경우.

◉ 印星이 지나치게 왕하고 財星이 약할 경우.

⦿ 官과 印이 중중한데 기신에 해당하는 경우.

⦿ 官과 印이 있더라도 형충되고 흉살들과 동주해도 역술가인 경우가 많다.

결혼 후 오랜 기간 자식이 없을 때, 자식이 생기는 시점을 어떻게 아는가?

⦿ 대운이나 세운에서 십이운성의 長生運이 들어오는 경우이다.

⦿ 대운이나 세운에서 사주원국과 合이 되어, 남자의 경우 官星이 되거나, 여자의 경우 食傷이 되는 경우 자식이 생긴다.

⦿ 대운과 세운이 合이 되어 용신운으로 들어오는 경우이다.

취직(就職)의 시점은 어떻게 판단하는가?

⦿ 食神이 들어오는 대운, 세운, 월운 시점에서 취직이 된다고 본다.

⦿ 대운, 세운, 월운의 長生이 들어오는 시점에서도 취직이 된다.

⦿ 용신이나 희신이 들어오는 시점에서도 취직이 된다.

⦿ 正官이 들어오는 시점에서도 취직이 된다.

이사(移徙)의 시점은 어떻게 보는가?

⦿ 印星이 들어오는 대운, 세운에 이사를 한다.

⦿ 日支를 沖하는 시점에서도 이사를 한다.

⦿ 日干을 沖하는 시점에서도 이사를 한다.

⦿ 正官을 沖하는 시점에서도 이사를 한다.

직장을 옮기거나 변업하는 시점은 어떻게 보는가?

⦿ 대운, 세운에서 正官을 沖하는 시점이 많다.

⦿ 대운, 세운에서 日干支를 刑沖하는 시점도 된다.

⦿ 대운, 세운에서 용신이나 희신운으로 들어오는 경우도 많다.

⦿ 대운이 바뀌는 행운세수(行運歲數)에서도 옮기거나 변업을 한다.

⦿ 偏財가 용신이나, 희신운으로 들어오는 경우도 옮기거나 변업을 한다.

● 日支와 合이 되어 他 五行으로 바뀌는 경우이다. 길신이면 창업의 개념이고,
  凶神이면 퇴직(退職)이나 변업(變業)의 개념이다.
● 세운이 역마살(驛馬殺)을 대동하고 들어오는 시점의 경우도 많다.

이혼하는 시점은 대체로 어떤 경우인가?

● 남녀 공히 日干과 合이 되어 忌神으로 바뀌는 대운과 세운이다.
● 男命에서 財星을 沖할 때로 본다.
● 男命에서 財星이 대운이나 세운과 合이 되어 기신으로 바뀌는 시점.
● 女命에서 官星을 沖할 때로 본다.
● 女命에서 官星이 대운이나 세운과 合이 되어 기신으로 바뀌는 시점.
● 남녀 공히 기신이 들어오는 시점에서도 많이 한다.
● 남녀 공히 日支를 刑沖하거나, 合이 되어 기신으로 바뀌는 경우이다.
● 세운에서 오귀살(五鬼殺), 병부살(病符殺), 고신살(孤神殺), 과숙살(寡宿殺) 등이
  들어오는 시점이다.

바람피는 시점은 언제인가?

● 男命은 財星(특히 偏財)이 대운이나 세운에서 들어오는 시점이다.
● 女命은 官星(특히 偏官)이 대운이나 세운에서 들어오는 시점이다.
● 남녀 공히 日支나 日干이 合이 되어 기신으로 바뀌는 시점이다.
● 남녀 공히 日支나 日干의 五行이 길신인 경우 沖이 되어 吉變凶이 되는 시점
  이다.
● 세운에서 고신살(孤神殺), 과숙살(寡宿殺), 도화살(桃花殺)이 들어오는 시점이다.
● 男命은 희신에 해당하는 오행이 들어오는 시점이고, 女命은 용신이 들어오는
  시점이다.

몸에 칼을 대는 즉 수술을 해야 하는 시점은 언제인가?

● 대운과 세운에서 偏印이 凶殺을 대동하고 들어오는 시점이다.
● 사주원국의 偏印이 沖되는 시점이다.

◉ 대운이나 세운에서 忌神이 들어오는 해이다.

◉ 남녀 공히 日支나 日干을 刑沖하는 시점에서도 수술 건이 생긴다.

◉ 地支의 백호살(白虎殺), 백호관살(白虎關殺), 천액살(天厄殺), 천형살(天刑殺) 등을 대운이나 세운에서 刑沖하는 경우이다.

◉ 偏官이 기신인데 대운이나 세운에서 刑沖하는 경우.

◉ 財星이 合이 되어 官星으로 바뀌는데, 용신, 희신이면 덜 흉하고, 기신, 구신 이면 매우 흉하다.

사고나 질병, 官災口舌(관재구설) 등이 발생하는 시점은 언제인가?

◉ 대운이나 세운에서 기신에 해당하는 官殺이 들어오는 시점이다.

◉ 사주원국의 관살이 凶한데 이를 沖하는 시점이다.

◉ 대운이나 세운에서 기신이 들어오는 해이다.

◉ 사주상 용신이 대운이나 세운과 合이 되어 기신으로 바뀌는 경우.

◉ 財星이 合이 되어 사주상 기신이나 구신에 해당하는 경우.

조상의 길흉화복은 어떻게 판단하는가?

◉ 年柱의 財星과 食神은 조상이 부유했다.

◉ 年柱의 財星과 官星은 조상이 권세있는 집안이었다.

◉ 年柱의 官星과 印星은 조상이 학덕(學德)이 있는 집안이다.
  단 年柱가 刑, 沖, 破, 害, 怨嗔殺이 없어야 한다.

◉ 용신이 年柱에 있으면 조상대에 명문가의 집안이다.

◉ 年柱부터 時柱까지 생생불식되고 上下 干支가 相生되어도 조상에게 영화(榮華)가 있었다.

◉ 초년대운이 용신운이면 조상이 유복했다.

當代의 家運의 길흉은 어떻게 보는가?

◉ 月柱가 財星과 食神이면 부유하다.

◉ 月柱가 官星과 印星이면 재록(財祿)과 학덕(學德)이 있다.

◉ 月柱가 財星과 官星이면 有福하다.

　단 刑, 沖, 破, 害, 怨嗔殺이 없어야 한다.

◉ 용신이 月柱에 있으면 當代의 家運이 좋다.

◉ 初年과 中年 대운이 용신과 희신운이면 당대의 家運이 좋다.

가정의 화(禍)와 복(福)은 어떻게 보는가?

◉ 日柱가 相生되고 他 柱와 沖이 없으면 가정에 福은 있다.

◉ 日支가 財星이고 길신이면 福은 있다.

◉ 용신이 日支에 있으면 가정(家庭)에 복록(福祿)이 있다.

◉ 부부의 사주에서 男命에서 財星이 길신이고, 女命에서 官星이 길신이면 가정이 무탈하다.

◉ 日 支가 기신이고 他 支와 형충되면 가정에 재화(災禍)가 있다.

자식들의 運은 어떻게 보는가?

◉ 時柱가 財星과 食神이면 자식운이 좋다.

◉ 時柱에 官星과 印星이 동주하면 자식이 복덕이 있다.

◉ 時柱에 財星과 官星이면 유복하다.

◉ 父母의 大運이 末年에 용신, 희신운이면 자식에게 복이 있다.

◉ 용신이 時柱에 있으면 자식들의 運이 좋다.

사주의 天干과 地支, 支藏干은 어떻게 정의할 수 있나?

◉ 사주는 과일나무라 판단한다.

◉ 天干은 열매이다.

◉ 地支는 기둥과 가지이다.

◉ 支藏干은 뿌리이다.

사주에 풍파 많고 적음을 어떻게 아는가?

◉ 天干과 地支에 刑, 沖, 破, 害, 怨嗔殺이 많으면 인생에 풍파가 많다.

◉ 天干과 地支에 合이 있어 기신과, 구신으로 변해도 풍파가 많다.

◉ 대운과 세운이 기신, 구신운으로 흘러도 풍파가 많다.

◉ 고신살(孤神殺), 과숙살(寡宿殺), 상문살(喪門殺), 조객살(弔客殺), 환신살(幻神殺), 교신살(絞神殺), 귀문관살(鬼門關殺), 병부살(病符殺), 오귀살(五鬼殺) 등이 있으면 평생에 풍파가 많다.

◉ 용신과 희신이 쇠약하고 刑沖을 많이 당해도 풍파가 많다.

◉ 사주의 干支가 上下 相剋돼도 풍파가 많다.

재산이 어느 정도인가는 어떻게 알 수 있는가?

◉ 사주의 食傷과 財星의 旺,相,休,囚,死로 알 수 있다.

◉ 食傷과 財星의 先天數로 알아본다.

◉ 財格이고 財星이 용신이나 희신이면 大財를 모은다.

◉ 食傷이 生財하고 길신이면 大財를 모은다.

사주상 청탁(淸濁)의 의미는 어떻게 해석하는가?

◉ 干支에 食,傷이 있으면 사주가 濁한 것은 아니다.

◉ 사주에 正官과 正印을 剋하는 五行이 있고 부조화되면 사주는 濁하다.

◉ 사주에 比,劫이 많고 부조화를 이루면 濁하다고 본다.

◉ 精神氣 三者가 균형을 이루지 못하고 한편으로 치우쳐 있으면 사주가 탁(濁)하다.

남녀의 결혼시기를 어떻게 아는가?

◉ 남·녀 공히 대운이나 세운에서 용신, 희신운이면 결혼한다.

◉ 남·녀 공히 세운에서 男命은 正財가 들어올 시, 女命은 正官이 들어올시 결혼한다.

◉ 대운과 세운이 日干이나 日支와 合이 되어 男命은 財星, 女命은 官星으로 바

뀔 때 결혼하는 경우가 많다.

◉ 남녀 공히 日支와 삼합 또는 육합되는 시점에 결혼한다.

◉ 偏官과 偏財는 단지 사귀는 시기이고, 혹 이때 결혼시는 이혼수가 높다.

궁합의 좋고 나쁨을 어떻게 판단하는가?

◉ 남녀의 月支를 비교하여 三合 또는 六合되면 길하고, 상극이 되거나 형, 충, 파, 해, 원진되면 흉하다. 비화(比化)되면 보통이다.

◉ 남녀의 용신을 비교하여 상생되면 길하고 상극되면 흉하다.

◉ 남녀 공히 日干과 日支가 상생되면 길하다.

◉ 남녀의 月支를 천간으로 바꿔서 육신을 비교하는데, 男命 기준하여 女命이 正財면 길하고, 女命 기준시 男命이 正官이면 길하다. 또한 상호 비교하여 偏官, 偏印, 偏財, 傷官, 比劫에 해당되면 흉하고, 食神과 正印이면 보통이다.

◉ 남녀의 年支를 비교하여 합이 되면 길하고 상극되거나 형, 충, 파, 해, 원진되면 흉하다. 比化되면 보통이다.

◉ 남녀의 본명정국(本命定局)이 상생되고 음양배합이 조화를 이루면 좋다.

◉ 궁합 판단시 상기의 순서는 우선순위이니 참간하여 적용하면 실수가 없을 것이다.

자수성가(自手成家) 여부를 어떻게 아는가?

◉ 용신이 年柱에 있으면 조상이 부유했고

◉ 용신이 月柱에 있으면 부모대에 가업을 일으켰고

◉ 용신이 日柱에 있으면 자신이 자수성가하고

◉ 용신이 時柱에 있으면 자식이 자수성가한다.

◉ 日支에 財星이나 官星이 있으면 자신이 자수성가한다.

◉ 時柱의 食傷이 日支의 財星을 생조하면 자수성가한다.

◉ 月柱에 財星이 있고 길신이면 고향을 떠나 타향에서 자수성가한다.

家運의 흥망성쇠를 어떻게 아는가?

◎ 사주의 간지상 가장 왕한 오행을 기준하여, 생생불식(生生不息)되어 가면 좋은데, 간지상 오행이 생생되지 못하고 단절된다면, 그 단절된 地支에 해당하는 대에서 가운이 몰락한다.

◎ 풍수에서와 같이 사주상 가장 강한 오행을 祖山으로 보는 이치와 같다.

◎ 용신의 위치로 판단한다.

年柱에 있으면 조상대에 가운이 흥성했다.

月柱에 있으면 부모대에 가운이 흥성했다.

日支에 있으면 본인대에 가운이 흥성한다.

時柱에 있으면 자손대에 가운이 흥성한다.

六合, 三合, 方合의 強弱은 어떠한가?

◎ 六合은 인연(因緣)의 합이다.

◎ 三合은 목적(目的)의 합이다.

◎ 方合은 연대(連帶)의 합이다.

◎ 강약은 方合〉三合〉六合 순이다.

어렸을 때 잔병 많고 적음을 어떻게 아는가?

◎ 時干支가 상하극이면 잔병이 많다.

◎ 身弱이고 초년대운이 忌神이면 잔병이 많다.

◎ 사주에 印星이 많으면 어려서 잔병이 많다.

◎ 사주에 상문살(喪門殺), 조객살(弔客殺), 환신살(幻神殺), 교신살(絞神殺), 귀문관살(鬼門關殺), 병부살(病符殺) 등이 있으면 어려서 잔병치레가 많다.

◎ 偏官이 중중 한데 제극하는 오행이 없고, 時柱와 초년대운이 忌神이나 仇神運이면 어려서 잔병치레를 많이 한다.

사람의 고집 있고 없음을 어떻게 아는가?

◎ 日主가 왕한데 食傷이 없으면 고집이 세다.

◉ 사주상 戊己土가 많으면 고집이 세다.

◉ 사주상 比劫이 많아도 고집이 세다.

◉ 官殺이 중중한데 印星이 약하여 官印相生하지 못하는 경우.

◉ 印星이 중중한데 극제하는 財星이 약하거나, 대운이 印星運으로 흐르는 경우.

◉ 사주상 오행이 편중돼있는 경우.

형제자매 중 죽은 사람이 있고 없나를 어떻게 아는가?

◉ 天干에 日干과 같은 오행이 있으면 죽은 형제자매가 있다.

◉ 地支에 격각살(隔角殺), 탄함살(呑陷殺), 병부살(病符殺), 고신살(孤神殺), 과숙살 (寡宿殺) 등이 있으면 죽은 형제자매가 있다.

◉ 地支에서 탄함(呑陷)된 오행이 比劫에 해당하면 죽은 형제자매가 있다.

◉ 月支와 日支가 刑沖되면 죽은 형제자매가 있다.

술을 많이 마시는가? 그렇지 않은가?를 어떻게 아는가?

◉ 사주상 火가 용신, 희신이면 술을 좋아한다.

◉ 사주상 심히 한습(寒濕)되면 술을 좋아한다.

◉ 火日生이 水氣가 태왕하고, 財星이 있으나 형충된 경우.

◉ 官星이 壬癸水이고 중첩된 경우.

남녀 공히 결혼을 늦게 시키는 경우는 어떤 경우인가?

◉ 男命은 財가 기신인 경우와 財星이 십이포태운성의 死, 絶, 墓에 있는 경우 늦게 결혼시킴이 좋다.

◉ 女命은 官星이 기신인 경우와 官星이 십이포태운성의 死, 絶, 墓에 있는 경우 늦게 결혼시킴이 좋다.

◉ 남녀 공히 地支에 刑, 沖, 破, 害, 怨嗔殺이 많으면 늦게 결혼시킴이 좋다.

◉ 사주에 병부살(病符殺), 고신살(孤神殺), 과숙살(寡宿殺), 도화살(桃花殺), 격각살 (隔角殺), 탄함살(呑陷殺), 상문살(喪門殺), 조객살(弔客殺), 환신살(幻神殺), 교신살 (絞神殺), 귀문관살(鬼門關殺), 오귀살(五鬼殺) 등의 흉살이 많아도 늦게 결혼시킴

이 좋다.

◉ 男命에 比劫이 많아도 늦게 결혼시킴이 좋다.

◉ 女命에 財星과 印星, 官殺이 많아도 늦게 결혼시킴이 좋다.

◉ 대운, 세운이 기신운으로 흘러도 늦게 결혼시킴이 좋다.

친구나 동료 등 대인관계가 좋고 나쁨을 어떻게 아는가?

◉ 사주상 比肩, 劫財가 용신, 희신이면 주변에 사람들이 많고, 나를 도와주는 세력이 있다.

◉ 日支에 용신이 있으면 대인관계가 좋다.

◉ 偏財가 용신이면 대인관계가 좋다.

사업상 동업관계의 좋고 나쁨을 어떻게 아는가?

◉ 사주상 比肩, 劫財가 용신, 희신이면 동업해도 큰 어려움이 없다.

◉ 두 사람의 月支를 비교하여 合이 되거나 상생관계면 동업해도 큰 탈이 없다.

◉ 두 사람의 용신이 상생관계면 동업해도 큰 탈이 없다.

◉ 두 사람의 日干支가 合이 되면 동업해도 큰 탈이 없다.

부부간에 갈등이 많고, 적음을 어떻게 아는가?

◉ 月支가 서로 刑, 沖, 破, 害, 怨嗔殺이 되면 부부간 갈등이 많다.

◉ 日干이나 日支가 서로 상극되면 부부간 갈등이 많다.

◉ 용신이 서로 沖되도 부부간 갈등이 많다.

◉ 부부의 사주가 각각 日支와 時支가 刑沖되도 부부간 갈등이 많다.

◉ 男命에서 財星이 기신이고, 女命에서 官星이 기신이면 부부간 갈등이 많다.

◉ 男命의 日支가 食傷이거나 여명의 日支가 印星이면 부부간 갈등이 많다.

개업(開業)이나 이사(移徙), 창업(創業)하기 좋은 날을 어떻게 잡는가?

◉ 생기복덕 구궁법(生氣福德 九宮法)으로 판단한다.

⊙ 생기(生氣), 복덕(福德), 천의(天宜)에 해당하는 月·日을 잡으면 된다.

⊙ 사주상 용신이나 희신에 해당하는 月·日을 잡으면 된다.

⊙ 日支와 三合 또는 六合되는 月·日을 택하면 좋다.

⊙ 사주상 食神에 해당하는 月·日을 택하면 좋다.

이사하기 좋은 방향을 어떻게 잡는가?

⊙ 이사방위 구궁법(移徙方位 九宮法)으로 판단한다.

⊙ 천록(天祿), 관인(官印), 식신(食神), 합식(合食)方으로 잡는다.

⊙ 용신을 생해주는 방향으로 잡는다.

기도나 부적, 약을 쓸 때 언제가 좋은가를 어떻게 아는가?

⊙ 생기복덕구궁법 중 천의(天宜)에 해당하는 날을 잡는다.

⊙ 사주상 용신과 희신에 해당하는 날을 잡는다.

남녀 공히 궁합은 다 좋고 배우자를 선택하려는데, 연상과 연하가 있다면 어떤 기준으로 선택하는가?

⊙ 十二地支의 선천수(先天數)를 가지고 논한다.

地支	子	丑	寅	卯	辰	巳	午	未	申	酉	戌	亥
先天數	9	8	7	6	5	4	9	8	7	6	5	4

⊙ 남자는 사주상 正財에 해당하는 오행의 선천수로 정한다.

(子,丑,寅,午,未,申이면 年上. 卯,辰,巳,酉,戌,亥면 年下)

⊙ 여자는 사주상 正官에 해당하는 오행의 先天數로 정한다.

(子,丑,寅,午,未,申이면 年上. 卯,辰,巳,酉,戌,亥면 年下)

결혼택일은 어떻게 잡는가?

⊙ 남·녀 공히 생기복덕구궁법(生氣福德九宮法)을 적용한다.

⊙ 남·녀 공통으로 생기(生氣), 복덕(福德), 천의(天宜)에 해당하는 月과 日을 잡는다.

◉ 사주상 용신에 해당하는 月과 日을 잡는다.

◉ 남녀 공히 日支와 三合 또는 六合되는 月·日을 잡는다.

부동산 매매시의 길흉은 어떤 것을 참고하는가?

◉ 기문사주국으로 중궁에 正財, 正印, 食神이 뜨면 그해에 부동산 매매는 모두 길하다.

◉ 日辰宮이 왕강해도 길하다.

◉ 생기복덕구궁법으로 生氣, 福德, 天宜에 해당하는 月·日에 매입하면 길하다.

◉ 용신에 해당하는 月·日을 택해도 좋다.

◉ 이사방위구궁법(移徙方位九宮法)으로 天祿, 食神, 合食, 官印方의 물건은 吉하다.

부동산 매각시 득·실 여부를 어떻게 판단하나?

◉ 기문사주국(奇門四柱局)으로 중궁에 正財, 正印, 食神이 뜨면 그 해에 부동산을 매각하면 이득이 있다.

◉ 日辰宮이 왕강하고 太歲宮과 同宮이면 부동산 매각시 이득이 있다.

◉ 이사방위구궁법(移徙方位九宮法)으로 天祿, 食神, 合食, 官印方의 부동산 매각은 길하다.

◉ 대운, 세운이 용신운이면 매각시 이득이 있다.

직장을 옮기려는데 길흉관계 및 방향과 시기를 어떻게 판단하는가?

◉ 용신이나 희신에 해당하는 대운, 세운 및 월·일에 옮기는 것이 좋다.

◉ 사주상 기신을 충극하는 대운이나 세운의 해는 옮기는 것도 무방하다.

◉ 대운이나 세운이 기신과 합이 되어 용신이나 희신으로 바뀌면 옮기는 것이 좋다.

◉ 日干支와 합이 되는 대운이나 세운 및 해당 월·일은 무방하다.

◉ 생기복덕구궁법으로 이직하려는 년·월의 길흉을 판단한다.

◉ 이사방위구궁법으로 이직할 곳의 길흉을 점단하는데, 중궁에 천록, 식신, 합식, 관인이 되면 이직을 안해도 좋다. 중궁에 안손, 증파, 오귀, 진귀. 퇴식이

되면 이직하는 것이 좋다.

◉ 이사방위구궁법에서 천록, 식신, 합식, 관인방으로 가면 좋다.
  공직자는 천록, 관인방이 특히 좋고, 기타는 식신, 합식방이 특히 좋다.

성격이 급한가 아닌가를 어떻게 알 수 있는가?

◉ 사주상 天干에 火·金이 많으면 성격이 급하다.
◉ 사주에 比劫이 많아도 성격이 급하다.
◉ 사주상 오행이 균형을 이루지 못해도 성격이 급하다.
◉ 사주상 官殺이 태왕하고 제극을 받지 못했어도 성질이 급하다.
◉ 天干과 地支가 上下 相剋되어도 성질이 급하다.

외국 유학가는 것의 길흉을 어떻게 알 수 있는가?

◉ 사주에 역마살(驛馬殺), 지살(地殺)이 왕하면 유학 갈 가능성이 높다. 또한 역마
  살, 지살을 대동하는 대운이나 세운에서 유학간다.
◉ 대운, 세운이 용신, 희신일 경우 유학가는 것이 좋다.
◉ 日干支를 형충하는 대운이나 세운에서도 유학을 많이 가나 길흉여부는 용신에
  해당하는가? 기신에 해당하는가?를 살펴보아야 한다.

소아(0~7세) 때의 건강상태를 어떻게 아는가?

◉ 사주상 時干支가 상하 극이 되고, 신약이면 소아 때 질병이 많고, 잘 놀라고,
  병약하다.
◉ 유아 때의 小運이 기신운으로 들어와도 병약하다.
◉ 초년대운이 時柱를 극해도 병약하다.

사회생활에서 나를 도와주는 사람의 성씨를 어떻게 아는가?

◉ 용신에 해당하는 오행으로 판단한다.
◉ 용신이 木이면 김, 가, 고, 구씨 등…

◉ 용신이 火이면 나, 노, 도씨 등…

◉ 용신이 土이면 하, 홍, 이, 오씨 등…

◉ 용신이 金이면 손, 사, 전, 정, 천씨 등…

◉ 용신이 水이면 민, 맹, 변, 모, 편씨 등…

사회생활에서 나와 상극되는 사람의 성씨를 어떻게 아는가?

◉ 기신에 해당하는 오행으로 판단한다.

◉ 기신이 木이면 김, 가, 고, 구씨 등…

◉ 기신이 화이면 나, 노, 도씨 등…

◉ 기신이 土이면 하, 홍, 이, 오씨 등…

◉ 기신이 金이면 손, 사, 전, 정, 조, 천씨 등…

◉ 기신이 水이면 민, 맹, 변, 모, 편씨 등…

배우자의 성씨(姓氏)도 추측이 가능한가?

◉ 사주상 正財에 해당하는 오행에 해당되는 성씨로 판단한다.

◉ 사주상 日支와 合되는 오행에 해당하는 성씨로 판단한다.

자신과 맞는 동물은 어떻게 판단하는가?

◉ 사주상 용신에 해당하는 오행의 해당동물로 판단한다.

◉ 용신이 木이면 토끼, 이리, 늑대, 호랑이 등…

◉ 용신이 火이면 뱀, 말 등…

◉ 용신이 土이면 개, 소, 거북, 자라, 양 등…

◉ 용신이 金이면 닭, 꿩, 원숭이 등…

◉ 용신이 水이면 돼지, 쥐종류 등…

자신과 맞는 아파트의 층수 혹은 사무실의 층수를 어떻게 아는가?

◉ 사주상 용신으로 판단한다.

◉ 용신이 木이면 3층, 8층, 13층, 18층 등…

용신이 火이면 2층, 7층, 12층, 17층 등…

용신이 土이면 5층, 10층, 15층, 20층 등…

용신이 金이면 4층, 9층, 14층, 19층 등…

용신이 水이면 1층, 6층, 11층, 16층 등…

주거지역의 방위상 길흉을 어떻게 판단하는가?

◉ 주요 관공서를 기점으로 사주상 용신에 해당하는 방향이 길하다.
◉ 용신이 木이면 동쪽

용신이 火이면 남쪽

용신이 土이면 관공서 인접지역

용신이 金이면 서쪽

용신이 水이면 북쪽

한약, 양약을 막론하고 질병 치료시 나에게 맞는 약은 어떻게 판단하나?

◉ 용신에 해당하는 오행에 해당하는 약으로 판단한다.
◉ 용신이 木이면 알약, 환(丸)

용신이 火이면 뜸

용신이 土이면 가루약

용신이 金이면 침(鍼)

용신이 水이면 탕약(湯藥)

흉살로 알아보는 조상들의 사망원인은 무엇인가?

◉ 사주상 상문살(喪門殺), 조객살(弔客殺), 환신살(幻神殺), 교신살(絞神殺), 병부살(病符殺), 귀문관살(鬼門關殺), 틴함살(呑陷殺), 오귀살(五鬼殺) 등을 위주로 알아본다.
◉ 여러 개가 겹칠 경우 忌神에 해당하는 오행의 神殺로 알아본다.
◉ 기신이 木이면 목매달아 죽었거나 몽둥이 등 타살로 인해 죽은 조상이 있다.

◉ 기신이 火이면 불에 타죽거나, 농약(독약), 총알, 폭탄으로 죽은 조상이 있다.

◉ 기신이 土이면 객사(客死)나 도로사(道路死), 굶어죽었거나 매몰되어 죽은 조상이 있다.

◉ 기신이 金이면 도검(刀劍)으로 인해 죽은 조상이 있다.

◉ 기신이 水이면 물에 빠져죽은 조상이 있다.

◉ 어느 조상인가는 사주상 육친관계를 추적하여 알 수 있다.

승진 여부를 점단하는 요결은 무엇인가?

◉ 대운, 세운에서 용신이나 희신운으로 들어오는 해는 승진한다.

◉ 대운과 세운이 서로 相剋되지 말아야 한다.

◉ 대운에서 세운을 생하고 세운이 용신운으로 들어오면 승진한다.

◉ 대운과 세운이 슴이 되어 용신이나 희신운으로 들어오면 틀림없다.

◉ 대운이나 세운이 사주원국의 忌神과 슴이 되어 용신운이면 해당 流年運에 승진한다.

◉ 正官이 기신, 구신이 아니면 正官을 生해주는 대운과 세운에서도 승진한다.

◉ 세운에서 사주원국의 기신이나 구신과 합이 되어 용신으로 들어오는 해에 승진한다.

◉ 대운과 세운에서 공히 사주원국의 기신을 충하는 해에도 승진한다.

자기 체질에 맞는 건강식(健康食)은 어떻게 알 수 있나?

◉ 用神의 五行으로 판단한다.

◉ 용신이 木이면 - 보리

　용신이 火이면 - 차기장(黍=서)

　용신이 土이면 - 메기장(稷=직)

　용신이 金이면 - 쌀

　용신이 水이면 - 콩

자식들 중 늦도록 결혼 못하는 자식이 있는 이유는 무엇인가?
해결방법은 있는가?

◉ 사주에 병부살(病符殺), 고신살(孤神殺), 과숙살(寡宿殺), 상문살(喪門殺), 조객살 (弔客殺), 환신살(幻神殺), 교신살(絞神殺), 귀문관살(鬼門關殺) 등의 凶殺 등이 중 첩되어 많기 때문이다.

◉ 결혼 적령기에 대운과 세운이 기신, 구신운으로 들어온 경우이다.

◉ 사주 地支가 전부 沖殺이 있는 경우도 그렇다.

◉ 남자는 財星이 沖이 되고, 여자는 官星이 沖이 되도 그런 경우이다.

◉ 남자는 財星이 合이 되어 기신으로 바뀌고, 여자는 官星이 合이 되어 忌神으 로 바뀌는 경우이다.

◉ 男命에 印星이 旺하고, 女命에 傷官이 旺한 경우이다.

◉ 남녀 공히 日支에 凶殺을 띄고 대운, 세운에서 沖剋되어도 그렇다.

◉ 부적과 기도로 상기 흉살을 제거하면 결혼한다.

공부 잘하던 아이가 어느 때부터 공부를 안하는 이유는 무엇 때문인가?

◉ 대운, 세운에서 財星이 들어오는 경우이다.

◉ 대운, 세운에서 기신운이 들어오는 경우이다.

◉ 대운, 세운이 사주상의 凶殺을 沖剋하여 그 殺들이 난동을 부리게 할 경우 이다.

◉ 사주상 印星을 대운, 세운에서 충극하는 경우이다.

운동선수들의 사주는 어떠한가?

◉ 天干에 食傷이 투출한 사주.

◉ 偏官이 天干에 투출하고 용신, 희신인 사주.

◉ 比劫이 旺하고 용신, 희신인 사주.

◉ 天干에 木,金이 많고 旺한 사주.

문학가의 사주는 어떠한가?

⊙ 食神이 투출되고 旺하며 沖剋이 안되고, 용신인 사주.

⊙ 天干에 丙火가 많고, 沖剋이 안된 사주.

아이를 어려서 외가에 의탁해서 키워야 되는 경우는 어떤 경우인가?

⊙ 사주에 효신살(梟神殺)이 있는 경우 두 어머니를 모셔야 하는 팔자이므로, 이를 예방하기 위해 6세까지 외가에서 키우면 좋다.

⊙ 사주에 탄함살(呑陷殺), 격각살(隔角殺), 병부살(病符殺) 있는 경우, 형제자매를 극하게 되므로 6세까지 외가에서 키우면 좋다.

사주에 조상 신줄이 강한 경우 몇 대 조상의 여파인가를 어떻게 아는가?

⊙ 사주상 官殺이 조화를 이루지 못한 경우 正官은 山神이고, 偏官은 神將이다.

⊙ 육친 조견법을 참고해서 최고 10대조까지 연결된다.

⊙ 사주간명상 忌神이나 仇神에 해당하는 六神에 상문살(喪門殺), 조객살(弔客殺), 환신살(幻神殺), 교신살(絞神殺), 귀문관살(鬼門關殺), 병부살(病符殺), 오귀살(五鬼殺) 등이 있을 경우, 그 육신에 해당하는 육친관계를 살펴보면 몇 대 조상의 여파인가를 알 수 있다.

여자사주에 결혼운이 좋고 나쁨을 어떻게 아는가?

⊙ 여자사주에 印星이 많으면 결혼운이 좋지 않다. 印星은 나를 생하는 것으로 남자는 음덕이 많다고 판단하지만, 여자는 반대로 내가 모셔야 하는 사람이 많다는 의미로 결혼복이 적다.

⊙ 여자사주에 財星이 많아도 결혼운이 좋지 않다. 여자사주에 財星은 시댁을 뜻하므로 많다는 것은 재가의 경우도 있고, 시어머니와의 불화도 의미한다.

⊙ 여자사주에 官殺이 많아도 결혼운이 좋지 않다. 여자사주에 官殺은 남편과 남자친구를 의미하므로 이성관계가 복잡하고, 재가(再嫁)의 경우도 있고, 시어머니와의 불화도 있다.

⊙ 女命의 日支가 月支나 時支와 刑沖되면 결혼운이 좋지 않다.

- 女命의 官星이 太弱하거나, 기신이거나, 他 地支와 합이 되어 기신으로 바뀌는 경우이다.
- 女命에 傷官이 太旺한 경우이다.
- 女命에 官星이 전혀 없는 경우이다.

歲運(太歲運)의 길흉관계를 어떻게 판단하는가?

- 세운이 대운의 극을 받으면 길흉사가 重하게 나타난다.
- 세운이 대운을 剋하면 길흉사가 輕하게 나타난다.
- 세운이 日干을 剋하면 길흉사가 重하게 나타난다.
- 日干이 세운을 剋하면 길흉사가 輕하게 나타난다.
- 사주상 한신이 없으면 구제받기 힘들고, 한신이 있으면 그 흉은 다소 완화된다.
- 세운과 대운이 합이 되어 용신, 희신운으로 들어오면 吉運이고, 기신, 구신운으로 들어오면 흉이 심하다.
- 대운, 세운의 旺・相・休・囚・死를 겸해서 판단한다.

선천적 질병의 有無를 어떻게 아는가?

- 十二神殺 중 天殺로 선천적 질병을 판단한다. 同柱하는 오행이 용신. 희신이면 적고, 기신, 구신이면 선천적 결함이 있는 경우가 많다.
- 양인살(羊刃殺)과 병부살(病符殺)로도 판단한다. 同柱하는 오행이 용신. 희신이면 적고 역시 기신, 구신이면 선천적 결함이 있다.
- 오운육기(五運六氣)에서 태원사주(胎元四柱)를 造式하여 天干과 地支가 상극되거나, 복중일수(腹中日數)가 下命(265일 이하)에 해당하는 경우는 선천적이 질병을 지니고 태어나는 경우가 많다.

무속인들이 말하는 神을 받는 경우와 그렇지 않은 경우를 어떻게 아는가?

- 조상신줄은 귀문관살(鬼門關殺), 상문살(喪門殺), 조객살(弔客殺), 환신살(幻神殺), 교신살(絞神殺), 병부살(病符殺), 오귀살(五鬼殺) 등이다.
- 상기 殺들이 용신, 희신이면 神을 받아 부려 먹을 수 있고, 그렇지 않으면 神을

부려먹지 못해서 만신이나, 법사의 길을 가기가 어렵다.

◉ 사주에 凶殺이 중중하고 日主가 신약이거나, 태약한 경우에 대운과 세운이 기신운이면 神을 받는 경우가 많다.

자식 중 죽은 자식 있음을 어떻게 아는가?

◉ 時干과 日干이 沖되면 죽은 자식이 있는 경우가 많다.

◉ 時支와 日支가 沖되도 죽은 자식이 있는 경우가 많다.

◉ 時支가 격각살(隔角殺), 탄함살(呑陷殺), 병부살(病符殺), 낙정관살(落井關殺) 등과 동주해도 죽은 자식이 있는 경우가 많다.

◉ 日干과 같은 五行이 出干해도 죽은 자식이 있는 경우가 많다.

◉ 간명상 자식에 해당하는 五行(男命은 官星, 女命은 食·傷)이 合이 되어 忌神으로 바뀌어도 죽은 자식이 있는 경우가 많다.

남·녀 공히 결혼 후 배우자와 死別하게 되는 경우는 어떤 경우인가?

◉ 남·녀 공히 사주에 병부살(病符殺)이 있고, 기신에 해당하며 대운이나 세운에서 沖剋해서 들어오는 해의 경우이다.

◉ 남자는 正財, 여자는 正官이 병부살(病符殺), 오귀살(五鬼殺), 탄함살(呑陷殺), 격각살(隔角殺)과 동주하고 기신, 구신에 해당하면 대운이나 세운에서 이를 沖剋하는 運이 들어올 시 死別하게 되는 경우가 많다.

◉ 男命은 財星이 刑殺이 되거나, 女命은 官星이 刑殺이 되는 경우이다.
또한 대운, 세운에서 三刑殺이 들어오는 경우도 그러하다.

◉ 남·녀 공히 日支가 刑殺이 되고, 運路에서 다시 刑殺이 들어오는데 救神이 없는 경우이다.

부모 중 일찍 죽은 사람이 있는가? 없는가?를 어떻게 알 수 있는가?

◉ 天干의 偏財가 沖剋이 될 때 아버지가 일찍 돌아가실 수 있다.

◉ 天干의 正印이 沖剋이 될 때 어머니가 일찍 돌아가실 수 있다.

◉ 地支의 偏財나, 正印이 他 地支와 刑, 沖, 破, 害, 怨嗔殺이 되도 부모 중 한분

이 일찍 돌아가실 수 있다.

◉ 재다신약격(財多身弱格)의 사주에 偏財나 正印이 기신, 구신이 되어도 마찬가지다.

결혼 후 부모와 한집에 사는 것이 吉한가 凶한가를 어떻게 아는가?

◉ 아들의 사주 月支와 부모사주 月支가 습이나 相生되면 같이 살 수 있다.
◉ 며느리의 사주 月支와 시부모 사주 月支가 습이나 相生되면 같이 살 수 있다.
◉ 부모사주의 용신이 아들사주의 日柱(日干支)를 생하거나 상생돼도 같이 살 수 있다.

女命에 시댁식구와의 갈등, 시어머니와의 갈등이 많고 적음을 어떻게 아는가?

◉ 女命 日支에 印星이 있으면 시어머니와의 갈등이 많다.
◉ 女命에 財星이 중중하거나 기신에 해당돼도 시댁식구와의 갈등이 많다.
◉ 女命에 印星이 많아도 시댁식구와의 갈등이 많다.
◉ 女命에 比肩, 劫財가 기신이면 시댁식구와의 갈등이 많다.
◉ 女命의 日支가 刑沖되도 시댁식구와의 연이 적다.

사주상 대운, 세운이 吉한데도 운세가 막힐 때는 무슨 연유인가?

◉ 風水(양택, 음택)에서 잘못이 있기 때문이다.
◉ 사주에 凶殺이 많기 때문이다.

사주상 발생하는 질병의 기한은 어떻게 판단하는가?

◉ 歲運이 忌神이면 疾病은 1년이다.
◉ 大運이 忌神이면 疾病은 10년이다.
◉ 사주원국에서 忌神에 해당되는 질병은 평생을 끌고 간다.

고부(姑婦)간의 갈등은 어떻게 알아보는가?

◉ 男命에 日支에 印星이 있으면 고부간의 갈등이 많다.

◉ 女命에 印星이나 財星이 많거나 기신에 해당되면 고부간의 갈등이 많다.

◉ 남녀 공히 日支에 흉살이 동주하고 또한 刑, 沖, 破, 害, 怨嗔되면 고부(姑婦)간
  의 갈등이 많다.

재물이 모아질수록 건강이 나빠지는 사주는 어떤 사주인가?

◉ 財星이 지장간에 암장되어 있고 比劫이 투출하여 중중한 경우.

◉ 財星에 고신살(孤神殺), 과숙살(寡宿殺), 병부살(病符殺), 오귀살(五鬼殺), 귀문관
  살(鬼門關殺)이 있는 경우이다.

◉ 日主가 태약하고 財星이 왕한 경우이다.

◉ 官殺이 제극되지 못했는데 사주원국에 財星이 왕하거나 財星運이 들어오는
  경우이다.

상속받는 재산이 있고 없음을 어떻게 아는가?

◉ 月柱에 財星이 있거나, 食神이 있으면 상속받는 재산이 발생한다.

◉ 月柱에 官星이 있어도 상속받는 재산이 발생한다.

◉ 용신이 年·月柱에 있으면 상속받는 재산이 발생한다.

◉ 年·月柱의 印星이 왕하면 상속받는 재산이 발생한다.

◉ 年柱의 財星이 月柱를 생하면 상속받는 재산이 발생한다.

장남이 아니라도 장남의 역할을 하거나, 집안의 대소사를 관장하게 돼는 경우
는 어떤 경우인가?

◉ 年柱에 比劫이 있을 경우이다.

◉ 官星이 길신이고 年, 月柱에 있을 경우이다.

처가 가권을 장악하고 집안 살림을 도맡아 하는 경우는 어떤 경우인가?

◉ 재다신약격(財多身弱格)의 사주이다.

◉ 日柱가 衰한데 財星이 왕한 경우이다.

◉ 官星이 태약하거나 刑沖되어 무력해진 경우이다.

사회생활을 하는데 있어 고향과 타향 중 어디에 정착함이 좋을 것인가는 어떻게 판단하는가?

◉ 용신이 주역팔괘의 內·外卦 중 어디에 해당하는 가를 위주하여 판단한다. 용신에 내괘에 해당하면 고향이나 고향 근방이 좋고, 외괘에 해당하면 타향이 좋다.

◉ 比劫과 財星이 중중하면 타향에서 정착함이 좋다.

키가 크고 작음을 어떻게 알 수 있는가?

◉ 官星과 食傷이 중중하면 日主의 기운을 극제함과 설기함이 많은 것이니 키가 대체로 작은 편이다.

◉ 印星이 중중하고 食傷이 약하면 몸집과 키가 큰 편이다.

◉ 比劫이 중중하면 키가 큰 편이다. 比劫이 중중하면 대체로 키가 크다는 것은, 봄에 싹이 돋을 때 어느 하나가 훌쩍 키가 크면 다른 싹은 그 그늘에 가려 키가 크지 못하고 결국 말라죽는 이치와 같은 것이다. 따라서 살아남기 위해서는 키가 커야 하는 것과 같은 이치이다.

◉ 財星이 중중해도 키가 작은 편이다. 이것은 예로 甲木 日主라면 戊己土가 木剋土 하여 財星인데, 木이 土를 극하려면 木은 흙속에 묻히게 되니 이러한 이치로 財星이 중중해도 키가 큰 편이 아니라고 판단한다.

◉ 陽日干은 대체로 키가 큰 편이고, 극제하는 오행이 없으면 특히 그러하다. 陰日干은 대체로 키가 작은 편이나 食傷이 없는 경우는 오히려 키가 큰 경우가 많다.

아들이 없는 사주는 어떠한가?

⦿ 日主가 약하고 財星과 官殺이 태왕하면 아들이 없다.

⦿ 日主가 약하고 食傷과 官殺이 있고 比劫이 없으면 아들이 없다.

⦿ 日主가 약하고 食傷이 태왕하고 印星이 없으면 아들이 없다.

⦿ 官殺이 중첩되고 忌神이며 食傷이 없으면 아들이 없다.

⦿ 日主가 태왕하고 官殺이 공망되고 다시 傷官과 劫財가 있으면 아들이 없다.

⦿ 용신이 태약하고 運路에서 부조하는 운이 없으면 아들이 없다.

⦿ 時柱에 孤神殺, 寡宿殺이 있고 他支와 형충되면 아들이 없거나 있더라도 요사 (夭死)한다.

사망시기를 어떻게 알 수 있는가?

⦿ 比劫이 중중하고 財가 약하면 군비겁쟁재(群比劫爭財)라 하는데 대운, 세운에서 공히 比劫運이 들어올 시 사망한다.

⦿ 신약사주에 대운, 세운이 공히 財官運이나 食傷運으로 들어오고 閑神의 구조 가 없을 시는 사망한다.

⦿ 日主가 태왕할 경우 印星運을 만나면 사망할 수 있다.

⦿ 日主가 태약할 경우 食傷運이나 官星運을 만나면 사망할 수 있다.

⦿ 대운과 세운이 공히 日干과 日支를 형충하고 閑神의 구조가 없으면 사망할 수 있다.

⦿ 대운과 세운이 사주원국의 用神과 합이 되어 다시 忌神運으로 들어올 시 사망 할 수 있다.

⦿ 사주상 忌神과 仇神을 생조하는 대운과 세운에서 사망할 수 있다.

⦿ 대운과 세운이 공히 지지를 전부 刑沖하고 들어올 시 사망할 수 있다.

⦿ 사주상 합되어 結局된 忌神을 대운이나 세운에서 형충하여 忌神을 다시 태동 시키는 경우

의처증이 있는 사주는 어떠한가?

⦿ 財星이 쇠약한데 중첩된 劫財의 극을 받는 경우.

◉ 財星이 合이 되어 기신이나, 구신으로 바뀌는 경우.

◉ 신약사주인데 財星의 合이 다시 財星으로 바뀌는 경우.

도박을 즐기는 사주는 어떠한가?

◉ 印星이 중중하고 財星이 없는 경우.

◉ 財星이 쇠약한데 比劫이 중중하고 食傷이 없는 경우.

◉ 신약사주에 官殺이 중중하고 食傷이나 印星이 없는 경우.

유흥업에 종사하는 여명의 사주는 어떠한가?

◉ 官殺이 태왕하고 食傷이 쇠약한 경우.

◉ 日主와 官殺이 쇠약하고 食傷이 태왕한 경우.

◉ 사주에 水氣가 태왕한 경우.

◉ 사주에 財星과 官殺이 심히 쇠약하고 忌神에 해당하며 도화살, 고신살, 과숙
  살, 상문살, 조객살, 환신살, 교신살, 병부살, 양인살, 양착살, 음차살, 화개살
  등과 동주한 경우.

◉ 地支에 형살, 충살, 파살, 해살, 원진살 등이 중첩된 경우.

◉ 財星이 墓宮에 있고, 도화살, 화개살, 망신살, 재살 등과 동주한 경우.

의약업에 종사하는 사주는 어떠한가?

◉ 사주에 偏印이 왕하고 吉神에 속한 경우.

◉ 사주에 申酉金이 많고 寅巳申 刑殺이 있는 경우.

◉ 官印이 상생하나 凶神에 속한 경우.

수전노의 사주는 어떠한가?

◉ 月·日支의 正財가 墓宮에 동주하면 재물에 욕심이 많고 인색하다.

◉ 재다신약사주에 比劫과 官星이 없거나 암장되고, 財星이 기신에 해당하는 경
  우이다.

미식가의 사주는 어떠한가?

◉ 月支에 食神이 있고, 身旺하면 풍채와 성격이 좋고 미식가인 경우가 많다.

◉ 食傷이 십이운성의 沐浴을 대동하고, 地支에 比劫이 있으면 미식가이고 풍류를 즐긴다.

◉ 사주에 水火가 많고 食神과 財星이 있어 길신이면 미식가인 경우가 많고, 본인이 또한 음식에 관심이 많으며 음식 만들기를 좋아한다.

제왕절개 분만시 길한 날짜와 시간은 어떻게 잡는가?

◉ 身旺하고 月支가 正財, 正官, 正印이 되면 길하다.

◉ 天干에 財·官·印이 투출하고, 地支에 통근하여 왕하면 길하다.

◉ 天干에 財와 官, 官과 印, 財와 食神이 투출하여 상생되고 통근되어 왕하면 길하다.

◉ 身旺하고 月柱가 官과 印, 財와 官, 食神과 財가 同柱하여 相生되면 길하다.

◉ 時柱가 官과 印, 財와 官으로 상생되면 길하다.

◉ 地支에 刑, 沖, 破, 害, 怨嗔됨이 적고, 用神이 투출되어 建旺하고, 대운의 扶助가 있으면 길하다.

四柱秘訣

제3장
실전 사주풀이

男命 (정치인의 사주)

癸	甲	癸	壬
正印		正印	偏印
酉	子	丑	辰
正官	正印	正財	偏財
胎·飛刃	沐浴·梟神	冠帶·五鬼	白虎大殺
桃花殺	眞神·將星	寡宿·絞神	急脚殺
	天·地轉殺	太白殺	
庚	壬	癸	乙
○	○	辛	癸
辛	癸	己	戊
辛 庚	己 戊	丁 丙	乙 甲
酉 申	未 午	巳 辰	卯 寅

① 용신(用神)

甲木 日干이 丑月에 生하여 天地가 차고 印星이 왕하니 신강사주이다. 印星이 왕해서 病이 됐으니 印星을 억제해야 하고, 또한 丑月의 甲木은 한목(寒木)이라 조후(調候)도 급하여 丙火가 없어서도 안된다. 日干이 신강하니 丁火를 용하고 庚金으

로 벽갑인정(劈甲引丁)하면 귀격을 이룬다. 사주원국에 일점 火氣가 없지만, 月支
丑土가 왕하니 未土를 충극해와 未中 丁火를 끌어온다. 도충격(倒沖格)으로 논한다.

丑月의 甲木은 천지가 차니, 甲木이 소생(蘇生)의 기미가 있으면 조후가 필요하니
丁·丙火를 용신으로 잡고, 소생(蘇生)의 기미가 없으면 庚金으로 용신을 잡아 甲木
을 쪼개 땔나무로 활용한다. 따라서 丁·丙火, 庚金을 떠나 용신을 생각하기 힘들
다. 대운이 寅卯辰巳午未의 동남대운의 용신, 희신운으로 흐르니 비록 국가고시에
합격은 못했지만 후에 국회의원을 지냈다.

상기사주는 원국에 일점 火氣가 없는 것이 病이다. 다만 丑月은 천지가 한냉하지
만 대지는 이미 子月에 一陽이 뜨고, 丑月에 二陽이 뜨니 땅속에서는 온기가 돌면
서 씨앗을 발아시킬 준비는 되어있는 것이다. 또한 지장간에 癸水와 戊土가 있으니
역시 合火가 되지 않는다고 논할 수는 없다. 따라서 사주원국에는 火氣가 일점도
없지만 절후상으로는 火氣가 태동되고 있다고 보아야 한다. 아울러 대운의 흐름이
寅卯辰巳午未의 동남운이니 벽갑인정(劈甲引丁)할 수 있어 사주가 길한 것이다. 용
신은 丁火이다.

用神 : 丁火
喜神 :   木
忌神 :   水
閑神 :   土
仇神 :   金

② 학업운(學業運)

학업운을 논하는 관점은, 용신의 왕쇠 및 사주원국의 印星의 길흉과 초년대운과
세운의 길흉을 보고 판단한다. 상기사주는 印星이 水로써 기신에 해당하니 학업으
로 크게 성공하기 어렵다고 판단한다. 이는 학창시절에 공부를 잘하고 못하고서가
아니라 학문을 통해 성공하느냐 못하느냐를 판단하는 것이다. 상기사주는 天干의
壬癸水 印星이 地支에 통근하여 왕하고, 時支에 正官이 있으며 財星의 생조를 받으
니 官星 역시 旺하다. 따라서 官印이 相生하니 필연코 국가의 祿을 먹을 사주이다.
甲寅, 乙卯 대운의 학창시절은 印星이 기신이고 대운이 희신운이니 국가고시에 합
격하지 못했다.

乙卯대운 중 乙木대운은 희신에 해당하니 학업능력이 뛰어나 일류대에 입학하여

고시 공부를 시작했으나, 세운이 길하지 못하여 합격하지 못했다.

卯木대운은 희신운으로 卯木은 年支 辰土 한신과는 해살(害殺)이 되고, 日支 子水 기신과는 형살(刑殺)이 되고, 時支 酉金 구신과는 충살(沖殺)이 되어 희신이 손상되니 고시에 합격할 수 없었다. 이처럼 두뇌가 명민하더라도 대운에서 부조하지 못하면 학업으로 성공하기가 힘든 것이다.

③ 재물운(財物運)

재물운은 우선 사주상 財星을 보고 논하는데, 運路가 길운이고 용신과 희신이 왕강해도 많은 재물을 모을 수 있다. 상기사주는 財星이 閑神에 해당하는데, 地支 子와 丑은 合土의 財星으로 化하여 사주에 財星이 많게 되니, 多財는 오히려 無財라 사업할 수 있는 財는 아닌 것이다. 더군다나 큰 재물을 모으는 것은 食傷이 刑沖됨이 없이 재성을 부조해야 하는데 상기는 食傷이 전혀 없다. 이런 경우는 재물이 궁핍하지는 않겠지만 크게 재물을 움직일 수 있는 사주는 아닌 것이다. 아울러 月支 丑土 偏財는 십이운성의 관대(冠帶)에 속하고, 年支 辰土 偏財는 십이운성의 쇠(衰)에 속하니 財星이 왕강한 것이 아니며, 또한 한신에 해당하고, 丑과 辰의 財星은 서로 파살(破殺)이 되어 온전치 못하니 큰 재물을 모으기는 힘들다고 판단한다.

④ 처덕(妻德)

처덕의 유무를 간명하는 것은 사주원국에서 財星의 생화극제와 왕쇠(旺衰) 및 길흉관계를 살펴보고, 또한 日支 및 희신을 妻宮으로 보니 日支의 생극관계 및 희신의 길흉 역시 살펴보아야 한다.

사주간명상 남명에서 正官과 偏官이 있으면 이를 "관살혼잡(官殺混雜)"이라 하여 위인이 계략을 잘 꾸미고, 이중적인 성격이고, 위선적이고, 심신의 변화가 많다 판단하는데, 이는 財星에도 해당한다. 남명에 사업상 大財를 모으는 경우에는 正·偏財가 혼잡되어 있는 경우보다는 어느 한쪽으로 구성되고 다시 이를 생조하는 食傷이 왕강한 경우이다. 상기사주의 경우처럼 正·偏財가 있는 경우에는 처덕이 적은 경우가 많다. 이에 다시 한두 개의 財星이 더 있으면 여자로 인해 곤란을 겪는 경우도 발생한다. 상기는 財星이 한신이고 또한 혼잡되어 있으니 처덕은 적다고 본다.

⑤ 관록운(官祿運)

관록운을 판단함에는 사주원국의 官星과 印星의 吉凶과 용신의 왕쇠 및 대운의 길흉으로 주로 판단한다. 그러나 사주에 官星이 없더라도, 용신이 왕하고, 사주가 청기(淸氣)가 있고 대운과 세운에서 용신, 희신운으로 旺하게 들어오면 틀림없이 관록운(官祿運)이 있다.

상기사주는 時支 酉金 正官이 한금(寒金)이라 아쉬운 면이 있지만, 地支 子丑 合土의 財星과 年支 辰土 偏財의 생조를 받으니 正官이 왕성하다. 다시 天干의 壬癸水 印星이 있어 旺한 官星의 수기(秀氣)를 설기시키니 사주가 귀격사주(貴格四柱)가 되었다. 다만 앞서 설명한대로 사주에 일점 火氣가 없고, 庚金과 丁火가 투출하지 못했으니 관록이 길지 못하고 大貴하지 못한 것이다.

◉ 丁巳대운은 용신운이니 방송관련 공기업에 근무하며 활약이 컸다.

◉ 戊午대운은 戊土가 癸水와 간합화국의 용신운이니 선출직국회의원에 당선됐다. 재임기간 중 辛巳세운(歲運), 壬午세운, 癸未세운은 세지(歲支)가 巳午未 남방화지라 용신운이니 많은 업적을 남겼다.

◉ 戊午대운 중 甲申세운은 세간(歲干) 甲木이 대운 戊土를 剋하여 무난하나, 세지(歲支) 申金은 대운 午火와 상극되니 흉운이다. 세지(歲支) 申金이 사주원국과 申子辰 삼합수국의 기신운이니 재선(再選)에 실패한 것이다.

丙戌세운은 歲干 丙火가 年干 壬水와 沖되어 문서인 印星을 부수고, 歲支 戌土는 年·月支와 충살(沖殺)과 형살(刑殺)이 되니 도백(道伯)에 도전했으나 실패했다.

◉ 戊午대운 중 戊子세운은 歲干 戊土가 대운 戊土와는 본시 比劫運이나, 月干과 時干의 癸水와 干合 火局의 용신운으로 들어오고, 歲支 子水는 대운 午火와 沖이 되어 용신을 손상시키고, 다시 年支 辰土와는 半合 水局의 기신운이고, 月支 丑土와는 子丑 合土되어 한신운이니, 다소의 運은 들어 왔으나 세운(歲運)이 왕강하지 못하니 아쉽게 재선(再選) 도전에 실패했다.

⑥ 자녀운(子女運)

자녀운을 논할 때에는 대체로 사주원국의 時干支의 吉凶과 용신의 왕쇠(旺衰)를 보고 판단하며, 아울러 남자의 경우는 官星, 여자의 경우는 食傷의 길흉을 보고도 판단한다. 時柱에 正官이 있으면 반드시 현량한 아들을 두고, 본인은 늦게 풀리는 경향이 짙다.

時柱가 財星과 官星, 혹은 官星과 印星으로 되어 있으면 그 자식이 반드시 현달하며 집안을 일으킨다.

상기사주는 時柱가 官印으로 상하가 상생하니 길격이며, 자녀가 모두 명문대를 나와 국가시험에 합격하고 좋은 직장을 다니고 있다.

또한 庚金 용신이 자식을 나타내는데 地支 財星의 생조를 받으니 용신이 旺强하다. 따라서 자식들이 현달했다.

⑦ 건강운(健康運)

사주간명상 건강운은 기신과, 구신, 사주원국의 생화극제 관계와 왕쇠, 태원사주의 오운육기(五運六氣)로 판단하는데, 필자의 경험상 기신에 해당하는 오행으로 판단함이 정확했다.

기신에 해당하는 질병은 평생을 命主에게 영향을 미치는 것이고, 구신은 발병의 근원이 되는 것이다. 즉, 구신의 오행에 해당되는 오장육부(五臟六腑)에서 발병이 시작되어, 忌神에 해당하는 오행의 오장육부가 종착지이며 결국 이로 인해 사망하게 되는 것이다.

상기는 기신과 구신이 水와 金이니, 水에 해당하는 신장, 방광, 허리, 혈액 등의 질병으로 탈이 나는 것이다. 발병의 근원은 金에 해당하는 폐장(肺臟)과 대장(大腸)인 것이다. 사주에 한신이 왕하면 발병되어도 극복되지만, 한신이 약하거나 刑沖으로 인해 손상되어 기신을 극제하지 못하면 치명적인 건강문제가 대두되는 것이다.

⑧ 형제운(兄弟運)

형제운은 형제자매와의 화목과 불화 및 길흉화복을 연관지어 논하는 것이다. 이는 전적으로 比劫의 왕쇠와 길흉 및 月柱의 길흉으로 논한다. 필자의 간명 경험상 比劫의 길흉을 보고 판단함에 적중률이 높았다.

比劫의 오행이 용신, 희신에 해당하면 형제자매간 화목(和睦)하다.

比劫의 오행이 기신, 구신에 해당하면 형제자매간 불목(不睦)한다.

比劫의 오행이 한신에 해당하면 형제자매간 무애무덕하다.

용신 및 희신이 月柱에 있으면 형제자매간 화목함이 많다.

기신 및 구신이 月柱에 있으면 형제자매간 불목함이 많다.

月柱에 한신이 있으면 무애무덕하다.

아울러 천간과 지지의 생극관계 및 月柱 上下의 생극관계를 참작하여 판단한다.

⑨ 대인관계(對人關係)

간명에서 대인관계의 길흉을 논하는 경우에는 용신과 희신의 위치 및 비겁의 길흉관계, 日支와 月支의 길흉을 위주로 판단한다.

용신, 희신이 日柱 및 月柱에 있으면 대체로 대인관계가 좋다.

比劫이 吉神(用神·喜神)에 해당하면 대인관계가 좋다.

日支는 아주 가까운 사람들과의 대인관계를 논하고, 月支는 비교적 가깝다고 하는 사람들과의 대인관계를 논할 때 참작한다.

상기 명조자는 희신에 해당하는 木이 日柱에 있으니 대인관계는 무난하다 판단한다.

男命 (부동산사업가의 사주)

丙	丙	戊	己
比肩		食神	傷官
申	寅	辰	亥
偏財	偏印	食神	偏官
病·劫殺	長生·亡身	冠帶·攀鞍	胞·空亡
落井·暗祿	文曲·學堂	五鬼殺	
文昌·官貴	福星	鬼門關殺	
絞神殺	孤神·幻神		

己	戊	乙	戊
壬戊	丙	癸	甲
庚	甲	戊	壬

庚	辛	壬	癸	甲	乙	丙	丁
申	酉	戊	亥	子	丑	寅	卯

① 용신(用神)

丙火 日干은 辰月에 生하여 관대(冠帶)地이니 火氣가 점차 때를 얻었다고 판단한다. 地支는 寅과 辰 사이에 卯木이 탄함(呑陷)되어 있고, 또한 寅亥 合木이 되어 印星으로 化하니 日干 丙火를 생조함이 왕하다고 판단한다.

탄함(呑陷)된 卯木과 日支 寅木의 생조됨이 없었다면, 戊己 辰土의 설기가 심하니 甲木으로 용신을 잡아야 할 것이다. 그러나 甲木 용신은 천간에 투출된 丙火를 더욱 생조하니 용신으로 잡을 수 없다. 따라서 月令의 기운이 天干에 통근된 戊己土의 旺한 기운을 억제하고, 丙火의 맹렬한 火氣를 누를 수 있는 壬水가 용신이다.

壬水는 天干에 없으니 지장간에서 찾아야 하는데, 地支 申中의 壬水와 亥中의 壬水가 있다. 亥中의 壬水는 지장간에 戊土와 甲木이 병존하니 불순물이 있는 것이고, 또한 水生木하여 甲木에 기운이 많이 설기(洩氣)당한 연유로 용신으로 잡더라도 미약하다. 따라서 申中의 壬水를 용신으로 잡아야 한다.

用神 : 壬水
喜神 :   金
忌神 :   土
閑神 :   木
仇神 :   火

② 재물운(財物運)

이 사주는 전형적인 "식신생재격(食神生財格)"의 사주이다. 古書에 "식신유기면 승재관(食神有氣면 勝財官)"이라 했는데, 月令의 辰土 食神이 月干에 통근(通根)되고 年干 己土의 지지세력을 얻어 時支 偏財를 生하니 재력가임에 틀림없는 사주이다.

단지 旺한 食神이 日支 偏印 즉 도식(盜食)의 극을 받아 다소 약해지고, 時支의 申金 偏財는 日支 寅木의 沖을 받아 부서져버리니 月令의 기운을 받음이 부족하게 되고 원격되어 있으니 거부(巨富)의 사주가 되기에는 약한 면이 있다.

③ 재물형성(財物形成)

偏財를 生하는 食神이 月令 辰土에 있으니 부동산으로 돈을 모으는 사주이다. 乙丑대운은 丑子亥 북방수기로 대운이 진행되니 조상으로부터 물려받은 땅값이 뛰어 재력가(財力家)가 되었다.

癸水大運은 月干의 戊土와 간합화국이 되어 구신운으로 바뀌니 재력을 바탕으로 명예를 추구하는 지방자치단체 시의원에 출마했는데 낙마하고 말았다 한다. 또한 이 시기의 구신운에 친구들과 땅투기용 전답을 매입했는데, 대운이 구신운이니 이득을 어찌 얻기를 바랄 수 있겠는가?

④ 언제 매각될 것인가?

亥水 용신대운 中 戊子세운에 팔리는데, 子水가 月支 辰土와 時支 申金과 申子辰 삼합수국을 이루어 용신세운에 해당하니 여름 지나 가을, 겨울에 틀림없이 팔릴 것이다.

⑤ 학업운(學業運)

상기사주에서 日支 寅木은 印星인데 한신에 해당한다. 寅木 印星은 時支 申金과 沖이 되니 印星이 파극(破剋)되었다. 사주상 印星이 기신이나 한신이며 또한 他支에 刑, 沖되어 파극되면 학업운이 적다고 판단하는 것이다. 아울러 학창시절인 丁卯, 丙寅 대운은 時支 申金 희신과 원진살(怨嗔殺)과 충살이 되니 학업에 열중할 대운이 아닌 것이다. 따라서 어렵게 실업계고등학교를 마쳤다.

⑥ 부부운(夫婦運)

남명에서 財星을 妻로 보고 아울러 희신을 처(妻)로 본다. 또한 日支가 처궁이니 일지궁의 길흉여부도 겸하여 판단한다. 상기는 時支 申金 偏財가 십이운성의 病에 해당하고 日支 寅木과 충이 되니 財星이 왕하지 못하다. 또한 申金은 辰月 목왕지절에 失氣하였으니 역시 旺하지 못하다. 다만 月柱의 土氣가 인접한 年支에 亥水가 있으니 습기(濕氣)를 머금은 土라, 日干의 丙火의 기운을 설기시켜 時支 申金을 직접 剋함을 억제하니 凶中吉이 된 것이다. 평생에 부부간 작은 마찰은 있겠으나 부부해로 하겠다고 판단한다.

⑦ 자녀운(子女運)

자녀들의 운세를 판단함에는, 남명에서는 사주원국의 官星의 길흉과 용신의 왕쇠(旺衰), 時柱의 길흉을 놓고 판단하고, 여명에서는 食傷의 길흉과 희신의 왕쇠,

그리고 時柱의 길흉을 놓고 주로 판단한다. 남명에서 官星은 正官과 偏官인데 偏官은 남자자손, 正官은 여자자손을 주로 의미하지만, 남명에서 사주에 偏官이 없고 正官만 있는데, 남자자손의 운세를 판단할 경우에는 正官을 위주하여 남자자손의 운세도 판단하는 것이다.

상기사주는 年支 亥水 偏官을 남자자손으로 보는데, 辰月의 亥水는 실기되어 旺하지 못하다. 또한 年干 己土 傷官의 극을 받고, 인접한 月柱의 戊辰土의 극제가 심하니 亥水 偏官이 무력하다. 즉 용신이 無力하다는 것이다. 이처럼 용신이 무력하면 그 자손은 크게 두각을 나타내지 못하는 것이고, 십이운성의 포(胞)에 해당하니 선천적인 결함을 지니고 태어날 수도 있는 것이다.

⑧ 관록운(官祿運)

年支 亥水는 偏官인데 십이운성의 포(胞)와 空亡이 동주하고 있다. 丙火 日干의 亥水는 실기했으니 旺하지 못하고, 또한 일점 官星이 空亡이니 官運은 크게 기대하지 못한다.

男命 (아들이 없는 사주)

辛	丙	戊	己
正財		食神	傷官
卯	寅	辰	亥
正印	偏印	食神	偏官

辛	壬	癸	甲	乙	丙	丁
酉	戌	亥	子	丑	寅	卯

① 용신(用神)

지지에 寅卯辰 방합목국이 辰月이라 때를 잃었지만 日主를 생조함이 지나치다. 사주가 중화를 이루기 위해서는 庚辛金을 용하여 왕한 木氣를 전벌(剪伐)해야 한다. 용신은 時干 辛金이다. 丙火가 日支에 長生을 득했으니 木氣가 태왕해도 從할 이치가 없다. 식신생재하고 日主가 태약하지 않으니 재물을 모을 수 있는 명조이나, 대운이 丑子亥의 한신운이니 발복이 적었다. 亥水 偏官이 아들인데 空亡이다. 따라서 아들을 얻지 못했다.

用神 : 辛金
喜神 : 土
忌神 : 火
閑神 : 水
仇神 : 木

② 통변(通辯)

◉ 학업운(學業運)은 간명에서 印星이 吉神(用神·喜神)에 해당하는 경우, 용신이 왕
강한 경우, 초년대운이 길신에 해당하는 경우, 사주의 格이 청순하고 吉格에
해당하는 경우 등은 모두 학업운이 좋다고 판단한다. 상기명은 印星이 방합목
국을 형성하여 태왕한데 극제하는 힘이 부족하니 학업운이 썩 길하지 못하다
고 판단한다.

◉ 부부운(夫婦運)은 남명에서 財星과 日支宮의 길흉과 희신의 왕쇠를 보고 판단
한다. 財星이 용신에 해당하니 부부운은 대체로 좋다고 판단한다.

◉ 재물운(財物運)은 正財와 食神이 투출했으나, 辛金 正財의 뿌리가 없고, 辰土
食神은 방합목국의 印星으로 바뀌니 財를 생함이 부족하다. 아울러 日主가 건
왕하지 못하니 재물복이 적다 판단한다.

◉ 형제운(兄弟運)을 판단함에는 比劫의 길흉과 月柱의 길흉을 주로 본다. 比劫에
속하는 丙丁火가 기신에 해당하니 형제운은 썩 좋다고 볼 수 없다. 月柱의 土
氣는 본시 희신이나 合되어 印星으로 바뀌니 형제궁을 보는 月柱가 썩 길하지
못한 것이다.

◉ 자식운(子息運)은 자녀의 성공운을 말하는 것이다. 용신의 왕쇠와, 官星의 길
흉, 時柱의 길흉여부를 중점하여 판단한다. 남명에서 官星이 자식인데, 年支
亥水 偏官이 공망이니 자식운이 적다 판단하고, 역시 자식을 의미하는 용신
辛金이 지지에 통근하지 못하고 無力하니 자식운이 적은 것이다.

◉ 관록운(官祿運)은 용신인 辛金 財星이 왕강하지 못하고, 亥水 偏官이 空亡에
해당하고, 印星인 木氣가 旺하나 구신에 해당하니 관록운은 기대할 바가 적다.

◉ 日支宮은 처궁인데 偏印과 同柱하니 고부갈등이 있을 것이라 판단한다.

- 日支宮에 홍염살(紅艶殺)이 있으니 처는 미모일 것이라 판단한다.
- 印星인 木氣가 仇神에 해당하니 어머니와는 돈독한 연이 적다고 판단한다.
- 正·偏印이 있으니 외국어에 재능이 있다 판단한다.
- 지지에 귀문관살(鬼門關殺), 고신살(孤神殺), 망신살(亡身殺), 오귀살(五鬼殺), 환신살(幻神殺), 효신살(梟神殺) 등이 있으니 점복(占卜)에 많은 관심이 있겠고, 꿈을 잘 꾸게 되고, 예지력이 뛰어나며, 성격은 외적으로는 화려하나 내적으로는 고독한 성격이다.
- 사주에 食傷이 왕하다. 남과 어울리며 놀기를 좋아하는 편이고, 잡기에 능한 편이며, 자기과시욕도 있고, 남을 조종하는 교묘한 재능이 있으며, 처세에 능하고, 한편으론 남에게 퍼주기를 잘한다.
- 印星이 구신이며 방합국을 형성하여 왕하다. 이런 경우 매사 수동적인 면이 많고, 문서와 계약 건 등으로 인생에 있어서 여러 번 실패수가 나온다.
- 天干의 丙辛 合水는 물상으로 선박과도 연관이 있다. 무역학을 전공하고 선박 관련 물류업에 종사하고 있다.
- 용신이 時柱에 있고, 말년운이 용신운이니 자식대에서 발복이 있으리라 판단한다.
- 時支 卯木 正印이 비부살(飛符殺)을 대동하고 있다. 비부살은 관재구설과 연관된 殺이니, 문서계약건과 연관된 송사(訟事)의 흉화가 예상된다. 그 시기는 印星이 刑沖되거나, 운로(運路)에서 合이 되어 기신이나 구신으로 들어오는 시점이다.

③ 대운의 길흉

초년 丁卯, 丙寅大運은 기신과 구신운이니 길하지 못했다. 丑子亥 大運은 한신운이니 무애무덕하고, 이후 말년의 戌酉 용신운은 잘 풀려나갈 것이라 판단한다.

男命 (공무원의 사주)

戊	丁	辛	丁
傷官		偏財	比肩
申	未	亥	亥
正財	食神	正官	正官
沐浴	冠帶	胎	胎
劫殺	華蓋	地殺	官貴·天乙
金輿·流霞	暗祿·紅艷	官貴·天乙	福星
絞神殺	陰差	福星	
	斷橋關殺	破軍·劍鋒	
己	丁	戊	戊
壬戊	乙	甲	甲
庚	己	壬	壬
癸　甲	乙　丙	丁　戊	己　庚
卯　辰	巳　午	未　申	酉　戌

① 용신(用神)

丁火 日干이 亥月에 生하니 천지가 차다. 丁火는 성정상 화롯불이고, 아궁이불이고, 등촉불이니, 살아남기 위해서는 "벽갑인정(劈甲引丁)"할 땔나무가 시급하다. 木이 투출되지 못했으니 亥中의 甲木을 끌어써야 하나, 亥中의 甲木은 水氣를 담뿍 담은 木이라 땔나무로 쓰기 위해서는 건조시킬 丙火의 도움이 필요하다.

地支나 지장간에 丙火가 없어 丁火로 대행할 수밖에 없으니 부족함이 있어 용신은 왕강하지 못하다. 그러므로 지방자치단체의 고위직 공무원을 지냈으나 행정의 수반은 되지 못했다.

어찌 행정직인가? 月干 辛金 偏財가 時支 申金에 뿌리를 박고 있으니, 財星이 아주 약한 편이 아닌데 선출직이 아니고 어찌 행정가의 길을 걸었겠는가? 이 사주는 역시 地支의 탄함(吞陷)에 묘미(妙味)가 있다. 이 이치를 아는 사람이 많지 않으니 출마하면 당선된다는 허언을 하기 일쑤다.

年·月支의 亥는 상호 自刑殺로 旺한 중 손상됨이 있으니 亥水의 旺한 水氣를 어느 정도 누그러뜨리고 있다. 月支 亥水와 日支 未土 사이에 亥·卯·未하여 卯木이 탄함(吞陷)되었으니 사주원국에는 卯木이 없지만, 이 사주는 卯木을 빌려와서 삼합수국을 이루어야 사주가 살아나므로 卯木을 끌어오기를 간절히 바라는 것이다.

(단, 亥未 경우처럼 가까이 있을 경우) 사실상 卯木이 드러나지는 않았지만 숨겨져 있다고 보아야 하는 것이다.

즉 卯木 印星이 탄함(呑陷)되었지만 숨겨져 있다고 판단하므로 삼합목국을 이루어 印星을 살려놓으니 年, 月支의 官星과 탄함(呑陷)된 印星이 官印相生 하며, 다시 財星이 官星을 生하니 귀격사주가 되었다. 이런 이치로 印星이 왕해져서 선출직 공무원이 아닌 행정가의 길을 걷게 된 것이다.

그러나 亥月의 木은 水氣를 품고 한목(寒木)이며, 사주에 丙火가 없으니 印星이 아름답지만은 않다. 고로 학력은 평범했다.

丁火 日干은 日支 未土에 뿌리를 박고 있으니 아주 약하지는 않다. 그러므로 甲木을 쪼갤 庚金 도끼만 있다면 불을 지필 준비는 해놓고 있는 것이다. 時支 申中에 庚金이 있으니 사주가 貴格으로 바뀌었다.

用神 : 甲木
喜神 : 水
忌神 : 金
閑神 : 火
仇神 : 土

② 처덕(妻德)

사주원국에서 財星은 金이다. 金은 기신에 해당하니 처덕이 많다고 볼 수 없다. 내조의 공은 적었다.

처덕(妻德)의 유무는 사주원국의 財星의 길흉으로도 판단하는데, 상기의 경우처럼 正,偏財가 혼잡되면 역시 처덕이 적다고 판단한다. 아울러 亥月의 金은 한금(寒金)이라 丙丁火가 있어야 귀기(貴器)를 만들 수 있는데, 제련할 丁火는 있지만 한금(寒金)을 따뜻하게 할 丙火가 없으니 귀기(貴器)를 만듦에 부족한 면이 있다.

또한 日支의 吉凶으로도 판단하는데, 日支 未土에 음차살(陰差殺)과 단교관살(斷橋關殺)이 있으니 썩 좋다고 볼 수 없다.

③ 자녀운(子女運)

자식운은 주로 용신에 해당하는 오행의 왕쇠(旺衰)로 판단한다. 아울러 사주원국의 官星의 길흉과, 時柱의 생화극제 관계와 길흉으로도 판단한다. 여러 가지 논설이 있지만 필자의 경우 용신의 왕쇠로 판단함에 적중률이 높았다. 상기사주의 경우 용신인 甲木은 지장간에 암장되었고, 또한 亥月의 甲木은 水氣를 많이 품은 한목(寒木)이라, 丙火가 있어야 하는데 丙火가 없으니 용신이 미약하다. 따라서 자식운은 그다지 썩 좋다고 볼 수가 없다.

④ 당락여부(當落與否)

대운을 살펴보자

2006년도는 乙巳大運에 속한다.

干支를 5년씩 배속(配屬)한다면 乙木大運에 속한다. 乙木은 용신이지만 月干 辛金과 沖이 되어 부서지니 당선(當選)을 장담할 수가 없다. 또한 巳火는 사주원국의 年, 月支 亥水와 沖이 되어 官星이 손상되니 역시 당선을 장담할 수가 없다.

⑤ 세운을 살펴보자

2006년은 丙戌年이다. 歲干 丙火는 閑神이고, 歲支 戌土는 仇神으로 日支 未土를 刑破하여 흔들어 놓으니 분명 자리이동수가 생길 것이다. 명예퇴직 후 지방자치단체장에 도전했으나 낙마하고 말았다.

女命 (神氣가 왕한 사주)

丁	壬	辛	辛
正財		正印	正印
未	辰	卯	酉
正官	偏官	傷官	正印
養·寡宿	墓·魁罡	死·囚獄	沐浴·桃花
弔客殺	天殺	病符殺	
幻神殺			
月殺·空亡			

丁	乙	甲	庚
乙	癸	○	○
己	戊	乙	辛

己	戊	丁	丙	乙	甲	癸	壬
亥	戌	酉	申	未	午	巳	辰

① 용신(用神)

상기사주는 壬水 日干이 卯月에 생하여 실기하였고, 印星이 투출했으나 卯酉 沖으로 辛金 印星의 뿌리가 끊어지고, 日主, 時柱의 財와 官이 왕하니 신약하다. 따라서 미약하지만 壬水의 수원(水源)을 發하는 月干 辛金을 용신으로 잡는다. 또한 사주에 병부살(病符殺), 재살(災殺), 환신살(幻神殺), 조객살(弔客殺) 등이 있으니 神氣가 강한 사주이다. 癸巳大運 중 巳火大運 기신운에 건강이 악화되자 고등학교 때 신병(神病)을 앓고 무속인이 되었다.

用神 : 辛金
喜神 : 土
忌神 : 火
閑神 : 水
仇神 : 木

② 무속인의 사주는 어떻게 판단하는가?

◉ 사주의 神氣 많고 적음과, 무속인이나 법사가 될 팔자인가? 아닌가? 는 地支의 神殺을 갖고 논하면 적중률이 높다.

◉ 사주에 상문살(喪門殺), 조객살(弔客殺), 환신살(幻神殺), 교신살(絞神殺), 귀문관살(鬼門關殺), 화개살(華蓋殺), 병부살(病符殺), 수옥살(囚獄殺), 탄함살(吞陷殺), 고신살(孤神殺), 과숙살(寡宿殺) 등이 여럿 있으면 신기(神氣)가 많다고 판단한다.

◉ 상기 열거한 것 중 적어도 2개 이상 있으면 보통의 사람보다 神氣가 많다고 판단하는 것이다. 사주가 귀격(貴格)이면 종교가, 역술인으로 이름을 날리고, 천격(賤格)이면 평범한 무속인, 법사, 잡술가 등으로 지내게 된다.

◉ 地支에 형, 충, 파, 해, 원진살 및 흉살 등이 많으면 神氣가 많고, 또한 日主가 太弱한 경우, 官殺이 극제받음이 없이 太旺한 경우도 神을 받는 경우가 많다.

③ 神을 받은 시기

상기사주는 17세~26세 癸巳大運 중 고등학교 시절인 癸水大運에, 癸水는 본시 한신이나 丁癸 沖되어 한신의 역할을 하지 못하니, 건강이 악화되며 신병(神病)을 앓다 神을 받고 무속인의 길을 가게 된 것이다.

17세 때는 丁丑歲運으로 歲干 丁火가 大運의 癸水와 丁癸 沖殺로 대운에서 세운을 剋하니 극도로 심신이 불안정 하였고, 歲支 丑土는 대운 巳火의 生助를 받아 강하게 들어오는데, 辰土와는 破殺, 未土와는 沖殺로 官星을 흔들어 놓으니 심신이 불안정한 상태가 계속되었다.

18세 때는 戊寅歲運으로 戊土는 大運 癸水와 戊癸합화의 기신운이고, 寅木은 사주원국의 卯辰과 寅卯辰 방합목국의 구신운이니 신병(神病)을 이겨내지 못하고 神을 받아 무속인의 길로 들어선 것이다.

④ 결혼운(結婚運)

여자사주에 印星이 많고 관살혼잡(官殺混雜)이면 결혼운이 박(薄)하다 했는데, 日支 辰土 偏官은 月令 卯木의 剋을 받아 거살유관(去殺留官)되니, 時支 未土 正官만 一位 남게 되어 결혼은 할 수 있었다. 다만 時支 未土 正官이 空亡이니 남편과의 연(緣)이 장구(長久)하지 못하다고 판단한다.

癸巳大運 중 巳火大運(22세~26세)은 年支 酉金과 반합금국의 용신운으로 들어오니 神氣가 旺하여 용하다는 소문이 나서 5년 동안 수억을 벌었고, 이 시기에 결혼을 할 수 있게 된 것이다.

⑤ 재물운(財物運)

재물운은 대체로 남녀 공히 용신이 왕강하거나, 財星이 길신이거나, 대운과 세운에서 용신운이면 재물복이 있다고 판단한다. 상기명은 時干 丁火 正財가 기신에 해당하고, 財星을 생조하는 偏官이 地支 沖되어 약하니 큰 재물을 모으기 힘들다고 판단한다. 다만 대운의 흐름이 申酉戌의 용신으로 흐를 때 다소 재물이 모아질 것이라 예상하는 것이다.

⑥ 형제운(兄弟運)

형제운을 논할 때에는 사주상 比劫이 용신, 희신에 해당하면 형제복이 있고, 기타는 형제복이 적다고 판단한다. 아울러 月柱의 길흉으로도 판단한다. 상기사주는 比劫이 한신이니 형제자매간의 돈독한 우애와 정은 적다고 판단한다.

女命 (법조인의 사주)

丙	庚	己	壬
偏官		正印	食神
戌	**申**	**酉**	**子**
偏印	比肩	劫財	傷官
梟神殺	建祿	羊刃殺	落井關殺
紅艶	地殺	桃花·鬼門	天赦星
陽錯·月殺		絞神殺	空亡
急脚殺			

辛	己	庚	壬
丁	壬·戊	○	○
戊	庚	辛	癸

辛 丑	壬 寅	癸 卯	甲 辰	乙 巳	丙 午	丁 未	戊 申

① 용신(用神)

庚金 日干이 月柱에 酉金의 양인살(羊刃殺)과 己土 正印이 있고, 地支에 申酉戌 방합금국을 형성했으니 부득이 旺한 세력을 좇을 수밖에 없다. 상기사주는 時干의 丙火가 없으면 外格 中 "일행득기격(一行得氣格)"으로 論하여 "종혁격(從革格)"으로 판단해야 할 것이다. 그러나 火氣가 있고 사주에 比劫이 많으니 "종왕격(從旺格)"이다. 종왕격의 경우는 대체로 설기시키는 오행이 있으면 이것을 용신으로 잡아야 사주가 중화를 이루니 年干 壬水 食神을 용신으로 잡는다.

용신인 年干 壬水 食神은 年支 子水에 통근하고 地支에 申酉戌 방합금국의 생조를 받아 旺하니 용신이 왕강하여져서 귀격사주가 되었다.

用神 : 壬水
喜神 :　金
忌神 :　土
閑神 :　木
仇神:　火

② 학업운(學業運)

16세~25세까지는 학창시절로 丁未大運에 속한다.

庚午歲運 : 19세(고3)

辛未歲運 : 20세(대학1)

壬申歲運 : 21세(대학2)

癸酉歲運 : 22세(대학3)

19세 庚午歲運은 희신운이니 일류대 법학과에 입학했고,

20세 이후는 歲運이 용신과 희신운으로 흐르고,

23세 癸酉大運은 용신과 희신운에 해당하니 사법고시에 합격했다.

③ 결혼운(結婚運)

여자사주는 官星을 남편으로 본다. 상기사주는 官星인 時干 丙火가 酉金月에 생하여 失氣하여 旺하지 못하다. 따라서 부부연이 좋다고 볼 수는 없고, 결혼 적령기인 26세 이후 丙午大運의 丙火는 年干 壬水와 沖이 되고, 午火는 年支 子水와 역시 沖이 되어 용신을 흔들어 놓으니 결혼할 마음이 생기지 않는 것이다. 乙巳大運 중 乙木은 日干 庚金과 간합 金局의 희신운이니 이때 결혼하게 될 것이다.

④ 재물운(財物運)

상기사주는 사주원국에 財星은 없지만, 年干 壬水가 용신으로 子水에 통근되고, 사주상 旺한 金氣의 생조를 받으니 食神이 旺하다. 食神이 旺하면 사주원국에 비록 財가 없더라도 財를 창출해내는 것이니 재물복이 적다고 볼 수 없다.

⑤ 자녀운(子女運)

여자사주에서 자식운은 사주원국의 食傷의 왕쇠(旺衰) 및 길흉을 보고 판단하고, 또한 희신을 아들로 보니 희신의 왕쇠를 놓고 판단한다.

상기사주는 食神인 年干의 壬水가 地支에 통근하여 旺하고, 희신에 해당하는 金氣運은 地支에 申酉戌 방합금국을 형성하여 왕강하므로 자식운이 좋다고 판단한다.

⑥ 형제자매운(兄弟姉妹運)

사주상 형제자매간의 우애와 화목은 사주원국에서 比劫에 해당하는 오행의 길흉을 보고 판단한다. 상기는 金氣가 比劫에 해당하는데 金은 희신에 해당하고 旺하므

로 형제자매간은 우애가 돈독하다고 판단하는 것이다.

男命 (큰 수술하는 사주)

壬	辛	辛	壬
傷官		比肩	傷官
辰	卯	亥	午
正印	偏財	傷官	偏官
墓·月殺	絶·桃花	沐浴·劫殺	病·文曲
暗祿·弔客	陰差·流霞	金輿·孤鸞	五鬼·空亡
寡宿	絞神		
乙	甲	戊	丙
癸	○	甲	己
戊	乙	壬	丁

己	戊	丁	丙	乙	甲	癸	壬
未	午	巳	辰	卯	寅	丑	子

① 용신(用神)

상기사주는 평생에 걸쳐 다병(多病)하고 재액(災厄)이 그치지 않았던 명조이다. 사주가 평생에 복록이 적은 경우는 五行이 심하게 편고(偏枯)되었거나, 天干과 地支가 서로 상전(相戰)되어 일점의 화해(和解)의 기미가 없거나, 日主가 심히 신약하거나, 사주상 기신이 太旺하고 한신이 쇠약하여 기신의 旺氣를 억제하지 못할 경우, 또한 地支 전체가 交叉하여 형, 충, 원진살 등으로 이루어진 경우, 運路가 기신이나 구신 운으로 진행될 때에 많다.

상기사주는 月柱만 빼고 干支가 모두 상극의 형태를 이루고 있다. 따라서 天干이 地支에 뿌리를 박고 있지 못하니 견실하지 못한 것이다.

辛金 日干은 亥月 傷官의 설기가 심하니 신약하다. 또한 水氣가 많아 病이 됐으니 丙火를 용신으로 잡아 旺한 水氣를 억제하고, 냉금(冷金)인 亥月의 日干 辛金을 온난케 하여 귀기(貴器)로 활용하기 위해서는 火氣가 필요하다. 따라서 年支 午中의 丙火를 용신으로 잡는다. 壬水가 2위 투출했어도 亥月엔 지장간에 戊土가 있어 暗中에 극제함이 있고, 午辰에 역시 土氣가 있어 水를 극하니 壬水가 태왕한 것은

아니다. 따라서 조후가 급한 것이다.

用神 : 丙火
喜神 :　木
忌神 :　水
閑神 :　土
仇神 :　金

① 초년운(初年運)

壬子大運은 초년운을 관장한다. 大運 中 壬水大運은 기신운이니 家運이 썩 좋지
는 못했다. 子水大運은 본시 기신으로 年支 午火 용신을 충극하니 凶하고, 日支
卯木은 희신인데 子卯 刑殺로 역시 상전(相戰)하니 凶하다. 時支 辰土는 大運 子水
와 반합수국이 되어 기신으로 化하니 역시 흉한 것이다. 이처럼 초년대운의 干支가
흉신으로 들어오니 형제자매는 많았으나, 가세가 기울어 온 가족이 고생을 면치
못했다.

② 형제운(兄弟運)

사주상에서 兄弟德의 유무를 판단함에는 比劫 및 月柱에 해당하는 오행의 길흉
과 中和 여부를 보고 판단해야 한다.

상기사주는 水氣가 旺하여 病이 됐다. 따라서 기신인데 기신인 水를 생해주는
辛金은 구신이다. 이처럼 比劫이 구신에 해당하면 형제덕이 없다고 판단한다. 아울
러 比劫인 辛金은 地支에 통근되지 못하고 있어 입지가 약하고 불안정하다. 이런
경우는 비겁이 뿌리가 없어 외풍에 쉽게 흔들리는 것으로 비유되므로, 형제자매
중에 태어나서 죽는 자식이 여럿 나오게 되는 경우가 많다. 상기 명조자는 삼남으
로 태어나 형제자매 총 여덟 중에 셋을 잃었다 한다.

③ 재물운(財物運)

재물운을 논함에는 먼저, 사주상 財星이 길신인가? 흉신인가?를 먼저 분석하여
야 한다. 그리고 두 번째는 財星의 뿌리가 되는 식상이 있는가? 없는가?, 他 干支에
파극(破剋)됨이 있는가? 없는가?를 역시 판단해야 한다. 세 번째는 行運의 흐름이
용신운인가? 기신운인가?를 판단하고, 아울러 旺함과 衰함의 경중(輕重)을 가리고,

네 번째는 용신이 旺한가? 衰한가?를 판단해 보며, 사주상 財星의 순잡(純雜)과 청탁(淸濁)을 더불어 종합적으로 판단하면 큰 실수가 없다.

상기사주는 日支 卯木이 財星인데 뿌리가 되는 食傷이 없으니 大財를 얻을 사주는 아니다. 다만 卯木이 月支 亥水와 반합목국을 형성하니 작은 가게를 꾸려갈 수 있을 정도는 되는 것이다.

癸丑大運은 기신과 한신운이니 크게 발전할 것은 없었고,

甲寅大運은 인생의 황금기였다.

대운 중 甲大運은 희신운이고, 寅木大運은 年支 午火와는 반합화국으로 용신운이고, 月支 亥水와는 寅亥 合木으로 희신운이고, 日支 卯木과 時支 辰土와는 寅卯辰 방합목국을 형성하니, 寅木대운은 사주원국의 地支와 비교시 전체가 용신과 희신운으로 들어오니 많은 돈을 벌었다.

乙卯大運은 길흉이 교차되는 대운기간이다.

丙辰大運도 길흉이 교차되는 대운기간이다.

丁巳大運도 길흉이 교차되는 대운기간이다.

상기사주는 年支 午火 偏官이 空亡이니 용신이 空亡된 것이다. 용신이 왕강하면 食傷과 財가 약하더라도 궁핍하지는 않지만, 丙火가 투출되지 못해 年支 午中의 丙火를 용신으로 써야하는데 이것이 空亡되니, 매사 저체되고 용두사미이며 성과가 적으며 재물복이 적은 것이다.

④ 건강운(健康運)

乙木大運 중 乙大運은 乙木이 日干 辛金과 沖殺이 되고, 乙대운 中 丙辰세운은 丙火가 日干 辛金 및 月干 辛金과 간합수국이 되어 기신운으로 들어오고, 辰土는 月令 亥水와 원진살(怨嗔殺)이 되고, 日支 卯木과는 해살(害殺)이 되고, 時支 辰土와는 자형살(自刑殺)이 되어 지지 전체를 흔들어 놓으니 질병, 사고 등을 면치 못하는 해이다.

乙木은 月·日干의 辛金과 干沖되니 肝의 손상이 있었고, 金은 오장육부 중 대장(大腸)에 속하니 대장을 한 자 이상 잘라내는 대수술을 받았다.

卯木大運은 희신운이니 사업이 그럭저럭 유지되었고 건강도 큰 탈은 없었다.

丙辰大運도 길흉이 교차되는 대운기간이다.

먼저 丙火大運은 본시 용신운이지만 年·時干 壬水와 沖殺이 되고, 日干 辛金과는 간합수국이 되어 기신운으로 들어오니 역시 흉사가 예고된다. 壬申歲運에 干支가 모두 기·구신운으로 들어오니 또 한 번 대수술을 받았다.

丁巳大運 중 巳火大運에 巳火는 본시 용신에 해당하는데, 月令 亥水와 相沖되어 용신이 부서지니 또 한 번 대수술을 받았다.

⑤ 부부운(夫婦運)

사주명리에서 처덕(妻德)의 유무를 판단하는 방법에는 여러 방법이 있지만, 다음에 열거하는 내용을 중점으로 판단하면 큰 실수는 없으리라 생각한다. 우선 남명에서 妻는 희신에 해당하므로 희신에 해당하는 六神의 길흉과 왕쇠를 먼저 판단한다. 다음으로는 사주상 妻는 財星을 보고 논하므로 財星이 길신인가? 흉신인가?를 아울러 판단하며, 또한 日支가 처궁이니 日支에 해당하는 오행이 길신인가? 흉신인가?를 판단하는 것이니, 위에 열거한 사항을 종합적으로 판단하면 부부운 및 처덕의 유무를 알 수 있으리라 생각된다. 상기사주는 용신이 丙火이니 희신은 木이 된다. 또한 木이 日支인 妻宮에 있으니 부부연은 나쁘지 않다. 따라서 평생 처덕이 크다 할 수는 없겠지만 인생의 어려운 고비마다 妻의 내조는 있었다.

日支 卯木 財星이 亥水 月令에 득기(得氣)하지는 못했지만, 他 地支와 刑, 沖이 없으니 부부운은 平運이다.

⑥ 자식운(子息運)

자식운은 용신을 위주로 보고, 다음으로 남명의 경우 官星을 위주로 본다. 아울러 時柱의 길흉도 참작한다. 상기사주는 용신 丙火가 亥月에 生하여 失氣하였고, 地支에 암장되어 있으니 왕하지 못하다. 아울러 용신이 空亡이니 자식운은 좋다고 볼 수가 없다. 장년이후 대운이 巳午未 남방화지로 흐르지만 사주원국과 충극이 많으니 말년에 자식덕을 보기가 어렵다고 판단한다.

⑦ 학업운(學業運)

학업운은 사주상 印星의 길흉을 보고, 다음으로 용신의 旺衰와, 초년대운의 길흉을 종합적으로 판단하면 실수가 적다. 또한 사주가 청순하면 학업운이 좋다고 판단한다.

상기사주는 印星이 한신이고, 용신이 왕강하지 못하고, 초년대운이 壬子, 癸丑으로 기신운으로 흐르니 고등학교를 마치지 못했다.

男命 (조실부모 사주)

庚	辛	壬	庚
劫財		傷官	劫財
寅	卯	午	子
正財	偏財	偏官	食神
胎·驛馬殺 孤神·喪門	胞·六害殺 幻神·隔角 流霞殺	病·災殺 文曲·五鬼 空亡	長生 文曲·學堂
戊 丙 甲	甲 ○ 乙	丙 己 丁	壬 ○ 癸
庚寅 己丑	戊子 丁亥	丙戌 乙酉	甲申 癸未

① 용신(用神)

辛金 日干이 午火節에 生하여 실기했고, 天干에 庚金 劫財가 있다 하나, 지지에 통근되지 못하였으니 旺하다고 볼 수 없다. 반면 月令인 午火 偏官은 비록 年支 子水와 충살이 되나, 日支와 時支 卯木과 寅木 財星의 生助를 받으니 약하지 않다. 따라서 辛金을 심히 剋하니 日干 辛金이 설 땅이 없다. 조후(調候)가 급하다. 月干 壬水를 용신으로 잡아 旺한 火氣를 극제함이 사주가 中和를 이룰 수 있는 길이다. 용신 壬水 傷官은 비록 年支 子水가 月令 午火와 충살이 되나 통근되고 있으니 약한 것은 아니다. 또한 傷官은 예체능쪽에 소질이 있는 것이니 연극영화과 교수를 역임했다.

상기사주는 지장간의 戊己土를 제외하고는 印星이 태약하다. 부조지기가 없으니 辛金 日干이 고립무원이다. 印星은 나를 생해주고 도와주는 것인데, 무력하니 어려서 조실부모(早失父母)하여 외가에서 성장했다.

用神 : 壬水
喜神 :　金
忌神 :　土
閑神 :　木
仇神 :　火

② 학업운(學業運)

학업운은 사주원국의 印星의 吉凶과 학창시절에 해당하는 대운과 세운의 길흉을 보고 판단한다. 印星은 지혜, 학문, 명예를 나타내므로 印星이 파극됨이 없이 용신이나 희신에 해당하며 流年運에서 받추어주면 반드시 학업운이 좋다.

상기사주는 印星이 지장간에 암장되었고, 기신에 해당하니 학업은 크게 두각을 나타내지 못했을 것이라 판단한다.

학창시절에 해당하는 12세~21세까지 甲申大運의 運을 살펴보면, 甲申大運의 甲木은 年干과 時干의 희신인 庚金과 沖이되니 희신의 역할을 하지 못하게 되니 어렵게 외가에서 학교를 다녔고, 申金大運은 상반기는 年支 子水와 반합수국을 형성하여 용신운이라 다소 나아졌으나, 이후 月令 午火와는 相剋, 日支 卯木과는 원진살(怨嗔殺), 時支 寅木과는 沖殺로 희신이 부서지니, 이때 부모를 여의고 집안이 몰락하였고, 타인의 도움으로 간신히 지방대학에 입학하게 되었다.

乙酉大運 중 乙木大運은 年干과 時干의 庚金과 乙庚 간합금국이 되니 희신운이라 발전이 있었으나, 日干과는 乙辛 충살이 되니 또한 신고(身苦)도 있었다. 이후 酉金大運은 본시 희신인데 日支 卯木과 충살, 時支 寅木과 원진살(怨嗔殺)이 되니 길흉이 半半이다.

丙戌大運 중 丙火大運은 丙火가 月干과는 沖이되니 月柱의 沖이라 근본 터전을 떠나게 될 일이 생기고, 이후 日干 辛金과는 丙辛 合水로 희신이 되니 이 기간 중 윗사람의 도움으로 결혼하여 외국유학을 가게 됐고, 무사히 박사학위를 받게 됐다. 戌土大運은 地支의 寅木, 午火와 삼합화국이 되어 기신운이니 한국에 들어와 대학 강사생활을 어렵게 하며 실력을 쌓아나갔다.

③ 부모운(父母運)

사주상 부모의 은덕이 있고 없고를 논할 때에는 사주원국의 印星의 길흉과 初年

大運의 길흉, 偏財의 길흉, 月柱의 길흉 및 旺衰 등으로 판단해본다. 상기사주는 月柱가 상하 상극되어 화해(和解)의 情이 없고, 印星이 기신에 해당되고, 지장간에 戊己土만 있어 辛金 日干이 고립무원이다. 印星은 나를 생해주고 도와주는 것인데, 무력하니 어려서 조실부모하여 외가에서 성장했다.

남명에서 부친을 나타내는 偏財가 日支 卯木인데, 卯木은 한신에 해당하고, 月支 午火와는 파살, 年支 子水와는 형살이니 卯木 偏財를 剋하게 되어 부친이 일찍 사망했다.

月柱를 판단해 보면 月干支는 서로 상극이고, 月令 午火는 구신이니 역시 부모덕이 적다고 판단하는 것이다.

④ 형제운(兄弟運)

庚辛金이 比肩, 劫財로 형제자매를 의미하고 또한 희신운이니 형제자매간 화목했다. 단지 상기사주의 庚金 劫財는 地支에 통근되지 못했으니 형제자매간 한둘이 손상될 수라, 오형제 중 어려서 둘을 잃고 셋만 남아 화목하게 살고 있다.

⑤ 부부연(夫婦緣)

財星 寅卯木이 한신에 해당하고 日支와 時支를 차지하고 있으니 무애무덕하고, 큰 탈없이 지낼 운이다.

⑥ 재물운(財物運)

寅卯木이 財星인데 한신운이다. 비록 한신운이라도 壬水 傷官과 子水 食神의 생조를 받으니 財星이 약한 것이 아니다. 다만 子水 食神이 月支 午火와 沖殺이 되어 일로 食神이 財星을 생해줌이 적을 뿐이다. 고로 큰 재물을 모으기 어려우나 중산층 이상의 남부럽지 않은 생활을 할 수 있다.

⑦ 관운(官運)

官運을 논할 때에는 주로 사주원국의 官星의 吉凶과 용신의 왕쇠(旺衰)여부를 대운 및 세운과 비교하여 판단한다. 상기사주는 月支 午火가 官星인데 年支 子水와 月干 壬水의 剋을 받으니 많이 손상되었다. 따라서 官運이 충만하지 못하다.

또한 용신은 壬水인데 생조해주는 庚辛金이 있다하나 뿌리가 없으니 생조해줌이 약하고, 年支 子水와는 통근되나 月支 午火와 沖이되니 뿌리가 잘려나가 역시 壬水도 왕강하다고 판단할 수 없다. 그리고 月支 偏官은 年支 子水와 沖이 되니 官星이 많이 부서졌고, 특히 재살(災殺), 오귀살(五鬼殺) 등과 同柱하니, 관록(官祿)이 설혹 있다하더라도 장구(長久)하지 못할 것이며, 음해, 시기, 구설 등이 빈번하게 발생할 것이니 명예롭지 못한 것이다.

정치에 관해 관심은 많았으나 실제 정치판에 뛰어들어 입후보로 참여하지는 못했다. 다행인 것은 月支 午火 일점 官星이 空亡되어 흉한데, 年支 子水와 沖이 되어 空亡의 역할을 못하게 되니 오히려 吉해진 것이다.

男命 (언론관련 재능있는 사주)

己	庚	辛	己
正印		劫財	正印
卯	申	未	亥
正財	比肩	正印	食神
胎·隔角	建祿·絞神	冠帶·病符	病·孤神殺
飛符·將星	劫殺	華蓋殺	
眞神·飛刃			

甲	己	丁	戊
○	壬·戊	乙	甲
乙	庚	己	壬

癸	甲	乙	丙	丁	戊	己	庚
亥	子	丑	寅	卯	辰	巳	午

① 용신(用神)

상기사주는 庚金 日干이 未月에 生하여 사주에 比劫과 印星이 많으니 신강사주이다. 따라서 庚金 日干을 극제하는 것이 용신이다. 月支 未中의 丁火를 용신으로 잡는다. 地支에 亥卯未가 있으나 未土月이라 삼합국이 때를 잃었고, 日支 申金과 卯木이 상극되니, 木氣가 다소 왕하다고 판단하면 된다. 다만 丁火 용신이 암장되었고 미약하여, 旺金을 녹여 귀기(貴器)를 만듦에 부족함이 있으니, 貴格 中 일점 부족함이 있다 하겠다.

用神 : 丁火
喜神 :   木
忌神 :   水
閑神 :   土
仇神 :   金

② 직업운(職業運)

天干에 己土가 未土에 뿌리를 박고 투출되었으니 正印格이다. 아울러 月干에 劫財가 있고 사주에 正印이 많으니 편업된 직업, 혹은 자유업 등에 적합하다 하겠다.

正印이 둘 이상이면 偏印이라 보는 것이니 의사, 법조계, 기자, 운전직 등이 알맞은 바, 유력일간지 기자생활을 하고 있다. 대학시절 부터 신문기자와 연관된 일을 줄 곧 하고 있는 것이다.

대체로 사주에 印星이 많으면 직업의 변동이 인생에 다반사로 있지만, 상기의 경우처럼 比劫이 또한 있을 경우에는 그러한 경향이 적다. 아울러 比劫이 旺한 사주는 남의 밑에서 일하는 것을 싫어하고, 독립된 직업이나, 체제의 구속을 덜 받는 직업을 택하는 경우가 많으므로 상기인은 기자생활이 사주에 맞는 직업이라 판단한다.

③ 학업운(學業運)

印星이 한신이고 20세 이후 己巳大運 中 己土大運은 한신에 해당하는 고로 본시 머리는 총명하나 학업에 큰 열정을 보이지 못했다. 巳火大運 역시 용신운이나 巳亥相沖과 巳申의 刑合 水局으로 용신이 부서지니 학업에서 두각을 나타내지 못했다.

④ 형제운(兄弟運)

사주상 比劫이 형제자매이니 구신에 해당한다. 화목치 못한 것은 아니나 상호간 서로 큰 도움이 되지 못했다.

⑤ 재물운(財物運)

큰 재물을 모은 것은 누차 검증해본 결과 食神生財의 경우이다. 상기사주는 地支

에 亥卯未 삼합목국의 財星이 자리는 차지하고 있으나, 日支 申金의 尅을 받아 온전한 삼합목국이 형성되지 못했다. 즉 日支 申金이 病이 된 것이다. 이런 경우는 申金을 沖去하거나, 申金을 合去하는 대운이나 세운이 들어올 때 발복되는 것이다.

두 번째로는 용신운과 희신운일 경우 재물이 틀림없이 들어옴을 알 수 있다. 상기사주는 丁卯大運이 용신과 희신에 해당하니 직업적으로 안정되고, 승진되고, 재물도 모으는 운이다. 다만 卯木大運은 年支 亥水와 月支 未土와 삼합목국을 형성하여 희신으로 들어오는데, 역시 日支 申金이 沖尅하여 방해하니 호사다마라 표현할 수 있겠다. 卯木大運은 길흉이 교차했다.

향후 50세 이후 丙寅大運 中 寅木大運에 寅木이 사주상 病이 된 日支 申金을 沖去하니 일생 중 가장 발복되는 운이 도래한다고 판단할 수 있다.

⑥ 관록운(官祿運)

관록(官祿)을 논하는 방법이 여러 가지 있지만, 우선은 용신이 왕강해야 하고, 官星이 吉格이어야 하고, 財·官·印이 뚜렷하며 天干에 투출되고, 대운과 세운의 진행이 용신이나 희신운으로 흐르면 틀림없이 관록이 있다.

상기사주는 月支 未土의 지장간에 丁火 正官이 있다. 그러나 未土月은 火氣가 퇴기하는 시점이고, 또한 丁火를 생조하는 木氣가 쇠약하니 用神이 왕강하지 못하다. 이처럼 용신이 암장되고, 희신이 약하면 大貴하기가 쉽지 않다. 50세 이후의 丙寅大運 中 丙火大運은 丙火가 月干 辛金과 간합되어 水局으로 바뀌어 기신이 되니 크게 기대하기 어렵고, 寅木大運에는 사주에서 病이 된 日支 申金을 沖去하니, 바야흐로 지지에 삼합목국의 희신운이 형성되고, 木氣인 財星이 丁火 官星인 용신을 生해주니 뜻을 이룰 시기가 도래할 것이라 판단한다.

다만 사주에 官과 印의 청기(淸氣)가 부족하니 순수한 공직계통이 아니고, 선출직(선거)을 통한 官祿을 얻을 수 있다고 판단한다.

⑦ 처덕(妻德)

처덕을 논함에도 여러 가지 방법이 있지만, 일지궁과 사주상 財星 및 희신을 妻로 보니 희신의 길흉을 보고 논함이 보편적이다.

상기사주는 財星이 時支 卯木의 正財다. 未土月의 木은 쇠약하니 財星이 왕강하지 못하다. 더군다나 時支 卯木은 日支 申金과 원진살(怨嗔殺)로 상극이 되어 뿌리가 뽑힌 격이니 크게 처덕(妻德)을 기대하기 어렵다.

또한 용신을 生해주는 희신을 妻로 보는데, 역시 희신도 財星인 木인고로 旺하지 못하다. 아녀자인 처자로서의 보편적인 내조는 있겠지만 남편을 도와 가문을 빛낼 정도의 보다 큰 처덕은 바라기 어렵다고 판단한다.

⑧ 자녀운(子女運)

자식운을 볼 때에는 時柱의 길흉과, 용신의 旺衰, 官星의 길흉을 참조하면 틀림없다. 상기사주는 時柱가 印星과 財星으로 上下 상극이고, 용신은 丁火로 지장간에 암장되었으며 또한 미약하고, 사주원국에 일점 官星이 없으니 자녀들의 운세가 旺하다고 보기 어렵다.

男命 (비겁이 왕한 사주)

庚	辛	己	丁
劫財		偏印	偏官
寅	丑	酉	酉
正財	偏印	比肩	比肩
胎·劫殺	養·梟神殺	建祿·紅艶	建祿·紅艶
	五鬼·飛符	劍鋒·將星	
	官貴		
戊	癸	庚	庚
丙	辛	○	○
甲	己	辛	辛

辛	壬	癸	甲	乙	丙	丁	戊
丑	寅	卯	辰	巳	午	未	申

① 용신(用神)

辛金 日干이 酉金月에 生하여 印星과 比劫이 旺하니 신강사주이다. 印星과 比劫이 있으니 종격으로 논할 수 없고, 억부법을 적용하여 용신을 잡는다. 신강사주이니 旺한 日干을 극제하는 年干 丁火를 용신으로 잡는다. 용신인 年干 丁火는 年

·月支의 酉金과 月干의 偏印에 둘러싸여 극제되고 설기가 되니 무력하다. 용신이 약하니 귀격사주가 되지 못한다.

用神 : 丁火
喜神 :　木
忌神 :　水
閑神 :　土
仇神 :　金

② 직업운(職業運)

상기사주는 비록 天干에 偏官과 偏印이 투출했으나 無力하고, 사주에 比劫이 旺하니 기술직이나 편업된 직업을 택해야 하는 경우이다.

比劫이 旺하여 官殺이 無力하니 평생 직장다운 직장을 가져보지 못했다. 月干 己土 偏印은 日支 丑土에 통근하여 머리는 좋았으나 官星이 無力하여, 좋은 직장과의 연(緣)이 박(薄)하니 직업운이 적은 것이다.

③ 학업운(學業運)

丁未大運 중 丁火 大運은 용신운에 해당하니 중·고등학교 시절 성적이 우수했다.
未土大運은 未土가 日支 丑土 偏印과 沖이 되어 印星을 부셔놓으니 대학 입학 이후 학업성적이 좋지 못했다.

④ 대운(大運)풀이

◉ 丙午大運 중 丙火大運은 본시 용신운인데 日干 辛金과 간합수국으로 바뀌어 기신운으로 들어오니, 군대생활을 장교로 복무 중 부하들의 실수로 인해 여러 곤란을 겪었다.
　午火大運은 용신운이고 時支 寅木 正財와 반합화국이 되어 용신이 왕강해지니 이때 제대 후 취직이 됐고, 결혼도 했다.

◉ 乙巳大運 중 乙木大運은 日干 辛金과 沖이 되니 심신이 불안정하게 되고, 乙木은 財星으로 妻에 해당하니 자녀의 흉액으로 인해 부부간 불화가 계속됐다.
　또한 乙木은 時干 庚金과 간합금국이 되어 기신운으로 들어오니 흉사가 예고되는데, 庚金은 劫財로 형제자매에 해당하니 누이에게 불상사가 있었다.

巳火大運은 地支 酉金, 丑土와 삼합금국으로 기신운으로 旺하게 들어오니 또한 흉사가 예고된다. 부부간 별거에 들어갔고, 부부가 운영하던 가게가 불에 타 손재수가 발생했고, 보증문제로 인해 상당한 곤란을 겪었다. 이는 삼합금국 중 丑土가 偏印에 해당하기 때문이다.

◉ 甲辰大運 중 甲木大運은 본시 희신운이나 月干 己土와 干合되어 한신으로 바뀌니 옥외광고와 연관된 일을 했으나 성과가 적었다.

辰土大運은 地支 酉金과 육합금국이 되어 또다시 기신운으로 바뀌니 흉사가 예고되는데, 후배와 자그마한 일들을 추진했으나 성과가 적었고, 日支 丑土 偏印은 사주에 正印이 없는 고로, 丑土 偏印을 어머니로 보는데 丑과 辰이 破殺이 되니, 이때 기신운 중 어머니가 별세했다.

◉ 癸卯大運 중 癸水大運은 年干 丁火와 沖殺이 되고, 卯木 大運은 地支 酉金과 沖殺이 되니, 또다시 흉사(凶事)가 예고된다. 사고나 건강문제가 대두된다.

◉ 壬寅大運 중 壬水대운은 年干과 丁壬 合木으로 희신운이니 다소 길함이 있을 테고, 寅木대운은 희신인데 地支 酉金과 원진살(怨嗔殺)이 되니 또다시 흉사가 예고된다.

⑤ 형제운(兄弟運)

형제운은 사주상 比劫의 旺衰와 月柱의 길흉여부로 보는바, 상기사주는 比劫이 구신에 해당하니 형제자매간에 화목함과 돈독한 情이 없다고 판단한다. 아울러 比劫에 해당하는 庚辛金이 旺하여 中和를 이루지 못하였다. 이처럼 어느 한 오행이 사주에서 편중되면 吉한 것이 못되는 것이니, 比劫에 해당하는 五行이 편중(偏重)된 것이므로 형제자매간에 정이 적다고 판단한다.

⑥ 재물운(財物運)

사주상 財星의 吉凶과 용신의 왕쇠로 우선 판단해 보는바, 용신 丁火는 쇠약하고, 時支 寅木 正財는 旺한 庚辛金에 극제받음이 심하고, 또한 生해주는 일점 水氣가 사주에 없으니 재물복은 적다고 판단한다.

다만 時支에 正財가 있으니 말년에 다소 재물운의 숨통이 트이리라 판단한다.

男命 (입양된 사주)

庚	壬	癸	壬
偏印		劫財	比肩
戌	寅	丑	子
偏官	食神	正官	劫財
冠帶·魁罡	病·驛馬	衰·攀鞍	帝旺·紅艶
落井·白虎	文昌·暗祿	金輿祿	羊刃殺
弔客·呑陷	孤神·喪門		
月殺·華蓋			
寡宿			

辛	戊	癸	壬
丁	丙	辛	○
戊	甲	己	癸

辛	庚	己	戊	丁	丙	乙	甲
酉	申	未	午	巳	辰	卯	寅

① 용신(用神)

상기사주는 壬水 日干이 丑月에 生하여 천지가 차다. 年柱와 月干에 壬癸水가 있다 하나, 地支는 子丑 합토의 土局이 형성되고, 日支 寅中의 戊土, 時支 戌中의 戊土가 있어 土氣가 약한 것이 아니다. 능히 壬癸水를 감당할 만하다. 壬水는 大海水라 차서는 만물을 생장시키기 어려우니 조후(調候)가 급하다. 물이 온기가 돌고 만물을 성장시키기 위해서는 햇볕 丙火가 필요하다. 따라서 日支 寅中의 丙火를 용신으로 잡는다.

用神 : 丙火
喜神 :　木
忌神 :　水
閑神 :　土
仇神 :　金

② 통변(通辯)

◉ 천간에 투출된 것을 살펴보니 偏印과 比劫이다. 偏印은 서모(庶母)를 의미하고, 比劫은 형제자매니 이복형제가 있을 수 있다. 모친이 일찍 사망하여 서모가 있다.

- 年柱에 比劫이 있는 경우는 조상 중에 양자나 양녀 문제가 나올 수 있다. 상기인의 조부는 증조부의 三男이었으나 장손(長孫)이 孫이 없어 장손의 양자(養子)로 입적하게 된 것이다.

- 年柱의 六神으로 조상들의 직업을 알 수 있는바, 年柱에 比劫이 있으니 상기인의 조상은 4대까지 벼슬한 조상은 없는 것으로 판단한다. 대대로 장사꾼의 집안이었다.

- 年支 子水 劫財에 양인살(羊刃殺)이 있다. 비견, 겁재는 형제자매인데, 양인살은 칼날을 의미한다. 그러므로 사주상 比劫과 양인살(羊刃殺)이 동주하고 있으면 형제자매 중 죽은 사람이 있다고 판단한다.

- 月支에 正官이 있으면 차남이라도 상속을 받고 가업을 이어받는 경우가 많다. 상기사주는 본시 차남이나 장남이 어려서 죽은 고로 장남의 역할을 하게 된 것이다.

- 사주상 比劫이 旺하면 고집불통이고, 편업(偏業)된 직업을 택한다. 사주가 貴格이면 판검사, 의사, 기자 등의 직업을 갖게 되나, 下格이면 운전직, 정비직, 수리공 등의 직업을 갖는 경우가 많다. 상기사주는 比劫이 旺하여 기신인 고로 중장비기사가 되어 고등학교 졸업 이후 줄곧 이 직업에 종사해오고 있다.

- 사주원국에 財星이 없으면 결혼을 늦게 하거나, 결혼운이 적은 경우가 많다. 상기사주는 日支가 妻의 자리인데, 고신살(孤神殺)과 상문살(喪門殺)이 있다. 따라서 妻와의 연(緣)이 적다고 판단하는 것이니 결혼운이 적은 것이다.

- 日柱는 본인과 배우자의 자리이다. 또한 본인이 현재 처해있는 직장, 직업 등을 의미하기도 한다. 日支 寅木에 역마살(驛馬殺)이 있으니 직장의 변동이 많다. 중장비기사니 여러 지역을 오가는 생활을 하고 있다.

- 時柱에 偏印과 偏官이 있다. 時柱가 官印相生이 되면 그 자식은 현달한 자식이 나온다. 다만 偏官과 偏印이니 이공계, 혹은 무관직의 자손이다.

- 사주에 丑土 正官과 戌土 偏官이 있다. 이처럼 正·偏官이 있는 경우 "관살혼잡(官殺混雜)"이라 하는데, 이런 경우 위인이 잔꾀에 능하고, 남에게 의지하려는 성향이 있고, 직업이 자주 바뀌고, 매사 용두사미인 경우가 많다. 따라서 여러 계획은 세우나 실천력이 부족하다. 전공은 중장기 기사나 중간 중간 영업직 등 다른 직업을 가져보았으나 모두 실패했다.

◉ 時支에 偏官이 있다. 이처럼 時柱에 官星이 있는 경우는 아들을 늦게 두는 경우가 많다. 그러나 그 자식은 현달한다.

◉ 時支 戊土 偏官에 白虎大殺(백호대살)과 괴강살(魁罡殺)이 있다. 이 두 殺은 사고, 질병 등의 흉살이다. 따라서 중장비기사 생활을 하면서 크고 작은 사고를 여러 번 겪었다.

◉ 사주에 고신살(孤神殺), 과숙살(寡宿殺) 등이 있으면 고독한 사주이다. 상기인은 日支와 時支에 고신과 과숙살이 있으니, 남과 잘 어울리지 못하고, 山寺를 즐겨 찾고, 특별한 취미생활이 없는 인생을 지내고 있다.

◉ 사주상 比劫은 육친관계로는 형제자매를 의미하지만, 사회적으로는 동업자, 직장동료, 학교동창 관계를 의미하기도 한다. 상기인은 比劫이 기신이니, 동업관계는 맞지 않고, 동료나 동창관계에서 여러 불이익이나 損財數가 생길 수 있는 경우이다. 동업관계의 일을 하면서 여러 번 손재(損財)를 겪었다 한다.

◉ 사주상 상문살(喪門殺), 조객살(弔客殺), 환신살(幻神殺), 교신살(絞神殺), 귀문관살(鬼門關殺), 병부살(病符殺) 등은 흉살이며 신기(神氣)와 연관된 殺로 분류한다. 상기의 殺들이 사주에 한두 개 있는 경우는 다른 사람보다 神氣가 좀 더 왕하다고 판단한다. 따라서 상기의 殺들이 많은 사람은 역술인, 종교가, 풍수지관, 무속인, 법사 등의 사람의 命을 다루는 직업을 갖는 경우가 많다. 또한 이런 사람들의 조상 중에는 사찰에 공을 많이 들였거나, 신신령을 위했거나, 무속인이거나, 풍수지관이거나 역술업 등을 한 경우가 많다. 그리고 모친, 조모, 증조모, 고조모 대에서 집안에 신단(神壇)을 차리고 잡신을 위하였던 경우가 많다.

또한 상기의 殺들은 흉살로 이런 殺들이 있는 경우는 조상 중에 객사(客死)했거나, 자살했거나, 비명횡사한 조상이 반드시 있다. 어느 조상인가는 육친관계를 따져 거슬러 올라가면 알 수 있다.

◉ 사주상 食傷이 있으면 남녀 공히 못생긴 경우는 적다. 사주상 食傷이 日干의 불순물을 걸러낸다고 판단하기 때문이다. 상기인은 日支 寅木이 食神이고, 年支에 홍염살(紅艷殺)이 있으니 미남형이라 판단한다. 또한 年支 子水 劫財는 여자형제이고 홍염살이 있으니 여형제는 대체로 미모라고 본다.

◉ 학업운은 주로 사주상 印星의 길흉과, 용신의 왕쇠와, 학창시절 때의 대운과

세운의 길흉으로 논한다. 상기는 시간의 庚金 偏印이 천간에 투출했지만 구신에 해당하니 학업에 큰 두각을 나타냈다고 판단하기 어렵다. 중간 정도의 성적이었다 한다.

- 재물운은 食傷과 財星의 길흉 및 왕쇠로 판단해 보고, 용신과 희신의 왕쇠, 대운과 세운의 吉凶으로 판단한다.

  상기는 사주에 財星이 없다. 日支 寅木이 食神인데, 比劫의 生助는 받는다 하나, 丑土節이라 한목(寒木)이니 材木으로 쓸 수가 없다.

  사주에 火氣가 암장되어 제 역할을 하지 못하니 食神이 旺하지 못하다고 판단한다.

  사주에 財星이 없어도 食神이 旺하면 食神이 결국 生財하니 재물복이 없는 것은 아니나, 상기의 경우처럼 한목(寒木)이면 동량(棟梁)으로 쓸 수 없으니 食神이 無力한 것이다. 평생 재물복이 적은 것이다.

- 月柱에 財星이 없으니 상속받은 재산은 없다고 판단한다.

- 상기사주는 比劫이 많다. 육친관계에서 比劫은 형제자매에 해당하므로 比劫이 많으면 형제자매가 많다고 판단하는 것이다. 상기인은 比劫이 왕하여 이복형제 포함 형제자매가 총 여섯이었다. 어려서 하나 죽고 현재는 다섯 형제자매가 있다고 한다.

- 형제간의 화목(和睦) 여부는 比劫으로 판단한다. 상기인은 比劫이 기신이다. 따라서 형제자매간 정이 적어 서로 돕지 못하고, 돈독함이 적을 것이라 판단한다.

③ 大運풀이

- 甲寅大運은 甲木이 희신이니 6세 때 친어머니는 작고하셨지만, 서모(庶母)의 보살핌 속에서 고등학교를 마칠 수 있었다.

- 乙卯大運중 乙木大運은 乙木이 본시 희신이나 時干의 庚金과 干合되어 金局의 구신운으로 바뀌니 대학에 입학하기가 어려웠다. 군대생활을 시작했다. 卯木大運은 卯木이 희신이고, 時支 戌土와 六合 火局이 되어 용신운이니 중장비기사 자격증을 따서 건설회사에 취직됐다.

- 丙辰大運 중 丙火大運은 본시 용신인데, 年干 壬水, 日干 壬水와 干沖이 되어

용신이 부서지니, 용신의 역할을 못하게 되어 회사에서 발생한 안전사고로 인해 퇴사하게 되었다.

辰土大運은 본시 한신운이나 年支 子水와는 반합수국의 기신운이 되고, 月支 丑土와는 破殺이 되고, 時支 戌土와는 刑殺이 되니, 하고자 하는 일마다 풀리지 않았고 흉사가 많았다.

辰土大運 中 己丑歲運에 歲支 丑土가 年支 子水와 육합토국의 官星이 되어 한신운으로 들어오니 회사의 취직운은 있으나, 時支 戌土 偏官과는 丑戌의 三刑殺로 白虎大殺(백호대살)을 대동한 偏官을 충하니, 차사고 건이나 큰 수술 건이 염려된다.

- 丁巳大運은 본시 용신운이나 丁癸 沖殺과 寅巳 刑殺 및 巳戌 怨嗔殺로 용신이 손상되니 크게 나아질 것을 기대하기 어렵다.

男命 (비겁이 중중한 사주)

癸	戊	己	戊
正財		劫財	比肩
亥	申	未	戌
偏財	食神	劫財	比肩
胞·劫殺	病·驛馬	衰·攀鞍	墓·魁罡殺
孤神	文昌·福星	金輿·寡宿	
官貴	孤鸞·陽錯	絞神殺	
	弔客·暗祿		
戊	己	丁	辛
甲	壬·戊	乙	丁
壬	庚	己	戊

丁	丙	乙	甲	癸	壬	辛	庚
卯	寅	丑	子	亥	戌	酉	申

① 용신(用神)

상기사주는 戊土 日干이 未月에 生하여 比劫이 많으니 신왕사주이다. 未土月의 戊土는 火氣가 퇴기한 시점이고 건토(乾土)이다. 따라서 건토를 자양(滋養)하는 水氣가 필요하고, 따듯함이 없으면 戊土가 만물을 양육하지 못하니 丙火도 필요하다.

時干 癸水를 용신으로 잡는다. 한편으론 戊己土인 比劫이 많으니 壬癸水의 財星이 들어와 형제자매들에게 재물을 골고루 나누어 주어 다툼의 소지를 없애야 하는 이치와 같은 것이다. 그래서 財星이 용신이 되는 것이다.

用神 : 癸水
喜神 : 金
忌神 : 土
閑神 : 木
仇神 : 火

② 통변(通辯)

◉ 年·月柱에 比劫이 많다. 이는 형제자매가 많다는 것이니, 이복형제가 있을 수 있는데, 사주원국에는 印星이 없으니 조상에 해당된다고 본다. 조부께서 본처(本妻)에게서 딸만 있고 아들이 없으니, 작은 부인을 두어 아들 둘을 두었다 한다.

◉ 年柱에 比肩이 있는 것은 조상 중에 양자(養子)나 양녀(養女)로 간 사람이 있을 수 있음을 의미한다. 본시 조부는 三男이나 장손집에 양자(養子)로 가서 代를 이은 것이다.

◉ 사주에 比劫이 旺하다. 또한 比劫이 기신이다. 이처럼 比劫이 旺하면 편업(偏業)된 직업을 택하는 경우가 많은데, 기신에 해당하니 정비나 기술직의 길을 간 것이다. 이공계고등학교를 나와 전기기술자가 되었다.

◉ 年柱의 比劫은 내 위에 형제자매가 있는 것이니 아들로는 장남일 수 있으나 손위의 형제자매가 있다고 본다. 누이가 있다.

◉ 月柱에 劫財가 旺하다. 月柱는 부모형제자매를 나타내는데, 기신에 해당하니 형제자매간에 우애가 썩 좋다고 볼 수 없는 것이다.

◉ 月支 劫財에 과숙살(寡宿殺)이 있다. 과숙살은 홀아비, 과부의 살이고, 독수공방살이니 형제자매 중에 반드시 죽은 사람이 있다. 둘째 여동생이 어려서 죽었다 한다.

◉ 사주에 官星이 없다. 時支 亥水에 甲木이 암장되었을 뿐이다. 남명에서 官星은 직업, 직장, 직책을 의미하니 官星이 없다는 것은 직장생활이 길지 못하다는 것이다. 또한 자영업에 종사하는 사람이 많다. 상기인은 전기기술자로 고등학교 졸업 후 5년 정도 직장생활 하다 곧 독립했다고 한다.

◉ 日支 申金 食神은 배우자의 자리이다. 십이운성의 病에 해당하고, 고란살(孤鸞殺), 양착살(陽錯殺), 조객살(弔客殺)이 있으니 고독한 사주이다. 부부간의 연이 적고, 처자를 극하는 것이다.

◉ 사주상 日支는 본인이 머물고 있는 자리이다. 역마살(驛馬殺)이 있으니 직업이 전기기술자라 지방 출장이 잦았다.

◉ 時柱는 財星이다. 時柱는 말년이요 자식궁(子息宮)을 의미하니 자식대에서 재물이 모아질 것이다.

◉ 時柱는 자식의 길흉을 논할 때 살펴본다. 고신살(孤神殺)과 겁살(劫殺)이 동주하고 있는데, 고신살은 고독하고 외로운 殺이니 자식의 수는 많지 않다. 아들 하나다. 사고로 인해 자식을 더 이상 둘 수 없었다 한다.

◉ 年支와 月支는 戌未 형파살(刑破殺)에 해당된다. 이런 경우 일생에 여러 번 예기치 않은 흉액이 발생하는 것이다. 대운, 세운에서 기신운으로 들어오며 月支를 刑沖할 때 흉사가 발생한다.

  상기인은 壬戌大運 中 戌土大運에 본시 기신운이며 月支 未土를 刑破하니 흉액이 예고되는데, 전선주에서 작업하다 감전되어 6개월간의 병원신세를 졌다. 이후 자식이 생기지 않았다 한다.

◉ 日支와 時支는 申亥 해살(害殺)이다. 日柱는 本人과 妻의 자리요 時柱는 자식궁이니, 부모와 자식간에 사이가 좋지 않다고 판단하는 것이다.

◉ 時干 癸水와 日干 戊土는 간합화국이지만 地支에 火氣가 없으니 干合이라 볼 수 없다. 正財는 本妻로 보는데, 이처럼 戊土 日干이 짝을 찾아 干合하여 印星으로 바뀌려하는데, 이런 경우는 역시 日支에 印星이 있는 것처럼 고부간의 갈등이 심하다고 판단한다.

◉ 평생에 조심하여야 하는 질병문제는 위장과 척추 등이다. 사주상 土가 旺한 연유이고, 火가 仇神에 해당하니 술을 과하게 섭취하면 좋지 않다. 상기인은 감전사고 이후 척추가 약해져 한 곳에 오랫동안 앉기가 어렵고, 술을 조금만 먹어도 취해서 인사불성이 되곤 한다.

◉ 사주에 교신살(絞神殺), 조객살(弔客殺), 양착살(陽錯殺) 등은 신기(神氣)나 종교(宗敎)문제로 본다. 조상 중에 산신을 위하거나 절에 가서 극진히 공양한 분이나, 神氣가 있어 무속인이나 풍수지관의 직업을 가진 사람이 있을 수 있다.

증조모께서 장손이 아들이 없자, 무속인과 사찰을 찾아다니며 평생을 극진히 공을 들였다 한다.

◉ 月·日支의 음차살(陰差殺)과 양착살(陽錯殺)은 조상에게 반드시 20세 전후에 죽은 조상이 있음을 의미한다.

◉ 年支 戊土 比肩에 십이운성의 묘(墓)가 있다. 사회적으로는 比肩을 동업자. 회사동료, 동창들로 판단하는 바, 묘(墓)에 임(臨)했으니 이들과 연관된 일에는 得이 없을 것임을 예시하는 것이다.

③ 大運풀이

◉ 庚申과 辛酉大運은 희신운이니 비록 印星이 암장되었지만 경쟁률 높은 이공계고등학교에 진학할 수 있었다.

◉ 壬戌大運 中 壬水大運은 용신운이니, 자격증도 여러 개 취득하고, 큰 기업에 입사하여 직장생활을 시작했다. 이때 결혼도 했다.

戌土大運은 기신으로 月支 未土와 刑破殺이 되니 작업 중 감전사고로 오랫동안 병원신세를 졌다.

◉ 癸亥大運 中 癸水大運은 본시 용신운인데 年·日干의 戊土와 干合 火局이 되어 구신운이니 흉한 일이 많았다. 퇴사 후 몇몇과 동업하여 전기관련 사업을 시작했으나 손재수(損財數)만 생기고 得이 없었다.

亥水大運은 본시 용신운인데 日支 申金과 해살(害殺), 時支 亥水와는 자형살(自刑殺)로 財星을 흔들어 놓으니 妻와의 다툼이 잦았고, 사고가 잦게 일어나 재물의 손실이 생기는 등 하는 일마다 풀리지 않았다.

◉ 甲子大運 中 甲木大運은 한신인데 月干 己土와 干合 土局이 되어 기신운이 되니 역시 흉사가 계속됐다. 이때 작업 중 또다시 건물 위에서 떨어지는 사고를 당해, 전기관련 직업을 계속할 수 없게 됐다.

子水大運은 子水가 본시 용신인데, 月支 未土와 刑殺이 되어 용신이 부서지니 좋은 일이 없었다.

◉ 乙丑大運은 丑土가 年支 戊土, 月支 未土와 丑戌未 삼형살(三刑殺)이 되니 흉액(凶厄)이 예고(豫告)된다. 사고 및 건강문제가 예고된다. 命을 보전해야 된다.

◉ 丙寅大運은 丙火가 기신이고, 寅木은 한신으로 日支의 食神 밥그릇을 沖하니

몸이 설 곳이 없다. 흉사가 또다시 발생할 것이다.

◉ 丁卯大運 역시 흉운이다.

男命 (배우자 연이 적은 사주)

丙	丙	庚	丁
比肩		偏財	劫財
申	辰	戌	未
偏財	食神	食神	傷官
病·劫殺	冠帶·攀鞍	墓·天殺	衰
文昌·暗祿	五鬼·寡宿	白虎·福星	流霞·金興
落井·孤神		幻神殺	
己	乙	辛	丁
壬·戊	癸	丁	乙
庚	戊	戊	己

壬	癸	甲	乙	丙	丁	戊	己
寅	卯	辰	巳	午	未	申	酉

① 용신(用神)

丙火 日干이 戌月에 生하여 설기되지만, 사주에 年·時干의 比劫이 旺하고, 地支 戌未土에 통근하니 약하지 않다. 年·月·日支는 辰戌 沖殺과 戌未 刑破殺로 흔들어 놓으니, 地支의 土氣가 丙火의 火氣를 설기시킴이 부족하다. 따라서 火氣를 극제하는 壬水가 용신이다.

時支 申中의 壬水를 용신으로 써야하는데, 申中의 壬水는 지장간에 또한 戊己土가 있으니 불순물이 가득한 물이라 대운이나 세운, 태원(胎元)에서 부조(扶助)해주지 못하면 용신이 왕강하다 볼 수 없는 것이다. 그래서 申中의 壬水를 쓰는 者는 운로(運路)에서 扶助가 있는지 살펴야 하고, 부조함이 있으면 귀격사주임에 틀림없다.

用神 : 壬水
喜神 : 金
忌神 : 土
閑神 : 木
仇神 : 火

② 통변(通辯)

◉ 상기사주는 月干 庚金 偏財가 月支 戌土의 여기(餘氣)에 통근(通根)하니 "편재격(偏財格)"이다. 통상 편재격의 사주는 사주원국에 食傷이 없으면 生財가 못되니 큰 財를 모으기 어려운 것이다. 月支와 日支의 戌과 辰은 食神이나, 辰戌沖殺로 食神이 부서져 제 역할을 못하니 生財를 못하게 된 것이다.

◉ 天干에 丙丁火의 比劫이 투출했다. 比劫은 직업상 기술직, 편업된 직업, 무관직, 체육관련 직업 등을 의미하니 운동을 좋아해서 한 때 무도관(武道館)과 요가학원 등을 운영했다.

◉ 사주에 正·偏財가 혼잡된 경우는 正財는 正妻로 보고, 偏財는 재혼한 경우의 처, 애인, 여자친구 등으로 보는바, 상기는 正財가 없으니 偏財를 처로 본다. 正財건 偏財건 一位만 있으면 육친상의 財星(妻)의 역할을 제대로 하지만, 두 개 이상이면 흉하다고 판단해야 한다. 따라서 財物의 損財數가 많이 생기고, 결혼운이 박(薄)하고, 정식결혼을 하지 않고 동거생활을 하는 등의 배우자와의 연(緣)이 적은 것이다.

사주에 正官과 偏官이 있으면 "관살혼잡(官殺混雜)"이라 하는데, 필자의 경험상 正財와 偏財가 있는 사주도 "재성혼잡(財星混雜)"이라 논함이 옳다고 본다. 正·偏財가 사주에 혼잡되었을 경우 예외 없이 손재수와 여자와의 악연과, 순탄치 못한 결혼생활 등을 수없이 볼 수 있었다. 상기의 사주도 마찬가지이다.

◉ 사주에서 육친관계를 논할 때 偏財는 아버지이다. 偏財가 두 개 이상인 경우 역시 십중팔구 아버지와의 연이 박했다. 즉, 어려서 아버지가 일찍 돌아가시거나, 혹은 부모가 이혼했거나, 아버지가 알코올 중독에 빠져 가정생활을 도외시하거나, 아버지가 두 집 살림을 차리거나, 외지에 나가 오랫동안 소식이 단절됐거나 등의, 부자와의 관계에서 예외 없이 순탄치 못한 결과가 나왔음을 독자들도 참고하기 바란다.

◉ 丙火는 성정상 큰 불이나, 태양화(太陽火)로 비유된다. 태양은 골고루 비추어 만물을 성장시키듯, 丙火 日干의 사주는 남에게 드러내길 좋아하고, 외향적이며, 활동적인 성격이 많다. 또한 남에게 드러내 보인다는 것은 자기 자신의 재주와 특기를 살려, 어떤 작품성이나, 기능성을 뽐낸다고도 판단할 수 있으므로, 직업적으로는 이·미용계통, 인테리어, 예술과 연관된 직업, 장인, 디자

인계통, 건축계통 등의 손재주와 연관된 직업을 갖는 사람들이 많은 것이다.

◉ 年支 未土의 유하살(流霞殺)은 남명은 타향에서 객사(客死)하고, 여명은 난산(難産)을 예고하는 殺이다. 사주간명을 하면서 누차 징험해본 결과, 유하살이 있는 남명은 객지생활이나 떠돌이 생활, 원양어업계통 종사자, 외판원, 외지 건설공사 관계자, 사업상 장기간 해외 체류자, 현대의 주말부부 등 부부간 떨어져 지내는 경우가 많았다. 또한 어려서 어머니 젖이 부족 한 경우가 많았다. 상기사주도 떠돌이 생활이 많은 경우이다.

◉ 日支 辰土의 오귀살(五鬼殺)은 남녀 공히 독수공방살이다. 상호 배우자간의 연이 적다는 뜻이다. 日支는 배우자의 자리인데, 오귀살이 동주하고 있다는 것은 배우자와의 연이 적다고 판단하면 틀림없다.

◉ 月支 戌土의 백호대살(白虎大殺)은 사고, 질병과 연관된 흉살이다. 月柱는 부모형제자매의 宮이니 형제자매가 온전치 못하다고 판단할 수 있는 것이다. 여자형제 중에 죽은 사람이 있다 한다. 또한 백호대살은 사고의 살이다. 평생 예기치 않은 사고 등이 발생한다. 여러 번 차사고를 겪었다 한다.

◉ 月支 戌土의 天殺은 선천적인 질병과 연관이 있는 살이다. 月支에 있으니 형제자매와 연관이 있다. 죽은 여형제가 정신질환이 있었다.

◉ 地支의 환신살(幻神殺), 과숙살(寡宿殺), 오귀살(五鬼殺), 낙정관살(落井關殺), 고신살(孤神殺) 등은 잘못된 조상과 연관된 흉살이다. 조상 중에 객사, 정신질환, 20세 전후로 젊어서 죽은 조상, 원귀(寃鬼)로 죽은 조상, 무속과 연관된 조상, 술사, 승려, 풍수지관, 점술가 등과 연관되어 죽은 조상이 있다는 흉살인 것이다. 이런 사주를 타고난 사람은 종교, 운명학, 점술학, 풍수 등과 직·간접적으로 연관이 많은 인생을 산다. 이런 흉살들은 연결고리를 끊지 못하면 자손들에게 계속 영향을 미친다.

◉ 地支의 고신살, 과숙살 등은 또한 고독한 殺이다. 성격이 조용한 것을 좋아하고, 혼자 사색을 즐기고, 남에게 간섭받지 않는 은둔생활을 즐기며, 山寺를 방문하기를 좋아한다. 따라서 남과 허심탄회하게 어울리기를 좋아하지 않는 성격이다. 직업도 이와 같은 성격과 연관된 직업에 종사하는 경우가 많다.

◉ 時支 申金의 낙정관살은 우물에 빠져 상해를 당한다는 흉살이다. 우물에 빠진다는 것은 손상되고 또 죽는다는 의미도 있다. 따라서 月支에 있으면 부모형제

자매간에 손상이 있고, 日支에 있으면 배우자와의 이별, 사별 등의 흉사가 예고되고, 時支에 있으면 자식에게 흉사가 예고된다. 즉 죽은 자식이 나올 수 있음을 예고하는 것인데, 태어나 일찍 죽거나, 낙태 등도 여기에 포함된다. 사주간명상 징험한 결과 틀림없었다. 또한 낙정관살은 손상의 의미도 있다. 印星에 있으면 문서, 계약 등과 연관된 사기 및 손재수, 질병 혹은 사고로 인한 입원문제 등이 발생한다. 官星에 있으면 관재구설, 명예손상, 승진과 연관된 불이익, 직장, 직업, 직책의 잦은 변동 등의 불이익 등이 발생한다. 財星에 있으면 손재수, 부부이별 및 불화 등이 발생하고, 食傷에 있으면 손아랫사람과의 흉연(凶緣), 자식과의 凶緣 등이 있다. 比劫에 있으면 형제자매간에 불화하고, 사회생활을 하면서 만나고 연관된 사람들과의 사이에 예기치 않은 불이익 및 불화가 많다.

- 比劫이 天干에 투출되었고, 구신이니 형제자매간의 화목함이 없을 것이고, 사회생활을 하면서, 직장동료간, 동업자간, 도움 받을 일이 적을 것이다.
- 사주원국에 官星이 없다. 이런 경우 여명은 배우자와의 연이 박하고, 남명은 직업, 직장과의 연이 박하다. 즉, 직장생활을 오래하지 못하거나, 직업이 자주 바뀐다. 官星은 지휘계통을 의미한다. 따라서 官星이 없다는 것은 본인과 상하간에 명령체계가 없다고 보는 것이다. 그러므로 직장생활이나 공직생활과는 인연이 적다고 판단하는 것이다. 이런 명조(命造)는 자영업이나, 순수 예술계통, 연구직계통, 운전직 등의 편업된 직업 종사자가 많다.
  여명에서 배우자와의 연이 박하다는 것은, 사주의 육친관계에서 日干이 극하는 六神이 財星인데, 가부장적 사회에서는 집안을 대표하고, 財星인 妻를 극하고 통제하는 것은 남편인 官星이다. 따라서 여명에 官星이 없다는 것은 남편이 없다는 것이니 배우자와의 인연이 적다고 판단하는 것이다. 이런 연고로 官星이 없는 여명은 결혼운이 적거나, 결혼을 늦게 하거나 등의 사안이 발생한다. 그러나 여명에서 용신이 旺하면 용신은 남편을 뜻하므로 배우자운이 좋다고 보는 것이다.
- 年柱에 劫財와 傷官이 있으니 4대 이내 높은 벼슬을 한 조상이 없다고 판단한다.
  年柱의 財와 官은 부귀영화를 누린 조상이 있고, 年柱의 官과 印은 벼슬을 한 조상이 있고, 年柱의 印星은 학자 및 선비의 조상이 있고, 年柱의 食傷은 농사, 상업, 공업계통 및 중인계층과 연관된 직업을 가졌던 조상이 있고, 年柱의 比劫은 장사, 기능공 및 하급계층과 연관된 직업을 가졌던 조상이 있는 경우가 많다.

⊙ 조상들의 직업관계는 육친관계를 따져 해당되는 조상의 六神과 五行의 왕쇠와 길흉을 살펴보면, 세밀하지는 않지만 대체적으로는 알 수 있다.

③ 大運풀이

⊙ 酉申 金大運은 희신운이니 대학을 마칠 수 있었다.

⊙ 丁未大運은 기신과 구신운이니 뚜렷한 직장 없이 소일했다.

⊙ 丙午大運은 구신운이니 하는 일마다 썩 잘 풀리지 못했다.

⊙ 乙巳大運은 고생 끝에 낙(樂)이라 점차 풀려 나갈 것이다. 乙木大運은 본시 한신이지만 月干 庚金과 干合되어 희신운으로 바뀌니 풀려나갈 것이다. 巳火大運은 時支 申金과 刑合 水局으로 용신운이니, 선형후합(先刑後合)이라 길흉이 교차할 것이다.

⊙ 甲辰大運 中 甲木大運은 月干 庚金과 干沖이니 재물의 손실이 있을 것이다. 辰土大運은 본시 기신인데 月支와는 충살이 되어 사주원국의 기신을 沖去하니 아주 흉하지는 않고, 時支와는 반합수국의 용신운이니 역시 길흉이 교차될 것이다.

⊙ 癸卯大運은 丁癸 沖殺, 卯戌 合火의 구신운, 卯申의 원진살(怨嗔殺)이 되니 흉하다.

⊙ 壬寅大運은 한신운이니 무애무덕할 것이다.

女命 (도화살이 있는 사주)

丁	甲	戊	辛
傷官		偏財	正官
卯	申	戌	酉
劫財	偏官	偏財	正官

帝旺		胞		養		胎	
羊刃·囚獄 鬼門關殺		病符·官貴 亡身殺		呑陷·喪門 攀鞍殺		流霞·桃花殺	
甲 ○ 乙		己 壬·戊 庚		辛 丁 戊		庚 ○ 辛	
丙 午	乙 巳	甲 辰	癸 卯	壬 寅	辛 丑	庚 子	己 亥

① 용신(用神)

甲木 日干이 月柱에 財星이 있으니 財旺하고 官旺하니 신약사주이고, 지지 申酉戌 방합국은 戌月이라 때를 잃었지만 金氣가 태왕하다. 따라서 印星으로 日干을 부조해야 할 것 같으나, 이 사주는 年柱와 日支의 官星이 태왕한 것이 큰 病이다. 旺한 官殺의 기운을 억제하는 것이 우선 급하고, 다음으로 日干을 부조하는 六神이 필요한 것이다. 時干 丁火 傷官을 용신으로 잡는다. 丁火는 甲·卯木의 생조를 받고 月支 戌土에 통근하고 있으니 아주 약한 것은 아니다. 대운이 亥子丑 북방수기의 기신운으로 흐르고 사주에 官星이 旺하니 결혼운이 박하고, 傷官이 용신이고, 사주에 흉살이 많고 도화살(桃花殺)이 旺하니 얼굴은 미모이나 유흥업소에 종사하고 있다.

用神 : 丁火
喜神 :　木
忌神 :　水
閑神 :　土
仇神 :　金

② 통변(通辯)

◉ 年柱의 官星은 조업을 계승하고 책임지는 것이니 長女의 命이다.

◉ 年柱의 辛酉金과 日支의 申金은 官星이다. 官殺이 혼잡되어 있으니 여명은 결혼운이 적고, 일정한 직업을 갖기 어렵다.

◉ 年支 酉金의 유하살(流霞殺)은 난산(難産)을 의미한다. 酉金은 성질이 가공된 금이니 귀금속이고, 조각칼, 수술칼, 차바퀴, 농기구 등이니, 수술칼로 보면 제왕절개를 의미하는 것이다. 어머니가 나이가 어려 제왕절개로 애를 낳으니, 과거와 같으면 난산이요 또한 젖이 부족했던 것이다.

◉ 여명에 年支 酉金 正官과 도화살(桃花殺)이 동주하고 있으니 남자들에게 인기가 많고 애교가 많으며 복록도 있다고 판단한다.

◉ 여명의 財星은 시어머니로 본다. 財星이 많다는 것은 시어머니가 많다는 것이니 官星이 많을 때와 마찬가지로 결혼운이 적다고 판단한다.
月柱는 부모형제자매 궁이니 탄함살(吞陷殺)이 있다는 것은, 이 중 일찍 죽은 사람이 있음을 의미한다. 아버지가 일찍 돌아가셨다.

◉ 月支의 상문살(喪門殺)은 신기(神氣)와 연결된다. 반드시 조상 중에 토속신앙을 믿었거나 무속인을 했거나, 지관을 지냈거나, 승려가 있었다고 판단한다. 이는 그동안 看命을 해오면서 수없이 징험했다.

◉ 年·月支의 酉戌 해살(害殺)은 부모대에 고향을 떠나 타향에서 정착했음을 알 수 있다.

◉ 日支 申金은 남편궁인데, 偏官이 있으니 이런 경우 정식결혼하는 경우가 적고, 남녀 공히 동거생활을 오래하거나, 초혼자와의 연이 적다.

◉ 女命 日支에 偏官이 있고 병부살(病符殺)과 망신살(亡身殺)이 있으면 남편을 극하는 경우가 많다. 대운과 세운의 흐름이 흉하면 남편과 사별할 수도 있는 것이다.

◉ 時支 卯木에 양인살(羊刃殺)과 귀문관살(鬼門關殺)과 수옥살(囚獄殺)이 있다. 신기(神氣)가 旺한 것이다.
우선 劫財에 양인살은 형제자매와 연이 적다. 죽은 형제자매가 있다는 것이다. 또한 양인살과 망신살이 동주하고 있다는 것은, 사고나 질병, 혹은 官災 건으로 병원 신세를 지거나, 감옥에 가거나, 수도원에 들어가거나, 알코올 중독 등으로 인사불성의 경우가 자주 발생하게 된다. 상기인은 신기가 이미 몸 안에 들어왔다고 판단한다. 모르는 사람을 보고 언뜻 언뜻 말하는 것이 정확하게 맞는다고 한다.

◉ 時支의 귀문관살(鬼門關殺)은 역시 흉살이다. 성격이 예민하거나, 히스테리성이 있거나, 神氣가 있거나, 종교에 심취하는 경향이 짙다. 사주에서 時柱는 유아기와 말년을 의미하니, 상기인은 다섯 살 될 때까지 잔병치레가 많았고, 깜짝 깜짝 놀라는 경기(驚氣)를 많이 했다 한다.

◉ 日支와 時支가 申과 卯로 원진살(怨嗔殺)이니 자식과의 연은 적을 것이라 판단

한다.
- 月支 戌土의 십이운성의 "양(養)"은 양자(養子)나 양녀(養女)의 개념이다. 여명 陰日干의 偏財는 아버지이니 "養"이 동주하고 있다는 것은 친부(親父)와의 연이 적다고 판단한다.
- 月柱의 偏財는 사업상의 재물이다. 금전의 入·出이 빈번하다고 판단한다. 그리고 偏財 戊戌土가 기신에 해당하니 큰 재물을 모으기는 힘들다고 판단한다.
- 상기사주의 도화살(桃花殺), 상문살(喪門殺), 병부살(病符殺), 망신살(亡身殺), 귀문관살(鬼門關殺)은 전부 신기(神氣)이다. 대운이나 세운이 겸(兼)해서 기신운으로 들어오면 神氣가 난동을 부리니, 丑土大運에는 무속인의 길로 들어서게 될 것이다.
- 건강문제는 기신에 해당하는 오행으로 논하는데 기신이 水에 해당하니 반드시 신장, 방광, 허리 등에 탈이 날 것이다. 간과하면 나이 들어 큰 禍를 부르게 될 것이다.
- 偏官이 日支에 있는 경우는 古書에 총명하나 조급한 성격이 많다 했는데 상기인이 틀림없이 그러한 성격이다.

③ 大運풀이
- 庚子大運 中 庚金大運은 日干 甲木과 沖殺이 되니 신약한 日干이 더 힘을 쓸 수 없게 됐다. 몸이 자주 아프게 되고 따라서 공부를 게을리 하고, 대학 진학이 어려웠다.
  庚子大運 中 庚辰歲運은 庚金이 偏官이다. 남자친구, 애인 등으로 들어오니 남자친구의 꾐에 빠져 유흥업소 직업을 시작했고, 본시 얼굴은 미모이니 남자들에게 인기가 좋아, 그 나이에 걸맞지 않는 거금을 모았으나, 이것도 친구들의 꾐에 빠져 모두 탕진했다.
- 辛丑大運 中 辛金大運은 구신운이고, 丑土大運은 年支와 반합금국의 구신운이 되고, 月支 戌土와는 한신이나 丑戌未 삼형살(三刑殺)이 되니 심신이 지치고 아프게 되고, 상문살(喪門殺)이 발동하여 신기(神氣)가 극성을 부리게 될 것이다.
- 寅卯辰 동방 木大運은 희신인데 사주원국의 地支와 沖이 되니 크게 좋은 운을 기대하기 어렵다고 판단한다.

女命 (도화살을 대동한 종재격의 사주)

癸	戊	丙	辛
正財		偏印	傷官
亥	子	申	亥
偏財	正財	食神	偏財
胞·地殺	胎·桃花	病·劫殺	胞
劍鋒·官貴	飛刃	福星·文昌	官貴
破軍		孤鸞·暗祿	
		陽錯·絞神	

戊	壬	己	戊
甲	○	壬·戊	甲
壬	癸	庚	壬

甲	癸	壬	辛	庚	己	戊	丁
辰	卯	寅	丑	子	亥	戌	酉

① 용신(用神)

戊土 日干이 申金月에 生하여 실기(失氣)하였다. 年·月干의 辛金과 丙火는 간합
수국으로 化하여 지지에 통근하고 있고, 日干과 時干의 戊土와 癸水는 지지에 통근
되지 못하니 간합화국이 성립된다 할 수 없다. 따라서 火氣는 매우 약하다. 月支
申金과 日支 子水는 반합수국으로 地支 전체가 水局을 형성하고 있으며, 戊土 日干
의 세력이 약하니 부득이 왕한 세력을 좇을 수밖에 없다. 水氣는 財星이니 종재격
(從財格)이다. 財를 從하니 운로에서 財星과 食傷運은 吉하고, 官星運도 흉하지 않
다. 比劫運과 印星運은 旺한 財를 극제하니 흉하다. 상기사주는 月干 丙火 印星이
간합되어 타 오행으로 바뀌지 않았으면 종재격으로 논하기 어려웠을 것이다. 印星
인 丙火가 日干을 부조하지 못하고 財를 좇으니 戊土는 고립무원이라 종재(從財)할
수밖에 없는 것이다.

用神 : 壬水
喜神 :　金
忌神 :　土
閑神 :　木
仇神 :　火

② 통변(通辯)

◉ 日支 子水는 申金月에 생조받음이 많으니 旺하다. 同支에 도화살이 있고, 또한 子水가 용신에 해당하니 여성사업가로 손색이 없다. 28세 이후 亥水大運부터 용신운이니 미용과 연관된 사업으로 사업이 계속 번창일로에 있다.

◉ 月干 丙火는 印星으로 어머닌데 干合되어 財星으로 바뀌니 어머니와의 연이 적다고 판단한다. 戊土大運 기신운에 작고하셨다 한다.

◉ 年柱의 財星은 사주간명상 조상에게 물려받은 재물이 있다고 판단하면 틀림없다.

◉ 사주원국에 官星이 없고 지장간에 암장되었다. 여명의 官星은 남편으로 보는데, 사주원국에 없으니 결혼운이 적거나 늦게 결혼하게 될 것이라 판단한다. 또한 여명에서 용신을 남편으로도 판단한다. 사주원국에 用神이 여럿 있다는 것은, 주변에 남편감은 여럿 있으나 선택하기가 쉽지 않다고 판단하는 것이다. 세운에서 강하게 용신운으로 들어오면 남편운이 들어오는 것이니, 이때에 늦더라도 결혼수가 있다. 庚子大運에 가능성이 높다.

◉ 年干 辛金 傷官은 예체능과 관련이 많다. 상기사주는 辛金 傷官이 干合되어 財星으로 바뀌니 예체능과 연관된 직업으로 재물을 모은다는 것이다. 미용사업 쪽을 선택하여 크게 세가 확장되고 있는 추세다.

◉ 月支 申金 食神에 암록(暗祿)이 있다. 암록이 있으면 아이디어 및 발명의 재간이 있는 것인데, 食神에 있으니 사업수완이 좋은 것이다.

◉ 亥水大運에 사업을 시작하여 庚子大運 中 庚金大運에 희신운이니 여러 곳에 사업을 확장했고, 이후 子水大運, 辛丑大運, 壬癸水大運 등으로 희신, 용신운으로 흐르니 큰돈을 벌 것이라 판단한다.

◉ 사주에 水가 旺하여 戊土가 함몰되니 위장계통의 질병에 유의하여야 할 것이다.

男命 (정신질환을 앓는 사주)

辛 偏官	乙	丁 食神	己 偏財
巳 傷官 沐浴·地殺 官貴·金輿 孤鸞·破軍 劍鋒·福星	亥 正印 死·驛馬 梟神	丑 偏財 衰·華蓋 喪門·白虎 暗祿·五鬼	巳 傷官 沐浴
戊 庚 丙	戊 甲 壬	癸 辛 己	戊 庚 丙

己 巳	庚 午	辛 未	壬 申	癸 酉	甲 戌	乙 亥	丙 子

① 용신(用神)

乙木 日干이 丑月에 生하여 한목(寒木)이다. 年支와 月支 巳火와 丑土는 時干에
辛金이 있으니 巳酉丑 삼합금국이 형성되었다고 본다. 따라서 官星이 旺하다. 동토
절(凍土節)의 甲乙木은 소생의 기미가 있으면 丙丁火를 쓰고, 소생(蘇生)의 기미가
없으면 잘라서 땔나무로 써야하니 庚辛金을 용신으로 잡는 것이 일반적이다. 상기
사주는 乙木이 동토절(凍土節)이라 천지가 차니 丙火의 해동(解凍)이 없으면 소생하
기가 어렵다. 丙火는 年·時支의 巳火 지장간에 있는데, 年支 巳火는 巳丑 반합금국
으로 바뀌니 용신의 역할을 하지 못하고, 時支 巳火는 日支 亥水와 相沖되어 부서
지니 역시 용신으로 쓰기 어렵다. 부득이 투출한 月干 丁火를 용신으로 잡아야 하
는데, 뿌리를 내려야 하는 地支 巳火가 合과 沖이 되어 손상되니 용신 丁火가 태약
하게 된 것이다. 흉격이 되었다.

用神 : 丁火
喜神 : 木
忌神 : 水
閑神 : 土
仇神 : 金

② 통변(通辯)

◉ 상기사주는 정신질환을 앓아 정신병원에 수차례 다녀온 적이 있는 명조이다. 사주간명에서 선천적인 질병이나, 향후에 나타날 정신질환을 밝혀내기는 참으로 난해한 사안이다. 그러나 그동안의 사주간명 경험상 정신질환 문제 역시 신기(神氣)를 야기할 수 있는 흉살들과 깊은 연관이 있음을 알 수 있었다. 오행의 생화극제만 논해서는 몇 년 뒤나, 몇 십 년 뒤에 나타날 정신질환 문제를 예측하기가 힘들다는 것이다. 그러므로 五行의 생화극제와 六神의 길흉, 그리고 각 종 神殺들에 대한 정확한 이해가 있어야만, 현재는 잠복되어 있지만 향후에 나타날 정신질환문제를 예측하고 파악할 수 있는 것이다.

◉ 정신질환문제를 야기하는 흉살들은 귀문관살(鬼門關殺), 병부살(病符殺), 상문살(喪門殺), 조객살(弔客殺), 환신살(幻神殺), 교신살(絞神殺), 오귀살(五鬼殺) 등이다. 특히 이러한 殺들이 月·日支에 있고, 기신이나 구신에 해당하며, 운의 흐름에서 刑沖되거나 대운이나 세운에서 기신, 구신운으로 들어올 때 흉사(凶事)가 발동되는 것이다.

◉ 月支 丑土의 상문살(喪門殺), 오귀살(五鬼殺), 화개살(華蓋殺), 白虎大殺(백호대살) 등은 신기(神氣)와도 연관된 흉살들이다. 時干에 辛金이 있으니 지지와 연결되어 年支 巳火와 삼합금국이 형성돼 官星으로 바뀌며 구신에 해당된다. 대운, 세운이 기신이나 구신운으로 들어오면 제어하기 힘들 정도로 정신질환 문제가 야기된다.

③ 大運풀이

◉ 丙子大運 中 丙火大運은 時干 辛金과 간합되어 구신운이고, 子水大運은 月支 丑土, 日支 亥水와 亥子丑으로 방합수국을 형성하여 기신운이 왕강하게 들어오고 있다. 흉사가 예고된다.

◉ 乙亥大運 中 乙木大運은 희신이나, 時干 辛金과 沖殺이니 희신의 역할을 못하고, 亥水大運은 年支 巳火와 沖殺, 日支 亥水와 자형살(自刑殺), 時支 巳火와 沖殺로, 地支 전체를 흔들어 놓으며 흉살들을 발동시켜 놓으니, 올바른 정신 상태를 유지할 수가 없는 것이다.
고등학교 입학 후 크게 악화되어 신경정신과 치료를 받았으나 증세가 호전되지 않아 정신병원에서 요양 및 치료를 받고 있다.

◉ 상기사주는 흉살들이 있다 해도 運의 흐름이 용신이나 희신운이면 크게 탈은 나지 않았을 것이다. 21세까지의 運이 전부 기신운이니 흉살들의 난동을 제압 하지 못했던 것이다.

男命 (巳亥 상충의 사주)

己	丁	癸	丙
食神		偏官	劫財
酉	**亥**	**巳**	**午**
偏財	正官	劫財	比肩
長生·六害	胎·劫殺	帝旺·亡身	建祿
天乙·文昌	天乙·福星	孤鸞·太白	天·地轉殺
學堂·幻神		病符	空亡
隔角·呑陷			
囚獄·弔客			
庚	戊	戊	丙
○	甲	庚	己
辛	壬	丙	丁
辛 丑	庚 己 子 亥	戊 丁 戌 酉	丙 乙 甲 申 未 午

① 용신(用神)

丁火 日干이 巳火節에 生하여, 月令이 제왕(帝旺)지이니 득기(得氣)했고, 年柱에 比劫이 있으니 丁火 日干이 신강하다. 月干 癸水는 日支 亥水에 통근했으나 丙午火 의 극을 받고, 日支 亥水는 月令 巳火와 相沖되니 水氣는 無力하여 丙·午火를 감당 하지 못한다. 또한 年柱의 丙午火가 있으니 火氣가 旺한 것이다. 따라서 사주가 중화를 이루기 위해서는 壬癸水가 필요한데, 月干에 癸水가 투출했으니 이를 용신 으로 잡는다. 時干 己土 食神이 月令에 통근했으니 식신생재격(食神生財格)이다.

用神 : 癸水
喜神 : 金
忌神 : 土
閑神 : 木

仇神 ：　 火

② 통변(通辯)

◉ 年柱에 比劫이 있으니 장남이나 장남의 역할을 할 命이며, 할아버지 代에 양자
나 양녀로 간 조상이 있다고 판단한다.

◉ 癸亥水 官星이 天干, 地支 모두 沖을 맞으니 공직이나, 직장생활과 연이 없다.

◉ 月支 巳火 劫財가 日支 亥水와 沖을 맞으니 반드시 죽은 형제자매가 있다고
판단한다.

◉ 時干 己土 食神은 丙丁火의 生을 받으니 왕강하며, 時支 酉金 偏財를 生하니
사업가의 사주이다. 서점운영 및 출판사업으로 큰돈을 벌었다.
사주에 食神과 財星이 있는 경우 신약사주는 財를 감당하기 어렵다. 상기는
日主가 旺하니 능히 큰 財를 감당할 수 있는 것이다. 신약의 경우라면 재물을
지키기 어렵고, 재물이 모아지면 질수록 몸에 신고(身苦)가 따른다. 이는 재물
의 殺을 日主(日干)가 감당하기 어렵기 때문이다.

◉ 印星이 지장간에 암장되었다. 사주원국에 印星이 없다고 해서 일률적으로 학
업의 성과가 적다고 판단하면 안된다. 초년대운이 甲午, 乙未의 印星運이며
또한 한신에 해당하니 대학과정을 무난히 마쳤다.

◉ 時支 酉金 偏財에 환신살(幻神殺), 격각살(隔角殺), 탄함살(呑陷殺), 수옥살(囚獄
殺), 조객살(弔客殺) 등이 있다. 이는 신기(神氣)다. 조상과 연관된 殺이며, 상기
처럼 財星에 있을 경우 妻와의 연이 적고, 예기치 않은 손재수가 발생하고,
사업의 성패가 다단하다. 적덕(積德)을 쌓아야 한다. 재물을 움켜지려 한다면
몸에 사고, 질병, 관재수 등의 큰 신액(身厄)이 따를 것이다. 조상 중에 풍수,
역술, 무속, 불가와 연관된 조상이 반드시 있다.

◉ 용신인 水氣가 月干, 日支에 있으니 반드시 자수성가(自手成家)하는 命造이다.

◉ 용신인 水는 후천수(後天數)로 1.6의 水라, 아들은 하나다. 그 이상은 어렵다고
본다. 旺火의 극제를 많이 받아 용신인 水氣가 無力하기 때문이다.

◉ 月柱에 망신살(亡身殺), 태백살(太白殺), 병부살(病符殺)이 있으면 부모 형제자매
와 인연이 적다. 상기인은 홀로 고향을 떠나 객지에서 출판계통의 사업으로
자립한 것이다.

◉ 사주에 丙丁火의 比劫이 旺하고 時干 己土 食神이 일점밖에 없으니, 旺火의 기운을 설기함이 부족하다. 이런 경우 고집이 세다. 독불장군식이라 남의 조언을 잘 듣지 않으니 사업에 성공과 실패가 교차했다.

◉ 日干 丁火는 아궁이불이요, 화롯불이요, 등촉불이요, 용광로불에 비유되는데, 日支에 亥水를 깔고 있으니, 수화상쟁(水火相爭)이라, 화롯불이 이슬비를 맞아 불꽃이 탁탁 튀는 것처럼 성질이 급하고 성깔이 있다. 남의 오해를 사는 일이 많은 것이다. 매사 서둘러서 해치우는 성격이라, 사안에 따라 희비와 장단이 교차하는 것이다.

◉ 日支에 正官이 있다. 正官은 관직(官職)이요, 직장, 직책, 직업이요, 공동체 속에서의 복종을 의미하는데, 正官이 배우자궁에 있다. 따라서 妻의 內助가 있고, 순종적으로 부창부수(夫唱婦隨)하며 남편을 돕는다고 판단하는 것이다.

◉ 年支 午火 比肩이 空亡이다. 比肩은 사회적으로는 동료, 동업자, 동창들로 비유되는데 空亡이니 이들과의 연관관계에서 得을 얻기가 어렵다고 판단한다.

③ 大運풀이

◉ 丁酉大運 中 丁火大運은 구신으로 용신인 月干 癸水를 沖하니 사업상 부침(浮沈)이 많았다.
酉金大運은 본시 희신으로 月支 巳火 구신과 合하여 반합금국의 희신운으로 바뀌니 사업상 비약적인 발전을 했다.

◉ 戊戌大運은 기신운이니 사업상 장애가 발생하리라 본다.

◉ 己亥大運은 己土는 기신이고, 亥水는 본시 용신이나 月支 旺火의 沖을 맞아 용신이 부서지니 큰 발전은 기대하기 어렵다. 일신상의 신액(身厄)이 따를 것이다.

◉ 庚子大運은 庚金은 희신이나 旺火의 극제를 받고, 子水는 용신이나 年支 午火의 沖을 받으니 역시 용신의 역할을 하지 못한다. 흉운이다.

◉ 辛丑大運은 辛金은 丙火와 간합수국으로 용신운이고, 丑土는 地支 巳酉와 삼합금국으로 희신운이니, 末年의 쇠퇴하는 운세에 다소 밝은 빛이 보인다.

女命 (官星이 刑된 사주)

庚	丁	己	庚
正財		食神	正財
戌	巳	卯	子
傷官	劫財	偏印	偏官
養·月殺	帝旺·劫殺	病·六害	胞·急脚
弔客·吞陷	孤鸞·太白	文曲·五鬼	空亡
鬼門關殺	斧劈殺	幻神·隔角	

辛 丁 戊	戊 庚 丙	甲 ○ 乙	壬 ○ 癸

辛 未	壬 申	癸 酉	甲 戌	乙 亥	丙 子	丁 丑	戊 寅

① 용신(用神)

丁火 日干이 卯月에 生하여 印星의 생조가 있으며, 坐下 日支 巳火에 득지(得地)하였고, 時支 戌土와 月支 卯木은 六合 火局이 되어 地支에 比劫이 旺하니 日干 丁火가 旺하다고 판단한다. 따라서 용신은 日干을 생조하여 왕하게 하는 月令 卯木의 기운을 극제하여야 사주가 中和가 이루어지므로 年干의 庚金을 용신으로 잡는다.

用神 : 庚金
喜神 :   土
忌神 :   火
閑神 :   水
仇神 :   木

② 통변(通辯)

◉ 여명에서 官星을 남편으로 보는데, 年支 子水 偏官이 남편이다. 子水 偏官은 용신이며 남편인데, 年柱에 있으니 결혼을 일찍하는 명조(命造)라 판단한다. 그러나 子水 偏官이 공망이니 남편복은 적다고 판단하다.

◉ 月干 己土는 食神으로 年·時干의 財星을 생해준다. 食神生財가 되면 재물복이 많다고 판단하나, 상기는 月支 卯木이 偏印으로 木剋土하여 도식(盜食)이 되니 食神의 길성이 부서져 財를 生하지 못한다. 이런 경우 비록 庚金 正財가

용신이더라도 재물복은 적은 것이다.

◉ 日支 劫財는 형제자매다. 여명의 日支는 남편궁인데, 比劫이 있을 경우는 결혼하였더라도, 시댁보다는 친정쪽의 大小事와 관련된 일에 많이 참여하고 신경을 쓰게 되는 命造이다.

◉ 時支 戌土의 조객살(弔客殺)과 귀문관살(鬼門關殺)은 신기(神氣)와 연관된 것이다. 時柱는 7세 이전의 유아기 및 말년을 의미하니, 어려서 경기(驚氣)를 심하게 하거나, 잔병치레가 많다고 판단한다.

◉ 남편궁의 길흉은 용신과 官星, 그리고 日支의 길흉을 놓고 판단한다. 상기는 日支에 고란살(孤鸞殺)과 부벽살(斧劈殺)이 동주하고 있다. 고란살은 고독박명의 殺이요, 부벽살은 깨고 부수는 殺이니 남편궁이 온전할 수가 없다. 결혼생활이 순탄치 못할 것이라 판단하는 것이다. 두 번의 이혼경력이 있다 한다.

◉ 月柱는 부모형제자매 등의 가족관계를 본다. 月支 卯木에 육해살(六害殺)과 오귀살(五鬼殺)이 있다. 육해살은 육친관계를 극해하는 살이요, 오귀살은 독수공방살이니, 가족관계가 온전치 못하다고 판단한다. 또한 月支의 偏印은 두 어머니 혹은 두 할머니, 또는 이복형제가 있을 수 있음을 의미한다. 서모(庶母)가 있었고, 이복형제도 있었다 한다.

月支 卯木의 격각살(隔角殺)과 환신살(幻神殺), 십이운성의 病은 형제자매가 온전치 못함을 의미하는 것이다. 죽은 형제자매가 있을 수 있고, 선천적인 질병을 타고난 형제자매가 있을 수 있다. 죽은 형제자매가 둘이 있었다 한다.

◉ 年柱에 官星이 있으면 장손(長孫)의 집안인 경우가 많다. 상기의 경우 年柱에 財官이 있으니 조상들이 유복했다고 볼 수 있다. 또한 年柱의 財星은 조상으로 부터 상속받을 토지나 문서, 재물이 있을 것이라 판단한다.

◉ 時支 戌土 傷官에 탄함살(呑陷殺)이 있다. 탄함살은 失物, 失財, 실탈(失奪), 인명손상 등의 의미가 있다. 여명의 食傷은 자식으로 판단하므로 탄함살이 있는 경우 죽은 자식(인공유산 포함)이 있을 것이라 판단한다.

◉ 月柱의 印星은 총명하고 지혜있는 것으로 판단한다. 다만 사주에서 印星이 구신이니 학문으로 성공하기는 힘들다고 판단하는 것이다.

◉ 기신은 火이고, 구신은 木이니 평생에 혈액순환기계 및 간장(肝臟)계통의 질병을 앓게 될 것이다.

◉ 地支에 귀문관살(鬼門關殺), 조객살(弔客殺), 부벽살(斧劈殺), 오귀살(五鬼殺), 환신살(幻神殺) 등이 있다. 이는 神氣와 연관되고, 조상들 중에서 원귀(寃鬼)로 죽거나, 풍수, 역술, 무속, 승려, 산신령 등과 밀접한 직업을 가진 조상이 있는 것이다. 또한 반드시 자살한 조상이 있다. 상기의 殺들은 반드시 이와 연관지어 설명되어진다.

◉ 地支에서 十二神殺 중 한두 개의 天殺이나 月殺, 육해살(六害殺)이 있으면 당대나 아버지 대, 혹은 할아버지 대에 선천적으로 신체상 결함을 갖고 태어나거나, 단명한 일가친척이 있는 경우가 많다.

◉ 상기사주에서 日干과 同氣인 丙丁火는 기신이다. 형제자매간에 화목치 못하다고 판단한다. 아울러 사회적으로 동업자간, 또는 직장동료 간 불협화음이 많고, 상호간 相生의 역할을 하지 못한다.

③ 大運풀이

◉ 丁丑大運 중 丁火大運은 기신으로 용신을 극하니 흉사가 예견된다. 대학생활 중 예기치 않은 사건으로 반 강제적인 결혼생활을 시작하게 되었고 곧 이혼하였다고 한다.

丑土大運은 年支 子水와 육합 토국, 日支 巳火와 반합 금국의 희신과 용신운이니 친정의 도움으로 대학은 마치게 되고, 졸업 이후 재혼하게 된다.

◉ 丙子大運 중 丙火大運은 기신운이고, 天干의 財星과는 丙庚殺로 극하게 되니 금전문제로 여러 어려움이 있었다 한다.

子水大運은 한신운이니 건강상 다소 어려움이 있었으나 다시 안정을 찾게 되었을 것이다.

◉ 乙亥大運 中 乙木大運은 天干의 庚金과 간합 금국으로 용신운이니 매사 순탄하게 풀려 나갔을 것이라 판단한다.

亥水大運은 日支 巳火와 相沖이다. 남편궁과 상충되니 부부간 불화가 잦았을 것이고, 日支는 자기 자리이니 심신의 변동이 많았을 것이다.

月支 卯木과는 반합목국의 구신운이니 문서, 계약 등으로 인한 손재수가 발생할 운이다. 남편과 연관된 연대보증 건으로 큰 손재가 있어 이후 여러모로 많은 고통이 따랐다.

◉ 甲戌大運 中 甲木大運은 天干의 庚金 正財와 沖殺이다. 비록 月干 己土와 간합토국의 희신이나, 己土는 月支 卯木의 충극을 받아 旺하지 못하니 干合의 힘이 약하다. 財를 충극하니 파재(破財)가 따르고, 남편과 이혼수가 있게 된다. 戌土大運은 月支 卯木과 육합화국으로 기신운이다. 偏印이 대운과 합이 되어 기신운으로 들어오면, 우선 건강문제나 사고 등으로 인해서 병원 신세를 져야 하는 문제가 발생하게 되거나, 두 번째는 계약이나 문서와 연관된 사기사건이나 관재구설 건에 휘말리게 되거나, 세 번째는 친정이나 시댁의 상복(喪服) 입을 문제가 나온다.

또한 日支 巳火 劫財와는 원진살(怨嗔殺)이 되니 동업자간의 다툼 및 쟁송(爭訟) 문제, 일가친척의 흉액문제, 배우자와의 이별 혹은 사별문제가 발생하는 경우가 높다.

◉ 癸酉大運 中 癸水大運은 日干 丁火와 沖殺이니 신변의 이동문제, 사고 및 건강문제가 따른다.

酉金大運은 본시 용신운인데 月支 卯木과는 沖殺이고, 日支 巳火와는 반합금국의 용신운이니 반길반흉운이다.

◉ 壬申大運 중 壬水大運은 日干과 합이 되어 구신운이니, 그동안 앓아온 持病 및 건강문제로 고생하게 되어 회복되기 어렵다고 판단한다.

申金大運은 月支 卯木과는 원진살(怨嗔殺)이고, 日支 巳火와는 형합(刑合)이 되니 이때에 命이 위태로울 수가 있다.

男命 (食神生財의 破格 사주)

甲	乙	己	戊
劫財		偏財	正財
天·月德			
申	巳	未	申
正官	傷官	偏財	正官
胎·地殺	沐浴·劫殺	養·天殺	胎
天乙·官貴	官貴·金輿	白虎·病符	天乙·官貴
紅艶·破軍	孤鸞·絞神	寡宿·喪門	紅艶·幻神
劍鋒	吞陷		孤神

己		戊		丁		己	
壬·戊		庚		乙		壬·戊	
庚		丙		己		庚	
丁	丙	乙	甲	癸	壬	辛	庚
卯	寅	丑	子	亥	戌	酉	申

① 용신(用神)

乙木 日干이 未土月에 生하여 火氣는 퇴기하는 계절이지만, 日支에 巳火가 있으니 火氣가 아주 약한 것은 아니다. 月干 己土는 月支 未土에 통근하고, 年干 戊土는 月支 未土와 日支 巳火에 통근하고, 時干 甲木과 月干 己土는 간합토국이 되니 財星이 매우 旺하다. 따라서 月支 未中의 己土가 투출하여 편재격(偏財格)이지만 사실상 재다신약격(財多身弱格)으로 논해야 할 것이다.

乙木 日干이 신약하니 생조하는 印星으로 용신을 잡아야 한다. 癸水를 용신으로 잡아야 하지만 사주원국에 癸水가 없으니, 부득이 지장간의 申中 壬水를 끌어와 용신으로 잡아야 한다. 申中에는 또한 戊己土가 있으니, 壬水는 불순물이 가득한 물이라 淸하지 못하니 용신이 旺하다고 볼 수 없다. 따라서 申中의 壬水를 용신으로 쓰는 경우에는, 설혹 관록운(官祿運)이 있다 하더라도 높이 오르기 어렵다고 판단한다. 만약 태원(胎元)에서 용신을 생해주는 경우라면 용신이 왕강해지니 오히려 귀격사주가 많다.

用神 : 壬水
喜神 : 金
忌神 : 土
閑神 : 木
仇神 : 火

② 통변(通辯)

⊙ 상기의 경우 年, 月干과 月支에 財星이 있고, 旺하니 편재격이며 재다신약격(財多身弱格) 사주이다. 남명에서 재다신약격의 사주는 대체로 다음과 같은 특성이 있다. 첫째는 어려서 부모 둘 다 혹은 부모 중 한분이 일찍 돌아가시는 경우가 많다. 두 번째는 妻가 가권(家權)을 장악하여 집안의 大小事를 관장하는 경우가 많다. 세 번째는 남자 본인은 "부옥빈인(富屋貧人)"인 경우가 많다. 네

번째는 주변에 항상 여자들이 있는데 실상 본인에게 도움을 주지는 못하는 여자들이다. 상기의 사주도 그러한 경우이다.

⦿ 年柱의 正財와 正官은 윗대 조상이 부유하고 덕망있었던 집안이었음을 의미한다.

⦿ 年柱의 偏財는 사업가의 사주이다. 다만 日支 巳火 傷官이 時支 申金과 刑合하여 印星으로 바뀌니 財星을 생조해 줌이 부족하다. 아울러 財星이 기신에 해당하니 큰 재물을 모으기 어렵다고 판단한다.

⦿ 年支와 時支 申金은 正官이다. 正官이 둘 이상이면 偏官으로 논하는데, 상기는 時支 申金 正官이 日支 巳火와 刑合하여 印星으로 바뀌니, 年支 正官만 남게 되어 사주가 흉한 中 길함이 있다. 月柱의 왕한 財星이 年支 正官을 생하니 재력을 바탕으로 명예를 탐하는 욕구가 강하다.

⦿ 月支 未土의 白虎大殺(백호대살)과 天殺은 형제자매 중 일찍 죽은 사람과 선천적인 질병을 타고난 형제자매가 있음을 의미한다.

⦿ 남명에서 사주상 偏財는 아버지를 뜻한다. 偏財가 一位 있고, 형, 충, 파, 해, 원진됨이 없으면 吉하지만, 상기처럼 月柱를 차지하고 旺하며 偏財가 기신이 되니, 아버지와의 연이 박하고, 혹은 아버님이 일찍 돌아가시는 경우가 많다.

⦿ 상기는 財星이 기신이다. 이런 경우 妻와의 연이 좋지 못하고, 내조를 기대하기가 힘들다. 또한 주변의 여자들로 인해 여난(女難)이 많으니, 구설수 혹은 손재수가 평생에 자주 발생한다.
아울러 財星이 기신인 경우는 사업상 금전의 入·出이 빈번하다. 즉 버는 만큼 빠져나가니 돈이 축적되지 않고, 큰돈을 모으기 어렵다는 이야기다. 이렇게 판단하는 이유는 日干 乙木이 신약하기 때문이다. 신약 사주는 큰 재물을 감당하기 어렵고, 설혹 대운이나 세운에서 용신운으로 들어와 재물운이 들어온다 하더라도 사고나, 질병, 건강문제, 관재구설 건 등을 대동하니, 들어온 재물이 모두 탕진되기 때문이다. 따라서 사주상 財星이 旺할 경우에는 종재격(從財格)을 제외하고는 日主가 旺함이 반드시 요구된다.

⦿ 時干의 甲木은 劫財이며 한신이다. 사주상 比劫은 형제자매요, 사회적으로는 동료, 동창, 동업자를 의미하는데, 한신이니 이들과 상호간 도움 받기가 어렵다는 판단이다. 특히 형제자매간에 돈독한 우애와 화목은 기대하기가 힘들다

고 판단한다.

◉ 日支와 時支의 巳火와 申金은 刑合인데 적용은 선형후합(先刑後合)이다. 먼저는 刑殺이 적용되고 나중에 合水를 적용한다는 의미이다. 상기 時支 正官의 경우는 刑合을 적용시, 先刑이므로 먼저는 官에 손상을 입고, 나중에는 合水되어 水가 용신이므로 복록이 온다는 것이다.

◉ 日支 巳火 傷官에 목욕살(沐浴殺), 겁살(劫殺), 고란살(孤鸞殺) 등이 있다. 남명의 日支宮은 처궁인데 위의 殺들이 있다는 것은 부부연이 박하다는 것이다. 이혼수가 높다고 판단한다.

◉ 地支에 상문살(喪門殺), 교신살(絞神殺), 환신살(幻神殺) 등이 있다. 조상줄의 神氣와 연관된 殺이다. 흉살이다. 이런 경우 인생에 있어 예기치 않은 고난과 풍파가 자주 발생한다.

◉ 月柱에 偏財이고 時柱에 劫財가 있으니 선부후빈(先富後貧)의 사주라 판단한다.

③ 大運풀이

◉ 庚申과 辛酉大運은 희신운이니 부모의 보살핌으로 학업을 무난히 마칠 수 있었다.

◉ 壬戌大運 중 壬水大運은 용신운이니 직장에 취직할 수 있었고, 戌土大運은 月支 未土와 형파(刑破)되고, 日支 巳火와는 원진살이 되니 직장을 그만두고, 작은 사업을 시작했으나 성과가 없었다.

◉ 癸亥大運 중 癸水大運은 年干 戊土와 간합화국이 되어 구신운이니 손재수가 많았고, 亥水大運은 본시 용신운이나 日支 巳火와 沖殺이 되어 용신이 부서지니 계획한 일마다 성사가 되지 않았다.

◉ 甲子大運은 甲己 合土의 기신이 되고, 未土 偏財가 子水와는 子未 刑殺이 되니 건강, 사고, 이별수, 손재수 등이 따를 것이다.

◉ 乙丑大運은 한신과 기신운인데, 丑未 沖殺로 偏財를 흔들어 놓으니, 손재, 파재, 관재구설 등이 발생할 수 있다.

◉ 丙寅大運은 寅申 沖殺과 寅巳申 刑殺로 官星과 地支를 전부 흔들어 놓으니 몸이 설 곳이 없다. 건강 및 사고위험 등에 극히 신경써야 할 것이다.

◉ 상기사주는 사주원국이 식신생재격이라 재물복이 많아야 하나, 운로(運路)가

흉신으로 흐르니 큰 재물을 모으기 어렵게 된 사주이다.

男命 (財多身弱 사주)

辛	丁	戊	甲
偏財		傷官	正印
丑	酉	辰	辰
食神	偏財	傷官	傷官
墓·絞神	長生·桃花	衰·空亡	衰·空亡
陰差·白虎	天乙·學堂	五鬼·吞陷	五鬼
攀鞍	文昌	華蓋	
癸 辛 己	庚 ○ 辛	乙 癸 戊	乙 癸 戊

丙	乙	甲	癸	壬	辛	庚	己
子	亥	戌	酉	申	未	午	巳

① 용신(用神)

丁火 日干이 辰月에 生하여 실기하였고, 年·月柱에 戊辰土가 있으니 설기가 심하고, 日支 酉金은 月支 辰土와는 육합금국, 時支 丑土와는 반합금국이 되니 財가 旺하여 신약사주가 된 것이다. 따라서 용신은 旺土를 소토(疏土)하고 日干을 부조하는 印星으로 용신을 잡아야 한다. 年干 甲木이 용신이다. 甲木은 年支와 月支 辰土에 통근하고 있으니 약하지 않다.

用神 : 甲木
喜神 :　水
忌神 :　金
閑神 :　土
仇神 :　火

② 통변(通辯)

⊙ 사주상 財가 旺한 것은 좋으나, 상기처럼 日干인 丁火가 旺하지 못하여 재다신약(財多身弱)이 되면 財를 감당하지 못하게 되어, 금전의 입출만 빈번하고 재

물을 모으기 힘들어지는 것이다. 따라서 大財를 감당하려면 종재격(從財格)이 아닌한 日主가 旺하고 有氣해야 하는 것이다.

◉ 月柱가 戊辰土로 傷官이 旺하다. 傷官이 있는 사주는 교묘한 재주가 있고, 예체능, 기술, 연구직과 연관이 많다. 용신, 희신에 해당하면 명성 있는 장인(匠人)이나 과학자의 반열이고, 기타의 경우는 재능이 뛰어난 기술자에 불과하다. 傷官이 한신이니 후자에 속한다.

◉ 月柱에 오귀살(五鬼殺)과 空亡이 동주하고 있다. 부모형제자매간에 돈독한 정이 적고, 죽은 형제자매가 나올 수 있다.

◉ 日支는 처궁이다. 酉金 偏財에 도화살(桃花殺)이 동주하니 처와의 연이 적다고 판단한다. 또한 주색(酒色)으로 인해 파재(破財), 파가(破家)할 수 있다.

◉ 時柱는 辛丑이고, 묘궁(墓宮)이며, 백호대살(白虎大殺)이 동주하고 있다. 이런 경우는 어려서 예기치 않은 신액(身厄)이 많이 생기고, 또한 時柱는 자식궁이니 자식과의 연(緣)이 적거나, 모든 자식을 다 건사하기가 힘들 수 있다.

◉ 時干에 辛金 偏財가 있다. 時上一位 偏財가 기신이면 부모와의 연이 적으니 부모 두분 다 일찍 돌아가시거나, 한분이 일찍 돌아가시는 경우가 발생한다. 또한 재물이 모아지면 모아질수록 신고(身苦)가 따르고 예기치 않은 풍파가 많이 발생한다. 신강사주(身强四柱)면 다소 덜하나 신약사주(身弱四柱)면 감당하기 어렵다.

◉ 丁火 日干이 財가 많아 신약인 경우는 성격이 변동이 많고, 쓸데없이 고집을 잘 부리고, 남과 융화가 잘 안되며, 한 가지 일에 집착을 잘 하며, 투기나 노름에 빠지기 쉬운 성향을 타고 났다. 운로(運路)에서 기신운이면 패가망신할 수 있다.

③ 大運풀이

◉ 己巳大運은 己土는 年干 甲木과 간합토국의 구신이 되고, 巳火는 日支 酉金, 時支 丑土와 더불어 삼합금국이 되며 기신운이 되니 초년에 고생이 심했고, 학업을 계속하기가 어려웠다.

◉ 庚午大運은 庚金은 年干 甲木과 沖이 되어, 용신인 甲木을 부수어 벽갑인정(劈甲引丁)하니 약한 日干 丁火를 생조하는 역할은 하나, 역시 용신을 沖하는 것이라

아름답지만은 않다. 午火는 한신운이니 다소 집안 형편이 나아지기 시작했다.

◉ 辛未大運은 辛金은 기신이고 未土는 구신이니, 추진하는 일마다 풀리지 않았고 직업의 변동이 많았다.

◉ 壬申大運 中 壬水大運은 日干 丁火 한신과 간합목국의 용신운이 되니 비약적인 발전을 하게 되어, 낚시도구와 연관된 제품으로 불과 수년 만에 수십억의 재산을 모았다.

申金大運은 申金이 기신이니 빈번한 금전지출로 인해 모은 재산을 거의 탕진했다. 이는 申金이 財星이니 주색으로 인해 탕진된 것이다.

◉ 癸酉大運은 癸水가 月干 戊土와 간합화국의 한신운이고, 酉金은 年·月支 辰土와는 육합금국, 時支 丑土와는 반합금국이 되어 전부 기신운이니 흉사가 다발(多發)할 것이라 예견된다.

◉ 사주원국에 官星이 암장되었고, 月柱의 傷官이 旺하니 결국 직장을 의미하는 官星을 극하게 되어 평생동안 직장생활을 하지 못했다.

◉ 時干 辛金 偏財는 기신이라 이런 경우 부친과의 緣이 적은 것이니, 時上 偏財는 대체로 比劫運이 들어올 시 흉사가 닥치게 된다. 庚午大運 中 午火大運에 다소 집안형편이 나아지기 시작 했으나, 부친의 작고로 인해 집안사정이 확 풀려나가지 못했다.

女命 (食傷이 旺한 사주)

癸	壬	戊	庚
劫財		偏官	偏印
卯	午	寅	辰
傷官	正財	食神	偏官
死·六害	胎·災殺	病·驛馬	墓
桃花·病符	飛刃·喪門	文昌·暗祿	寡宿
	隔角	弔客	

辛	壬	癸	甲	乙	丙	丁
未	申	酉	戌	亥	子	丑

① 용신(用神)

壬水 日干이 寅月에 生하여 실기하였다. 地支는 寅卯辰 방합목국을 형성하니 설기가 심하여 壬水 日干이 설 땅이 없다. 印星으로 신약한 日主를 생조해야 중화를 이룰 수 있다. 年干 庚金이 용신이다.

用神 : 庚金
喜神 :　土
忌神 :　火
閑神 :　水
仇神 :　木

② 통변(通辯)

◉ 地支가 寅卯辰 방합목국으로 食傷이 되고 대단히 旺하다. 아울러 時支 卯木에 도화살이 동주하니 예체능 계통과 연관된 직업으로 판단하며, 아울러 壬水 日干이니 다재다능하다. 배우로서 크게 이름을 날렸다.

◉ 대운이 戌酉申 용신운으로 흐르니 여배우로서 타고난 재능을 유감없이 발휘하여 명성을 얻게 된 것이다.

◉ 食傷이 木氣를 띄고 旺하면 대체로 예체능계통과 연관된 직업이나 재능이 있다고 판단한다.

◉ 地支 寅卯辰은 방합목국의 食傷이다. 日支 午火 正財를 생하니 食傷生財하여 재물복이 많으나, 日干 壬水가 有氣하지 못하여 신약하니 大財를 감당하기 어려운 것이다. 戌酉申 대운은 용신운이니 순탄하게 재물이 모아질 것이라 판단한다.

◉ 偏官이 둘이지만 年支 辰土는 방합목국으로 바뀌니, 月干 戊土 偏官 一位만 남았고, 관인상생(官印相生)되니 명성을 얻을 것인데, 偏官과 偏印이니 이도공명(異途功名)이라 예능인(藝能人)의 길로 명성을 얻은 것이다.

◉ 여명의 官星은 남편으로 논한다. 年支 辰土 偏官이 묘궁(墓宮)과 동주하고 또한 과숙살(寡宿殺)이 있으니 남편과의 연이 적다고 판단한다.

◉ 연예인들은 대체로 사람에 따라 정도의 차이가 있지만 약간씩의 神氣가 있다. 그래야 연예인으로서의 자질을 유감없이 발휘할 수 있는 것이다. 상기명 역시 도화살(桃花殺), 상문살(喪門殺), 조객살(弔客殺) 등의 신기와 연관된 흉살이 있으

니 연예인의 길을 택했고 또한 능력을 발휘하여 명성을 얻은 것이다.

⊙ 時柱는 자식궁인데 십이운성의 死가 되고, 육해살(六害殺), 병부살(病符殺) 등과 동주하니 자식과의 연이 적다고 판단한다.

⊙ 時干에 투출한 劫財는 형제자매로 논하는데 日干 壬水에 흡수되니 반드시 나서 죽은 형제자매가 있다고 판단하는 것이다.

男命(大富의 사주)

丁	庚	丁	乙
正官		正官	正財
丑	申	亥	卯
正印	比肩	食神	正財
墓·月殺	建祿·劫殺	病·地殺	胎

庚	辛	壬	癸	甲	乙	丙
辰	巳	午	未	申	酉	戌

① 용신(用神)

庚金 日干이 亥月에 生하여 비록 실기했지만, 日支에 申金 比肩이 있고, 時支의 丑土가 생조하니 日干이 약하지 않다. 年干 乙木 正財는 年, 月支에 통근하고, 月令 亥水 食神은 年支와 반합목국의 財星局을 이루니 財星 역시 약하지 않다. 신왕재왕(身旺財旺)하니 귀격사주이다. 天干의 丁火 正官은 비록 투출되었으나 地支에 통근되지 못했으니 旺하지 못하다. 따라서 財는 차지하되 官은 차지하기 힘들다. 용신은 日干 庚金을 극제하여 중화를 이루기 위해 필요한 月干 丁火가 용신이다.

用神 : 丁火
喜神 :   木
忌神 :   水
閑神 :   土
仇神 :   金

② 통변(通辯)

月干 丁火 용신은 본시 亥月에 旺하다고 볼 수 없지만, 地支 반합목국의 생조를

받으니 庚金을 녹여 귀기(貴器)를 만듦에 부족하지 않다.

　대운이 未午巳 남방화지의 용신운으로 흐르니 대부격(大富格)을 이루었다. 사주원국이 신왕재왕(身旺財旺)하니 日柱가 능히 財를 능히 감당하게 되고, 식신생재(食神生財)하니 大富를 이룰 수 있고 또한 관인상생(官印相生)하여 貴를 얻을 수 있으니 부귀쌍전(富貴雙全)하게 된 것이다. 용신이 月柱에 있으니 자수성가할 팔자이고, 또한 時柱에도 있으니 그 자손들이 명성을 얻을 명조이다. 특히 時柱가 관인상생(官印相生)되니 장차 관록(官祿)을 얻을 자손이 나오게 될 것이다.

男命(君王의 사주)

甲	己	丁	乙
正官		偏印	偏官
子	未	未	亥
偏財	比肩	比肩	正財
胞·桃花	冠帶·華蓋	冠帶·華蓋	胎
空亡			

庚	辛	壬	癸	甲	乙	丙
子	丑	寅	卯	辰	巳	午

① 용신(用神)

　己土 日干이 未土月에 生하여 득기(得氣)하였고, 未土月은 火氣가 퇴기하는 시점이라 토조(土燥)할 수 있으나, 地支에 亥子水가 있어 건조하지 않으니 능히 官星인 甲乙木을 부양할 수 있다. 日干 己土는 時干 甲木과 간합토국을 형성하고 日支와 月支의 未土와 통근하니 화격(化格)이다. 化된 五行인 土氣가 旺하니 이를 극제하는 年支 亥中의 甲木으로 용신을 잡는다. 年支와 月支의 亥水와 未土는 年干에 乙木이 투출됐으니 地支에 木의 기운이 미친다고 판단하므로 卯木을 끌어와 亥卯未 삼합 목국이 형성된다고 판단한다. 따라서 용신이 왕강한 것이다. 극귀(極貴)할 명조(命造)로 군왕(君王)의 사주이다.

　　用神 : 甲木
　　喜神 :　 水

忌神 : 金
閑神 : 火
仇神 : 土

② 통변(通辯)

◉ 己土 日干은 甲己 合土의 干合으로 地支 未土에 통근하니 日主가 旺하다. 특히 天干의 甲乙木 正偏官은 관살혼잡으로 볼 수 있으나, 甲木이 간합되어 比劫으로 바뀌니 年干 乙木 偏官만 남아 거관유살(去官留殺)되므로 귀격이 되었다. 무관(武官)의 사주이다.

◉ 乙木 偏官은 地支 亥水, 未土와 함께 亥卯未 삼합목국의 용신이 되니 용신이 매우 왕강하다.
月干 丁火 偏印은 月令 未土에 통근되니 역시 약하지 않다. 따라서 살왕인왕(殺旺印旺)에 관인상생(官印相生)되고 身旺하니 大貴格이다.

◉ 대운의 흐름이 辰卯寅丑子의 용신과 희신운으로 흐르니 출장입상(出將入相)의 명조(命造)로써, 운로(運路)가 길신이니 왕업(王業)을 닦을 극귀(極貴)할 명조인 것이다. 조선조 이태조의 명조라 한다.

男命 (君王의 사주)

丁	戊	戊	甲
正印		比肩	偏官
巳	申	辰	午
偏印	食神	比肩	正印
建祿·亡身	病·驛馬	冠帶·月殺	帝旺

乙	甲	癸	壬	辛	庚	己
亥	戌	酉	申	未	午	巳

① 용신(用神)

戊土 日干이 辰月에 生하여 득기하였고, 月柱의 比肩과 年支 및 時柱에 印星이 있으니 신강사주이다. 日干 戊土의 기운을 극제하거나, 洩氣시키는 五行으로 용신

을 잡는다. 辰月은 火氣가 태동하는 계절이니 사주의 丁午巳火가 약하지 않다. 따라서 年干 甲木으로 용신을 잡을 경우 火氣를 더욱 왕하게 하니 중화를 이룰 수 없다. 月柱의 比肩 戊土는 월령을 차지하고 火의 생조를 받으니 왕하다. 따라서 용신은 日主의 왕한 기운을 설기시키는 日支 申中의 庚金으로 용신을 잡는다. 庚金은 사주 원국의 왕한 土氣의 생조를 받으니 용신이 왕강하다. 印星인 "精"과 比肩인 "氣"와 食傷인 "神"의 정신기(精神氣) 三者가 모두 왕하니 극귀(極貴)할 명조인 것이다.

用神 : 庚金
喜神 :   土
忌神 :   火
閑神 :   水
仇神 :   木

② 통변(通辯)

상기사주는 印星인 火氣가 많으니 財星인 壬癸水로 용신을 잡아야 할 것 같으나, 時支 巳火는 日支 申金과 刑合되고, 다시 日支 申金은 月令 辰土와 반합수국을 형성하니 戊土가 만물을 성장케 할 水氣는 마련된 것이다.

또한 時干 丁火와 年支 午火를 견제하니 火氣가 태왕하다고만 판단할 수 없는 것이다. 따라서 戊土 日干이 月令에 통근하고, 比肩의 부조가 있어 태왕하니 왕한 土氣를 庚金으로 설기시켜 중화를 이루어야 하는 것이다.

年干 甲木 偏官은 月令 辰土에 뿌리를 박고 있으니 왕성하다. 天干에 官과 印이 상생되고 왕성하니 大貴格이며, 대운의 흐름이 오랫동안 용신운이니 청나라 전성기의 황제가 된 것이다. 강희제의 명조이다.

男命 (財星이 없는 사주)

壬	丙	戊	癸
偏官		食神	正官
辰	午	午	巳
食神	劫財	劫財	比肩
冠帶·天殺	帝旺·桃花	帝旺·桃花	建祿

五鬼·寡宿 病符		羊刃·陽錯		羊刃·陽錯		太白
辛	壬	癸	甲	乙	丙	丁
亥	子	丑	寅	卯	辰	巳

① 용신(用神)

상기는 "적천수(滴天髓)"를 증주(增註)하신 임철초(任鐵樵)선생의 명조이다. 丙火가 오화절에 생하여 比劫이 많고, 月支, 日支의 午火는 양인살(羊刃殺)이니 日干 丙火가 태강하다. 天干의 壬水는 時支 辰土가 수고(水庫)라 통근되니 약하지 않다. 年干 癸水는 月干 戊土와 간합화국이 되어 합관유살(合官留殺)되니 壬水 偏官만 남게 되었다. 만약 壬水가 좌하(坐下)에 수고(水庫)인 辰土가 없었으면 뿌리가 없는 것이니, 丙火 日干은 부득이 旺한 火氣를 從할 수밖에 없어 종왕격(從旺格)으로 논해야 할 것이다. 그러나 상기의 경우는 억부법을 적용하여 時干 壬水 偏官이 용신이다. 다만 壬水 용신이 태왕한 日干 丙火의 극제를 받으니 용신이 무력한 것이다. 그래서 貴格이 되지 못한 것이다.

用神 : 壬水
喜神 :　金
忌神 :　土
閑神 :　木
仇神 :　火

② 통변(通辯)

丙火 日干의 午火節은 종격(從格)이 아닌 한 壬水와 庚金을 떠나 용신을 생각할 수 없다. 상기는 比劫이 왕하니 財를 용신으로 생각할 수 있으나 지장간에 암장(暗藏)되었고, 地支에 양인살(羊刃殺)이 왕하니 제극하는 時干 壬水를 용신으로 쓸 수밖에 없다.

天干에 正·偏官이 투출됐으나 합관유살(合官留殺)되니 時干 壬水 偏官만 남아 관살혼잡(官殺混雜)이 되지는 않았으나, 무력한 壬水를 旺火가 극제하니 용신인 壬水가 파극되어 사주가 파격(破格)이 되었다. 만약 사주원국에 일점 庚辛金이 있어 무력한 壬水를 생조한다면 귀격사주가 되었을 것이다.

③ 大運풀이

● 丁巳大運 중 丁火大運은 丁癸 沖으로 戊癸 合火를 破하여 癸水를 살려 놓으나, 旺火에 우로수(雨露水)인 癸水는 모두 증발되니 무력하고, 時干 壬水와의 丁壬 合木은 한신이다. 평운이다. 巳火大運은 구신이니 흉운이다.

● 丙辰大運 중 丙火大運은 丙壬 沖으로 용신을 파극하니 흉운이다. 辰土大運은 기신이니 흉운이다.

● 乙卯大運 중 乙木大運은 한신이니 평운이다. 卯木大運은 한신이니 평운이다.

● 甲寅大運 : 甲木대운은 閑神이니 평운이다.
　　　　　　 寅木대운은 寅午 반합화국으로 구신이니 흉운이다.

　癸丑大運 : 癸水대운은 戊癸 合火로 구신이니 흉운이다.
　　　　　　 丑土대운은 丑午 원진살에 丑辰 破殺로 기신, 구신을 相破하여 凶去되나 地支를 흔들어 놓으니 평운이다.

　壬子大運 : 壬水대운은 용신이나 丙壬 沖으로 파극되니 흉운이다.
　　　　　　 子水대운은 용신이나 子午 沖으로 旺火에 파극되니 역시 凶運이다.

　辛亥大運 : 辛金대운은 희신이나 용신인 壬水를 生함이 역부족이니 평운이다.
　　　　　　 亥水대운은 용신이나 巳亥 상충으로 旺火에 파극되니 흉운이다.
　　　　　　 상기사주는 一點의 財星이 없어 旺한 比劫을 제어(制御) 못하고, 더군다나 운로(運路)가 기신, 구신운이니 평생 크게 발복되지 못한 것이다.

女命 (女僧의 사주)

癸	甲	己	庚
正印		正財	偏官
酉	寅	丑	子
正官	比肩	正財	正印
飛刃·流霞	建祿·孤鸞	冠帶·五鬼	沐浴·梟神
桃花·鬼門	孤神·喪門	天乙·攀鞍	五鬼·眞神
	驛馬	空亡	空亡

庚	戊	癸	壬
○	丙	辛	○
辛	甲	己	癸

辛	壬	癸	甲	乙	丙	丁	戊
巳	午	未	申	酉	戌	亥	子

① 용신(用神)

甲木이 丑月에 生하여 천지가 차다. 조후(調候)를 우선 생각해 보아야 한다. 따라서 소생의 기미가 있는가? 없는가?를 판단하여 소생의 기미가 있으면 丙火를 쓰고, 소생의 기미가 없으면 庚金 도끼를 사용하여 쪼개어 땔감으로 쓸 수밖에 없다. 日干 甲木은 月干 己土와 간합토국이며 月令에 통근하니 화격(化格)이고, 年支 子水와 月支 丑土는 육합토국이다. 化格의 경우도 용신을 잡는 경우는 일반 억부법과 별반 차이가 없다. 즉 化된 五行이 旺하면 극루(剋漏)하는 것으로 용신을 잡고, 化된 五行이 쇠하면 부조하는 것으로 용신을 잡는다. 따라서 土氣가 旺하니 甲木의 用을 생각해 볼 수 있는데, 日支 寅木은 時支 酉金과 원진살로 부서지니 용신의 역할을 기대하기 어렵다. 따라서 旺한 土氣를 설기시키는 年干 庚金으로 용신을 잡을 수밖에 없다.

用神 : 庚金
喜神 : 土
忌神 : 火
閑神 : 水
仇神 : 木

② 통변(通辯)

天干의 己土, 庚金, 癸水는 月令 丑土에 통근되고 있으니 약하지 않다. 즉 財·官·印이 투출되고 통근됐으니 길한 사주이다. 月柱 己丑 財星은 干合과 六合되어 財星이 旺하니 印星을 파하게 되어 어머니와의 연이 박하다고 판단한다. 또한 財星은 시어머니를 뜻하기도 하는데 財星이 旺하여 病이 됐으니 시댁과의 연이 적다고 판단한다. 여명의 용신은 남편을 뜻하는데 年干 庚金은 丑月에 한금(寒金)이다. 따라서 하련(煆煉)하여 귀기(貴器)를 만들 丙丁火가 있어야 귀격이 되는데, 사주원국에 火氣가 태약하니 한금(寒金)을 용금(鎔金)할 수 없다. 따라서 남편과의 연도 없는 것이니 평생 독신으로 사는 팔자다. 여승(女僧)의 명조이다.

남녀 공히 官星은 직업을 의미한다. 年干 庚金과 時支 酉金 官星이 있으니 관살혼잡(官殺混雜)이다. 그러나 時支 酉金은 日支 寅木과 원진살이 되어 상파(相破)되니 年干 庚金 偏官만 남게 되어 "거관유살(去官留殺)"이 되었다. 偏官만 남으니 이도(異道=무관, 기술직, 역술, 종교…)의 길이다. 다만 旺한 財星의 생조를 받으니 偏官이 旺하여 승도(僧道)로서 많은 제자를 거닐고 있고, 수행정진이 뛰어나 많은 신도들의 신뢰를 쌓아 불교 진흥에 큰 역할을 하고 있다.

③ 大運풀이

◉ 丁亥大運 중 丁火는 기신으로 時干 癸水와 沖殺로 상파(相破)되니 어머니의 자리가 부서진다. 이때 모친이 별세했다.

　亥水는 日支 寅木과 육합목국의 구신이니 모친을 사별한 정신적인 충격으로 종교에 심취하게 되어 불교학과를 택했다.

◉ 丙戌大運 중 丙火는 年干 庚金 偏官을 丙庚殺로 극하여 남자친구들과의 연을 없어지게 만드는 것이니 모두 청산하고 대학 졸업 후 여승이 되었다.

　戌土는 희신이니 용맹정진하여 점차 스승들의 인정을 받게되어 불교계의 중책을 맡기 시작했다.

◉ 乙酉大運 중 乙木은 年干 庚金과 간합금국의 용신이 되니 비약적인 발전을 했다. 큰 사찰의 주지가 되었다.

　酉金은 丑土와는 반합금국, 寅木과는 원진살(怨嗔殺)로 상파(相破)되어 일진일퇴 했으나, 旺財의 부조를 받고, 본시 용신운이니 제자양성에 전력했다.

◉ 甲申大運 중 甲木은 庚金과는 沖殺, 己土와는 간합토국의 희신운으로 역시 일희일비 했다. 주변으로부터 음해(陰害)와 격려(激勵)가 교차된 기간이다.

　申金은 용신으로 寅木과는 沖殺이나 역시 旺財의 부조가 있으니 뜻을 펴기에는 장애(障碍)가 적을 것이다.

◉ 癸未大運은 한신운이니 무애무덕할 것이다.

◉ 이후 午巳 남방 화대운은 기신운이니 매사 신중을 요하고 후진양성에 힘을 쏟아야 할 것이다.

男命 (出將入相의 사주)

丁	丁	癸	己
比肩		偏官	食神
未	巳	酉	未
食神	劫財	偏財	食神
冠帶·華蓋	帝旺·驛馬	長生·災殺	冠帶

丁	戊	庚	丁
乙	庚	○	乙
己	丙	辛	己

丁	戊	己	庚	辛	壬
卯	辰	巳	午	未	申

① 용신(用神)

상기는 무관(武官)으로 출발하여 중국 청나라 말 초대 총통을 지냈고, 최고의 권세를 누렸던 원세개(遠世凱)의 사주이다.

丁火 日干이 酉金月에 生하여 실기하였지만 地支 未中에 통근하고, 日支 巳火에 통근하고, 時干 丁火 比肩이 있으니 日干이 약하지 않다. 印星이 없어도 比劫이 旺하여 日主가 旺한 것이니 財로써 용신을 잡아야 한다. 比劫이 旺하다 함은 형제자매가 많은 것이니 財를 용하여 골고루 분배해야 다툼이 없는 이치와 같은 것이다.

癸水 偏官은 年柱의 己未土에 극제를 많이 받으나, 日支와 月支의 巳와 酉는 年干에 己土가 있고, 己土는 月干 癸水의 영향으로 습토가 되니 巳酉丑 삼합금국의 財星을 형성하고 있다고 보아야 한다. 따라서 癸水 偏官이 약하다고 보면 안된다.

상기사주는 신왕재왕(身旺財旺)하고 또한 偏官이 旺하니 출장입상(出將入相)의 귀격사주이다. 용신은 月支 酉中의 庚金이다.

用神 : 庚金
喜神 : 土
忌神 : 火
閑神 : 水
仇神 : 木

② 통변(通辯)

用神은 月支 酉中의 庚金인데 地支에 암암리에 巳酉丑 삼합금국을 형성하니 용신이 왕강하다. 또한 月干 癸水 偏官은 地支 삼합금국의 生助를 받으니 역시 왕강하다. 고로 귀격사주가 된 것이다.

어찌 丁火 日干이 旺하다고 판단하는가?

日支 巳火와 時支 未土 사이에는 午火가 탄함(呑陷)되어 있다. 따라서 암암리에 巳午未 남방화국의 氣運도 있다고 판단하는 것이니 日主가 旺한 것이다.

어찌 地支에 巳酉丑 삼합금국이 형성된다고 판단하는가?

이는 "적천수(滴天髓)"의 이론인데, 年干 己土는 地支의 丑未土로 논한다. 己土가 月干 癸水와 가까이 있으니 습토의 기운이 있으며 지지에 영향을 미친다고 판단한다. 따라서 巳酉丑 삼합금국이 형성된다고 논하는 것이다.

사주상의 偏官은 사주원국에 극제하는 五行이 있으면 偏官이라 하고, 극제하는 오행이 없으면 칠살(七殺)이라 논한다. 상기는 月干 癸水가 金局의 생조를 받으니 왕하여 천방지축인데, 旺한 日干 丁火와는 相沖이 되고, 年柱 己未土의 극제를 받으니 偏官이 旺한 中 잘 제극되어 貴格이 된 것이다.

어찌 무관사주(武官四柱)인가?

무관의 사주는 대략 몇 가지로 분류되는데 그 중 대표적인 것을 열거하면

◉ 사주에 火金이 성하면 무관의 사주이다. 이는 火는 화약이고 金은 총기를 뜻하기 때문이다.

◉ 火金 中 金보다 火가 더 성(盛)하면 통상 소방직이나 기술직 등이 많고, 火보다 金이 성(盛)하면 경찰계통이 많다.

◉ 偏官이 왕할 경우에도 무관직이다. 日主가 왕하고 偏官이 잘 제극된 사주면 귀격(貴格)이고, 제극되지 못하면 천격(賤格)이다.

◉ 官殺이 혼잡된 사주에 火金이 많은 경우도 무관직이다.

◉ 偏官이 왕하고 제극되고, 印星이 길신이면 문무겸비(文武兼備)한 명조(命造)이다.

◉ 傷官이 왕성하고, 官과 印이 길신이면 무관의 길을 가며 높이 되고. 官과 印이 흉신이면 지위가 낮다.

◉ 사주에 형, 충, 파, 해, 원진살(怨嗔殺) 등이 많고, 정신기(精神氣) 中 精·氣가 특히 강하며, 神이 적을 경우에는 설기(洩氣)가 되지 못한 것이니 무관의 경우

가 많고, 양인살(羊刃殺), 괴강살(魁罡殺) 등이 있으며 偏官이 흉신일 경우에도
무관직이다. 그러나 상기의 경우라도 음양오행이 잘 구비되고 생화극제 관계
가 잘 조화되어 있으면 귀격사주가 되는 것이다.

壬申, 辛未, 庚午, 己巳, 戊辰大運까지는 용신과 희신운이니 승승장구했다, 丁
卯大運에 丁火는 기신이며 月干 癸水와 沖이 되어 癸水 한신을 파극하고, 卯木
은 月支 酉金 용신과 沖이 되어 삼합금국을 깨어 용신을 파극하니 실권(失權)하
고 사망하였다.

상기 원세개(遠世凱)의 사주는 세 번째에 해당되는 전형적인 군인의 사주이다.

男命 (처복이 없는 사주)

丁	乙	己	辛
食神		偏財	偏官
亥	巳	亥	亥
正印	傷官	正印	正印
死·地殺	沐浴·驛馬	死·地殺	死·梟神
破軍	孤鸞	破軍	
戊	戊	戊	戊
甲	庚	甲	甲
壬	丙	壬	壬

辛	壬	癸	甲	乙	丙	丁	戊
卯	辰	巳	午	未	申	酉	戌

① 용신(用神)

乙木 日干이 亥月에 生하여 십이운성의 死에 해당하나, 年·月·時支에 印星이
있으니 신강하다. 乙木의 경우 亥子丑의 북방 水旺節에 生한 경우 우선 조후가 급
하니 생존 여부를 판단해야 한다. 사주원국에 일점 火氣가 있어 소생(蘇生)의 기운
이 있으면 조후(調候)로써 丙丁火로 용신을 잡고, 그렇지 못할 경우에는 억부법을
적용하여 용신을 잡는다.

상기의 경우는 亥月에 生하여 印星이 旺하다 해도, 亥中에는 역시 戊土가 있고,
日支 巳中에도 戊土가 있으니 능히 왕한 水氣를 감당할 수 있다. 또한 月令 亥水는

日支 巳火와 相沖되어 손상되었다. 따라서 亥月의 水氣가 본래의 기운을 다 갖추고 있다고 볼 수 없는 것이다. 다소 무력해졌다고 판단한다. 時干 丁火는 時支에 亥水를 깔고 있어 극제를 받지만, 日支 巳火에 통근하니 무력하더라도 소생(蘇生)의 기운은 갖추고 있다고 판단하는 것이다. 따라서 용신은 時干 丁火로 잡는다. 時干 丁火는 乙木을 소생시킬 火氣가 부족하지만 투출하였으니 이를 용신으로 잡는 것이다. 그러나 火氣의 역량이 부족하니 귀격이 되지 못한다.

用神 : 丁火
喜神 : 木
忌神 : 水
閑神 : 土
仇神 : 金

② 통변(通辯)

◉ 상기사주는 印星이 旺하다. 印星이 旺한 것은 좋으나 陰木의 경우 印星 즉 水氣가 왕하면 뿌리가 썩을 염려가 있다. 따라서 丙丁火가 요구되는 것이다. 印星이 旺하여 기신이니 생모와의 연이 적었다. 戊土大運 한신운에 巳戌 원진살로 日支 巳火 용신이 부서지니 생모가 작고하였고, 계모 밑에서 자라게 되었다. 그러나 계모의 학대와 이복형제들과의 불화, 나이에 비해 힘에 겨운 노동력의 착취로 인해, 힘든 나날을 보냈고 이를 보다 못한 동네 아주머니의 도움으로 인근 사찰의 사미승으로 들어갔다.

◉ 月支, 時支 亥水에 地殺과 日支 巳火에 역마살(驛馬殺)이 있으니 평생한 곳에 정착하지 못하고 이동을 많이 할 팔자이며, 月干에 偏財가 투출했으니 행상인, 무역업, 투기업 등에 종사할 명조이다.

◉ 남명에서 財星은 처첩(妻·妾)으로 본다. 통상 正財는 本妻로 보고, 偏財는 妾, 혹은 정부(情婦), 재혼한 여자로 판단한다. 상기는 偏財가 투출되고, 지장간에 戊土 正財가 암장되어 있으니, 본처와의 연이 박하다고 판단한다. 평생 정식 결혼을 하지 않고, 동거생활을 했다.

◉ 남명에서 日支는 妻의 자리이다. 日支 巳火 妻의 자리는 月支 亥水와 相沖되어 妻의 자리가 손상되었다. 따라서 정식 결혼을 할 수 없었고 아울러 목욕살(沐浴殺)과, 역마살(驛馬殺)과, 고란살(孤鸞殺)이 있으니 고독한 성격과 방랑벽이

있어 한 여자와 오래 사귀지도 못했다.

③ 大運풀이

◉ 丁酉大運 中 丁火大運은 용신운이니 사찰에 기거하며 주지스님의 도움으로
초등학교와 중학교를 마쳤다.

酉金大運은 日支 巳火와 반합금국의 구신운이니 주지스님의 작고로 인해 사
찰을 나오게 되고, 이후 행상(行商)으로 연명했다.

◉ 丙申大運 中 丙火大運은 年干 辛金과 간합수국의 기신운이니 하는 일마다 실
패하였고, 金이 기신이니 폐병(肺病)을 앓게 되었다.

申金大運은 日支 巳火와 형합(刑合)되니, 동거생활을 시작했으나 여자의 낭비
벽으로 인해 이별했고, 동거기간 동안 빚을 지게 되어 채무관계로 인한 소송에
시달리게 됐다.

◉ 乙未大運 中 乙木大運은 본시 희신운이나 年干 辛金 偏官과 沖殺로 희신이
부서지며, 官星인 직업을 흔들어 놓으니 직장, 직업이 없이 막노동으로 생활
해야 했다.

未土大運은 日干 乙木을 끌어와 地支 亥水와 亥卯未 삼합목국의 희신운이 되
니 작은 회사에 취직되어 다소 안정적인 생활을 하고 있으며, 남명에서 희신은
또한 妻로 보는 것이니, 이때 이혼한 여자와 동거생활을 시작했다.

◉ 이후 午巳辰卯 용신과 희신 대운은 점차적으로 안정적인 인생을 살 수 있으리
라 판단한다.

男命 (입지전적인 사주)

辛	壬	丙	癸
正印		偏財	劫財
丑	子	辰	未
正官	劫財	偏官	正官
衰·月殺	帝旺·年殺	墓·攀鞍	養
金輿·太白	羊刃·紅艷	絞神	
斧劈	急脚		

癸辛己		壬○癸		乙癸戊		丁乙己	
戊申	己酉	庚戌	辛亥	壬子	癸丑	甲寅	乙卯

① 용신(用神)

壬水 日干이 辰月에 生하여 묘궁(墓宮)이니 실기하였고, 月干 丙火와 沖이 되니 日干의 기운이 쇠약하다. 日支 子水는 月支 辰土와는 반합수국이고 時支 丑土와는 육합토국인데, 辰月에 해당하니 土氣를 더욱 많이 띄고 있다고 판단한다. 地支는 未辰丑의 官星이 왕하니 극제하거나 설기시켜 中和를 이루도록 해야 한다. 따라서 旺한 土氣를 극제하기 위해 甲木이 필요한데, 甲木이 투출되지 못했으니 月支 辰中의 乙木으로 용신을 잡는다. 이런 경우 용신이 왕강하지 못하게 되는 것이다.

用神 : 乙木
喜神 : 水
忌神 : 金
閑神 : 火
仇神 : 土

② 통변(通辯)

상기사주는 地支에 正·偏官이 있으니 관살혼잡되었으며 官星이 旺하다. 일점 木氣가 天干에 투출되어 旺한 官星을 극제하면 사주가 귀격이 되었을텐데 지장간에 암장되었고, 乙木뿐이니 높은 관직에 오르지 못한 것이다. 月干 丙火 偏財는 日干과 丙壬 沖으로 손상되고 또한 年支 癸水의 剋을 받고, 月支 辰土에 설기되어 빛을 가리게 되니 財星이 旺하지 못하다. 時干 辛金은 月支 辰土의 生을 받고, 時支 丑土에 뿌리를 박고 있으니 印星이 약한 것은 아니다. 다만 官星이 태왕한 것이 흠이니, 거살유관(去殺留官)이나, 거관유살(居官留殺)되어 왕한 官星의 기운을 중화시키지 못함이 안타깝다.

③ 大運풀이

◉ 癸丑大運에 癸水는 희신이고, 丑土는 본시 구신이나 年支 未土와는 丑未 沖殺

과, 月支 辰土와는 丑辰 破殺이 되어 구신의 역할을 못하게 되니 무난하게 공
직자의 길을 택했다.

◉ 壬子大運은 희신운이니 탈없이 공직생활을 하였다.

◉ 辛亥大運은 辛金이 月干 丙火와 간합수국의 희신운이고, 亥水大運은 대운과
는 亥子丑 방합수국의 희신운을 형성하니 이 시기에 거듭 승진하게 된 것이다.

◉ 庚戌大運 中 庚金大運은 구신운이라 공직생활에 여러 고비가 있었지만, 月干
丙火 한신이 있으니 대과(大過)없이 지내게 되었다. 戌土大運은 구신이며 地支
丑土와 未土와는 丑戌未 삼형살(三刑殺)이 되니, 퇴직 후 여러 지방자치의 선거
에 뛰어들었으나 성과가 없었다.

◉ 己酉大運 이후도 운로(運路)가 아름답지만은 않다고 판단한다.

男命 (正官이 암장된 사주)

戊	丁	辛	戊
傷官		偏財	傷官
申	未	酉	戌
正財	食神	偏財	傷官
沐浴·驛馬	冠帶·攀鞍	長生·六害	養
陽錯·弔客	暗祿·絞神	文昌·學堂	落井·急脚
金輿	紅艶·陰差	天乙·病符	
	寡宿		

己	丁	庚	辛
壬·戊	乙	○	丁
庚	己	辛	戊

己	戊	丁	丙	乙	甲	癸	壬
巳	辰	卯	寅	丑	子	亥	戌

① 용신(用神)

丁火 日干이 酉金月에 生하여 地支에 申酉戌이 있다 하나, 年支 戌土와 日支 未
土가 형파(刑破)가 되니 방합금국을 형성한다고 볼 수 없다. 따라서 從格으로 논할
수 없고, 財가 旺하니 日干이 신약하다. 억부법을 적용하여 日干 丁火를 생조하는

木으로 용신을 잡는다. 日支 未中의 乙木이 용신이다. 편재격(偏財格)이다. 상기는 地支에 戌未의 刑破가 없었다면 방합금국의 財星이 형성되니 종재격(從財格)으로 논해야 했을 것이다.

用神 : 乙木
喜神 :　水
忌神 :　金
閑神 :　火
仇神 :　土

② 통변(通辯)

사주에 財가 旺한 것은 좋으나 日主가 약해서는 財를 감당할 수 없다. 이리되면 "다재는 무재(多財는 無財)"라 오히려 재물이 적다고 판단하는 것이다. 사주상 日主가 약하고 財星이 왕하다면 당연히 재다신약(財多身弱)이 되는데, 이런 경우 대체로 妻가 가권(家權)을 장악하고, 부부 공히 생업에 종사하는 경우가 많고, 어려서 조실 부모하거나 부모 중 한분이 일찍 돌아가시는 경우가 많다.

상기사주는 食傷이 또한 약하지 않다. 이런 경우는 사람이 대체로 처세에 능하고 사교적이며, 아이디어가 많고, 예체능이나 문학 등 창작활동에 소질이 많은 것이다.

③ 大運풀이

◉ 癸亥大運 中 癸水大運은 年·時干의 戊土와 간합화국의 한신운이니 학업에 특출나지는 못했다. 亥水大運은 日支 未土와 반합목국의 용신운이니 학업에 정진하여 대학생활 중 학업성적이 뛰어났다.

◉ 甲子大運 中 甲木大運은 용신운이라 대기업에 취직됐고 결혼도 하였으며, 子水大運은 희신운이라 무탈했으나 日支 未土와는 刑殺이 되니 직장의 변동이 있었다.

◉ 乙丑大運 中 乙木大運은 月干 辛金 偏財와 沖殺이 되니 부친이 작고하였고, 財星이 沖을 맞아 부서지니 주식투자로 재산상의 손실이 있었다.

　丑土大運은 본시 구신에 해당하나 地支 戌未土와 丑戌未 삼형살(三刑殺)로 相破되니 구신이 오히려 희신으로 변모되어 운세의 흐름이 길해졌다. 이때 국회의원선거에 개입하여 후보자가 당선됐고, 보좌관의 역할을 했다.

◉ 丙寅大運 中 丙火大運은 본인은 月干 辛金과 간합수국의 희신운이나, 후보자가 재선에 실패하여 보좌관직을 내놓게 되고, 개인사업을 시작했다.

寅木大運은 본시 용신운이나 月支 酉金과는 寅酉 원진살, 時支 申金는 寅申 충살이 되니 용신이 부서져 사업상의 어려움을 겪으며, 선거에 다시 개입했으나 또다시 실패했다. 이 시기에 사주상 용신인 木과 時柱는 자식으로 보는데 대운의 흐름이 寅申 충살로 상파(相破)되니 자식의 질병으로 인해 금전적, 정신적으로 어려움이 많았다.

◉ 丁卯大運 中 丁火는 한신운, 卯木은 月支 酉金과 충살로 부서지니 길하지 못할 것이다.

◉ 戊辰大運 中 戊土는 구신운, 辰土는 月支 酉金과 육합금국의 기신운이니 역시 吉하지 못할 것이다.

◉ 己巳大運 역시 길운은 아닐 것이라 판단하는 것이다.

男命 (地支가 相生된 사주)

癸	癸	癸	丁
比肩		比肩	偏財
丑	巳	卯	亥
偏官	正財	食神	劫財
冠帶·月殺	胎·驛馬	長生·將星	帝旺·陰差
暗祿·白虎	陰差	天乙·學堂	
喪門		落井·福星	
		文昌·隔角	

癸	戊	甲	戊
辛	庚	○	甲
己	丙	乙	壬

乙	丙	丁	戊	己	庚	辛	壬
未	申	酉	戌	亥	子	丑	寅

① 용신(用神)

癸水 日干이 月·時干에 比肩이 있으나, 卯月에 生하여 설기되고, 月令(월령) 卯木은 年支 亥水와 반합목국을 형성하니 木氣가 旺하고 癸水 日干의 설기가 심하다.

月干 癸水는 年干 丁火와 干沖되어 부서지고, 日干 癸水는 巳火를 깔고 있으니 왕하지 못하다. 그러므로 癸水가 天干에 둘씩이나 투출됐어도 癸水 日干이 신약이라 판단한다. 따라서 旺한 木氣를 억제하고 日干을 생조하는 印星으로 용신을 잡는다. 時支 丑中의 辛金이 용신이다. 卯月은 목왕지절이니 본시 庚金으로 癸水의 수원(水源)을 발하여 줌이 필요하나, 日支 巳中의 庚金은 같은 지장간의 丙火의 극제를 받아 이미 손상되었으니, 부득이 미약하지만 時支 丑中의 辛金을 용신으로 잡은 것이다.

用神 : 辛金
喜神 :   土
忌神 :   火
閑神 :   水
仇神 :   木

② 통변(通辯)

◉ 年支 亥水는 月支 卯木과 반합목국의 食傷이 되고, 食傷은 日支 巳火 正財를 생하고, 正財는 時支 丑土를 생한다. 地支가 생생불식(生生不息)되었다. 卯와 巳 사이에 辰土 正官이 탄함(呑陷)되었고, 時支 丑土 偏官이 있어 관살혼잡되니 무관직의 길을 갔다. 偏官은 지장간의 庚辛金 印星을 생하니 財와 官과 印星이 약하지 않다. 또한 대운의 흐름이 丑子亥戌酉申의 한신과 용신운으로 흐르니 평생 큰 탈 없이 공직자의 길을 간 것이다.

地支 巳丑은 반합금국의 용신에 해당하니 용신이 왕하여 吉格이 된 것이다.

◉ 地支 亥卯는 반합목국의 食傷이니 年干 丁火 偏財를 생하여 식상생재(食傷生財)되어 재물복도 있다. 고향의 상속받은 땅의 가격이 올라 어느 정도의 재물을 축적했다.

③ 大運풀이

◉ 辛丑大運은 용신과 희신운이니 학업에 전념하고 학업성적이 우수했다.

◉ 庚子大運은 庚金은 용신운이고, 子水는 時支 丑土와 육합토국의 희신운이니 土氣는 官星이라 무관직의 길을 택한 것이다.

◉ 己亥大運 중 己土는 희신운이라 무탈했고, 亥水는 본시 한신운이나 月支 卯木과는 반합목국의 구신운이고, 日支 巳火와는 상충되니 자리가 편안치 못했고,

이동이 많았다.

◉ 戊戌大運은 戊土는 본시 희신운이나 月干 癸水와 간합화국의 기신운이 되고, 戌土 역시 본시 희신운이나 月支 卯木과는 육합화국의 기신이 되고, 日支 巳火 와는 원진살이 되고, 時支 丑土와는삼형살(三刑殺)이 되어 地支를 전부 흔들어 놓으니 노력한 것에 비해 성과가 적었고, 높이 승진되지 못했다.

◉ 丁酉大運은 丁火가 癸水와 干沖되어 한신운을 부수니 썩 길하지 못했다. 酉金 大運은 본신 용신운으로 日支 巳火와 時支 丑土와 삼합금국이 되어 대길운이 어야 하나, 酉金 용신대운이 月支 卯木과 相沖되어 巳酉丑의 三合을 깨니, 안 타깝게도 지방경찰직의 수장(首長)에 그치고 한 계급 더 진급하지 못했다.

◉ 人間事 天命에 정해진 타고난 운세의 흐름을 바꾸기가 쉽지 않은 것이다. 年干 丁火 偏財가 있으니 조상으로 부터 재물의 상속이 있었고, 日支 巳火는 正財 로 日支 妻宮을 차지하니 妻가 현모양처(賢母良妻)이고, 이재(理財)에 밝아 재산 증식에 큰 기여를 했다.

天干의 癸水 比肩은 한신에 해당하니 형제자매간은 무애무덕 했고, 癸水 比肩 이 月柱에 있으니 장남으로 태어났다.

사주원국에 比劫이 많으니 형제자매가 7명이나 되었다.

印星인 庚辛金이 용신이라 명석한 두뇌를 지녔으나, 지장간에 암장(暗藏)되었 고 대운의 흐름에서 중년 이후 늦게 들어오니 학자계통의 길을 가지 못했다.

女命 (巳申 刑合 사주)

庚	癸	丁	己
正印		偏財	偏官
申	巳	卯	未
正印	正財	食神	偏官
死·劫殺	胎·驛馬	長生·將星	墓·飛刃
紅艶·孤神	陰差·弔客	學堂·落井	空亡
	天乙	文昌·福星	
己	戊	甲	丁
壬·戊	庚	○	乙
庚	丙	乙	己

乙	甲	癸	壬	辛	庚	己	戊
亥	戌	酉	申	未	午	巳	辰

① 용신(用神)

癸水 日干이 卯月에 生하여 月干 丁火의 극제를 받고, 사주에 財星과 官星이 왕하니 신약하다. 月支 卯木은 年支 未土와 반합목국을 형성하여 日干 癸水의 기운을 설기시키니 日干 癸水를 생조하는 印星이 필요하다. 따라서 時干 庚金 印星이 용신이다. 庚金 용신은 卯月에 무력하나, 日支 巳火와 時支 申金에 통근했으며, 年柱 己未土 官星의 생조를 받으니 태약한 것은 아니다.

用神 : 庚金
喜神 : 土
忌神 : 火
閑神 : 水
仇神 : 木

② 통변(通辯)

상기는 사주가 귀격이나 복부에 혹이 생겨 점점 커지는 질병으로 대수술을 하게 된 女命의 사주이다.

상기사주는 天干에 財·官·印이 투출되고 지지에 통근되었다. 이런 경우 日主가 왕하고 대운에서 용신과 희신운이 도래하면 귀격의 사주가 된다. 年干 己土 偏官은 年支 未土 역시 偏官에 통근되어 偏官이 지나치게 旺하다. 偏官이 旺한 경우 제극하는 甲乙木이 없으면 사주가 오히려 천격(賤格)이 된다.

상기는 年支 未土 偏官이 月支 卯木과 반합목국의 食傷으로 바뀌니, 年干 己土 偏官만 일위 남게 되어 길하게 되었다.

月干 丁火 財星은 地支 반합목국의 생조를 받고, 日支 巳火에 통근하니 역시 약하지 않다.

時干 庚金 正印은 卯月에 무력해지나, 日支 巳火에 통근하고 또한 時支 申金에 통근하고, 年柱 己未土 官星의 생조를 받으니 역시 태약한 것은 아니다. 이처럼 財·官·印이 투출되고 또한 통근되어 왕하고, 대운이 中年 이후 申酉戌 金局의 용신운으로 흐르니 운세의 흐름이 길해지는 것이다.

용신이 時干 庚金인 것은 癸水 日干이 卯月에 生하여 설기되고, 地支 卯未 반합
목국의 食傷이 있으며, 月干과 日支 財星의 극제를 받고, 역시 年柱 己未土의 극제
를 당하니 日干이 신약하다. 따라서 旺木의 기운을 억제(抑制)하고, 日干 癸水를 생
조해주는 庚金이 필요하기 때문이다.

③ 건강(健康)문제

평생의 건강에 관한 문제는 기신(忌神)으로 논한다. 상기는 기신이 火에 해당하니
심장(心臟), 소장(小腸)에 질병이 생길 확률이 높다. 특히 대운이나 세운에서 기신운
으로 들어오면 건강상 흉액을 면키 어려운 것이다.

2008年도 戊子歲運은 庚午大運 中 午火大運(28~32세)에 해당된다.

月干 丁火는 기신인데 日干 癸水와 干沖되어 수극(受剋)되니 억제되어 기신으로
서의 火의 흉운이 잠복되고 있었다. 그런데 2008年도 歲干 戊土가 日干 癸水와 간
합화국이 되어, 癸水가 기신인 月干 丁火를 극제하는 것을 막고, 또한 歲干인 戊土
가 본시 희신이지만 희신의 역할을 하지 못하고 한신인 癸水와 干合되어 본래의
역할을 망각하고 기신으로 化하니 흉액은 예상됐던 일이다.

歲支인 子水의 운세를 분석하면 사주원국의 年支 未土는 偏官이다. 편관이 둘이
라 흉했지만, 月支 卯木이 未土와 합하여 반합목국의 食傷으로 바뀌니 偏官이 일위
만 남게 되어 흉운이 잠복되고 吉해졌던 것이다. 그런데 歲運에서 歲支 子水가 年
支 未土와 害殺과 怨嗔殺이 되고, 月支 卯木과도 刑殺이 되니 卯未 半合을 부수어
年支 未土 偏官을 살려 놓았다. 결과적으로 다시 偏官이 둘이 되었고 제극하는 月
支 卯木의 기운을 子卯 刑殺로 손상(損傷)시키니 偏官을 날뛰게 만들어 역시 흉운이
예상되는 것이다.

아울러 歲支 子水가 용신인 時支 申金과 반합금국 되어 한신운으로 바뀌니 용신
의 역할을 못하게 되어 흉운이 1년 동안 지속됐던 것이다.

소장(小腸)에 생긴 혹이 점점 커져 복부전체를 압박하니 생명이 위험하게 되어
미국으로 건너가 대수술을 하게 된 것이다.

男命 (겁재가 왕한 사주)

乙	壬	丙	甲
傷官		偏財	食神
巳	子	子	辰
偏財	劫財	劫財	偏官
胞·劫殺	帝旺·將星	帝旺·將星	墓
天乙·官貴	羊刃·紅艶	羊刃·紅艶	福星·急脚
孤神·太白		劍鋒	華蓋
戊	壬	壬	乙
庚	○	○	癸
丙	癸	癸	戊

甲	癸	壬	辛	庚	己	戊	丁
申	未	午	巳	辰	卯	寅	丑

① 용신(用神)

壬水가 子月에 생하여 득기(得氣)하였고, 日支 子水에 제왕(帝旺)이 되고, 年支 辰土와 합하여 반합수국을 형성하니 水氣가 태왕하다. 天干의 甲乙木은 年支 辰土에 뿌리를 박고 있어 왕한 水氣를 어느 정도 설기시키고, 時支 巳火에 통근하고 있는 月干 丙火가 있으니 뿌리가 썩는 것은 면할 수 있다. 子月은 北方 水氣가 왕한 계절이지만 또한 땅속에서는 一陽이 태동하는 것이니 月干 丙火가 태약한 것은 아니다. 따라서 壬水 日干은 地支의 水氣가 왕하다 하더라도 從할 수 없다고 판단하는 것이다. 억부법을 적용하여 旺한 水氣를 극제하는 時支 巳 中의 戊土를 용신으로 잡는다. 年支 辰中의 戊土는 辰土가 月支 子水와 반합수국으로 바뀌니 용신으로 잡기 어려운 것이다.

用神 : 戊土
喜神 :　火
忌神 :　木
閑神 :　金
仇神 :　水

② 통변(通辯)

◉ 月支 子水 劫財에 양인살(羊刃殺)이 있으니 형제자매가 손상될 수 있다. 육형제

중 둘이 20세 전에 죽었다 한다.

◉ 月柱에 劫財가 있다. 이처럼 月柱에 比肩이나 劫財가 있는 경우는 장남이거나 혹은 차남이라도 집안의 대소사를 관장하는 장남의 역할을 하게 되는 경우가 많다.

◉ 日支는 처궁(妻宮)이다. 처궁에 日支 子水 劫財가 있으니 차남이라도 평생 친가쪽의 일에 신경을 쓰고 살아야 한다. 또한 처의 입장에서는 시댁식구들과의 갈등이 많을 것이라 판단한다.

◉ 月干 丙火 偏財는 子月에 실기했지만 年干 甲木의 생조를 받고, 時支 巳火에 통근되니 태약한 것은 아니다. 식신생재되어 재물복은 있으나 日干 壬水와 干沖이 되니 旺水가 火를 극하여 丙火 財星이 손상된 것이다. 이런 경우는 財가 있더라도 큰 재물을 모으기 힘들다고 판단한다. 특히 財星이 旺한 日干과 沖이 되어 손상될 경우에는 재물이 모아지는 만큼 건강에 손상이 오는 경우가 많다.

◉ 年柱에 食神과 偏官이 있다. 조상들이 관직과는 연이 적고, 상업이나 공업계통에 종사했음을 알 수 있다.

◉ 日支 子水는 처궁이다. 처궁에 홍염살(紅艶殺)이 있으니 처는 미모일 것이라 판단한다.

◉ 日柱는 또한 사회에서의 직장동료, 학교동창, 동업자, 이해집단의 동료들로 본다. 日支에 양인살(羊刃殺)과 홍염살(紅艶殺)이 동주하면 동료들과의 사이에 호불호(好不好)가 극명하게 드러난다. 즉, 편애성(偏愛性)이 강한 것이다.

◉ 時支 巳火는 偏財다. 사주원국에 正財가 없으니 偏財를 처로 본다. 고신살(孤神殺)이 동주하고 왕한 水氣의 극제를 받으니 부부간 돈독한 정은 없다고 판단한다. 아울러 日支는 처궁인데 子水가 구신에 해당하니 역시 처와의 연이 적다고 판단하는 것이다.

◉ 상기사주는 比劫에 해당하는 水氣가 구신이다. 이런 경우 대체로 형제자매간에 상부상조함은 적다고 판단한다. 그러나 상기와 같이 財보다 比劫이 왕할 경우 재물로 인한 다툼이 있을 수 있으나, 地支에 양인살(羊刃殺)이 있는 경우는 羊刃은 칼날의 의미로, 재물을 형제간 골고루 분배하는 것이니 형제자매간의 다툼은 적을 것이라 판단한다.

● 男命에서 偏財는 부친(父親)에 해당된다. 月干 丙火 偏財가 日干 壬水와 干沖되어 旺水에 丙火가 부서지니 이런 경우 부친이 일찍 작고하는 경우가 많다. 20세 전에 부친이 작고했다 한다.

● 年柱에 화개살(華蓋殺)이 있다. 화개살은 종교나 무속(巫俗)과 연관된 경우가 많다. 年柱는 조상이니 할머니께서 불심이 깊었다 한다.

● 天干에 食神, 偏財, 傷官이 투출되고 官과 印이 天干에 不出이니 개인사업가의 사주이다.

③ 大運풀이

● 己卯大運 中 己土大運은 기신인 年干 甲木과 간합토국으로 용신운이니 이때에 결혼했다.
  卯木大運은 月支와 時支 子水와 형살(刑殺)이 되고, 기신운이니 뚜렷한 직업 없이 소일했고, 子水 劫財와의 刑殺이니 주변의 사람들과 다툼이 잦았다.

● 庚辰大運 中 庚金大運은 본시 한신이나 年干 甲木 기신을 沖剋하여 甲木이 기신의 역할을 하지 못하니 운세가 길해졌다. 이때에 다소의 재물을 모았다.
  辰土大運은 본시 용신운이나 月支, 時支와 반합수국의 구신운이니 크게 吉하지 못했다. 손재수(損財數)가 많이 발생했다.

● 辛巳大運 中 辛金大運은 본시 한신인데 月干 丙火와는 간합수국의 구신이 되고, 時干 乙木과는 干沖으로 한신의 역할을 하지 못하니 흉운이었다.
  巳火大運은 희신운이니 다소 풀려나갈 것이라 판단한다.

● 壬午大運 中 壬水大運은 月干 丙火 희신과 干沖되어 부서지니 흉운이고, 午火 大運은 본시 희신운이나 月·日支의 子水와 沖殺이 되니 흉운이다.

● 癸未大運은 癸水는 구신운이고, 未土는 본시 용신운이나 月·日支의 子水와 刑殺이 되니 吉하지 못할 것이다.

● 甲申大運도 역시 吉하지 못할 것이다.

女命(女軍 사주)

甲	丁	壬	丁
正印		正官	比肩
辰	巳	寅	未
傷官	劫財	正印	食神
衰·攀鞍	帝旺·驛馬	死·亡身	冠帶
五鬼·絞神	孤鸞·弔客	鬼門·絞神	暗祿·喪門
病符			

乙	戊	戊	丁
癸	庚	丙	乙
戊	丙	甲	己

庚	己	戊	丁	丙	乙	甲	癸
戌	酉	申	未	午	巳	辰	卯

① 용신(用神)

日干 丁火는 月干 壬水와 간합목국이 되고 月支 寅木에 통근되니 化格이다. 化格의 경우도 용신을 잡는 경우는 일반 억부법을 적용하는 경우와 차이가 없다. 즉 化된 오행이 왕한 경우는 剋制하거나 洩氣시키는 오행으로 용신을 잡고, 化된 오행이 약한 경우는 부조하는 것으로 용신을 잡는다. 상기사주는 月支 寅木과 時支 辰土 사이에 卯木이 탄함(呑陷)되어 있으니 時干 甲木을 끌어와 寅卯辰 방합목국을 형성한다고 보니 木氣가 태왕한 것이다. 中和를 이루기 위해서는 전벌(剪伐)하는 庚辛金이 필요한데 투출되지 못했으니, 부득이 용신은 日支 巳中의 庚金을 쓴다. 巳中 庚金은 丙火의 극제를 받아 旺하지 못하여 용신으로 잡는 경우가 적다. 부득이 庚金을 용하지만 용신 庚金은 왕하지 못하여 사주가 귀격이 되지 못한 것이다.

用神 : 庚金
喜神 : 土
忌神 : 火
閑神 : 水
仇神 : 木

② 통변(通辯)

◉ 상기사주는 天干의 壬水 日干을 놓고 日干과도 간합목국이고, 年干과도 간합

목국이다. 이런 경우를 쟁합(爭合)이라 칭한다. 丁壬 合木의 경우를 유정지합 (有情之合)이라 하는데, 女命에서 특히 쟁합되는 경우는 이 남자 저 남자를 고르는 형국이라 대체로 결혼이 늦거나, 아니면 조혼(早婚)하여 이혼수가 높은 경우가 많다.

상기는 미군부대에 근무하는 한국인 女軍의 사주로써 결혼문제를 상담하러 왔던 명조이다. 女命에서 결혼시기를 논할 때는, 용신과 官星이 남편을 의미하므로 대체로 官星이 들어오는 시기 및 日支와 합되는 시기에 결혼하게 된다고 판단한다.

◉ 상기 女命은 地支에 흉살이 많다. 상문살(喪門殺), 교신살(絞神殺), 귀문관살(鬼門關殺), 조객살(弔客殺), 고란살(孤鸞殺), 병부살(病符殺) 등은 신기(神氣)가 많다고 판단하고, 또한 독수공방살(獨守空房殺)들이라 판단하는데, 평생에 이러한 흉살들이 잠복(潛伏)되어 길운을 방해하니 어찌 결혼운이 썩 좋다고 판단할 수 있겠는가? 설혹 결혼에 성공했다 하더라도 곧 이혼수가 당도하게 되는 것이다.

③ 大運풀이

◉ 甲辰大運 中 辰土大運 이후는 결혼 적령기이나 이때 사귀는 남자는 있었으나 집안에서 반대하여 결혼을 하지 못했다 한다.

◉ 乙巳大運 中 乙木大運은 구신운이고, 巳火大運은 기신운이니 결혼이 성사되기 어렵다고 판단한다.

◉ 丙午大運 中 丙火大運은 丙火가 기신으로 天干의 壬水 正官 남편을 沖하니 결혼이 어려웠고, 午火大運은 기신으로 다시 月支 寅木과 반합화국의 기신운이니 역시 결혼운이 없었다.

◉ 향후 丁未大運 中 丁火大運은 月干 壬水와 간합목국의 구신운이라 힘들고, 未土大運은 地支의 巳火, 未土와 더불어 巳午未 남방화국을 형성하니 역시 기신운이라 결혼운이 적다고 판단하다.

男命 (官星이 무력한 사주)

甲	壬	癸	丁
食神		劫財	正財
辰	子	卯	丑
偏官	劫財	傷官	正官
墓·天殺 幻神	帝旺·六害 紅艶·落井	死 囚獄·喪門 隔角·空亡	衰 金輿
乙 癸 戊	壬 ○ 癸	甲 ○ 乙	癸 辛 己

乙	丙	丁	戊	己	庚	辛	壬
未	申	酉	戌	亥	子	丑	寅

① 용신(用神)

壬水 日干이 卯月에 生하여 실기하였지만, 月干 癸水 劫財의 부조가 있고 日支 子水 劫財와 年支 丑土, 時支 辰土에 통근하고 있으니 旺할 것 같으나 사실상은 신약(身弱)이라 판단한다.

月干 癸水는 年干 丁火와 干沖되어 부서지고, 日支 子水는 月支 卯木과는 刑殺로 손상되니 時支 辰土와 반합될 여력이 없다. 따라서 壬水 日干은 月令 卯木에 설기되고, 時干 甲木에 설기되고, 時支 辰中의 戊土에 극제당하니 신약하다 판단하는 것이다. 용신은 壬水 日干을 생조하는 年支 丑中의 辛金으로 잡는다.

用神 : 辛金
喜神 : 土
忌神 : 火
閑神 : 水
仇神 : 木

② 통변(通辯)

⦿ 年干 丁火와 月干 癸水는 干沖이다. 天干은 나무의 열매로 비유되니 沖이 되면 열매가 떨어지는 것이다. 癸水도 손상을 입고 丁火도 손상을 입는 것이다. 丁火는 육신상 正財로 처에 해당하니 본처와의 이별수가 있고, 두 번의 결혼이

있었으나 모두 실패했다. 또한 癸水 劫財는 형제자매니 형제자매 중 일찍 죽는 사람이 나오는 것이다.

◉ 月令 卯木은 傷官이다. 육신상 傷官은 예체능쪽에 소질이 있는 것이라 판단한다. 체육을 잘하여 유도(柔道)와 연관된 무도관을 설립하여 많은 제자를 양성했다.

◉ 年柱의 財와 官은 조상에게 영화로움이 있었다고 판단한다. 고조부께서 정2품 벼슬을 했다 한다.

◉ 地支 子와 卯는 刑殺이다. 무례지형(無禮之刑)이라 하는데, 刑殺 역시 양쪽이 다 손상되는 것이니 卯木은 月支로써 부모형제자매궁이고, 日支는 처궁이니 처와 시댁식구와의 관계가 좋지 않다고 판단한다.

◉ 天干에 甲木 食神과 丁火 正財가 투출했다. 식신생재되면 富格의 사주라 하나, 상기와 같이 丁火 正財가 月干 癸水와 沖殺이 되니 財星이 손상된 것이다. 이런 경우 재물의 입출이 빈번하게 되니 돈을 모으기 힘들다고 판단한다.

◉ 月支 卯木은 부모형제자매궁이다. 십이운성의 死에 해당되고, 격각살(隔角殺)과 空亡이 동주하니 부모형제자매 간에 화목한 정이 없는 것이다. 부모님은 일찍 작고하시고, 형제자매간도 소원하게 지내고 있다.

◉ 자식(아들)의 수를 아는 방법에는 여러 방법이 있지만, "적천수(滴天髓)"의 이론대로 용신에 해당하는 五行의 후천수(後天數)로 판단하면 간명상 적중률이 높았다. 용신이 辛金이니 후천수는 4.9이다. 아들은 넷이고, 딸 포함하여 아홉이라 판단하는 것이다. 이 숫자는 본인이 살아생전에 낳은 총 자녀의 수를 의미하는 것이다. 상기인은 아들 넷을 두었으나 한명이 죽었으니 셋만 남은 것이다. 時柱가 자식궁인데 時支 辰土 偏官이 묘궁(墓宮)이고 天殺과 환신살(幻神殺)이 동주하니 자식 중 손상되는 자식이 나오는 것이다.

◉ 天干에 食神과 正財가 투출했지만 正財는 기신이고, 食神은 구신이다. 이런 경우는 식신생재(食神生財)가 된다 하더라도, 큰 재물을 모으기 힘든 것이다.

③ 大運풀이

◉ 辛丑大運 中 辛金은 용신이고 丑土는 日支 子水와 合하여 희신이 되니 명문고에 입학하여 운동을 시작했다.

◉ 庚子大運 中 庚金大運은 본시 용신이나 時干 甲木과 干沖되어 甲木 食神인
   밥그릇이 부서지니 직장생활을 오래하지 못했다.
   子水大運은 年支 丑土와는 육합토국의 희신운이고, 月支 卯木과는 子卯 刑殺
   이고, 時支 辰土와는 반합수국의 한신운이니 運路가 일희일비(一喜一悲)했다.
◉ 己亥大運 中 己土大運은 時干 甲木과 간합토국의 희신운이니 운동기구 판매
   점으로 돈을 모았다.
   亥水大運은 본시 한신운이나 月支 卯木과는 반합목국의 구신운이고, 時支 辰
   土와는 원진살이 되니 흉운이라 본처와 이혼했다.
◉ 戊戌大運 中 戊土大運은 月干 癸水와 간합화국의 기신운이고, 戌土大運은 年
   支 丑土와는 형살(刑殺), 月支 卯木과는 육합화국의 기신운이고, 時支 辰土와
   는 辰戌 충살이 되니 흉운이다. 하는 일마다 풀리지 않아 파재(破財)되고, 정신
   적 육체적으로 힘든 시기였다.
◉ 丁酉大運은 丁火大運은 月干 癸水와 干沖되어 흉운이다.
   酉金大運은 年支 丑土와는 반합금국의 용신운이고, 月支 卯木과는 沖殺이고,
   日支 子水와는 子酉 破殺이고, 時支 辰土와는 육합금국이니 길흉이 공존했다.
◉ 丙申大運 中 丙火大運은 日干 壬水 한신과 干沖되니 자녀들의 문제로 인해
   심신의 고달픔이 있었고 매사 풀리지 않았다.
   申金大運은 月支 卯木과는 卯申 원진살(怨嗔殺)이고, 日支 子水, 時支 辰土와
   는 申子辰 삼합수국의 한신운이니 길흉이 반반이었다.
◉ 乙未大運 역시 운로의 흐름이 吉하지 못할 것이다.

女命 (대운이 흉한 사주)

癸	癸	甲	辛
比肩		傷官	偏印
亥	酉	午	酉
劫財	偏印	偏財	偏印
帝旺·空亡	病	胞	病
驛馬·喪門	將星·劍鋒	桃花·絞神	劍鋒
陰差·孤神	文曲		

戊		庚		丙		庚	
甲		○		己		○	
壬		辛		丁		辛	

75	65	55	45	35	25	15	5	(大運 : 5歲)
壬	辛	庚	己	戊	丁	丙	乙	
寅	丑	子	亥	戌	酉	申	未	
80	70	60	50	40	30	20	10	

① 용신(用神)

癸水 日干이 오화절(午火節)에 절지(絕地)에 해당하니 실기(失氣)했다. 癸水는 산간계(山澗溪)요, 우로(雨露)요, 전답(田畓)의 물이니 삼하절(三夏節)에는 庚辛金으로 수원(水源)을 發하여 줌이 필요하고, 삼동절(三冬節)에는 얼어붙으니 丙丁火의 火氣가 필요하다. 상기는 오화절이라 癸水가 고갈될 지경이니 印星으로 수원(水源)을 발하여 줌이 필요하나, 地支에 酉金과 天干에 辛金이 있으니 印星이 약하지 않다. 月支 午火는 사령하여 月干 甲木의 생조를 받으니 財星 또한 약하지 않다. 따라서 상기 사주가 중화를 이루기 위해서는 旺한 印星의 기운을 설기시키며, 또한 旺火의 기운을 극제함이 필요한데 壬癸水의 比劫이 있어야 한다. 따라서 용신은 時干의 癸水로 잡는다.

用神 : 癸水
喜神 : 金
忌神 : 土
閑神 : 木
仇神 : 火

② 통변(通辯)

상기사주는 중·고등부 교원 임용시험 합격여부를 알기 위해 방문한 명조이다. 시험합격 여부를 판단하는 방법은 여러 방법이 있는데, 중요한 것은 대운과 세운에서 용신이나 희신운으로 강하게 들어와야 합격한다는 것이다. 대운에서 세운을 生하고, 세운이 용신운으로 들어오며, 合이 되어 他 五行으로 바꾸지 않고, 형, 충, 파, 해, 원진살(怨嗔殺)이 없다면 틀림없이 합격한다. 수없이 징험해본 결과이다.

1981년 辛酉生이다. 25세 이후의 시험운은 丁酉大運에 속한다.

③ 歲運풀이

◉ 2005년 乙酉年

　歲干 乙木은 본시 한신인데, 大運 丁火에 일부 설기당하고, 年干 辛金 희신과 충극하니 희신의 역할을 못하게 되어 흉운이다.

　歲支 酉金은 희신이나, 大運 酉金과 자형살(自刑殺)이 되어 손상되고, 사주원국의 酉金과도 자형살이 되니 역시 흉운이다.

◉ 2006년 丙戌年

　歲干 丙火는 大運 丁火와는 比化되고, 年干 辛金과는 간합수국의 용신운이고, 歲支 戌土는 月支 午火와 반합화국의 구신운이니 흉운이다. 따라서 반길반흉운이다.

◉ 2007년 丁亥年

　歲干 丁火는 구신으로 大運丁火와 比化되고, 日干과 時干의 癸水 용신과 干沖되니 흉운이다.

　歲支 亥水는 본시 용신이나 時支 亥水와 자형살(自刑殺)이 되니 흉운이다.

◉ 2008년 戊子年

　歲干 戊土는 대운 丁火의 生을 받고, 日干과 時干의 癸水와 戊癸 合火의 구신으로 바뀌니 흉운이다.

　歲支 子水는 본시 용신이나 月支 午火와 子午 충살이 되어 용신이 손상되니 흉운이다.

◉ 2009년 己丑年

　歲干 己土는 大運 丁火의 生을 받고, 月干 甲木과 甲己 합土의 기신운이니 흉하다.

　歲支 丑土는 大運 酉金과는 酉丑 반합금국의 희신운이나, 月支 午火와는 丑午 원진살(怨嗔殺)이 되니 희신운이 반감(半減)되었다.

◉ 상기 女命은 머리가 총명하고 학업성적이 뛰어났으나, 대운과 세운에서 받추어주지 못하니 시험에 합격하지 못한 것이다. 아울러 地支에 흉살들이 많으니 대운과 세운에서 合이 되어 기신이 되거나, 沖이 될시 흉살들이 난동을 부리게 되며 흉가흉(凶加凶)의 역할을 하여 운세의 흐름을 흉하게 만드는 것이다.

　시험합격 여부는 대운보다 세운에 더 좌우되며, 歲干이나 歲支 공히 용신운으로 강하게 들어오지 못하면 합격하기 어렵다고 판단하는 것이다.

男命 (偏官이 극제되지 못한 사주)

癸	戊	甲	己
正財		偏官	劫財
丑	寅	戌	亥
劫財	偏官	比肩	偏財
養·冠帶	長生·亡身	墓·天殺	胞
天乙·喪門	文曲·學堂	寡宿·病符	絞神
	陽錯		
癸	戊	辛	戊
辛	丙	丁	甲
己	甲	戊	壬

丙	丁	戊	己	庚	辛	壬	癸
寅	卯	辰	巳	午	未	申	酉

① 용신(用神)

天干의 甲己는 간합토국이 되어 月支 戌土에 통근되고, 時支 丑土 및 지장간에 土氣가 旺하니 戊土 日干은 신왕하다. 戌月의 戊土는 土氣가 旺하니 소토(疏土)시키는 甲木이 우선 필요하고, 또한 한토(寒土)라 丙火도 필요하다. 상기는 土氣가 중중하니 甲木이 용신이고, 丙火는 다음이다. 日支 寅中의 甲木을 용신으로 잡는다.

用神 : 甲木
喜神 :　水
忌神 :　金
閑神 :　火
仇神 :　土

② 통변(通辯)

◉ 年柱의 比肩이나 劫財는 조상 중 양자(養子)로 간 분이 있음을 암시한다. 할아버지 대에서 양자 간 분이 있었다 한다.

◉ 年柱의 偏財는 상속과도 연관되어 있다. 장남, 차남을 불문하고 조상의 재산

을 상속받게 됨을 예시한다.

⊙ 사주에 偏官이 성(盛)하거나, 比劫이 여럿 있으면 단순노무직이나 편업(偏業)에 종사하는 경우가 많다. 운전직, 정비업, 수리공 등의 직업 종사자가 많다. 庚午大運 이후 운전직에 종사하고 있다.

⊙ 印星이 지장간에 암장되었다. 印星인 丙丁火는 한신이고 초년대운이 申酉의 기신운이니 학업의 성과가 적었다.

⊙ 正財와 偏財의 財星은 있지만 時干 癸水 正財는 日干 戊土와 간합화국의 한신이 되고, 年支 亥水 偏財는 甲己의 간합토국과 月支 戌土의 극제를 심하게 받으니 財星이 무력하다. 따라서 재물복은 적다고 판단한다.

⊙ 月柱의 偏官은 장남이든 차남이든 집안의 대소사를 관장해야 하는 운명적 암시가 있지만, 상기의 경우처럼 甲木 偏官이 己土와 간합토국의 比劫으로 化하면 장남이더라도 장남의 역할을 하지 못하는 경우가 많다.

⊙ 食傷이 지장간에 암장되었다. 比劫인 土氣가 많아 사주가 신왕하면 旺한 土氣를 설기시키는 食傷이 있어야 길해지는데, 상기처럼 지장간에 암장되어 있으면 위인이 융통성이 적고, 남과 잘 어울리지 못하고, 편업에 종사하게 되는 경우가 많다.

⊙ 財星이 比劫과 동주하면 쟁재(爭財)되는 것이니, 금전(金錢)의 입출이 빈번하고, 돈을 모으기가 힘들다고 판단한다.

⊙ 月柱는 부모형제자매궁인데 십이운성의 묘(墓)와 과숙살(寡宿殺), 병부살(病符殺)이 동주하니 부모형제자매와 연이 적다고 판단한다.

⊙ 正·偏財가 혼잡(混雜)되었다. 時干 癸水 正財는 戊癸 合火의 印星으로 바뀌고, 年支 亥水 偏財는 절(絶)지이며 교신살(絞神殺)이 동주하니 財星이 무력한 것이다. 처의 내조를 기대하기 힘들다고 판단한다.

⊙ 年柱에 財星이 있으니 조상으로 부터 재물의 상속이 다소 있을 것이라 판단한다.

③ 大運풀이

⊙ 辛未大運은 기신과 구신운이다. 특히 未土大運은 본시 구신운이나 月支 戌土, 時支 丑土와 丑戌未 삼형살(三刑殺)이다. 사주에 土氣가 많아 病이 됐는데, 삼

형살이 되어 旺한 土氣를 극제하니 흉변길이 된 것이다. 이때 결혼하였다.

◉ 庚午大運 중 庚金大運(35세~39세)은 月干 甲木 용신과 干沖이 되니, 직업과 직장의 변동이 많았다. 남명에서 官星은 직업, 직장, 직책인데 沖이 되니 직업과 직장의 변동이 많았던 것이다.

午火大運은 地支 寅戌과 寅午戌 삼합화국의 한신운이니 운전기사로 생활했다.

◉ 己巳大運 중 己土大運(45세~49세)은 月干 甲木 偏官과 간합토국의 구신운이니 물질적, 정신적인 어려움이 많았고, 巳火大運은 年支 亥水 偏財와 相沖되니, 남명에서 偏財는 아버지라, 이때 부친이 작고하셨던 것이다.

◉ 이후 辰卯寅 대운은 용신운이니 점차 나아질 것이라 판단한다.

男命 (財星이 흉신인 사주)

壬	戊	壬	己
偏財		偏財	劫財
子	辰	申	亥
正財	比肩	食神	偏財
胎·桃花	冠帶·攀鞍	病·劫殺	胞·空亡
	紅艶·怨嗔	陽錯·絞神	官貴
	鬼門·斷橋	福星·孤鸞	

壬	乙	己	戊
○	癸	壬·戊	甲
癸	戊	庚	壬

甲	乙	丙	丁	戊	己	庚	辛
子	丑	寅	卯	辰	巳	午	未

① 용신(用神)

戊土 日干이 申金月에 生하여 失氣하였다. 日支 辰土는 申子辰 삼합수국을 형성하니 辰土 比肩이 日主를 부조하지 못하고 있다. 天干의 壬水는 月支 申金에 통근하고 地支 전체가 水局이나, 월령 申中에 戊土가 있고, 亥辰에도 지장간에 戊土가 있으니 日干 戊土가 뿌리가 있는 것이다. 종격으로 논할 수가 없다. 申子辰 삼합수국이 金月이라 때를 잃었지만 지지 전체가 水氣가 태왕하니 戊己土의 극제가 있어

야 사주가 중화를 이룬다. 年干 己土가 용신이다.

用神 : 己土
喜神 :　火
忌神 :　木
閑神 :　金
仇神 :　水

② 통변(通辯)

⦿ 戊辰大運 中 丙戌歲運의 도의원 출마의 운세를 물으러 온 것이다.

　대운에서 戊土는 용신이고 辰土는 申子辰 삼합수국의 구신운이니 대운에서 길하지 못하다. 歲干 丙火는 희신이나 丙壬 沖으로 水의 극제를 받아 희신의 역할을 하지 못하고, 歲支 戌土는 본시 용신이나 辰戌 沖으로 손상되니 세운도 길하지 못하다. 대운과 세운이 모두 길하지 못하니 낙선했다.

⦿ 年柱의 財星은 조상으로 부터 물려받은 재산이 있음을 의미한다.

⦿ 月柱의 食神과 財星은 식신생재하고 있다. 財星이 중중하면 사주는 당연히 신약하게 되는데, 日主(日干)가 무근(無根)이고 건왕치 못하면 財를 감당하지 못하여 부옥빈인(富屋貧人)의 명이다. 상기는 日干 戊土가 월령 申金과 年 · 月支 亥辰에 통근하니 태약하지만은 않다. 따라서 財를 감당할 만하다. 대운의 흐름도 未午巳辰卯寅의 희신과 용신운이니 부농(富農)을 이었다.

⦿ 시 · 도의원, 국회의원 등의 선출직은 사주에 財와 官이 대체로 왕하다. 상기는 亥中의 甲木과 辰中의 乙木이 官星인데, 水氣가 태왕하여 습목(濕木)이다. 따라서 丙丁火의 건조함이 없으면 습목은 무용지물이다. 財가 왕한 것은 좋으나 습목이라 旺水의 기운을 설기시키니 못하고, 사주가 한습지기(寒濕之氣)로 구성되고 일점 난조지기(暖燥之氣)가 없으니 명예를 취득하기가 어려운 것이다.

⦿ 財星이 왕하고 日主도 심히 태약하지는 않으니 재물복은 있다 판단하나, 그러나 財가 구신에 해당하니 처복은 적은 것이다.

⦿ 天干에 偏財와 劫財가 투출했다. 劫財는 나의 財를 탈취하는 것이다. 여자로 인한 손재수(損財數)가 다발하며 여난(女難)이 따르는 것이다.

⦿ 日支는 처궁인데 比肩이 동주한다. 이런 경우는 처와 시댁식구들과의 갈등요소가 많아 부부연이 적다고 판단한다.

男命 (食神生財 사주)

庚	乙	戊	戊
正官		正財	正財
辰	卯	午	戌
正財	比肩	食神	正財
冠帶·月殺	建祿·桃花	長生·將星 文昌·幻神	墓 呑陷
乙 癸 戊	甲 ○ 乙	丙 己 丁	辛 丁 戊

丙	乙	甲	癸	壬	辛	庚	己
寅	丑	子	亥	戌	酉	申	未

① 용신(用神)

乙木이 午火節에 生하였으니 목화식상격(木火食傷格)이며, 午中의 己土가 月干 戊土로 천간에 투출하니 식신생재격(食神生財格)도 성립된다. 사주에 財星이 태다하니 신약이며 조후(調候)도 급하다. 따라서 印星으로 용신을 잡는다. 時支 辰中의 癸水가 용신이다. 사주에 財星이 旺할 경우 반드시 신왕함을 요한다. 乙木 日干은 日支 卯木에 통근하고, 時支 辰土 습토(濕土)에 뿌리를 박고 있으니 日主가 태약(太弱)한 것은 아니다. 財를 감당할 만하다.

用神 : 癸水
喜神 :   金
忌神 :   土
閑神 :   木
仇神 :   火

② 통변(通辯)

◉ 用神은 癸水 印星인데 지장간에 암장되었고 미약하니 印星이 왕한 것은 아니다. 학업운이 적은 것이다.

◉ 財星인 土氣가 기신이다. 財星은 처로 논하는데 기신이니 처의 내조를 바라기 힘들다. 또한 이런 경우 재물의 입출이 빈번하고, 예기치 않은 손재수가 평생에 걸쳐 많이 발생한다.

- 日支는 처궁인데 卯木 比肩이 있으니 比肩은 형제자매라, 내가 형제자매를 부양해야 하는 것이니, 형제자매들의 일로 인해 재물의 손실이 많다고 판단한다. 그렇게 되니 처와 시댁식구들간 사이가 화목치 못하다고 판단한다.
- 時柱에 財官이 있다. 時柱는 말년이고 자식궁인데, 財生官하여 상생하니 자식 대에 발전이 있을 것이라 판단한다.
- 年柱의 財星은 조상의 재물이다. 상속 등으로 인해 재물이 생기게 됨을 의미한다. 조상에게 물려받은 논밭이 도시개발로 인해 부동산 가격이 상승하여 많은 이득을 챙겼다고 한다.
- 月支의 傷官은 기술직, 예체능직과 연관되어 있다. 학업운이 적으니 군대 제대 후 일찍 돈 벌이에 나서 전기기술자로 많은 돈을 모았다 한다.
- 재다신약(財多身弱)의 경우 처가 가권(家權)을 장악하는 경우가 많다.
- 庚申, 辛酉, 壬水大運은 희신과 용신운이니 크게 발복됐다.
  戊土大運은 月支 午火와 반합화국의 구신운이고, 日支 卯木과는 卯戌 육합화국의 구신운이니 손재수(損財數) 및 건강문제가 대두된다.

男命 (印星이 많은 사주)

壬	丁	丙	甲
正官		劫財	正印
寅	卯	寅	申
正印	偏印	正印	正財
死·驛馬	病·六害	死·驛馬	沐浴
病符	鬼門·文曲	病符	流霞·湯火
戊 丙 甲	甲 ○ 乙	戊 丙 甲	己 壬·戊 庚
甲 癸	壬 辛	庚 己	戊 丁
戌 酉	申 未	午 巳	辰 卯

① 용신(用神)

丁火 日干이 寅月에 生하여 有精하고 사주에 印星이 많으니 신강사주이다. "인

성다에 요견재성(印星多에 要見財星)"이니 억부법을 적용하여 旺木을 극제하는 庚辛金으로 용신을 잡는다. 용신은 年支 申中의 庚金이다. 天干에 正印과 正官이 투출했다. 年干 甲木은 年·月支의 寅申 沖으로 뿌리가 끊어졌다 하나, 日支 卯木과 時支 寅木에 통근하니 印星이 약하지 않다. 時干 壬水는 좌하(坐下) 寅木에 설기당하고, 年支 申金에 뿌리를 두나 寅申沖으로 뿌리가 손상되니 正官이 旺한 것은 아니다. 年支 申金 正財도 사령(司令)한 寅木의 극을 받으니 역시 왕하지 못한 것이다.

用神 : 庚金
喜神 :　土
忌神 :　火
閑神 :　水
仇神 :　木

② 통변(通辯)

◉ 天干에 正印과 正官이 투출했으니 공직자의 명조이다. 甲木 印星은 뿌리가 깊으나 壬水 正官은 통근되지 못하고 있다. 따라서 높은 관직은 기대하기 어렵다.

◉ 月干에 劫財가 투출했다. 이런 경우 대체로 장남의 명조이다.

◉ 男命에서 印星은 어머니를 의미하는데 印星이 많다. 따라서 어머니와의 연이 적다고 판단한다. 어머니가 일찍 돌아가셨다.

◉ 日支에 偏印이 있으니 妻는 고부간의 갈등이 있을 수 있고, 命主는 妻와의 사이가 화목하다고 볼 수 없다.

◉ 時柱에 正官과 正印이 있으니 자손대에 文官으로 발복될 것이라 판단한다.

◉ 사주에 印星이 旺하여 머리가 명민(明敏)하나 구신에 해당하니 학업운은 썩 좋다고 판단할 수 없다.

③ 大運풀이

◉ 戊辰大運 中 戊土는 희신이나, 辰土는 地支 寅卯와 방합목국의 구신운이니, 가정형편상 학업에 정진할 수가 없었다.

◉ 己巳大運에 공직자의 길로 들어섰고, 이후 대운이 巳午未 남방화지의 기신운이니 명민하고 기획능력은 출중(出衆)했으나 승진운은 원활치 못했다.

◉ 辛未, 壬申大運은 용신과 한신운이니 거듭 승진했으나 申金大運은 용신운인

데 月支 寅木 正印과 沖이 되니 용신이 부서지고, 아울러 寅木 印星도 부서지니 문서(文書)가 손상되는 것이라 건강상의 이유로 공직을 사직했다.

◉ 癸酉大運 中 癸水大運은 日干 丁火와 干沖되니 日主가 손상되고, 丙戌歲運에 丙火는 기신이고, 戊土는 月支 寅木과 반합화국의 기신운이고, 日支 卯木과는 육합화국의 기신운이니 大發하지 못하고 일생을 마치고 말았다. 대운과 세운이 공히 흉신으로 들어오면 큰 재화(災禍)가 발생하는 것이다.

男命 (傷官이 왕한 사주)

辛	戊	己	辛
傷官		劫財	傷官
酉	午	亥	酉
傷官	正印	偏財	傷官
死·將星	帝旺·災殺	胞·驛馬	死
劍鋒·斧劈	羊刃·桃花	官貴·孤神	斧劈
	絞神殺		
庚	丙	戊	庚
○	己	甲	○
辛	丁	壬	辛

辛	壬	癸	甲	乙	丙	丁	戊
卯	辰	巳	午	未	申	酉	戌

① 용신(用神)

戊土 日干이 亥月 절(絶)地에 해당하니 실기하였다. 또한 傷官이 많으니 日主의 설기가 태왕하다. 日支 午火가 日干 戊土를 생조하나 역부족이니 용신은 日干을 生하는 印星으로 잡는다. "식상용인격(食傷用印格)"이다. 日支 午中의 丙火가 용신이다.

用神 : 丙火
喜神 :　木
忌神 :　水
閑神 :　土
仇神 :　金

② 통변(通辯)

◉ 傷官이 왕하니 신약사주인데 亥月의 한토(寒土)인 戊土를 日支 午火가 살리고 있다. 또한 月干 己土 劫財가 있으니 日主가 태약한 것을 면했다. 傷官은 官星을 극하니 공직과는 거리가 멀다. 傷官은 예체능, 기술직, 이공계 등과 연관되고, 지지 酉金은 가공된 金이라 물상에서 수술칼로 논하기도 하니 한의학의 길을 택한 것이다.

◉ 丙申大運 中 丙戌歲運에 丙火는 본시 용신이고, 戊土는 日支 午火와 반합화국을 형성하니 太歲 干支가 모두 용신운이라 한의사 시험에 합격한 것이다.

◉ 月支 亥水 偏財는 사령(司令)하고 있으니 財星이 왕하다. 더군다나 傷官의 生助가 있으니 재물운이 많은 것이다. 다만 日主가 태약은 면했지만 다소 신약한 것이니 大財를 감당하기는 어려울 것이라 판단한다. 또한 상기처럼 신약사주에 食傷과 財星이 왕하면 평생 잔병치레가 많은 경우가 있다.

◉ 戊土 日干이 좌하(坐下)에 印星을 깔고 있고, 月干에 己土 劫財가 투출했으니 태약한 것은 면했다. 사주에 傷官이 旺하여 상관생재(傷官生財)되나, 日主가 약하니 大財를 감당하기 힘들다. 이런 경우는 재물이 모아질수록 신고(身苦)가 따르고, 돈이 수중에 들어오면 잘 쓰지 않는 성격이다.

◉ 時柱가 辛酉金이다. 時柱는 유년기와 말년으로 비유하는데, 金氣가 구신이다. 이런 경우는 유년기에 어머니 젖이 부족하고 잔병치레가 많다.

男命 (용신이 假神인 경우)

己	己	丁	乙
比肩		偏印	偏官
巳	卯	亥	巳
正印	偏官	正財	正印
帝旺·地殺	病	胎·驛馬	帝旺
落井·劍鋒	文曲·囚獄	官貴	落井·驛馬
	弔客		

戊	甲	戊	戊
庚	○	甲	庚
丙	乙	壬	丙

己	庚	辛	壬	癸	甲	乙	丙
卯	辰	巳	午	未	申	酉	戌

① 용신(用神)

상기사주는 偏官과 偏印이 天干에 투출했으니 무관직(武官職=군인, 경찰, 소방 등), 기술직(이공계·연구직)사주이다. 年干 乙木 偏官은 月支 亥水, 日支 卯木에 통근하고 있으니 왕강하다. 月干 丁火 偏印은 地支에 亥水를 깔고 앉아 수극(受剋)되니 약하다. 따라서 官印이 天干에 투출했다 하더라도 교육직(敎育職)과는 연이 적다.

사주에 火金이 성(盛)하면 군인이나 경찰직의 직업이 많으나, 상기사주는 官과 印이 木火를 차지하고 있으니 소방직과 연이 있는 것이다.

財와 官이 旺하니 日主를 극제함이 심하여 신약사주이니 印星으로 용신을 잡아 사주의 中和를 이루도록 해야 한다. 용신은 月干 丁火이다. 본시 己土 日干의 印星 용신을 쓰는 경우는 丙火를 써야하나, 투출하지 못하여 부득이 丁火를 用해야 하나, 巳亥 상충되어 巳中 丙火가 손상되니, 月干 丁火 역시 뿌리가 약해져 貴하지 못한 것이다.

用神 : 丁火
喜神 : 木
忌神 : 水
閑神 : 土
仇神 : 金

② 통변(通辯)

◉ 年·月干에 官印이 투출했으니 공직자의 명조이다. 丁火 偏印은 亥月에 失氣했고, 乙木 偏官은 地支 亥卯에 통근하니 印보다 官이 더 旺하다, 그리고 사주에 偏官이 둘이니 무관직이다.

◉ 乙卯木이 偏官이다. 偏官은 일명 칠살(七殺)이니 극제하거나 설기시키는 五行이 사주원국에 있으면 사주가 길해지나, 없으면 흉함이 많다. 상기는 偏官 木氣를 극제하는 金氣가 일점 없고, 암장(暗藏)되어 있으니 길함이 적은 것이다.

더군다나 日支 卯木은 他 地支와 合殺되면 年干 乙木 偏官만 남게 되어 길격이 되지만, 地支 亥水는 年支 巳火와 沖이되어 去殺의 역할을 하지 못하니 안타까운 점이 많다.

- 日支의 偏官은 맡은바 임무에 대해 매사 주도적으로 사물을 처리하는 능력이 뛰어나다고 판단한다. 이런 경우 승진운이 좋다고 판단한다.
- 용신과 희신이 印星과 官星으로 관인상생되니 높은 공직에 오를 사주이나 偏官이 중중하고, 偏官을 극제할 金氣가 암장(暗藏)되었으니 吉中凶이 있다.
- 年柱의 官과 印은 조상대에서 관록(官祿)이 있거나, 선비의 집안임을 의미한다. 조부께서 구한말 명망있는 한의원이었다.
- 月支 亥水 正財는 年支 巳火와 상충되어 財星이 손상되었다. 正財는 처로 논하니 처와의 연이 적다고 판단한다.

③ 大運풀이

- 乙酉大運 중 乙木은 용신이나 酉金은 日支 卯木 희신과 沖이 되니 희신이 손상되니 학업운과 시험운이 썩 좋지 못했다.
- 甲申大運 中 甲木은 日干 己土와 간합토국의 한신운이니 소방직을 택하게 되었다. 申金은 年支 巳火와 刑合되고, 日支 卯木과는 원진살이 되니 길하지 못하다. 주로 한직(閑職)에 근무했다.
- 癸未大運 중 癸水는 본시 기신이나 月干 丁火와 干沖되어 기신의 역할을 못하게 되니, 흉변길이 되어 승진운이 있었다. 未土大運은 지지 亥卯와 삼합목국의 희신운이 되니 거듭 승진했고 보직도 좋았다.
- 午巳大運도 용신운이니 큰 탈없이 승승장구하리라 판단한다.
- 男命에서 正財는 본처로 논한다. 正財가 月令을 차지하고 있음은 길하다고 판단하는데, 기신에 해당하면 처의 내조가 적고 처덕(妻德)도 적다고 판단한다.

男命 (地支가 전부 相剋된 경우)

癸	壬	丙	己
劫財		偏財·月德	正官
卯	申	寅	酉
傷官	偏印	食神	正印
死·災殺	長生·亡身	病·劫殺	沐浴
鬼門	文曲·學堂	文昌·暗祿	桃花·太白
	病符		

甲	己	戊	庚
○	壬·戊	丙	○
乙	庚	甲	辛

戊	己	庚	辛	壬	癸	甲	乙
午	未	申	酉	戌	亥	子	丑

① 용신(用神)

壬水 日干이 寅月에 십이운성의 病에 해당하니 실기하였다. 時干 癸水는 時支 卯木에 설기되고, 日支 申金은 時支 卯木과는 원진살이 되고, 月支 寅木과는 충살이 되니 壬水의 뿌리가 손상된 것이다. 年支 酉金 역시 月支 寅木에 원진살이 되니 壬水를 도우러 갈 여력이 없다. 더군다나 月干 丙火는 좌하(坐下) 寅木에 단단히 통근하고 있으니 火氣가 旺하며, 丙壬 沖으로 日干을 충극하여 日干 壬水가 무력해지니 壬水의 수원(水源)을 만들어 주어야 한다. 용신은 日支 申中의 庚金이다.

月支 寅中의 여기(餘氣) 丙火가 月干에 투출했으니 편재격(偏財格)이다.

用神 : 庚金
喜神 : 土
忌神 : 火
閑神 : 水
仇神 : 木

② 통변(通辯)

◉ 丙火 偏財가 月支 寅木의 생조를 받으니 財星이 왕하다. 사업가의 사주이다. 단지 財星의 뿌리인 食傷이 他 五行의 충극을 받아 일로 財星을 부조하지 못하니 길 중 흉이 있는 것이다. 食傷인 寅木과 卯木은 각각 酉金과 申金에 극제되

니 생재됨이 부족하다. 또한 日干 壬水가 有氣하지 못하니 大財를 감당할 명조는 아닌 것이다.

- 사주에 正·偏印이 혼재되면 인성혼잡(印星混雜)이라 논하니, 이 또한 吉한 것은 못된다. 대운이나 세운에서 기신이나 구신운으로 들어오며 印星을 충극하면 예기치 않은 사고, 질병, 부모의 凶事 등이 발생하는 것이다.

- 時支 卯木은 구신인데 수옥살(囚獄殺=災殺)과 귀문관살(鬼門關殺)을 대동하니, 대운이나 세운에서 刑沖될 시 관재구설, 이혼수, 손재수, 사고건 등이 발생할 염려가 많은 것이다.

- 癸亥大運에 속하는 세운의 길흉을 논해 본다.
  - 庚辰歲運은 庚金은 용신이고 辰土는 年支 酉金과 육합금국의 용신운이니 도심개발지역의 부동산 투기로 많은 돈을 모았다.
  - 辛巳歲運은 辛金은 月干 丙火와 간합수국의 한신(閑神)으로 化하니 부동산업을 계속했으며 무탈했다. 巳火는 기신으로 月·日支의 寅木, 申金과 더불어 寅巳申 삼형살(三刑殺)이 되니 흉액이 발생했다. 본인의 과실로 대형차사고가 발생하여 6개월간 병원신세를 져야 했다. 寅木 食神은 밥그릇이고, 申金 偏印은 흉사가 동반한 계약건으로 보는데, 모두 부서지니 병원신세로 일을 못하게 된 것이고, 간명(看命)에서 偏印의 刑沖은 사고나 질병 등의 흉사와 연관된 계약이라 판단하면 틀림없다.
  - 壬午歲運은 壬水는 본시 한신이나 丙火와 干沖으로 財星을 부수고, 午火는 日支 寅木과 반합화국의 기신운이니, 데리고 있던 직원의 사기행각으로 수억원의 손재수가 발생했다.
  - 癸未歲運은 癸水는 한신이고, 未土는 본시 희신이나 時支 卯木과 반합목국이 되어 사주원국의 卯와 申이 서로 상극됨을 막으니 日支 申金이 다시 용신의 역할을 하게 되니 길했다. 상가(商街)를 매입했다.
  - 甲申歲運은 甲木은 구신운이다. 申金은 용신이나 寅卯木과 상극되니 용신의 역할을 하지 못하게 되어 집안에 흉사가 다발했다. 寅木은 月柱에 있고, 月柱는 육친관계에서 부모형제자매궁으로 논하기 때문이다.

男命 (印星이 많아 病이 된 사주)

壬	癸	庚	庚
劫財		正印	正印
天·月德			
戌	酉	辰	子
正官	偏印	正官	比肩
衰·月殺	病·桃花	養·華蓋	建祿
弔客·寡宿	梟神·文曲	飛符	
空亡	鬼門·絞神		
辛	庚	乙	壬
丁	○	癸	○
戊	辛	戊	癸

戊	丁	丙	乙	甲	癸	壬	辛
子	亥	戌	酉	申	未	午	巳

① 용신(用神)

癸水 日干이 月令 辰土 수고(水庫)에 미근(微根)이 있다. 月·日支는 辰酉 육합금국의 印星이고, 天干에 庚金 印星이 투출했으니 印星이 태다하다. 따라서 日主 癸水를 생조함이 지나치니 財星으로 용신을 잡아 印星을 극제하며 사주의 中和를 이루어야 한다. 時支 戌中의 丁火로 용신을 잡는다. 용신 丁火는 辰月에 화왕지절(火旺之節)로 진기(進氣)된다고 하나, 旺한 水氣의 극제를 받으니 심히 무력하다. 따라서 크게 발복(發福)되지 못한 것이다.

用神 : 丁火
喜神 :   木
忌神 :   水
閑神 :   土
仇神 :   金

② 통변(通辯)

◉ 사주에 印星이 많아 病이 됐다. 印星이 있는 것은 좋으나 태왕하면 탈이 나는 것이다. 日干인 나를 生해주는 것이 많으니 정신기(精神氣) 中 精이 많은 것이다. 따라서 사주가 비대해지고 유통이 되지 않으니 고집불통이고, 직업의 변동이 많고, 학예(學藝)를 즐기나 성과가 적고, 자만심이 강하여 남과 융화가 잘

되지 않는 성격인 것이다.

◉ 財星이 심히 약하다. 男命에서 財星은 처로 보는데, 사주원국에는 없고 時支
戌中 丁火가 겨우 명목을 유지할 뿐이다. 또한 기신에 해당하니 처와의 연이
적다고 판단하는 것이다.

◉ 比劫이 印星의 생조를 받아 旺하니 형제자매는 많다고 판단한다.

◉ 사주에 金이 왕하다. 丙丁火가 있어 잘 극제하여 귀기(貴器)를 만들면 무관(武
官)으로 높이 오를 수 있었으나, 일점 丙丁火가 없어 庚辛金이 극제되지 못하
니 운동만 좋아하고 관직으로 갈 수 없었다.

◉ 月柱의 官印은 吉한 것이다. 선천명(先天命)에서 관운(官運)은 이미 만들어 놓은
것이나, 印星이 태왕한데 火氣가 없어 극제를 하지 못하니, 뜻만 크고, 매사
실패가 많으니 좌절과 실의 속에 중년을 보냈다.

◉ 時柱는 자식궁이다. 時支에 과숙살(寡宿殺)이 있으니 자식과의 연이 적다고 판
단한다. 아울러 용신을 자식으로 보는데, 용신 丁火가 무력하니 자식과의 연
이 역시 적다고 판단한다.

◉ 壬癸水 比劫은 기신이다. 따라서 형제자매간에 우애가 돈독치 못할 것이라 판
단하고, 정신적, 물질적으로 도움받기가 어려울 것이라 판단한다.

③ 大運풀이

◉ 巳午未 남방 화대운은 용신운이니 큰 탈 없이 부모의 도움으로 학업을 마칠
수 있었다.

◉ 甲申大運 中 甲木大運은 희신운이나 旺한 庚金에 충살로 부서지니 희신의 역
할을 하지 못한다. 사업의 실패가 있었다.
申金大運은 地支 子辰과 삼합수국의 기신운이니 하는 일마다 풀리지 않았고,
결혼운도 좋지 않았다.

◉ 乙酉大運 中 乙木大運은 庚金과 간합금국의 구신운이니 잘 풀리지 않았고, 酉
金大運은 月支 辰土와 육합금국의 구신운이니 역시 잘 풀리지 못했다.

◉ 丙戌大運 中 丙火大運은 본시 용신운이나 時干 壬水와 충살로 용신이 손상되
니 매사 저체(沮滯)되고, 사고수, 건강문제 등이 따를 것이다.
戌土大運은 한신운이나 月支 辰土와 충살이니 역시 길하지 못할 것이다.

- 丁亥大運은 丁癸 충살로 흉운이고, 亥水大運은 기신운이니 길운을 기대하기 힘들다.
- 戊子大運은 길흉이 교차될 것이다.

男命 (傷官生財 사주)

庚	丁	戊	乙
正財		傷官	偏印
戌	酉	寅	巳
傷官	偏財	正印	劫財
養·攀鞍	長生·將星	死·劫殺	帝旺·空亡
落井·鬼門	天乙·文昌	絞神	孤鸞
	隔角·太白		

辛	庚	戊	戊
丁	○	丙	庚
戊	辛	甲	丙

庚	辛	壬	癸	甲	乙	丙	丁
午	未	申	酉	戌	亥	子	丑

① 용신(用神)

丁火 日干이 寅月에 生하여 생조를 받고, 年支 巳火에 통근하고, 다시 年干 乙木의 생조를 받으니 신강하다. 庚金이 투출하여 벽갑인정(劈甲引丁)하니 丁火 日干이 신강하여 능히 財를 감당할 수 있다. 日主(日干)가 왕한 것이니 財로 용신을 잡는다. 용신은 時干 庚金이다.

用神 : 庚金
喜神 : 土
忌神 : 火
閑神 : 水
仇神 : 木

② 통변(通辯)

- 月干 戊土 傷官은 寅月에 실기했지만 年, 月, 時支에 戊土가 있어 뿌리를 박고

있고, 日主와 年支 巳火의 생조를 받으니 능히 生財하는 힘이 있다. 재물운이 왕한 것이다.

◉ 戊土 傷官이 투출했으니 예체능과 연관되어 있다. 체육도장을 운영하여 많은 재물을 모았다.

◉ 日支宮은 처궁인데 財星이 日支를 차지하여 본분을 지키고 있으니 처의 내조가 크다 하겠다.

◉ 年·月柱에 印星이 있으니 조상과 부모의 음덕이 있는 것이다. 상속받은 재산을 기반으로 사업을 일으킨 것이다.

◉ 年柱의 偏印과 劫財는 조상들이 관직과는 연이 적었음을 의미한다.

◉ 年柱는 조상, 손윗사람, 직장상사 등을 의미한다. 六神의 比劫은 형제자매인데, 상기의 경우처럼 年柱에 劫財가 있으면 형제자매 중 손윗사람이 있다는 것이다. 즉, 男命의 경우 命主가 장남이 아닌 경우가 많다. 그러나 月柱에 比劫이 있으면 명주가 장남인 경우가 대체로 많다.

◉ 사주에 正·偏印이 있고 旺하면 두 어머니, 두 할머니가 있는 경우가 많으나, 혹 아버지나 할아버지 대에서 양자나 양녀문제가 있는 경우도 있다. 특히 年, 月柱에 印星과 比劫이 동주면 이복형제가 있을 수 있다. 상기는 할머니가 두 분인 경우다.

◉ 年·月柱의 왕신(旺神)이 時干을 극하면 父先亡이고, 時支를 극하면 母先亡이다. 月支 寅木이 사령(司令)하여 旺하다. 月支 寅木이 時支 戊土를 극하니 母先亡의 경우이다.

◉ 사주의 귀문관살(鬼門關殺)은 종교, 무속, 역술과 연관이 있다. 조상 중에 극진히 사찰에 공양을 올린 분이 계시거나, 무속인이 있거나, 풍수지관, 역술인이 있는 경우가 많다.

◉ 용신 庚金이 日支와 時干에 있다. 日支에 있는 것은 命主가 자수성가함을 예시하고, 時柱에도 있음은 자식대에도 재물복이 이어짐을 예시하는 것이다.

◉ 時柱가 상관생재(傷官生財)되니 말년에 재물복이 많음을 알 수 있다. 대운의 흐름도 말년이 용신운이니 일치하는 것이다.

◉ 印星이 구신이며 초년대운이 한신운이다. 이런 경우 머리는 명민하나 학창시절의 학업운이 적다고 판단한다.

男命 (관살혼잡된 사주)

庚	丙	丙	己
偏財		比肩	傷官
寅	子	子	亥
偏印	正官	正官	偏官
長生·亡身	胎·桃花	胎·桃花	胞
梟神·紅艶	飛刃·陽錯	飛刃·陽錯	天乙·官貴
孤神·幻神		劍鋒	病符
湯火·喪門			
戊	壬	壬	戊
丙	○	○	甲
甲	癸	癸	壬

戊	己	庚	辛	壬	癸	甲	乙
辰	巳	午	未	申	酉	戌	亥

① 용신(用神)

丙火 日干이 子月에 生하여 실기하였다. 比肩과 正印이 있으나 水氣가 年, 月, 日支를 차지하여 범람할 지경이니 火氣가 무력하다. 戊己土를 써서 제방을 쌓고 水氣인 官殺을 억제하여 사주의 중화를 이루도록 한다. 戊土는 암장되었고 己土가 天干에 투출했으니 己土로 용신을 잡는다. 다만 己土는 戊土 보다 역량이 부족하니 용신이 약한 것이다.

用神 : 己土
喜神 :   火
忌神 :   木
閑神 :   金
仇神 :   水

② 통변(通辯)

- 지지에 관살혼잡(官殺混雜)이 있으니 직장과의 연이 적고, 명예를 추구하나 이 또한 얻기 힘들다.
- 時干에 偏財가 있으니 사업가의 명조인데, 食傷의 생조를 받아야 재물복이 많은 것이다. 年干 己土 傷官은 子月에 休囚되니 旺하지 못하다. 傷官生財가 되지 못하니 큰 재물을 모으기 어렵다고 판단한다.

- 年·月干에 傷官과 比肩이 투출했으니 주로 기술직, 연구직, 이공계와 연관된 직업에 종사하게 된다.
- 甲戌大運은 甲木은 己土와 간합토국의 용신운이고, 戌土 역시 용신운이니 전자공학을 전공하였고 무난히 대학을 마칠 수 있었다.
- 癸酉大運은 구신과 한신운이다. 반도체 관련업체의 직장생활을 시작했다.
- 壬申大運 역시 구신과 한신운이다. 직장을 퇴직 후 많은 자금을 투자하여 반도체생산 공장을 시작했으나 運이 길하지 못하니 크게 발전하지 못했다.
- 辛未大運은 丙辛 간합수국의 구신운이고, 未土는 月·日支의 子水 正官과 刑殺이 되니 관재(官災) 및 손재수가 발생했다.
- 庚午, 己巳大運도 사주원국과 상충되어 길신이 파괴되니 썩 길한 운이라 볼 수 없다.

男命 (선천적질병이 있는 사주)

丁	癸	丁	辛
偏財		偏財	偏印
巳	巳	酉	巳
正財	正財	偏印	正財
胎·地殺	胎·地殺	病·將星	胎
陰差·天乙	陰差·天乙	文曲·梟神	陰差·天乙
破軍·劍鋒	破軍·劍鋒	桃花·隔角	斷橋·斧劈
斷橋·斧劈	斷橋·斧劈	太白·飛符	
戊	戊	庚	戊
庚	庚	○	庚
丙	丙	辛	丙

己丑	庚寅	辛卯	壬辰	癸巳	甲午	乙未	丙申

① 용신(用神)

癸水 日干이 酉金月에 생하여 실기하였고 사주에 財와 官이 왕하니 신약하다. 癸水는 산간계(山澗溪)요, 우로(雨露)에 비유하는데 사주에 火氣가 조열(燥熱)하니 癸

水가 고갈될 지경이다. 財多身弱사주이다. 수원(水源)을 만들어 줌이 필요하다. 용신은 年干 辛金이다.

用神 : 辛金
喜申 : 土
忌神 : 火
閑神 : 水
仇神 : 木

② 통변(通辯)

상기는 자폐증을 앓고 있는 남아(男兒)의 명조이다. 선천적인 질병의 원인은 여러 가지가 있는데 대략적인 것을 요약해보면 다음과 같다.

◉ 태원사주(胎元四柱)의 오운육기(五運六氣)에서 복중일수(腹中日數)가 평균치 보다 적은 下命의 경우(265일 이하) 선천적인 질병을 타고나는 경우가 많다.

◉ 각종 흉살들을 많이 갖고 태어나도 선천적인 질병을 앓는 경우가 많다. 귀문관살(鬼門關殺), 상문살(喪門殺), 조객살(弔客殺), 환신살(幻神殺), 교신살(絞神殺), 병부살(病符殺), 태백살(太白殺), 단교관살(斷橋關殺), 천살(天殺), 육해살(六害殺) 등이 이에 해당하는데, 우선 태원사주의 흉살들을 파악하여 사주원국과 비교하는데, 양쪽 공히 일치되는 흉살들이 많을 경우 이에 해당하는 질병을 선천적으로 타고나는 경우가 많다. 예를 들어 귀문관살(鬼門關殺)이 사주원국과 태원사주에 공히 있다면 정신질환을 앓는 경우가 많은 것이다. 백호살(白虎殺)이 그러하다면 백호살이 동주한 오행에 해당하는 선천적인 질병을 앓는 경우가 많은 것이다. 필자가 수없이 징험했던 사항이다.

◉ 사주가 심히 편고(偏枯)되었거나, 심히 태약한 경우도 선천적인 질병을 앓는 경우가 많았다.

◉ 태원사주(胎元四柱)의 오운육기(五運六氣)에서 天干과 地支가 부조화(不調和) 되고, 上下 상전(相戰)하고, 중화되지 못한 경우도 선천적인 질병을 앓는 경우가 많았다.

◉ 사주상 日主가 無氣하고 용신이 심히 태약하며, 대운과 세운의 흐름이 일로 기신운으로 흐르는 경우도 선천적인 질병을 앓는 경우가 많았다.

◉ 사주 干支가 상하 相剋되거나 절각(截脚)되어 화해(和解)의 정이 없는 경우 등

이다.

③ 태원사주(胎元四柱)

상기 남명. 음력. 辛巳年 8월 11일 巳時生의 태원사주는 아래와 같다. 태원사주에 관한 내용은 실전사주비결 〈이론편〉 제8장 간명비결의 태원편을 참조하라.

태원사주

庚	戊	戊	庚
食神		比肩	食神
申	申	寅	辰
食神	食神	偏官	比肩
病·地殺	病·地殺	長生·驛馬	冠帶
陽錯·暗綠	陽錯·暗綠	陽錯·文曲	白虎·紅艶
飛符·破軍	飛符·破軍	弔客	

생일날 癸巳日 부터 역(逆)으로 약 280일을 후퇴시켜 전후로 癸巳와 合이 되는 戊申日을 찾으면 음력. 2010년도 1월에 해당된다. 아이가 2.4kg의 조숙아로 태어났으니 복중기간이 10달을 채우지 못했을 것으로 판단되며, 생일 癸巳日 부터 역(逆)으로 戊申日까지 세면 복중일수는 226일에 해당되므로 下命에 해당하는 것이다. 선천적인 질병의 위험을 크게 안고 태어난 것이다.

입태일(入胎日)을 기준하여 오운육기(五運六氣)를 살펴보면 입태일 戊申은 五運 중 一運에 해당하고, 六氣는 一氣에 해당한다. 따라서 오운육기는 一運 一氣이다. 오장육부(五臟六腑)는 金火에 해당하고, 사상체질은 소양인(少陽人)이다.

② 결론(結論)

복중일수(腹中日數)가 226일에 해당하는 下命이고, 오운육기는 一運 一氣이고, 장부(臟腑)는 金火에 해당하니 상하 상극되고, 사상체질은 소양인(少陽人) 체질이며, 사주원국과 태원사주에 공히 있는 흉살들은 비부살(飛符殺), 파군살(破軍殺)인데, 이와 같은 여러 요인들이 상기 남아가 선천적인 질병을 갖고 태어나게 된 근본적인 원인이라 판단하는 것이다.

참고로 복중일수을 기준한 수명 및 운명의 귀천을 살펴보면 아래와 같다.

上命 : 286일 이상   - 부귀복록인(富貴福祿人)

中命 : 266일 ~ 285일 - 중인복록인(中人福祿人)

下命 : 265일 이하   - 평범인(平凡人)

女命 (年·月柱가 沖된 사주)

辛	丙	癸	丁
正財		正官	劫財
卯	申	丑	未
正印	偏財	傷官	傷官
沐浴·將星	病·劫殺	養·月殺	衰·流霞
五鬼·鬼門	文昌·官貴	太白	金輿·寡宿
	落井·孤神		病符

甲	己	癸	丁
○	壬·戊	辛	乙
乙	庚	己	己

辛	庚	己	戊	丁	丙	乙	甲
酉	申	未	午	巳	辰	卯	寅

① 용신(用神)

丑月의 丙火는 子月에 一陽이 뜨고, 丑月에 二陽이 뜨니, 대지는 이미 火氣가 돌아 땅속의 씨앗을 발아시킬 준비를 하고 있다. 따라서 火氣가 아주 태약한 것은 아니고, 또한 눈과 서리를 무서워하지 않는다. 丙火는 水氣는 두려워하지 않으나 己土가 있어 火氣를 설기시키며 태양빛을 뿌옇게 가림을 기피한다. 丑月은 강호(江湖)가 모두 얼어붙은 계절이니, 壬水가 투출하여 수보양광(水輔陽光=水가 태양빛을 반사시켜 밝게 함)하면 귀격의 명조이다. 특히 야시(夜時)에 태어난 사람은 은은한 달빛이 얼어붙은 강호(江湖)를 비추어 밤길을 밝히니 반드시 貴하게 된다. 상기는 卯時에 태어나고, 天干에 癸水가 투출했으니, 癸水는 안개요, 이슬비라. 오히려 태양빛을 혼탁하게 하니 平人의 사주이다.

月干 癸水가 투출했으니 부득이 癸水를 용신으로 잡는다. 그러나 용신 癸水는

丁癸 충살과 地支 丑未 충살로 癸水의 뿌리가 끊어지지 용신이 태약하다. 사주가 길하지 못한 것이다. 日干 丙火는 地支 卯木 印星과 丁火 劫財가 있으니 약하지 않다.

用神 : 癸水
喜神 :　金
忌神 :　土
閑神 :　木
仇神 :　火

② 통변(通辯)

◉ 천간의 丁癸는 干沖이다. 癸水는 月支 丑土에 통근하고, 丁火는 年支 未土에 통근하고 있으나, 月令에 뿌리를 둔 癸水가 더 왕하니 干沖되어 丁火가 손상된다. 丁火 劫財는 육친상 형제자매이니 죽은 형제자매가 반드시 있는 것이다.

◉ 年·月柱는 干支가 모두 상극이다. 이런 경우는 조부대에 집안이 어려워져 아버지 대에 고향을 떠나 객지에 터를 잡은 경우가 많다.

◉ 年柱에 劫財와 傷官이 동주하고 있다. 이런 경우는 고조부 대까지 가문이 번창하지 못했고 또한 관직(官職)에 종사했던 조상이 적었을 것이라 판단하는 것이다.

◉ 日干과 時干의 丙辛 合水는 正財가 合水하여 官星으로 바뀐 경우다. 이런 경우는 연애결혼하는 경우가 많고, 재물을 갖고 명예를 얻고자 하는 자기현시욕이 강하다.

◉ 日支와 時支가 申金과 卯木으로 원진살(怨嗔殺)이다. 日柱는 부부궁이고 時柱는 자식궁이니 자식과의 연이 적다고 판단한다. 또한 자식 중에 반드시 죽은 자식이 있게 된다.

◉ 時支 卯木은 正印이다. 印星은 학문, 지혜. 두뇌. 계약, 문서 등을 의미하는 길성인데, 오귀살(五鬼殺)과 귀문관살(鬼門關殺)이 동주하고 있으니 학업과는 연이 적었을 것이라 판단한다.

◉ 時支 卯木 正印에 귀문관살(鬼門關殺)이 동주하고 있다. 귀문관살은 영(靈)적인 의미가 많은 殺이니 女命에 귀문관살이 있으면 꿈이 잘 들어맞는다. 그리고 종교에 심취하는 경향이 많다.

◉ 印星에 귀문관살이 동주하고 있는 경우는, 특히 女命의 경우 건강상 특별히

나쁜 곳은 없는데, 컨디션이 항상 최상의 경우가 못되는 경우가 많다.

◉ 丙火는 만물을 비추며 성장케 하는 원동력이다. 따라서 日干이 丙火인 여명은 대인관계가 좋고, 예술적 감각이 뛰어나며, 자신의 능력이나 작품을 통해 타인에게 감동을 주는 직업을 많이 갖게 된다. 미용업이나 디자인, 인테리어 등의 직업을 갖는 경우가 많다.

◉ 年支 未土에 유하살(流霞殺)이 동주하고 있다. 어렸을 때 어머니 젖이 부족했을 것이라 판단한다.

◉ 月支 丑土 傷官에 월살(月殺)과 태백살(太白殺)이 동주하고 있다. 월살과 태백살은 질병, 사고 등으로 몸에 칼을 대야 하는 흉살이다. 女命의 食傷은 자식이니 제왕절개로 자식을 낳았다 한다.

◉ 月支와 日支가 상관생재(傷官生財)되고 있다. 日支에 偏財가 있으니 女命이지만 사업수완이 있는 것이다. 작은 가게나 장사를 하는 것도 무방하다.

◉ 女命의 印星은 결혼 전에는 친어머니, 결혼 후는 시어머니로 논한다. 財星은 남편인 官星을 생하는 것이니 시어머니로 논하며, 또한 친정집의 아버지로 논하기도 한다. 日支와 時支의 申卯 원진살은 둘 중 한분이 일찍 돌아가시게 됨을 의미한다. 丑月의 申金은 金氣가 설기되었고, 卯木은 丑月에 水氣를 담뿍 담고 있으니 왕하다. 따라서 申金 偏財가 손상된다. 乙卯大運 중 卯木大運에 대운에서 다시 日支 申金과 상극되니 이때 아버님이 사망하셨다 한다.

③ 大運풀이

◉ 丁巳大運 중 丁火大運은 月干 癸水 正官과 丁癸 충살이 되니, 女命의 官星은 남편이며, 또한 직업, 직장, 직책이다. 沖을 맞으니 이때 사업의 변동이 있었다. 巳火大運은 日支 申金 偏財와 巳申의 刑合局이다. 선형후합(先刑後合)이니 먼저는 흉하고 나중은 무방하다. 偏財의 刑殺이니 사업의 무리한 투자로 인해 재산상의 손실이 발생했다.

◉ 丁巳大運 중 戊子歲運에 戊土는 癸水와 간합화국의 구신운이고, 子水는 時支 卯木과 子卯 刑殺이니 건강문제, 사고문제, 문서와 연관된 손실문제가 발생한다. 계약 건으로 인해 큰 손해가 발생했다.

◉ 기신이 土에 해당한다. 위장과 연관된 건강문제가 평생 대두된다.

◉ 구신이 火다. 火는 比劫이고, 比劫은 형제자매를 의미하니 형제자매간 화목함과 돈독한 정이 적다고 판단한다.

男命 (比劫이 중중한 사주)

己	己	戊	庚
比肩		劫財	傷官
巳	丑	寅	子
正印	比肩	正官	偏財
帝旺·劫殺	墓·攀鞍	死·驛馬	胞·貴人
落井·梟神	飛刃	孤神·喪門	病符·急脚
太白·破軍			
飛符·湯火			
戊	癸	戊	壬
庚	辛	丙	○
丙	己	甲	癸

丁	丙	乙	甲	癸	壬	辛	庚	己
亥	戌	酉	申	未	午	巳	辰	卯

① 용신(用神)

己土는 전답, 담장, 정원의 土인데 寅月에 생하여 대지가 차다. 아직 한기(寒氣)가 남아있으니 새싹을 성장케 할 준비가 되지 않았다. 丙火로 대지를 따뜻하게 해주고 甲木으로 소토(疏土)해야 만물이 자랄 수 있다. 地支에 子丑의 물과 진흙토가 있으니 日干 己土는 습기를 담뿍 머금었고, 寅月이니 해동(解凍)이 완전하지 않다. 또한 地支 巳丑은 年干 庚金을 끌어내려 巳酉丑 삼합금국을 형성하니 食傷이 왕한 것이다. 조후(調候)로써 月支 寅中의 丙火를 용신으로 잡아 日干 己土를 생조하고, 습기를 해소시켜야 사주가 중화를 이룰 수 있다. 巳中의 丙火는 巳火가 巳酉丑의 금국으로 바뀌니 용신으로 잡기에는 결격(缺格)이 있어 왕하지 못한 것이다.

用神 : 丙火
喜神 :   木
忌神 :   水
閑神 :   土

仇神 :　　金

② 통변(通辯)

◉ 己土 日干은 寅月에 실기했지만 地支 寅·丑·巳에 통근하고 있으니 태약하지
는 않다. 따라서 財를 감당할 만하다. 다만 年支 子水 偏財는 年干 庚金과 地支
巳酉丑 삼합금국의 생조를 받으나 기신에 해당하니 大發하기가 힘든 것이다.

◉ 男命에서 財星은 처로 논하는데 상기와 같이 기신에 해당하며 또한 병부살(病
符殺)과 동주하니 처와의 연(緣)이 적고, 처의 내조를 기대하기가 힘들다고 판
단한다.

◉ 月支 寅木과 時支 巳火는 刑殺이다. 특히 사주에서 正官과 正印이 서로 형살
이 되면 문서로 인한 음해 및 관재구설과 시기, 질투, 명예의 손상 등이 평생에
다발하는 것이다. 특히 印星에 비부살(飛符殺)이 동주하면 비부살(飛符殺)은 관
재구설을 동반하는 殺이라 사송(詞訟)과 연관된 문제가 평생을 따라다닌다.

◉ 月柱에 劫財와 正官이 동주하면, 장남이 아니더라도 집안의 대소사를 관장하
는 장남의 역할을 하게 되는 것이다.

◉ 日支 丑土는 比肩으로 비인살(飛刃殺)이 동주하고 있다. 日支는 처궁인데 比肩
이 있는 경우는 男命의 경우 比肩은 형제자매니 형제자매와 연관된 일로 노심
초사해야 하는 문제가 발생하고, 日支는 처궁인데 입묘(入墓)하면 배우자와 이
별수가 높다. 또한 比肩의 입묘(入墓)는 형제자매 중 반드시 죽은 형제자매가
있다고 판단하는 것이다.

◉ 天干에 투출한 六神으로 직업을 살펴보는데, 比劫과 傷官이 투출되었다. 이공
계, 기술직과 연관된 직업이다. 건축과를 졸업하여 건축관계의 사업을 하고
있다. 그러나 土와 金이 한신과 구신이니 기술로 크게 이름을 날리기는 어렵다
고 판단한다.

◉ 月支 寅木 正官에 역마살(驛馬殺)과 고신살(孤神殺)이 동주하고 있다. 男命의 正
官은 직업, 직책, 직장인데 역마살이 있으니 직장과 직업의 변동이 잦을 것이
고, 고신살이 있으니 한 직장에 오래 근무하기가 어려울 것이라 판단한다.

◉ 時柱에 比肩과 正印이 동주하고 있다. 아버지 혹은 할아버지 대에 이복형제가
있거나, 양자(養子)나 양녀(養女)로 간 사람이 있거나, 어머니 혹은 할머니가 두

분일 것이라 판단한다.

◉ 時支에 正印이 있으면 그 자손이 반드시 효도를 한다.

◉ 時支 巳火는 용신이고 印星이다. 印星이 용신인 경우는 머리가 명민하고, 두 뇌회전이 빠른 명조이다.

◉ 天干의 戊己土는 형제자매를 의미하는 比劫인데 한신이다. 이런 경우 형제자 매간에 우애가 적고, 화목함이 적다고 판단하는 것이다.

◉ 時支 巳火 正印에 태백살(太白殺)이 동주하고 있다. 正印이건 偏印이건 印星에 태백살이 동주하면 사고나 질병 등으로 병원에 입원해야 하는 문제가 반드시 발생한다. 대운이나 세운에서 공히 刑沖하면 큰 재액(災厄)을 당한다.

◉ 時支 巳火 正印에 효신살(梟神殺)이 동주하고 있다. 친어머니와의 연이 적은 것이다. 부모가 이별했건, 사별했건 어려서 남의 손에 커야하는 명조이다. 일찍 어머니가 돌아가셔서 서모(庶母) 밑에서 자랐다 한다.

◉ 地支에 병부살(病符殺), 상문살(喪門殺), 고신살(孤神殺), 탕화살(湯火殺) 등이 있다. 조상과 연관된 殺이다. 이런 경우 아버지, 조부, 증조부대의 사촌이내 인척 중 반드시 자살한 사람이 있다는 것을 의미한다. 또한 상기 병부살과 상문살에 해당하는 조상의 묏자리가 반드시 탈이나 있는 것이라 판단한다. 이는 필자의 사주간명상 틀림없이 징험한 결과이다.

◉ 年支 子水 偏財에 십이포태운성의 포(胞)가 있다. 財星은 男命에서 처로 보는데, 이런 경우 반드시 재혼수(再婚數)가 있다.

◉ 年柱의 傷官과 偏財는 조상들이 벼슬한 집안은 아닐 것이라 판단한다. 농업, 상업에 종사한 조상이다.

◉ 比劫은 사회적으로는 동창, 직장동료, 동업자 등으로 논하는데 한신에 해당하니 知人들과의 동업은 금물이다. 상기 명조자는 동업관계에서 많은 금전적 손실을 입었다.

◉ 기신이 水다. 水는 신체에서 신장, 방광, 혈액, 허리 등에 해당된다. 기신에 해당하는 질병은 평생을 따라다니는 것이니 항시 유의토록 해야 한다.

③ 大運풀이

◉ 己卯大運 中 卯木은 年支 子水와 子卯 刑殺이니 어머니가 돌아가셨다. 卯木이

사주상 月支 寅木에 해당하고 月支宮은 부모궁이기 때문이다.

◉ 庚辰大運은 庚金이 구신운이고, 辰土는 子水와 반합수국의 기신운이니 가운(家運)이 쇠퇴하여 공부에 전념할 수가 없었다.

◉ 辛巳大運은 辛金은 구신운이라 어렵게 대학을 졸업하였고, 巳火는 용신운이니 이때 결혼을 했고, 月支 寅木 正官과는 刑殺이니 직장의 변동이 많았다.

◉ 壬午大運 중 壬水運은 기신운이라 사업의 부침이 다단하였다.

午火大運은 年支 子水와는 子午 충살로 偏財가 손상되는데, 偏財는 남명에서 처와 부친으로 논한다, 이때 부친이 작고하셨다.

月支 寅木과는 반합화국의 용신운이다. 건축자재상을 하여 돈을 많이 벌었다.

日支 丑土와는 丑午 원진살(怨嗔殺)이니 日支宮은 처궁이라 처와 별거를 시작했다. 또한 日支宮의 比肩은 사업상 동업관계를 의미하기도 하니 사업의 확장 과정에서 동업자의 배신으로 금전적인 손해가 많았다.

時支 巳火와는 比化되고 용신운이니 이후 사업이 여의했다.

◉ 癸未大運은 癸水가 財星이니 여자가 들어오는 것이며, 月干 戊土와 간합화국의 용신운이니 여자의 도움으로 사업이 잘 풀렸고, 未土大運은 子未 刑殺과 丑未 沖殺로 偏財와 日支宮을 흔드니 처와 이혼했으며, 사업상 동료의 배신으로 손재수가 많았다. 또한 日支는 자신의 근거지인데 丑未 충살이 되니, 이때 사업장을 옮기게 되었다.

子未 刑殺은 子水가 偏財이니 사업상 재물과 연관되어 관재구설이 많았고, 사송(詞訟)에 많이 시달렸다.

◉ 甲申大運은 甲木은 본시 희신이나 己土와 간합토국의 한신운이니 사업상의 발전은 적을 것이고, 申金은 子申 반합수국의 기신운, 寅木과는 沖殺, 巳火와는 刑合이 되니 또 한 번 풍파와 재액(災厄)과, 관재구설이 예고된다. 또한 건강상 큰 문제가 발생할 수 있다. 正印이 형해살(刑害殺)이 되기 때문이다.

◉ 乙酉大運은 乙木은 庚金과 간합금국의 구신운이고, 酉金은 地支 巳·丑과 삼합금국의 구신운이니 흉운이다. 흉사(凶事)가 예상되니 유종(有終)의 美를 거둘 수 있도록 노력함이 필요하겠다.

男命 (승려의 사주)

乙	庚	丙	丙
正財		偏官	偏官
酉	戌	申	午
劫財	偏印	比肩	正官
帝旺·六害	衰·華蓋	建祿·驛馬	沐浴·福星
羊刃·幻神	梟神·紅艶	孤神·喪門	五鬼
隔角·呑陷	飛符		
病符殺			
庚	辛	己	丙
○	丁	壬·戊	己
辛	戊	庚	丁
甲 癸	壬 辛	庚 己	戊 丁
辰 卯	寅 丑	子 亥	戌 酉

① 용신(用神)

庚金 日干이 申月에 생하여 득기(得氣)하였고, 乙庚 간합금국과 時支 酉金의 양인살(羊刃殺)과 申酉戌 방합금국이 있으니 신강하다. 年·月干의 丙火는 年支 午火와 日支 戌土에 통근하고 있으니 偏官도 旺하다. 따라서 신왕살왕(身旺殺旺)하니 食傷으로 용신을 잡는다. 용신은 月支 申中의 壬水이다.

用神 : 壬水
喜神 : 金
忌神 : 土
閑神 : 木
仇神 : 火

② 통변(通辯)

◉ 사주에 官殺인 丙丁火가 혼잡되고 旺한데 왕한 火氣를 극제할 일점 水氣가 없다. 官殺의 난동을 제어할 방법이 없으니 사주가 파격(破格)이다. 時干 乙木 正財는 간합되어 比劫으로 바뀌니 유명무실하고, 日支 戌土 偏印은 방합금국이 되어 역시 比劫運이니 이 또한 써먹을 수 없다. 年·月柱의 官殺은 극제하는 食傷이 없어 제살(制殺)되지 못하니 역시 유명무실하다. 財官印이 모두 나를 등 돌리고 있으니 발붙일 곳이 없다. 승려(僧侶)의 사주이다.

◉ 日支는 처궁이다. 처궁에 印星이 있으면, 대체로 고부간의 갈등이 심하다고 판단하면 틀림없다. 戊戌大運 중 戊土 大運에 申酉戌 방합금국의 희신운이니 이때 결혼하였으나 처와 계모와의 사이에서 고부간의 갈등으로 처가 가출하였고, 본인도 이후 己土大運 기신운에 다니던 회사가 부도나 문을 닫음에 머리깎고 승려가 되었다.

◉ 사주에 상문살(喪門殺), 고신살(孤神殺), 화개살(華蓋殺), 환신살(幻神殺), 비부살(病符殺) 등이 있다. 이러한 흉살들이 있는 사주는 종교에 심취하게 되고, 또한 신기(神氣)와 연관된 경우가 많다. 종교에 귀의하는 것도 이러한 殺들과 연관이 많은 것이다.

◉ 年支 正官에 오귀살(五鬼殺)이 동주하고 있다. 남명에서 官星은 직업, 직장, 직책을 의미하는데, 독수공방을 의미하는 오귀살(五鬼殺)이 있으니 변변한 직업을 갖기 힘든 것이다.

◉ 月支 申金의 比肩에 고신살(孤神殺)이 동주하고 있다. 부모형제자매 및 사회에서의 동료들과 인연이 적은 것이다.

◉ 日支 戊土 偏印에 비부살(飛符殺)이 동주하고 있다. 비부살은 관재구설을 동반하는 殺이다. 이런 경우 남의 음해, 시기, 질투, 관재 건과 연관되어 흉액이 발생한다. 특히 기신인 偏印의 비부살은 평생 예기치 않은 사고나 질병 등 흉사가 다발하며, 종국에는 사송(詞訟)과도 연결된다고 판단하는 것이다.

◉ 日支 偏印에 효신살(梟神殺)이 동주하고 있다. 효신살은 生母와의 연이 적은 살이니 생모가 일찍 돌아가시고 계모 밑에서 자랐던 것이다.

◉ 日支 戊土 偏印에 화개살(華蓋殺)이 동주하고 있다. 사주상 土氣는 종교와 연관된 오행이고, 또한 화개살도 종교와 연관된 살이니 승려의 길을 택한 것이다.

◉ 時支 酉金 劫財에 격각살(隔角殺)과 탄함살(呑陷殺)이 있다. 격각과 탄함은 건너 띄어간다는 살이니 형제자매 중 죽은 사람이 나온다.

◉ 時支는 자식궁인데 병부살(病符殺)이 동주하고 있다. 병부살은 독수공방, 고독박명, 질병을 유발하는 흉살이다. 時支에 있으니 자식과의 연이 없는 것이다.

◉ 庚子大運은 月干 丙火와 丙庚殺로 흉운이고, 子水大運은 본시 용신이나 年支 午火와 충살로 용신이 손상되니 역시 흉운이다.

◉ 辛丑大運은 辛金이 丙火와 간합수국의 용신운이고, 丑土大運은 午火와는 원

진살(怨嗔殺), 戊土와는 삼형살(三刑殺), 酉金과는 반합금국의 희신運이니 일희일비하는 운이다.

◉ 壬寅 이후의 대운도 부침이 많을 것이라 판단한다.

◉ 종교인으로 고명(高名)을 얻는 것도 역시 官과 印이 刑沖되지 않고, 귀격이며, 용신과 희신에 해당하며 운로(運路)에서 받추어주어야 한다. 상기명은 官과 印이 구신과 기신이니 크게 명성을 기대하기 힘들다고 판단한다.

男命 (財星의 合이 忌神이 된 사주)

壬	甲	丁	甲
偏印		傷官	比肩
申	戌	卯	午
偏官	偏財	劫財	傷官
絕·驛馬	養·華蓋	帝旺·桃花	死
官貴·喪門	飛符	羊刃·絞神	紅艶
孤神·空亡			
己	辛	甲	丙
壬·戊	丁	○	己
庚	戊	乙	丁
乙　甲	癸　壬	辛　庚	己　戊
亥　戌	酉　申	未　午	巳　辰

① 용신(用神)

甲木 日干이 卯月에 생하여 양인살(羊刃殺)을 대동하여 득기(得氣)하였고, 天干에 印星과 比肩이 투출했으니 신강하다. 寅月의 甲木은 아직 한기(寒氣)가 남아있으니 丙火의 조후(調候)도 필요하나, 卯月은 甲木이 진기(進氣)하여 세력을 잔뜩 얻었으니 전벌(剪伐)하는 庚金이 우선 필요하다. 時支 申中의 庚金이 용신이다. 申金은 사주에 습토(濕土)가 없으니 생조받지 못하여 약하다. 용신이 약하니 귀격이 되지 못한다.

用神：庚金
喜神：　土

忌神 :　火
閑神 :　水
仇神 :　木

② 통변(通辯)

⊙ 天干에 比肩, 傷官, 偏印이 투출했다. 甲木 比肩은 月支에 통근하니 왕강하고, 月干 丁火는 年支 午火에 통근하고 月支 卯木의 생조를 받으니 역시 왕강하다. 투출된 比肩과 傷官이 왕하면 대체로 예체능의 직업을 택하게 된다. 상기는 時柱의 官과 印이 무력하니 국가의 祿을 먹을 수 없다. 운동선수로서 자질은 있었으나, 성공하지 못한 것이다.

⊙ 日支 戌土 偏財는 月支 卯木과 육합화국의 食傷이 되니 財星의 역할을 하지 못한다. 비록 傷官이 있다 하더라도 傷官生財가 되지 못한다. 이런 경우는 대체로 금전의 입출은 잦으나 재물을 축적하기가 힘든 경우이다.

⊙ 日支는 처궁으로 偏財가 제자리를 잡고 있다. 그러나 卯戌 육합화국의 食傷이 되어 財가 소멸되니 처덕과 내조를 바라기 힘든 것이다.

⊙ 日支 財星에 비부살(飛符殺)이 동주하고 있다. 비부살은 관재구설을 불러오는 殺인데, 財星에 있으니 사업상 혹은 재물과 연관된 사안에서 관재구설 건이 다발하게 된다.

⊙ 時支 申金의 偏官은 직업, 직장, 직책으로 논한다. 고신살(孤神殺)과 상문살(喪門殺)이 있으니 한 가지 직장이나 직업에 오랫동안 종사하기 힘들다고 판단한다. 또한 역마살(驛馬殺)과 동주하니 외판원이나 영업직에 종사하는 경우가 많다.

⊙ 天干에 比肩과 偏印이 투출했고, 사주에 比劫이 왕하다. 이런 경우는 본인대나 아버지, 할아버지 대에 이복형제가 있거나 양자, 양녀로 가는 분이 반드시 계시다. 아버지 대에 이복형제가 있었다 한다.

⊙ 比劫이 구신에 해당하니 형제자매간에 돈독한 우애와 정이 부족하다고 판단한다.

⊙ 月支 卯木 劫財에 도화살(桃花殺)이 동주하고 있다. 比劫은 사회적으로는 동료, 동창, 동업자 등으로 논하니 이들로 인해 시기, 질투, 음해, 관재구설 및 여자로 인해 얽매이는 문제가 평생을 따라다니는 것이다.

③ 대운풀이

◉ 己巳大運은 학창시절이다. 己土는 甲木과 간합토국의 희신운이니 이때 운동을 시작하여 두각을 나타내기 시작했다. 巳火大運은 기신으로 日支 戌土와는 巳戌 원진살(怨嗔殺)이 되니, 財星은 여자와 재물로 논하는데, 원진살이 되니 여자문제로 인해 금전의 지출이 많았고, 운동도 점차 게을리 하게 됐다. 時支 申金과는 巳申 刑合이다. 선형후합(先刑後合)인데, 먼저는 官을 刑하니 남과의 다툼에 연루되어 관재(官災)를 겪게 되었고, 나중은 合水의 한신운이라 근신하고 지냈다.

◉ 庚午大運은 庚金이 용신인데, 甲庚 충살이 되어 용신이 손상되니 직장생활을 계속하기 힘들었고, 집안의 권유로 결혼하게 됐다. 庚金이 손상은 되었으나 본시 용신운이기 때문이다. 午火大運은 午午는 자형살(自刑殺)이고, 午卯는 破殺이고, 午戌은 반합화국의 기신운이니 하는 일마다 잘 풀리지 않았다.

◉ 辛未大運은 辛金은 용신운이니 유흥업에 종사하여 풀려나가기 시작했다. 未土大運은 卯木과는 반합목국의 구신운이고, 戌土와는 육합화국의 기신운이니 사업을 확장하여 운영하다 동업자의 배신으로 크게 손재수를 겪었다.

◉ 壬申大運은 壬水는 한신이나 丁火와 간합목국의 구신운이니 사업상 발전이 없었고, 申金은 본시 용신운이나 月支 卯木 劫財와 원진살(怨嗔殺)이 되니 하는 일마다 실패가 거듭됐다.

◉ 癸酉大運은 癸水는 丁火와 충살, 酉金은 卯木과 충살이니 발전을 기대하기 어렵다.

◉ 甲戌大運은 甲木은 구신운, 戌土는 卯午와 육합 및 반합화국의 기신운이니 역시 발전을 기대하기 어렵다.

◉ 乙亥大運은 乙木은 구신운, 亥水는 亥卯 반합목국의 구신운이니 말년을 기대하기 역시 어렵다.
용신이 왕강하면 대운에서 설혹 기신, 구신운이 도래하더라도 능히 헤쳐나갈 수 있지만, 용신이 약하면 흉한 運을 피해나갈 방법이 없는 것이다.
상기인은 용신인 庚金이 時柱에 있으니 자손대에는 발복(發福)할 것이 틀림없으니 적덕(積德)을 많이 쌓아야 말년을 기대할 수 있다.

丙	癸	丙	甲
正財		正財	傷官
辰	卯	子	辰
正官	食神	比肩	正官
養·華蓋	長生·六害	建祿·將星	養·空亡
呑陷·劍鋒	貴人·福星	桃花·絞神	
空亡	文昌·落井		
	病符		
乙	甲	壬	乙
癸	○	○	癸
戊	乙	癸	戊
戊	己	庚	辛	壬	癸	甲	乙
辰	巳	午	未	申	酉	戌	亥

① 용신(用神)

癸水 日干이 子月에 생하여 건록(建祿)地이니 득기(得氣)하였다. 또한 子辰 반합수국이 있으니 日干이 세력을 얻어 왕하다. 癸水는 간계수(澗溪水)요 우로(雨露)에 비유하니, 子月 중동절(中冬節)에 천지가 얼어붙었다. 얼어붙은 물은 사용할 수가 없으니 조후(調候)가 급하여 月干 丙火를 용신으로 잡는다. 다만 용신 丙火가 地支에 뿌리를 내리지 못하니 용신이 왕하지 못한 것이다. 癸水 日干은 간계수(澗溪水)니 수원(水源)을 발하는 庚辛金의 印星이 필요하고, 해동(解凍)이 되어야만 비로써 用하여 만물에 물을 대줄 수 있는 것이니 丙火를 떠나서는 용신을 잡기 힘들다.

用神 ： 丙火
喜神 ：　木
忌神 ：　水
閑神 ：　土
仇神 ：　金

② 통변(通辯)

◉ 女命의 正官은 남편에 비유한다. 正官 辰土가 子水와 반합수국의 比劫으로 바뀌니 남편의 자리가 무기력해졌다. 남편과의 연이 적은 것이다.

◉ 子月의 卯木은 食神으로 왕하며 月干 丙火 正財를 生하니 식신생재하여 재물

복이 있다. 다만 丙火 正財가 地支에 통근하지 못하여 왕하지 못하니 금전의 입출은 많으나 크게 축적할 재물은 아닌 것이다. 天干에 癸水와 丙火가 있으니 물과 불이라, 요식업과 유흥주점을 운영하며 다소 돈을 벌었다.

● 사주에 일점 庚辛金인 印星이 없다. 어머니와의 연이 적은 것이다. 어려서 부모가 이혼한 것이다.

● 比劫인 水氣가 기신이다. 형제자매간에 화목함과 돈독함이 적다고 판단한다.

● 사주에 있는 도화살(桃花殺), 교신살(絞神殺), 병부살(病符殺), 화개살(華蓋殺) 등은 신기(神氣)과 연관된 흉살이다. 대운과 세운에서 공히 기신운으로 들어올 시 神氣가 발동할 수 있는 것이다.

● 남녀 공히 正官은 직업, 직장, 직책 등으로 논하기도 한다. 상기의 경우 탄함살(吞陷殺)과 검봉살(劍鋒殺)이 있어, 직장운이 손상된 경우는 일찍부터 봉급생활자의 길을 가지 못하고 자영업을 시작하는 경우가 많다.

● 女命 時柱의 財와 官은 복록이 많은 자손을 둘 수 있는 것이다. 또한 희신을 자식으로 논하는데 희신인 木氣가 왕하니 자식운이 좋다고 판단하는 것이다.

③ 大運풀이

● 甲戌大運 中 戌土大運은 年支 辰土와 辰戌 충이 되니 직장을 그만두었고, 日支 卯木과는 卯戌 육합화국의 용신운이니 결혼했다.

● 癸酉大運은 癸水가 용신운이니 음식점을 시작하여 잘 풀려나갔고, 酉金 大運은 辰土와는 辰酉 육합금국의 구신운, 卯木과는 卯酉 충으로 희신이 부서지니, 유흥주점으로 사업을 변경하였으나 뜻대로 풀리지는 못했다.

● 壬申大運은 壬水는 기신으로 丙火 용신을 충하니 용신이 손상되어 사업상 큰 재미가 없었고 부부간 불화가 잦았다.
申金大運은 申子辰 삼합수국의 기신운이다. 辰土 正官 남편이 三合되어 기신으로 바뀌니 남편과의 갈등이 심화되어 이혼하게 되었고, 여러 가지 금전적인, 정신적인 문제들로 인해 神을 받고 무속인이 되었다.

● 辛未大運은 丙火 正財가 丙辛 合水의 기신운으로 바뀌니, 재물의 손실이 발생했다. 未土大運은 子水와는 원진(怨嗔)과 해살(害殺)이고 卯木과는 반합목국의 희신이니 일희일비(一喜一悲)할 것이다.

- 庚午大運은 庚金은 甲庚 沖이 되어 희신이 부서지고, 午火는 子午 沖이 되어 용신이 부서지니 흉운이다.
- 己巳大運은 甲己 合土의 한신운이고, 巳火는 용신운이니 점차 안정될 것이다.
- 戊辰大運은 平運이다.

男命 (偏財가 절각된 사주)

庚 劫財	辛	乙 偏財	庚 劫財
寅 正財 胎·地殺 貴人·官貴 破軍·呑陷 飛符	丑 偏印 養·天殺 梟神·五鬼 幻神·太白	酉 比肩 建祿·六害 紅艶·陰差 病符	戌 正印 冠帶 寡宿·絞神
戊 丙 甲	癸 辛 己	庚 ○ 辛	辛 丁 戊
癸 巳	壬 辰	辛 卯	庚 寅	己 丑	戊 子	丁 亥	丙 戌

① 용신(用神)

辛金 日干이 酉金月에 생하여 득기(得氣)하였고, 地支 酉丑 반합금국과 庚金이 투출하였으며, 戊土 正印이 있으니 신강사주이다. 사주에 比劫이 중중하여 신강한 것이니 설기(洩氣)시키고 辛金을 씻어내어 귀기(貴器)를 드러내게 하는 壬水를 용해야 하는데. 壬水가 불투(不透)하니 부득이 日支 丑中의 癸水로 용신을 잡는데, 용신이 미약하다.

用神 : 癸水
喜神 :　金
忌神 :　土
閑神 :　木
仇神 :　火

② 통변(通辯)

◉ 月干 乙木 偏財는 庚金과는 干合, 辛金과는 沖殺이니 합과 沖이 모두 성립되지 않는다. 乙木 偏財는 주변의 比劫이 중중하여 "군비겁쟁재(群比劫爭財)"되어 손상되니 설 땅이 없다. 男命에서 偏財는 부친이니 부친이 일찍 돌아가신 것이다.

◉ 酉金月의 乙木은 왕상휴수사(旺相休囚死)의 "사(死)"에 해당된다. 죽어 무력한 것이니 재물을 모으기 힘든 것이다.

◉ 사주에 比劫이 중중하여 有氣한데 유통시키는 壬水가 없으니 소통이 되지 않는다. 고집불통이고, 남과 잘 어울리지를 못하고 자기주장이 강하니 주변사람들의 시기와 질투와 음해를 많이 받는다.

◉ 男命의 財星은 처로 논한다. 月干 乙木 偏財는 주변의 중중한 庚辛金 比劫의 극제를 많이 받으니, 형제가 여자 하나를 놓고 다투는 격이라, 처와의 연이 박하다고 판단한다.

◉ 사주에 印星과 比劫이 중중하다. 이복형제가 있는 경우가 많다. 年柱에 劫財와 正印이 동주하니 할머니가 두 분이다.

◉ 日支는 처궁인데, 印星인 偏印 즉 어머니가 자리를 차지하고 있으니 이런 경우 고부(姑婦)간의 갈등이 심하다. 처와의 이혼사유 중 고부간의 갈등도 큰 비중을 차지했다.

◉ 正·偏印이 혼재되었다. 관살혼잡(官殺混雜)이나 재성혼잡(財星混雜)처럼 印星의 혼잡(混雜)도 썩 길한 것은 못된다. 印星은 학문, 지혜, 계약, 문서 등에 비유되는데, 印星인 土氣가 기신에 해당하니 학문과는 거리가 멀다. 초년운도 土火의 기신과 구신운이니 실업계고등학교를 간신히 졸업한 것이다.

◉ 月支 酉金 比肩은 부모형제자매궁이다. 酉金 比肩이 희신에 해당하니 형제자매간의 돈독한 정은 있으나, 육해살(六害殺)과 병부살(病符殺)이 있으니 죽은 형제자매가 나온다. 총 여섯 중 둘이 죽었다 한다.

◉ 偏印과 태백살(太白殺)이나 백호살(白虎殺)이 동주하면 사고나 질병 등으로 대수술의 흉액이 예고되는 것이다. 戊子大運 中 子水大運에 日支 丑土와 반합토국의 기신운이니 오토바이를 타고가다 사고를 당하여 큰 사고를 당하여 3개월 이상 병원신세를 졌다.

◉ 時支 寅木 正財에 비부살(飛符殺)이 동주하고 있다. 비부살은 관재구설을 동반

한 흉살이다. 正財에 있으니 사업상, 혹은 처를 포함한 여자들과의 문제로 인해 손재수 및 관재구설 건이 예고되는 것이다.

◉ 재성혼잡(財星混雜)시 正財를 본처로 비유한다. 時支 寅木 正財가 탄함살(吞陷殺)과 동주하고 있으니 본처와의 연은 적다고 판단한다.

◉ 辛丑日主가 오귀살(五鬼殺), 환신살(幻神殺), 태백살(太白殺), 천살(天殺), 효신살(梟神殺) 등의 흉살을 많이 대동하면 평생에 걸쳐 몸에 신액(身厄)이 다발한다.

◉ 사주에 교신살(絞神殺), 병부살(病符殺), 환신살(幻神殺), 오귀살(五鬼殺) 등이 있다. 이는 대체로 神氣와 연관된 흉살이다. 조상 중에 승려가 있거나, 神을 받은 무속인이 있었거나, 설과 산신에게 극진히 공양을 올린 조상이 있었거나, 풍수지관이 있었거나, 역술인이 있었거나, 자살한 조상이 있었거나 등의 문제로 인해 여러 가지 흉사(凶事)가 예고되는 것이다.

◉ 時支 寅木 正財에 지살(地殺)이 동주하고 있다. 지살은 역마살(驛馬殺)과 일맥상통한 殺로 외교, 영업, 무역, 외판직 등과 연관이 많은 직업을 택한다. 지역생활정보와 연관된 일간지 출판사를 운영하고 있는 것이다.

◉ 己丑大運 中 己土大運은 기신운이니 처와 이혼했고, 남명에서 官星을 자식으로 보는데, 官星인 火氣가 암장되었고 구신에 해당하니 자손과의 연이 적은 것이다. 자식이 없는 문제도 이혼사유 중의 하나였다.

男命 (食傷이 왕한 사주)

丙	壬	乙	癸
偏財		傷官	劫財
午	**寅**	**卯**	**丑**
正財	食神	傷官	正官
胎·桃花	病·劫殺	死·災殺	衰
飛刃·鬼門	文昌·暗祿	喪門·隔角	寡宿·病符
飛符·隔角	孤神·吞陷		吞陷
丙	戊	甲	癸
己	丙	○	辛
丁	甲	乙	己

丁	戊	己	庚	辛	壬	癸	甲
未	申	酉	戌	亥	子	丑	寅

① 용신(用神)

壬水 日干이 卯月에 생하여 실기(失氣)하였고, 지지 寅午 반합화국과 天干에 丙乙이 투출하여 財星과 食傷이 왕하여 日主의 기운을 설기(洩氣)함이 심하니 신약하다. 壬水의 수원(水源)을 발하여 日主를 생조하고, 旺한 火氣를 극제하여야 중화를 이룰 수 있다. 食傷이 왕하니 比劫인 壬癸水를 용신으로 쓸 수 없고, 印星을 용신으로 잡는다. 年支 丑中의 辛金이 용신이다.

用神 : 辛金
喜神 :   土
忌神 :   火
閑神 :   水
仇神 :   木

② 통변(通辯)

◉ 月柱에 傷官이 있으니 이공계, 예체능계의 직업을 택하게 된다. 국영기업의 연구원으로 근무하고 있는 명조이다.

◉ 食傷이 旺하여 時柱의 財星을 생조하고 있다. 다만 財星이 기신이고, 日主가 有氣하지 못하니 大財를 모으기는 힘들다고 판단한다. 또한 財星이 기신이고 초년대운이 한신운이니 결혼운이 늦다고 판단하는 것이다.

◉ 月柱의 傷官이 왕하여 官星을 극하고 印星이 암장(暗藏)되었으니 관직으로 나가기 힘들고 食傷과 財星이 왕하니 연구직의 길을 간 것이다.

◉ 상기는 결혼시기를 문점한 명조인데, 결혼시기는 대체로 용신운에 가장 많이 하게 된다.
壬子大運은 한신운이니 결혼운이 적고,
辛亥大運은 辛金이 乙木과 沖이 되어 용신이 손상되고, 亥水는 地支의 寅卯와 더불어 반합 및 육합목국이니 구신운이라 결혼운이 적다고 판단하고,
庚戌大運은 庚金이 月干 乙木과 간합금국의 용신운이니 결혼운이 가장 높다고 판단하는 것이다.

◉ 결혼운에 대한 문점시 사주원국에 과숙살(寡宿殺), 병부살(病符殺), 상문살(喪門殺), 고신살(孤神殺), 귀문관살(鬼門關殺), 재살(災殺=囚獄殺) 등의 흉살이 태다하면 결혼이 늦거나, 결혼운이 적다고 판단하면 틀림없다.

◉ 日支 寅木에 암록(暗祿)과 문창귀인(文昌貴人)이 있으니 연구 및 발명의 재간이 남을 능가한다고 판단한다.

◉ 사주에 食傷이 왕한 경우도 창작이나 아이디어가 특출한 경우가 많다.

◉ 時支 正財에 도화살(桃花殺)이 동주하고 있다. 이는 여자문제로 인해 구설을 듣거나 주색(酒色)으로 인해 곤란을 겪는 경우가 많다.

女命 (神氣 있는 사주)

壬 食神	庚	戊 偏印	庚 比肩
午 正官 沐浴·將星 落井·囚獄	申 比肩 建祿·驛馬 喪門·孤神	子 傷官 死·災殺 隔角·飛符 空亡	午 正官 沐浴·五鬼 弔客·囚獄
丙 己 丁	己 壬·戊 庚	壬 ○ 癸	丙 己 丁
庚 辛 辰 巳	壬 癸 午 未	甲 乙 申 酉	丙 丁 戌 亥

① 용신(用神)

상기 사주는 금수상관격(金水傷官格)이다. 庚金 日干이 子月에 생하여 한기(寒氣)가 태다한데, 중화를 이루기위해서는 조후가 급하니 丙丁火를 떠나 용신을 잡기 힘들다. 丙火가 투출했으면 하격은 면하는데, 丁火가 투출하면 벽갑인정(劈甲引丁)하는 甲木이 없으면 丁火가 무력해지니 귀격사주가 되기 힘들다. 상기는 子月에 壬水가 출간하여 득령(得令)하고, 日支 申金에 長生이니 水氣가 왕하다. 지장간에 丁火가 암장되었는데. 벽갑인정하는 甲木이 없으니 사주가 한습하여 난조지기(暖燥

之氣)가 필요하다. 조후(調候)를 용해야 하니 時支 午中의 丁火를 용신으로 잡는다. 연지 午火는 子午 沖이 되어 손상되니 용신으로 잡기 힘들다. 丁火 용신은 생조받지 못하니 무력하고 또한 왕한 水氣의 극제를 받음이 심하니 용신이 태약하다.

用神 : 丁火
喜神 : 木
忌神 : 水
閑神 : 土
仇神 : 金

② 간명(看命)

상기 女命은 상문살(喪門殺), 조객살(弔客殺), 수옥살(囚獄殺), 오귀살(五鬼殺), 낙정관살(落井關殺) 등의 흉살이 많으니 신기(神氣)가 왕하다고 판단한다. 다행이 日柱가 왕하여 능히 神氣를 제압할 수 있겠지만, 대운과 세운에서 기신운이나. 刑沖되는 운이 오면 神氣의 태동을 억제하기 힘들다.

丙戌大運 중 庚寅歲運에 庚金은 구신운이고, 寅木은 희신이나, 日支 申金과 沖이 되어 손상되니 희신의 역할을 하지 못한다. 또한 日支 申金에 동주하는 고신살(孤神殺)과 상문살(喪門殺)이 태동하니 그 난동을 막기 힘들다. 年支 戌土 대운은 지지 午戌 반합화국의 용신운이니 서울의 중상위 대학에 입학했으나, 寅申 沖으로 寅木 희신을 손상시키니 흉살이 난동을 부리게 되고, 神氣가 태동하여. 자주 헛것이 보이고, 머리가 깨질듯 아프고, 밤에 잠을 자지 못하고, 집안에 틀어박혀 밖에 나가지 못하니 이를 치유코자 만신을 찾기에 이른 것이다.

딸의 고통스런 모습에 병원치료를 시작했으나 병원에서는 병명이 나오지 않고 치료가 되지 않으니 어머니가 천도재, 굿 등으로 치유코자 많은 돈을 들였으나 별효과가 없었다.

神氣는 초기의 경우에는 능히 제살할 수가 있다. 굿이나 부적 등의 방법으로 제살(制殺)할 수 있지만, 그러나 이 또한 많은 노고와 인내심이 필요하다. 그리고 제살의식 후 당사자들의 꿈에 여러 부류의 사람들이 보따리를 싸거나, 이사한다고 대문을 나서거나, 떠난다는 말을 하거나 등의 꿈이 없으면 제살이 제대로 되지 못한 것이다.

③ 세운풀이

상기 여명은 아직도 고통 속에서 헤어나지 못하고 있다. 사주에서 용신이 왕강하고, 운의 흐름이 용신, 희신운이면 사주에 흉살들이 많아도 비교적 무탈하게 넘어가거나, 경미한 흉화(凶禍)를 겪지만, 그렇지 못하면 부부이별, 예기치 않은 사고, 예기치 않은 질병, 관재구설 등을 겪게 되는 것이다. 상기의 경우는 辛卯, 壬辰 세운을 거쳐, 癸巳, 甲午세운의 용신운에 차도가 있을 것이라 판단한다.

男命 (관살혼잡된 사주)

辛	庚	丁	癸
劫財		正官	傷官
巳	戌	巳	卯
偏官	偏印	偏官	正財
長生·驛馬	衰·天殺	長生·驛馬	胎·桃花
官貴·文曲	金輿·梟神	官貴·文曲	飛刃
孤神·暗祿	魁罡·紅艶	孤神·暗祿	
喪門·太白	陽錯	喪門·太白	
呑陷		呑陷	
戊	辛	戊	甲
庚	丁	庚	○
丙	戊	丙	乙
己 酉	庚 戌	辛 亥	壬 子	癸 丑	甲 寅	乙 卯	丙 辰

① 용신(用神)

庚金 日干이 巳火節에 생하여 長生地라 득기했으나, 巳中 庚金은 같은 宮의 丙火의 극제를 받으니 旺하다 할 수 없다. 日干의 뿌리가 튼튼하지 못하다. 지지 卯戌은 육합화국으로 지지 전체가 암암리에 火局을 형성하고 있어 庚金을 핍박하니 日主가 심히 쇠약하다. 따라서 사주가 중화를 이루기 위해서는 왕성한 火氣를 극제하는 壬癸水를 용신으로 잡아야 한다. 용신은 壬水를 용해야 하나 사주원국에 壬水가 없으니 年干 癸水를 용신으로 잡는다. 용신 癸水는 지지에 통근하지 못하고 庚辛金의 생조 받음이 약하니 용신이 왕강하지 못하여 大貴格이 못되나, 태원(胎元)이 戊

申이라 申中 壬水의 부조가 있으니 小貴는 할 명조인 것이다.

用神 : 癸水
喜神 :　金
忌神 :　土
閑神 :　木
仇神 :　火

② 통변(通辯)

◉ 천간에 투출한 六神은 통변에서 나무의 열매에 비교된다. 따라서 천간에 투출한 육신과 오행으로, 직업, 직장, 성격, 가족관계, 가운의 흥망성쇠를 가늠할수 있는 것이다. 상기 命은 正官, 傷官, 劫財가 투출했다. 그 중 月干이 가장 영향력이 큰데, 正官이 出干했으니 공직과 연관된 명조라 판단한다. 다만 年干에 傷官이 역시 투출하여 상관견관(傷官見官)되니 正官이 손상되었다. 正官이 손상된 경우는 偏官으로 논한다. 따라서 무관직이다. 또한 사주에 正官과 偏官이 혼재되어 관살혼잡(官殺混雜)되니 무관직의 길을 간 것이다. 상기는 丙·丁火 官殺이 왕한데 극제하는 水氣가 약하여, 官殺의 기운을 극제하여 순화시키는힘이 부족하니 大貴하기가 어려운 것이다. 같은 이치로 官星이 왕한 것은 좋으니 태왕하여 忌神에 해당하니 大貴하지 못한 것이다.

직업은 무관직인데 官星이 火地에 있고, 사주에 火金이 성하니 소방직인 것이다. 金이 더 성하면 군인, 경찰직의 길이고, 火가 더 성하면 소방직의 길이라판단한다. 용신이 약하여 대귀하지 못하나, 운로(運路)가 癸丑, 壬子, 辛 亥의 용신운이니 지방자치단체 소방직의 수장을 역임한 것이다.

◉ 天干의 傷官은 직업상 기술직, 연구직, 예체능, 문학 등과 연관지어 판단한다. 癸水 傷官이 丁火와 떨어져 있어 상호 손상되지 않았다면 기술계통의 관직을얻었을 것이다.

◉ 時干 辛金은 劫財이다. 比劫은 형제자매로 논하는데, 천간에 투출된 경우는반드시 형제자매 중에 태어나서 죽은 사람이 있다고 판단하는 것이다. 이러한이치는 간명법상 日干은 命主이고 군왕과 태양에 비유되는데, 한나라에 군왕이 둘이 있을 수 없고, 하늘에 태양이 둘이 있을 수 없듯이, 반드시 형제자매중에 한명 이상이 태어난 후 죽을 수 있음을 암시하는 것이다.

- 時干에 辛金 劫財가 투출하고 지지 巳戌에 통근하니 辛金이 약하지 않다. 比劫은 형제자매이니 반드시 형제자매가 많다고 판단한다. 본래 형제자매가 여섯이었으나 하나가 죽고 남은 형제자매는 다섯이다.

- 月柱에 官殺이 혼재되었다. 偏官으로 판단한다. 月柱의 偏官은 부모 대에 가운이 잘 풀리지 못했고, 형제자매들이 고생스런 초년시절을 보냈을 것이라 판단한다.

- 日支에 戌土 偏印이 있다. 남명에서 日支는 처의 자리인데 印星이 있다는 것은 고부간의 갈등이 있으리라 판단한다. 이러한 이치는 남명에서 財星을 처로보는데 庚金 日干의 財는 木이다. 印星은 土니 상호 상극의 관계가 된다. 따라서 고부간 갈등이 발생하는 것이다. 他 柱도 이러한 이치를 응용하여 간명하면 적중률이 높다.

- 日支와 時支가 戌巳로 원진살(怨嗔殺)이다. 형, 충, 파, 해, 원진되면 자식과의 연이 적은 것이다. 부자간에 돈독한 정이 적다고 판단한다.

- 학업운은 印星과 용신으로 판단한다. 상기 命은 印星이 土로 기신에 해당하니 학문으로 성공하기는 힘들다고 판단한다. 국가고시 합격운은 적다고 판단한다.

- 忌神으로 건강상태도 판단한다. 상기는 기신이 土다. 오장육부에서 土는 비장과 위에 해당하니 소화기계통의 질병이 평생을 따라다닌다고 판단한다.

- 남명에서 처복(妻福)을 논함에는 財星, 日支, 희신의 왕쇠와 길흉으로 판단한다. 年支 卯木이 正財이다. 도화살(桃花殺)이 財星과 동주하니 처는 미모와 재능을 겸비했을 것이라 판단하나, 木이 한신에 해당하니 큰 내조는 기대하기 힘들다.

- 年支 卯木은 巳火節에 왕하지 못하고 한신에 해당하며 비인살(飛刃殺)과 동주하고 있다. 비인살은 사고, 시비다툼, 질병, 손재수와 연관되니 평생에 이러한 일들이 한두 번 발생할 것이라 판단한다. 시점은 卯木 正財가 대운과 세운에서 刑沖이 되거나 合이 되어 기신운으로 들어오는 시점이다.

- 年柱에 傷官과 正財가 동주하고 있다. 조상들이 상업이나 공업, 농업 등에 종사하며 재력은 쌓았으나 관직운은 없었음을 의미한다.

- 月支 巳火 偏官에 태백살(太白殺)과 탄함살(呑陷殺)이 동주하고 있다. 남명에서 偏官은 직장문제, 사고, 질병, 관재구설 등과 연관지어 판단한다. 따라서 태백

살과 탄함살이 동주하고 있다는 것은 예기치 않은 사고, 질병, 관재구설 등이 발생할 수 있음을 예시한다. 역시 운로에서 형충되거나 슴이 되어 기신운으로 들어오는 시점이다.

◉ 月支 偏官에 고신살(孤神殺)과 탄함살이 동주한다. 이는 고독하고, 조용한 것을 좋아하고, 남과 다투기를 싫어하는 성격임을 나타낸다.

◉ 月支에 상문살(喪門殺)이 동주한다. 이는 아버지 형제자매, 할아버지 형제자매 중 불의의 사고로 요절(夭折)하거나 자살한 사람이 있을 수 있음을 의미한다.

◉ 天干에 辛金 劫財가 투출하고, 지지에 戊土 偏印이 있다. 이것은 아버지대 혹은 할아버지 대에 이복형제가 있거나 양자나 양녀문제가 있었음을 짐작하게 한다.

◉ 時柱는 자식운이다. 劫財와 偏官이 동주함은 기술직이나 이공계 계통에 재능 있는 자식을 두게 됨을 예시한다.

◉ 月柱의 왕한 오행이 時干을 剋하면 부선망이고, 時支를 剋하면 모선망이다. 상기명은 月柱의 旺한 火氣가 時干 辛金을 剋하니 父先亡이다.

◉ 日支 戊土 偏印에 효신살(梟神殺)이 동주하고 있다. 이런 명조는 어머니 품을 떠나 어려서 외가에서 크거나 이모나 할머니 등의 손에서 자라는 경우가 많다. 그렇지 않으면 단명수나 예기치 않은 흉화가 닥칠 수 있다고 판단한다.

◉ 日支 戊土 偏印에 양착살(陽錯殺)이 동주하고 있다. 이런 명조는 아버지나 할아버지 대의 형제자매 중 20살 전후로 요절한 사람이 있음을 예시한다.

◉ 月·時支에 암록(暗祿)이 있다. 이러한 명조는 아이디어가 풍부하고, 창의력이 뛰어나고, 발명의 재간 등이 많다고 판단한다.

◉ 比劫에 해당하는 金氣가 희신이다. 간명법상 比劫은 육친관계에서는 형제자매관계로 보고, 사회적으로는 동창관계, 직장의 동료관계, 동업자와의 관계, 정치인들로는 유권자와의 관계 등으로 판단하는데, 상기명은 比劫이 희신이니 형제자매 간에는 대체로 화목하고, 사회적으로는 동료들로부터 신임을 얻는 명조라 판단한다.

◉ 男命에서 官星은 직업, 직장, 직책인데 역마(驛馬)와 동주하고 있는 경우는 자리의 이동이 많을 것이라 판단하는 것이다. 특히 대운, 세운에서 刑沖될 시에는 반드시 이동수가 발생한다.

◉ 탄함살(呑陷殺)이 月支 巳火 偏官에 있다. 탄함살은 빠지고 함몰되는 살이다. 官星은 직업, 직책, 직장이니 탄함살이 있음은, 몸담고 있는 직장에서의 부침(浮沈)이 많을 것임을 예시하는 것이다.

◉ 正·偏官이 혼재되어 있으니 관살혼잡 되었다. 이런 경우 남명은 대체로 잔꾀에 능하고, 책임을 곧잘 전가하거나 회피하는 성향이 있고, 매사 용두사미인 경향이 많다.

◉ 年柱부터 時柱까지의 생극관계를 살펴보면, 年支 卯木이 月柱 丁巳 火를 생하고, 月柱 火가 日支 戌土를 생하고, 日支가 다시 日干 庚金을 생하고, 日干 庚金은 時柱를 생함이 없고 단절되었다. 따라서 가운(家運)의 旺氣가 본인 대에서 그칠 것임을 암시하는 것이다. 이는 "적천수(滴天髓)"의 원류(源流)이론을 응용하는 것이다.

◉ 용신이 癸水로 年干에 있다. 이로써 할아버지 대에 가운이 번창했음을 알 수 있다.

◉ 초년대운이 丙辰, 乙卯, 甲寅의 한신운이다. 따라서 초년의 가운이 크게 번창하지 못했음을 알 수 있고, 학업 또한 크게 두각을 나타내지 못할 것임을 알 수 있다.

◉ 癸丑, 辛亥, 壬子의 30년은 용신운이니 대체로 공직운이 순탄할 것임을 예시한다.

◉ 자녀수의 판단은 첫 번째는 용신에 해당하는 오행의 후천수(後天數)와, 두 번째는 男命은 사주원국의 官星의 數와 女命의 경우는 사주원국의 食傷의 數를 갖고 주로 판단한다. 간명법상 첫 번째를 주로 활용한다. 여기서 자녀의 數는 아들의 숫자를 위주하는 것이다. 상기는 용신이 水로, 水의 후천수는 1,6이다. 따라서 아들은 하나이고 딸 포함하여 자녀는 여섯이다. 이것은 자연유산이나 인공유산을 모두 포함한 자녀의 총 숫자를 의미하는 것이다.

◉ 형제 중 장남인가 아닌가의 구별은 比劫의 위치와 그 위치에 있는 比劫의 왕쇠(旺衰)로 판단한다. 年·月柱에 比劫이 있으면, 형이나 누이가 있는 경우가 많고, 日柱에 있으면 본인이 장남이고, 時柱에 있으면 본인이 아들 중 막내인 경우가 많다. 상기는 時干에 劫財가 있다. 따라서 본인이 막내이다.

◉ 天干의 丁癸는 干沖이다. 天干은 나무의 열매에 비유하니 干沖은 열매가 떨어

짐이다. 丁火가 旺하고 癸水 傷官이 무력하다. 男命에서 자식은 用神, 官星, 時柱로 판단하고, 그리고 女命과 같이 食傷도 참작한다. 자식인 傷官이 무력하니 반드시 나서 죽은 자녀가 있다. 이는 인공유산 등을 포함한 것이다.

● 正財에 해당하는 오행으로 처와 命主와의 나이차이 및 처가와 본가와의 원근 (遠近)을 알 수 있다. 卯木이 正財이다. 선천수를 기준하여 財星의 오행이 子·丑·寅·午·未·申이면 年上이고 卯·辰·巳·酉·戌·亥는 年下이다. 正財가 卯木에 있으니 동갑이거나 1~2살 年下로 본다. 財星이 天干에 있는 경우는 地支로 환원하여 위와 같이 판단한다.

卯木 正財는 구궁팔괘에서 震木宮에 해당된다. 이는 內卦(坎·艮·震·巽)에 해당하니 命主의 본가와 처가가 가까이 있는 지역이라 판단한다. 外卦(離·坤·兌·乾)라면 본가와 처가와의 거리가 먼지역이라 판단한다.

사주원국에 正財가 없고 偏財가 있으면 偏財로 판단한다. 만약 사주원국에 財星이 없으면 가상으로 육신상 正財를 표출하여 판단한다. 예로, 辛金 日主 사주에 財星이 없다면 가상으로 寅木이 正財이다. 따라서 寅木 正財는 위에 열거한 바와 같이 年上이라 판단하는 것이다.

● 신체의 장단은 官星의 왕쇠와 食傷의 왕쇠로 판단한다. 상기명은 日干 庚金이 旺火의 극제를 받음이 심하니, 庚金이 제련되어 용해되고 불순물이 걸러지니 부피가 작아진다. 따라서 큰 키는 아니라고 판단한다. 예로, 사주에 印星이 중중하면 생조받음이 많은 것이니 뚱뚱한 편이고, 比劫이 중중하면 키가 큰 편이고, 官星과 食傷이 중중하면 日干이 극제되고 설기되니 키가 작다고 판단한다. 財星이 중중해도 키가 큰 편이 아니다. 이것은 甲木 日主라면 戊己土가 木剋土 하여 財星인데, 木이 土를 극하려면 木은 흙속에 묻히게 되니 이러한 이치로 財星이 중중해도 키가 큰 편이 아니라고 판단한다. 比劫이 중중하면 대체로 키가 크다는 것은, 봄에 싹이 돋을 때 어느 하나가 훌쩍 키가 크면 다른 싹은 그 그늘에 가려 키가 크지 못하고 결국 말라죽는 이치와 같은 것이다. 따라서 살아남기 위해서는 키가 커야 하는 것과 같은 이치이다. 이러한 이치는 육친간에도 적용되어 天干에 比劫이 투출하면 반드시 나서 죽는 형제자매가 발생하게 되는 것이다.

● 사회생활을 하는데 있어 고향과 타향 중 어디에 정착함이 좋을 것인가는, 용신

이 주역팔괘의 內·外卦 중 어디에 해당하는 가를 위주하여 판단한다. 상기는 용신이 癸水인데 水는 坎宮에 해당된다. 坎宮은 內卦이니 고향이나 고향과 가까운 곳에서 자리잡음이 좋다고 판단하는 것이다.

⦿ 丙辰, 乙卯 초년대운은 한신운이니 학업으로 큰 성취를 이루지 못했다.

⦿ 甲寅大運 中 甲木大運은 甲庚 沖하여, 日干인 庚金 희신과 한신인 甲木이 상호 손상되니 흉운이다. 국가고시에 합격하지 못했다.

　寅木大運은 巳火 偏官과 寅巳 刑하여 구신인 왕한 火氣를 刑殺로 누그러뜨리니 구신이 희신으로 바뀌어 흉변길이 되니 소방직의 간부후보생의 길을 택했다.

⦿ 癸丑大運 中 癸水大運은 본시 용신운이나 丁癸沖으로 상호 손상된다. 癸水 용신도 손상되고, 丁火 正官도 손상되니 공직생활에서 부침과 정신적인 갈등이 많았다. 또한 육친관계에서는 인명의 손상이 발생할 수 있다.

　丑土大運은 본시 기신운이나 지지 巳火와 반합금국의 희신운으로 바뀌고, 지지 戌土는 본시 기신인데 丑戌하여 三刑殺로 기신을 무력화시키니 흉변길이 되었다. 이 기간 승진하고 운세가 탄탄했다.

⦿ 壬子大運 中 壬水大運은 본시 용신운인데, 月干 丁火와는 丁壬 合木의 희신운으로 바뀌는 것 같아도 巳火節에 火氣가 왕하니 木氣가 쇠절(衰絶)하다. 따라서 壬水의 기운이 化木하여 설기됨이 적으니 水氣가 그대로 남아 있다고 판단한다. 따라서 승진운과 보직이 좋았다.

　子水大運은 용신운이다. 또한 年支외에 刑沖이 없으니 길하다. 지방자치단체 소방직의 수장(首長)으로 승진했다. 年支 卯木은 正財인데 간명(看命)에서 처와 재물로 판단한다. 子卯 刑殺이 있는 것은, 손재수, 처의 건강문제, 여난(女難) 등이 있을 수 있다고 판단한다.

⦿ 辛亥大運 中 辛金大運은 희신운이니 무탈할 것이고, 亥水大運은 본시 용신운이나 巳亥 相沖되어 상호 손상되는데, 巳火 偏官은 남명에서 직장, 직업, 직책에 해당되므로 직장이나 직업의 변동이 생기거나 사고, 질병 등의 흉화가 예상된다.

⦿ 庚戌, 己酉 末年運은 반길반흉운이다.

男命 (처가 미모인 사주)

戊	庚	戊	乙
偏印		偏印	正財
寅	子	子	卯
偏財	傷官	傷官	正財
胞·亡身	死·桃花	死·桃花	胎·飛刃
病符·孤神	落井·絞神	落井·絞神	幻神
喪門·湯火		劍鋒	

戊	壬	壬	甲
丙	○	○	○
甲	癸	癸	乙

庚	辛	壬	癸	甲	乙	丙	丁
辰	巳	午	未	申	酉	戌	亥

① 용신(用神)

금수상관격(金水傷官格)이며 재다신약(財多身弱)이다. 子月은 한기(寒氣)가 왕해져 천지가 차고 庚金 日干이 실기하였다. 戊土와 乙木이 出干하여 子水의 범람함을 막고 水氣를 설기시키니, 丙丁火가 있어 子月의 한금(寒金)을 온난케 하고 丁火로 제련하면 귀기(貴器)를 만들 수 있다. 용신은 丁火인데 투출하지 못하였고 寅中에 丙火가 있으니 丙火로 용신을 잡는다.

用神 : 丙火
喜神 :   木
忌神 :   水
閑神 :   土
仇神 :   金

② 통변(通辯)

◉ 偏印과 正財가 투출되었다. 子月의 戊土는 한냉하고 甲乙木의 극제를 받으니 무력하다. 따라서 학문으로 성공하기 힘들다 판단한다.

◉ 男命은 용신과 財·官·印을 위주로 판단하는데 子月의 木은 水氣를 담뿍 담은 木이라 丙火의 건조가 없이는 활용하기 힘들고 이울러 日柱가 왕함을 요한다. 丙火가 투출하지 못하고 日主가 왕하지 못하니 財를 활용하기 힘들다. 또한

지지 子水 傷官이 왕하여 官星을 극하니 역시 官도 활용하기 힘들다. 財는 있으나 日主가 약하니 재물복이 크지 않고, 또한 財는 처로 보는 것이니 처와의 연도 박하다고 판단한다. 子水 傷官이 왕하여 官星을 극하니 직업과 직장의 변동이 많을 것이라 판단하는 것이다.

◉ 月·日支의 子水 傷官이 왕하다. 傷官은 기술직, 이공계, 예체능 계통에 특기가 있다. 공업고등학교를 나와 금속제조공장에 근무하고 있다.

◉ 年柱에 財星이 있으며 희신이니 조상대는 유복했다고 판단한다.

◉ 寅乙木 財星은 子水의 생조를 받아 왕하다. 財星이 중중하고 왕하니 오히려 재물복이 직다고 판단하고, 또한 財星은 처로 논하니 저와의 연도 박하다고 판단한다.

◉ 年·月支가 子卯 형살이다. 卯木 正財는 처로 판단하고, 月支는 부모형제자매 궁이니 본가의 가족들과 처와의 불화가 예견되는 것이다.

◉ 日支 子水는 처궁이다. 도화살(桃花殺), 낙정관살(落井關殺), 교신살(絞神殺) 등의 흉살과 동주하니 처와의 연이 박하다. 아울러 처궁에 도화살(桃花殺)이 있으니 처는 애교있고 미모이나, 처궁이 기신에 해당하니 현모양처가 되지 못하고 불화와 다툼으로 결혼생활을 오래 하지 못했다.

◉ 天干의 戊土 偏印이 득령하지는 못했으나 時支 寅木에 통근하니 태약하지는 않다. 偏印이 두 개 투출했으니 이런 경우에는 어머니와 떨어져 살게 됨을 암시한다. 어머니와의 정이 돈독하지 못할 것이라 판단하기 때문이다.

◉ 偏印은 간명상(看命上) 손재수(損財數)를 동반하는 문서나 계약관계, 질병과 사고와 연관된 문서 등으로 판단한다. 아울러 偏印은 칼날 인(刀)으로 분석한다. 따라서 偏印이 투출되면 반드시 평생에 크게 다치거나 대수술을 한두 번 하게 된다고 판단하는 것이다.

◉ 男命에서 偏財는 육친관계에서 부친으로 논한다. 망신살과 병부살이 동주함은 부친이 장수(長壽)하지 못하고 질병으로 돌아가실 것임을 예시한다.

◉ 男命에서 財星은 처로 논하는데 正財와 偏財가 혼재되었으면, "재성혼잡(財星混雜)"으로 판단한다. 이런 경우 대체로 본처와의 연이 박하고 재혼하는 경우가 많거나, 본처 외에 情을 주고 있는 여자가 있는 경우가 많다. 간명상 正官과 偏官이 혼재(混在)되면 "관살혼잡(官殺混雜)"이라 하는데 필자의 경험상 財星

도 혼재되면 재성혼잡이라 하여 관살혼잡과 같은 통변이 적용된다고 보면 틀림없다.

◉ 年柱와 時支에 寅乙木 財星이 중중하다. 男命에서 財星이 중중한데 身旺하지 못하면 財를 감당하지 못하니 처자식이 가권을 휘두르게 된다.

◉ 상문살(喪門殺), 병부살(病符殺), 교신살(絞神殺), 환신살(幻神殺) 등의 흉살이 중중하다. 神氣와 연관된 흉살이다. 이런 경우 종교에 심취하게 되거나, 예기치 않은 흉화가 평생에 걸쳐 다반사로 발생하며, 매사에 노고는 많으나 성사됨이 적다.

◉ 丁亥, 丙戌의 초년대운은 용신과 희신운이니 부모님의 극진한 보살핌 속에 무탈하게 지냈다.

◉ 乙酉大運 中 乙木大運은 乙木이 正財이며 처로 논하는데, 日干 庚金과 干合되니 내가 처를 합하여 데려오는 것이다. 이때 결혼했다.
  酉金大運은 구신운으로 財星인 寅卯木과 원진(怨嗔)과 相沖되니 성격차와 본가의 가족들과 처와의 갈등으로 별거생활하다 결국 이혼했다.

◉ 甲申大運 中 甲木大運은 희신이나 庚金과 干沖되어 손상되니 이때 직장의 변동이 많았고, 甲木이 財星이니 여러 가지 크고 작은 손재수가 발생했다.
  申金大運은 卯木과는 卯申 원진(怨嗔)되어 재물의 손상이 또한 발생할 것이고, 月·日支 子水와는 申子 반합수국의 기신이니 예기치 않은 사고, 질병, 관재구설 등이 발생하거나 가족에 불의의 凶禍가 닥쳐올 수 있다.

◉ 癸未大運 中 癸水大運은 戊癸 合火의 용신운이니 길하고, 未土大運은 卯未 반합목국의 희신운이니 순탄하게 풀릴 것이다.

◉ 壬午, 辛巳, 庚辰大運은 地支가 용신과 희신운이니 말년은 대과없이 보내리라 판단한다.

男命 (무자식 사주)

戊 食神	丙	戊 食神	戊 食神
戌 食神 墓·華蓋 白虎·福星 寡宿	子 正官 胎·災殺 飛刃·陽錯 弔客	午 劫財 帝旺·將星 羊刃·陽錯 隔角·飛符	寅 偏印 長生 文曲·梟神 紅艶
辛 丁 戊	壬 ○ 癸	丙 己 丁	戊 丙 甲

丙 寅	乙 丑	甲 子	癸 亥	壬 戌	辛 酉	庚 申	己 未

① 용신(用神)

丙火 日干이 午火節에 생하여 득령(得令)했으니 기세가 왕강하다. 지지 寅午戌은 子午 충되니 삼합화국이 형성된다 볼 수 없다. 食神인 戊戌土가 있고, 坐下 子水의 극을 받으니, 日主가 태왕하다 볼 수 없다. 따라서 억부법을 적용하여 火氣를 극제하는 水氣로 용신을 잡아야 사주가 中和를 이룰 수 있다. 용신은 日支 子中의 壬水이다. 용신 壬水는 여기(餘氣)에 해당하여 무력하고, 왕한 火氣에 극제를 받고, 子午沖되어 손상되니 심히 무력하다. 사주가 대부분 난조지기(暖燥之氣)로 구성되었고 한습지기(寒濕之氣)가 태부족하니 中和되지 못하고 심히 편고(偏枯)된 사주라 평생에 발복이 적었다.

用神 : 壬水
喜神 :　金
忌神 :　土
閑神 :　木
仇神 :　火

② 통변(通辯)

◉ 상기 명조는 처자(妻子)가 파극된 사주이다. 남명에서 자식은 용신과 官星으로 판단하는데 日支 子水가 자식이다. 子水는 사주원국의 旺火에 극제를 당하고,

子中 癸水는 天干 戊土와 간합화국되어 손상되니 癸水가 고갈되었고, 壬水는 여기(餘氣)라 무력하다. 또한 수원(水源)을 발하는 庚辛金이 있으면 사주가 편고됨을 막을 수는 있겠지만, 일점 時支 戊中의 辛金은 戊土가 寅午戌 삼합화국으로 바뀌어 본분을 망각하니 壬癸水를 도울 여력이 없다. 이처럼 용신과 官星에 해당하는 水氣가 극약하니 무자식(無子息)의 명조가 된 것이다.

사주원국의 용신과 官星이 극약해도 대운에서 부조하면 자식을 얻을 수가 있다. 그러나 상기명은 申酉戌대운은 희신운이라 용신 壬水를 생조할 수 있으나 이 역시 손상되었다. 申金은 寅申 沖되어 손상되고, 酉金은 寅酉 원진(怨嗔)되어 손상되고, 戊土는 寅午戌 삼합화국의 구신으로 바뀌니 역시 손상되었다. 따라서 평생에 자식이 없었다.

- 처와의 연도 역시 박하다. 男命에서 처는 주로 財星과 희신 그리고 처궁인 日支로 논한다. 상기명은 時支 戊土에 일점 辛金 財星이 있으나 戊土가 寅午戌 삼합화국을 형성하여 辛金이 손상되니 財星이 극약하다. 財星인 庚辛金이 극약하고 대운에서도 손상되어 부조하지 못하니 평생 건사할 처가 없는 것이다. 그러나 人命은 사주에 없는 오행을 찾아 중화시키고자 갈망하는 연유로, 財星이 전무하거나 손상된 사주는 반대로 자기 짝인 財를 찾아 헤매니 동거녀가 여럿 있었으나 모두 사별하거나 이별하고 고독한 삶을 살고 있는 것이다.

- 평생 독신으로 사는 명조와 정식으로 결혼하지 않고 동거생활만 하다 헤어지는 명조는, 공히 財星이 극약하거나 없거나, 희신이 태약하거나, 日支宮이 심히 극제되어 유명무실하거나, 군비겁쟁재(群比劫爭財)되거나, 운로(運路)에서 기신운으로 진행되거나, 日支가 支合되어 기신으로 바뀌는 경우 등인데, 이런 경우 日干이 地支에 통근하면 동거생활까지는 가고, 日干이 무근(無根)이고 무력하면 평생 독신으로 사는 경우가 많다.

- 日支 子水 正官이 자식인데 水氣가 극약하다. 반면에 火氣는 월령을 차지하고 寅木의 보조가 있으니 火氣가 왕한 것이다. 따라서 旺火에 水氣가 증발하여 당연히 자식이 없을 팔자인데, 대운이나 세운에서 일점 水氣가 들어오면 수화상쟁(水火相爭)되어 왕한 火氣를 분동(噴動)시키니, 자식을 낳으면 어머니가 죽게 되거나 자식이 죽게 된다. 이는 戊中 辛金 財星인 처가 극약한데 水氣가 들어오면 金氣가 더욱 설기되니 처가 살수 없는 이치인 것이다.

◉ 직업을 논함에는 용신과, 官星에 해당하는 오행과, 日干과 天干에 투출된 오행으로 주로 판단하는데 상기명은 용신이 壬水이다. 따라서 水氣와 연관된 직업이니 요식업, 물장사, 술장사 등과 연관이 있다. 또한 용신 癸水를 아들로 보는데, 용신을 생하는 희신 庚辛金이 妻다. 따라서 동거하는 여자들도 모두 물과 연관된 직업에 종사하는 여자들인 것이다.

◉ 地支 寅木은 偏印, 午火는 劫財, 戌土는 食神이다. 寅午戌이 子午 沖이 있어 삼합화국이 형성되지 못하지만 어머니와 형제자매와 자식들이 三合되어 比劫으로 化하려 하니, 이런 경우는 반드시 본인대나 어버지대에 서모가 있거나 이복형제가 있거나 양자문제가 빌생하는 것이다.

◉ 時支 戌土 食神은 묘궁(墓宮)에 갇혔고, 화개살(華蓋殺)과 白虎大殺(백호대살), 과숙살(寡宿殺)이 중중하니 生財할 수 없다. 밥그릇이 갇혀있으니 본인의 노력으로 돈을 벌기 어려우니 본시 승려의 팔자라, 부처에 귀의했으면 인생의 고락과 은원과 애욕과 망상은 벗어날 수 있었을 것이다.

◉ 日支 子水 正官은 본인이 머물고 있는 가택이고, 처궁이고, 직업, 직장, 직책을 상징한다. 재살(災殺)과 비인살(飛刃殺), 양착살(陽錯殺), 조객살(弔客殺)이 동주하니 항상 머무는 자리가 불안하고, 직업과 직장의 변동이 많고, 아울러 처궁인 日支에 흉살이 중중하니 어떤 여자와도 연이 적은 것이다.

◉ 月支 午火는 나라는 존재를 만든 모태이다. 따라서 부모형제자매궁이다. 午火 劫財가 양인(羊刃)을 대동하고 태왕하여 구신에 해당하니, 부모대에 집안이 어려움과 혼란이 가중되어 가족이 뿔뿔이 흩어졌을 것이고, 형제자매간에 화목치 못했을 것이고, 고향을 떠나 타향살이를 시작했을 것이다. 격각살(隔角殺)과 양인살(羊刃殺)이 있으니 죽은 형제자매가 있겠고, 비부살(飛符殺)이 있으니 형제자매나 인척간, 혹은 대인관계에서 관재구설 건이 있었을 것이고, 양착살(陽錯殺)이 있으니 태어나서 20세 전후에 죽은 사촌이내의 인척이 있었을 것이다.

◉ 年支 寅木 偏印은 한신이다. 어머니에 해당하니 어머니와의 연이 적다고 판단한다. 또한 두 어머니 혹은 두 할머니 문제가 나온다. 偏印이 효신살과 동주하니 아버지대나 할아버지대에 본 어머니 혹은 본 할머니가 일찍 죽어 결국 새로 들인 어머니나 할머니 손에 크거나 외가에서 성장했을 것이다. 偏印은 학업운이다. 한신에 해당하니 학업으로 성공하기 힘들다고 판단한다. 또한 偏印이

장생(長生)과 홍염살(紅艶殺)과 동주한다. 이런 경우는 공부운은 적으나 꾀가 많고, 남을 마음을 끄는 교묘한 재주가 있고, 언변이 좋은 경우가 많다.

◉ 年柱에 食神과 偏印이 동주하여 食神이 偏印의 극제를 받으니 도식(盜食)된다. 食神의 길성이 손상되니 조상대에 이미 가문이 기울어졌을 것이라 판단한다.

◉ 원류(原流)를 논하면 年·月柱의 왕한 戊土가 日主를 생하지 못한다. 따라서 가운(家運)의 맥이 부모대에서 끊겼음을 알 수 있다. 묏자리의 발복이 끊긴 것이다.

男命 (孤貧한 사주)

癸	壬	丙	甲
劫財		偏財	食神
卯	寅	寅	辰
傷官	食神	食神	偏官
死·六害	病·驛馬	病·驛馬	墓·喪門
貴人·病符	暗祿·弔客	暗祿·弔客	空亡
桃花		破軍·劍鋒	
甲	戊	戊	乙
○	丙	丙	癸
乙	甲	甲	戊
甲 癸	壬 辛	庚 己	戊 丁
戌 酉	申 未	午 巳	辰 卯

① 용신(用神)

壬水 日干이 寅月에 실기(失氣)하였고, 지지에 寅卯辰 삼합목국으로 木氣가 태왕하여 水氣를 설기시키니 태약사주이다. 木氣가 태왕하지 않다면 壬水가 寅月에 생하여 아직 한기(寒氣)가 남아 있으니 丙火가 필요하나, 상기는 왕한 木氣가 壬水를 고갈시키니, 壬水의 수원(水源)을 만들고 왕한 甲木을 전벌(剪伐)해야 사주가 중화(中和)를 이룰 수 있다. 庚辛金이 필요하다. 사주에 일점 金氣가 없으니 태원(胎元)을 적용하여 巳中의 庚金을 용신으로 잡는다. 巳中의 庚金은 동궁(同宮)의 丙火의 극제를 받아 무력하니 용신이 쇠약하다. 중년까지의 대운도 卯辰巳午未의 구신과 기신운이니 발복이 없었고 고단한 명조이다.

用神 : 庚金
喜神 :　 土
忌神 :　 火
閑神 :　 水
仇神 :　 木

② 통변(通辯)

◉ 天干에 食神과 偏財가 투출했으니 식신생재격이다. 식신생재격은 대체로 富命인데 富格을 이루기위해서는 반드시 먼저 日主가 旺함을 요한다. 상기명은 지지에 寅卯辰 방합목국이 있어 壬水의 기운을 실기시킴이 태다하니 日主가 태약하다. 단지 年支 辰中의 癸水에 미근(微根)이 있을 뿐이니 旺財를 감당하기 힘들어 오히려 빈자(貧者)의 命이다. "재다신약(財多身弱)" 사주와 마찬가지로 부옥빈인(富屋貧人)의 命이다.

◉ 月干 丙火 偏財는 甲寅木의 생조를 받으니 지나치게 태왕하다. 財星이 왕함은 좋으나 日主가 쇠약하여 財星의 방자함을 극제하지 못하면 病이되는 것이다. 또한 日干 壬水와 干沖되고 초년대운 卯辰이 구신운으로 들어와 丙火를 생조하니, 丙火의 난동을 막을 길이 없다. 男命에서 偏財는 아버지와 처로 논하니 이들과의 연이 없는 것이다.

◉ 어머니와의 연은 주로 月柱의 길흉과 印星으로 논한다. 사주에 印星인 일점 庚辛金이 없어 태원(胎元)에서 巳中의 庚金을 끌어오니 쇠약하다. 역시 어머니와의 연도 박한 것이다.

◉ 지지는 寅卯辰 삼합목국의 食傷局이다. 食傷은 日干이 생하는 오행이다. 따라서 내가 생하는 것이니, 밖으로 표출되는 나의 창작활동이나, 아이디어, 재능, 작품, 예체능과 연관된 특기, 자손, 배설물, 언어 등을 의미한다. 命主는 그림 및 삽화에 재능이 있었으나, 食傷 木氣가 구신에 해당하고 초년대운 역시 구신운이니 발전하지 못한 것이다.

◉ 財星인 火가 기신이다. 正財가 없으니 月干 丙火 偏財를 처로 논하고, 또한 아버지로도 논한다. 기신에 속하니 아버지와 처 모두 연이 적다고 판단한다.

◉ 결혼 시기를 논함에는 여러 이론이 있는데, 그 중 男命에서는 용신을 아들로 보고, 희신을 처로 본다. 따라서 용신과 희신운에 대체로 결혼하게 되는 것이

다. 상기는 己巳大運 중 己土大運에 年干 甲木과, 甲己 간합토국의 희신운으로 들어오니 이때 결혼한 것이다. 巳火大運은 기신운이라 흉사가 예고되는데, 지지 寅木과 寅巳 刑殺이 되니, 처와는 성격차로 처가 가출했고, 아버지도 역시 刑殺을 맞으니 직장에서 용접작업을 하다 폭발사고로 비명횡사했던 것이다. 寅巳申의 물상은 용접과도 연관이 많은 것이다.

● 年支 辰土 偏官을 남명에서 자식으로 보는데, 묘궁(墓宮)에 있고, 또한 지지가 寅卯辰 방합목국이 되어 食傷으로 바뀌어 버리니 자식이 없는 것이다. 아울러 남명에서 官星은 직장, 직업, 직책을 의미한다. 공망(空亡)이 되니 평생 직업의 변동이 많았고 또한 직장운도 적어 한 직장에서 오래 근무하지 못했다.

● 月·日支 寅木에 역마살(驛馬殺)이 동주하니 이동과 연관이 많은 직업이다. 택배업을 하고 있다.

● 時干 劫財는 형제자매인데 한신이니 형제간의 화목함과 상부상조함이 적다고 판단한다.

● 지지 寅木 食神에 암록(暗祿)이 있다. 암록은 길신으로 문예창작, 아이디어, 손재주 등과 연관된다. 미술작품에 참신한 아이디어로 상을 많이 받았으나 명성을 얻지는 못했다.

● 사주에 상문살(喪門殺), 조객살(弔客殺), 병부살(病符殺) 등의 흉살이 있다. 조상 중에 원귀(冤鬼)가 많다는 것이다. 매사 잘 풀리지 못했다.

● 丁卯大運은 丁壬合木의 구신운과, 卯大運은 寅卯辰 방합목국의 역시 구신운이니 할아버지대에 몰락하여 부모가 많은 고생을 했고, 본인도 학업운이 적었다.

● 戊辰大運은 戊土가 時干 癸水 劫財를 합하여 火局의 기신운으로 劫財가 동하니, 형제자매 중에 한명 이상의 손상이 발생하는 것이다.
辰土는 寅卯辰 방합목국의 구신운이니 집안이 풀리지 못하고 부모가 행상을 하며 어렵게 살림을 꾸려나갔다.

● 己巳大運은 己土가 甲木과 간합토국의 희신운이니 처를 끌어오는 것이라 이때 결혼했다. 巳火大運은 寅巳 刑殺이니 아버지의 죽음과, 처의 가출 등의 흉사가 있었다.

● 庚午大運은 甲庚 沖하니, 용신 庚金과 甲木 食神 밥그릇이 부서지니, 직장을 그만두고 광고그림과 삽화와 연관된 자영업을 시작했으나 여의치 못했다.

午火大運은 寅午 반합화국의 기신운이니 매사 풀리지 않았고, 지인의 작은 도움을 받아 택배업을 시작했다.

◉ 辛未大運은 丙辛合水의 한신운이니 몸만 고되고 재물이 모아지지 않았고, 다만 큰 탈 없이 넘어갈 수 있었다.

未土大運은 卯未 반합목국의 구신운이니 역시 발복을 기대하기 어렵다.

◉ 이후 申酉戌大運은 용신운이니 다소 나아지리라 판단한다.

男命 (七殺이 태왕한 사주)

庚	壬	壬	戊
偏印		比肩	偏官
戊	戊	戊	戊
偏官	偏官	偏官	偏官
冠帶·華蓋	冠帶·華蓋	冠帶·華蓋	冠帶
落井·白虎	落井·白虎	落井·白虎	落井·白虎
湯火·劍鋒	湯火·劍鋒	劍鋒	湯火·急脚
急脚·魁罡	急脚		魁罡
辛	辛	辛	辛
丁	丁	丁	丁
戊	戊	戊	戊

庚	己	戊	丁	丙	乙	甲	癸
午	巳	辰	卯	寅	丑	子	亥

① 용신(用神)

壬水는 戌月에 관대(冠帶)에 해당하여 水氣가 다시 왕해지는 계절이고, 亥子丑의 수왕지절(水旺之節)로 진기(進氣)하는 시점이다. 庚金은 戌土에 통근하고 比肩이 있으니 日主가 戌土의 극을 많이 받지만 태약한 것은 아니다. 偏官이 중중하여 日主를 제극함이 심하니 印星을 용하여 관인상생(官印相生)시키고 日主를 부조해야 사주가 중화를 이룰 수 있다. 偏官이 중중한 경우는 대체적으로 食傷을 용신으로 잡지 않는다. 偏官이 중중하면 사주는 당연히 신약이 되는데, 食傷은 약한 日主의 기운을 더욱 설기시키기 때문이다. 상기는 時干 庚金을 용하여 官殺의 기운을 설기시키고 日主를 부조하여 중화를 이루도록 해야 한다. 용신 庚金은 지지 戊土에 통근하니 용신이 태약한 것은 아니다. 살중용인격(殺重用印格)에 해당된다.

用神 : 庚金
喜神 :   土
忌神 :   火
閑神 :   水
仇神 :   木

② 통변(通辯)

◉ 偏官이 중중한데 制殺하는 食傷이 없으면, 偏官의 난동을 막기 어려우니, 평생에 예기치 않은 사고, 질병, 시비다툼, 관재구설 등이 따른다. 그 시기는 기신과 구신에 해당하는 대운과 세운이 들어오는 시점이다.

◉ 偏印이 용신이면 위인이 대체로 권모술수 및 책략에 비상하고, 두뇌회전이 빠르고, 사람을 잘 이용하고, 임기응변이 재빠른 면이 있다.

◉ 庚金 偏印과 壬水 比肩이 出干했다. 庚金은 지지 戊土에 통근하니 어머니가 많다고 판단한다. 두 어머니나 두 할머니가 있는 경우가 많고, 이복형제가 있을 수 있다.

◉ 天干의 오행으로 직업을 논하는데 偏官과 偏印이 투출했다. 制殺함이 부족하니 官職과는 연이 적다고 판단하고, 이공계나 기술직 계통으로 직업운이 있다고 판단한다.

◉ 年柱는 조상의 업을 주로 판단하는데, 干支가 偏官을 이루면, 조부모대에 가운이 길하지 못했을 것이라 판단한다.

◉ 지지 戊土는 물상에서 도로로 볼 수 있다. 偏官에 해당하고 낙정관살(落井關殺)과 白虎大殺(백호대살)을 대동하면 반드시 차사고가 따른다. 그 시점은 戊土가 합이 되어 기신이나 구신운으로 들어오는 시점이나, 沖殺을 대동하고 들어오는 대운이나 세운이다.

◉ 比劫이 천간에 투출한 경우는, 반드시 형제자매 중에 죽은 사람이 있음을 알 수 있다. 이러한 이치는 日主를 君王으로도 논하는데, 하늘아래 두 명의 君王이 있을 수 없기 때문이다. 태어나서 죽은 형제자매가 없으면 낙태나, 자연유산 등으로 손상된 형제자매가 반드시 있는 것이다.

◉ 時柱에 官印이 상생하고 있다. 時柱는 자식궁으로 논하는데, 상하에 官印이
  있어 상생하고 길신에 해당하면 집안을 일으킬 자손이 나오게 된다.
◉ 용신 庚金이 時干에 있다. 이런 경우는 자손대에서 풀려나갈 것임을 미루어
  알 수 있는 것이다.
◉ 戊土 偏官이 화개살(華蓋殺)을 대동하고 있다. 종교적으로 신심이 두텁다고 판
  단한다.
◉ 건강문제는 기신과 구신으로 논한다. 火木에 해당된다. 질병과 연관되어 火는
  혈압관계, 심장, 소장 등에 속하고, 木은 간, 담, 신경계통 등에 속한다. 건강
  상 혈입과 심장에 이싱이 발생할 수 있음을 알 수 있다. 그 시기는 기신과 구신
  이 들어오는 대운과 세운이다.
◉ 직업은 용신과 희신으로도 판단하는데, 金土에 해당하니 제조업과 토목건축,
  부동산계통이다. 일찍 부동산에 뛰어들어 사업에 부침이 많았다.
◉ 사주에 食傷이 全無하니, 성격상 고집이 세고 융통성이 적다고 판단한다.
◉ 부부연의 길흉을 논함에는, 財星과 日支宮과 희신에 해당하는 오행의 길흉으
  로 주로 판단한다. 財星인 火가 기신이고 지장간에 암장되었다. 이런 경우는
  처의 돈독한 내조를 기대하기 어렵다고 판단한다. 또한 財星이 암장되었고 日
  主가 신약인 경우는 財를 획득하려는 열망은 높으나, 재물과는 연이 적다고
  판단한다.
◉ 男命에서 官星은 직업, 직장, 직책으로 논하는데, 太多하면 직업과 직장의 변
  동이 많게 된다.
◉ 乙丑大運 중 乙木은 乙庚 간합금국의 용신운이니, 사업에 발전이 있었고 결혼
  을 했다.
  丑土는 본시 희신이나 丑戌의 삼형살이니 희신의 역할을 하지 못한다. 직업의
  변동이 있었다. 주유소사업에서 부동산 사업으로 바꾼 것이다.
◉ 丙寅大運은 흉운이다. 丙火는 본시 기신으로 月·日干의 壬水와 干沖되니 기
  신의 흉함은 줄어들지만, 比肩에 해당하는 동업자의 배신이 있어 금전적인 손
  해가 있었고, 日主인 壬水를 충하니 직업과 직장의 변동이 발생했다.
  寅木은 寅戌 반합화국의 기신운으로 흉운이다. 戌土 偏官이 대운과 합하여 기
  신운으로 들어오니, 官星과 연관지어 명예의 실추가 있었고, 관재구설이 있었

으며, 직업의 변동이 있었고, 집을 이사하는 문제가 발생했다.

◉ 丁卯大運 중 丁火는 丁壬合木의 구신운이고, 卯木은 卯戌 육합화국의 기신운
　이니 썩 길하지 못했다.

◉ 戊辰大運 이후는 다소 안정되나 크게 길하지는 못하리라 판단된다.

女命(寅巳申 三刑殺 사주)

丁	戊	甲	庚
正印		偏官	食神
巳	寅	申	寅
偏印	偏官	食神	偏官
建祿·亡身	長生·地殺	病·驛馬	長生
流霞殺	陽錯殺	孤鸞·陽錯	陽錯
孤神·幻神	破軍·劍鋒	空亡	急脚

丙	丁	戊	己	庚	辛	壬	癸
子	丑	寅	卯	辰	巳	午	未

① 용신(用神)

戊土가 申月에 생하여 失氣하였다. 甲·寅木의 偏官이 중중하여 日主를 극함이
심하니 신약하다. 따라서 부조하는 印星이 있어야 사주가 중화를 이룰 수 있다. 丙
火를 용해야 하나 時干 丁火가 투출하니 이를 용신으로 잡는다.

　用神 : 丁火
　喜神 :　木
　忌神 :　水
　閑神 :　土
　仇神 :　金

② 통변(通辯)

◉ 年支부터 時支까지 지지가 전부 寅巳申 三刑殺을 이루고 있다. 조상궁, 부모
　형제궁, 배우자궁, 자식궁 모두 刑殺로 손상되니 어느 한 곳 의지할 데 없는
　사고무친인 것이다. 상기명은 1950년 경인년 전란 속에 태어나 질곡(桎梏)의

삶을 살아온 명주이다.

◉ 癸未대운은 丁癸 沖이 되어 용신이 손상되고 未土는 기신운으로 흉하다. 황해도에서 태어나 남한으로 피난 와서 살아오던 중 어머니가 질병으로 사망하게 되어 외삼촌댁에서 유년시절을 보냈다.

◉ 壬水대운은 기신운이니 흉하다. 나이어려 남의 집 파출부 생활을 시작했다.

◉ 午火대운은 본시 한신운이나, 寅木과 半合 火局의 용신운이니 남편이 들어온다. 주인집의 소개로 건축일을 하는 남자를 만나 결혼생활을 시작했으나, 己酉세운에 酉金과 남편에 해당되는 寅木 偏官이 怨嗔되어 손상되니 건축일을 하던 중 남편이 사고로 죽고 파경을 맞았다.

◉ 辛金대운에 다시 외삼촌의 소개로 이북서 피난 온 남자를 만나 동거생활을 시작했으나, 이북서 결혼했던 전 부인이 갑자기 나타나는 관계로 또다시 파경을 맞았다.

◉ 巳火대운은 본시 용신운이나 사주원국과 寅巳申 삼형살을 맞으니 申金 食神 밥그릇이 깨지고, 寅木 偏官 직업이 깨지고, 巳火 用神 역시 손상되는 것이다. 재봉틀을 갖고 허드렛일을 시작했으나, 여의치 않았고 생활은 곤궁했다.

◉ 庚辰대운 중 癸亥세운에 사주원국과 戊癸 合火의 용신운 및 寅亥 合木의 희신운이니 다시 남자가 들어오는 것이다. 화물차 운전수와 결혼했다. 딸을 하나 두었으나, 丙寅세운에 丙火는 丙庚殺로 용신이 손상되고, 寅木은 지지와 다시 寅巳申 三刑殺이 되어, 자식에 해당되는 時支 巳火와 食神이 손상되니, 딸이 물놀이를 갔다 익사한 것이다. 남편은 자식의 죽음과 더불어 하는 일마다 풀리지 않아 폭음(暴飮)을 일삼다 가출했는데, 몇 년 후에 객사했다는 소식만 전해왔다.

◉ 己土대운은 甲木 偏官과 合되어 한신운으로 들어오니 또다시 남편이 들어오는 것이다. 과일행상을 하는 남자를 만나 같이 장사를 하며 동거생활을 시작했다. 卯木대운은 용신운이니 재산을 조금 모았고 무애무덕했다.

◉ 戊寅대운 중 辛巳歲運에 다시 凶禍가 닥쳐왔다. 歲干 辛金은 본시 仇神이라 흉하고, 歲支 寅木은 月·時支와 다시 寅巳申 三刑殺이 되니 食神인 밥그릇과 巳火 용신인 남편이 손상된다. 巳申의 刑合은 물상에서 교통사고와 연관되니, 동거남의 친가 잔칫집에 다녀오다 차사고로 남자는 죽고, 본인은 중상을 입고

몇 개월의 병원신세를 지게 된 것이다. 이때는 학교 앞에서 제법 잘되는 분식집을 운영했는데, 병원신세로 인해 가게를 처분하게 되니 밥그릇이 깨지게 된 것이다.

◉ 상기인은 月干 甲木 偏官과 용신 丁火가 남편인데, 坐下 申金에 絕地라, 甲木이 절각(截脚)되고, 지지의 寅木은 寅申 沖과 寅巳申 三刑殺로 甲木 夫星과 용신을 刑하니 남편운이 全無했던 것이다. 혹 出家했다면 흉화를 모면할 수 있었을 것이다.

四
柱
秘
訣

제4장
택일擇日 및 이사방위移徙方位

1. 택일擇日

택일은 글자 그대로 날을 선택하는 것이다. 우리는 일생을 살아가면서 인륜지대 사라는 결혼문제와 환갑 및 칠순잔치, 이사, 각종 제사 및 행사 등의 크고 작은 문제를 겪으며 1년 24절기를 살아가고 있다. 따라서 일상생활을 영위함에 기왕이면 손(損)이 없고, 흉함이 없는 날짜를 선택코자 하는 마음은 인지상정(人之常情)인 것이다. 이처럼 택일은 예로부터 우리 일상생활과 밀접하게 활용되어온 학문이며, 현재에도 다방면에서 다각적으로 유용하게 사용되는 학문이다. 이번 장에서는 吉한 날짜를 선택하는 방법인 생기복덕구궁법(生氣福德九宮法)에 대해 공부해 본다.

손(巽) ☴ 辰·巳 3월·4월	이(離) ☲ 午月 5월	곤(坤) ☷ 未·申 6월·7월
진(震) ☳ 卯月 2월	中宮 중궁	태(兌) ☱(10세) 酉月 8월
간(艮) ☶ 寅·丑 1월·12월	감(坎) ☵ 子月 11월	건(乾) ☰ 戌·亥 9월·10월

(1) 부기(附記) 방법

男命은 이궁(離宮)에서 1세를 시작하여 시계방향으로 순행(順行)시키되, 곤궁(坤宮)을 건너뛰고, 태궁(兌宮) 2세, 건궁(乾宮) 3세, 감궁(坎宮) 4세, 간궁(艮宮) 5세, 진궁(震宮) 6세, 손궁(巽宮) 7세, 이궁(離宮) 8세, 곤궁(坤宮) 9세, 태궁(兌宮) 10세로 順行하되, 태궁(兌宮)의 10세 이후는 건너뛰는 것은 없다. 따라서 건궁(乾宮) 11세, 감궁(坎宮) 12세, 간궁(艮宮) 13세… 등으로 부기(附記)한다.

女命은 감궁(坎宮)에서 1세를 시작하여 시계반대 방향으로 역행(逆行)시키되, 건궁(乾宮) 2세, 태궁(兌宮) 3세, 곤궁(坤宮) 4세, 이궁(離宮) 5세, 손궁(巽宮) 6세, 진궁(震宮) 7세, 간궁(艮宮)은 건너뛰고, 감궁(坎宮) 8세, 건궁(乾宮) 9세, 태궁(兌宮) 10세로 역행(逆行)하는데, 태궁(兌宮)의 10세 이후는 건너뛰는 것은 없다. 따라서 곤궁(坤宮) 11세, 이궁(離宮) 12세, 손궁(巽宮) 13세… 등으로 부기하며, 남녀 공히 태궁(兌宮)에서 10세부터 시작하되 남순여역(男順女逆)한다.

이렇게 하여 당년의 나이 수만큼 진행하여 떨어지는 宮의 괘(卦)가 本 卦이다. 本 卦의 맨 위의 효(爻)를 上爻, 가운데를 中爻, 맨 아래를 下爻라 하여 아래의 부법 순서대로 팔괘생기(八卦生氣)를 각 宮에 부기(附記)하는 것이다.

(2) 부법(附法) 순서

◉ 본괘(本卦)

1) 一 上變 – 생기(生氣)

本卦에서 上爻의 陰陽을 바꿔 변한 卦에 생기(生氣)를 부기

2) 二 中變 – 천의(天宜)

1번 卦에서 中爻의 陰陽을 바꿔 변한 卦에 천의(天宜)를 부기

3) 三 下變 – 절체(絕體)

2번 卦에서 下爻의 陰陽을 바꿔 변한 卦에 절체(絕體)를 부기

4) 四 中變 – 유혼(遊魂)

3번 卦에서 中爻의 陰陽을 바꿔 변한 卦에 유혼(遊魂)을 부기

5) 五 上變 – 화해(禍害)

4번 卦에서 上爻의 陰陽을 바꿔 변한 卦에 화해(禍害)를 부기

6) 六 中變 – 복덕(福德)

5번 卦에서 中爻의 陰陽을 바꿔 변한 卦에 복덕(福德)을 부기

7) 七 下變 – 절명(絕命)

6번 卦에서 下爻의 陰陽을 바꿔 변한 卦에 절명(絕命)을 부기

8) 八 中變 – 귀혼(歸魂)

7번 卦에서 中爻의 陰陽을 바꿔 변한 卦에 귀혼(歸魂)을 부기

(3) 팔괘생기(八卦生氣) 풀이

택일은 생기복덕구궁법을 위주로 판단하는데, 이는 주역(周易)의 팔괘(八卦)를 적용하여 길흉을 판단하는 것이며 기문둔갑(奇門遁甲)에서 주로 논의되는 학문이다. 다소 생소하겠으나 우리가 일상생활을 영위함에 음으로 양으로 택일이 중요한 비중을 차지하고 있으니, 기문둔갑의 "팔괘생기(八卦生氣)"와 "팔문신장(八門神將)"을 연계하여 길흉을 정리해 보고, 실생활에 응용해보면 많은 도움이 되리라 판단한다.

순서	팔괘(팔문) 八卦(八門)	풀이
1	생기(생문) 生氣(生門)	길경사(吉慶事). 승진운(昇進運). 잉태(孕胎). 질병회복(疾病回復). 개업(開業). 토목건축공사 증개축(土木建築工事 增改築).
2	천의(개문) 天宜(開門)	주식과 경사(酒食과 慶事). 승진(昇進). 친목지사(親睦之事). 결혼운(結婚運). 회갑연(回甲宴).
3	절체(경문) 絶體(驚門)	절상(折傷). 질병(疾病). 재액(災厄). 차사고(車事故). 손재수(損財數). 파직(罷職).
4	유혼(두문) 遊魂(杜門)	출행(出行). 변업(變業). 이동(移動). 이사(移徙). 해외유학(海外留學)
5	화해(상문) 禍害(傷門)	각종재액(各種災厄). 관재구설수(官災口舌數). 손재수(損財數). 육친간 이별(六親間 離別). 파혼(破婚)
6	복덕(경문) 福德(景門)	길경사(吉慶事). 승진(昇進). 재물운(財物運). 사업시작(事業始作). 건물(建物) 등의 증개축(增改築)
7	절명(사문) 絶命(死門)	파군(破軍). 흉사(凶事). 질병(疾病). 재액(災厄). 차사고(車事故). 파직(罷職).
8	귀혼(휴문) 歸魂(休門)	묘지(墓地), 택지(宅地), 토지(土地) 등의 변동. 직업(職業)과 직책(職責) 및 근무지(勤務地) 등의 변동.

(4) 예제

◉ 당년 43세 男命의 경우라면, 태궁(兌宮)에서 10세를 시작하여 순행하니 건궁(乾宮)에 해당되고, 건궁(乾宮)은 건삼련(乾三連)이라 ☰로 표시한다.

◉ 일상변(一上變) 생기(生氣)이니, 현재 건(乾)卦 ☰에서 상효(上爻) 즉 맨 위 爻가 ―陽에서 ――陰으로 변한 것이므로 결국 ☱괘가 되어 태(兌)卦로 변한 것이다. 따라서 태궁(兌宮)에 생기(生氣)를 부기(附記)하는 것이다.

◉ 다음 이중변(二中變) 천의(天宜)이니, 현재 ☱ 태(兌)卦에서 이중변(二中變) 즉 위에서 두 번째 ―陽爻가 ――陰爻로 변한 것이니 결국 ☳卦로 변하여 진(震)卦가 되므로 진궁(震宮)에 천의(天宜)를 부기하는 것이다.

◉ 다음 삼하변(三下變) 절체(絶體)이니, 현재 진궁(震宮)인 ☳ 진(震)卦에서 삼하변(三下變) 즉 위에서 부터 맨 아래쪽 爻가 ―陽爻에서 ――陰爻로 바뀌는 것이니

결국 ☷로 되어 곤(坤)卦로 바뀌는 것이니 곤궁(坤宮)에 절체(絶體)를 부기하는
것이다.

◉ 다음 사중변(四中變) 유혼(遊魂)이니, 현재 곤궁(坤宮)인 ☷ 곤(坤)卦에서 사중변
(四中變) 즉 가운데 --陰爻가 -陽爻로 바뀌는 것이니 결국 ☵괘로 되어 감(坎)
卦로 바뀌는 것이니 감궁(坎宮)에 유혼(遊魂)을 부기하는 것이다.

◉ 다음 오상변(五上變) 화해(禍害)이니, 현재 감궁(坎宮)인 ☵ 감(坎)卦에서 오상변
(五上變) 즉 맨 위의 --陰爻가 -陽爻로 바뀌는 것이니 결국 ☴로 되어 손(巽)卦
로 바뀌는 것이니 손궁(巽宮)에 화해(禍害)를 부기하는 것이다.

◉ 나음은 육중변(六中變) 복덕(福德)이니, 상기 손괘(巽卦)에서 가운데 爻가 -陽爻
에서 --陰爻로 바뀌니 ☶ 간괘(艮卦)가 되어 간궁(艮宮)에 복덕(福德)을 부기하
는 것이다.

◉ 다음은 칠하변(七下變) 절명(絶命)이니, 상기 간괘(艮卦)에서 아래 爻가 --陰爻
에서 -陽爻로 바뀌니 ☲ 이괘(離卦)가 되어 이궁(離宮)에 절명(絶命)을 부기하는
것이다.

◉ 다음은 팔중변(八中變) 귀혼(歸魂)이니, 상기 이괘(離卦)에서 가운데 爻가 --陰
爻에서 -陽爻로 바뀌니 건괘(乾卦)가 되어 건궁(乾宮)에 귀혼(歸魂)을 부기하는
것이다. 아래 도표와 같다.

생기복덕生氣福德 구궁표九宮表

손(巽)	이(離)	곤(坤)
☴	☲	☷
辰·巳 3월·4월	午月 5월	未·申 6월·7월
화해(禍害)	절명(絶命)	절체(絶體)
진(震)		태(兌)
☳		☱(10세)
卯月 2월	中宮	酉月 8월
천의(天宜)		생기(生氣)
간(艮)	감(坎)	건(乾)
☶	☵	☰
寅·丑 1월·12월	子月 11월	戌·亥 10월·9월
복덕(福德)	유혼(遊魂)	귀혼(歸魂)

(5) 예제풀이 적용

상기 예제에서 당년 43세의 男命은 건궁(乾宮)에 해당되니 건삼련(乾三連)(☰)에서, 일상변(一上變) 생기(生氣)라 하면, 맨 위의 ―(陽爻)가 ――(陰爻)로 바뀌어 태(兌)卦(☱)로 변하니 태궁(兌宮)으로 옮기면, 이곳이 생기(生氣)가 떨어지므로 태궁(兌宮) 즉 酉月(8월)에 생기궁(生氣宮)이 되어 길한 일이 많이 생기는 달이다.

다음에 이중변(二中變) 천의(天宜)라면, 태(兌)(☱)에서 가운데 ―(陽爻)이 ――(陰爻)으로 변하니 ☳되어 결국 진(震)卦(☳)가 되고 진궁(震宮)으로 옮겨서 이곳에 천의(天宜)가 떨어지므로 길경사(吉慶事)가 많이 생긴다.

다음에 삼하변(三下變) 절체(絶體)라면, 진(震)(☳)에서 맨 아래 효인 ―(陽爻)이 ――(陰爻)으로 변하니 ☷卦가 되어 곤(坤)卦(☷)가 되고 곤궁(坤宮)으로 옮겨서 이곳에 절체(絶體)가 떨어지므로 절상, 질병, 재액, 손재수 등이 발생할 염려가 많다.

月運뿐 아니라 日辰도 마찬가지로 酉日 즉 辛酉日이나 癸酉日 등은 생기(生氣)가 酉宮 즉 태궁(兌宮)에 닿게 되어 이날 日辰은 吉한 일이 많다는 것이다.
女命도 같은 이치로 풀어 가면 된다.

2. 이사移徙

이사방위의 길흉은 단지 집을 사거나 전세, 월세 등의 이사하는데 길한 방위를 논하는 것뿐만 아니라, 토지나 임야 등의 매매에 관한 길흉방, 공장터나 가게터, 집터나 묘지터 등의 매매에 관한 길흉방, 시험이나 승진과 연관된 길흉방, 구재(求財)나 청탁(請託), 알현(謁見) 등의 길흉방 등을 종합적으로 검토하고 유익하게 활용하기 위한 학문이다. 이는 본시 기문둔갑에서 많이 활용되는 학문이나, 실전사주간명에서 많은 사람들이 문의하는 것이므로 이에 상세하게 기술하니 폭넓게 활용하기를 바란다.

② 東南方 손(巽) ☴ 辰·巳 4.증파(甑破)	⑦ 南方 이(離) ☲ 午 9.퇴식(退食)	⑨ 西南方 곤(坤) ☷ 未·申 2.안손(眼損)
①⑩ 東方 진(震) ☳ 卯 3.식신(食神)	③ 無移動 中宮 5.오귀(五鬼)	⑤ 西方 태(兌) ☱ 酉 7.진귀(進鬼)
⑥ 東北方 간(艮) ☶ 寅·丑 8.관인(官印)	⑧ 北方 감(坎) ☵ 子 1.천록(天祿)	④ 西北方 건(乾) ☰ 亥·戌 6.합식(合食)

(1) 포국(布局) 순서

⊙ 구궁정위도의 순서를 따라 이동한다.

⊙ 男命은 1세를 진궁(震宮)에서 시작하여 구궁정위도를 따라 나이만큼 순행 이동 시키고, 그 나이에 해당하는 宮의 길흉방을 중궁에 入시켜서 구궁정위도를 따라 각 방위로 순행 이동 부기한다.

⊙ 女命은 곤궁(坤宮)에서 1세를 일으키어 구궁정위도를 따라 순행이동시키고, 그 나이에 해당하는 宮의 길흉방을 중궁에 入시켜서 구궁정위도를 따라 각 방위로 순행 이동 부기한다.

⊙ 男命은 1세, 10세가 진궁(震宮)이고, 20세가 손궁(巽宮), 30세가 중궁(中宮), 40세가 건궁(乾宮), 50세가 태궁(兌宮)… 등으로 이동 부기한다.

⊙ 女命은 1세, 10세가 곤궁(坤宮), 20세가 진궁(震宮), 30세가 손궁(巽宮), 40세가

중궁(中宮), 50세가 건궁(乾宮)… 등으로 이동 부기한다.

(2) 이사방위 부기 순서

1. 천록(天祿)

2. 안손(眼損)

3. 식신(食神)

4. 증파(甑破)

5. 오귀(五鬼)

6. 합식(合食)

7. 진귀(進鬼)

8. 관인(官印)

9. 퇴식(退食)

(3) 이사방위 해설

1. 천록방(天祿方) : 재물과 관록. 승진운수. 창업. 개업 등의 吉方.

2. 안손방(眼損方) : 손재와 안질. 구설수. 낙상주의 등의 凶方.

3. 식신방(食神方) : 재물풍족. 사업번창. 가정화목. 취업. 승진 등의 吉方.

4. 증파방(甑破方) : 손재와 사업실패, 동업관계 불리. 파혼 등의 凶方.

5. 오귀방(五鬼方) : 재앙과 질병. 독수공방. 관재구설수. 사별 등의 凶方.

6. 합식방(合食方) : 재물과 의식 풍족. 동업관계 가능 등의 吉方.

7. 진귀방(進鬼方) : 질병과 우환. 차사고. 귀문관살(鬼門關殺)과 상문살(喪門殺)
   있는 사람은 피한다. 凶方이다.

8. 관인방(官印方) : 명예와 관록. 승진운. 귀한자손 잉태.
   사업시작 등에 좋은 吉方.

9. 퇴식방(退食方) : 사업실패. 재물손실. 사업확장 불가 등의 凶方.

(4) 이사방위 부법 예제

43세의 남자가 이사하는데 좋은 방향을 물었을 때, 43세의 나이는 이궁(離宮)인 9번 퇴식방(退食方)에 해당한다. 고로 9번 퇴식(退食)을 중궁(中宮)에 入시키고, 이동할 때 중궁(中宮)에서 건궁(乾宮)으로 나가므로 9번 퇴식(退食) 다음번인 1번 천록(天祿)은 건궁(乾宮)에, 따라서 건궁(乾宮)이 천록방(天祿方)에 해당된다.

2번 안손은 건궁 다음인 태궁으로 이동하고 태궁이 안손방이 된다.

3번 식신은 태궁 다음인 간궁으로 이동하고 간궁이 식신방이 된다.

4번 증파는 간궁 다음인 이궁으로 이동하고 이궁이 증파방이 된다.

5번 오귀는 이궁 다음인 감궁으로 이동하고 감궁이 오귀방이 된다.

6번 합식은 감궁 다음인 곤궁으로 이동하여 곤궁이 합식방이 된다.

7번 진귀는 곤궁 다음인 진궁으로 이동하여 진궁이 진귀방이 된다.

8번 관인은 진궁 다음인 손궁으로 이동하여 손궁이 관인방이 된다.

9번 퇴식은 손궁 다음인 중궁으로 이동하여 이곳 중궁이 퇴식방이 된다.

그러므로 이사할 때에는 천록, 식신, 관인, 합식방 등이 좋으므로 그 방향으로 이동한다.

상기의 43세의 남자는 천록방(天祿方)이 건궁(乾宮)에 해당되고 건궁은 서북방이므로 서북쪽으로 이동하면 좋다는 것이다. 아울러 해당 방위의 여러 神殺들을 참작하여 이사함에 신중을 기하도록 한다.

여자도 상기와 같은 방법으로 이사방위를 정하도록 한다.

3. 실전 예제풀이

2009年度 결혼하기로 약정한 男命 1980年 2月 13日 巳時生과, 女命 1981年 8月 9日 未時生의 결혼(結婚) 택일(擇日)과 입택(入宅)의 吉한 방향을 알아보기로 한다.

① 먼저 남녀의 사주를 간명(看命)하고 용신을 정한다.

(男命)			
辛	庚	己	庚
劫財		正印	比肩
巳	子	卯	申
偏官	傷官	正財	比肩

73	63	53	43	33	23	13	3
丁	丙	乙	甲	癸	壬	辛	庚
亥	戌	酉	申	未	午	巳	辰
78	68	58	48	38	28	18	8

庚金 日干이 卯月에 生하여 失氣했지만, 사주에 比劫과 印星이 있으니 신강하다. 억부법을 적용하여 丁火가 용신이다. 사주에 丁火가 없으니 時支 巳中의 丙火를 용신으로 잡는다.

用神 : 丙火
喜神 :　木
忌神 :　水
閑神 :　土
仇神 :　金

(女命)			
丁	丁	丙	辛
比肩		劫財	偏財
未	亥	申	酉
食神	正官	正財	偏財

71	61	51	41	31	21	11	1
甲	癸	壬	辛	庚	己	戊	丁
辰	卯	寅	丑	子	亥	戌	酉
76	66	56	46	36	26	16	6

사주에 丙丁火의 比劫이 있다 하나, 財와 官이 왕하니 신약사주이다. 따라서 丁火 日干을 생조하는 印星이 용신이다. 日支 亥中의 甲木을 용신으로 잡는다.

用神 : 甲木

喜神 :　水
忌神 :　金
閑神 :　火
仇神 :　土

② 생기복덕구궁법을 적용하여 결혼택일의 吉月, 吉日을 알아본다.

　　　2009년도는 남명은 30세

　　　　　　　　여명은 29세이다.

남녀 공히 태궁(兌宮)에서 1세를 시작하여 男命은 순행하여 30세까지 세고, 女命
은 역행하여 29세까지 세어나간다.

男命. 도표 1

손(巽) ☴ 辰·巳 3월·4월 절체(絕體)	이(離) ☲ 午月 5월 생기(生氣)	곤(坤) ☷ 未·申 6월·7월 화해(禍害)
辰 ☳ 卯月 2월 귀혼(歸魂)	中宮	兌 ☱(10세) 酉月 8월 절명(絕命)
艮 ☶ 寅·丑 1월·12월 유혼(遊魂)	坎 ☵ 子月 11월 복덕(福德)	乾 ☰ 戌·亥 10월·9월 천의(天宜)

女命. 도표 2

손(巽) ☴ 辰·巳 3월·4월 귀혼(歸魂)	이(離) ☲ 午月 5월 복덕(福德)	곤(坤) ☷ 未·申 6월·7월 천의(天宜)
辰 ☳ 卯月 2월 절체(絕體)	中宮	兌 ☱(10세) 酉月 8월 유혼(遊魂)
艮 ☶ 寅·丑 1월·12월 절명(絕命)	坎 ☵ 子月 11월 생기(生氣)	乾 ☰ 戌·亥 10월·9월 화해(禍害)

　　男命은 30세니 태궁에서 1세를 시작하여 순행하니 진궁에 30세가 떨어진다. 진
괘(震卦) ☳가 本 卦가 된다.

　　일상변 생기(生氣)하니 ☲ 이괘이다. 이궁에 생기를 부기한다.

　　이중변 천의(天宜)하니 ☰ 건괘이다. 건궁에 천의를 부기한다.

　　삼하변 절체(絕體)하니 ☴ 손괘이다. 손궁에 절체를 부기한다.

사중변 유혼(遊魂)하니 ☶ 간괘이다. 간궁에 유혼을 부기한다.

오상변 화해(禍害)하니 ☷ 곤괘이다. 곤궁에 화해를 부기한다.

육중변 복덕(福德)하니 ☵ 감괘이다. 감궁에 복덕을 부기한다.

칠하변 절명(絕命)하니 ☱ 태괘이다. 태궁에 절명을 부기한다.

팔중변 귀혼(歸魂)하니 ☳ 진괘이다. 진궁에 귀혼을 부기한다.

도표 1과 같다.

女命은 29세니 태궁에서 1세를 시작하여 역행하니 손궁에 29세가 낙궁한다. 손괘(巽卦) ☴가 本 卦가 된다.

일상변 생기(生氣)하니 ☵ 坎卦이다. 감궁에 생기를 부기한다.

이중변 천의(天宜)하니 ☷ 坤卦이다. 곤궁에 천의를 부기한다.

삼하변 절체(絕體)하니 ☳ 震卦이다. 진궁에 절체를 부기한다.

사중변 유혼(遊魂)하니 ☱ 兌卦이다. 태궁에 유혼을 부기한다.

오상변 화해(禍害)하니 ☰ 乾卦이다. 건궁에 화해를 부기한다.

육중변 복덕(福德)하니 ☲ 離卦이다. 이궁에 복덕을 부기한다.

칠하변 절명(絕命)하니 ☶ 艮卦이다. 간궁에 절명을 부기한다.

팔중변 귀혼(歸魂)하니 ☴ 巽卦이다. 손궁에 귀혼을 부기한다.

도표 2와 같다.

③ 판단

택일(擇日)은 생기(生氣), 복덕(福德), 천의(天宜)가 吉한데, 상기의 경우 남녀 공히 음력 5月과 음력 11月에 생기(生氣)와 복덕(福德)이 떨어진다. 만약 5月에 결혼하기로 양가 집안이 합의했다면, 5月은 地支가 午火니 日支가 午火에 해당하는 日辰을 만세력에서 찾아본다.

음력 5月에는 5/2일 庚午日, 5/14일 壬午日, 5/26일 甲午日이 있다. 이 중 남녀의 사주원국의 용신과 상생되는 日支를 찾으면 5/26일 甲午日이 적합하다. 요즈음은 주말에 결혼식을 많이 하니, 택일(擇日)한 날짜가 주말에 해당되지 않으면 남녀의 용신, 희신일이나 또는 용신과 合이 되는 日辰을 택한다. 만약 이렇게 택한 日辰이 여럿일 경우에는, 사주의 年支와 비교하여 흉살이 비교적 적은 日辰을 택하는 것이다. 이렇게 하여 정한 吉月. 吉日은 음력 5月 26日 甲午日인 것이다.

④ 이사(移徙) 방향

男命은 1세를 진궁(震宮)에서 시작하여, 구궁정위도에 따라 2009년도 당년태세(當年太歲)인 30세까지 순행시키면 중궁(中弓) 오귀방(五鬼方)에 떨어진다. 따라서 간궁(乾宮)은 합식(合食), 태궁(兌宮)은 진귀(進鬼), 간궁(艮宮)은 관인(官印), 이궁(離宮)은 퇴식(退食), 감궁(坎宮)은 천록(天祿), 곤궁(坤宮)은 안손(眼損), 진궁(震宮)은 식신(食神), 손궁(巽宮)은 증파(甑破)가 떨어지는 것이다. 도표 1과 같다.

도표 1

② 東南方 손(巽) ☴ 辰巳 4.증파(甑破)	⑦ 南方 이(離) ☲ 午 9.퇴식(退食)	⑨ 西南方 곤(坤) ☷ 未申 2.안손(眼損)
①⑩ 東方 진(震) ☳ 卯 3.식신(食神)	③ 無移動 중궁(中宮) 5.오귀(五鬼)	⑤ 西方 태(兌) ☱ 酉 7.진귀(進鬼)
⑥ 東北方 간(艮) ☶ 丑寅 8.관인(官印)	⑧ 北方 감(坎) ☵ 子 1.천록(天祿)	④ 西北方 건(乾) ☰ 戌亥 6.합식(合食)

女命은 1세를 곤궁(坤宮)에서 시작하여 구궁정위도에 따라 2009년도 당년태세인 29세까지 순행시키면 진궁(震宮) 식신방(食神方)에 떨어진다. 식신방(食神方)을 중궁(中宮)에 다시 入 시키어 구궁정위도에 따라 순행시키면 건궁(乾宮)에 증파(甑破), 태궁(兌宮)에 오귀(五鬼), 간궁(艮宮)에 합식(合食), 이궁(離宮)에 진귀(進鬼), 감궁(坎宮)에

관인(官印), 곤궁(坤宮)에 퇴식(退食), 진궁(震宮)에 천록(天祿), 손궁(巽宮)에 안손(眼損)이 떨어지는 것이다. 도표 2와 같다.

도표 2

② 東南方 손(巽) ☴ 辰巳 2.안손(眼損)	⑦ 南方 이(離) ☲ 午 7.진귀(進鬼)	⑨ 西南方 곤(坤) ☷ 未申 9.퇴식(退食)
①⑩ 東方 진(震) ☳ 卯 1.천록(天祿)	③ 無移動 중궁(中宮) 3.식신(食神)	⑤ 西方 태(兌) ☱ 酉 5.오귀(五鬼)
⑥ 東北方 간(艮) ☶ 丑寅 6.합식(合食)	⑧ 北方 감(坎) ☵ 子 8.관인(官印)	④ 西北方 건(乾) ☰ 戌亥 4.증파(甑破)

　　남녀 공히 吉한 방향은 북방에 천록(天祿)과 관인(官印)이 떨어지므로 吉하고, 다음은 동북방으로 관인(官印)과 합식(合食)이 떨어지므로 吉하고, 다음은 동방으로 식신(食神)과 천록(天祿)이 떨어지므로 吉한 것이다. 이 세 가지 방향 중 이사(移徙)나 입택(入宅)을 결정하면 되는 것이다. 여기서 유의할 점은 남자나 여자 중 어느 누구를 기준하여 이사방향을 정하느냐는 것이다. 대체로 계약당사자를 기준하여 정한다. 계약자가 남명인 경우는 현재 남자가 거주하고 있는 곳을 기준하여 이사 및 입택 방향을 정하는 것이다.

제5장

사주간명四柱看命 요결要訣

사주간명(四柱看命)을 하기 전에 아래에 열거하는 내용을 참조하면, 간명시 오류를 다소라도 줄일 수 있을 것이며, 問占者의 미래운명을 豫知함에 도움이 될 것이라 생각하여 정리해 본다.

(1)

◉ 生年, 月, 日, 時를 기준하여 사주팔자를 조식(造式)한다.

◉ 日干을 기준하여 陰陽五行과 六神을 부기한다.

◉ 각 柱의 地支에 지장간(支藏干)을 부기한다.

◉ 대운(大運=行運歲數)을 알고 매 10년씩의 행운세수를 부기한다.

◉ 天干에 干合과 干沖을 표시하고, 또한 地支에 三合, 六合, 方合 및 형살(刑殺), 충살(沖殺), 파살(破殺), 해살(害殺), 원진살(怨嗔殺)을 표시한다.

◉ 각 地支에 기타 제 神殺들을 부기한다.

◉ 日干과 月令 및 타 干支와의 생극제화(生剋制化), 왕쇠(旺衰), 조후(調候), 합과 沖의 관계를 종합하여 용신을 정한다. 용신을 生하는 것은 희신이고, 용신을 剋하는 것은 기신이다. 용신이 生하는 것은 한신이고, 기신을 生하는 것은 구신이다.

◉ 天干은 나무의 열매라 판단한다.

◉ 地支는 나무의 줄기와 잎이라 판단한다.

◉ 支藏干은 나무의 뿌리라 판단한다.

◉ 또한 天干은 네 기둥으로 구성된 집의 윗부분과 지붕이며, 地支는 집의 기둥이
고, 지장간(支藏干)은 집의 주춧돌이다.

◉ 合과 沖의 관계는 天干은 기운이 순일(純一)하니 干合과 干沖이 극명하게 들어
난다.

◉ 地支는 기운이 잡(雜)되니 合과 沖이 복잡하고, 타 地支와의 생극제화(生剋制化)
로 인한 合과 沖의 왕쇠(旺衰)와 우열(優劣)이 복잡하다.

◉ 天干의 沖은 열매가 떨어지는 것이니 다음 해를 기약할 수 있다. 따라서 事案
은 다소 경미하다.

◉ 地支의 沖은 나무 기둥과 뿌리가 모두 손상되는 것이니 事案이 중대하다.

◉ 天干의 沖이 있는데, 동주하고 있는 地支에도 역시 沖이 있다면 기둥과 뿌리
가 모두 뽑혀 나가는 것이니 事案이 매우 중대하고 凶하다.

◉ 사주원국의 干과 支의 合과 沖은 明合과 明沖이라 한다.

◉ 사주원국의 지장간(支藏干)의 合과 沖은 暗合과 暗沖이라 한다.

◉ 사주원국의 干支와 운로에서의 대운과 세운의 干支와의 合과 沖은 暗合과 暗
沖이라 한다.

사주원국에서 地支에 沖이 있으면 반드시 지장간에도 沖이 있는 것이다. 地支에
沖이 많으면 집의 기둥과 주춧돌이 흔들리는 것이니 사주가 아름답지 못한 것이다.
이러한 명조자는 대체로 인생에 풍파가 많고, 예기치 않은 재액(災厄)이 많이 따르
는 것이다. 특히 月支와 日支의 沖은 旺한 것끼리의 沖이니 구조받기가 힘들다고

판단하는 것이다.

(5)

日干과 月令의 관계를 잘 판단하여 용신을 정한다. 용신은 사주가 中和되기 위해 꼭 필요한 오행이다. 이를 가족관계로 논한다면 日干은 가족의 가장인 아버지이고, 용신은 집안을 대표해서 내세울 수 있는 아들인 것이다. 日干은 나라로는 君王이고, 집안으로는 家長이니 地支에 뿌리를 박고 굳건하게 자리를 지켜야 사주가 견실해지는 것이고, 외풍에 덜 흔들리는 것이다.

(6)

용신으로 정한 六神이 天干에 투출하고 타 五行의 생조를 받고, 地支에 뿌리를 박고 있으며, 또한 타 干支로부터의 刑沖이 없다면 용신이 왕강해지는 것이니 이는 貴格四柱에 통한다고 판단한다.

(7)

- 대운과 세운이 용신운이면 비약적인 발전이 있을 것이고, 용신을 극해(剋害)하는 기신과 구신운이면 흉화(凶禍)가 따를 것이다. 한신운은 무애무덕하다.
- 대운과 세운이 사주원국의 기신이나 구신에 해당하는 五行과 合이 되어 용신운으로 들어오면 더할 나위 없이 길한 것이다. 이와 반대의 경우도 미루어 짐작할 수 있다.
- 용신이 사주에 여럿 있는 경우는 집안에서 외부에 내세우려는 아들이 여럿 있는 이치와 같으니 썩 길하지 못한 것이다.

(8)

- 日干은 나라의 君王에 비교하고 가족으로는 본인이다. 기타의 干支는 나라로는 신하들이고, 가족으로는 나와 연관된 가족 및 사회구성원들이라 생각한다.
- 大運은 각 지방을 다스리는 제후(諸侯)들이다. 세운은 군왕이 신하와 백성들에

게 내리는 칙령(勅令)이라 생각하면 대운과 세운의 적용이 일목요연해진다.

● 세운은 君王의 칙령(勅令)이니 가까운 대신들과 상의하고 먼저 회람하는 것이다. 따라서 세운의 干支는 먼저 사주원국과 비교하여 合과 沖의 관계를 보고, 길신인가? 흉신인가?를 논한다.

● 대운과 세운의 힘의 강약은 필자의 경험상 세운은 연중천자(年中天子)이니 70%, 대운은 30%라 판단하면 사주간명상 큰 오류가 적었다.

● 대운이 세운을 剋하면 지방제후들이 군왕의 칙령을 거부하는 것이니 사안이 중대하다.

● 세운이 대운을 剋하면 군왕의 강압적인 힘으로 칙령을 지방제후들에게 전달하는 것이니, 내심으론 반발할지 모르지만 거역할 수 없는 것이니 事案은 경미하다.

● 대운과 세운이 合이 되면 용신, 희신인가? 기신, 구신인가?를 판단해야 한다.

● 대운이 세운을 生하는 경우도 길신인가? 흉신인가?를 판단해야 한다.

(9)

● 사주원국에서의 日干은 君王의 위치로 보는 것이니, 그 기운이 설기(洩氣) 당하는 것도 싫어하고, 타 干支로 부터 剋을 받는 것도 싫어하고, 日干이 有氣하지 못하여 旺한 타 세력에 從하는 것도 역시 싫어하는 것이다.

● 日干이 月支에 십이운성의 장생(長生), 건록(建祿), 제왕(帝旺)地이면 日干이 有氣한 것이니 "득기(得氣)"했다 하고, 日干이 日支에 長生, 建祿, 帝旺地이면 "득지(得地)"했다 하고, 年支나 時支에 그러하다면 "득세(得勢)"했다고 판단한다.

● 得氣나 得地하면 日干인 君王의 지지세력이 왕성한 것이니 대체로 사주가 吉해진다.

● 같은 맥락으로 日干과 같은 五行이 地支나 지장간(支藏干)에 있으면 이를 통근(通根 = 뿌리를 내렸다)했다 한다. 日支나 月支는 왕하니 통근하면 身旺한 것이고, 時支나 年支는 다소 힘이 약하다.

● 日干과 同氣가 地支에 없더라도 지장간에 있다면 미근(微根)이라 하여 미약하지만 한끝의 뿌리라도 땅에 박고 있다고 판단하는 것이다.

예를 들어 天干에 壬水가 3개가 투출했더라고 地支에 통근하지 못했다면 허령(虛靈)한 것이니 旺하다고 판단해서선 안되는 것이다.

丁未日柱가 丑土節이라면 丁火가 失氣하였지만, 日支 未中에 丁火가 있으며 未土는 十二運星의 관대(冠帶)地이니 丁火의 火氣가 태약하다고 판단해서는 안되는 것이다.

甲辰日柱라면 日干 甲木은 日支 辰土에 십이운성의 쇠(衰)地에 해당하지만 辰中에는 乙木과 癸水가 있으니 甲木이 단단히 뿌리를 박고 있다고 판단하는 것이다. 丙辰日柱도 무근인 것 같지만 丙火는 辰土에 십이운성의 관대(冠帶)地이니 기세가 왕한 것이다.

(10)

◉ 日干의 기운도 역시 잘 살펴야 한다. "有氣", "無氣", "進氣", "退氣"로 구분한다. 십이포태운성(十二胞胎運星)을 적용한다. 예를 들어 甲申과 乙酉는, 甲木은 申金에 절(絶)地이고, 乙木은 酉金에 역시 절(絶)地이니 無氣하다고 한다. 甲子와 乙丑은, 甲木은 子水에 목욕(沐浴)地이고, 乙木은 丑土에 쇠(衰)地에 해당하여 약하나 子中의 壬癸水가 있고, 丑中의 癸水가 있어 甲乙木을 生하니 有氣하다 하는 것이다. 또한 십이포태운성 중 養부터 ~ 帝旺까지는 "進氣"라 하고, 衰부터 ~ 胎까지는 "退氣"라 한다.

◉ 아울러 "有情" "無情"이 있다. 甲辰日柱라면 甲木은 辰土에 쇠(衰)地이나 辰中에 癸水와 戊土인 토양이 있어 甲木을 生하니 "有情"이라 한다. 甲戌日柱라면 甲木은 戌土에 양(養)地이지만 戌土는 조토(燥土)이니 뿌리가 마르고 잎이 시드니 "無情"이라 한다. 庚辰은 辰土가 습토(濕土)라 庚金을 生하니 "有情"이고, 庚戌은 戌土가 조토(燥土)이니 비록 土生金 하지만 庚金을 生하지 못하니 "無情"이라 한다.

(11)

月支의 氣運도 잘 살펴야 한다. 사주의 金氣와 水氣가 大暑 前에 태어났으면 火旺之節이니 火土가 주권을 잡은 때라 비록 金氣와 水氣가 많아도 약하다고 본다.

大暑 後라면 金旺之節이니 金水의 기운이 進氣하므로 旺하다고 판단한다. 甲乙木이 亥子丑의 삼동절에 태어났다면 干支에서 比劫이 많다 해도 火氣가 없으면 生長할 수 없으니 丙火의 따뜻한 기운이 필요한 것이다.

(12)

◉ 天干과 地支와 지장간(支藏干)의 유기적인 관계를 알아야 한다. 天干이 나라면 地支는 타인이다.
◉ 地支는 天干을 生하지만 天干은 地支를 生하지 못한다.
◉ 天干이 地支를 剋하는 것은 順이지만, 地支가 天干을 剋하는 것은 逆이다.
◉ 天干은 天干이 생해줌을 기뻐하고 地支는 地支가 生해줌을 기뻐한다.
◉ 예로 天干의 甲木은 지장간(支藏干)의 戊土를 剋하지만, 지장간(支藏干)의 甲木은 天干의 戊土를 剋하지 못한다.

(13)

地支에 있는 각종 凶殺들은 평상시엔 잠복하고 있지만 刑, 沖, 破, 害, 怨嗔殺이 될시 밖으로 드러나고 흉사가 태동하게 된다. 사주원국에서 地支間 刑沖이 있다면 평생동안 흉살들이 따라다니는 것이고, 대운이나 세운에서 刑沖이 들어오면 대운은 10년, 세운은 1년 동안 흉살들이 태동하는 것이다. 凶殺들이 있는 地支가 슴이 되어 기신으로 바뀌어도 역시 흉살들이 태동한다. 그러나 슴이 되어 용신이나 희신으로 바뀌면 흉살들의 태동은 미미하다고 본다.

(14)

◉ 용신이 年柱에 있으면 조상대에 발복이 있었고,
◉ 용신이 月柱에 있으면 부모대에 발복이 있고,
◉ 용신이 日柱에 있으면 본인대에 발복하고,
◉ 용신이 時柱에 있으면 자식대에 발복된다.
◉ 용신이 왕강하면 귀격이고, 용신이 미약하면 고빈(孤貧)하다.

- 용신이 왕강하며 대운과 세운에서 받추어주면 크게 발달하고, 그렇지 못하면 평생 半作이다.
- 용신은 天干에서 찾지만 투출되지 못했을 경우에는 지장간(支藏干)에서 찾는다. 투출된 용신이 地支에 통근되거나 생조를 받으면 용신이 왕강해져서 貴格이 되는 것이다.
- 지장간에서도 용신을 찾지 못하면 태원(胎元)을 적용해 본다. 태원에서도 용신을 찾지 못할 경우는 "형합격(刑合格)" "도충격(倒沖格)" 등을 적용하여 먼 곳에서 끌어오도록 한다.
- 그래도 용신을 찾지 못할 경우에는 혹시 대운에서 용신운이 들어온다면 가용신(假用神)을 내세워야 한다.

(15)

- 간명시는 男命은 財와 官과 용신의 旺衰 및 大運과 歲運의 吉凶을 보고, 女命은 官과 용신의 旺衰 및 大運과 歲運의 吉凶을 본다.
- 男命의 용신은 아들이고 희신은 처다.
  女命의 용신은 남편이고 희신은 아들 및 시어머니다.
- 男命에서 자식의 길흉은 官星과 용신 및 時柱를 보고, 女命의 자식의 길흉은 食傷과 희신 및 時柱를 본다.
- 男命은 財와 官이 길신(용신, 희신)에 해당하면 사주가 吉하고, 財와 官이 흉신(기신, 구신)에 해당하면 사주가 吉하지 못하다.
- 男命의 官星은 직업, 직장, 직책을 의미한다. 女命의 官星은 남편이다. 이를 응용하여 간명(看命)한다.

(16)

사주간명(四柱看命)은 天命의 변화에 대한 예지학(豫知學)이다. 사주원국에 合·沖과 神殺이 없다면 사주풀이는 단순하겠지만, 사주명리학은 天命을 다루는 학문이니 변화무쌍하고 복잡다단하다. 合과 沖은 問占者의 天命에 필수불가결하게 영향을 미치게 되는 요소다. 이것을 반드시 숙지해야 한다.

사주원국에서 合된 五行이 六神상 무엇에 해당하는가를 궁구하면, 어느 시기인 가는 필연적으로 다가올 운명을 미루어 짐작할 수 있다. 동주하고 있는 神殺들도 더불어 판단하도록 한다.

사주원국의 沖의 관계도 역시 마찬가지이다. 沖된 육신의 星情상 의미하는 事案들이 반드시 사주운명에 어느 때인가는 영향을 미치는 것이다.

또한 合과 沖에도 강약과 왕쇠가 있으니 이점 또한 세밀하게 분석하고 정확하게 이해해야 한다.

따라서 合과 沖에 대한 깊이 있는 이해가 정확한 사주간명(四柱看命)의 첩경(捷徑)이다.

(17)

사주상 格局이 이루어졌는가를 살핀다. 格局이 이루어져야 일단 귀격사주로 간주한다. 月令의 지장간에 숨어있는 干이 天干에 투출되었을시 원칙적인 格局이 이루어졌다고 할 수 있는데, 특히 月干에 투출된 것을 귀격으로 친다.

地支는 天干 보다 三培의 영향력이 있고 특히 月支는 他 地支의 合보다도 영향력이 크다. 그러므로 月支(月令)의 왕상휴수사(旺相休囚死)를 파악하여 용신을 잡는 근간(根幹)을 삼는다.

사주상 용신을 잡는 것이 어려움이 많고, 억부(抑扶), 병약(病弱), 조후(調候), 통관(通關), 전왕(專旺) 등의 5가지 용신잡는 기본원칙이 있으나, 필자의 경험상 항시 최우선으로 조후(調候)를 먼저 살펴 용신을 정하면 그릇됨이 적었다. 사주전체가 심히 건조(乾燥)한지, 심히 습(濕)한지, 심히 냉(冷)한지, 과열(過熱)한지를 살펴 조화(調和)를 이루게 할 수 있는 것을 용신으로 잡는다.

용신은 日干과 가까이 있어야 힘을 받아 좋고, 生助됨이 있으면 용신이 강력해진다.

기신이 合이되어 용신으로 化하면 더욱 좋다. 지장간 등 멀리서 끌어오면 유약해지고, 대운이나 세운에서 끌어오면 더욱 유약해진다.

外格사주는 용신 잡기가 난해하므로 고서적을 참조하여 면밀하게 검토한 후 적용하여 실수를 줄여야 한다.

(18)

　결혼한 사람들은 夫婦의 사주를 같이 보아야 한다. 더불어 자식들의 사주도 참조
해야 하는데 이는 가족이라는 울타리에서 서로 유기적으로 연관관계가 있으므로
떼어놓고 판단할 수가 없는 것이고, 특히 부부의 것은 어느 한쪽만 사주가 좋다고
해서 집안이 다 잘 풀린다고 볼 수만은 없다. 그래서 부부의 사주는 같이 참조하는
것이다.

(19)

　"지피지기면 백전백승(知彼知己면 百戰百勝)"이라 손오병법(孫吳兵法)의 이론이지만,
내방한 問占者의 관상(觀相)과 찰색(察色)을 먼저 판단하여 보고, 또한 의복이나 행
동거지 등을 통해, 현재 문점자가 처한 상황과 가족 간의 연관된 문제, 건강문제,
현시점에서 드러나는 운세의 길흉 등을 살펴보고, 또한 "내정법(來情法 = 제9장 통변술
해법 참조)"으로 방문한 事案과 연유(緣由)를 미루어 짐작하여 사주간명시 참조하면
많은 도움이 될 것이다.

　아울러 과거의 사주간명 내용에 오류가 없었는지 꾸준한 연구 성찰을 통해, 한
단계 더 높은 사주간명의 발전을 위해 노력하고, 후진들에게 올바른 지식 전달을
위해 꾸준한 정진과 노력이 필요하다.

(20)

　역술학(易術學)은 天命을 다루는 학문이다. 사주간명시 그릇된 판단을 하지 않도
록 학문적으로 부단히 연구 노력하며 정진(精進)하고, 사주간명으로 추명(推命)이 어
려운 사항은 "육임(六壬)", "육효(六爻)", "기문둔갑(奇門遁甲)" 등을 겸용(兼用)하여, 오
판과 실수를 줄이도록 하고, 정확한 판단과 성실한 상담이 되도록 노력하며, 또한
사리에 어긋나는 말과 행동을 삼가하고, 항시 正道를 걷도록 심신을 수양해야 한다.

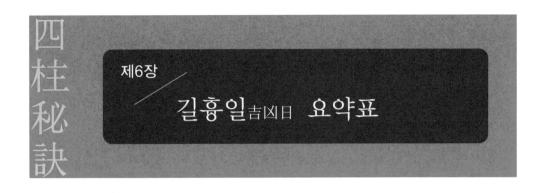

1. 기복祈福 길흉일吉凶日

기복祈福 길흉일吉凶日

吉日 길일	壬申	乙亥	丙子	丁丑	壬午	癸未	丁亥	己丑	辛卯	壬辰
	甲午	乙未	丁酉	壬子	甲辰	戊申	乙卯	丙辰	戊午	壬戌
	癸亥	生氣	福德	天恩	天德	天赦	月德	天合德	月合德	
	母倉	上 吉日	皇道日	定	成	開日				
凶日 흉일	受死	天狗日	天狗 下食時	寅日	建	破	平	收日		

길흉일吉凶日

佛供 吉凶日 불공길흉일	吉日	甲子	甲戌	甲午	甲寅	乙丑	乙酉	丙寅	丙申	丙辰	丁未		
		戊寅	戊子	己丑	庚午	辛卯	辛酉	癸卯	癸丑				
	凶日	丙午	壬辰	乙亥	丁卯	乙卯							

祭祀吉凶日 (제사 길흉일)

吉日									
甲子	乙丑	丁卯	戊辰	辛未	壬申	癸酉	甲戌	丁丑	己卯
庚辰	壬午	甲申	乙酉	丙戌	丁亥	己丑	辛卯	甲午	乙未
丙申	丁酉	乙巳	丙午	丁未	戊申	己酉	庚戌	乙卯	丙辰
丁巳	戊午	己未	辛酉	癸亥					

凶日: 天狗日. 天狗下食時. 寅日

山祭吉凶日 (산제 길흉일)

吉日									
甲子	乙亥	乙酉	乙卯	丙子	丙戌	庚戌	辛卯	壬申	甲申

凶日: 山鳴日. 山隔日

山神下降日 (산신 하강일)

吉日									
甲子	甲戌	甲午	甲寅	乙丑	乙亥	乙未	乙卯	丁亥	戊辰
己巳	己酉	庚戌	庚辰	辛卯	辛亥	壬寅	癸卯		

移徙入宅吉凶日 (이사입택길흉일)

吉日									
甲子	乙丑	丙寅	庚午	丁丑	乙酉	庚寅	壬辰	癸巳	乙未
癸卯	丙午	庚戌	癸丑	乙卯	丙辰	丁巳	己未	壬寅	
月恩	四相	黃道日	驛馬						

凶日									
天賊	受死	禍害	絶命	月壓	壓對	本命日	往亡	歸忌	瓦
沖日	建	破	平	受日					

入宅新家吉日 (입택신가 길일)

吉日								
甲子	乙丑	庚午	癸酉	庚子	癸丑	庚寅	戊辰	癸巳

入宅舊家吉日 (입택구가 길일)

吉日			
春三月甲寅日	下三月丙寅日	秋三月庚寅日	冬三月壬寅日

山行吉凶日 (산행 길흉일)

吉日											
甲子	乙丑	丙寅	丁卯	戊辰	庚午	辛未	甲戌	乙亥	丁丑		
己卯	甲申	丙戌	己丑	庚寅	辛卯	甲午	乙未	庚子	辛丑		
壬寅	癸卯	丙午	丁未	己酉	壬子	癸丑	甲寅	乙卯	庚申		
辛酉	壬戌	癸亥	驛馬	天馬	四相	建	滿	成	開日		

凶日											
天賊	受死	往亡	四離	四絶	巳日	破	平	受日			
1月寅	2月巳	3月申	4月亥	5月卯	6月酉	7月午	8月子	9月辰	10月未	11月戌	12月丑

太白殺(태백살) 손있는날	1.2일 東方		3.4일 南方		5.6일 西方		7.8일 北方		9.10일 天上		
男女婚姻凶年 (남녀혼인 흉년) 生年	子	丑	寅	卯	辰	巳	午	未	申	酉	戌	亥
男	未	申	酉	戌	亥	子	丑	寅	卯	辰	巳	午
女	卯	寅	丑	子	亥	戌	酉	申	未	午	巳	辰

2. 혼인택일문婚姻擇日門

혼인택일문婚姻擇日門

年齡(陰曆)												生氣 吉	天宜 吉	絕體 平	遊魂 平	禍害 凶	福德 吉	絕命 凶	歸魂 平
												日辰(결혼하는날)							
男	9세	19	25	33	41	49	57	65	73	81	89	丑	辰	戌	午	卯	酉	子	未
女	4세	11	19	27	35	43	51	59	67	75	83	寅	巳	亥					申
男	1	8	16	24	32	40	48	56	64	72	80	卯	酉	子	未	丑	辰	戌	午
女	5	12	20	28	36	44	52	60	68	76	84				申	寅	巳	亥	
男	7	15	23	31	39	47	55	63	71	79	87	子	未	卯	酉	戌	午	丑	辰
女	6	13	21	29	37	45	53	61	69	77	85		申			亥		寅	巳
男	6	14	22	30	38	46	54	62	70	78	86	午	戌	辰	丑	未	子	酉	卯
女	7	14	22	30	38	46	54	62	70	78	86			亥	巳	寅	申		
男	5	13	21	29	37	45	53	61	69	77	85	未	子	酉	卯	午	戌	辰	丑
女		15	23	31	39	48	56	64	72	80	88	申				亥		巳	寅
男	4	12	20	28	36	44	52	60	68	74	82	酉	卯	未	子	辰	丑	午	戌
女	2	9	17	25	33	41	49	57	65	73	81		申			巳	寅		亥
男	2	10	18	26	34	42	50	58	66	74	82	戌	午	丑	辰	子	未	卯	酉
女	3	10	18	26	34	42	50	58	66	74	82	亥			寅	巳			申

吉日 : 생기일(生氣日). 복덕일(福德日). 천의일(天宜日)

凶日 : 절명일(絕命日). 절체일(絕體日). 화해일(禍害日) 귀혼일(歸魂日)

3. 연령별 이사방위 길흉표

연령별 이사방위 길흉표

年齡(陰曆)												1 天祿	2 眼損	3 食神	4 甑破	5 五鬼	6 合食	7 進鬼	8 官印	9 退食
男	1	10	19	28	37	46	55	64	73	81		東	東南	中	西北	西	東北	南	北	西南
女	2	11	20	29	38	47	56	65	74	83										
男	2	11	20	29	38	47	56	65	74	82		西南	東	東南	中	西北	西	東北	南	北
女	3	12	21	30	39	48	57	66	75	84										
男	3	12	21	30	39	48	57	66	75	84		北	西南	東	東南	中	西北	西	東北	南
女	4	13	22	31	40	49	58	67	76	85										
男	4	13	22	31	40	49	58	67	76	85		南	北	西南	東	東南	中	西北	西	東北
女	5	14	23	32	41	50	59	68	77	86										
男	5	14	23	32	41	50	59	68	77	86		東北	南	北	西南	東	東南	中	西北	西
女	6	15	24	33	42	51	60	69	78	87										
男	6	15	24	33	42	51	60	69	78	87		西	東北	南	北	西南	東	東南	中	西北
女	7	16	25	34	43	52	61	70	79	88										
男	7	16	25	34	43	52	61	70	79	88		西北	西	東北	南	北	西南	東	東南	中
女	8	17	26	35	44	53	62	71	80	89										
男	8	17	26	35	44	53	62	71	80	89		中	西北	西	東北	南	北	西南	東	東南
女	9	18	27	36	45	54	63	72	81	90										
男	9	18	27	36	45	54	63	72	81	90		東南	中	西北	西	東北	南	北	西南	東
女	10	19	28	37	46	55	64	73	82	91										

吉方 : 천록방(天祿方). 식신방(食神方). 합식방(合食方). 관인방(官印方)

凶方 : 안손방(眼損方). 오귀방(五鬼方). 증파방(甑破方). 퇴식방(退食方)

참고문헌

『연해자평』

『명리정종』

『삼명통회』

『궁통보감』

『사주대성』(박홍식 저)

『사주세상』(서준원 저)

『사주대관』(김우제 저)

『사주대전』(김우제, 유재학 편역)

『명리탐원』(원수산 저)

『명리약언』(위천리 편저)

『자평진전 평주』(서락오 평주)

『적천수천미』(김동규 역)

『적천수 정해』(김우제 편저)

『적천수 정설』(김찬동 편역)

『사주정설』(백영관 저)

『물상활용비법』(이학성 저)

『조화원약 평주』(서락오 평주)

『맹파명리』(박형규 역)

『사주명리학 총론』(공주대학교 정신과학연구소 편저)

『자평진전 강해』(이을로)

『팔자제요』(위천리 저)

『사주첩경』(이석영 저)

『오운육기치병약법』(김우제, 김장선 편저)

『기문둔갑전서』(무릉출판사)

『기문둔갑신수결』(류래웅 저)

『홍연진결 정해』(김우제 편저)

저자 갑갑진

• 단국대학교 졸업
• 기문둔갑·육임 강의(단국대학교 천안 평생교육원, 2007년)
• 주역 강의(단국대학교 천안 평생교육원, 2008년)
• 기문둔갑 강의(단국대학교 천안 평생교육원, 2009년)
• 실전역술학 강의(단국대학교 천안 평생교육원, 2010년)
• 기문둔갑 강의(단국대학교 천안 평생교육원, 2011년)
• 사주명리학 초급
  사주명리학 통변술
  기문둔갑 강의(단국대학교 천안 평생교육원, 2012년)
• (현)구궁학회 회장
• (현)구궁학회 상담실 운영(1991년 ~)
• 연락처 041-552-8777
        010-5015-9156

실전사주비결 [실전편]

2013년 2월 8일 초판 1쇄 펴냄

지은이 김갑진
펴낸이 김흥국
펴낸곳 도서출판 보고사

책임편집 황효은
표지디자인 오동준

등록 1990년 12월 13일 제6-0429호
주소 서울특별시 성북구 보문동7가 11번지 2층
전화 922-5120~1(편집), 922-2246(영업)
팩스 922-6990
메일 kanapub3@chol.com
http://www.bogosabooks.co.kr

ISBN 978-89-8433-553-0 94180
     978-89-8433-551-6 세트
ⓒ 김갑진, 2013

정가 35,000원